Buch

Sie war der umschwärmte Mittelpunkt der amerikanischen Literaturszene in den 1960er Jahren und wird bis heute wegen ihrer aufsehener-
regenden »Performance«-Auftritte von Künstlerinnen wie Annie Lenox
oder Madonna als Kultfigur verehrt: die schöne und eigenwillige
Dichterin Anne Sexton.

Das Leben der Starpoetin begann ganz konventionell. Anne Sexton heiratete früh, bekam zwei Kinder. Doch das behütete Hausfrauendasein
hielt sie nicht lange aus. Kaum Ende Zwanzig, brach sie zusammen und
kam in psychiatrische Behandlung. Ermutigt durch ihren Psychiater,
begann sie, das »große ungenutzte kreative Potential« zu entdecken,
das in ihr steckte. Entstanden sind so Gedichte, die ohne Scheu über
Themen wie Ehebruch, Inzest oder Abtreibung sprechen und die Sexton auf einen Schlag bekannt machten. Doch weder Erfolg noch Thera-
pien brachten Heilung. Anne Sexton lebte weiter am Rande des seelischen Abgrunds und beging 1974, im Alter von 46 Jahren, Selbstmord.

Einfühlsam und mit großer Sachkenntnis beschreibt Diane Wood
Middlebrook den Weg dieser außergewöhnlichen Frau und eröffnet dabei einen neuen, faszinierenden Blick auf das unruhige, gefährdete und
ungemein schöpferische Leben der Anne Sexton.

Autorin

Diane Wood Middlebrook ist Literaturprofessorin an der Stanford University und leitet dort das »Center for Research on Women«. Sie hat
mehrere literaturkritische Werke veröffentlicht und zusammen mit
Diane Hume George »The Selected Poems of Anne Sexton« herausgegeben. Diane Wood Middlebrook lebt in San Francisco.

DIANE WOOD MIDDLEBROOK

Zauber und Zeichen

Das Leben der Dichterin Anne Sexton

Aus dem Amerikanischen
von Barbara von Bechtolsheim
und Silvia Morawetz

GOLDMANN VERLAG

Die amerikanische Originalausgabe erschien 1991 unter dem Titel
»Anne Sexton. A Biography« bei Houghton Mifflin Company, Boston

Umwelthinweis:
Alle bedruckten Materialien dieses Taschenbuches
sind chlorfrei und umweltschonend.

Der Goldmann Verlag
ist ein Unternehmen der Verlagsgruppe Bertelsmann

Genehmigte Taschenbuchausgabe 11/95
Copyright © 1991 by Diane Wood Middlebrook
Copyright © des Vorworts 1991 by Martin T. Orne
Copyright © der deutschsprachigen Ausgabe 1993
by Arche Verlag AG, Raabe + Vitali, Zürich
Umschlaggestaltung: Design Team München
Umschlagfoto: Arche Verlag
Druck: Presse-Druck Augsburg
Verlagsnummer: 42733
MK · Herstellung: Sebastian Strohmaier
Made in Germany
ISBN 3-442-42733-9

1 3 5 7 9 10 8 6 4 2

Inhalt

Vorwort von Martin T. Orne 7
Einleitung 16

Selbstfindung 1928–1957 23

Anfänge 1928 27
Liebe und Ehe 1944 44
Zusammenbruch 1955 62
»Das sind meine Leute« 1956 74

Von der Hausfrau zur Dichterin 1957–1962 109

Von *Rats* zu *Star* 1957–1958 117
Mentoren 1958–1959 143
Tod, Verdrängung und Ersatz 1959–1960 173
Gehör finden 1961 201
Die Dichtung und das Unbewußte 1962 239

Die Preisträgerin 1963–1967 271

Ein Kreis von Künstlerinnen 1963 275
Die Nana-Hexe 1964 303
»Ikarus fangen« 1965 328
»Eine verführerische Frau« 1966 347
Geld und Ruhm 1967 378

Die Performance-Künstlerin 1968–1974 409

Anne Sexton and Her Kind 1968 413
Off-Broadway mit Mercy Street 1969 439
»Eine Hexe in mittleren Jahren« 1970 466
Die Lyrikprofessorin 1970–1972 478
Das furchtbare Rudern 1972–1973 504
Postume Auftritte 1974 537

Nachwort 556

Anhang 563

Therapietonband. Donnerstag, 21. September 1961 563

Anmerkung der Übersetzerinnen 565

Quellenangaben und Anmerkungen 565

Literaturverzeichnis 595

Danksagung 596

Personenregister 599

Vorwort

Ich erinnere mich noch genau an meine erste Therapiesitzung mit Anne Sexton. Ihre lebhafte Art war insofern ergreifend, als sie völlig unfähig war, das Leben zu leben, das man ihrer Meinung nach von ihr erwartete. Sie fühlte sich hilflos, unfähig als Ehefrau und Mutter zu funktionieren, und drückte ihren Unmut darüber aus, daß man ihr ihre Kinder weggenommen hatte, auch wenn sie gleichzeitig zugeben mußte, daß sie wirklich unfähig war, für sie zu sorgen. Sie empfand für ihre Kinder und die Familie in vielerlei Hinsicht eine innige Liebe, aber sie konnte einfach nicht den Rollenanforderungen genügen. Auch wenn sie ihr Bestes tat, um dem in den fünfziger Jahren geltenden Idealbild der guten Frau und Mutter zu entsprechen, war sie der Aufgabe überhaupt nicht gewachsen.

Ich bin immer überzeugt gewesen, daß es mindestens so wichtig ist, die gesunde Veranlagung eines Patienten zu erkennen, wie das Ausmaß der psychischen Störung festzustellen. Daher habe ich mich bemüht, Annes Talenten und Zielen auf die Spur zu kommen. Sie hatte früh geheiratet und kaum die High School abgeschlossen. Sie bedauerte besonders, daß sie keine formale Bildung besaß, was dazu beitrug, daß sie sich so unzulänglich fühlte. Es läßt sich nur schwer vermitteln, wie sehr Anne von dem Gefühl, nichts wert zu sein, durchdrungen und wie vollkommen unfähig sie war, sich auch nur vorzustellen, daß sie irgendwelche positiven Fähigkeiten oder Qualitäten haben könnte. Als ich sie drängte, einmal genau zu überlegen, wozu sie wohl in der Lage sei, eröffnete sie mir schließlich, daß es nur eines gäbe, was sie möglicherweise gut könnte – sie könnte eine gute Prostituierte sein und Männern das Gefühl sexueller Potenz geben. Es war in ihrem Fall klar, daß man nicht von ihren Zielen ausgehen konnte, wenn es darum ging, positive Seiten an ihr zu finden, um ihr Selbstgefühl zu stützen.

Bereits früh in der Therapie kam es mir vor allem darauf an, daß

Anne ihre Fähigkeiten entwickelte, und ich schlug unter anderem vor, daß sie doch über ihre Erfahrungen schreiben sollte, um dadurch anderen Patienten zu helfen. Diese Idee fand bei ihr Anklang, und wir konnten gemeinsam daran arbeiten, ohne daß sie sofort so entmutigt war, daß sie alles ablehnte. Es war nicht leicht, eine solche Grundlage für ein Selbstgefühl aufzubauen, die Anne auch anerkennen konnte. Es dauerte einige Monate, aber dann kamen wir schließlich soweit, zu erörtern, ob sie ihre Ausbildung fortsetzen könnte. Dies war ein Ziel, über das sie nun zumindest sprechen wollte. Ihre Angst vor Fremden hinderte sie aber auch weiterhin daran, die notwendigen Schritte zu unternehmen, um geregelte Kurse zu besuchen. An diesem Punkt kam sie allerdings nun selber auf meine ursprüngliche, eher spontane Bemerkung zurück: »Wie sieht es denn mit Schreiben aus?«, und sie fing an, Gedichte in unsere Sitzungen mitzubringen.

Anfangs bedurften ihre Gedichte offensichtlich noch in großem Umfang weiterer Bearbeitung, aber es handelte sich ganz klar um Texte, die etwas Bezwingendes zu vermitteln hatten und eine Begabung zeigten, über die Anne und ich sprechen konnten – dies war ein bedeutsames Vorhaben, da sie sich so allmählich eine Basis schaffen konnte. Schon allein die Tatsache, daß sie nun die Aufgabe hatte, Gedichte zu schreiben, in denen sie ihren Schmerz, ihre Verwirrung und ihre Beobachtungen darstellen konnte, lieferte die Grundlage für eine kritische Selbsteinschätzung. Der Impetus, damit voranzukommen, gab ihr dann später auch die Kraft, weiterzumachen und an Lyrik-Workshops teilzunehmen. Sie konnte die notwendige Kritik und das Feedback in diesen Kursen durchaus annehmen und machte sie für ihr Werk derart fruchtbar, wie es so früh in einer Künstlerkarriere ganz ungewöhnlich ist. Als Anne sich erst einmal sicher war, daß sie in der Lage war, Gedichte zu schreiben, konnte sie fast nicht mehr aufhören. Gedichte schreiben wurde zur treibenden Kraft.

So begann eine unglaublich steinige, aber ermutigende Phase in Annes Leben. Schritt für Schritt fing sie an, mit den praktischen Problemen umzugehen, mit der Korrespondenz, mit Anbieten und

Wiederanbieten, mit Überarbeiten und Neuschreiben. Schließlich konnte sie sogar Beziehungen mit Kollegen und Lehrern aufbauen und sich mit ihnen – erstmals *außerhalb* des Therapie-Settings – austauschen. Obwohl Anne zu meinen ersten Langzeit-Patienten gehörte, gelangte ich schon damals zu der – auch heute noch von mir vertretenen – Auffassung, daß es, je kränker die Patientin ist, um so wichtiger ist, daß der Therapeut und die Patientin gemeinsam an einer Aufgabe arbeiten, so daß die Patientin aus der geleisteten Arbeit ein stärkeres Selbstgefühl entwickeln kann. Wenn die Patientin sich ganz einer Aufgabe widmen kann, die für ihr Leben *außerhalb* der Therapie bedeutsam wird, kann die Lösung der anderen Probleme, mit denen wir in den Sitzungen umgehen müssen, auf ihre Welt draußen übergreifen.

Als Anne nach der Geburt ihres zweiten Kindes Hilfe suchte, war bei ihr ursprünglich eine Wochenbettdepression diagnostiziert worden. Als ich sie im August 1956, ein Jahr nach der Geburt, zum ersten Mal in der Therapie in der Klinik sah, paßten ihre Gedanken und ihr Verhalten nicht richtig zu der mutmaßlichen Diagnose. Als ich Anne dann allmählich kennenlernte, merkte ich, daß ihre Gedankengänge so abliefen, wie man es bei einer Patientin mit einer Störung des Denkvermögens erwarten würde. Zum Glück erwähnte sie nebenbei, daß sie ziemlich viel mit zwei Patienten zusammen war, die an einer schizophrenen Störung litten, und dadurch wurde ich darauf aufmerksam, daß sie dazu neigte, Symptome von Leuten, mit denen sie gerade zu tun hatte, zu übernehmen. Wegen dieser Neigung achtete ich noch genauer darauf, daß Anne nicht länger in einer Klinik blieb als absolut notwendig, damit sie nicht von anderen Patienten neue Symptome annahm.

Im Verlauf der weiteren Zusammenarbeit wurde immer deutlicher, daß neben ihrer Neigung, von Menschen, die sie beeindruckten, Symptome und Eigenheiten zu übernehmen, Annes Hauptproblem war, daß sie an einer schweren Gedächtnisstörung litt. Wir sind ja alle in gewisser Hinsicht selektiv in unserer Erinnerung, doch Annes Selektivität war insofern extrem, als sie von einer Sitzung zur nächsten buchstäblich fast nichts Wesentliches im

Gedächtnis behalten hatte. Kurz gesagt, aus diesem und anderen Gründen war es klar, daß sie in einer Verfassung war, die man üblicherweise als Hysterie bezeichnete.

Annes schwere Gedächtnisstörung sollte schließlich zu einem toten Punkt in der Therapie führen. Das heißt, auch wenn sie innerhalb einer einzelnen Sitzung in der Lage war, während der Behandlung effektiv zu arbeiten, stellte sich nach einigen Monaten heraus, daß zwar jede Therapiesitzung einen Anfang, eine Mitte und einen Schluß hatte – was sowohl dem Therapeuten wie der Patientin das Gefühl gab, daß etwas Sinnvolles erreicht worden war. Doch im Rückblick auf die Arbeit der Sitzungen merkte ich allmählich, daß jede Sitzung eine in sich geschlossene Vignette war und wir von einer Therapiesitzung zur nächsten wenig Fortschritte machten. Mit anderen Worten, auch wenn Anne intensive Gefühle äußerte und damit arbeitete, kam der therapeutische Prozeß im umfassenderen Sinn nicht voran.

Zuerst versuchte ich – als Gedächtnisstütze für Anne –, mir selber mehr Notizen zu machen, so daß ich ihr leichter helfen konnte, sich an wichtige Aspekte der vorhergehenden Sitzungen zu erinnern, denn sie mußte unbedingt ein Gefühl von Kontinuität bekommen. Nach mehreren erfolglosen Versuchen in dieser Richtung merkte ich, daß Anne selber dafür verantwortlich sein mußte, sich an unsere gemeinsame Arbeit zu erinnern. Mit anderen Worten, es lag nicht in meiner Verantwortung, mich an die vorhergehenden Sitzungen zu erinnern, sondern in ihrer.

Wir erarbeiteten gemeinsam ein Verfahren, um mit dem Problem umzugehen, das aus Annes Unfähigkeit entstand, sich an die früheren Sitzungen zu erinnern. Ich versuchte, Anne ausführliche Notizen als Gedächtnisstütze machen zu lassen, aber es kam zu Interferenzen im Behandlungsverlauf, wenn sie diese Aufgabe erfüllte. Dann schlug ich vor, unsere Sitzungen auf Tonband aufzunehmen; in *ihrer* Verantwortung sollte es liegen, sich anzuhören, was in der jeweiligen Sitzung geschehen war. Es stellte sich aber heraus, daß das bloße Anhören des Tonbands keineswegs ausreichte, Annes Neigung, die Ereignisse der letzten Sitzung stets zu vergessen, abzustellen. Außerdem wurde ihr auf diese Weise der Unterschied zwischen dem, was sie von einer Sitzung *erinnerte,* und dem, was tatsächlich in dieser Sitzung *geschehen* war, nicht bewußt. Schließlich kamen wir aber auf eine brauchbare Methode.

Zuerst nahmen wir die Therapiesitzung auf Tonband auf, und anschließend sollte Anne sich ausführlich alles notieren, woran sie sich von dieser Sitzung erinnerte. Am nächsten Tag kam sie dann in die Praxis, und meine Sekretärin legte das Band in den Recorder und ließ sie allein die Sitzung abhören. Sie sollte besonders auf die Diskrepanz zwischen ihren Erinnerungen, ihren Notizen vom vorigen Tag, und dem, was tatsächlich auf dem Band aufgezeichnet war, achten. Anfangs mußte Anne das Band *zweimal* anhören, ehe sie sich allein erinnern konnte, worum es in der Sitzung gegangen war. Dieses umständliche Verfahren forderte Anne eine Menge ab, aber es hatte doch tiefgreifende Folgen. Zum ersten Mal in ihrem Leben konnte sie sich erinnern, warum sie sich über das, was jemand gesagt hatte, geärgert hatte oder warum sie – scheinbar grundlos – auf mich wütend gewesen war. Mit anderen Worten, Anne konnte sich wirklich an ihre Gefühle erinnern und aus ihnen lernen, während sie sich früher an das, was geschehen war, nur fragmentarisch und vielfach auch falsch erinnert hatte.

Es läßt sich gar nicht genug betonen, wie förderlich dieses Verfahren mit den Tonbandaufnahmen, dem Abhören und dem Notizenmachen im Hinblick darauf war, daß sich ihr Gedächtnis verbesserte und sie Fortschritte in der Therapie machte. Auch wenn man fairerweise sagen muß, daß das Verfahren manche Peinlichkeit für mich als Therapeuten mit sich brachte – denn Anne konnte auch *mir* Irrtümer in der Erinnerung an vergangene Sitzungen nachweisen –, so war es doch eine einzigartige Erfahrung für Anne, über das Behandlungsgeschehen besser Bescheid zu wissen als ihr Therapeut. In vielerlei Hinsicht gestaltete sich unsere Beziehung dadurch nun im Vergleich zu früher sehr viel eher gleichberechtigt – eine echte Zusammenarbeit, bei der Anne wichtige Einsichten haben und mit mir teilen konnte. Ihr Selbstgefühl hatte sich so weit entwickelt, daß sie ihrem eigenen Verhalten genauso Aufmerksamkeit schenken konnte wie dem anderer. Während gewöhnlich der Therapeut alle Karten in der Hand hat, konnte jetzt die Patientin mehr darüber wissen, was in der Behandlung geschah, als der Therapeut. Anne tat wirklich einen wesentlichen Schritt vorwärts, als sie mir das erste Mal nachweisen konnte, daß ich mich irrte!

Das Abhören der Tonbänder und damit das Ertragen ihres eigenen Schmerzes und ihrer Wut sowie die zunehmende Fähigkeit, sich an emotionale Ereignisse, die sie selbst betrafen, zu erinnern, versetzten Anne allmählich in die Lage, mit diesen Emotionen in ihren Gedichten umzugehen. Als ihre Gedichte dann veröffentlicht wurden, merkte sie schon bald, daß viele gestörte Menschen bei ihr Rat und Hilfe suchten. Sie war wirklich sehr stolz darauf, anderen Menschen mit ähnlichem Leid helfen zu können. Unter ungeheurem Zeitaufwand beantwortete sie Briefe von Fremden und half zweifellos vielen von ihnen. Obgleich sie in bemerkenswert kurzer Zeit eine professionelle Dichterin wurde, behielt Anne doch im Auge, welch eine wichtige Rolle ihre Dichtung im Leben ihrer Leser spielen könnte.

Als Professor Diane Middlebrook ein Interview erbat, um mit mir über meine Arbeit mit Anne zu sprechen, stand für mich im Vordergrund, wie wichtig es Anne immer gewesen war, anderen – insbesondere mit ihrem Schreiben – zu helfen. Obgleich ich in jeder Hinsicht Bedenken hatte, über ihre Therapie, die sich über acht Jahre erstreckt hatte, zu sprechen, war mir auch klar, daß Anne selber diesen Prozeß hätte mitteilen wollen – ganz ähnlich wie in ihrer Dichtung –, damit andere Patientinnen und Therapeuten daraus etwas lernen könnten. Nach genauer Gewissensprüfung und nachdem ich mich vergewissert hatte, daß Annes Familie ihre Unterstützung und ihre Zustimmung gegeben hatte, gewährte ich Professor Middlebrook Zugang zu den Tonbändern und zu meinen Therapie-Akten, einschließlich der frühen unveröffentlichten Gedichte, die Anne in die Therapie mitgebracht hatte.

Wenn ich hier einen Eindruck davon vermittle, was meiner Ansicht nach zu Annes verfrühtem Tod beigetragen hat, dann soll dies auch anderen helfen.

Ein Aspekt in Annes Leben ist ungeklärt, und zwar ihre Neigung, in einer selbstausgelösten Trance unansprechbar zu werden, einem Zustand, der Minuten, Stunden oder in seltenen Fällen sogar Tage dauern konnte. Normalerweise konnte ein Therapeut, der mit dem Symptom vertraut war, den Trancezustand leicht beenden. Aber sowohl innerhalb wie außerhalb der Therapie blieb das Problem bestehen: Wenn Anne extrem wütend war, überließ sie sich einer Trance und verweigerte jede Reaktion. Durch die Behandlung wurden diese Ereignisse seltener, aber sie ließen sich nie ganz beseitigen. Außerdem war Anne auffällig vom Tod fasziniert, und wahrscheinlich nutzte sie manche der Trancezustände, um die Rolle der Sterbenden zu spielen, was ihr vielleicht in dem Moment half, nicht Selbstmord zu begehen. Wenn sich allerdings ihre Beziehung zu wichtigen Bezugspersonen lockerte und sie sich dann auch noch in einer Phase befand, in der sie den Tod attraktiv fand, bestand immer die Gefahr, daß sie die Tat begehen und nicht nur die Rolle spielen würde. Unglücklicherweise lockerten sich Annes Beziehungen zu verschiedenen ihrer Bezugspersonen, insbesondere zu ihrem Mann, durch eine Folge von Ereignissen, angefangen mit meinem Umzug von Boston nach Philadelphia.

Als ich den Entschluß faßte, von Harvard nach Pennsylvania zu gehen, um das Institute for Experimental Psychiatry weiter aufzubauen, konnten Anne und ich mehrere Monate weiter zusammenarbeiten, ehe sie zu einem anderen Therapeuten in Boston überwechselte. Inzwischen hatte sie auf vielen Gebieten Fortschritte gemacht, brauchte allerdings nach wie vor therapeutische Hilfe. Zu diesem Zeitpunkt war sie bereits eine bekannte Dichterin, die zwei Gedichtbände veröffentlicht und ein Stück geschrieben hatte. Bald sollte sie auch den Pulitzerpreis erhalten und von der akademischen Welt anerkannt werden, was für sie ein wichtiges Ziel geworden war. Genauso wichtig war die Tatsache, daß sich mittlerweile ihre Beziehung zu ihrem Mann Kayo wesentlich verbessert hatte und daß sie mit ihren Gedichten genügend Geld für eine Safari in Afrika beiseite legen konnte, die ihr Mann sich schon lange gewünscht hatte.

Ich zweifelte nie daran, daß ihr Mann ein wesentlicher Bestandteil in Annes Leben war. Dies zeigte sich bereits zu Beginn, als Anne beschrieb, wie es ihr immer dann auffallend schlechter ging, wenn Kayo auf Geschäftsreisen gehen mußte. Auch wenn zwischen 1956 und 1964 viele therapeutische Fortschritte gemacht wurden, hatte ich das Gefühl, daß Annes Gefühlshaushalt noch immer stark davon abhing, welchen Rückhalt ihr Mann und viele andere, die sich um sie kümmerten, ihr gaben. Als ich aus Boston wegging, richtete ich es mehrere Jahre lang so ein, daß ich einmal im Monat einige Patienten zur Nachsorge sah. Es war unabdingbar, daß Anne weiter regelmäßig einen anderen Therapeuten hatte, aber darüber hinaus sah ich sie bei meinen regelmäßigen Besuchen in Boston. Auch wenn Anne anfangs ausgesprochen gut mit dem neuen Therapeuten vorankam, wurde der therapeutische Vertrag schließlich unhaltbar, weil sich ihre Beziehung zueinander verändert hatte. Unglücklicherweise störte diese Veränderung auch die für sie so wichtige Beziehung zu ihrem Mann und nahm Anne damit einen wesentlichen zwischenmenschlichen Rückhalt. In dieser schwierigen Zeit sah Anne mich weiterhin zur Nachsorgebehandlung, und am Ende konnte ich ihr in dem schwierigen Prozeß helfen, nochmals einen anderen Therapeuten zu finden. Sie entschied sich schließlich für eine Therapeutin, die ihr von ihrem früheren Therapeuten empfohlen worden war. Unglücklicherweise meinte diese neue Therapeutin, sie könne Anne nur behandeln, wenn Anne mich gar nicht mehr sehen würde, weil Annes Übertragungsbeziehung zu mir ihrer Ansicht nach die Behandlung stören würde. Auf diese Weise verlor Anne nochmals einen Rückhalt, was ihre Fähigkeit, einem schweren therapeutischen Rückschlag standzuhalten, beeinträchtigte. Wenig später ließen sie und ihr Mann sich dann scheiden.

Auch wenn ich mich verpflichtet fühlte, mich nicht in die Vereinbarungen, die für Annes Behandlung getroffen waren, einzumischen, rief mich Anne in ihrem letzten Lebensjahr an und sagte, sie werde eine Lesung in der öffentlichen Bibliothek in Philadelphia geben und hoffe, mich sehen zu können. Ich hatte vor, sie zu sehen, aber sie schaffte es dann doch nicht.

Bedauerlicherweise wurde Anne in der Therapie nicht dazu ermutigt, weiter auf die Unterstützung der Menschen zu bauen, die ihr in ihrer innovativen Karriere geholfen hatten, welche ihr und anderen so viel bedeutete. Sonst wäre Anne Sexton meiner Meinung nach heute noch am Leben.

Martin T. Orne, M.D., PhD
The Institute of Pennsylvania Hospital
and University of Pennsylvania

Einleitung

Ich lese keine Lyrik, aber ich lese Anne Sexton.«
Ein Fan, 1985
Anne Sexton kam bei ihren eigenen Auftritten gern etwa zehn
Minuten zu spät: Sollte das Publikum erst ein bißchen in
Stimmung kommen. Sie schlenderte dann zum Podium, zündete
sich eine Zigarette an, streifte ihre Schuhe ab und sagte mit rauchiger Stimme: »Ich lese jetzt ein Gedicht, das Ihnen darüber Auskunft
gibt, was für eine Art Dichterin ich bin, was für eine Art Frau ich
bin. Wenn es Ihnen nicht gefällt, können Sie ja gehen.« Dann
begann sie mit ihrem Schlüsselgedicht: *Her Kind: »I have gone out, a
possessed witch . . . A woman like that is misunderstood . . . I have been her
kind.«* [1]*

Was für eine Art Frau war sie? Temperamentvoll, gut aussehend:
groß und schlank wie ein Mannequin; eine kleinbürgerliche Hausfrau, die sich Mrs. Dog nannte; Tochter, Mutter; eine WASP aus
Neuengland; wie Emily Dickinson »halb übergeschnappt«. Und
was für eine Art Dichterin? Persönlich; bekennend; komisch; betont
und irritierend weiblich; eine Wortzauberin; eine Performance-
Künstlerin; allgemein beliebt. All dies merkte man schon in den
ersten fünfzehn Minuten, die sie auf der Bühne war.

Manche mochten Sextons Auftreten nicht. Aber dahinter stand
eine ernsthafte, disziplinierte Künstlerin, deren Werk von Anfang
an von bedeutenden Kollegen bewundert wurde. In ihren achtzehn
Jahren als Schriftstellerin hat Sexton fast alle wichtigen Auszeichnungen erhalten, die es für amerikanische Dichter gibt. Sie hat acht
Gedichtbände veröffentlicht (und weitere als Manuskripte hinterlassen), und sie hat erlebt, daß ihr Stück *Mercy Street* off-broadway
aufgeführt wurde. Sie war eine geschickte Geschäftsfrau und wurde
eine gute Lehrerin; obwohl sie nur eine dürftige Ausbildung hatte,

---

* Die Übersetzung der Zitate findet sich am Ende des jeweiligen Kapitels.

schaffte sie es, Professorin an der Boston University zu werden, wo sie das Handwerk des Schreibens unterrichtete. Sie machte diese Karriere vor dem Hintergrund einer psychischen Störung, die sich der Diagnose und Heilung entzog. Wegen ihres selbstmörderischen Selbsthasses war sie wiederholt in Nervenkliniken. Sie wurde abhängig von Alkohol und Schlaftabletten. Als sie dann 1974 Selbstmord beging, hatte das Leiden sie ausgehöhlt, und das Trinken hatte ihre Kreativität zerstört. Doch seit der Veröffentlichung von *To Bedlam and Part Way Back* (1960), mit dem Anne Sextons Stern aufgegangen war, galt sie als eine wichtige neue Stimme in der amerikanischen Lyrik.

Als ich vor zehn Jahren von Anne Sextons älterer Tochter Linda Gray Sexton gebeten wurde, Sextons Biographie zu schreiben, gehörte ich zu denen, die Sextons Auftreten in der Öffentlichkeit nicht besonders mochten. Doch das Projekt gefiel mir, weil Sextons Karriere interessante Fragen aufwarf: Wie wurde eine verrückte Hausfrau zum Star? Was hatten ihr Wahnsinn und ihre Kunst miteinander zu tun? Warum gefiel ihr Werk Menschen, die sonst mit Lyrik nichts anfangen konnten? Als literarische Nachlaßverwalterin hatte Linda Sexton beschlossen, daß die Biographin solchen Fragen ungehindert, mit uneingeschränktem Zugang zu den privaten Unterlagen ihrer Mutter, nachgehen sollte, und sie hatte zugesichert, daß sie mitwirken wolle, ein umfassendes Bild zu gewinnen, ohne in redaktioneller Hinsicht Einfluß zu nehmen. Eine solche Einstellung seitens einer Künstlerfamilie ist selbstverständlich selten, doch diese Versprechen wurden alle eingehalten.

Als ich die umfangreichen, manchmal erschütternden Dokumente über Anne Sextons Leben durcharbeitete, traten an die Stelle meiner ursprünglichen Eindrücke Überraschung und Faszination, Vergnügen und Zuneigung und schließlich Verstehen. Sexton hat gelegentlich furchtbare Dinge getan, aber andererseits war sie eben intelligent, großzügig, witzig, begabt und fleißig; trotz ihrer Krankheit fand sie Wege, ihre Arbeit zu tun, und sie verfügte über eine starke Liebes- und Genußfähigkeit. Allmählich wurde mir klar, daß ihre achtzehnjährige Karriere eine erfolgreiche Reaktion auf Bedingungen war, an denen sie nicht viel ändern konnte, außer indem sie darüber schrieb. Ihre Leiden unterlagen nicht vollkommen ihrer Einsicht: Die Psychotherapie half ihr ganz entschieden, und trotzdem blieb sie krank. Doch in ihren Gedichten erfand sie ein Ich, das andere achteten, und dadurch eröffneten sich ihr im realen Leben neue Möglichkeiten.

Sexton hat darüber geschrieben, wie kompliziert es ist, in einem weiblichen Körper heranzuwachsen und als Frau in der amerikanischen Nachkriegsgesellschaft zu leben. Tausende von Frauen haben ähnliche psychische Störungen, wie sie Sexton behinderten, und Hunderte von ihnen sind ähnlich unzufrieden mit ihrem Leben als spießige Hausfrauen, aber wenige besitzen die Gabe, bringen die Disziplin und den Mut auf, schließen die Freundschaften, verfügen über die finanziellen Mittel oder haben zum rechten Zeitpunkt das Glück, wie Anne Sexton zu einer ernstzunehmenden Dichterin zu werden. Deshalb habe ich mich bemüht, die Beziehung zwischen ihrer Krankheit und ihrer Kunst nicht aus der Perspektive einer Krankengeschichte darzustellen. Sextons Leben endete mit einem Selbstmord, der die Tat einer einsamen, verzweifelten Alkoholikerin war, aber es hätte vielleicht im verborgenen und schon viel früher ein Ende genommen, wenn sie nicht fast wie durch ein Wunder darauf gestoßen wäre, daß sie etwas anderes äußerst Wichtiges damit anfangen konnte.

Beim Schreiben dieses Buches wurde mir auch klar, worin Sextons entscheidende künstlerische Leistung besteht. Mit ihren ersten beiden Büchern, *To Bedlam and Part Way Back* (1960) und *All My Pretty Ones* (1962), war ihr ein Debüt als versierte Formalistin gelungen, die bei einer ganzen Clique gewandter Techniker gelernt hatte: Maxine Kumin, Robert Lowell, W. D. Snodgrass und George Starbuck. Diese Bücher erschienen 1964 geringfügig überarbeitet in einem Band als *Selected Poems* in England. Mit ihren nächsten Büchern, *Live or Die* (1966) und *Love Poems* (1969), begann sie, Formen des Surrealismus zu erproben, auf die ihr Mentor James Wright sie aufmerksam gemacht hatte; sie experimentierte zunehmend damit, »aus dem Unbewußten zu schreiben«, und entwikkelte eine Poetologie, die über ihre Praxis Rechenschaft abgab. Zusammen mit Maxine Kumin schrieb Sexton im Laufe der Jahre eine Reihe Kinderbücher. Auch fürs Theater zu schreiben interessierte sie. Ihr unveröffentlichtes Stück durchlief verschiedene Entwicklungsstufen vor der Aufführung als *Mercy Street* im American Place Theater New York im Jahre 1969, und manche ihrer Gedichte lesen sich wie Einpersonenstücke; ich erkläre die lockere Form, die ihre feindseligen Kritiker störte, großenteils mit dem Einfluß, den dieses Genre auf ihre Auffassung vom Gedicht hatte. Ihren wirkungsvollsten künstlerischen Ausdruck fand diese Kunstfertigkeit in *Transformations* (1971), langen Gedichten, die nach Grimms Märchen von einer »Hexe in mittleren Jahren« erzählt werden; später entstand auf der Grundlage dieses Buches eine Oper von Conrad Susa.

Sextons letzte Gedichte kreisen zunehmend um religiöse Fragen. Zwar hat ihr Ansehen als populäre Künstlerin den Blick dafür verstellt, wie eigenwillig ihre Auseinandersetzung mit spirituellen Themen war, aber meiner Ansicht nach enthalten *The Book of Folly* (1972) und *The Death Notebooks* (1974) einige der wichtigsten Texte ihres Werkes. Ihre Dichtkunst und ihre Gesundheit waren bereits stark angegriffen, als sie ihre drei letzten Gedichtbände schrieb, die dann postum erschienen: *The Awful Rowing Toward God* (1975), *45 Mercy Street* (1976) und *Words for Dr. Y.* (1978). In *Complete Poems* (1981) sind zuvor unveröffentlichte Arbeiten aufgenommen, und *Selected Poems* folgte dann 1988. *Anne Sexton: A Self-Portrait in Letters,* herausgegeben von Linda Sexton und Lois Ames, erschien 1977.

Sexton findet nach wie vor ihre Leser. Bis Ende der achtziger Jahre hatte die Houghton Mifflin Company in den Vereinigten Staaten ihre Bücher in der ansehnlichen Zahl von einer halben Million Exemplaren verkauft; in Großbritannien haben die Oxford University Press und dann Chatto & Windus ihr Werk an ein weiteres interessiertes Publikum herangetragen.

Dieses Buch basiert auf einer ganz ungewöhnlichen Materialvielfalt. Anne Sexton war ein Mensch, der sich selber dokumentierte: Seit ihrer Kindheit führte sie Buch über unvergeßliche Momente; seit den ersten Monaten ihres Berufslebens hob sie Durchschläge von ihren Briefen auf; sie datierte Arbeitsblätter von Gedichten; sie bewahrte Korrespondenzen, Photographien und Zeitungsausschnitte auf. Nach ihrem Tod übertrug Linda Sexton das Eigentum an den Papieren auf das Harry Ransom Humanities Research Center an der University of Texas in Austin (HRHRC). In den Jahren, als Anne Sexton zur Dichterin wurde, entstanden auch zahlreiche Aufzeichnungen im Zusammenhang mit ihrer psychiatrischen Erkrankung. Linda Sexton half mir dabei, Krankenhausaufzeichnungen zu bekommen, und erlaubte mir außerdem, eine einzigartige Quelle zu nutzen: Tonbänder von über dreihundert Psychotherapiesitzungen mit Dr. Martin Orne, Sextons wichtigstem Psychiater von 1956 bis 1964. Dr. Orne fing im Januar 1961 unter Mitarbeit von Sexton an, ihre Sitzungen auf Tonband aufzunehmen, um damit gegen ihre Gedächtnisstörung vorzugehen. Zwischen den Sitzungen hörte Sexton die Bänder ab und machte sich Notizen dazu. Sowohl die Dichterin wie auch der Arzt hielten diese Methode für sehr hilfreich. Erst als Dr. Orne 1964 von Boston nach Philadelphia umzog und Sexton bei einem anderen Psychiater in Therapie ging, kam dies zu einem Ende.

Da Sexton in den Jahren der Tonbandaufnahmen zu ihrer künstlerischen Reife fand, beschloß Linda Sexton, die Therapienotizbücher ihrer Mutter im HRHRC aufzubewahren und zu Lebzeiten der Familienmitglieder mit einer Sperre zu versehen. Mir wurde gestattet, sie zu nutzen. Nachdem ich über den Zeitraum geschrieben hatte, den die Notizbücher abdecken, gewährte mir Dr. Orne ein Interview und schickte mir dann mit Erlaubnis der Nachlaßverwalterin einen Großteil der Bänder, die seinen Umzug aus Boston 1964 überstanden hatten. Ich verbrachte die folgenden zwei Jahre damit, diese Tonbänder zu transkribieren; ein Teil eines Transkripts ist hier im Anhang aufgenommen. Auch wenn ich die Bänder am Ende nur sparsam zitiert habe, änderte sich meine Meinung über Anne Sexton entschieden, als ich sie anhörte. Ich verwarf das Buch, an dem ich schrieb, und fing noch mal ganz von vorne an.

Was hätte Sexton wohl von dieser Offenlegung der Arzt-Patient-Beziehung gehalten? In ihrem Testament, in dem sie die Verfügungen über ihren literarischen Nachlaß sehr professionell trifft, erwähnt sie die Tonbänder nicht. Bei ihrem Tod fanden sich allerdings vier Tonbänder unter ihren Papieren, und die gehören nun zu den gesperrten Teilen des Materials am HRHRC. Nach allem, was ich über Sexton erfahren habe, hätte sie die gesamte Sammlung der Tonbänder vermutlich nicht aus dem Archiv ihrer Manuskripte und Privatpapiere herausgehalten. Sexton war kein Mensch mit einem ausgeprägten Sinn fürs Private. Sie war offen und impulsiv: Viele fanden sie exhibitionistisch, und einige der Menschen, die mit ihr lebten, fanden sie auf eine unverschämte, ja unanständige Weise aufdringlich. Aber ihre mangelnde Zurückhaltung hatte auch eine großzügige Seite, die meiner Meinung nach mit ihrer Spiritualität zusammenhing. Wenn ein Leiden wie das ihre einen Nutzen hatte, so ihr Argument, dann nicht für den Leidenden. Allein die Mitteilung an andere könne dem Schmerz eines einzelnen einen Sinn verleihen. Dieser Haltung von Sexton habe ich beim Schreiben über ihr Leben Rechnung zu tragen versucht.

Eine Anmerkung zur Interpunktion und zu den Namen

Sexton und ihre Briefpartner setzten oft drei oder mehr Punkte als Interpunktion, was leicht als Auslassungszeichen mißverstanden werden kann. Aus Gründen der Klarheit habe ich geschweifte Klammern gesetzt [. . .], wenn ich aus geschriebenen oder gedruckten Texten etwas auslasse. Beim Zitieren aus den Arztnotizen und aus meinen Transkripten von Anne Sextons Therapiebändern habe ich um der besseren Lesbarkeit willen die Syntax vervollständigt, und aus demselben Grund habe ich Auslassungen oder andere Unterbrechungen des Zusammenhangs in der herkömmlichen Weise mit Auslassungszeichen gekennzeichnet.

Vier Pseudonyme werden in diesem Buch gebraucht: Ollie Zwei-zung und Constance Chase sind nicht die richtigen Namen von Sextons Psychiatern; Jerry ist nicht der Name des Dichters in dem Workshop, mit dem Sexton 1957 eine Affäre hatte; und Bruder Dennis ist nicht der Name des Priesters, mit dem Sexton 1962/63 korrespondierte.

1 Ihre Art
Ich bin ausgezogen, eine besessene Hexe . . . Eine solche Frau wird mißverstanden . . . Ich war von ihrer Art.

Anne Sexton während ihrer Hochzeitsreise
in Virginia Beach.

Selbstfindung
1928–1957

Anne Sextons Mutter und ihr Großvater, Mary Gray Staples und Arthur Gray Staples.

Anne im Alter von vier oder fünf Jahren.

Anne Sextons Vater, Ralph Churchill Harvey, und ihre Mutter, Mary Gray Harvey, an der Anlegestelle der Fähre in Squirrel Island, Maine.

Rechts: Alfred Mueller Sexton, Kayo, in Virginia Beach.
Unten: Anne Sexton mit ihrer älteren Tochter Linda.

Links: Anna Ladd Dingley, »Nana«, Anne Sextons Großtante.
Unten links: Anne Sextons Mutter, Mary Gray Staples Harvey.
Unten rechts: Anne Sextons erster und langjähriger Psychiater, Dr. Martin Orne, um 1956.

Anfänge
1928

Anne Sexton schrieb ihre ersten Gedichte, wie so viele, als Teenager, und gab es dann, wie die meisten, wieder auf. Sie begann erneut zu schreiben, als sie nach einem Selbstmordversuch in psychiatrischer Behandlung war, inzwischen selbst Mutter von zwei Kindern. Die Psychotherapie bildete in Anne Sextons Leben eine Brücke zwischen der Kreativität des jungen Mädchens und dem Engagement der Frau, die sich zur Kunst berufen fühlte.

Sexton verbrachte einen Großteil ihres Erwachsenenlebens damit, Assoziationen nachzugehen, die zurück in die Kindheit führten, vor allem zu ihren Jahren als das »Baby« in einer wohlhabenden Großfamilie. Sie gab sich immer wieder schmerzlichen, abgespaltenen Gefühlen für ihre Mutter, ihren Vater und die Großtante Nana hin; auf diese Weise lebte die Vergangenheit in ihr weiter. Durch das lange Grübeln wurde ihr eines klar: daß es die Vergangenheit nur in verschiedenen Versionen gibt, die sich je nach unseren Motiven im Augenblick der Erinnerung unterscheiden.

Sextons Motiv war meistens, eine gute Geschichte zu erzählen. Als sie dann berühmt war, stellten ihr Interviewer immer wieder erwartungsgemäß die Frage: »Wie sind Sie Dichterin geworden?«, und sie gab immer dieselben Einzelheiten an, wiederholte oft ganze Sätze, als hätte sie sie auswendig gelernt. Was sie sagte, erinnerte an die Geschichte von Schneewittchen. Die Königin in ihrer Geschichte war ihre eindrucksvolle Mutter, die Tochter eines Schriftstellers. Der vergiftete Apfel war der Druck der Gesellschaft auf Anne, ein konventionelles Leben in einem Bostoner Vorort zu führen, für ihre beiden Töchter zu sorgen und ihrem Mann beizustehen, in seiner Karriere im Wollhandel voranzukommen. Das Gift wirkte: Sie wurde krank, unternahm einen Selbstmordversuch. Die wunderbare Verwandlung ereignete sich in der Behandlung durch einen Psychiater, der, etwa wie der Prinz im Märchen, ein Heilmittel wußte, das sie zu einem neuen Leben als Dichterin erweckte. Sexton nannte dieses Erwachen ihre »Wiedergeburt mit neunundzwanzig« und fügte hinzu: »Wenn ich schreibe, weiß ich, daß ich das tue, wozu ich geboren bin.«

Die Künstlerin Anne Sexton wurde, ihrer eigenen Darstellung nach, mit neunundzwanzig geboren. Es war keine leichte Schwangerschaft. Sie erlitt als Ehefrau und Mutter einen totalen Zusammenbruch und war ein Jahr lang zwischen den Extremzuständen von betäubender Leere und panischer Erregung hin- und hergeworfen. Ihre Krankheit war für sie selber schrecklich und auch für die Menschen, die mit ihr zusammenlebten, oft entsetzlich. Trotzdem wurde in dem fruchtbaren Durcheinander, das durch ihren ersten Zusammenbruch 1956 entstand, die Saat ihrer Identität als bedeutende amerikanische Schriftstellerin gesät. Hier beginnt das Leben der Dichterin.

Aber es gab auch andere Geschichtenerzähler in Anne Sextons Familienleben: Einige überlebten sie und stellten die Wahrhaftigkeit der dramatischen Erzählungen in Frage, zu denen Sexton ihre Gefühle über die Vergangenheit destillierte. Diese Versionen ihrer Geschichte helfen uns, Teile ihres früheren Lebens, der Jahre vor ihrer »Wiedergeburt«, auch unter anderen Blickwinkeln zu sehen. Sie widersprechen zwar manchmal Sextons eigener Sicht, erhellen aber auch ihren Wahnsinn und ihre Kunst.

Anne Gray Harvey wurde am 9. November 1928 in Newton, Massachusetts, als jüngste von drei Töchtern geboren: Jane (1923), Blanche (1925) und Anne. Ihre Eltern, Ralph und Mary Gray Staples Harvey, waren wie Gestalten aus einem Roman von Scott Fitzgerald, Kinder der goldenen zwanziger Jahre: gutaussehende, selbstzufriedene, wohlhabende Menschen, die Genuß und Geselligkeit liebten. Ralph Churchill Harvey wurde am 7. Februar 1900 in Chelsea, Massachusetts, geboren, wuchs aber in Wellesley auf, einem aufstrebenden Vorort westlich von Boston. Bei Annes Geburt hatte er bereits gut im Wollhandel Fuß gefaßt und war dabei, seine eigene Firma zu gründen, die R. C. Harvey Company. Er war groß, etwa einsachtzig, hatte eine aufrechte Haltung und kleidete sich anspruchsvoll. Als erfolgreicher Verkäufer, der häufig und über weite Strecken mit dem Wagen und im Zug in den Neuenglandstaaten und im Staat New York unterwegs war, gelang es ihm, penibel gepflegt zu sein: Haare pomadisiert, Schuhe poliert, Nägel maniküprt. Ein Hauch von meist heiterer Lebensklugheit kennzeichnete sein Verhalten anderen gegenüber: »Man muß auf dem *Quivive* sein, Mädels«, pflegte er zu seinen Kindern zu sagen.

Ralphs Vater, Louis Harvey, war Bankier und Selfmademan. Als Anne geboren wurde, war er ein bekannter Geschäftsmann, seit Jahren Präsident der Wellesley National Bank. Aber anders als sein geselliger Sohn war er ein recht strenger Moralist, der Rauchen und Trinken in seiner Gegenwart nicht duldete. Seine Auffassungen hinterließen bleibende Folgen in Wellesley: Als Mitglied des Stadtbeirats sorgte er dafür, daß das einzige Kino ohne Balkone gebaut wurde, so daß die Gefahr schmusender Pärchen gebannt war. Er war ein harter Arbeiter, der sich selbst wenig Ablenkung gönnte. Nach einer besonders anstrengenden Zeit, in der er versuchte, in Puerto Rico eine Bank aufzubauen, erlitt er nach den Darstellungen seiner Familie so etwas wie einen Nervenzusammenbruch. Anne scheint wenig Eindrücke von ihm behalten zu haben, aber Ralph Harveys Erinnerung an den Zusammenbruch trug dazu bei, daß er sich später um die psychische Gesundheit seiner Tochter sorgte.

Louis' Ehefrau, Elizabeth Anderson, war eine gesellige, attraktive Frau, die nicht recht zu ihrem Mann paßte. »Ich stiefel los und gönn mir ein bißchen Spaß«, sagte sie gern. Sie liebte Einkaufsbummel und Klatsch, und sie leistete ihrer Schwiegertochter bei einem heimlichen Cocktail in der Speisekammer vor dem Sonntagsessen mit Freuden Gesellschaft. Annes Vater, Ralph, war ihr erstes Kind und der Liebling der Eltern. Seine fünf Jahre jüngere Schwester Frances war das Gegenteil ihrer so weiblichen Mutter, ihr waren Pferde lieber als Jungen. Sie machte eine Ausbildung als Sekretärin und bekam im Finanzbüro des Wellesley College eine Stelle, aber sie hatte keine leichte Jugend, und Mitte zwanzig unternahm sie einen Selbstmordversuch. Schließlich ließ Fran sich auf einer Farm in New

Hampshire nieder, züchtete Pferde, und spät im Leben heiratete sie einen anderen Pferdezüchter. Annes Selbstmord 1974 ging ihr sehr nahe. Ein Jahr später, im Alter von neunundsechzig, erschoß sie sich.

Louis Harveys altmodische väterliche Starrheit reizte den jungen Ralph zum Widerstand: Er lief 1916 von zu Hause weg, um zur Armee zu gehen. Louis holte ihn wieder nach Hause, damit er das Gymnasium in Wellesley absolvierte, hatte aber kein Verständnis für Ralphs Wunsch, aufs College zu gehen. Da er selber wenig Ausbildung genossen hatte, meinte er vielleicht, höhere Bildung sei unnötig, um auf dem Markt der Nachkriegszeit Erfolg zu haben. Mit siebzehn ging Ralph direkt ins Geschäft und fing als Lehrling in einer Wollfirma an (von seinen ersten fünfzig Dollar kaufte er seiner Mutter ein echtes Goldarmband). Durch die Nachfrage nach Dekken und Uniformen während des Ersten Weltkriegs war das Wollgeschäft in Massachusetts eine florierende Branche. Mit Hilfe von Familienbeziehungen stieg Ralph zum Handelsreisenden auf und brachte es bald zu hohen Provisionen. Als er sich 1922 in Annes Mutter verliebte, konnte er es sich leisten zu heiraten.

Mary Gray Staples – immer Mary Gray genannt – wurde am 14. März 1901 geboren, als ihre eigene Mutter sechsunddreißig Jahre alt war und ihr Vater einundvierzig. Als Einzelkind wuchs sie wie eine kleine Prinzessin auf. Einige Familienmitglieder hatten bedeutende gesellschaftliche Positionen als Politiker und Journalisten in den Zwillingsstädten Lewiston und Auburn, Maine, inne und übten als treue Republikaner im Ort entscheidenden Einfluß aus. Der bedeutendste von Mary Grays Vorfahren, Nelson Dingley jun., war Gouverneur von Maine und Abgeordneter im amerikanischen Kongreß gewesen, und ihr Großvater hatte das *Lewiston Evening Journal* gegründet, dessen Herausgeber und Verleger nun ihr Vater, Arthur Gray Staples (der, wenn man von ihm sprach, gewöhnlich A. G. S. genannt wurde), war. Von Mary Grays Mutter, Jane Dingley Staples, heißt es, sie sei ihrem erst spät in der Ehe geborenen Kind völlig ergeben gewesen, aber eigentlich hatte Mary Gray an A. G. S. die stärkste Bindung – möglicherweise die stärkste ihres Lebens. Vielleicht taufte er sie mit dem Namen seiner Mutter, Mary Gray, um Raum für die beiden abzustecken zwischen all den Dingleys, die sie umgaben. Die Leute erinnern sich noch an die Nähe zwischen Vater und Tochter: Sie sahen einander sehr ähnlich und vertrieben sich oft gemeinsam mit Witzen und Büchern und Baseball die Zeit, und sie hörten sich an Sommernachmittagen zusammen die Radioübertragungen von den Red Sox, einem Baseball-Team, an. Sie entwickelten auch beide eine Leidenschaft für Kreuzworträtsel, die ja in den zwanziger Jahren eine Neuheit waren; Anne Sexton sah später einen Zusammenhang zwischen ihrer Freude an verzwickten Reimmustern und der Begeisterung ihrer Mutter für Kreuzworträtsel.

A. G. S. setzte seinen Ehrgeiz in Mary Grays Ausbildung. Er schickte sie aufs Internat Walnut Hill in Natick, Massachusetts, und dann aufs Wellesley College. Nach ihrem ersten Studienjahr in Wellesley lernte sie auf Squirrel Island in Maine, zwei Meilen vor Boothbay Harbor, Ralph Harvey kennen; ihre Familie hatte dort ein Sommerhaus. Mary Gray, eine zierliche, lebhafte, offenherzige Frau mit tiefen Grübchen um ihr Lächeln, war eine der markantesten gesellschaftlichen Erscheinungen auf der Insel. Sie und Ralph verliebten sich spontan ineinander, und sie beschloß, gegen den Protest ihres Vaters, das Studium aufzugeben und ihn zu heiraten.

Mary Gray war noch jung, als sie ihre Kinder bekam. Jane wurde geboren, als sie zweiundzwanzig Jahre alt war; Blanche kam fünfzehn Monate später und Anne 1928, als sie siebenundzwanzig war. Die Schwestern bauten keine engen Gefühlsbindungen zueinander auf; vielmehr entwickelten sie ausgeprägte individuelle Charaktere und spielten ganz unterschiedliche Rollen in der Familie.

Als die Älteste wurde Jane Vaters Lieblingstochter. Sie war das einzige Kind, das sich für das Hobby des Vaters, die Dressur englischer Bullterrier, interessierte, sie teilte Ralph Harveys Leidenschaft für Autos und lernte mit zehn Jahren fahren. Auf dem Gymnasium trieben sie und ihre Freundinnen, perfekt ausgestattet, mit den Jungen aus der Nachbarschaft Sport; ihr liebster Besitz waren ein Fußball und ein gut eingefetteter Baseball-Handschuh, den außer ihr selbst niemand anfassen durfte. Als sie sich dann für

Kleider zu interessieren begann, konnte sie sich in einem schlanken, muskulösen Körper in ihnen in Szene setzen.

Im Gegensatz dazu wurde Blanche in der Familie als die Intelligente angesehen. Sie las gern und war die einzige Tochter, die aufs College ging. Anne erinnerte sich später, daß Blanche auch eine leidenschaftliche politische Phase hatte: »Blanche war ganz Feuer und Flamme für Politik und Staatstheorie.« Als Teenager begleitete Blanche ihre Mutter bei regelmäßigen Besuchen in ein nahe gelegenes Erholungsheim für Kinder, die durch rheumatisches Fieber gelähmt waren; Mary Gray, die selber mit sechzehn an diesem Leiden schwer erkrankt war, meinte, daß die Erfahrung Blanche stark machen und davon abhalten würde, sich selbst zu bemitleiden. Tatsächlich war Blanche die einzige Harvey-Tochter, die durch das Familienleben eine gewisse Stabilität zu erlangen schien; ihre beiden Schwestern hingegen sollten in mittleren Jahren Selbstmord begehen.

Anne war das Baby der Familie, und sie ließ sich gern in den Arm nehmen. Auf einem Bild, das aufgenommen wurde, als sie vier Jahre alt war, strahlt sie eine gewisse Schüchternheit aus; man kann sich leicht den emotionalen Anspruch vorstellen, den sie an diejenigen stellte, um deren Aufmerksamkeit sie bettelte. In ihrer Erinnerung war sie als Kind sehr einsam. Zu den Bildern, die sie am meisten quälten, gehörte die Vorstellung, als Kleinkind durch ein in der Türfassung aufklappbares Gitter in ihrem Zimmer eingeschlossen zu sein. Es war ein geräumiges Zimmer mit hoher Decke im obersten Stockwerk des Hauses, mit einem roten Rosenmuster tapeziert. Durch die großen Fenster sah man in die Baumkronen. In ihren späten Gedichten stattete Annes Phantasie dieses Zimmer mit Schreckensvisionen aus: Die Rosen werden zu Blutklumpen, und die Blätter, die vor den Fensterscheiben rascheln, sind Stimmen, die sie in den Tod ziehen. »Ich war ein Nichts, das im Schrank kauerte!« Als diese Erinnerungen sich der Dichterin als nützlich erwiesen, waren sie natürlich sehr alt, und sie selber beherrschte ihr Handwerk. Und doch geben sie als Symbole ihre Überzeugung wieder, daß sie in der Familie von allen anderen abgeschnitten war, »im falschen Haus eingesperrt«.

Die Kinder wurden bei der Wellesley Congregational Church in Wellesley Hills in die Sonntagsschule geschickt – wahrscheinlich aus Respekt vor ihrem Großvater, denn ihre Eltern hielten einen kultivierten Abstand von religiösem Überschwang. Diese Einstellung sollte Anne teilen; sie war kein Gruppenmensch. Als sie sich später im Leben mit spirituellen Fragen beschäftigte, ging sie ihnen im Kontext von Freundschaften und nicht von Institutionen nach.

Bis zur vierten Klasse besuchten Jane, Blanche und Anne die Grundschule in Wellesley in der Nähe ihres Elternhauses in der Garden Road 81. Zu Hause wurde ihr Alltag von Helen Dealand überwacht, einer ausgebildeten Krankenschwester, die kurz nach Janes Geburt in den Haushalt gekommen war und bis zu Ralph Harveys Tod bei ihnen blieb. Helen, mehr eine Tante als eine Hausangestellte, kümmerte sich mit einem Gemisch aus Yankee-Strenge und Zurückhaltung um die Kinder und sorgte dafür, daß sie sich an die strengen Benimmregeln hielten, die ihr Vater aufstellte.

Das Familienleben der Harveys war sehr förmlich. Ralph bestand auf einem Kleidungskodex, den er selber peinlich genau einhielt; er setzte sich nie ohne Jackett und Schlips zu Tisch – sogar seine Unterwäsche wurde gebügelt. Wenn die Kinder mit den Eltern an irgendeiner gesellschaftlichen Veranstaltung, und sei es einem Essen, teilnahmen, wurde erwartet, daß sie vorher ihre Säume überprüften und ihre Kleider aufeinander abstimmten, wozu sie in jedem Zimmer bodenlange Spiegel hatten. Ralph war besonders heikel, wenn sie in der Öffentlichkeit auftraten. Obwohl sich jeder bemühte, daß die Kinder stets auf dem *Quivive* waren, war Anne immer unordentlich, zappelig und laut. Sie konnte die Essenszeiten nicht ausstehen und nahm gewöhnlich ihr Essen in ihr Zimmer mit, wo sie es dann schlecht werden ließ – eine Gewohnheit, die sie nach Auskunft ihrer Kinder noch später in ihrem Leben beibehielt. Ihr persönliches Auftreten entsprach keineswegs den Erwartungen ihres Vaters. Schon sehr früh wurden alle drei Mädchen einmal in der Woche in einen Frisiersalon geschickt, wo ihnen die Haare gewaschen und frisiert wurden. Annes Frisur hielt nie lange, denn sie hatte die Angewohnheit, ihr Haar zwischen den Fingern zu einem einzigen Gewirr zu zwirbeln. Mit ihren Kleidern war es genauso schlimm: offene Säume, unpassende Schal- und Gürtelkombinationen über schlecht zusammengestellten Blusen und Röcken. Ihr Redestrom war nicht zu bremsen und laut. Und sie war ständig auf dem Sprung; irgendwer mußte sie immer bitten, doch still zu sitzen. Daher gehörte sie bei Gelegenheiten, bei denen gutes Benehmen zählte, im Zweifelsfall nicht dazu. Als ihre Schwestern von der Brown Elementary School, der Grundschule, nach Dana Hall, einer Privatschule für Mädchen, kamen, aßen sie im Familieneßzimmer mit ihren Eltern zu Abend, aber Anne nahm weiterhin, bis sie elf Jahre alt war, all ihre Mahlzeiten im Frühstückszimmer mit Helen ein.

Ralph und Mary Gray Harvey standen einander in Annes frühen Jahren sehr nah. Ralph war drei von vier Wochen verreist, um die in seinem Unternehmen bearbeitete Wolle an Textilfabriken und Kleidungshersteller zu verkaufen. Er war gern ständig vom Büro aus mit seiner Frau in Kontakt, und sie telefonierten mehrmals am Tag über seine geschäftlichen Angelegenheiten. Er und Mary Gray gingen fast jeden Abend aus, und gelegentlich gaben sie große Parties. In ihrer Psychotherapie erinnerte sich Anne später an eine Bemerkung von Jane: »Wenn Mutter und Daddy Leute zu Besuch hatten, schickten sie uns nach oben, bis Daddy dann kam und sagte, jetzt zeigt mal euren Charme her – oh, wie ich davor Angst hatte.« Auftritte auf Befehl waren die Regel: »Niemand kam einfach mal bei unserer Familie vorbei. Und wenn, dann lief Vater nach oben: Er mußte sich für den Auftritt zurechtmachen.«

Die Aufmerksamkeit der Eltern zu bekommen erforderte offenbar geschickte Strategie auf seiten der Kinder. Wenn Ralph und Mary Gray abends ausgingen, schrieben die Mädchen ihnen Zettelchen oder machten Zeichnungen, die sie unter die Kissen steckten, wenn die Haushälterin die Betten aufdeckte. Sie wetteiferten miteinander um Lob, besonders von ihrer kapriziösen Mutter.

Ralph Harvey wurde von der Großfamilie seiner Frau angenommen, ähnlich wie A. G. S. bei den Dingleys aufgenommen worden war, vielleicht aus denselben Gründen. Er schaute zu Mary Gray als einer überlegenen Persönlichkeit und zu A. G. S. als Vorbild auf. Auch wenn die Ralph Harveys und die Louis Harveys einander jede Woche zum Sonntagsessen besuchten, war es der Dingley-Staples-Klan, mit dem sie Weihnachten feierten und lange Sommerurlaube verbrachten.

Die Sommerferien auf Squirrel Island gaben der Großfamilie ein starkes Gefühl der Zusammengehörigkeit. Bis zum Tod von Mary Grays Mutter im Jahre 1938 verließen Mary Gray und ihre Kinder Wellesley jedes Jahr am ersten Juni. Als die Mädchen älter wurden, bedeutete dies, daß sie aus der Schule genommen wurden – abweichend von der strengen Disziplin, die im Harvey-Haushalt üblich war, doch das Zusammensein der Familie hatte Vorrang. Mary Gray mit den Kindern, ihre Großeltern und die Großtante Anna sowie diverse Hausangestellte verbrachten den ganzen Sommer auf Squirrel Island in zwei großen Häusern, Dingley Dell und Haus Aerie, umgeben von Bäumen und mit Blick aufs Meer. Im Aerie war das Badezimmer mit speziellen Armaturen für die Kinder ausgestattet, und es gab Zimmer für Helen Dealand und ein Kindermädchen, Jean Mayo. Das Wunderbarste war ein Theater mit einer erhabenen Bühne, Rampenlicht und einem richtigen Vorhang. Das übernahm Anne als ihr eigenes Reich, als sie noch ein kleines Mädchen war. Einige Familienmitglieder erinnern sich noch an das Geschick und den Witz ihrer Theateraufführungen und halten diese Begabung für den Schlüssel zu ihrer Persönlichkeit: Anne war eine Schauspielerin und spielte liebend gern vor Publikum. Dies machte sie für die Familie zu einer unzuverlässigen, wenngleich unterhaltsamen Informationsquelle.

A. G. S. hatte in seinem Büro im Haus Aerie eine Schreibmaschine, und er brachte seine Leitartikel für das *Lewiston Evening Journal* mit der Fähre auf den Weg. Außerdem kümmerte er sich um ein paar Himbeerhecken und führte ein geselliges Leben mit den anderen älteren Leuten der Gemeinde. A. G. S. war einer der wichtigsten Bürger auf der Insel, auf der die Dingleys tonangebend waren: Dank ihrer Großzügigkeit wurde eine eindrucksvolle Bibliothek eingerichtet, derentwegen man noch heute an sie zurückdenkt. Die jungen Ralph Harveys allerdings waren die Anführer einer Clique, die auf ausgelassene Unterhaltung aus war; zum Beispiel stellten sie in einem Jahr einen Regisseur aus New York an, der die alljährliche Varietévorstellung zum Abschluß der Sommersaison betreuen sollte. Auf der Insel gab es keine Autos, und es war nichts Ungewöhnliches, Jungen nachts ihre betrunkenen Väter in Wagen nach Hause ziehen zu sehen, in denen die Hausangestellten sonst Vorräte von der Fähre zu den großen Häusern schafften. An den Wochenenden fuhr Ralph immer von Wellesley nach Boothbay und nahm dann sein Rennboot vom Yacht-Club nach Squirrel Island; man hat ihn noch als Teufelskerl in Erinnerung. Er und Mary Gray waren bekannt dafür, sich Parties mit Mottos und ausgeklügelte Spiele mit anderen Ehepaaren auszudenken: In der Erinnerung einiger Leute, die sie in ihrer Jugend kannten, repräsentierten sie das Ende der goldenen zwanziger Jahre.

Den Sommern auf Squirrel Island verdankte Anne bleibende zärtliche und glückliche Erinnerungen an die Familie ihrer Mutter. Besonders wichtig waren ihr die Namen, die die jüngere Generation mit der älteren verbanden. Annes älteste Schwester wurde nach ihrer Großmutter Jane Dingley benannt und Blanche nach ihrer Großtante Blanche Dingley Mathews, einer Konzertpianistin, die in Denver lebte. Da die ältere Blanche meistens unerreichbar war, sprang A. G. S. als besondere Bezugsperson der kleinen Blanche ein. Sie nannten sich gegenseitig »Comfort«, ein Wort der Zuneigung, das Anne später einem Dichter, den sie liebte, als Kosenamen gab. Ein Brief, den A. G. S. an Blanche schrieb, als sie acht Jahre alt war, zeigt, wie großväterlich besorgt er war, damit sie sich als das mittlere Kind ohne einen Namenspaten in der Nähe nicht vernachlässigt fühlte: »Du bist mein Kükchen und mein kleiner Hahn. Du bist mein kleiner Kuschelhund . . . alles zusammen eine irdische und himmlische Siegerin«, versichert er ihr. »Für mich reißt Du alle Blauen Bänder in allen Wettbewerben für Mädchen Deines Alters an Dich. Ich habe Platz in meinem mehr oder weniger geräumigen Herzen für Jane und Anne, glaub mir, aber niemand kann die strahlende Schönheit von Blanche verdrängen.«

Wenn Blanche für glücklich gehalten wurde, ihren amüsanten Großvater zu haben, der für die ältere Blanche einsprang, galt Anne als die glücklichste von allen, da sie die Großtante Anna Ladd Dingley, die alle Nana nannten, stets zu *ihrer* Verfügung hatte. Anna Dingley, die zu einem äußerst wichtigen Bezugspunkt für Anne werden sollte, nachdem diese selber Mutter geworden war, war selbst eine interessante Person. Als junge Frau hatte sie drei Jahre in Übersee gelebt und lange, inhaltsreiche Briefe geschrieben, die die Familie Dingley in Leder band und später an Anne weitergab; als sie dann nach Europa fuhr, baute Anne ihre Reiseroute darauf auf. Nach ihrer Rückkehr nach Maine ergriff Anna Dingley einen für eine Frau ihrer Zeit unkonventionellen Beruf, sie wurde Reporterin für die Zeitung ihres Vaters. (Einmal hatte sie vor, sich in die Irrenanstalt am Ort einsperren zu lassen, um einen Bericht aus der Innenperspektive zu schreiben, aber die Familie legte ihr Veto dagegen ein.) Später wurde sie Miteigentümerin der Zeitung sowie für den Bundesstaat und die Zeitschrift verantwortliche Redakteurin. In ihrem Nachruf ist erwähnt, daß sie im Maine Writers' Research Club, einem Zusammenschluß von Schriftstellern, aktiv war.

Gleichzeitig spielte sie in der Familie ganz konventionell die Rolle der abhängigen »Jungfer«. Als ihre Schwester Jane A. G. S. heiratete, wohnte Anna bei ihnen im Haus. Nachdem Mary Gray geboren war, zog sie kurz in eine Wohnung in der Nähe, aber sie war so einsam, daß sie das Experiment schnell wieder abbrach und nie wieder für sich lebte. Für Mary Gray und Mary Grays Kinder war sie immer Nana, und daß sie so im Familienleben aufging, war eine enorme Wohltat; sie war wie eine zusätzliche Großmutter im Haushalt. Immer wieder umarmte sie die kleinen Mädchen und schmuste mit ihnen, und sie gab wunderbare Rückenmassagen mit duftendem Talkumpuder. Als Anne etwa fünf war, vertraute sie Nana an, daß sie einen vermeintlichen Bruder namens Bobby Pressit habe, und Nana kaufte in einem Antiquitätengeschäft ein Porträt von Bobby, das sie in dem Wohnzimmer aufhängte, in dem Anne sie besuchte. Die beiden nannten einander »Zwillinge«.

Annes idyllische Kindheitssommer gingen 1940 zu Ende, als A. G. S. starb und die Häuser auf Squirrel Island verkauft wurden. Im selben Jahr beschloß Ralph Harvey, auf einem großen Grundstück in der Oxbow Road 82 im nahe gelegenen Weston ein neues Haus zu bauen. Zusammen mit einem Architekten arbeitete er nach seinen eigenen genauen Vorstellungen den Entwurf aus: drei Etagen, mit einer Zimmersuite für Nana, die durch den Tod ihres Schwagers ohne Zuhause war; eine Bibliothek für Mary Gray; ein komplett ausgestattetes Spielzimmer mit einem Garteneingang für die Teenager; ein großer Wintergarten; sieben Bäder und fünf Garagen.

Die Harveys waren während der Jahre der Depression wohlhabend geblieben, und 1941, kurz nach dem Umzug der Familie in die Oxbow Road, stiegen durch die Kriegswirtschaft die Profite der R. C. Harvey Company noch weiter an. Ralph mußte sich nicht mehr so intensiv um die Geschäfte kümmern und war viel weniger unterwegs. Er begann stark zu trinken und zog sich dann immer in sein Zimmer zurück. Wenn er erschien, waren seine Launen manchmal gräßlich; der eisige Sarkasmus seiner Frau, die Tischmanieren seiner Töchter oder sogar der Anblick ihrer unreinen Haut konnten ihn zu Spottiraden provozieren. Mary Grays Aufgabe war es, die Spannung am Familientisch zu lösen: »Hände um den Tisch!« sagte sie dann und faßte die Hände auf beiden Seiten, und manchmal entstand dadurch wieder ein Gefühl von Zuneigung. Anne erinnerte sich später, daß sie immer das Gefühl hatte, ihre Mutter sei ein Opfer von Ralphs Unberechenbarkeit, Jane dagegen war über Mary Grays eigene Unberechenbarkeit empört: »Daddy war entweder betrunken, oder er war nüchtern«, sagte Jane einige Jahre nach dem Tod ihrer Eltern. »Aber bei Mutter wußte man nie, wann sie schrecklich und wann sie nett sein würde. Kaum meintest du zu wissen, woran du warst, fiel sie über dich her.«

Ein häufiger Gast im Hause Harvey, Jack McCarthy – Annes Spielkamerad und dann jahrelang ihr Jugendfreund –, hatte den Eindruck, daß die Familie mit Ralphs Trinken im wesentlichen so umging, daß sie es übersah. Einmal, als der Chauffeur der Harveys nicht zur Verfügung stand, wurde Jack gebeten, Ralph zum Zahnarzt zu fahren. Stockbetrunken, aber äußerst würdevoll saß der ältere Herr die ganze Fahrt über in völligem Schweigen auf dem Rücksitz seines Cadillacs und ließ sich nicht anmerken, ob er Jack erkannt hatte.

Auch Mary Gray lehnte selten einen Cocktail ab. Im späteren Leben identifizierte sich Anne mit der Art, wie ihre Mutter trank, und sie scherzte, daß sie lieber für eine Trinkerin als für eine Alkoholikerin gehalten würde. Mary Gray, so erinnerte sie sich, »konnte trinken, wann sie wollte. Meine Mutter nahm jeden Mittag zwei Drinks und jeden Abend drei, komme, was da wolle. Als mein Vater dann aufhörte zu trinken, stand sie mit einem Glas am Ausguß und – schlurf – goß den Whiskey in einem runter. Mein Vater trank heimlich, gelegentlich . . . Ich habe noch immer die Gläser, die sie in den Zwanzigern hatten – ich dachte, mein Gott, das ist doch nur gerecht: Meine Eltern haben sich ins Grab getrunken, und jetzt trinke ich aus denselben Gläsern!« Aber Mary Gray hielt sich für eine Gelegenheitstrinkerin; Ralph war es, der das Problem hatte.

Annes Vater hatte schon etwa zehn Jahre lang viel getrunken, ehe er sich in Westwood Lodge, einer Privatklinik, in Behandlung begab. Er mußte in diesen Jahren einige geschäftliche Rückschläge einstecken und fing an, sich Geld zu borgen, obgleich er weiterhin verschwenderisch viel für seine Autos (er kaufte jedes Jahr einen neuen Cadillac) und für die drei neuen Häuser ausgab, die er zwischen 1940 und 1950 baute. »Scheiß auf die Erben! Sollen ruhig zu Fuß gehn«, sagte er zu Mary Gray, als sie Bedenken gegen seine Extravaganz anmeldete. Ralphs Trinkorgien kamen schubweise und unvorhersagbar, und er versuchte mehrmals, sie unter Kontrolle zu bekommen, ehe er 1950 ein für allemal aufhörte. Wenn er betrunken war, mied die Familie ihn, und danach verziehen sie ihm wieder: Er konnte so charmant, so aufmerksam sein.

Anne fiel es sehr schwer zu vergeben. Sie behielt quälende Erinnerungen an die Trinkorgien ihres Vaters, zum Teil weil sie sie in der Kindheit nicht als solche erkannte. »Er wurde bloß plötzlich sehr gemein, als hasse er die ganze Welt«, berichtete sie später ihrem Psychiater. »Er saß da und schaute dich an, als hättest du etwas Schreckliches verbrochen. Er haßte dann jeden! Am stärksten erinnere ich mich noch an seinen Gesichtsausdruck.« Es schien so, als ob sich seine verbale Gewalt ganz auf sie konzentrierte, wenn er trank. Er beklagte sich, daß ihre Akne ihm eklig sei, und meinte, daß er nicht mit ihr an einem Tisch essen könne. Sie fühlte sich durch die Ausbrüche seines Abscheus verletzt, und anscheinend hat niemand sie vor diesen Attacken beschützt. Sein Trinken zerstörte endgültig ihr Vertrauen in seine Liebe.

Die Person, die Anne in der Kindheit unbedingte elterliche Liebe schenkte, war der geliebte »Zwilling«, Nana, die, als Anne elf war, nach Wellesley zog und bei den Harveys wohnte. In den Jahren zuvor hatte Anne Schwierigkeiten in der Schule gehabt. In einer Schule war sie in der dritten Klasse sitzengeblieben, in einem anderen Schuldistrikt hatte sie die vierte Klasse übersprungen, dann mußte sie 1939/40 die fünfte wiederholen. In diesem Jahr war A. G. S. todkrank, deshalb verbrachte Mary Gray einen Großteil des Winters in Maine, um ihren Vater zu versorgen, und ließ die Kinder in der Obhut von Hausangestellten. Arthur Gray Staples starb im April 1940, und im darauffolgenden Sommer kam Anne wegen schwerer Verstopfung in die Lahey-Klinik.

In ihrer Erinnerung erschien dies Anne später als eine traumatische Phase ihres Lebens, und sie konnte sich noch entsinnen, wie ihre Mutter regelmäßig ihren Stuhlgang kontrollierte und ihr mit einer Kolostomie drohte, wenn sie sich nicht anstrengen würde, ihre Verdauung in Ordnung zu bringen. Auch wenn man diese Erinnerungen wohl mit etwas Vorsicht genießen muß, da sie in der Therapie gern ihre Kindheitskümmernisse übertrieb, weisen sie doch auf Schwierigkeiten in der Beziehung zu ihrer Mutter in einer bedeutsamen Zeitspanne hin, in der Mary Gray häufig außer Haus war. Offensichtlich legte man den Harveys um diese Zeit nahe, wegen ihrer Tochter psychologischen Rat zu suchen, doch sie folgten dem Hinweis nicht. Wie Anne später bemerkte, bildete sich mit dieser wichtigen Trennung von Mary Gray ausgerechnet zu diesem Zeitpunkt im Familienleben ein Muster heraus; die häufige Abwesenheit ihres Mannes versetzte Anne später in eine Panik, der mit Vernunftargumenten nicht beizukommen war.

Als Nana gerade in dieser schwierigen Zeit ins Haus der Harveys kam, bot sie Anne eine Zuflucht. Anne erinnerte sich, daß sie ihre ganze Zeit mit Nana verbrachte, in ihrem Zimmer Karten spielte, dort ihre Hausaufgaben machte, mit ihr zu Mittag aß und nach der Schule mit ihr ins Kino ging. Der einzige Brief aus Annes Kindheit, der überliefert ist – an ihre Tante Frances – enthält einen reizenden Hinweis darauf, welche Rolle Nana in ihrem Tagesablauf spielte: »Hier (in Weston) haben wir für alles geregelte Zeiten. Zuerst am Morgen schlafe ich, dann tu ich meine Arbeit, um 12 Uhr hab ich mein tägliches Schmusestündchen mit Nana.« Nanas Einsamkeit und Annes Anlehnungsbedürfnis ergänzten einander. Wenn sie zusammen unter Nanas blau eingefaßter Steppdecke lagen, streichelte Nana Anne den Rücken und erzählte ihr Geschichten oder plauderte aus alten Tagen.

Annes intensive Bindung an Nana dauerte an, bis sie etwa dreizehn war und nur noch daran dachte, wie sie den Jungen den Kopf verdrehen konnte. Sie fing an, ihre Freunde für lange Nachmittage nach Hause in die herrliche Privatsphäre des Spielzimmers einzuladen. Die Abende verbrachte sie mit stundenlangem Klatsch am Telefon. Für Nana hatte sie allmählich immer weniger Zeit. Auch Mary Gray brachte immer weniger Zeit damit zu, sich ihrer Tante zu widmen; sie war von den Sorgen wegen Ralphs Trinken in Anspruch genommen und versuchte, seine Saufabende soweit wie möglich zu verbergen, vor allem vor seinen Geschäftspartnern.

Eines Abends verlor Nana bei einer Aufführung der Boston-Symphoniker auf dramatische Weise das Gehör. Sie hatte Zahnschmerzen gehabt, und plötzlich merkte sie, daß ihr linkes Ohr taub war. Weil sie sich nicht an ein Hörgerät gewöhnen konnte, fiel sie zusehends in sich zusammen und ging immer flüsternd durchs Haus: »Mary. Mary Gray.« Anne brachte es später auf folgenden Nenner: »Nana war in vieler Hinsicht meine Mutter – sie wurde krank und wollte einfach das Kind meiner Mutter sein.« Die Harveys stellten eine Gesellschafterin für sie ein, die im Haus wohnte, aber Nana ging es zunehmend schlechter. Der Umzug aus dem Haus in Maine hatte ihr Leben bereits ziemlich eingeschränkt; nun zog sie sich mit ihrem verminderten Gehör immer stärker in sich zurück. Wenn Anne sie in ihrem Zimmer besuchte, traf sie sie oft zerstreut und verwirrt an: »Du bist nicht Anne!« rief Nana dann aus. Anne erinnerte sich noch, wie Nana sie »schrecklich und ekelhaft« nannte und sie einmal mit einer Nagelfeile bedrohte. Eines Nachts wurde Nana vor Annes erschrockenen Augen in eine Nervenklinik gebracht. Eine Elektroschocktherapie schien ihren Zustand zu verbessern, und sie kam wieder nach Hause. »Sie war nicht wie eine Wahnsinnige, sie war leidend«, erinnerte sich Anne. »Auch als sie schon krank war, tat ich noch so, als sei sie gesund. Sie war so eine wunderbare Mutter und Freundin gewesen.«

Für Anne war dies eine furchtbare Erfahrung, und sie durchlebte sie wiederum in einer für ihre Familie schwierigen Zeit. Ihr Großvater väterlicherseits, Louis Harvey, erlitt seinen zweiten Zusammenbruch und wurde in Boston ins Glenside eingeliefert. Anne war gerade fünfzehn. »Mein Vater trank ständig, Nana war auf dem besten Wege, verrückt zu werden, mein Großvater war verrückt, Jane bekam ein Baby« – die ganze Familie um sie herum schien sich aufzulösen. Ralph und Mary Gray beschlossen 1944, Nana in ein kleines, nahe gelegenes Privatpflegeheim zu geben, wo man sie leicht besuchen konnte; sie starb 1954 im Alter von sechsundachtzig Jahren.

Nach ihrem eigenen Zusammenbruch fürchtete Anne Sexton, wie Nana in einer Irrenanstalt zu enden. Noch wichtiger war allerdings, daß sie glaubte, persönlich den Zusammenbruch ihrer Großtante verursacht zu haben und von Nana, die sie als »nicht Anne«, sondern eine »schreckliche und ekelhafte« Betrügerin verurteilt hatte, dazu verdammt worden zu sein, ihrerseits zusammenzubrechen. Nanas Raserei setzte sich in Sexton als Angstsymptom fest, das sie als »winzige Stimme« in ihrem Kopf beschrieb, »die von weit her rief« und sagte, sie sei schrecklich, die sie oft verhöhnte, sie solle sich doch das Leben nehmen. »[Ich] hätte Nana nie allein lassen sollen. Sie wäre nie krank geworden – dann wäre ich immer einfach ich selbst gewesen.« Nach dieser Logik war ihre Krankheit eine Art Loyalität Nana gegenüber, nutzlos, aber zwingend: »Ich würde lieber wieder bei Nana sein, ehe sie richtig krank wurde, als gesund zu werden. Das ist das eigentliche Ziel. Wenn ich richtig krank wäre, könnte ich wieder bei Nana sein.« Nana zu verlieren bedeutete, nicht mehr zu wissen, wer sie selber war. Sexton war überzeugt, daß der einzige gute Mensch, der sie je gewesen war, die Anne war, die Nana geliebt hatte.

Aber wirklich einschränkende psychische Probleme sollten erst viel später auftauchen, nachdem sie selber Mutter geworden war. In ihren Teenagerjahren hingegen blühte Anne auf.

Liebe und Ehe
1944

In der Junior High School überwand Anne Harvey ihre Schüchternheit und wurde zum Mittelpunkt eines Freundeskreises, und damit erwachte erstmals ihr Interesse an ihrem Aussehen. Als die kleine Schwester in einer wohlhabenden Familie von Töchtern wurde sie früh mit jener Art von Weiblichkeit vertraut, die in den vierziger Jahren in Mode war. Sie ließ ihre schwarzen Haare zu einem langen Pagenkopf wachsen und stopfte ihren Büstenhalter mit verschiedenen Polstern aus. Eines Abends, als Brad Jealous, der Mann ihrer Schwester Jane, mit einigen seiner Freunde von der Marine auf Urlaub da war, verschaffte sich Anne mit hohen Absätzen und rotem Lippenstift einen dramatischen Auftritt, indem sie auf der Treppe stehenblieb und mit rauchiger Stimme verkündete: »Ich sehe, die Marine ist gelandet.« Damals war sie wohl kaum älter als dreizehn oder vierzehn Jahre.

Mit vierzehn verliebte sich Anne zum ersten Mal, und zwar in Michael Bearpark, einen Jungen aus England, den man nach Weston geschickt hatte, damit er dort bei amerikanischen Verwandten die Kriegszeit überstand. Das Anstecksträußchen, das er ihr bei einer »Party vor dem ersten Kuß« schenkte, klebte sie in ein Album. Der Kuß und der Junge blieben ihr noch lange in lebhafter Erinnerung. Michael Bearpark schrieb ihr 1964 aus Yorkshire, nachdem er auf der Titelseite ihrer *Selected Poems,* die gerade in England erschienen waren, ihr Bild entdeckt hatte. Er berichtete ihr, er sei Psychiater geworden und unverheiratet, »nie genesen von dem Trauma, von Dir zurückgewiesen worden zu sein – stimmt nicht ganz, aber ein bißchen Hysterie muß bei mir immer sein«. Sexton antwortete mit einem koketten Brief: »Ich hätte Dich auf der Stelle heiraten sollen! Vor allem hätte ich viel Geld gespart, wenn ich mit einem Psychiater verheiratet wäre.« Dann erinnerte sie ihn an den Kuß: »Ich weiß nicht, ob es für Dich der erste Kuß war . . ., aber in meinem Leben war es ein Ereignis, das mich auf einen ganz schönen Weg gebracht hat.« Der Kuß war ein gesellschaftlicher Triumph, doch später, als sie wegen ihrer psychischen Probleme in Behandlung war, brachte sie ihn mit Nanas Zusammenbruch in Zusammenhang und verdichtete deren drei Jahre andauernden Verfall in einigen alptraumartigen Bildern.

Annes Elternhaus in Weston wurde zu einem gesellschaftlichen Mittelpunkt. Im Unterschied zu Blanche und Jane besuchte Anne öffentliche Schulen, in denen die meisten ihrer Klassenkameraden nicht so gut situiert waren wie ihre eigene Familie. Einer ihrer besten Freunde, Richard Sherwood, erinnerte sich an das Spielzimmer, in dem sie sich nach der Schule versammelten: »wunderschön möbliert, sogar mit Cola im Kühlschrank und einem Stromberg-Carlson-Plattenspieler, der etwa zwanzig Schallplatten beidseitig spielte, länger als zwei Stunden«. Die Haushälterin, Helen Dealand, schickte die kleine Gruppe im Spielzimmer rechtzeitig vor dem Abendessen nach Hause, aber Anne ging dann sofort ans Telefon und belagerte die Leitung fast ununterbrochen bis zur Schlafenszeit. Familienmitglieder verglichen Annes frühe Schuljahre mit Szenen aus dem Stück *Junior Miss,* das damals gerade ein Hit am Broadway war. Nur war ihr Leben vielleicht etwas erotischer: In Sherwoods Erinnerung waren sie alle auf Sex geradezu versessen. »Anne klaute ihrem Vater *The Life and Loves of Frank Harris* und lieh es mir aus. Kaum war ich zu Hause, wollte sie es schon zurückhaben – sie hatte schreckliche Angst, daß ihr Vater die Sache herausfinden würde. Es wurde zwar viel sexuell experimentiert, aber ich könnte wetten, Anne war noch Jungfrau, als sie heiratete.«

Anne hatte viele heiße Lieben und Flirts, aber von der achten Klasse an hatte sie fünf Jahre lang einen ständigen Freund – Jack McCarthy. Für Michael Bearpark war er ein Rivale: »Sein Vater arbeitete in der Herrenbekleidungsabteilung eines Bostoner Kaufhauses, und Jack hatte eine Sammlung ziemlich greller Sportjacketts, an die die seiner Altersgenossen nicht heranreichten.« Jack wurde mit den Harveys zu einer eleganten Reise nach New York eingeladen, als er und Anne gerade erst vierzehn waren: Sie wohnten im »Waldorf-Astoria«, besuchten die *Fred Allen Show* und machten einen Bummel durch Nachtclubs wie »El Morocco« und »21«. Weil Mary Gray und Jack eine besondere Zuneigung zueinander entwickelten, schaute er bei seinen täglichen Besuchen bei Anne immer bei Mary Gray herein, die dann in der Familienbibliothek, ihrem Rückzugsort, oft mit ihm über ihren geliebten Vater sprach. Jack hatte den Eindruck, daß es Mary Gray schwerfiel, aus sich herauszugehen, aber er merkte auch, daß sie ständig angespannt war wegen Ralphs Trinken. Obgleich Ralph Harvey »alles perfekt erledigte«, spürte Jack einen Klassenunterschied zwischen den Ehepartnern, den er so beschrieb: Mary Gray »hatte ein elitäres Wellesley-Flair« und »wirkte wie eine Intellektuelle«, die peinlicherweise mit einem wohlhabenden Geschäftsmann verheiratet war, »dessen Erhabenheit nicht den allerletzten Schliff hatte«.

Fast von Beginn ihrer Freundschaft an hielten Anne und Jack ihre Verliebtheit für dauerhaft; sie schlossen einen Pakt, in fünf Jahren, wenn sie achtzehn würden, zu heiraten. Sie führten lange Gespräche über Religion – Jack war katholisch – und über Literatur – Jack schrieb Gedichte und wollte Romanschriftsteller werden. Nach Jacks Erinnerung fiel sie in ihrer gesellschaftlichen Umgebung insofern aus dem Rahmen, als sie ihre Gefühle sehr offen zeigte und unerfahren und leicht verletzlich war. »Annes beste Freundin war die regierende Königin der Selbstbeherrschung«, sagte er, »aber Anne war betont unbeherrscht, schwärmerisch und überheblich.«

Die Depressionen, die Sexton mit ihren Teenagerjahren in Verbindung bringen sollte, prägten sich in Jacks Gedächtnis nicht ein. Aber an ein Ereignis konnte er sich doch erinnern, das ihn damals sehr verwirrte. Eines Abends, als Anne und Jack etwa fünfzehn Jahre alt waren (Nana war gerade zum ersten Mal in die Klinik gekommen), verabredeten sie sich zum Schlittenfahren an einem steilen Hügel hinter dem Haus der Harveys. Jack verspätete sich. Als er ankam, war Anne nicht da, aber am Fuß des Hügels konnte er im Mondlicht ihren reglosen Körper im Schnee erkennen. Er lief zu ihr hinunter und fand sie bewußtlos, und sie blutete aus dem Kopf. Nachdem er sie ins Haus getragen hatte, entdeckte er, daß das Blut

Mercurochrom war: Sie hatte die Bewußtlose gespielt und ihren eigenen Tod in Szene gesetzt. Ihr schien das ein gelungener Scherz zu sein.

Dafür, daß sie Teenager waren, führten Jack und Anne ein ziemlich anspruchsvolles gesellschaftliches Leben. Bereits mit sechzehn gingen sie in Bars und zum Tanzen und betranken sich mit Singapore-Punsch – wobei ältere Freunde, die am Zweiten Weltkrieg teilgenommen hatten, den Ton angaben. Anne sah auch älter aus: Sie begann zu rauchen und war groß und schlank geworden (als erwachsene Frau war sie einssiebzig groß und hielt ihr Gewicht normalerweise um dreiundfünfzig Kilo). Fotos zeigen, daß sie eine Ähnlichkeit mit Jane Russell kultivierte, und sie quälte Jack mit ständigen Flirts. Als ihre Eltern merkten, daß sie verrückt nach Jungen war, schickten sie sie 1945 nach Rogers Hall, einem Mädcheninternat in Lowell, Massachusetts, damit sie davon kuriert würde. Anne und Jack schrieben einander treu, aber der Plan, sie auseinanderzubringen, funktionierte. Anne fing an, mit Jungen der nahe gelegenen Phillips Academy, einem Jungeninternat in Andover, Massachusetts, auszugehen und per Post zahlreiche romantische Intrigen zu betreiben.

Offensichtlich hofften Ralph und Mary Gray, Anne würde doch noch Jack McCarthy heiraten. Beide mochten ihn sehr gern und meinten, er würde einen zuverlässigen, sie stützenden Ehemann abgeben. Tatsächlich ließ sich Ralph während einer seiner Trinkorgien von seinem Chauffeur zu den McCarthys fahren, wo er zum Erstaunen von Jacks Mutter und Großmutter auf die Knie fiel und vorschlug, Jack und Anne sollten sich verloben. Dies geschah, als Anne siebzehn war, doch kurze Zeit später, im letzten Schuljahr, brach Jack die Beziehung ab. In der darauffolgenden Phase der Verzweiflung schrieb Anne ihre ersten Gedichte (»trostlose, deprimierte, entsetzliche Gedichte«, spottete sie später). Sie trennten sich und verloren einander aus den Augen, als Jack nach Harvard ging.

Annes Jahrbuch von Rogers Hall läßt vermuten, daß sie unternehmend und beliebt war, obgleich sie ja immer das Gegenteil behauptete. Sie war in der Schwimm- und Basketballmannschaft und führte die Cheerleader an; bei einer Schultheateraufführung führte sie Regie, und bei allen anderen spielte sie Hauptrollen. Im letzten Schuljahr fing sie an, ausgefeilte, formstrenge Gedichte zu schreiben, von denen einige in *Splinters,* der Literaturzeitschrift der Schule, veröffentlicht wurden. Ihre »Cinquains«, Fünfzeiler, beweisen – obwohl sie später immer das Gegenteil behauptete –, daß ihr irgendwer etwas vom Schreiben beigebracht haben mußte:

> *EVIL*
> *Beware!*
> *It lurks so near,*
> *Green serpent of fiery breath,*
> *That distorts men's souls, warps minds, 'tis*
> *Jealousy.*[1]

Vielleicht meinte Anne damals, sie könnte in die Fußstapfen des Schriftstellers in der Familie treten, eine Möglichkeit, die ihr zweiter Vorname nahelegt, der sie mit ihrer Mutter und dem Großvater verband. Zu Mary Grays wertvollstem Besitz gehörten gebundene Bände mit persönlichen Briefen ihres Vaters und ihr gewidmete Exemplare seiner Aufsatzsammlungen, in denen seine wöchentlichen Leitartikel aus dem *Lewiston Evening Journal* zusammengestellt waren. Eines dieser Bücher (*Just Talks on Common Themes*) (Reden über allgemein interessierende Themen) ist noch aus Annes Bibliothek erhalten, mit einer Widmung von Mary Gray: »Dem jüngsten Enkelkind des Autors [. . .] von der Tochter des Autors.« Mary Gray selber war keine Autorin; sie arbeitete nie für die Familienzeitung, und ihr eigener Beitrag zur Literatur bestand in Texten für Familiensketche und Versen für Familiengeburtstage. Anne kommentierte einmal trocken, daß die Stärke ihrer Mutter die wunderschöne Handschrift sei, in der sie die »eleganten Entschuldigungen« schrieb, wenn die Mädchen in der Schule fehlten. Doch in der Familie galt Mary Gray als Schriftstellerin – ein gesellschaftlicher Status, den man idealisierte. Als ab 1958 von Zeit zu Zeit Gedichte von Anne Sexton im *Christian Science Monitor* erschienen, kaufte Ralph Harvey zahlreiche Exemplare, um sie an seine Geschäftsfreunde zu schicken. Aber es brachte seine Tochter auf, wenn er ihre Gedichte mit den wundervollen Briefen verglich, die Mary Gray ihm geschrieben hatte, als er auf Reisen war. »Wir hätten diese Briefe aufheben sollen«, sagte er. »Keines von euch Mädchen ist so brillant wie eure Mutter. Ihr seid kreativ, aber sie ist brillant.«

Anne litt sehr unter diesen gefühllosen Bemerkungen, sogar noch als erwachsene Frau, denn der Konflikt mit ihrer Mutter in Sachen Schriftstellerei reichte bis in ihre Schulzeit in Rogers Hall zurück. Als man ihre »Cinquains« im Jahrbuch der Schule veröffentlichte, wurde Mary Gray mißtrauisch. Jane war dabei ertappt worden, wie sie aus dem Werk von Arthur Gray Staples abgeschrieben und im Englischunterricht seine »Reden über allgemein interessierende Themen« als ihre eigenen abgegeben hatte, und erst vor kurzem war eine von Annes Klassenkameradinnen von der Schule geflogen, weil sie das Werk ihres Vaters als ihr eigenes abgeliefert hatte. Anne schrieb oft Gedichte ab, die ihr gefielen, ohne den Namen des Autors anzugeben. (Aus eben dem Grund wurden tatsächlich Gedichte von Sara Teasdale, die man in ihren Unterlagen gefunden hatte, als Beispiele für Sextons Frühwerk veröffentlicht.) Hatte sie sich durch solche schlechten Beispiele möglicherweise dazu verführen lassen, bei Sara Teasdale oder einem anderen richtigen Dichter Anleihen zu machen? Mary Gray wollte dem nachgehen und schickte ein Bündel mit Texten von Anne mit der Bitte um ein Expertenurteil an einen College-Professor, den sie in New York kannte. Der Familie zufolge sagte er ihr, daß das Werk vermutlich echt und sehr vielversprechend sei. Aber Anne fühlte sich vernichtet und keineswegs beschwichtigt; sie interpretierte das Vorgehen ihrer Mutter als Beweis dafür, daß sie die »Hauptperson« bleiben wollte, wie sie es später formulierte. In den nächsten zehn Jahren schrieb Anne kein einziges Gedicht.

Anne erhielt keine besonders guten Noten in Rogers Hall. Sie entschied sich für den Zweig, der nicht aufs College vorbereitete, was nahelegt, daß man von ihr eben keine akademischen Leistungen erwartete. Ihren eigenen Notizen zufolge war ihr Ziel in der High School, einen Verlobten zu bekommen. Die Belege eines hektischen gesellschaftlichen Lebens stopfte sie in ein dickes Album: Sträußchen, Sektquirle, Streichholzbriefchen, Theaterprogramme und stapelweise Briefe, die romantischer Abende gedachten, viele davon mit verträumten oder verzückten Anspielungen auf die Ehe. In den Frühlingsferien des letzten Schuljahres schickte sie ein Telegramm an ihre beste Freundin: »Verliebt [. . .], Diamant im Sommer fällig«; mehr ist von dieser Liaison dann allerdings nicht zu hören. Von Rogers Hall wechselte sie an die Garland School über, ein Mädchenpensionat in der Commonwealth Avenue in Boston, und irgendwann im selben Jahr verlobte sie sich tatsächlich und begann, eine große Hochzeit zu planen. Doch ihre Familie war besorgt: Anne kannte den Jungen nicht gut genug; sie war noch zu jung; ihr Verlobter schien unreif. Aber im Frühsommer, als sie noch immer verlobt war, lernte Anne Kayo Sexton kennen, verliebte sich und brannte mit ihm durch.

Alfred Muller Sexton II gab man schon als Baby den Spitznamen Kayo, weil er einmal, wie die Figur in dem Comic *Gasoline Alley,* in einer Kommodenschublade zu Bett gelegt wurde. Der Name blieb haften; noch im Erwachsenenalter schien er zu seinem jungenhaften guten Aussehen zu passen. Wie Anne wuchs Kayo in einem großen Haus in einem wohlhabenden Vorort von Boston auf. Als seine Eltern, Wilhelmine Muller und George Sexton, 1923 heirateten, erhielten sie eine voll möblierte Villa in der Middlesex Road in Chestnut Hill als Geschenk, einschließlich eines neuen Buicks in der Garage; erworben war das Ganze mit den Einkünften aus der Sexton Can Company, die der Familie gehörte. George, der auf Börsenspekulation versessen war, übernahm sich allerdings, als er Aktien auf Kredit kaufte. Am ersten Tag des Börsenkrachs 1929 verlor er – auf dem Papier – zwei Millionen Dollar und bald danach den Rest ihres Erbes. Sie konnten das Haus jedoch halten, und George faßte wieder Fuß im Getränkeeinzelhandel, dann bei einer Buick-Agentur und schließlich im Rind- und Kalbfleischgroßhandel. 1931, drei Jahre nach Kayos Geburt, bekamen die Sextons ihr zweites Kind, Joan. In Kayos Teenagerjahren begann Kayos Vater – wie Annes – stark zu trinken und war oft tagelang verschwunden. Kayo lernte früh, sich um die Familie zu kümmern: Er wurde zu den Bars in der Umgebung geschickt, um seinen Vater zu suchen und nach Hause zu bringen. Diese Belastung wurde er dann los, als er aufs Internat ging, und 1947 schrieb er sich an der Colgate University in Hamilton, New York, ein in der Hoffnung, einmal Medizin zu studieren.

Kayo und Anne lernten einander im Mai 1948 durch einen Briefwechsel kennen. Eine gemeinsame Freundin schickte ihm Annes Adresse, und er schrieb ihr ein zaghaftes Briefchen, in dem er sich vorstellte. Anne schickte ihm eine kokette Antwort, eine Grußkarte mit dem Bild eines Engels auf einer Wolke und dem Aufdruck »Komm doch mal hoch und besuch mich«; sie beschrieb sich als »eine geheimnisvolle Frau«, aber daß sie schon verlobt war, erwähnte sie nicht. Zu den Hinweisen auf die Identität der geheimnisvollen Frau gehörte: »Sie liebt – Kabrios (und hat selber eins)«; daß es das Auto ihres Vaters war, verschwieg sie. Anfang Juli verabredeten sie sich im Longwood Cricket Club in Chestnut Hill. Kayo erinnerte sich an sie als »verflixt hübsch«. Sie waren sofort fasziniert voneinander. Auf einem Programm der Aufführung von Noël Cowards *Design for Living* beim Boston Summer Theater am 30. Juli steht die Notiz »toll! – und Kayo hat von Diamanten geredet«. Verwegen ließen sie sich aufeinander ein. Anne hatte ihre Verlobung noch nicht gelöst; nachdem Kayo sie entjungfert hatte, schlief sie mit schlechtem Gewissen mit ihrem Verlobten, weil sie meinte, dazu verpflichtet zu sein.

Als Anne bei Sextons zum Sonntagsessen eingeladen war, hinterließ sie bei Kayos Mutter einen schlechten Eindruck; diese erinnerte sich später, daß sie über Annes Rauchen und die grellen Lippenstiftflecken auf den guten Leinenservietten entsetzt war. Mitte August kam Annes Periode bedenklich spät, und Mary Gray riet ihrer Tochter durchzubrennen. Das Paar arrangierte eine klassische Flucht und kletterte mitten in der Nacht aus dem Fenster des oberen

51

Stockwerks, doch Anne war gut ausgerüstet, nicht nur mit dem Kabrio, in dem sie nach North Carolina fuhren, wo das gesetzliche Heiratsalter achtzehn war, sondern auch mit einem vorehelichen Gesundheitszeugnis aus Massachusetts. Später beschrieb sie in einer Szene für einen unvollendeten Roman eben diese Flucht: »Wir brannten durch, als wir noch nicht volljährig waren, verstehst du; aber mit Geburtsurkunden und Bluttests und ohne Anzeichen von Syphilis konnten wir in dem Staat heiraten. Diese Fakten fanden wir im *World Almanac* – einem sehr informativen Büchlein.«

Anne bekam ihre Periode, ehe sie die Grenze von Virginia überquerten, aber sie waren ganz verrückt nacheinander: Nichts konnte sie mehr aufhalten. Am 16. August 1948 heirateten sie in der kleinen Stadt Sunbury, North Carolina, und verbrachten vier Nächte ihrer Hochzeitsreise in einem Luxushotel in Virginia Beach. Dort trafen sie Richard Sherwood, Annes Schulfreund aus Weston, und luden ihn auf einen Drink in ihr Zimmer ein. Sherwood erinnerte sich noch viel später an die sexuelle Erregung, die die beiden ausstrahlten. »Nach kurzer Zeit wurde ich gebeten, für einen Moment zu gehen. Sie konnten einfach nicht warten, also ging ich in die Bar runter und saß da, bis ich von einem Kellner gebeten wurde zurückzukommen. Anne erzählte mir von ihrem Sexleben mit Kayo, und so unerfahren, wie ich war, war ich vollkommen platt.«

Kayos Eltern waren über die Flucht empört, aber sie hatten kaum die telegraphische Nachricht verdaut, als Kayo und Anne bei ihnen auf der Türschwelle standen und für die paar Wochen, bis er wieder nach Colgate ging, in Kayos Zimmer ziehen wollten. Ralph Harvey schenkte dem jungen Paar das Kabrio zur Hochzeit. Er nutzte auch die Gelegenheit, Kayo einen Rat zu geben, wie er für ihren Lebensunterhalt sorgen könnte, »später, wenn er genauer weiß, was er einmal tun will«.

Kayo wußte bereits, was er wollte: in Colgate seine Kurse zur Vorbereitung des Medizinstudiums fortsetzen. Das jungverheiratete Paar fand eine Wohnung in Reg Scotts Meierei an der Straße nach Syracuse. »Wir wohnten bei Reg, und ich machte die Wä-

sche«, erinnerte sich Anne, »und wusch die Sauermilchoveralls.«
Kayo schrieb sich für besonders viele Kurse ein, um sein Studium
möglichst rasch zu beenden, und Anne genoß es, kochen zu lernen.
»Vor meiner Ehe hatte ich noch keinen einzigen Teller abgewaschen
oder gesehen, wie man ein Spiegelei macht oder Kartoffeln backt«,
behauptete sie später. »Ich kann mich noch erinnern, wie Kayo es
mir zeigte.« In jenem Herbst feierten sie Parties mit seinen Verbin-
dungsbrüdern, und Anne wurde zum Liebling der Studentenverbin-
dung »Sigma Chi« erklärt. Aber die finanzielle Abhängigkeit von
der Familie war Kayo unangenehm, und allmählich schien das
Medizinstudium für ihn als verheirateten Mann ein unrealistisches
Ziel. Thanksgiving beschloß er, das Studium abzubrechen. Noch
einmal zog das Paar bei den George Sextons ein. Kayo fand Arbeit
bei einer Wollfirma, und Anne wurde allmählich mit der neuen
Familie vertrauter.

Sie freundete sich schnell mit ihrer stets zu Spaß aufgelegten
Schwägerin Joan an, die als 17jährige noch bei den Eltern wohnte.
Kurz nachdem Kayo seine Stelle gefunden hatte, schrieben sich die
beiden Mädchen in einem Modellkurs an der Académie Moderne ein,
»der sich der Entwicklung des unbezahlbaren Besitzes einer Frau
widmete... der natürlichen Weiblichkeit«. Anne erinnerte sich
später, daß sie »furchtbare Lügen« erzählte, um bei der Hart Agency
in Boston einen Job zu bekommen. »Sagte, ich wäre schon im ganzen
Süden als Mannequin aufgetreten.« Sie und Joan arbeiteten gelegentlich in Kaufhäusern und bei Werbeveranstaltungen örtlicher
Unternehmen als Mannequins, aber Anne zufolge degradierten sie
ihre Aknenarben zu einem zweitklassigen Modemannequin.

Annes Schwiegermutter Billie war stolz, wenn die Mädchen als
Mannequins auftraten, und noch lange nach Annes Tod bewahrte sie
großformatige, sorgfältig gerahmte professionelle Fotos von ihrer
Schwiegertochter in verträumt mädchenhaften Posen auf. Billie
selber war eine gutaussehende Frau, mit einem energischen, offenen
Gesicht und hoher Stirn, Gesichtszüge, die ihr Sohn erbte. Außer-
dem hatte sie strenge Anstandsvorstellungen, und viele von Annes
Angewohnheiten ärgerten sie. Anne lag immer lange im Bett, wenn

Kayo morgens zur Arbeit gegangen war, verbrachte dann leichtfertig den Tag mit Zeitschriftenlesen und Klatsch mit Joan; großes Interesse, einen Haushalt führen zu lernen, zeigte sie hingegen nicht. Billie fiel auch auf, daß sie impulsiv und launisch war; einmal schockierte Anne sie, indem sie einen Wutanfall bekam, als sie Milch einkaufen sollte. Jahre später erinnerte sich Billie wehmütig, daß sie sich eine enge Beziehung zu Kayos junger Frau erhofft hatte, aber anscheinend waren sie doch von Anfang an zu verschieden.

Anne und Kayo lebten fast ein Jahr lang abwechselnd in ihren jeweiligen Elternhäusern, ehe sie ganz in der Nähe, in Cochituate, eine eigene Wohnung bezogen. Anne nahm in einem kleinen Fachgeschäft für Wäsche einen Job als Verkäuferin für dreißig Dollar die Woche an, eine Arbeit, die ihre Mutter für sie gefunden hatte. Sie eröffnete ein Sparkonto, um Geld für den Kauf eines Hauses zu sparen. Kayo und Anne verbrachten jetzt auch häufiger Zeit mit einem anderen jungen Paar: einem Chirurgen namens Johnny, der gerade seine Medizinerausbildung in Harvard abschloß, und seiner Frau, die mit Kayo befreundet gewesen war. Anne und Johnny verliebten sich ineinander, obwohl es nach Annes Angaben bei einer Verliebtheit blieb und sich trotz leidenschaftlicher Gefühle auf beiden Seiten nicht zu einer Affäre entwickelte. Aber offenbar zog sie doch in Erwägung, aus ihrer Ehe auszubrechen. Später erinnerte sie sich dann, wie sie ihrer Mutter erzählt hatte, daß Johnny meinte, Anne habe einen klaren Verstand und müßte, wenn sie mit ihm lebte, nicht Babysprache sprechen, um sich als Frau zu fühlen.

Mary Gray bestand darauf, daß Anne sich nicht mehr mit Johnny traf und einen Psychiater konsultierte. Sie schickte sie zu Dr. Martha Brunner-Orne, die Ralph wegen Alkoholismus behandelt hatte. Anne war todunglücklich, Johnny aufgeben zu müssen, und nahm offenbar aus Protest eine Überdosis Schlaftabletten. Ihre spätere Beschreibung des Ereignisses hatte etwas Melodramatisches: »Ich nahm die Tabletten in ihrer Küche [. . .] Ich schaffte es noch bis in mein Zimmer, aber ehe ich das Bett erreichte, wurde ich bewußtlos. Vermutlich haben sie gehört, wie ich hinfiel, denn sie kamen herein und versuchten immer wieder, mich aufzurichten. Davon wurde mir schrecklich schwindlig, und ich mußte mich übergeben. Johnny ließ mich im Zimmer hin- und hergehen.« Die Notizen in den medizinischen Unterlagen zeigen insgesamt, daß Dr. Brunner-Orne der Ansicht war, Anne falle es schwer, »ihr Bedürfnis nach Liebe und Abenteuer zu kontrollieren«. Drei Monate Psychotherapie trugen dazu bei, daß Anne ihre Meinung änderte und sich nicht mehr von Kayo scheiden lassen wollte, aber Johnny blieb für sie immer ein Mann, der das Beste in ihr ermutigte und mit dessen Hilfe sie vielleicht sogar ein anderer Mensch geworden wäre.

Als 1950 der Koreakrieg ausbrach, ging Kayo zur Marinereserve, und im November zogen er und Anne nach Baltimore, wo er zur Ausbildung stationiert war. Im darauffolgenden Mai wurde er nach Übersee eingeschifft, und Anne kehrte wieder in ihr Elternhaus zurück. Sie fing an, bei Hathaway House, einer Buchhandlung in der Nähe von Wellesley College, zu arbeiten; zum ersten Mal seit der Schulzeit begann sie auch wieder zu lesen und diskutierte mit der Kundschaft eifrig über Bücher.

Seit Kayo von Colgate abgegangen war, hatten er und Anne erfolglos versucht, eine Familie zu gründen. Während seines ersten Aufenthalts in Übersee 1951 wurde Anne auf Unfruchtbarkeit und wegen unbestimmter Klagen über Schmerzen und Teilnahmslosigkeit untersucht, die ihr auf rheumatisches Fieber hinzudeuten schienen. Sie war unruhig und gelangweilt und fing an, mit anderen Männern auszugehen. Als sie Jahre später diese Periode ihres Lebens mit ihrem Psychiater erforschte, sah sie einen Zusammenhang zwischen dieser ersten Trennung von ihrem Mann und den Gefühlen von Hemmungslosigkeit, die zu ihren späteren Krankheitssymptomen gehörten. »Wenn er weg ist, will ich bei jemand anderem sein, ich will Licht und Musik und Gespräche. Wenn ich laufen sage, meine ich nicht, vor etwas davonlaufen, sondern etwas, das für mich Ausdruck von Leben ist – Menschen, Menschen, Gespräche, Gespräche, die ganze Nacht aufbleiben, unmöglich, ein Ende zu finden. Ich *will* eigentlich keine Affäre mit irgend jemandem, aber ich muß eben; so ist das Leben. Ich hatte dieses Gefühl wohl zum ersten Mal, als ich, nachdem Kayo zum Militär gegangen war, einen

Flirt hatte. Herz poch, poch, poch: fühlt sich verrückt an, außer Kontrolle.«

Diese Untreue führte, anders als Annes große Liebe zu Johnny, nicht zu einem Bruch in ihrer Ehe; allerdings brachte sie ihr wieder Schwierigkeiten mit ihrer Mutter ein. Mary Gray ahnte, daß Anne Seitensprünge machte. »Ich hatte nichts dergleichen angedeutet«, erinnerte sich Anne. »Aber sie sagte: ›Du bist genau wie ich – und das weiß ich!‹« Als Kayos Schiff im Herbst 1952 zur Überholung nach San Francisco verlegt wurde, beschloß Anne, ihn zu besuchen. Sie hob ihr ganzes Sparguthaben bei der Bank ab und stattete sich mit fünfhundert Silberdollars aus, um im Harrah's Club in Reno die Automaten zu füttern, in der Hoffnung auf das große Glück, das ihnen ein eigenes Haus ermöglichen würde. Im September fuhr sie mit einer Frau von der Marinereserve zusammen im Auto nach Kalifornien. Wieder mit ihrem Mann vereint, wurde Anne sofort schwanger. Kayo verbrachte die Weihnachtsferien gemeinsam mit ihr in Weston; als sie dann am 7. Januar nach San Francisco zurückkehren wollten, änderte Anne ihre Meinung und beschloß, zu Hause zu bleiben. Später bemerkte sie: »Alle Töchter meiner Mutter sind während ihrer ersten Schwangerschaft bei ihr geblieben; das wollte ich auch.«

Anne verbrachte den Winter in Weston und ließ sich verwöhnen. Sie machte mit ihrer Mutter Einkäufe und wohnte bei ihr bis zum ersten Februar, als Ralph und Mary Gray nach Florida in Urlaub fuhren. In dieser Zeit besuchte sie oft Nana, die ein Tagebuch führte. Anna Dingley hatte eine Schwäche für Neuigkeiten, und ihre Notizen geben wie kleine Fenster einen Einblick in Anne Sextons Leben in dem Jahr, als sie Mutter wurde. Nanas Tagebuch läßt vermuten, daß sie und Anne in dieser Zeit eine herzliche Beziehung zueinander hatten, aber richtig nah kamen sie einander wohl nicht. Nanas reizende Aufzeichnungen weisen darauf hin, daß Anne sie oft zum Friseur und zu anderen Unternehmungen begleitete. Sie vertrieben sich einen langen verschneiten Nachmittag die Zeit mit einem Puzzle von Annes Traumhaus, und Mitte Februar kam Anne gehobener Stimmung mit der Nachricht vorbei, daß sie die »ersten Regungen« des Babys gespürt habe. An einem anderen Tag gab es einige hastige Telefongespräche über einen Flugzeugunfall: Annes Schwägerin Joan war als Stewardeß in dem Flugzeug, wurde aber nicht verletzt. (»Rad kaputt bei Flugzeuglandung — keine Verletzten«, notierte Nana professionell.)

Diese Zeit in Nanas Leben kam Anne später kaum in den Sinn, denn ihre Erinnerungen konzentrierten sich auf Nanas Zusammenbruch 1943/44. Doch Nana hatte anscheinend 1952 ihre Gesundheit zurückgewonnen, ihre Lebensgeister waren wieder wach, und sie wollte wieder am Familienleben teilnehmen. Sie berichtete munter vom ersten »herrlichen Tag« im April, der einen Spaziergang im Freien gestattete, sie freute sich auf einen Ausflug zum Hummeressen nach Cape Cod, sie jubelte über ihre Spritztour in Ralphs neuem Cadillac (»eine Schönheit und das Nonplusultra!«), und sie hatte ihre Freude an einem Fernsehgerät, das Ralph ihr rechtzeitig zum Wahlparteitag der Demokraten geschenkt hatte. Ihre Eintragungen zeigen eine journalistische Leidenschaft für Tatsachen, einschließlich der Seiten, auf denen sie nur bemerkt: »Niemand hiergewesen.« Diese Formulierung ging Anne nicht mehr aus dem Kopf, als Nana sechzehn Monate später starb und das Buch in ihre Hände gelangte. An einer Stelle machte sie selber beim 15. Juli 1952 eine Notiz, wo Nana »Geschenk! Ein Fernseher! Ralph hat ihn gebracht — später ist Mary Gray gekommen — Ich bin startklar! Rah rah rah!« geschrieben und 1953 ein neues Datum hinzugefügt hatte mit einer neuen Notiz: »Niemand hiergewesen. Blanche hat fünf Minuten hereingeschaut und meine Wäsche gebracht.« Unten auf diese Seite schrieb Sexton: »Nana, vergib mir, vergib mir, vergib mir.« Anne meinte, Nana habe sich verlassen gefühlt, einsam, aber obgleich ihre Aufzeichnungen manchmal einsam klingen, verlassen war sie nicht. Immer wieder notierte sie mit lebhaftem Interesse die häufigen Besuche und Anrufe, die sie über das neueste in der Familie auf dem laufenden hielten.

Am 23. Februar begleitete Anne ihre Eltern für einen Monat voller Sonnenschein nach Sarasota. Der Urlaub wurde für Ralph Harvey durch die Krankheit seiner Mutter verkürzt; am 20. März flog er zurück, um ihre Einlieferung ins Krankenhaus zu beaufsichtigen, und ließ Mary Gray und Anne zurück, die einige Tage später mit dem Zug nachkamen. Während der langen Rückreise nach Boston hatte Anne Krämpfe und leichte Blutungen und fürchtete, sie könnte eine Fehlgeburt haben. Später rief sie sich für ihren Psychiater ins Gedächtnis zurück, wie ihr Vater sie am Bahnhof mit einer ganzen Mannschaft von Gepäckträgern erwartete und sie direkt mit dem Krankenwagen in die Klinik brachte. Ihr Zustand wurde mit einem Medikament behandelt, von dem sich später herausstellte, daß es bei Töchtern von Frauen, die in der Schwangerschaft damit behandelt worden waren, zu Gebärmutterkrebs oder Mißbildungen und Fehlgeburten führen kann.

Nach diesem Schrecken blieb Anne den Rest ihrer Schwangerschaft in der Nähe des Hauses. Im Juni sah die Familie im Fernsehen die Krönung von Elizabeth II.; als Anne ein paar Wochen später mit Wehen in die Klinik ging, schickte ihr Vater ihr Blumen mit einer kleinen Notiz: »Ich hoffe, Dich morgen mit Prinz George oder Prinzessin Linda zu sehen.« Linda Gray Sexton wurde am 21. Juli 1953 geboren. Kayo kam drei Tage später aus San Francisco, um sein Leben als Vater und als Zivilist aufzunehmen. Kurz danach kauften Anne und Kayo mit Hilfe von Mary Gray ein Haus in der Clearwater Road 40 in Newton Lower Falls, und Kayo ging als Handelsreisender zur R. C. Harvey Company. Zwei Jahre nach der Geburt von Linda, am 4. August 1955, bekamen sie ihre zweite Tochter, Joyce Ladd Sexton; der Name Ladd erinnerte an Nana, Anna Ladd Dingley, die am 15. Juli 1954 gestorben war. Kayo und Anne waren siebenundzwanzig, und ihre Familie war nun vollständig.

In späteren Jahren wurde Kayo Sexton klar, daß es ein Fehler gewesen war, die Tätigkeit bei seinem Schwiegervater anzunehmen. »Ich war unter seiner Fuchtel. Ich hörte immer, wie er zu anderen Leuten sagte: ›Ich hab es zu gern, diese Schwiegersöhne hier reinzuholen und sie in den Hintern zu treten.‹« Brad Jealous, Janes Mann, hatte im März 1953 wegen Ralphs Launen gekündigt, wie Nana in ihrem Tagebuch notierte. Aber für Kayo schien es damals nur logisch, das Angebot anzunehmen. Die R. C. Harvey Company beschäftigte in ihrer einzigen Fabrik in Waltham siebzig Arbeiter. Es war kein großes Unternehmen, aber es lief gut, mit drei Schichten am Tag, sechs Tage in der Woche und fünfzig Wochen im Jahr. Die Zinsen waren niedrig, und in ganz Amerika herrschte Hochkonjunktur; in der Wollindustrie mußte man sich nicht gegen Importe behaupten und noch nicht mit Synthetikfasern konkurrieren. Innerhalb eines Jahres stieg Kayo auf und begann, auf größere Reisen zu gehen. Er fuhr zwei Wochen in den Mittleren Westen, kam für eine Woche nach Hause und arbeitete in den dortigen Staaten – Connecticut, Rhode Island, Massachusetts – und fuhr dann für zwei Wochen in den Süden.

Die R. C. Harvey Company war in der wollverarbeitenden Industrie tätig. Die Fabrik kaufte Wollnebenprodukte – Webkanten und lose Wolle, die bei der Stoffherstellung abfielen – und arbeitete diese Materialien zu Fasern auf, die weiterverarbeitet wurden, hauptsächlich zu Decken. Die Wolle, die mit diesem Verfahren hergestellt wurde, war billiger als Schurwolle, weil die Abgaben dafür niedriger waren. In den dreißiger und vierziger Jahren, als die Fabrik sich etablierte, gab es sehr viele Deckenfirmen im Land. Ende der fünfziger Jahre, als Synthetikfasern die Wolle als Deckenmaterial und als Beschichtung der neuen elektrischen Heizdecken zu ersetzen begannen, fing die R. C. Harvey Company an, ihre aufgearbeitete Wolle an Filzfabriken zu verkaufen, und erlebte einen erneuten Wachstumsschub.

Ralph Harvey war ein ausgezeichneter Verkäufer und ein geschickter Manager, und seine Firma lief sogar in mageren Zeiten ziemlich gut. Die Verkäufer erhielten niedrigste Gehälter, konnten aber damit rechnen, am Erfolg der Firma beteiligt zu werden, sobald Gewinne anfielen. Die Prämie wurde zu Weihnachten ausgezahlt. Kurz nachdem Kayo die Arbeit bei Ralph aufgenommen hatte, erlebte die Firma eines ihrer besten Jahre: Jeder bekam eine Prämie von 20 000 Dollar bis 25 000 Dollar. In eben diesem Jahr wurde Kayo sein Platz als Schwiegersohn zugewiesen: »Eines meiner Geschenke war eine Brieftasche von Ralph«, erinnerte er sich später. »Ich brauchte eine Brieftasche, aber ich dachte, er wäre so nett gewesen, die Prämie hineinzustecken. Als ich das Geschenk auswickelte, sagte er laut, so daß jeder es hören konnte: ›Du solltest mal reinschauen, um nach deiner Weihnachtsprämie zu sehen.‹ Es war nichts drin. Ich wußte nicht, ob ich weinen oder ihm einen Tritt versetzen sollte.«

Anne teilte das Gefühl, unter der Fuchtel der Familie zu stehen. Sie fand es demütigend, daß ihr Vater Kayo so behandelte und daß ihre Mutter und ihre Schwiegermutter sie dauernd kritisierten. Ihre nächste Nachbarin, Sandy Robart, erinnerte sich, daß »Anne in Anwesenheit ihrer Mutter immer zehn Jahre jünger wurde. Sie war überwältigt – sie war eingeschüchtert. Es war wohl ein Versuch zu gefallen. Ich sehe noch, wie Anne in der Küche neben dem Telefon stand und mit ihrer Mutter redete, und ich hatte das Gefühl, daß sie sich in ein kleines Mädchen verwandelt hatte.« Robart meinte, Anne sei entschieden zu empfindlich für Kritik gewesen, vor allem von Billie, die Anne jeden Tag sah oder sprach. Nach Lindas Geburt kam Billie regelmäßig zu Besuch – nach Robarts Meinung drängte sie sich auf: »Damals war Anne ein passives, hilfloses, abhängiges Musterkind. Ich glaube, sie kam einfach an den Punkt, wo sie sich schrecklich unzulänglich fühlte. Wenn sie insgesamt gesünder gewesen wäre, hätte sie ihr eigenes Revier verteidigen können.«

Dennoch konnte Anne sich schwerlich über die Hilfe ärgern, die ihr so bereitwillig und reichlich angeboten wurde. Billie liebte die Kleinen und hing an ihren Enkeltöchtern, wenn auch Anne es so darstellte, daß ihre Schwiegermutter nach Lindas Geburt ständig da war, »über mir schwebte und ununterbrochen das Baby anschauen wollte«. Billie nahm Linda so in Beschlag, daß Anne gewissermaßen erleichtert war, als zwei Jahre später Joy kam. Sie erinnerte sich noch an das Gefühl: »Gut, du hast die andere; aber diese ist für mich.«

Ab und zu träumten Kayo und Anne davon, aus der Bostoner Gegend wegzuziehen, aber irgendwie kam nie der geeignete Moment. Wie fast alle Generationen der Staples und Harveys und Sextons vor ihnen lebten und arbeiteten Anne und Kayo nach der Hochzeit unter den wachsamen Augen ihrer Eltern, nie weit von dem Ort entfernt, wo sie ihre Kindheit verbracht hatten.

---

1 DAS BÖSE
Hab acht! / Sie lauert so nah, / Grüne Schlange mit feurigem Atem, / die Menschenseelen verdreht, Verstand verbiegt, 's ist / Eifersucht.

Zusammenbruch
1955

Anne Sexton konnte für ihre Kinder erst innige Zuneigung empfinden, als diese erwachsen genug waren, um ihrerseits Zuwendung zu bieten. Als sie sich in ihrer Kindheit um sie kümmern mußte, brachte es sie dagegen an den Rand des Wahnsinns. Es fiel ihr schwer, den physischen und psychischen Anforderungen zu entsprechen, die Linda als Baby stellte; als dann Joy als Neugeborenes ins Haus kam, verstärkten sich ihre Schwierigkeiten noch.

Kurz nach Joys Geburt im August 1955, als Linda zwei Jahre alt war, litt Sexton – wie sie später formulierte – an »schrecklichen Anfällen von Depressionen«. Sie war nicht bloß müde und niedergeschlagen: Sie war erregt, verwirrt und fühlte sich plötzlich »unwirklich«. Sie meinte, »die Hormone« seien das Problem, und beschloß, Dr. Martha Brunner-Orne aufzusuchen, die Psychiaterin, die sie schon konsultiert hatte, als sie sich in Johnny verliebt hatte. Sie hatte diese Frau noch in angenehmer Erinnerung, eine majestätische Wienerin Ende fünfzig, die eine forsche und zugleich mütterliche Art hatte. Die Ärztin diagnostizierte eine Wochenbettdepression und verschrieb Medikamente. Diese halfen anscheinend, ebenso wie die Gespräche über ihre Störungen mit Dr. Brunner, wie Sexton sie nannte.

Fünf Monate, nachdem sie sich in Behandlung begeben hatte, verschlechterte sich Sextons psychischer Zustand merklich, und sie entwickelte eine krankhafte Scheu, mit ihren Kindern allein zu sein. Sie konnte den Anlaß, an dem diese Angst sie überfiel, genau angeben: Es war im März 1956, um Ostern, als Kayo auf seiner ersten längeren Geschäftsreise unterwegs war. Der Umzug von Sextons Eltern nach Annisquam, einem modischen Badeort fünfundsechzig Kilometer nordöstlich von Boston, lag noch nicht lange zurück. Joy war etwa sieben Monate alt und hatte Krupp. Eine Nachbarin blieb bei den Kindern, während Sexton mit der Frau eines Kollegen von Kayo zu einer Party ging. »Ich kam spät nach Hause und hörte, wie Joy würgte wie ein bellender Hund. Sie bekam keine Luft!« erinnerte sich Sexton später. »Ich lief hinein und drehte die Dusche auf [damit sich Dampf bildete], dann brachte ich die ganze Nacht mit ihr im Badezimmer zu und dachte, sie würde sterben.« Joy erholte sich wieder, aber Sexton erholte sich von ihrer Sorge um die Sicherheit der Kinder nicht. Wenn Kayo über Nacht unterwegs war, aß sie nicht mehr und wurde weinerlich, ängstlich und teilnahmslos. Eigentlich traten all ihre ernstlichen Schwierigkeiten immer auf, wenn er weg war, und erst bei seiner Rückkehr war sie davon erlöst. Sie hatte inzwischen auch andere Symptome wie beispielsweise starke Magenschmerzen, für die ihre Internistin keine physiologische Ursache fand. Sie wurde von Angstattacken heimgesucht, die mit Atemnot und Schweißausbrüchen einhergingen.

So mit sich selbst beschäftigt, wie sie war, fiel es ihr schwer, Linda genügend Aufmerksamkeit zu schenken. Sie hatte beschlossen, das Kind in den Kindergarten zu schicken, den eine Nachbarin leitete; er war nur ein paar Schritte von der Hintertür der Sextons entfernt. Am ersten Tag zeigte Sexton Linda den Weg, aber dann verabschiedete sie sich mit einem Winken, statt sie an der Hand in den Kindergarten zu bringen. Erst nach einigen Tagen entdeckte sie, daß Linda, die schüchtern war und vor Fremden Angst hatte, sich den ganzen Morgen in der Garage versteckt hatte.

Immer häufiger hatte Sexton Anfälle blinder Wut, in denen sie Linda packte, sie würgte und schlug. Später im Leben erinnerte sie sich voller Scham, wie sie Linda einmal dabei ertappte, als sie ihren Kot in ein Spielzeuglastauto stopfte, und sie zur Strafe aufhob und durch das Zimmer schleuderte. Anne hatte das Gefühl, diese Ausbrüche nicht kontrollieren zu können, und allmählich bekam sie Angst, sie könnte ihre Kinder umbringen. Als sie der Familie etwas von diesen Ängsten anvertraute, waren alle sehr hilfsbereit. Kayos Eltern schlugen vor, Joan könne während Kayos Geschäftsreisen bei ihnen wohnen, und George Sexton bot ihr an, die Rechnungen für ihre Psychiaterin zu bezahlen. Ralph und Mary Gray Harvey schickten zweimal in der Woche ihr Hausmädchen, Mary LaCrosse, die im Haushalt helfen sollte, und auch Mary Gray gab ihrer Tochter Geld für die Arztrechnungen.

Aber Sextons Ängste waren mit praktischer Hilfe allein nicht zu besänftigen. Eines Nachts Mitte Juli, um den Jahrestag von Nanas Tod, gipfelten ihre Angstzustände in einer Krise. Nach ihrer Darstellung der Episode gegenüber Dr. Brunner-Orne war Kayo nach dem Abendessen auf dem Sofa eingeschlafen, und sie hatte schließlich die Kinder ohne ihn zu Bett gebracht. Sie fühlte sich so sinnlos allein und verzweifelt, daß sie beschloß, sich das Leben zu nehmen. Aus einer besonderen Schublade nahm sie ein kleines ovales Bild von Nana und das Tagebuch, das Nana im Pflegeheim geführt hatte, und ihr fiel wieder auf, wie sehr Nanas Handschrift ihrer eigenen glich. Dann holte sie aus dem Medizinschränkchen eine Flasche mit Tabletten, die Dr. Brunner-Orne ihr zum Schlafen verschrieben hatte. Aber als sie den Namen der Ärztin auf der Flasche sah, zögerte sie. Dr. Brunner-Orne war doch so freundlich und ermutigend gewesen: Wie konnte sie sie enttäuschen? Sexton saß lange mit den Tabletten in der einen Hand und mit Nanas Bild in der anderen auf der hinteren Veranda. Kayo wachte auf und fand sie in der Dunkelheit sitzend. Sie riefen die Psychiaterin an.

Zwar hatte Sexton die Tabletten nicht genommen, aber ihr Verhalten war auffällig. Seither beschrieb sie ihre Selbstmordversuche als Weg, an »den Ort« zurückzugelangen, wo Nana war (»Ich möchte mich zusammenrollen und seufzen: ›Verlaß mich nicht‹«, wie sie es ausdrückte). Die allabendliche Einnahme von Schlaftabletten war ein ritueller Ersatz für einen solchen Rückzug ins Vergessen. In dieser Zeit hielt Dr. Brunner-Orne die Lage für so ernst, daß sie Sextons Einlieferung in Westwood Lodge befürwortete, wo sie 1950 Ralph Harvey wegen seines Alkoholismus und früher einmal seine Schwester Frances wegen desselben Problems behandelt hatte. Sextons Eltern waren über diese Entscheidung schockiert. Ralph Harvey »hat kein Mitgefühl«, notierte Dr. Brunner-Orne; »er meint, es sei eine persönliche Beleidigung, daß jemand in seiner Familie mit einem emotionalen Zustand nicht fertig werden kann«.

Aber nach dem Gespräch über die Fälle geistiger Erkrankungen in der Familie sahen Sextons Eltern ein, wie wichtig es war, ihre Symptome ernst zu nehmen, und sie kam für einen dreiwöchigen Aufenthalt nach Westwood Lodge. Billie Sexton übernahm die Kinder, aber sie hatte selber gesundheitliche Probleme, so daß Mary Gray nach ein paar Tagen Linda abholte, die bei ihr in Annisquam bleiben sollte.

In Westwood Lodge wurde Sexton zahlreichen psychologischen Untersuchungen unterzogen, einschließlich eines Rorschachtests, der »unspezifische psychoneurotische Merkmale, nicht ganz das Bild einer echten Depression« ergab. Dr. Brunner-Orne verschrieb Vitamine und verschiedene Psychopharmaka und entließ sie am 3. August 1956, zwei Tage vor Joys erstem Geburtstag. Im selben Monat konsultierte Sexton während Dr. Brunner-Ornes Urlaub deren Sohn, Dr. Martin Orne, den sie (von einer Testserie in Westwood Lodge) kannte und mochte. Mit ihm ging es ihr so viel besser, daß sie ihn auch nach der Rückkehr von Dr. Brunner-Orne weiter konsultierte, und Dr. Orne blieb für die nächsten acht Jahre ihr Psychiater.

Inzwischen war ein Familienrat einberufen worden. Es schien allen klar, daß Anne zu krank war, für die Kinder zu sorgen. Mary Gray konnte Linda nicht die ganze Zeit übernehmen, so daß Annes Schwester Blanche sich einverstanden erklärte, daß das kleine Mädchen in ihre große Familie in Scituate kam, am Südufer der Bostoner Bucht, weniger als eine Autostunde von den Sextons entfernt. Doch es war nochmals eine schwierige Umstellung für Linda, eine schüchterne Dreijährige, die schwer unter der Trennung von ihrer Mutter litt, und die fünf Monate, die sie in Scituate blieb, prägten sich ihr als große Angst ein. Der kleinen Joy erging es besser. Sie sollte die nächsten drei Jahre bei ihrer Großmutter bleiben, und sie hatte Zeit ihres Lebens das Gefühl, Billie sei ihre zweite Mutter, eine wirkliche Mutter.

Aus dem Sommer wurde Herbst, und Sextons Zustand verschlimmerte sich. Im November, am Tag vor ihrem achtundzwanzigsten Geburtstag, war sie allein zu Hause, während Kayo auf einer seiner größeren Reisen im Mittleren Westen unterwegs war. Sie schluckte eine Überdosis Barbiturat: Nembutal, das sie danach immer ihre »Töte mich«-Tabletten nannte. Als die Wirkung einsetzte, rief sie Billie an und wurde umgehend ins Newton-Wellesley-Hospital gebracht. Nachdem die Notfallbehandlung erfolgt war, verlegte Dr. Orne sie nach Glenside, einer grauenhaften Einrichtung für Geisteskranke, wo sie zwei oder drei Wochen blieb. Wie er später erklärte, entschied er sich für Glenside und nicht für Westwood Lodge, um sie vor der Wut ihrer Familie zu schützen. »Ihre Familie hatte nicht viel Verständnis für ihre Probleme. Als sie sie in Glenside sahen, wurde ihnen bewußt, daß die Dinge ernst waren. Außerdem kostete Glenside weniger, was nicht unwichtig war.« Dr. Orne fügte hinzu, daß Sexton eine der wenigen Patientinnen in dieser Klinik war, die keine Elektroschocktherapie bekam, welche die dort angestellten Ärzte gern einsetzten; statt dessen sah er sie fünfmal die Woche zur Psychotherapie.

In der Erinnerung an diese Ereignisse sagte Sexton später: »Ich habe mein Äußerstes gegeben, um ein konventionelles Leben zu führen, denn so war ich erzogen worden, und auch mein Mann hatte diese Erwartung an mich. Auch wenn man kleine weiße Gartenzäune aufstellt, kann man nicht verhindern, daß Alpträume kommen. Die Oberfläche brach auf und zersprang, als ich etwa 28 Jahre alt war. Ich bekam einen psychotischen Schub und versuchte, mir das Leben zu nehmen.« Sie nannte einen »psychotischen Schub«, was tatsächlich eine sich über ein Jahr erstreckende holprige Talfahrt war. »Psychotisch« war eigentlich eine falsche Bezeichnung, denn Sexton war wohl nie so realitätsfern wie psychotische Patienten. Aber ihr Selbstmordversuch markierte einen Einbruch in ihrem Familienleben. Sie war jetzt offiziell »krank«, möglicherweise sogar »geisteskrank«. Sie übernahm die Rolle der Patientin, die sie zeit ihres Lebens nicht mehr aufgeben sollte. Die Familie begann, sich ihrerseits auf eine Erkrankung mit unberechenbaren Symptomen und unverantwortlichem Verhalten einzustellen, die eine langfristige, kostspielige Behandlung mit ungewissem Ausgang erforderte.

Daß Billie nun voll für Joy zuständig war und einen Großteil der Verantwortung für Annes und Kayos Haushalt übernommen hatte, belastete Annes Beziehung zu ihrer Schwiegermutter immer mehr. Billie übernahm die Rolle, die in Annes eigenem Elternhaus Helen Dealand innegehabt hatte: die des Kindermädchens, das der Mutter in vieler Hinsicht die Verantwortung für die Kinder abnimmt. Für den Rest ihres Lebens, ob es ihr gutging oder nicht, nahm Anne Billies Hilfe als selbstverständlich hin. Doch letztlich war Billie die mächtige Mutter der Sextons, und so konziliant sie auch auftrat, übte sie doch eine beträchtliche Autorität über Männer, Kinder und andere Frauen in ihrem Herrschaftsbereich aus. Als Linda Weihnachten nach Hause kam, normalisierte sich Annes Leben etwas, und sie übernahm auch wieder ihre Mutterrolle; aber anscheinend hat dies auch ihre Abneigung gegen ihre Schwiegermutter verstärkt. Billie lud die Familie jeden Sonntag zum Essen ein, und bei diesen Anlässen kamen – Annes Tagebuchnotizen zufolge – bei beiden Frauen stets bittere Gefühle hoch. Sonntag: »Bin zu Billie gegangen – machte mich wütend, wie sie mir mit Linda dazwischenfunkt.« Montag: »Habe Billie gesagt, wollte Joy bald zurück – sie ist auf der ganzen Linie gegen mich – ich hasse sie –.« Dienstag: »Bin soweit, Joy wieder zu nehmen, aber nicht soweit, Billies Wut entgegenzutreten.« Billie sah die Situation aus einer anderen Perspektive. Beim Essen wirkte Anne immer in sich gekehrt und abwesend, und die anderen Familienmitglieder wurden in ihrer Gegenwart nervös, weil sie nie wußten, wann und wie sie explodieren würde. Billie hatte den Eindruck, daß Anne emotional schwer gestört sei – daß sie kein Interesse für Joy aufbringe. Wenn Billie vorschlug, sie sollte das Baby zu Bett bringen, weigerte sich Anne hartnäckig: »Sie gab Joy nicht mal einen Gutenachtkuß!« Annes eigene Erinnerung an jene Abende ist genauso schmerzlich: »Ich tat einfach so, als gehörte Joy nicht mir.«

Daß Sextons Zustand sich so verschlimmerte, war für alle schwer zu ertragen, besonders für Mann und Kinder. Kayo erinnerte sich später, wie erleichtert er war, wenn er morgens zur Arbeit gehen und seine Frau zurücklassen konnte, die noch ganz benommen von ihren Schlaftabletten war oder weinerlich und deprimiert. Ein Tag blieb ihm besonders in Erinnerung, der in der Rückschau komisch und traurig zugleich erschien: »Ich brach immer um fünf Uhr morgens auf und fuhr über Syracuse in den Staat New York. Da machte ich meine Besuche und fuhr wieder zurück. Dreizehnhundert Kilometer Fahrt an einem Tag. Ich erinnere mich noch, wie ich Anne an einem Abend gegen sieben aus der Gegend um Albany anrief und sagte: ›Schieb die Kartoffeln in den Ofen, ich ess' den Rest, wenn ich nach Hause komm'‹ – weil sie damals gerade in einem ihrer Tiefs steckte. Als ich nach Hause kam, hatte sie noch nicht mal die Kartoffeln reingeschoben – sie ›wußte nicht wie‹! Ich glaube, ich habe meine Latschen ein paar Zentimeter abgekaut, so enttäuscht war ich.«

So töricht es auch scheinen mochte, Sexton fühlte sich eben so, wenn Kayo weg war: Sie war einfach zu nichts in der Lage. Bögen voller Notizen, die sie im Frühwinter für Dr. Orne nach über einem Jahr Behandlung mit der Schreibmaschine oder mit der Hand schrieb, geben eine Innenansicht ihrer Panik und Verzweiflung.

»Ich bin so allein – nichts scheint der Mühe wert – Ich gehe von einem Zimmer ins andere und überlege, was ich tun soll – eine Zeitlang tue ich dann etwas, backe Plätzchen oder putze das Bad – mache die Betten – geh ans Telefon – aber die ganze Zeit hab ich diese schreckliche Energie in mir und da scheint nichts zu helfen . . . Ich sitze im Sessel und versuche, eine Zeitschrift zu lesen und zwirbele mein Haar, bis es ein einziger Lockenwirrwarr ist – wenn ich dann am Spiegel vorbeigehe, seh ich mich und kämme es wieder . . . Dann geh ich im Zimmer auf und ab – hin und her – und ich fühle mich wie ein Tiger im Käfig. [. . .]

Jetzt ist Kayo weg – wenn er nicht da ist, gibt es absolut keinen Grund mehr, warum ein Tag beginnen oder enden sollte . . . ohne Steuerruder bin ich richtungslos. [. . .] Mein Sexualleben ist in Wirklichkeit ein schreckliches Chaos, und ich verstehe es nicht, und außerdem will ich nicht darüber reden oder es verstehen . . . Hier bin ich so wild auf Sex, daß ich mir Mühe geben muß, nicht den

ganzen Tag zu masturbieren – und darüber will ich nun schon gar
nicht reden –, aber trotzdem stimmt es – und wenn Kayo anfängt,
mich zu lieben, kann ich mich nicht darauf konzentrieren –
Ich hatte Joy übers Wochenende da, und sie ist heute wieder
zurückgefahren – ich liebe sie, sie ist so bezaubernd und einneh-
mend – aber das erfordert anscheinend so viel Geduld und Energie,
und ich war froh, als sie abfuhr... Ich liebe wohl überhaupt
niemanden – das ist eine schreckliche Bemerkung, und jetzt weine
ich [...] Mein Herz klopft, und sonst kann ich nichts hören – mein
Gefühl für meine Kinder ist eben nicht stärker als mein Wunsch,
frei von ihren Anforderungen an meine Gefühle zu sein... Was hab
ich denn? Wer würde schon leben wollen, wenn er sich so fühlt?«

Ihre Verwirrung war berechtigt; auf ihre Fragen nach den Ursachen
ihres Unglücks gab es keine klaren Antworten. Ihre Geschichte und
ihre Symptome führten sie in ein dunkles diagnostisches Terrain,
das sich auch heute kaum deutlicher darstellt als 1956. Insgesamt
gesehen sind in ihrem Fall mindestens drei verschiedene Auslöser zu
unterscheiden: biologische, psychologische und soziologische.
    Zu Beginn von Sextons Behandlung hatte Dr. Brunner-Orne
notiert, daß Sextons Schwierigkeiten möglicherweise von einer Wochenbettdepression herrührten; in späteren Notizen zeigen sich
allerdings ihre Zweifel, ob es sich um eine »echte« organisch bedingte Depression handelte. Die anekdotisch belegten Zusammen-
brüche auf beiden Seiten der Familie erlauben die Annahme, daß bei
ihr eine genetische Veranlagung für eine biologisch bedingte Erkrankung vorliegt, eine Vermutung, die durch Sextons extreme
physiologische Symptome noch bestärkt wird: heftige Stimmungsschwankungen, Magersucht, Schlaflosigkeit, Anwandlungen von
Selbstmord und andere plötzliche Regungen, Wutausbrüche, Herz-
rasen. Es ist möglich, daß ein biochemisches Ungleichgewicht zeit
ihres Lebens die latente psychische Labilität, auf die sich ihre
Psychotherapie vor allem konzentrierte, verstärkte.
    Was auch immer konstitutionell gegeben war, Sextons Schwie-
rigkeiten hatten offensichtlich auch mit der Psychodynamik zu tun,

in die sie durch die Mutterschaft geriet. Während der Behandlung sah sie allmählich deutlicher, wie die meisten ihrer engen Beziehungen Gefühle in ihr weckten, die mit ihren beiden »Müttern« zu tun hatten, mit Mary Gray und Nana. Noch mit achtundzwanzig hing sie auf quälende Weise an Mary Gray, und wenn die Mutter ihr keine Aufmerksamkeit schenkte, bekam sie merkwürdige Wutanfälle. Wie sie Dr. Orne später kurz und bündig sagte: »Ich weiß, ich war abhängig – aber Mutter wollte nicht mütterlich sein. Ich klammerte mich an sie.« Mary Gray scheint eine lebhafte, gesellige Frau gewesen zu sein, attraktiv, willensstark und mit ihren eigenen Problemen beschäftigt; sie forderte selber Aufmerksamkeit ein. (»Meine Mutter war in unserem Hause die Hauptperson«, wie Sexton es formulierte.) Sie neigte dazu, Anne zu unterdrücken oder mit ihr zu konkurrieren, und Anerkennung teilte sie nur sparsam aus – gerade oft genug, daß Anne weiter »den Jig tanzen« konnte.

Im Gegensatz dazu idealisierte Sexton Nana, die sie als uneingeschränkt empfänglich und beruhigend in Erinnerung hatte, eine unkomplizierte weißhaarige »Jungfer«, die nichts zu tun hatte als zu schmusen. Kayo war beispielsweise »eine männliche Nana! Ziemlich erstaunlich, psychologisch gesehen. Ich sag Kayo immer wieder, er soll mir sagen, daß er mich liebt, daß ich ein braves Mädchen bin, hasse es, wenn er etwas an mir auszusetzen hat.« Als Nana in den Haushalt der Harveys kam, war Anne wohl durch das Erbe der mütterlichen Kälte und Gleichgültigkeit bereits psychisch stark belastet. Nana kam wie der Retter in der Not zu einem Zeitpunkt, als Annes Selbstwertgefühl stark angegriffen war, und für Anne wurde sie zur Ersatzmutter. Aber Nana war der Aufgabe nicht gewachsen. Auch wenn sie emotional zur Verfügung stand, spielte sie – anders als später Dr. Orne – keine völlig erwachsene Rolle, als sie Anne in ihrer Entwicklung unterstützte. Vielmehr ergänzten sich die beiden »Zwillinge« in ihrem Hunger. Auch als Anne schon an der Schwelle zur Adoleszenz stand, gaben sie sich weiter kindlichen Freuden hin, sie schmusten, massierten einander den Rücken und phantasierten über Annes vermeintlichen Bruder.

Jede wahre Liebe ist manchmal kindlich in ihrem Spiel, aber Nanas Liebe schien doch begrenzt, ja kindisch, und sie leitete weder Annes Energien in Bahnen, die zu einer ihrem Alter entsprechenden Bildung geführt hätten, noch regte sie sie dazu an, die Welt zu erkunden. Bezeichnenderweise erwähnte Anne in der Behandlung nie, daß Nana schrieb, und auch nicht, daß sie eine Art Rebellin war. Nanas Umgang mit Anne, so willkommen er auch sein mochte, war möglicherweise ein Vorspiel zu dem Zusammenbruch, der für Nana katastrophal war und zudem zu einem ungünstigen Zeitpunkt in Annes Leben passierte.

Sexton war jetzt selber Mutter und erlebte den Prozeß, wie ihre Kinder allmählich unabhängig wurden. Als Joy geboren wurde, hatte Linda gerade ihr Trotzalter hinter sich, hatte ihre Grenzen und ihre Selbständigkeit erprobt. Ihre Erinnerungen deuten an, daß Sexton viel dazu getan hatte, Joy an sich zu binden (»Diese ist für mich«). Daß Sexton über zunehmende Kräfte der Loslösung verfügte und die Tatsache der Wiederkehr von Nanas Todestag mögen dazu beigetragen haben, daß sich Sextons Zusammenbruch ausgerechnet im Juli ereignete; er war gleichsam ein Nachhall auf den Mangel an Unterstützung und Ermutigung, den sie in ihrer eigenen Kindheit erlebt hatte. Die Verluste, die sie damals gerade erlitt, waren relativ unbedeutend – Kayos häufige Abwesenheit und der Umzug ihrer Mutter nach Annisquam waren ja weder dauerhafte noch unvorhersehbare Trennungen –; sie brachten offenbar ein altes Faß leicht erregbarer nervöser Unruhe in Wellen von Angst und Schmerz zum Überlaufen. Die ganz normale Entwicklung von Linda und Joy – kleine Wesen, die losgelassen und doch bedingungslos geliebt werden wollten – hat wohl den Damm gebrochen, der eine derartige Flut gebannt hatte. Diese Kinder sollten Sexton ihre Erfüllung als Frau bringen, aber statt dessen stellten sie Ansprüche an ihre Gefühle; sie stillten nicht etwa ihren Hunger nach Anerkennung, sondern erwarteten vielmehr eine angemessene Reaktion auf ihre Selbständigkeit. Als Erwachsene sollte sie diesen Austausch intuitiv mitvollziehen, genauso intuitiv wie ihre Kinder. Aber was durch deren Bedürfnisse ungewollt ins Spiel kam, war Sextons eigene Bedürftigkeit. Sexton verlieh diesem Konflikt zuerst in körperlichem Leiden Ausdruck, später dann in sehr direkten Worten gegenüber ihrem Arzt: »Ich will ein Kind sein und nicht eine Mutter, und dafür fühle ich mich schuldig.«

Dr. Orne erinnerte sich später daran, wie Sexton war, als er sie zu behandeln anfing: »Sie war sehr, sehr krank, aber wie bei vielen interessanten Patienten trafen die Lehrbuchkriterien auf sie nicht zu. Ich stellte die Diagnose, als sie im Krankenhaus war, und die lautete Hysterie im klassischen Sinn: Sie konnte wie ein Chamäleon jedes Symptom annehmen. Sie litt unter einer tiefen Bewußtseinsspaltung, und sie hatte Gedächtnislücken. Einige Therapeuten waren überzeugt, daß Anne schizophren sei. Ich zweifle nicht daran, daß sie in einer Abteilung für Schizophrene auch deren Symptome gezeigt hätte: Deshalb entließ ich sie so bald wie möglich aus Westwood Lodge, wo ja schizophrene Patienten in Behandlung waren. Aber ich habe bei ihr nie Anzeichen für zerrissene Gedankengänge, formale Denkstörungen oder andere wesentliche Schizophreniesymptome gesehen. Sie hatte sicherlich viele Jahre eine depressive Erkrankung, die nie richtig geheilt wurde. Es ist die Frage, ob die neuen Antidepressiva nicht ihre Depression im wesentlichen erfolgreich behandelt hätten.«

Zu diesen biologischen und psychologischen Interpretationen von Sextons Leiden muß allerdings eine dritte Perspektive hinzugefügt werden, und zwar die soziologische. Ihre Jungmädchenzeit, in der sie »verrückt nach Jungen« war, gipfelte in einer frühen Ehe, und erst recht nach der Geburt von zwei Kindern glich Sextons Leben eigentlich einer Karikatur idealer Weiblichkeit, wie sie in Filmen, in Frauenzeitschriften und bei den Abschlußfeiern der Frauencolleges propagiert wurde. Eine der Zeitschriften, die sie gelesen haben mag, während sie sich an jenem Tag im Januar 1957 ihr Haar zu Locken zwirbelte, mag das *Life*-Sonderheft über Frauen (Dezember 1957) gewesen sein mit seinen überschwenglichen Berichten über die Augenblicke im Leben einer Frau, die ihr »vollkommene Erfüllung« bringen: die erste Tanzparty, der erste Kuß, das erste Kind. Diese Ansichten hatten Sexton und ihre Freundinnen begeistert geteilt. Später sagte sie einem Interviewer: »Ich wollte heiraten, seit ich dreizehn war. Sonst wollte ich nichts. Damals meinte ich, Kinder zu haben sei eine Art Antwort.« Die Verherrlichung der »weiblichen« Rollen vermittelte keine Einsicht in die Wut und die Schuldgefühle, die kleine Kinder mit ihrem Verhalten auslösen können – Frauen wurden für von Natur aus gute Mütter gehalten. Außerdem sollten sie ihre größte Befriedigung darin finden, eine gute Hausfrau zu sein. Für Frauen, die in der Hinsicht anders waren, gab es keine gesellschaftlichen Institutionen, die ihre »unweibliche« Abweichung von der Norm unterstützt hätten.

Bei Frauen in vergleichbarer sozialer Lage wie Sexton waren emotionale Probleme wie die ihren weit verbreitet, zum Teil weil sich im Nachkriegsamerika die Vorstellung vom Platz der Frau in der Gesellschaft darauf reduziert hatte, die Rolle der Hausfrau zu idealisieren. Natürlich fanden die Frauen viele andere Wege als den, krank zu werden, den Einschränkungen durch gesellschaftliche Konventionen zu begegnen: Schreiben zum Beispiel. Die Dichtung von Frauen sollte in den folgenden Jahrzehnten eine wichtige Form des Widerstands werden, und gerade Sexton und ihre Bostoner Freundinnen sollten besonders einflußreiche Texte schreiben: Maxine Kumin, Denise Levertov, Sylvia Plath und Adrienne Rich.

Ganz offensichtlich war Anne Sexton nicht bloß eine unzufriedene Hausfrau, als sie im Januar 1957 an den Arzt schrieb. Sie war krank, und sie brauchte eine Behandlung. Doch diese Seiten enthalten auch etwas nicht rein Pathologisches, das sich da um Gehör bemüht: den unbedingten Wunsch nach einem authentischen Platz in der Gesellschaft, der nicht der einer Ehefrau, Geliebten oder Mutter wäre. Sexton setzte allmählich, ganz vorsichtig, ihre »schreckliche Energie« frei, nicht nur in Symptomen, sondern im Schreiben. Maschineschreiben, in diesem Fall: die Arbeit ihres Großvaters.

»Das sind meine Leute«
1956

Dr. Martin Orne war kaum ein Jahr älter als Anne Sexton, als er ihr Psychiater wurde. Mit neunundzwanzig hatte er ein Medizinerexamen von der Tufts University in der Tasche und machte gerade in Harvard seinen Doktor in Psychologie, während er Assistenzarzt in der Psychiatrie am Massachusetts Mental Health Center war. Er hatte schon mehrere Jahre in der Klinik Patienten psychologisch betreut, aber Sexton gehörte zu seinen ersten psychiatrischen Langzeitpatienten. Die unterschiedlichen persönlichen Stile der beiden vertrugen sich bestens. Dr. Orne, ein großer, kräftig gebauter, stattlicher Mann mit dünnem Schnurrbart, hatte eine leise Stimme, die einen leichten wienerischen Einschlag hatte. Sein Auftreten hatte tatsächlich etwas von einem *Herrn Professor Doktor:* freundlich, aber klug, ja pädagogisch. »Unser Verhältnis ließ es zu, daß ich Fehler beging und daß sie unmöglich war«, sagte er in der Rückschau. »Ich war launisch und habe mehr als einmal die Geduld mit ihr verloren. Ich machte bei ihr die Erfahrung, daß es egal war, was für Fehler ich beging – es zählte nur, womit ich ihr helfen konnte. Wir saßen im gleichen Boot. Sie war eine sehr schwierige Patientin; die Welt der Realität schob sie beiseite. Anfangs mußte man schon tief in sie hineinschauen, um zu sehen, daß da überhaupt jemand war.«

Trotz vieler Rückschläge tauchte Sexton unter Dr. Ornes Fürsorge allmählich aus ihrer Angst auf und entwickelte eine Zielstrebigkeit, die schon bald zu echtem Ehrgeiz wurde: Sie entdeckte, daß sie zu etwas berufen war. Dieser Prozeß läßt sich aus erster Hand nachvollziehen, weil Dr. Orne etwa ein Jahr nach ihrem ersten Selbstmordversuch damit begann, ihre Behandlung ausführlich zu dokumentieren; dazu gehörten auch handschriftliche Notizen, die er während der Therapiestunden machte. Obwohl sie nur sporadisch erfolgten und unvollständig und voller persönlicher Abkürzungen sind, dokumentieren diese Notizen in Zeitlupe Sextons Konflikte,

Träume, Phantasien, Manöver und letztlich ihre Entwicklung als Schriftstellerin. Die vielleicht erstaunlichste Entdeckung, die Dr. Ornes Unterlagen bieten, ist ein ganzer Stoß formal ambitionierter Gedichte, ordentlich getippt und datiert, die Sexton ab Januar 1957 in die Therapiestunden mitbrachte. Viele davon wurden nie gedruckt, aber sie alle zeigen, daß Sexton sich schon früh in der Therapie bei Dr. Orne als Dichterin betrachtete. Wie kam es dazu?

Schon bei ihrem ersten Interview mit Dr. Orne 1956 hatte Sexton ihm gesagt, daß sie wohl nur zur Prostitution begabt sei: Bei ihr fühlten sich die Männer sexuell stark. Er entgegnete, seine diagnostischen Tests hätten erwiesen, daß sie ein großes ungenutztes kreatives Potential habe, und später schlug er dann vor, sie solle doch versuchen, etwas über ihre Erfahrungen in der Behandlung zu schreiben. Das könnte anderen mit ähnlichen Schwierigkeiten helfen, sich weniger allein zu fühlen, meinte er.

Seither nannte Sexton dieses Gespräch immer die erste Ermutigung, die sie je bekommen hatte, sich für einen begabten Menschen zu halten. Zum Teil hatte Dr. Ornes Urteil für sie auch deshalb Gewicht, weil sie während ihres Aufenthalts in Westwood Lodge eine andere Patientin von ihm kennengelernt hatte, eine talentierte Musikerin, und sie hatte daraus (fälschlicherweise) geschlossen, daß er sich auf die Behandlung kreativer Menschen spezialisiert habe. Wie sie dieses hypothetische Potential entwickeln sollte, war ihr nicht gleich klar. In Kurse wollte sie sich nicht einschreiben. Sie war ja nie eine gute Schülerin gewesen, und seit ihrem Zusammenbruch hatte sie große Angst, unter Fremde zu gehen: Schon der Gedanke, das Haus zu verlassen, versetzte sie jetzt in Schrecken. Aber sie war erfinderisch darin, den ärztlichen Rat umzusetzen; zum Beispiel kaufte sie sich eine neue Antenne für ihr Fernsehgerät, damit sie die Kultursendungen im Bildungsprogramm des Fernsehens sehen konnte.

Eines Abends, etwa einen Monat nach ihrem Selbstmordversuch, schaltete Sexton ein, als Professor I. A. Richards von der Harvard University gerade eine Vorlesung über das Sonett hielt. Als Richards über dessen Struktur von vierzehn Zeilen und das Rhythmus-

und Reimschema sprach, kritzelte sie sich die Formel auf. »Ich dachte, hm, das könnte ich auch. Also ging ich nach unten und schrieb ein Sonett. Interessanterweise rief ich meine Mutter an, um es ihr vorzulesen – sie schlug in einem Fall ein besseres Bild vor. Am nächsten Tag schrieb ich wieder eins, und ich nahm sie mit zum Arzt. [. . .] Er sagte, sie seien wunderbar.« Genau das war es, was sie hören mußte. »Ich schrieb immer weiter und gab sie ihm alle – eben in der Übertragung; ich schrieb weiter, weil er dem zustimmte.«

Einige Monate später dachte Sexton wieder an Selbstmord, und die wenigen Kräfte, die sie in der Therapie gesammelt hatte, gingen unter dem Ansturm von Selbsthaß verloren. Am 29. Mai 1957 unternahm sie einen erneuten Selbstmordversuch. Später erinnerte sich Sexton, daß Dr. Orne sie in der Klinik besuchte und sagte: »Sie können sich nicht umbringen, Sie haben etwas zu geben. Denn wenn andere Menschen Ihre Gedichte lesen würden (in allen ging es darum, wie krank ich war), würden sie denken: ›Da ist noch jemand wie ich!‹ Sie würden sich nicht so allein fühlen.« Diese Botschaft nannte Sexton ihren Wendepunkt: »Das gab mir das Gefühl, etwas Sinnvolles zu tun.«

Dr. Orne besprach Sextons Gedichte nicht mit ihr, um Einsicht in ihre psychischen Probleme zu gewinnen, und schon gar nicht als Kunstwerke, aber er ermutigte sie energisch weiterzuschreiben. Es sei wichtig gewesen, meinte er, daß die Gedichte ausschließlich *ihr* gehörten. »Anne hatte keine Fähigkeiten, auf die sie stolz sein konnte«, erklärte er in der Rückschau. Ein Ziel der Psychotherapie sei es gewesen, die Verletzungen anzusprechen, die noch aus ihrer Kindheit herrührten, indem man sich ihr zuwandte und ihr die Bestätigung gab, die sie von ihren Eltern gebraucht hätte, um ein sicheres Selbstgefühl zu entwickeln. »Sie fühlte sich wie ein Parasit, hilflos, voller Wut. Meine Aufgabe war es, ihr dabei zu helfen, alle diejenigen Fähigkeiten in sich zu entwickeln, die es ihr erlaubten, sich als Mensch zu entfalten und auf einer gesünderen Basis als zuvor Beziehungen aufzubauen. Deshalb habe ich später unsere Therapiestunden auf Tonband aufgenommen – damit sie besser verstehen konnte, was sie tat.«

Sexton erkannte, daß ihre Interaktion mit Dr. Orne auf sehr starke Gefühle gegenüber ihren Eltern und Nana zurückging und daß die stabile Beziehung zu ihm es ihr ermöglichte, diese Gefühle in einer Atmosphäre des Verstehens und Fragens zu erleben. »Ein ganzes Leben lang sind Sie eine Expertin für Gefühle gewesen, aber keine Expertin dafür, was Sie fühlen«, sagte er ihr. Seine Rolle bestand vor allem darin, ihr zu helfen, ihre Impulse zu kanalisieren und – ohne bloß zu intellektualisieren – deren geheime Bedeutungen aufzuspüren, die in bezeichnenden Gesten und inneren Zuständen verschlüsselt waren.

Sextons dissoziative Mechanismen stellten eines der größten Hemmnisse in der Behandlung dar, bemerkte Dr. Orne später.

»Die völlige Unfähigkeit zu reagieren, die diese Zustände der Dissoziation kennzeichneten, welche sie Trancen nannte, läßt sich nur schwer beschreiben. Schließlich wurde klar, daß sie immer dann dissoziierte, wenn sie in einer Sitzung nicht zu einem Schluß hatte kommen können. Ich merkte allmählich, daß die Trance etwas mit der Interaktion zu tun hatte. Oft war sie ärgerlich, oder sie hatte zu starke Gefühle, um gerade dann aufzuhören, aber sie konnte viele Beschwerden nicht richtig verbalisieren. Dieses Symptom störte die Behandlung. Bis zu einem gewissen Grad war ihr bewußt, was sie da tat. Manchmal wurde ich einfach wütend darüber, daß sie nicht mehr reagierte. Meistens konnte ich mit dem Problem umgehen, indem ich Anne mitteilte, daß ich nach ihrer Sitzung dringende Verpflichtungen hätte und es nicht zulassen könnte, daß sie weitermachte. Anne verwendete eine Metapher für den Zuspruch, den sie brauchte, um die Dinge in der Behandlung wirklich zu besprechen: Sie nannte es »Raum haben«. Es half ihr sehr, als ich diese Metapher übernahm, um meine eigenen Bedürfnisse zu beschreiben. Als wir weiter an diesem Problem arbeiteten, konnte sie allmählich meiner Wirklichkeit Rechnung tragen, und ihre Fähigkeit, schwieriges Material zu ertragen, ohne in Trance zu verfallen, verbesserte sich entschieden.«

Sexton konsultierte Dr. Orne normalerweise zweimal in der Woche. Sie machte keine Psychoanalyse, aber Dr. Orne hatte seine Ausbildung in einer Zeit erhalten, als die Psychiater alle mit den psychoanalytischen Prinzipien vertraut waren, und diese zeigten sich in der Sprache, in der sie die im Verlauf der Behandlung gewonnenen Einsichten formulierten. Sexton und ihr Arzt saßen einander unmittelbar gegenüber, nicht durch einen Schreibtisch getrennt. Jeder konnte das Mienenspiel des anderen beobachten. Bewußt zu machen, wie sie aufeinander reagierten, spielte eine wichtige Rolle in der Therapie. Gelegentlich verschrieb Dr. Orne Medikamente. Wie er später erklärte: »Wenn Kayo weg war oder wenn sie keine Behandlung hatte, neigte sie dazu zusammenzubrechen. Ich war durchaus bereit, ihr ein Medikament zu geben in der Hoffnung, daß sie damit eine solche Abwesenheit leichter ertragen würde. Auf die meisten Medikamente sprach sie an, für eine Zeit zumindest.«

Und im Falle von Sexton wurde das Schreiben von Gedichten Teil der Therapie. Jede Arbeit, für die sie Zustimmung bekam, trug ganz offensichtlich dazu bei, ihr Selbstbewußtsein wiederherzustellen, und Schreiben genoß in Sextons Familie eine besondere Wertschätzung. »In unserer Ausbildung und Beurteilung gehen wir sehr von der Pathologie der Menschen aus«, bemerkte Dr. Orne später, als er über Sextons Fortschritt in der Therapie nachdachte. »Aber die Pathologie des Patienten spielt weniger eine Rolle als die Ressourcen, die er oder sie in die Behandlung mitbringt. Wenn man sich auf das konzentriert, was *da* ist, kann man die Gesundheit eines Menschen aufbauen.« Indem Sexton Gedichte schrieb, fühlte sie sich darin bestärkt, daß sie ein befähigter Mensch war; indem sie sie für ihren Arzt tippte, vertraute sie sich noch stärker seiner bestätigenden Aufmerksamkeit an.

Angesichts ihres emotionalen Zustands ist es erstaunlich, mit welcher Zielstrebigkeit sie sich ins Schreiben stürzte. Obwohl sie von Selbsthaß und Verwirrung gequält war – ein Zustand, der sich nicht in künstlerischer Gestalt niederschlägt, aber deutlich in den ärztlichen Notizen –, brachte sie Dr. Orne zwischen Januar und Dezember 1957 über sechzig Gedichte. Dies waren keineswegs

Tagebucheintragungen oder Skizzen, sondern vollendete Arbeiten, sorgfältig auf weißem gutem Schreibmaschinenpapier getippt und in der Regel datiert. Es waren Manuskripte.

Die ärztliche Zustimmung allein hätte sicher nicht ausgereicht, sie zur Dichterin zu machen, wenn ihr Ehrgeiz nicht durch die Familientradition angespornt worden wäre, von der der Zweitname Gray sprach. Sexton forderte dieses Erbe von ihrer widerstrebenden Mutter in einem Kampf ein, der sich in der Zeit zwischen Weihnachten 1956, als Sexton ihr erstes Sonett schrieb, und Weihnachten 1957, als sie Mary Gray ein Bündel Gedichte vorlegte, intensivierte und klärte. Als sei sie im Drama ihrer Tochter am Dialog beteiligt, erkrankte Mary Gray in jenem Jahr schwer, wurde operiert und fing während ihrer Genesung an, mit Sexton um den Titel der Familiendichterin zu konkurrieren.

Annes Probleme hatten unwillkommene Belastungen in Mary Grays Leben gebracht, und zwar seit 1955, als Anne sich in Behandlung begab. Zum Teil war es Mary Grays Geld — als Erbin von A. G. S. besaß sie eigenes Vermögen —, von dem Dr. Ornes Rechnungen bezahlt wurden. Während Anne in der Klinik war, hatte Mary Gray ausgeholfen, indem sie Linda nach Annisquam holte, und sie hatte auch Anne für mehrere Wochen nach deren Entlassung dorthin gebracht. Zu den Vergnügungen, die ihre Tochter aufmuntern sollten, gehörte, daß Mary Gray einen Künstler aus der Gegend beauftragte, ein Porträt von Sexton in einem blauen schulterfreien Kleid zu malen, das den Liebling von »Sigma Chi« darstellen sollte. Der Sommer erwies sich allerdings nur als eine Unterbrechung in der Abwärtsspirale, die im November in Annes erstem Selbstmordversuch kulminierte.

Als Sexton sich im folgenden Februar wieder wohl genug fühlte, um sich, Dr. Ornes Rat folgend, einer Ausbildung zuzuwenden, bekam sie von ihrer Mutter keine Unterstützung. Sie zog in Erwägung, sich am Newton Junior College oder vielleicht an der Boston University einzuschreiben, und sie bat Mary Gray, die Studiengebühren zu bezahlen. Sie berichtete Dr. Orne von der vernichtenden

Antwort ihrer Mutter: »Nein! Warum sollte ich? Mir scheint, in meinem Alter habe ich auch ein bißchen Spaß verdient... Du könntest es sowieso nicht schaffen. Du kannst dir nicht vorstellen, wie schwer es ist.« Kurz nach diesem Wortwechsel wurde ein Knoten in der Brust, den Mary Gray zu ignorieren versucht hatte, als bösartig diagnostiziert. Wie viele in ihrem Freundeskreis meinte Mary Gray, Krebs werde durch Streß verursacht. Wütend schob sie ihr Problem auf Sextons Zusammenbruch (wie Sexton sagte). Im April unterzog sie sich einer radikalen Brustamputation, die sie mit günstiger Prognose überstand. Sie verwöhnte sich, indem sie ihr eigenes Porträt von demselben Künstler malen ließ, bei dem sie das Porträt ihrer Tochter in Auftrag gegeben hatte. Sie fing an, sich ein bißchen mit Aquarellmalerei zu beschäftigen; dann fing sie an, Gedichte zu schreiben.

Mary Grays Krankheit und ihre sichtliche Genesung verschlimmerten Sextons Rivalitätsgefühle und ihre Hilflosigkeit. »Mutter macht mich krank, aber ich liebe sie«, notierte sie in dem herunterspielenden Ton ihres kleinen Tagebuchs. »So viel Anziehungskraft und Abhängigkeit.« Nachdem die Prognose, daß Mary Gray wieder gesund werden würde, sicher schien, bemerkte Sexton gegenüber ihrem Arzt: »Mutter hat irgendwie ihren Glanz verloren, jetzt, da sie nicht stirbt«, und Dr. Ornes Notizen in den darauffolgenden Monaten zeigen, daß sie den Tod ihrer Mutter wünschte und zugleich auch fürchtete: »Ein Teil von mir wäre frei, wenn sie sterben würde. Aber es wäre auch furchtbar – ich würde mich auflösen.« Ihr zweiter Selbstmordversuch im Mai ereignete sich sechs Wochen nach der Operation ihrer Mutter. Zu dem Zeitpunkt hatte Dr. Orne Sexton definitiv dazu ermutigt – so sah sie es –, Dichterin zu werden. Offensichtlich erhielt sie um dieselbe Zeit eine ähnliche Botschaft von Mary Gray.

»Wir sind immer ein Sende- und Empfangsradio gewesen, vielleicht mit einer Ausnahme – Meinst *Du*, Du spürst unbewußt – daß Du *wenn* Du's *mir* nicht recht machst, einen Anker verlierst? Ich weiß nicht – aber ich habe das Gefühl, daß Deine Liebe zu mir und meine

›sympatica‹ für Dich – Dir den Boden unter den Füßen wegziehen könnte. [...]

Du – Anne – meine süße Tochter, findest das Leben unattraktiv – Manchmal tu ich das *auch* – und weine und weine – voller Selbstmitleid und totalem Elend – Ich kann also verstehen, wie Du Dich fühlst – Trotzdem – Du hast etwas zu geben – *ein* Wort – Das Wort – ein wunderschöner Dank für das, was das Leben – die Natur – und zwischenmenschliche Beziehungen bedeuten – *Du* bist niemandes Baby – *Du* bist erwachsen auf deine Art – Selbstverständlich – Bäume verrotten – Pflanzen sterben – wir Menschen versagen – aber wir sind Geist – Auch wenn es *mieser* Geist ist – aber es ist wenigstens etwas –«

Trotz dieses merkwürdigen Gemisches von Mitgefühl und Kitsch muß dieser Brief zutiefst Sextons Bedürfnis, von ihrer Mutter anerkannt zu werden, entsprochen haben (obgleich Mary Gray als Briefschreiberin bekannt war, gehört dieser Brief zu den wenigen Mitteilungen von ihr in Sextons Unterlagen). Er mag auch erklären, warum Sexton einen Zusammenhang zwischen ihrer Mutter und Radios sah. Als Mary Gray zwei Jahre nach ihrer Krebsoperation im Sterben lag, holte Sexton schuldbewußt ein tragbares Radio aus ihrem Krankenzimmer. Seither liefen dieses und die nachfolgenden Radios immer, wenn sie am Schreibtisch arbeitete, wenn sie frühstückte und wenn sie abends einschlief. »Dieses Radio wird noch laufen, wenn ich sterbe – letzte Klänge«, schrieb sie.

Sexton hob auch zwei Gedichte auf, die Mary Gray nach ihrer Operation schrieb. Eines davon spiegelt die Gefühle von Hilflosigkeit wider, die auch in ihrem Brief Ausdruck finden, auch hier mit der Metapher von beschädigten Bäumen: *»It matters not to me / that trees can rise as well as fall / because with you I am a frail / expression of the will to fail.«*[1] In einem anderen mit dem Titel *Misery* (Elend) beschreibt Mary Gray ihre Gefühle, als sie sieht, wie Sexton sich von dem totengleichen Zustand nach einer Überdosis Tabletten erholt. Die innigen gereimten Verse des Originals ähneln ganz entschieden den Gedichten, die Sexton 1957 schrieb – obgleich Sexton, anders

81

als ihre Mutter, Gedichte nie mit der Hand schrieb. Vielleicht löschte die Schreibmaschine für sie die visuellen Assoziationen zwischen ihrer eigenen Handschrift und Nanas Tagebuch sowie den »eleganten Entschuldigungen«, die Mary Gray so schön schrieb. Jedenfalls unterscheidet sich Mary Grays Stil nicht von Sextons zu jener Zeit, zum Beispiel in einem Vers mit dem Titel A *Birthday* (Ein Geburtstag), den Mary Gray höchstwahrscheinlich gelesen hat:

> *I sit upon the floor and play a game —*
> *»O lunatic ancestor . . . give me another name.«*
> *I sit on this floor and crazily break*
> *the pieces apart . . . for my children's sake.*[2]

Ein Jahr später brachte Sexton Mary Grays Gedichte in die Therapiestunde mit und kommentierte die Ähnlichkeiten. Obgleich sie die Arbeit ihrer Mutter als »schrecklich« ablehnte, verglich sie sie doch weiter mit ihrer eigenen.

A. S.: Mutter könnte wohl so gut sein wie ich, wenn sie etwas davon verstünde. Sie gebraucht eine veraltete Sprache – aber ich kannte ja auch die gängige Sprache nicht, als ich mit Schreiben anfing. Ich erinnere mich noch – nicht gut –, wie ich es Mutter zeigte. In der Schule hab ich »schulmäßig« geschrieben.

Dr.: Sprechen Sie darüber, wie Ihre Mutter Ihr Schreiben ablehnte.

A. S.: Ich erinnere mich, daß ich ganz früh schon Geschichten geschrieben habe, erinnere, wie Mutter sie einem Freund vorlas. In der Oberschule hab ich den Preis für die »meiste Phantasie« gewonnen – fand ich wundervoll – frag mich, was daraus geworden ist – irgendwann hab ich aufgehört, aufgehört zu phantasieren. Jetzt hab ich diese ganze Zeit verloren.

Dem Arzt ging es um die Ablehnung, aber Sexton reagierte, indem sie voller Stolz von ihrer frühen Kreativität sprach. Dieser Wortwechsel zeigt, daß sie sich immer mehr von den Gefühlen der

»Anziehungskraft und Abhängigkeit« freizumachen vermochte, aus denen heraus sie vorher um Mary Grays Liebe geworben hatte. Es gab für sie die Erinnerung an ihre Mutter in einem seltenen Moment, da sie ihrem Schreiben bewundernde Aufmerksamkeit schenkte; sei es, daß dieses Bild eine Phantasie oder daß es eine Erinnerung war, jedenfalls hatte Sexton ein großes Bedürfnis, daß Mary Gray ihr diese Erfahrung gönnte. Bemerkenswerterweise sah sie einen Zusammenhang zwischen Mary Grays Fähigkeit, sich neue Fertigkeiten anzueignen, und ihrem eigenen zunehmenden Wissen.

In den Jahren der Therapie bei Dr. Orne merkte Sexton allmählich, wie ihre Ambitionen und ihre Leistungen Stärken waren, die durch eben diese Identifikation mit ihrer Mutter gefördert wurden. »Ich dachte immer, ich sei Mutters Liebling gewesen – ich war genau wie sie, ich konnte nicht anders: Es ist eine fixe Idee«, sollte Sexton später zu Dr. Orne sagen. »[Mutters] Vater war Schriftsteller, und sie hätte Schriftstellerin werden sollen – ich bin meine Mutter, nur, ich hab es getan und sie nicht . . . Ich glaube, mein Vater war irgendwie verrückt, wenn auch nicht offensichtlich. Wenn man ihn antippte, fiel er wie ein Puzzle auseinander. Aber meine Mutter war aus einem Stück, und das will ich auch sein.« Indem Mary Gray Gedichte schrieb, auch wenn es schlechte waren, bestätigte sie unwiderruflich Sextons Leistungen; ohne ein solches Vorbild – und eine solche Konkurrentin – in ihrer nächsten Umgebung hätte sich Sexton vielleicht gar nicht berufen gefühlt, Dichterin zu werden.

Während dieser Periode der Mutter-Tochter-Auseinandersetzung regte Dr. Orne Sexton immer wieder an, ihren Horizont zu erweitern. Er drängte sie, einen IQ-Test zu machen; sie hatte gezeigt, daß sie zu außerordentlicher Disziplin fähig war, und er meinte, ihre Gedichte seien klug und ergreifend. Er zeigte ihre Arbeit auch einem Experten, einem jungen Literaturprofessor in Harvard, der sie vielversprechend fand. Davon abgesehen hatte Sexton, geschickt, wie sie war, in der Klinik eine natürliche therapeutische Begabung gezeigt, bei anderen das zu wecken, was sie selbst nicht

83

finden konnte: Hoffnung und Interesse. Sie hatte so viele Anlagen, die sich durch eine Ausbildung fördern ließen. Da es in ihren gesellschaftlichen Kreisen selbstverständlich üblich war, aufs College zu gehen, lag es nahe, ihr dies vorzuschlagen.

Sexton schrieb sich allerdings nicht an der Boston University oder am Newton Junior College ein. Irgendwie erfuhr sie von einem Lyrik-Workshop, der abends am Boston Center for Adult Education an der Commonwealth Avenue stattfand. Da sie zu schüchtern war, sich telefonisch zu informieren, bat sie ihre Nachbarin Sandy Robart, dies für sie zu tun. Robart hat dies als einen Tiefpunkt in Sextons Leben in Erinnerung. »Sie hatte sich so zurückgezogen, daß sie sich praktisch nicht aufraffen konnte, aus dem Haus zu gehen. Sie wollte so gern zu diesem Treffen gehen – sie hatte darüber gelesen und davon gehört. Ich sagte: ›Also gut, ich mach den ersten Anruf.‹ Ich wußte, es war nicht gut für sie, aber ich wollte ein Gleichgewicht schaffen – den ersten Schritt tun, damit sie den zweiten tun konnte. Ich erinnere mich, daß wir schließlich eine Vereinbarung trafen. Ich sagte: ›Ich geh am ersten Abend mit.‹« Entsetzlich nervös kam Sexton an, in Begleitung von Robart und mit Kopien von den etwa dreißig Gedichten, die sie wie für ein Buch in einer Pappmappe arrangiert hatte, mit Titeln wie *The Suicide Note* (Selbstmordnotiz), *Life Again* (Wieder leben), *In Defense of Not Trying* (Apologie, es nicht zu versuchen) und *One Life Asks the Questions* (Ein Leben stellt Fragen).

Den Lyrikkurs, der schon mehrere Wochen lief, gab John Holmes, Literaturprofessor an der Tufts University. Die meisten anderen Teilnehmer gingen regelmäßig zu solchen Workshops. Einige von ihnen hatten schon Gedichte veröffentlicht und waren bereits mit Holmes befreundet: Sam Albert, Maxine Kumin und Ruth Soter gehörten zu diesem inneren Kreis. Kumin erinnerte sich noch, welch starken Eindruck Anne Sexton an jenem Abend machte, als sie mit Ohrringen und Armreifen, Parfum, hohen Absätzen, passendem Lippenstift und Nagellack ankam, »ganz einschüchternde Eleganz in der von Kreide und Gummiüberschuhen geprägten Atmosphäre des Boston Center for Adult Education«.

Für andere mag Sexton eine merkwürdige Kandidatin in diesem Workshop gewesen sein, doch sie selber wußte sofort, daß sie am richtigen Ort war. Ihre eigenen Gedichte waren ganz offensichtlich mindestens so gut wie das meiste, was sie an jenem Abend hörte und sah, denn sie beschloß, sich für den Kurs einzuschreiben. Später erinnerte sie sich folgendermaßen:

»Das wichtigste an diesem Kurs war, daß ich das Gefühl hatte, irgendwohin zu gehören. Als ich zum ersten Mal krank wurde und zu einer Außenseiterin wurde, fühlte ich mich sehr allein; aber als ich in die Psychiatrie kam, merkte ich, daß ich überhaupt nicht allein war, sondern mit anderen Menschen zusammen, die genauso waren wie ich selbst. Daraufhin ging es mir besser – ich fühlte mich wirklicher, gesunder. Ich dachte: ›Das sind meine Leute.‹ Nun, in John Holmes' Kurs, den ich zwei Jahre lang besuchte, hatte ich das Gefühl, zu den Dichtern zu gehören und daß ich dort *wirklich* war, und ich erlebte dies: ›Das sind meine Leute‹ ein zweites Mal.«

Anne Sextons spontaner Entschluß, am Kurs teilzunehmen, war ein ganz großer Glücksfall. John Holmes war ein freundlicher Mensch und ein erfahrener, begeisterter Lehrer. Er verdiente sein Geld als Professor, aber die Dichtung war seine eigentliche Berufung. Er schrieb Gedichte, rezensierte Gedichtbände, er leitete Workshops; darüber hinaus lebte er, als sei die Dichtung etwas außerordentlich Wichtiges. Er war mehrere Jahre Vorsitzender des New England Poetry Club, weil niemand anders den Posten übernehmen wollte, und auch wenn der Club manchmal ein unerträglich provinzieller Treffpunkt war, war er doch ein Treffpunkt, und viele vielversprechende Dichter, die neu in Boston waren, brachten ihren Namen ins Gespräch, indem sie dort vorlasen. In jenem Herbst wurde Sexton eingeladen, dem Club beizutreten, und sie war begeistert, als sie bei einer seiner monatlichen Sitzungen den Lyrikpreis gewann.

Als Sexton den Kurs bei Holmes im Boston Center besuchte, fühlte sie sich zuerst ein bißchen wie ein Schulmädchen. Die Teilnehmer saßen um einen langen Eichentisch; wie Kumin sich erinnerte, beteten sie alle, »daß unsere Gedichte oben auf den Haufen unter Holmes' Fingern geraten würden, während er abwechselnd mit seiner Pfeife spielte und Seiten hin- und herschob, und daß einer von uns zur genaueren Prüfung auf göttliche Weise auserwählt werden würde«. Die Atmosphäre war allerdings nicht sehr akademisch. Sexton beschrieb den Kurs als »nicht wie im College«, weil keiner da war, »um eine gute Note zu bekommen oder zu lernen, wie man ein Gedicht schreibt, um einen Lehrer zufriedenzustellen«. Nach ihrer Schätzung waren etwa die Hälfte der Teilnehmer »Flüchtlinge von der Couch des Analytikers . . ., aber das war ich ja auch«.

Was Sexton 1957 in diesem Lyrikunterricht lernte, waren die Tricks – wie sie es nannte –, wie man glatte, komplizierte Strophen baut. Ihre frühen Gedichte entsprachen dem Vorbild von Zeitschriftenversen, wie sie regelmäßig in der *Saturday Evening Post* erschienen. Sie sind kurz, oft selbstironisch und vielfach sentimental; Rhythmus und Reim sind die Vehikel, die eine Botschaft übermitteln. Ein Beispiel dafür ist *Traveler's Wife,* das Sexton einem Brief an Kayo beilegte, den sie in der Zeit schrieb, als sie am Holmes-Lyrikkurs teilnahm.

> *Although I lie pressed close to your warm side,*
> *I know you find me vacant and preoccupied.*
> *If my thoughts could find one safe walled home*
> *Then I would let them out to strut and roam.*
> *I would, indeed pour me out for you to see,*
> *a wanton soul, somehow delicate and free.*[3]

Wie dieses Gedicht mit einem starken Reim nach ein oder zwei Holperern in der Mitte einer Zeile schließt, hat es die Bravour einer Anfängerin im Schlittschuhlaufen, die unsicher auf ihren Kufen ist, aber entschlossen, eine Acht auszuführen. Es endet effektvoll mit einem Bild: Mann und Frau werfen einander schockierte Blicke zu, da seine Abreise sie schmerzt:

> *You must not find, in quick surprise,*
> *one startled ache within my vacant eyes.*[4]

Die überraschenden Binnenreime von »*ache*« auf »*vacant*« und »*quick*«, von »*find*« und »*my*« auf den Endreim »*surprise*« und »*eyes*« lassen bereits eine Stärke ahnen, die Sexton bald sehr gezielt entwickeln sollte.

Derartige Gedichte schienen Holmes vielversprechend genug, um Sexton vorzuschlagen, sie solle versuchen, sie in lokalen Zeitschriften zu veröffentlichen. Wahrscheinlich auf seinen Rat hin schickte sie ein sentimentales Gedicht mit dem Titel *Eden Revisited* (Eden beim Wiedersehen) an *The Fiddlehead Review*. Im April 1958 kam es heraus – ihre erste richtige Veröffentlichung, die sie allerdings später nicht mehr nachdrucken ließ. Daraufhin begann sie, eine Kartei zu führen, in der sie notierte, wann sie ein Gedicht eingereicht hatte und wann es zurückkam. Dies macht deutlich, daß es ihr wichtig war, ein Gedicht möglichst bald, nachdem sie es geschrieben hatte, abzuschicken; wenn ihr Manuskript mit einer Ablehnung zurückkam (was 1957 und 1958 gewöhnlich der Fall war), schickte sie es innerhalb weniger Tage anderswohin. Dieses Verfahren war bemerkenswert vernünftig, aber für eine angehende Dichterin auch ungewöhnlich: Kaum ein Mensch hat die Kraft, sich einem solchen Prozeß auszusetzen und zwölf- oder fünfzehnmal in einem Jahr ein Gedicht wieder loszuschicken, wie Sexton es oft tun mußte. Sie hatte sich schnell eine professionelle Einstellung zu eigen gemacht – vielleicht ein weiteres Erbe von A. G. S.

In Sextons erstem Behandlungsjahr verstärkte das Schreiben die Wirkung der Psychotherapie, und beides ergänzte sich eigentlich perfekt. Ihre frühesten Gedichte 1957 handelten von ihrer Therapie, und zwar direkt und beschreibend, worauf einige Titel hinweisen: *Appointment Hour* (Sprechstunde), *The End of the Illusion* (Das Ende der Illusion), *One Patient Released Today* (Heute ein Patient entlassen), *Some Hope* (Etwas Hoffnung), *The Psychosomatic Stomach* (Der psychosomatische Magen), *One Way of Avoiding the Issue* (Eine

Art, das Thema zu meiden), *The Poems I Gave You* (Die Gedichte, die ich dir gab), *A Foggy Adjustment* (Eine neblige Anpassung). Etwa um den Jahrestag ihres ersten Selbstmordversuchs tippte sie ein Manuskript in Buchumfang, das sie bei einem Wettbewerb einreichte. »Ich tue lieber etwas Produktives, als daß ich herumsitze und darüber nachdenke, wie ich mich umbringe – oder daß ich mich umbringe«, sagte sie im Scherz zu Dr. Orne. »Ich hab einen Teil meiner Antriebskraft in etwas Konstruktives gesteckt. Hat mich aufgeheitert.« Dies brachte sie auf den Gedanken, einen Band mit Gedichten über die Therapie zusammenzustellen. »Einige davon sind wirklich gut«, bemerkte sie gegenüber Dr. Orne. »Vermutlich habe ich da ein Buch, das der Durchschnittsmensch in der Therapie gerne lesen würde.« Sie vermutete, ein solches Buch müsse anonym erscheinen. Und sie sollte wohl etwas mehr über Institutionen schreiben. Vielleicht könnte sie nach Weihnachten noch mal nach Glenside oder gar in eine staatliche Klinik kommen: »Westwood ist nicht schrecklich genug«, um für die Leser interessant zu sein, sagte sie. (Sexton äußerte sich nicht über die Analogie zu Nanas jugendlichem Plan, sich in eine psychiatrische Anstalt einweisen zu lassen, um darüber für das *Lewiston Evening Journal* schreiben zu können.) Wenige Monate später schrieb sie zwei unveröffentlichte Kurzgeschichten über psychiatrische Patienten mit hysterischen Symptomen. Sie sagte Dr. Orne, daß sie sich um einen Effekt wie bei J. D. Salinger bemühe, indem sie einen Erzähler in der ersten Person einführe, um eine Psychose anzudeuten.

Schon früh in ihrer Arbeit mit Dr. Orne war Schreiben für Sexton eine Art Ausbildung, und ihre Anspielungen auf psychoanalytische Begriffe zeigen, daß sie las, um ihre Behandlung zu verstehen. Anfang 1957, als sie erwog, sich an der Boston University einzuschreiben, drängte sie auch ihren Psychiater, sie häufiger als zweimal in der Woche zu behandeln. Er war mit einer weiteren Stunde pro Woche einverstanden unter der Bedingung, daß sie das Geld dafür selbst verdiente – eine Bedingung, die ihr, so meinte er, zu einer gewissen Unabhängigkeit von ihrer Mutter verhelfen und ihr zeigen sollte, daß sie in der Lage war, zu ihrem eigenen Besten

Schwierigkeiten auf sich zu nehmen. Diese Forderung stellte Sexton nochmals vor ein Problem, das einer erfinderischen Lösung bedurfte. Sie überredete ihre Schwägerin Joan dazu, mit ihr Kosmetik an der Tür zu verkaufen, und Dr. Orne paßte sein Honorar und seinen Zeitplan ihrer Situation an.

In der Rückschau läßt sich diese Entwicklung im Zusammenhang mit Sextons Versuch sehen, aufs College zu gehen. Obgleich sie in jenem Jahr wieder anfing, Gedichte zu lesen, sprach sie mit ihrem Arzt über ihre Psychologielektüre. Sie verfolgte das Thema nicht systematisch im Sinne eines Studiums, aber als Dr. Orne ihr Psychiater wurde, fing sie an, allgemeinverständliche ebenso wie Fachliteratur auf diesem Gebiet zu lesen. »Ich war erst eine Woche bei Ihnen gewesen, als ich mir die ganzen Bücher über Psychiatrie beschaffte. Ich las sie, weil ich herausfinden wollte, was für eine Patientin ich sein sollte«, gestand sie. Als weitere Motivation nannte sie, »zu lernen, was ich nicht tun durfte – wenn dies ein Anzeichen von Krankheit ist, darf ich es nicht tun«. Anscheinend freundete sie sich mit jemandem an, der sie auf eine Anzahl von Büchern hinwies, die sie in der Therapie erwähnte: Freud über den Ödipuskomplex, über die Theorie des Über-Ichs und über *Der Dichter und das Phantasieren;* Jung über den Begriff des Ichs im Gespräch mit sich selbst; ein Buch über weibliche Sexualität; ein Buch, das für Schweigen auf seiten des Analytikers plädiert. »Neulich fragte mich jemand, ob mein Arzt analytisch sei«, erzählte sie Dr. Orne. »Da sagte ich: ›Nein – nur ich!‹«

Erste Anspielungen auf psychoanalytische Begriffe kommen in Gedichten vor, die Sexton Ende Januar und Anfang Februar 1957 schrieb. Ein Gedicht mit dem Titel *Real Love in Imaginary Wagon* bietet eine populärpsychologische Version von Freuds Begriff der Übertragung: die für die psychoanalytische Theorie grundlegende Beobachtung, daß die Beziehung des Patienten zum Analytiker die Kindheitsbeziehungen zu den Eltern und anderen wichtigen Personen wiederholt.

Well Doctor — all my loving poems
write themselves to you.
If I could channel love,
by gum, it's what I'd do.

And never pen another
foolish freudian line
that bleeds across the page
in half assed metered rhyme.
{. . .}
If all this bother and devotion
is not, in truth, for you —
(since you're the expert on emotion)
tell me Doctor — who?[5]

Ähnlich geht die Kenntnis psychoanalytischer Begriffe, insbesondere der Übertragungstheorie, in Gedichte ein wie *More Than All the Rest,* in dem der Arzt wohlwollend mit einem Vater verglichen wird (»*He gave the gift of life, but not the gift a child would need / to mark its mind / as the years unwind*«)[6], und andere mit deutlichem erotischem Inhalt, wie *The Poems I Gave You* (»*Oh, I have raped my inner soul / And given it, naked, to you, / Since my warm mouth and arms / might love, and frighten you*«).[7] Dr. Orne erläuterte später: »Anne sah die Psychotherapie als eine Art Betrug an, den sie ›den großen Schwindel‹ nannte, weil die starken Gefühle, die dabei aufkamen, nie befriedigt werden konnten. Die Besserung des Patienten und nicht die Befriedigung seiner Bedürfnisse war ja das Therapieziel.«

Obgleich Dr. Orne Sexton anscheinend nicht ermunterte, psychologische Literatur zu lesen, hielt er sie auch nicht davon ab: Schließlich hatte er in ihrem Fall jegliches Bildungsbemühen als höchst therapeutisch verschrieben. Vielleicht sah sie auch noch einen anderen Gewinn. Ihre Ungenauigkeit im Umgang mit der analytischen Theorie deutet darauf hin, daß sie offenbar nicht versuchte, sie wirklich zu bewältigen. War ihre Lektüre eine Art Identifikation mit ihrem Arzt, war es die Suche nach einem weiteren

»Zwilling«? In der Kindheit hatte sie die bewunderte Nana gehabt, und sie hatte sich einen vermeintlichen Bruder geschaffen, der ihr Schutz und Begleitung gab. Inmitten der Gefahren der künstlichen Kindheit in der Therapie suchte sie wohl in Dr. Orne wieder einen solchen Menschen, vielleicht sogar als Strategie, um mit den verwirrenden Gefühlen fertig zu werden, die durch die therapeutische Beziehung freigelegt wurden. In der gesamten Therapiezeit, die Dr. Orne aufgezeichnet hat, verwendete Sexton ganz zwanglos und kenntnisreich Begriffe wie Übertragung, Widerstand, Abwehr, Regression, Ausagieren, wenn sie dem Arzt »Erinnerungen« lieferte, die sich verdächtig nach aktualisierten Versionen von Freuds und Breuers *Studien über Hysterie* anhörten. Es ist anzunehmen, daß Sexton 1958 die Fallgeschichte der ersten Hysterikerin, die in der psychoanalytischen Literatur behandelt worden ist, gelesen und in der berühmten Patientin, die Freud und Breuer Anna O. nannten, eine weitere Namenspatin gefunden hatte. Außerdem machten sich Orne und Sexton über diesen Fall Notizen, er handschriftlich, sie in Gedichten. Später sollte sie ihm etwas überheblich sagen: »Therapie ist eine *geringere* Kunst, Dr. Orne!«

Aus welchen Gründen auch immer nahm ihr eigener Fall insofern eine besonders dramatische Entwicklung, als sie sich gern in die Rolle der übertrieben unartigen Elizabeth hineinzuversetzen begann und in Trance, sei es Phantasie oder Erinnerung, von einem inzestuösen Erlebnis mit ihrem Vater erzählte.

Die Elizabeth-Gestalt hatte schon früh in Sextons Therapie ihre Auftritte, wenn Sexton in einer Trance war und in kindlicher Handschrift Botschaften auf Blätter schrieb, die von einem linierten Notizblock abgerissen waren. Sexton erzählte Dr. Orne, wie sie auf den Namen gekommen war. Als sie einmal nach einer Phase automatischen Schreibens aus seinem Sprechzimmer kam, war sie ganz verzweifelt gewesen. Sie war eine ganze Weile spazierengegangen und hatte über Selbstmord nachgedacht und versucht, sich abzulenken, und da bekam sie plötzlich Angst, jemand könnte sie bemerken und nach ihrem Namen fragen. »Schaute (aus irgendeinem Grund) auf die Rückseite meiner Uhr [die sie von Elizabeth Harvey, der

Mutter ihres Vaters, geerbt hatte], und darauf standen die Initialen E. H. Da dachte ich: ›Ich muß E. H. sein‹ [. . .] [Meines] ehrlichen Wissens nach war ich vorher nie ›Elizabeth‹ gewesen.«

Im September tippte sie Briefe, die sie nicht unterschrieb, aber im Absender auf den Umschlägen tauchte der Name »Elizabeth« auf. Fast wie im Scherz behauptete die Schreiberin, sie müsse ihren Einführungsbrief im Dunkeln tippen, damit Anne ihn nicht lesen könnte. »Helfen Sie mir doch«, fleht Elizabeth Dr. Orne an. »Sie müssen doch mehr tun können, als bloß wie eine verflixte Kröte dazusitzen.« Anne würde kooperativer sein, »wenn sie weniger Angst davor hätte, was Sie denken würden. [. . .] Ich bin's, die reden wird.« Elizabeth erklärt, daß Anne sie bisher »für einen Bruder gehalten hat, der aber verstorben ist – sie dachte die ganze Zeit an ihn – aber eigentlich gab es gar keinen Bruder – sie tat nur gern so – ich bin gar nicht so anders als sie, aber ich würde Ihnen sagen, was sie nicht mal zu denken wagt – Sie verspielt ihr Leben [. . .] Manchmal bin ich ein Teil von ihr, aber sie ist kein Teil von mir. [. . .] Nana wußte, daß ich nicht Anne war.«

Elizabeth wollte, daß Dr. Orne Anne in der Therapie in Hypnose versetzte, damit sie, Elizabeth, offen reden könnte: »Wenn Sie ihr genug Zeit lassen zu dissoziieren, dann wird sie dazu bereit sein . . . Ich weiß ganz schön viel«, versprach sie. Als Dr. Orne nicht einverstanden war, seine Patientin zu hypnotisieren, plädierten Anne und Elizabeth beide für eine Stunde unter Pentothal-Natrium, einem Schlafmittel. »Sie« tippten mühsam zusammen einen Brief, abwechselnd Zeile für Zeile: »Ich lüge nur manchmal«, sagt die eine; »ich bin's, die Pentothal will«, die andere.

Verschiedentlich stellte Sexton in ihrer Therapie, wenn sie in Trance war, einen Zusammenhang zwischen dem Namen Elizabeth und »a little bitch« (»einer kleinen Schlampe«) her, jenen wütenden Worten, die ihr Vater damals gebrauchte, als er betrunken war und sie wegen irgendeiner Ungezogenheit schlug. Sie verband diese Formulierung auch mit einem Abend, an dem ihr Vater zu ihr ins Schlafzimmer kam und sie sexuell berührte; sie erinnerte sich in großen Abständen in Trance daran.

A. S.: Vater kommt betrunken herein; weckt mich auf und sagt: »Ich wollte bloß sehen, wo du bist – deine Schwester [Jane] ist weg und läßt sich von jemandem anfassen.« Und das sagt er noch mal. Sitzt auf dem Bett, nimmt eine Flasche aus seiner Tasche und trinkt. Ich fragte, wo Mami sei: zu Bett gegangen und die Tür abgeschlossen. Er sagt: »Magst du mich?«

Dr.: Auf welcher Seite des Bettes sitzt er?

A. S.: [zeigt mit dem Finger.] Er fragt mich, ob mich schon einmal jemand angefaßt hat. Ich weiß nicht, was er meint. Ich liege da und schmuse mit Nana. Ich weiß, daß das nicht gut ist, daß ich es nicht sollte.

Dr.: Was nicht sollte?

A. S.: Er umarmt mich. Er sagt, ich soll mich an ihn schmiegen, windet sich irgendwie und fragt, ob ich das mag. Und es fühlt sich gut an.

Dr.: Sagt er, daß Sie ein braves Mädchen sind?

A. S.: Er legt seine Hand auf mich und fragt, ob ich – ob ich das manchmal tue und ob ich das schon mal getan hab.

Dr.: Was haben Sie ihm gesagt?

A. S.: [schüttelt den Kopf.] Er küßte mich auf die Lippen, und er wollte weggehen, und ich hielt ihn fest und wollte nicht, daß er geht. Dann kam er zurück und ließ seine Flasche auf dem Tisch.

In späteren Stunden stellte Sexton den Wahrheitsgehalt dieser Erinnerung in Frage. Bei einer Gelegenheit formulierte sie es so:

A. S.: Ich hätte mir das doch nicht alles einbilden können, oder ich existiere überhaupt nicht! Oder bilde ich mir ein Trauma ein, passend zu meinen Symptomen?

Dr.: Es gab nicht bloß einen einzigen Grund; das ist oft geschehen, ohne daß es notwendigerweise genauso geschehen ist. Wenn Ihr Vater getrunken hat, dann vermittelte er Ihnen eine Botschaft.

A. S.: Ekel.

Dr.: Oder Anziehung.

A. S.: Wie ich neben Daddy sitze und er sagt, ich kann nicht

93

essen, wenn sie am Eßtisch sitzt – ich dachte, Pickel brächten etwas Inneres zum Ausdruck.

Dr.: Ihre Gefühle für ihn?

Kurz nachdem Sexton diese Episode zum ersten Mal in der Therapie erzählt hatte, erbat Dr. Orne ein Gespräch mit Mary Gray und erkundigte sich nach Ralphs Verhalten gegenüber Anne. Mary Gray antwortete, daß er oft, wenn er betrunken war, unflätig mit ihr geredet habe. Sie erinnerte sich, wie er einmal, als Anne das Haus zu einer Verabredung verließ, sagte, sie sehe aus, als habe sie vor, »sich bumsen zu lassen«. Sexton erinnerte sich auch daran, aber in ihrer Erinnerung sagte er »ficken«. Damals war sie etwa siebzehn.

Dennoch, verletzende Bemerkungen sind nicht dasselbe wie erotisches Berühren. War Sextons Bericht eine Erinnerung oder eine Phantasie? Diese Frage wurde in ihrer Therapie und auch in ihrer Kunst sehr bedeutend, aber sie läßt sich nicht mit Sicherheit beantworten. Daß Anne davon in ihren Trancezuständen so häufig und lebhaft berichtete, ist der wichtigste Beleg dafür, daß der Vorgang wirklich geschehen ist. Zu dem klinischen Bild einer Frau, die ein sexuelles Trauma erlitten hat, paßten außerdem Sextons Symptome und Verhalten – vor allem die in ihrem Fall so auffälligen dissoziativen Zustände, dann ihre Neigung, wichtige Beziehungen zu sexualisieren, und die Tatsache, daß sie die Grenzen zwischen sich selbst und anderen als fließend erlebte. Von einem klinischen Gesichtspunkt aus beweisen ihre Zweifel an dieser Erinnerung noch nicht, daß der Vorgang sich nicht wirklich ereignet hat.

Allerdings variierten die Einzelheiten ihrer Berichte erheblich, vor allem in der Datierung der Episode in ihrem Leben irgendwo zwischen fünf oder sechs und zwölf oder dreizehn und in der Rolle, die sie Nana zuschrieb: Sie wechselte von der einer schuldigen Bezugsperson, wie oben, bis zu der einer Augenzeugin. Ferner ist auffällig, daß Sextons Erinnerungen in der Therapie immer dann aufkamen, wenn sie über Inzest las und schrieb, insbesondere als sie intensiv an einem Stück arbeitete, dessen zentraler Konflikt Inzest ist. Sexton stellte häufig fest, daß sie sich, wenn sie einmal eine Erinnerung in Worte gefaßt hatte, an diese Worte erinnerte. Daher konnte sie einem Gefühl dramatische Realität verleihen, indem sie in Trance daraus eine Szene entstehen ließ und diese Szene für Dr. Orne in Worte faßte. Einige Familienmitglieder meinen, daß diese »Erinnerungen« eine Dramatisierung sein *müssen,* und sie bestreiten, daß Ralph Harvey seiner Tochter gegenüber irgendwelche sexuellen Annäherungsversuche gemacht haben könnte. Auch Maxine Kumin bezweifelt Sextons Glaubwürdigkeit in dieser Hinsicht. Andererseits waren einige von Sextons guten Bekannten überzeugt, daß diese Erinnerungen echt waren; Lois Ames, eine Sozialarbeiterin in der Psychiatrie, die Inzestgeschädigte behandelt hat und Sexton über Jahre sehr gut kannte, sagte ohne Zögern: »Ich bin vollkommen überzeugt, daß Anne ein Opfer sexueller Kindesmißhandlung *war,* sowohl von Nana wie von ihrem Vater.«

Dr. Orne sagte auf die Frage, wie er dieses Thema in der Rückschau sehe: »Ich bin in der Therapie damit wie mit einem realen Ereignis umgegangen, weil es manchmal eben real für sie war. Wie die meisten Patienten mit solchen Störungen hatte Anne in der Therapie Pseudoerinnerungen; sie werden sehr intensiv erlebt, und daher kann deren Behandlung dem Patienten helfen, auch wenn die Ereignisse nie stattgefunden haben. Wenn Sie mich allerdings als Psychiater oder als Wissenschaftler fragen, würde ich sagen, ich bin praktisch sicher, daß es nie stattgefunden hat. So wie sie es beschrieb, ist es nicht plausibel, und es war auch nicht die Art des Vaters, wenn er trank. Aber es entsprach ihren Gefühlen für ihren Vater, daß er sie mißhandelt hat, und da sie alles sexualisierte, wurde es eben die Metapher, mit der sie damit umgehen konnte.«

Vielleicht muß man die Frage anders formulieren: Nicht, war der Vorfall eine Phantasie oder eine Erinnerung, sondern, was für ein Erlebnis war es? Für die Künstlerin Sexton war die immer wieder überlagerte, konfliktreiche Liebe eines Mädchens zu ihrem Vater eine Quelle der Einsicht in die psychische und soziale Komplexität des Lebens als Frau. Sexton sollte eine ganze Anzahl von wichtigen

Werken schreiben, in denen sie dieser Liebe mit großer Einfühlsamkeit nachging: *The Bells* (Die Glocken) und *The Moss of His Skin* (Das Moos seiner Haut), die sie noch zu Lebzeiten ihres Vaters schrieb; und nach seinem Tod *The Truth the Dead Know* (Die Wahrheit, die die Toten kennen), *All My Pretty Ones* (All die süßen Kleinen), *Young* (Jung), *Ghosts* (Geister), *The House* (Das Haus), *Wallflower* (Mauerblümchen), *And One for My Dame* (Und eins für meine Dame), *Flee On Your Donkey* (Flieh auf deinem Esel), *Consorting with Angels* (Beratung mit Engeln) und *In the Beach House* (Im Strandhaus); viele Gedichte in den *Transformations,* einem Zyklus über Grimms Märchen; verschiedene Versionen des Stückes, das zu *Mercy Street* wurde; und ein wichtiger Gedichtzyklus mit dem Titel *The Death of the Fathers* (Der Tod der Väter) den sie gegen Ende ihres Lebens schrieb. Die *Wahrheit* dieser Kunstwerke liegt nicht darin, daß sie Tatsachen entsprechen, sondern daß sie emotional überzeugend sind. Die Annahme, Sexton hätte sie ohne direkte sexuelle Annäherungsversuche ihres Vaters nicht schreiben können, wäre naiv. Demgegenüber ist die Vermutung wohl plausibel, daß ihre Trance-Erzählungen während der Psychotherapie nicht Berichte von tatsächlichen Ereignissen, sondern erklärende Fiktionen waren, die – kraft der Übertragung entstanden – sexuelle Gefühle und Phantasien auslösten. Was Sexton Dr. Orne 1958 über den Besuch ihres Vaters in ihrem Schlafzimmer erzählte, bezeugt zumindest ihre deutliche Wahrnehmung, daß ihr Vater in aggressiver Weise ihre sexuelle körperliche Entwicklung (und die ihrer Schwester Jane) beobachtete, und daß sie die häufige Abwesenheit der Mutter und Nanas Schmusen mit seinen Übergriffen in Verbindung brachte.

Mindestens genauso wichtig wie der Vater im Vordergrund dieser Szene sind – von Sextons Gefühlen her gesehen – die mütterlichen Figuren im Hintergrund. Wenn sie in der Therapie – und später in *Mercy Street* – auf die Erinnerung eingeht, gibt es immer zwei Mütter, eine, die sich zurückzieht und alle anderen ausschließt, und eine, die durch die spektakuläre Begegnung des Mädchens mit dem Vater schockiert ist und darüber wahnsinnig wird. In Sextons Geschichte werden Annes Phobien und ihr Selbsthaß aus Nanas

Entsetzen über ihre eigene Rolle in der Verführungsszene erklärt, denn diese Episode zeigt Nana, daß Anne heimlich sexuelle Lust verspürte – auch wenn sie mit Nana schmuste.

Sexton sollte schon früh in ihrer psychiatrischen Behandlung die Frage aufwerfen, ob sie »normal« sei, womit sie heterosexuell meinte, und später ging sie ihr dann im Kontext sexueller Intimität mit Frauen nach. Hinter dieser Frage standen andere Erinnerungen, die ihr Selbstwertgefühl beeinträchtigten und um die genitalen Untersuchungen ihrer Mutter kreisten. Während ihrer Reinlichkeitserziehung mußte sie der Mutter von Anfang an jeden Tag über ihre Verdauung berichten und ihr den Stuhl zeigen, ehe sie die Toilettenspülung zog. Damals war das eine durchaus übliche Erziehungspraxis. Aber Sexton erinnerte sich noch an ein anderes demütigendes Erlebnis im Alter von etwa vier Jahren: Ihre Mutter legte sie auf den Badezimmerfußboden, zog ihr die Beine auseinander und untersuchte ihre Schamlippen, »sie sah mich an und sagte mir, wie wir sie sauberhalten müssen und daß wir sie nicht berühren dürfen – sie schaute irgend etwas an, das größer wurde, und ich weiß – ich erinnere mich nicht, ich weiß es –, ich hatte eine kleine Zyste – die mußte operiert und entfernt werden«. Dr. Orne kommentierte dazu: »In vielerlei Hinsicht war die Beziehung zu ihrer Mutter die gefährliche.«

Entscheidend ist, daß die Wahrhaftigkeit der Inzestgeschichte sich historisch nicht festmachen läßt, aber das heißt nicht, daß sie nicht in einem tiefgreifenden und andauernden Sinn »geschehen ist«. Aus vielen Quellen ist klar, daß Sextons physische Grenzen von den Erwachsenen in ihrer Familie wiederholt in einer Weise überschritten wurden, die von Kindheit an ihr Gefühlsleben schädigte. Wie sie es formulierte: »Ich habe diese Szene in der Zeit eingefroren, so daß sich keiner mehr bewegt. Ich dachte, ich könnte bewirken, daß all das aufhört. Eben das will ich glauben – wenn ich an diesem schwierigen Punkt bin – nicht, daß ich das eigentlich heute glaube, nur wenn ich in Trance das Kind bin. Ich kann nicht erwachsen werden, weil dann all diese anderen Dinge geschehen. Ich möchte mich umdrehen, und alles soll rückwärtsgehen.«

1958, nach zwei Jahren Behandlung, flossen all diese Probleme – unter dem Einfluß der Übertragung auf Dr. Orne – in Sextons Selbstbild ein. In den Monaten, in denen sie sich in der Therapie durch Elizabeth, die »kleine Schlampe«, mitteilte, agierte sie diesen Persönlichkeitsanteil in einer Affäre aus, die für sie ein aufregendes Spiel war. Einer ihrer Mitstudenten am Boston Center for Adult Education hatte ein Auge auf sie geworfen, und sie fingen an, nach dem Unterricht zusammen erst einen Drink und danach in seinem Auto Sex zu genießen. »Mit Jerry bin ich anders – ich weiß nicht, was mit mir geschieht«, sagte sie zu Dr. Orne. »Jerry ist so lebendig, verschlingt das Leben«; sie mochte es, daß er sich »in mich verliebt – wenn er genug hat vom Sex und ich spüre, daß ich gewonnen hab«. Jerry bewunderte ihre Gedichte, aber auf seine Meinung legte Sexton keinen Wert. Sie ließ auch nicht zu, daß sich aus der Beziehung eine Freundschaft entwickelte. Sie beschränkte ihre Gemeinsamkeit auf kurze sexuelle Begegnungen, über die sie die Kontrolle behielt. »Jerrys Problem – er will sich mit mir treffen – das letzte, was ich will, ist in sexuelle Verwicklungen mit Jerry zu geraten – treff ihn gern und er soll sich in mich verlieben – [. . .] wie der Junge, mit dem ich verlobt war – gefällt mir nicht, aber ich brauch mich nicht einzulassen, ich muß ihn bloß fertigmachen, und er ist glücklich – bei Kayo muß ich sexy sein und kann's einfach nicht – irgendwas stimmt nicht.«

Da Kayo oft auf Geschäftsreisen war, folgte Sexton etwa sechs Monate lang ihrem Impuls ziemlich häufig. Als im Mai der Lyrikkurs vorüber war, beschloß sie, die Affäre zu beenden; sie verletzte inzwischen ihren Stolz. »In Wirklichkeit finde ich wohl so schrecklich, daß ich tatsächlich sexy bin«, sagte sie zu Dr. Orne. Und doch war ihre Fähigkeit, Jerry zu faszinieren, ein Ausgleich für ihr Gefühl, in der Therapie keine Fortschritte zu machen: »Sie könnten vermutlich einwenden, ich hätte ja Kayo. Aber er macht eigentlich alles noch schlimmer. Er kann mich nicht ausstehen, wenn ich krank bin. – Oder die Kinder. Sehen Sie denn nicht, ich habe bloß viele Gesichter, die mir mein Versagen beweisen. Wenn ich krank bin, ist es leichter, weil ich nicht ständig den Spiegel meines täglichen Versagens sehen muß – daß ich eben nicht alle glücklich oder mit mir zufrieden mache.« Ihre »Elizabeth«-Eigenschaften brachten ihr Zustimmung ein, obgleich es eine Zustimmung war, die sie eigentlich nicht respektierte; und sie konnte diese Eigenschaften inzwischen auch mit dem Lyrikkurs in Zusammenhang bringen.

Aber Sextons Wunsch, diesen Eigenschaften einen Namen und eine Persönlichkeit zu geben, signalisierte – für Dr. Orne – eine gefährliche Tendenz. Später bemerkte er bei einem Gespräch über Elizabeth, daß er sich zwar anfangs für dieses Symptom interessiert habe, aber dann merkte, daß Sexton gefährlich nah daran war, eine multiple Persönlichkeit zu entwickeln. Daher hörte er auf, Elizabeth als eine von Sexton losgelöste Person gelten zu lassen. »Es war hilfreich, sie die eingebildete Elizabeth ausagieren zu lassen und damit Aspekte ihrer selbst zu entwickeln, die unterdrückt gewesen waren. Ich möchte betonen, es war eine Einbildung: Anne hatte keine multiple Persönlichkeit, auch wenn sie in diese Richtung hätte abgleiten können«, sagte er. »Als ich das Interesse verlor, war es bei ihr genauso, und kein Arzt hat Elizabeth je wieder gesehen.« Im weiteren Verlauf der Therapie betonte Dr. Orne die positiven Seiten, die Sexton durch diese Figur ausdrückte: ihr Charisma, ihren Humor, ihre Genußfähigkeit, ihr Selbstvertrauen. »›Elizabeth‹ bringt eine Seite Ihrer Kindheit mit Werten zum Ausdruck, die Ihnen nie richtig zugänglich waren«, sagte er ihr. »Das ›magische‹ Du, ›Elizabeth‹, läßt sich mit Menschen ein. Aber Sie sehen sie nicht als sich selbst.« Im Hinblick auf Elizabeth stand im Mittelpunkt der Therapie, daß Sexton die Gefühle anzuerkennen und anzunehmen lernte, die sie abspalten und ausagieren wollte.

Unabhängig davon, was in der Therapie geschah, blieb Sexton als Dichterin enorm produktiv. Im Frühling, als der Lyrikkurs zu Ende war, hatte sie etwa fünfundsechzig Gedichte fertig. Das Schreiben von Gedichten bestimmte nun ihr Leben, als die einzige Aktivität außerhalb der Therapie, die ihrer Existenz Sinn verlieh. Seitdem sie sich zur Dichterin berufen fühlte, verfolgte sie ihr Ziel um jeden Preis. »Ich würde Sie am liebsten bitten, mich irgendwohin zu

schicken«, sagte sie zu Dr. Orne. »Es ist das einzige, was ich will –
genug zu essen zum Überleben, in den Lyrikkurs gehen – schreiben
– den Rest der Welt ausblenden. Ich will mit der Behandlung nicht
aufhören, weil da eine Hoffnung ist, daß ich das schaffe.« Beim
Schreiben war sie in einem ähnlichen Zustand wie in der Trance,
und ihr war bewußt, wie gefährlich gleichgültig es sie gegenüber
ihren Kindern machte. Sie meinte, wenn sie die ganze Zeit in einer
Anstalt wäre, würde sie dies von der Last der Schuldgefühle befreien, die sie wegen der Vernachlässigung ihrer Familie hatte. »Ich
bin nur da, wenn ich über Gedichte oder Schreiben nachdenke –
hin- und hergeworfen zwischen Fluchtwegen – Alkohol, Tabletten,
Schreiben –, sonst hab ich nichts.«

Genau wie der Akt des Schreibens Sexton von sich selbst befreite
zu dem, was sie als eine andere Identität empfand, vermittelte das
fertige Gedicht Bedeutungen, die ihr gar nicht bewußt waren.
Schon im November 1957 fing sie an, ihre Arbeit im Freudschen
Sinne zu interpretieren und in Metaphern und im Schweigen zwischen den Gedichtzeilen die (für sie) unverkennbare Anwesenheit
von Vater und Mutter zu enthüllen. Ein poetisches Bild »läßt sich
nicht festmachen – taucht einfach auf – nicht gewollt«, sagte sie zu
Dr. Orne. »Sie wären vermutlich überrascht, wie wenig ich meine
eigenen Gedichte verstehe.« Diese Wahrheit drängte sich ihr auf,
als *Eden Revisited* (Eden beim Wiedersehen) in *The Fielding Review*
erschien. Als sie das Gedicht im Druck sah, merkte sie mit Schrek-
ken, daß es von der Übertragung auf Dr. Orne handelte, die sich als
die leise Sehnsucht nach dem Frühling ausdrückte. »Gedichte lügen
nicht«, sagte sie zu ihm. »Ich habe anscheinend keine Kontrolle
über diese Art Trance. Ich hatte überhaupt keine Vorstellung, was
die Gedichte sagten – keine Vorstellung, bis ein Jahr danach. Das
hilft mir.«

Sextons Lesen und Schreiben in der Therapie trug im Frühjahr
1958 Früchte, als sie die Wahrhaftigkeit der Bilder, die sie im Bann
der Übertragung hervorgeholt hatte, genauer in den Blick zu bekommen suchte. Im März sagte Dr. Orne ihr, daß er im Sommer ein
Forschungsfreisemester nehmen werde: ab Juni drei Monate. Sexton

schmollte und hatte Angst, aber seine bevorstehende Abreise brachte gewisse Probleme zum Ausbruch, die sich in ihrer Therapie immer mehr aufdrängten. Ende April erzählte sie ihm eine Geschichte (darüber, wie sie von einem älteren Mann, einem Freund der Familie, belästigt worden war, als sie auf Squirrel Island schwimmen ging), von der sie genau wußte, daß sie sie im selben Augenblick erfunden hatte. Sie verließ das Sprechzimmer voller Ärger, daß sie eine derart empörende Lüge erzählt hatte, und sie schwor, von nun an bis zu seiner Abreise an einem »persönlichen Bericht« zu arbeiten, der einen Grundstein der Wahrheit legen sollte. Sie machte sich sofort daran; als sie zu Hause ankam, tippte sie einen langen Kommentar, in dem sie die Probleme aus ihrer Sicht darstellte.

»Ich bin nichts, allenfalls eine Schauspielerin ohne Bühne. Eigentlich ist die entsetzliche Wahrheit, daß es keinen echten Teil von mir gibt ... Es ist, als ob ich meine Therapie zulasse und alles ganz interessant finde, solange es mich nicht berührt. Ich bin eine Geschichtenerfinderin, eine – kommt es ihm nicht komisch vor, daß diese ›Geschichte‹ allzugut paßt??? Ich weiß, daß die Leute in der Therapie oft diese großartigen Geschichten erzählen über Verkehr mit ihrem Vater etc. und daß die eigentlich fiktiv sind, aber eine kindliche Phantasie. Davon habe ich gelesen – und ich weiß auch, daß sie trotzdem einen gewissen Wert haben – aber – aber – [...]
Ich mußte lachen – als ich diese lächerliche Lüge, die ich ihm da erzählt hatte, erkannte – Ich meine, es war lustig, daß ich mir diese nette Theorie für meine Symptome ausgedacht hatte – Ich spiele den Part einer netten Fallgeschichte –«

Angeregt durch die Sorge über Dr. Ornes Pläne und die zunehmende Extravaganz dessen, was sie jetzt »Wahrheitsverbrechen« nannte – »Lügen«, die sie in der Trance als »Erinnerung« behandelt hatte – , tippte Sexton im darauffolgenden Monat etwa fünfzehn engzeilige Seiten dieses persönlichen Berichtes. »Ich verstehe nicht, warum ich all dies tun muß – ich verstelle mir damit die Sicht auf irgendein wahres Ich«: Das war ihr Hauptthema. »Vermutlich habe ich kein Ich, also erschaffe ich für jeden ein anderes. Ich glaube mir selber nicht, und ich kann nicht anders, als dauernd immer wieder eine andere Persönlichkeit aufzubauen.« Sie zweifelte sogar die Echtheit ihrer beiden Selbstmordversuche an; jetzt meinte sie, sie habe dadurch nur Aufmerksamkeit auf sich lenken wollen. Aber ihr schlimmstes »Wahrheitsvergehen« sei die Erfindung Elizabeths gewesen. »Ich hab sie erfunden – Ich glaube ja. [. . .] Jeder Funken Wahrheit an ihr ist bloß eine gewisse Freiheit des Ausdrucks, schwächere Verdrängung der Sexualität (vermute ich). Ich könnte sagen ›Sie fühlt‹, aber nicht ich, nie.« Sexton gab auch zu, daß die »Gedächtnislücke« im Hinblick auf Elizabeth, die sie Dr. Orne gegenüber zugegeben hatte, vorgetäuscht war. »Ich würde mich besser fühlen, weniger schuldig, wenn ich Elizabeth für echt halten würde – ich hätte lieber eine doppelte Persönlichkeit, als daß ich eine einzige Lüge bin.«

Sexton hatte tatsächlich dieselben »Wahrheitsvergehen« schon sechs Monate vorher in einer ihrer Therapiestunden offen eingestanden. Aber der schriftliche Bericht ging über eine bloße Selbstverurteilung hinaus. Diese Seiten umfassen auch einen außergewöhnlichen Bericht darüber, wie Sexton in den Monaten ihres Schreibens allmählich ein Gefühl von Identität bekam.

»Ich spüre, mit Schuldgefühlen, daß ich eine Frau bin, daß es mir um die Kinder gehen sollte oder um meinen Mann oder mein Zuhause – nicht ums Schreiben. Aber das ist es nicht – ich liebe ja meine Kinder, aber bin nicht weiblich genug, um mich um jeden Preis um sie zu kümmern. Es laugt mich aus – ich habe nicht die Geduld. (Wie können Sie eigentlich wissen, was ich meine – Sie sind noch nie von einem nörgelnden Kind ausgelaugt worden?) . . . Aber natürlich bin ich wirklich neurotisch genug, so daß ich nicht will, daß Menschen in mich dringen – und Kinder sind Menschen – alle fünf Minuten am Tag. Vermutlich war eines meiner Wahrheitsgeständnisse, ›Ich bin nicht krank‹ – und gerade merke ich irgendwie, genau das ist krank.«

Und doch ließ sich alles, was im Alltag an ihrem Verhalten »krank« oder »hysterisch« war, beim Schreiben von Gedichten in etwas Wertvolles verwandeln. Auch Gedichte erforderten einen trance-ähnlichen Zustand, in dem sie sich offenbarten. »Nur in dieser komischen Trance kann ich mir selber glauben oder meine Gefühle spüren«, stellte Sexton fest. Wenn in der Therapie aus der Trance Lügen entstanden, an der Schreibmaschine entstand daraus Kunst. Sexton konnte nun eine einfache Gleichung aufstellen: In der Trance war sie ein Sprachrohr für Lügen; an ihrer Schreibmaschine war sie ein Sprachrohr für Gedichte. »Sie meinen, ich bin eine Dichterin? falsch – jemand anderes schreibt – Ich bin nur diejenige, die die Gedichte verkauft.«

Nichts davon schmälerte den Wert, den ihr Bemühen, Erfolg zu haben und eine richtige Dichterin zu werden, für sie hatte. »Meine Ziele mögen unrealistisch sein – aber wie kann ich an die Grenze dessen kommen, was ich kann, wenn ich mich mit Mittelmäßigkeit zufriedengebe? In dem Gebiet, für das ich mich entschieden habe, ist die Hälfte gar nichts. Es ist sinnlos, nur halb Dichterin zu sein. [. . . Meine] Gedichte müssen so gut sein, daß die Menschen, die bloß die Achseln zucken, lesen und dieses Gefühl beim Achselzuk-ken nicht vergessen.«

Beim Dichten war Sexton mit ihrer Erfindungskraft wirklich in ihrem Element. Durch »die Redekur« wurde ihr klar, daß die Symptome ihrer Geisteskrankheit wie Metaphern waren, die ihre persönliche Geschichte verdichteten. Indem sie solchen Bedeutun-gen in den Therapiestunden nachging, lernte sie Techniken schnel-ler Assoziation, die sich später an ihrem Schreibtisch und noch später dann im Klassenzimmer als wertvoll erwiesen. Schon im Juli 1956, als Sexton sich zum ersten Mal in Westwood Lodge in der Klinik aufhielt und die Musikerin kennenlernte, die auch Dr. Ornes Patientin war, hatte sie wohl eine dunkle Ahnung, daß Bilderspra-che ein Denkmodus sein kann. Später beschrieb sie einem Freund, der Psychiater und Schriftsteller war, diese Erfahrung folgenderma-ßen: »Ich war begeistert [. . .], in das Irrenhaus zu kommen. Zuerst war ich natürlich in Panik und in Tränen aufgelöst und ganz still (typisch ich!), aber dann traf ich dieses Mädchen (natürlich sehr verrückt) (vermutlich wie ich), die die Sprache sprach. Was für eine Erleichterung! Ich meine, gut... wenigstens einer! Und später dann, eine ganze Zeit später, ziemlich lange danach merkte ich, daß Martin (Orne) die Sprache sprach. [...] Ich weiß nicht, wer sonst noch. Ich rede nicht mit jedem so. Mit niemand in meiner ganzen Straße, in der Vorstadtnachbarschaft...«

Durch ihre Erlebnisse in der Therapie bekam Sexton eine Vorstellung von den Regeln von Verdrängung und Verschiebung und davon, wie raffiniert ihre psychischen Symptome und ihre blühenden Assoziationen funktionierten. Aber erst in dem Lyrik-Workshop entdeckte sie, welchen beruflichen Nutzen sie aus diesen Einsichten ziehen konnte. Ihr wurde klar, daß Lyrik die Kunst der »Sprache« war. Später drückte sie die Beziehung in einer Metapher aus, die den Arzt als eine Funktion der kreativen Psyche internalisierte. »Mir scheint, das gespaltene Ich ist die Wahnsinnige. Beim Schreiben schafft man eine neue Realität und wird ganz. [...] Es ist wie auf der Couch des Analytikers zu liegen und eine persönliche Angst wiederzubeleben, und der Analytiker ist der kreative Verstand, der dem, was man selber bloß als unzusammenhängende Erfahrung sieht, Struktur und Bedeutung verleiht.«

Obgleich Sexton ihre selbstzerstörerische Depression als eine Form von »Sprache« ansah – einen Ausdruck dessen, was sich sonst nicht ausdrücken läßt –, setzte sie doch Geisteskrankheit nicht mit Kreativität gleich. »Nicht jede Sprache ist Dichtung. Und auch nicht jede Dichtung Sprache.« Trotzdem war beides in ihr als Dichterin zutiefst miteinander verbunden, weil sie wahrscheinlich ohne die Katastrophe ihres Selbstmordversuchs das Leben einer depressiven Hausfrau weitergelebt hätte, zwar medikamentös behandelt, aber noch funktionstüchtig. Die Art, wie sie in Metaphern des Zerspringens und Zerbrechens die Geschichte ihrer Entwicklung zur Dichterin erzählte, vermittelt allerdings nichts Geringeres als den Eindruck schicksalhafter Bestimmung: »Die Oberfläche brach und zersprang, als ich etwa achtundzwanzig Jahre alt war. Ich hatte einen psychotischen Schub und versuchte, mir das Leben zu nehmen. [. . .] Es war eine Art Wiedergeburt mit neunundzwanzig.« Wie die Göttin aus dem Ei, ohne Mutter und Vater, trat die Dichterin als ein vollkommen neues Wesen in die Geschichte ein. Mit dieser Metapher deutete Sexton nicht so sehr einen Bruch mit ihrer Familie an als vielmehr eine Herkunft aus einem anderen Kreis von Ahnen und eine andere, auf die Arbeit bezogene Identität. Indem sie die häusliche Welt der Eltern-Kind-Dynamik verließ, trat sie ein in den Kosmos der Dichtkunst.

Als Sexton die Geschichte ihrer Wiedergeburt erzählte, war ihre Störung schon mit einer ganzen Reihe diagnostischer Termini etikettiert worden – »hysterisch«, »psychoneurotisch«, »borderline« und »alkoholabhängig« – aber »psychotisch« gehörte nicht dazu. Im Sinne ihrer Geschichte verwies der Begriff »psychotischer Schub« allerdings auf eine bedeutsame Ahnenreihe. Er verband sie nicht nur mit solchen »verrückten« Dichtern wie Robert Lowell, Theodore Roethke, John Berryman, Delmore Schwartz und Sylvia Plath, sondern auch mit T. S. Eliot und Ezra Pound und, vor dem Zeitalter der Psychiatrie, mit Rimbaud, Baudelaire und Coleridge. Sexton stellte sich in eine Reihe mit all jenen Dichtern, zu deren Laufbahn nach Rimbauds vielzitiertem Satz »eine anhaltende, tiefgreifende und systematische Verwirrung der Sinne« gehörte. Sie drückte diesen Zusammenhang sehr deutlich in ihrer Behauptung aus: »[Ich] hatte das Gefühl, zu den Dichtern zu gehören, und daß ich dort *wirklich* war, und ich erlebte dies ›Das sind meine Leute‹ ein zweites Mal.«

Damit hatte sich ihre Identität entschieden gewandelt, und diesen Wandel hatte sie Ende 1957 vollzogen, als sie aufhörte, ihre Gedichte unter dem Namen Mrs. A. M. Sexton zu veröffentlichen und sie mit »Anne Sexton« zeichnete. Später sollte sie über ihr erstes Buch äußern: »Bei Gott, ich kann nicht glauben, daß ich es bin, die die Gedichte schreibt! Sie spielen nicht in meinem Haus – Ich kann nicht über Kayo schreiben, nichts – Das Bild auf meinem Buch war mir sehr wichtig: wollte nicht zu spießig aussehen, wollte nur ein Gesicht sein, ein Mensch, dessen Leben sich nicht definieren läßt.« Ihr neuer Name markierte eine Phase in ihrer symbolischen Wiedergeburt: Sie verzichtete auf das »Mrs.«, das auf ihre Abhängigkeit von einem Ehemann hinwies, und ging noch einen Schritt weiter mit einer wohlklingenden Trias ihrer eigensten Silben. Genauso wichtig als Beweis für diesen Wandel ist ein Brief an Mary Gray; sie legte ihn dem sorgfältig getippten Manuskript bei, das sie ihr zu Weihnachten schenkte: »Hier sind etwa vierzig Seiten aus dem ersten Jahr der Dichterin Anne Sexton. Vielleicht erinnerst Du Dich an mein erstes Sonett, das ich vor einem Jahr gleich nach Weihnachten geschrieben habe. Ich glaube nicht, daß sie alle gut sind. Aber ich schäme mich ihrer auch nicht. [...] Ich liebe Dich. Ich schreibe nicht für Dich, weiß aber, daß einer der Gründe, warum ich schreibe, der ist, daß Du meine Mutter bist.«

Eine Kopie dieses interessanten Manuskripts ist erhalten: Typoskripte oder Durchschläge von siebenunddreißig Gedichten, alle Ende 1957 geschrieben und sorgfältig in einem grünen Pappordner arrangiert. 1973 schrieb Sexton auf diesen Ordner »STRENG GEHEIM«. Sie wollte nicht, daß irgend jemand Einblick in ihre tastenden Anfänge bekam; aber es liegt auf der Hand, warum sie das Manuskript nicht vernichten konnte, auch 1973 nicht: Es war der einzige Beweis, den Mary Gray je davon sah, daß Anne Sexton Schriftstellerin geworden war. »Es ist nur ein Anfang für mich«, versicherte sie Mary Gray in ihrem Weihnachtsbrief. »Ich hoffe, ich werde noch besser, und wenn ja, will ich hoch hinaus. Warum auch nicht.«

1 Es ist mir ganz egal / daß Bäume wachsen und fallen / mit dir bin ich ein schwacher / Ausdruck des Wunschs zu versagen.
2 Ich sitz auf dem Boden und spiel ein Spiel – / »O irrer Vorfahr... gib mir noch einen Namen.« / Ich sitz hier am Boden und breche wie irr / die Teile auseinander... meinen Kindern zulieb.
3 Frau eines Reisenden
Obgleich ich dicht an deine warme Seite gedrängt liege, / weiß ich, du findest mich leer und geistesabwesend. / Könnten meine Gedanken ein sicheres ummauertes Zuhause finden / Dann ließ ich sie raus, herumzustolzieren und auszuschweifen. / Ich würde mich wirklich verströmen, damit du siehst, / Eine überschwengliche Seele, irgendwie zart und frei.
4 Du sollst nicht überrascht in meinen leeren Augen / einen erstaunten Schmerz finden.
5 Wirkliche Liebe im Phantasiewaggon
Gut Doktor – all meine liebenden Gedichte / schreiben sich an Sie. / Könnt ich Liebe lenken, / Herrschaft, das würd ich tun.
Und nie wieder eine / törichte Freudsche Zeile kritzeln / die über die Seite blutet / in lächer-

lichem Reim. [. . .] / Wenn all die Plage und Hingabe / nicht in Wahrheit für Sie ist (weil Sie der Experte für Gefühle sind) / sagen Sie Doktor – für wen?

6 Mehr als der ganze Rest

Er gab das Geschenk des Lebens, aber nicht das Geschenk, das ein Kind braucht / um seinen Verstand zu prägen / wenn die Jahre sich abspulen.

7 Die Gedichte, die ich dir gab

Oh, ich hab meine innere Seele vergewaltigt / Und sie dir nackt gegeben, / denn mein warmer Mund und meine Arme / könnten dich lieben und erschrecken.

Anne Sexton mit ihrer jüngeren Tochter Joy
in Newton Lower Falls.

Von der Hausfrau zur Dichterin
1957–1962

Anne Sexton und Maxine Kumin bei einem Treffen des Lyrik-Workshops von John Holmes.

        No reason to be afraid,
     my almost mighty doctor reasons.
     I nod, thinking that women's dying
         must come in seasons.
     I leave, thinking the bill must be paid,
     thinking that living is worth the buying.
     I walk out, scuffing a furled tan leaf,
         a clump of dead straw
         that was the summer's green lawn.
         Dumbly, I get in my car,
         knowing the historic thief
is set in my house and must be put upon.

     No reason to be afraid,   / - 7
     my almost mighty doctor reaons. 2 - · 9
     I nod, thinking that women's dying 3 - 9
     must come in seasons.   2 - 5
     I leave, thinking the bill must be paid, / - 7
     thinking that living is worth buying. 3 · 9

     I walk out, scuffing a furled tan leaf, / - 9
     a clump of dead straw 2 - 5
     that was the summer's green lawn. 3 -.7
     Dumbly, I get in my car, 2 - 7
     knowing the historic theif / - 7
     is set in my house and must be put upon. 3 - / 2

     No reason to be afraid,
     my almost mighty doctor reasons.
     I nod, thinking that women's dying
     must come in seasons.
     I leave,
     thinking the bill must be paid,
       that living is worth buying.
     I walk out,
     suffing a furled leaf,
     a clump of dead straw
     that was the summer's green lawn.
     Dumbly, I get in my car,
     knowing the historic theif
     is set in my house and must be
     put down.

       is set in my house
       and must be put down.

Manuskript von *The Operation* mit einer Skizze Sextons, die die geplante Anordnung des Gedichts auf der Seite zeigt.

Links: Robert Lowell im Gespräch mit Jane Brooks; der kleinere Mann im Hintergrund ist John Malcolm Brinnin.
Unten links: W. D. Snodgrass.
Unten rechts: John Holmes.

Entwurf für das Gedicht *For God while sleeping* (Für Gott im Schlaf); es wird deutlich, wie Anne Sexton ein doppeltes Akrostichon mit Starbucks Namen ausgearbeitet hat. In der Endfassung sind jedoch nur wenige Zeilen erhalten geblieben.

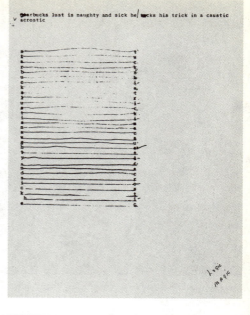

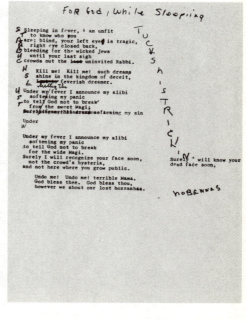

Von links nach rechts: Herbert Hitchens, Ted Hughes, Sylvia Plath und Stanley Kunitz, 1959.

George und Billie Sexton.

Oben: Anne Sexton, Hy
Sobiloff und James Wright
in Montauk.
Rechts: Anthony Hecht.

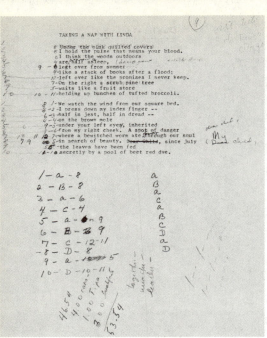

Links: Manuskript des Gedichts *Taking a Nap with Linda* (Mit Linda ein Schläfchen machen), aus dem später möglicherweise das Gedicht *The Fortress* (Die Festung) entstand. Unten: Anne Sexton mit ihrer Tochter Joy.

Von *Rats* zu *Star*
1957–1958

Die wichtigste Beziehung in Sextons Leben als Dichterin war die Freundschaft, die sie 1957 mit Maxine Kumin anknüpfte, eine ganz außergewöhnliche Bindung, die bis zu ihrem Tod bestand.

In ihrem ersten gemeinsamen Semester in John Holmes' Kurs hatte Kumin vorsichtig Distanz zu Sexton gehalten. Erst kurz zuvor hatte sie eine Freundin durch Selbstmord verloren, und sie war abgestoßen davon, wie Sexton sich mit Anspielungen auf die Nervenklinik in Szene setzte, während Sexton, abgestoßen von Kumins ordentlichem kleinen Haarknoten, sie als »die häßlichste aller Vogelscheuchen« verhöhnte. Aber im September, kurz nach Beginn des neuen Semesters im Boston Center, traf Sexton Kumin zufällig in der Newton Free Library. Sie plauderten und entdeckten, daß sie Nachbarinnen waren – Kumin wohnte in den nahe gelegenen Newton Highlands. Begierig nach Anregungen in zeitgenössischer Lyrik, fragte Sexton sie um Rat. Sie vereinbarten, gemeinsam zu dem Lyrikkurs zu fahren, und tauschten ihre Telefonnummern aus.

Ein paar Tage nach dieser zufälligen Begegnung rief Sexton Kumin an. »Ich habe etwas geschrieben – ich weiß nicht, ob es ein Gedicht ist oder nicht. Kann ich mal rüberkommen?« Sie brachte *Music Swims Back to Me* mit und saß nervös wartend da, während Kumin es las.

> *Wait Mister. Which way is home?*
> *They turned the light out*
> *and the dark is moving in the corner.*
> *There are no sign posts in this room,*
> *four ladies, over eighty,*
> *in diapers every one of them.*
> *Lalala, Oh music swims back to me*

and I can feel the tune they played
the night they left me
in this private institution on a hill.

Imagine it. A radio playing
and everyone here was crazy.
I liked it and danced in a circle.
Music pours over the sense
and in a funny way
music sees more than I.
I mean it remembers better;
remembers the first night here.
It was the strangled cold of November;
even the stars were strapped in the sky
and that moon too bright
forking through the bars to stick me
with a singing in the head.
I have forgotten all the rest.

They lock me in this chair at eight a.m.
and there are no signs to tell the way,
just the radio beating to itself
and the song that remembers
more than I. Oh, la la la,
this music swims back to me.
The night I came I danced a circle
and was not afraid.
Mister?[1]

Bemerkenswert, wie Sexton bereits hier die Stärke gewonnen hatte, die ihr drei Jahre später allgemeines Lob für ihr erstes Buch *To Bedlam and Part Way Back* einbringen sollte, in dem *Music Swims Back to Me* fast unverändert in der Fassung erschien, die Maxine Kumin im September 1957 gesehen hatte. Was den Text zu einem Meilenstein in Sextons Entwicklung machte, war die gewagte Darstellung der Perspektive einer Wahnsinnigen. Ein Zusammenbruch hatte sie irgendwie in eine Anstalt verbannt. Wo geht's nach Hause? Weiter in den Wahnsinn. Das Gedicht zeigt die Sehnsucht nach jenem Zustand auf, den Sexton häufig suchte und in den sie nur selten in ihren Therapiestunden gelangte, wenn sie in Trance fiel — die Sicherheit vollkommener Illusion. In dem Gedicht wird diese Sehnsucht geschickt ausgedrückt durch eine Analogie mit der ganz normalen Erfahrung, daß man einen banalen populären Song im Radio hört und dabei von einer intensiveren früheren Erfahrung überwältigt wird, an die die Musik »erinnert«. (Dies ist allerdings kein »Sende- und Empfangsradio«, sondern eine Stimme, die andere Signale übertönt.) In Sextons Metapher ist die Musik eine frühere Identität, die sie nun überkommt: nicht eine Erinnerung, sondern ein Bewußtsein, das sich in den grellen Bildern von *strangled cold*« und »*moon too bright | forking through the bars to stick me | with a singing in the head*« entfaltet. Dieser Zustand läßt sich nicht erinnern, aber er läßt sich noch einmal erleben. Das Gedicht ist ein Appell an den Türhüter: Mister, wo?

Maxine Kumin bewunderte, daß sich das Gedicht Sexton offenbart hatte »fast als Ganzes — es erschien einfach auf der Seite und bebte noch. Es war einfach wunderbar.« Ihre Reaktion an diesem Tag war wie die Unterzeichnung einer Vereinbarung, um einer von Sextons »Zwillingen« zu werden. Es gab bereits erstaunliche Ähnlichkeiten, die durch ihre lange Freundschaft noch verstärkt werden sollten. Wie Sexton war Kumin groß, breitschultrig und dunkelhaarig, allerdings schlank und sportlich, während Sexton nur dünn war. Kumin war Wettkampfschwimmerin gewesen und hielt sich fit, indem sie in einem Becken trainierte; insofern schlug Sextons Metapher in ihr eine Saite an. Geboren 1925, war sie einunddreißig, als sie einander kennenlernten, Sexton war achtundzwanzig. Auch Kumin war Mutter von kleinen Kindern (Jane, Judy und Dan, der in Lindas Alter war). Aber in anderer Hinsicht war sie Sexton weit voraus. Zum einen hatte sie das College besucht und Lyrik studiert; sie wußte, was »gut« war. Sie hatte 1946 am Radcliffe College ihr Examen abgelegt, Victor Kumin geheiratet und ihren Magister in

Geschichte und Literatur gemacht, ehe sie sich anschickte, eine Familie zu gründen. Auf dem College hatte sie Latein gelernt und mit Russisch angefangen, in Oberseminaren hatte sie das geistig anspruchsvolle Gebiet des Nachkriegsexistentialismus erkundet, der zu der Zeit, als sie ihren Magister abschloß, gerade in Mode kam. Sie hatte Stunden damit zugebracht, formal komplexe, geistreiche Gedichte von W. H. Auden, Stephen Spender, Louis MacNeice, Karl Shapiro und Randall Jarrell auswendig zu lernen; als sie dann selber Gedichte schrieb, versuchte sie, wie diese Dichter zu schreiben.

Einige Jahre nach der Geburt ihres ersten Kindes war Kumin unruhig geworden. »Ich schloß mit mir selbst einen Pakt, daß ich etwas verkaufen würde, ehe das [dritte] Baby geboren würde«, und es gelang ihr: Im gleichen Jahr – 1953 – erschien ihr erstes Gedicht, und fortan veröffentlichte sie regelmäßig in Zeitschriften wie *Ladies' Home Journal* und *Saturday Evening Post.* »Ich hatte eine einträgliche Heimarbeit laufen, ich schrieb leichte Verse. Aber die Sehnsucht, etwas Ernsthaftes zu schreiben, war noch immer vorhanden.« Durch gemeinsame Freunde erfuhr Kumin von dem John-Holmes-Lyrikkurs am Boston Center und beschloß, ihn zu besuchen.

Kumin war also eine ernsthafte Dichterin und Schriftstellerin; sie hatte bereits einige Gedichte in Zeitschriften veröffentlicht, die in den Vororten etwas galten. Sie hatte nicht nur einige Gedichte veröffentlicht, sie war auch dafür bezahlt worden. Indem sie nun auf Sextons Arbeit sofort mit Verständnis und Wärme reagierte – vielleicht sogar ein bißchen neidisch –, begab sie sich auf das Terrain der Einfühlung, die so wesentlich für Sextons Kreativität war, und rückte damit in die Position, die sie dauerhaft besetzen sollte. In Dr. Orne hatte Sexton einen intelligenten und aufgeschlossenen Förderer gefunden, der sie menschlich weiterbrachte. Als Maxine Kumin ihre Bewunderung für *Music Swims Back to Me* ausdrückte, fand Sexton zum ersten Mal bei einer richtigen Dichterin Anerkennung. Schreiben blieb zwar eine Form der Therapie, aber von diesem Augenblick an war es auch das, wozu sie sich berufen fühlte. Und Kumins Vertrauen in Sextons Begabung wurde Halt und Hilfe, als Sexton dann als bedeutende amerikanische Schriftstellerin Berühmtheit erlangte.

Im Herbst und Winter 1957 wurden Kumin und Sexton ein Paar in der Lyrikszene. Gemeinsam besuchten sie Dichterlesungen: W. S. Merwin im DeCordova Museum, Marianne Moore am Wellesley College, Robert Graves, Robert Frost. Als Kayo einmal auf Geschäftsreise war, lud Anne Max und ihren Mann zum Essen ein, zusammen mit einigen anderen Dichtern und ihren Nachbarn Les und Sandy Robart. Sie hatte selten Lust, ohne Kayos Unterstützung Gäste einzuladen, aber diese Einladung plante sie gezielt so, daß Kayo nicht dabei war: »Max ist Jüdin und Dichterin – für Kayo zwei Punkte gegen sie.« Gegen Ende des Jahres berichtete sie ihrem Arzt glücklich: »Ich glaube, Max mag mich; und ich mag sie« und »Max mag mich – das macht viel aus.«

In den frühen Jahren ihrer Freundschaft war Sexton froh darüber, daß Kumin sie moralisch darin unterstützte, sich selbst und der Familie klarzumachen, daß ihr Schreiben mehr war als bloße Beschäftigungstherapie. In ihrer Familie war es ein besonders wunder Punkt, daß sie sich gesund genug fühlte, einen Lyrikkurs zu besuchen, aber nicht gesund genug, volle Verantwortung für ihre Kinder zu übernehmen. Das ganze Jahr 1957 und das halbe Jahr 1958 wohnte nur Linda zu Hause; Joy blieb bei George und Billie Sexton. George, der nach wie vor die meisten Arztrechnungen für Anne bezahlte, beschloß, Dr. Orne unmittelbar anzusprechen: »Ich persönlich glaube, daß sie uns alle wie einen Haufen Trottel ausnutzt und nicht die geringste Neigung hat, je ihre Verantwortung gegenüber der Familie zu übernehmen«, schrieb er. »Mir scheint, wir alle, Sie, ihr Mann und ich, sollten ihr den Ernst der Lage klarmachen.«

In ihren schlimmsten Momenten stimmte Sexton mit solch hartem Urteil überein. Einen typischen Tag beschrieb sie folgendermaßen: Sie »nahm [sich] eine halbe Stunde, um das Haus sauberzumachen«, dann lief sie an die Schreibmaschine und rührte sich nicht von der Stelle, bis Linda mittags aus dem Kindergarten nach Hause kam. »Linda ißt, dann lege ich eine Schallplatte auf oder setze sie vor den Fernseher und gehe wieder an meinen Schreibtisch. Manchmal fühle ich mich so schuldig, daß ich ihr eine Geschichte vorlese . . . Zum Schmusen bin ich immer bereit, aber zum Essen machen kann ich mich nicht aufraffen: Da sitze ich.« Sexton war sich bewußt, daß sie ihr Kind vernachlässigte, aber der Druck machte sie auch wütend. »Wenn ich [Linda] nicht hätte als Spiegel meiner Depression, wäre es nicht so schlimm«, sagte sie zu ihrem Psychiater. »Jede Anforderung ist zu viel, wenn ich mich so fühle. Ich möchte, daß sie weggeht, und das weiß sie.« Nichts von dem, was sie über sich in der Therapie erfuhr, half ihr dabei, als Mutter zu funktionieren, und sie kämpfte gegen erschütternde Haßgefühle gegenüber Linda an. »Ich habe Joy geliebt, aber Linda habe ich nie geliebt . . . Irgend etwas steht zwischen mir und Linda. Ich hasse sie und schlage sie ins Gesicht – nie für etwas Ungezogenes; anscheinend verletze ich sie andauernd . . . Wünschte, es wäre keine Schwiegermutter da, die mir auf Schritt und Tritt folgt. Wenn ich wütend werde, tun sie so, als ob ich verrückt wäre oder so.« Sexton hatte das Gefühl, zwei Leben zu leben, eines in der Behandlung und eines innerhalb der Familie. »Ich *denke* in einer anderen Sprache als in der, die ich täglich sprechen muß«, erklärte sie. »Ich bin zu ungeschickt, den Kindern dabei zu helfen, sich anzupassen.«

Schreiben schien ihr die einzige Aktivität zu sein, die der Mühe wert war. Ab Mitte 1958 konzentrierte sie sich ganz aufs Gedichteschreiben, und daran mußte sich ihre Familie gewöhnen. Das Haus war klein, und sie hatte keinen Arbeitsplatz für sich, also nahm sie eine Ecke in dem winzigen Eßzimmer in Beschlag, wo sie zunächst einen Spieltisch aufstellte. Es ärgerte Kayo, daß das Zimmer bald darauf wie ein unordentliches Büro aussah, in dem jede gerade Fläche mit Büchern und Skizzen bedeckt war.

Über ihr Reimhandbuch gebeugt arbeitete Sexton von Hand komplizierte Klangmuster und Reimschemata aus und füllte sie dann an ihrer Schreibmaschine allmählich bis zum Rand mit Bildern, Sätzen und Wendungen, bis am Ende Gedichte daraus wurden. Arbeitsblätter zeigen, daß ihre frühesten Gedichte oft mit einem formalen Problem begannen – wie das Sonett, zu dem die Fernsehvorlesung von Professor Richards sie inspiriert hatte. Sie tippte eine Wendung oder Zeile oben auf eine Seite; davon ausgehend entwickelte sie dann einen Pfad von Endreimen, einen Zugangsweg zu Gefühlsreservoirs. Die Gefühle wiederum setzten Bilder frei, und zwar mehr, als sie verwenden konnte; die mußten in die von den Endreimen gezogenen Grenzen eingepaßt werden, und manche Grenzen gaben nach. (*Music Swims Back to Me* zum Beispiel ist unregelmäßig gereimt.) Allmählich kristallisierte sich aus dem kanalisierten Bilderfluß ein Kunstwerk.

Aus einigen dieser Übungen sind Gedichte entstanden, die zu den besten zählen, die Sexton je geschrieben hat. Sehr vorläufige Skizzen von *Elizabeth Gone* (Elizabeth fort), *The Double Image* (Das doppelte Bildnis) und *Unknown Girl in the Maternity Ward* (Unbekanntes Mädchen auf der Entbindungsstation) nahmen im Januar, Februar und März 1958 allmählich Gestalt an. Andere Gedichte, die Sexton in jenem Semester in Holmes' Kurs überarbeitete und fertigstellte, waren *For Johnny Pole on the Forgotten Beach* (Für Johnny Pole am vergessenen Strand), *Torn Down from Glory Daily* (Täglich dem Ruhm abgerungen), *The Moss of His Skin* (Das Moos seiner Haut), *What's That* (Was ist das?), *The Kite* (Der Drachen), *The Bells* (Die Glocken), *Hutch* (Hütte), *The Exorcists* (Die Exorzisten), *Said the Poet to the Analyst* (Sagte die Dichterin zum Analytiker) und *You, Doctor Martin* (Sie, Doktor Martin). Sie arbeitete auch an anderen, von denen einige in Zeitschriften veröffentlicht wurden, die sie aber später verwarf. Unter dem Einfluß des Lyrikkurses entwickelte sie allmählich eine Neigung zur dramatischen Lyrik, die die verträumten und trübsinnigen Verse ihrer »Übertragungs«-Gedichte aus dem vorherigen Jahr ablösten.

Mitte Juni hatte Sexton vermutlich sechzig Gedichte zur Veröffentlichung eingeschickt. Am 26. Juni reichte sie *The Reading* (Die Lesung)·und *The Balance Wheel* (Das Rad der Gerechtigkeit) beim *Christian Science Monitor* ein, der in Boston herauskam, aber im ganzen Land vertrieben wurde. Die Zeitung hatte den Vorteil einer kurzen Redaktionsfrist; beide Gedichte wurden angenommen, *The*

Balance Wheel wurde am 15. Juli und *The Reading* am 28. Juli veröffentlicht. Dies verschaffte ihr den Respekt ihrer Familie. »Mein Vater war schrecklich stolz. Zu der Zeit nahmen auch *Harper's* und *The New Yorker* Gedichte von mir an, aber sie waren noch nicht erschienen; bei der Zeitung kamen sie eben schneller heraus. Mein Vater holte sich dreißig Exemplare der Zeitung und schickte sie an alle seine Kunden – alle seine Freunde, vielleicht vierzig oder fünfzig. Nach seinem Tod habe ich all diese Zeitungsausschnitte gefunden ... Er liebte Berühmtheiten, und jetzt war ich seine Berühmtheit geworden.«

In jenem Winter und Frühling nahm Sexton ein Antidepressivum, das gut wirkte: »Ich habe wirklich das Gefühl, daß ich nie wieder deprimiert sein werde.« Sie wußte, daß dies keine Heilung war, »doch da bin ich und halte mich für gesund«, sagte sie zu ihrem Arzt; »wenn es mir besser geht, dann besser als bisher – doch wenn es mir schlecht geht, dann so schlecht wie immer«. Die günstige Wirkung des Medikaments hielt nur ein paar Monate an, aber sie ermöglichte ihr, konzentrierter als je zuvor zu arbeiten. In jenen Wochen verschlang sie die Werke der psychoanalytischen Literatur, die auf ihre Therapie solch starken Einfluß hatten. Sie beschäftigte sich auch stundenlang mit den Gedichten eines Buches, das alle ihre Freunde in dem Kurs von John Holmes lasen: *New Poets of England and America,* mit einem Vorwort von Robert Frost.

Diese Anthologie fand in der literarischen Welt viel Anklang, hauptsächlich weil sie so viel von dem umfaßte, was in der amerikanischen Mainstream-Literatur akademisch und konservativ war. Kritiker verwarfen sie als »Graue-Flanell-Lyrik«. Aber Mitte März entdeckte Sexton auf diesen Seiten ein Gedicht, das entscheidenden Einfluß auf ihre Entwicklung hatte: *Heart's Needle* von William DeWitt Snodgrass. Im Unterschied zu vielen anderen Gedichten in der Anthologie ging es in *Heart's Needle* um ein persönliches Thema. Es richtete sich an die dreijährige Tochter des Dichters, die seit der Scheidung von ihm getrennt war – ein Thema, das Sexton, deren eigenes Kind ja noch bei Billie lebte, klar und deutlich ansprach.

In *Heart's Needle* stellt Snodgrass Bilder vom Koreakrieg, der im Winter der Geburt seiner Tochter ausbrach, Bildern der Sorge für das Kind gegenüber. Bei ihren Besuchen legen er und das kleine Mädchen einen Garten an, beobachten Vögel in den Sümpfen, füttern Tiere im Park. Er lernt kochen, damit er ihr das Abendessen bereiten kann. Der Kontext des Krieges erhellt das Leiden des lieblosen Menschen, der von Vertreibung und Konflikt bedroht ist. Der geschiedene Vater fühlt sich so hilflos und allein wie die Soldaten, die in einem fremden Land frieren und sich nach Hause sehnen: »I've gone / As men must.«[3] Das emotionale Zentrum des Gedichtes ist Snodgrass' Behauptung »I am your real mother«;[4] wie kann ein Mann sich so ändern, daß er für ein Kind zu sorgen vermag? Eine neue Ehe gibt seinem Leben einen beruhigenden Rahmen, um aber seine Rolle als Vater einzuüben, besucht er das Naturkundemuseum, wo ihm die Dioramen vom Leben in der Wildnis einprägsame Bilder für Verwandtschaftsbeziehungen liefern, die er sich zu Herzen nimmt.

> *The bison, here, immense,*
> *shoves at his calf, brow to brow,*
> *and looks it in the eye*
> *to see what it is thinking now.*
> *I forced you to obedience;*
> *I don't know why.*[5]

Das Gedicht endet im Frühling mit einem Besuch im Zoo. Nichts ist gelöst in dem endlosen Krieg, den die Eltern des Kindes miteinander führen, aber das Leben macht sich in neuen Generationen wieder geltend. Manche Bindungen sind einfach gegeben, ob wir sie nun verstehen oder nicht.

> *Punished and cared for, behind bars,*
> *the coons on bread and water*
> *stretch thin black fingers after ours.*
> *And you are still my daughter.*[6]

In *Heart's Needle* ging es um Probleme, die im Mittelpunkt von Sextons Therapie standen; später erinnerte sie sich: »[Ich] rannte zu meiner Schwiegermutter und brachte meine Tochter wieder nach Hause zurück. Das sollte ein Gedicht eigentlich bewirken – Menschen zum Handeln bewegen. Es ist wahr, daß ich meine Tochter zu jener Zeit nicht behalten konnte – ich war nicht bereit und nicht in der Lage. Aber ich fing an, mich dafür bereit zu machen.«

Auch auf die literarische Welt hatte *Heart's Needle* unmittelbar einen dramatischen Einfluß. In der Rückschau betrachtet ist dieses Gedicht wohl das erste, das in der zeitgenössischen Lyrik als »Bekenntnislyrik« bekannt wurde, vor allem weil Robert Lowell, damals der einflußreichste Dichter in Boston, vielleicht sogar in Amerika, daran anknüpfte. Snodgrass war Student von Lowell an der University of Iowa gewesen. Als *Heart's Needle* herauskam, versuchte Lowell über ähnliche häusliche und »unlyrische« Themen zu schreiben: seine jungen Jahre, seine manisch-depressiven Erkrankungen, seine Zeit im Gefängnis als überzeugter Oppositioneller, seine zweite Ehe. Snodgrass' Gedicht war beispielhaft in seiner Wahrhaftigkeit und zugleich höchst kunstvoll gestaltet. »Andere Gedichte, die auf diese Weise direkt sind, sind schludrig und klingen nicht«, kommentierte Lowell. »[Snodgrass'] Erfahrung wäre nicht so interessant und gültig, gäbe es nicht die originellen Einfälle, die Musik, die Balance, wäre nicht alles durchgearbeitet und genau gebaut und durchdacht. Eben dieses Können ist es, was Licht in diese Gedichte über leidende Menschen bringt.«

Als Anne Sexton *Heart's Needle* an ihrem Eßzimmertisch zwischen den Bergen von Arbeitsblättern mit den ausgetüftelten Reim- und Metrumschablonen las, hatte sie dasselbe Gefühl wie Robert Lowell. Später sagte sie zu Snodgrass: »Als ich Ihr Gedicht beim Durchblättern der Anthologie das erste Mal las [. . .], sprang es mich an und wuchs wie ein Knochen in meinem Herzen.« Sein Vorbild ermutigte sie dazu, autobiographisches Material, das sie unbedingt zum Ausdruck bringen mußte – die durch die Geisteskrankheit bedingte Trennung von Joy und Linda –, formal kompliziert, aber emotional direkt zu behandeln, und zwar in dem Gedicht *Unknown Girl in the*

Maternity Ward. Die Sprecherin ist hier eine junge Mutter, die ihr uneheliches Kind weggibt. Sexton vermeidet alles Melodramatische, indem sie das grüblerische Staunen der Mutter über die Haltung des Neugeborenen, die der eines Tieres gleicht, in den Mittelpunkt stellt. »*I prize / your need {. . .} the wild bee farms / of your nerves.*«[7] Das vorherrschende Gefühl in dem Gedicht ist ein Gefühl abgeklärter Trauer über die Trennungen, die mit der Geburt beginnen: »*I burst empty / of you, letting you learn how the air is so. {. . .} I am ashore / rocking you off.*«[8] Mittels einer geschickten Verschiebung stellt Sexton in der dramatischen Situation von *Unknown Girl* dar, daß ein Unterschied zwischen der mütterlichen Bindung und der mütterlichen Rolle besteht. Und auch wenn sie selber nur Snodgrass' Einfluß auf diese neue Richtung in ihrem Werk erwähnte, darf man wohl vermuten, daß der Impuls, über Mutterschaft zu schreiben, durch ihre zunehmende Bindung an Maxine Kumin verstärkt wurde, mit der sie sich ja über jedes Manuskript austauschte.

Als Sexton sich im April dank des Antidepressivums stabilisiert hatte und – noch etwas schwankend – ihren wachsenden dichterischen Fähigkeiten vertraute, holte sie Joy für immer längere Zeiträume nach Hause: erst zwei Wochen, dann drei. 1957 hatte ihr die Dichtung das Leben gerettet; 1958 stellte sie sie für die Mutterschaft wieder her. In jenem Sommer kehrte Joy endgültig in ihr Elternhaus zurück.

Ab Mitte 1958 sah Sexton sich als richtige Dichterin an, während ihre Familie in ihr noch immer, mit Recht, eine labile Persönlichkeit sah, die in intensiver psychiatrischer Behandlung war. Ihre Schreibmanie konnte leicht als ein weiteres Symptom mißdeutet werden, gerade von einem skeptischen Beobachter. Besonders Kayo war nicht überzeugt davon, daß ihre Besessenheit von Lyrik ein Zeichen von Gesundheit sei. Wenn Sexton ihm begreiflich machen wollte, daß nicht nur das Schreiben von Gedichten, sondern auch das Zusammensein mit Dichtern wesentlich für ihr Wohlbefinden sei, wurde er immer »wütend – rot vor Zorn«, erzählte sie Dr.

Orne. Und sie gab zu, daß seine Einstellung im wesentlichen berechtigt war. »Ich bin auf eine körperliche Weise einsam, wenn ich mit ihm zusammen bin, jetzt noch einsamer, weil er mich langweilt. Und er haßt, was ich bin: nicht nur, daß er Gedichte nicht mag, er haßt Gedichte. Natürlich hätte ich nicht so weitermachen können wie bisher. Es scheint, daß wir miteinander auskommen könnten, wenn er mich nicht hassen würde. Er ist ein guter Vater. Aber ich bin körperlich einsam; und intellektuell gehe ich andere Wege. Wenn er so märtyrerhaft wird – blödes Wort –, muß ich an seine Mutter denken. Wünschte, er könnte mich zu dem Lyrikkurs gehen und es gut sein lassen.«

Holmes' Kurs am Boston Center war im Mai zu Ende. Als Sexton erfuhr, daß W. D. Snodgrass im Sommer bei der Schriftstellertagung am Antioch College in Yellow Springs, Ohio, einen einwöchigen Workshop leiten sollte, schrieb sie an Nolan Miller von *The Antioch Review* und erkundigte sich, ob sie möglicherweise ein Stipendium bekommen könnte. Die Zeitschrift hatte gerade ihr Gedicht *For Johnny Pole on the Forgotten Beach* angenommen. Sie hoffte, sie würde daraufhin auch für die Tagung angenommen werden und eine gewisse finanzielle Unterstützung erhalten.

Kayo war verärgert, als sie laut über ihren Wunsch nachzudenken begann, Antioch zu besuchen oder vielleicht eine der Schriftstellertagungen, die im Sommer in Neuengland stattfanden. John Holmes leitete eine an der Tufts University; Robert Frost unterrichtete bei der Bread Loaf Summer School in Vermont. Dann gab es noch die Künstlerkolonien in Yaddo und MacDowell. Wenn Sexton von der Zukunft redete, dann vor allem im Hinblick auf Dichtung und Dichter. Eines Samstagmorgens verkündete sie, daß sie nach ihrem regelmäßigen Termin bei Dr. Orne in Boston bleiben wolle, um mit Maxine Kumin und John Ciardi, dem Lyrikherausgeber von der *Saturday Review of Literature,* zu Mittag zu essen. Kayo explodierte. Nach der Schilderung, die Sexton ihrem Arzt vom folgenden Streit gab, sagte Kayo ihr, Lyrik sei ein Luxus, genau wie ihre psychiatrische Behandlung ein Luxus sei, und er habe es satt, ihr egoistisches Benehmen beiden Seiten der Familie zu erläutern.

»Er sagte, er würde jetzt nichts anderes tun, als bei seinen und meinen Eltern um mich kämpfen. Ich weiß nicht mehr, was ich da sagte, aber ich ging ins Eßzimmer, hob meine Gedichte auf und zerriß sie, hob meine Schreibmaschine hoch und warf sie durch das Zimmer.

Dann gingen wir ins Wohnzimmer, und Kayo fing an, mich zu schlagen, bei uns das übliche Ende eines Streites. Als er mich hinwarf, war alles aus – ich sagte ihm, er habe gewonnen, ich würde keinen Psychiater mehr konsultieren und keine Gedichte mehr schreiben, dann würde er mich lieben.

Dann dachte ich: Okay, wir kommen nicht miteinander aus, wir sollten uns scheiden lassen. Aber ich komme allein nicht zurecht. Und die Lyrik aufzugeben oder die Therapie aufzugeben bedeutet ungefähr das gleiche. Beides ist meine Chance, glaube ich, ich selber zu sein.

Die Schreibmaschine ist kaputt, all meine ordentlich geführten Unterlagen sind zerrissen. Ich wollte gar nicht hierherkommen, aber er wollte es. Also habe ich mich nett angezogen und die Schönheit aufgelegt, die gar nicht existiert.«

Als Sexton diese Geschichte mit Dr. Orne besprach, hatte sich zwischen ihr und Kayo ein Verhaltensmuster eingespielt: Wenn ein Streit zwischen ihnen eskalierte, packte und schüttelte er sie, und manchmal warf er sie zu Boden und schlug sie; danach tat es ihm immer sehr leid. Sie waren inzwischen daran gewöhnt, daß größere Auseinandersetzungen mit Schlägen seinerseits und dramatischen Gesten ihrerseits endeten. Das Problem wurde sicher durch Sextons zunehmende Unabhängigkeit verstärkt. Zuerst war es ihre Krankheit, dann ihr Beruf, der die wenige Zeit raubte, die die beiden ihrer Beziehung widmen konnten. Aber als sie das Stipendium hatte, das ihre Studiengebühren bei der Schriftstellertagung in Antioch deckte, gab Kayo ihren Wünschen nach. Und Billie übernahm wieder die Kinder.

Sexton hatte Angst, allein zu reisen; daher überredete sie Ruth Soter, eine ihrer Kolleginnen in dem Kurs von John Holmes, sich bei der Schriftstellertagung anzumelden und sie Mitte August nach Ohio zu begleiten. Durch das längere Zusammensein wurden sie gute Freundinnen. Sexton sagte, daß Soter ihre Ausflüchte direkt durchschaut habe: »Wie Ruth mir im Flugzeug den Rat gab: ›Glaub bloß nicht, daß du mit all deinen Worten den Menschen aus dem Weg gehen kannst – oder sie gar mit deinen Worten erreichen kannst.‹« Sexton wollte mit Snodgrass arbeiten, aber sie freundete sich auch mit den anderen Lehrern an – Nolan Miller, Hollis Summers, Jessamyn West und James McConkey, der die Tagung leitete – und mit Jack Matthews, einem anderen Tagungsteilnehmer.

Snodgrass und Sexton kamen auf Anhieb glänzend miteinander aus. Vier oder fünf Leute in der Gruppe waren begabter als Anne Sexton, meinte Snodgrass damals: Jack Matthews und Ruth Soter zum Beispiel »mit einem beträchtlichen Abstand« (Jahre danach erinnerte sich Snodgrass noch immer an eine Villanelle, die Soter in Antioch geschrieben hatte und die er für »bis auf zwei oder drei Wörter absolut perfekt« hielt). Aber er meinte, Lyrik sei »ein Spiel, wo Talent nicht viel wert und kaum das Entscheidende ist. Es schien klar, daß Sexton ein derart besessener Mensch war, daß sie weitermachen und harte Arbeit leisten würde. Und genau das geschah. Ich nehme an, als sie nach Antioch kam, hatte sie so etwa vier bis sechs Gedichte veröffentlicht. Im Jahr darauf veröffentlichte sie in etwa vierzig verschiedenen Zeitschriften.« In Antioch arbeiteten Sexton und Soter an Gedichten, die bereits im Kurs von John Holmes die Runde gemacht hatten. Die Arbeiten, die Sexton Snodgrass zeigte, sollten eines Tages in ihrem ersten Buch erscheinen. »Alles, was sie schrieb, hatte mindestens ein oder zwei Zeilen mit einer erstaunlichen Einsicht oder einer wunderbaren sprachlichen Wendung«, sagte Snodgrass. »Ich hatte bei ihnen wohl ein Gefühl wie bei Hardys Gedichten: Bei fast allen bin ich froh, sie einmal gelesen zu haben.«

Sexton hinterließ in Antioch einen starken Eindruck. Sie bemühte sich hartnäckig um die Aufmerksamkeit der Lehrer und stellte immer wieder die gleiche Frage: Hat dieses Gedicht eine

Stimme, *meine* Stimme? Nolan Miller erinnerte sich an ihre Einstellung als »Hier bin ich, eine kleine Hausfrau, und plötzlich hab ich mich der Lyrik verschrieben und weiß noch immer nicht, was ich da tue«. Außerdem war sie kokett: »unflätig und witzig«, erinnerte sich Jack Matthews. »Forsch. Extravagant. Spektakulär. Ein Haus in Flammen«, fand Nolan Miller. »Sie schien ständig in Hochstimmung zu sein, [...] ein Dauerhoch.« Sexton hatte ein Techtelmechtel mit einem Dichterkollegen, der an einem glühenden gereimten Stück über »ein verrücktes sexuelles Abenteuer« arbeitete, das Snodgrass »einfach wunderbar« fand. Die Affäre ging noch mehrere Monate nach Antioch per Post weiter, und Sextons Bemerkungen dazu machen deutlich, daß sie sie als eine Übertragungsbeziehung ansah, in der ihr Partner an die Stelle des unerreichbaren De Snodgrass (wie sie ihn nannte) trat, der mit seinem Schnurrbart wiederum Dr. Orne ähnelte. Lehrer bei Schriftstellertagungen waren Tag und Nacht mit kreativen Menschen zusammen, die vorübergehend ihre Familien verlassen hatten; Flirts waren da ein Berufsrisiko. Snodgrass widerstand der Versuchung und übernahm die Rolle des Mentors, was Sextons empfindlicher Psyche sehr zustatten kam.

Zu Sextons Glanz gehörte nicht nur, daß sie so sexy auftrat. Als Snodgrass fast dreißig Jahre später über sie nachdachte, fiel es ihm schwer, die Eigenschaften zu benennen, die ihn 1958 so angezogen hatten. Er kam zu dem Schluß, daß sie Dichtern wie Robert Lowell, Randall Jarrell und John Berryman ähnlich war, »schrecklich aufregende« Leute, die einen solchen emotionalen Wirbel um sich veranstalteten, daß biographische Darstellungen ihrer Komplexität nur schwer gerecht werden können. »Es ist viel leichter, über ihr schlechtes Benehmen zu schreiben, wenn sie wirklich ungehörig wurden. Es fällt mir schon schwer, mir zu vergegenwärtigen, was an der Beziehung [mit Anne Sexton] gut war. Es war wohl ihre Energie und das Gefühl von Offenheit für Erfahrungen und Einsichten, das sie – vielleicht zum Teil fälschlicherweise – vermittelte. Sie hatte aufregende und interessante Dinge zu sagen, und es war ein Vergnügen, ihre Briefe zu lesen.«

Die Faszination beruhte auf Gegenseitigkeit. Während John Holmes den professionellen Einfluß verkörperte, der sich in Sextons früher Dichtung zeigt, und sie anleitete, durch eine Maske zu sprechen und eine gewisse Distanz und raffinierte formale Effekte zu bevorzugen, war es De Snodgrass, der ihr half, zu einer authentischen Stimme in der ersten Person zu finden: ihr Ziel, als sie nach Antioch fuhr. Keines der Gedichte, die sie bei der Schriftstellertagung in Antioch schrieb oder überarbeitete – *Where I live in This Honorable House of the Laurel Tree* (Wo ich in diesem ehrenhaften Lorbeerbaumhaus wohne), *Portrait of an Old Woman on the College Tavern Wall* (Porträt einer alten Frau an der Wand der College-Taverne), *The Farmer's Wife* (Die Frau des Farmers) – zeigt seinen Einfluß. Aber Snodgrass förderte in ihr ein Talent, das in dem Kurs von John Holmes nicht unterstützt worden war, aber ihr Markenzeichen werden sollte: das Talent, Gedichte zum Transportmittel von Autobiographie, von Selbstanalyse zu machen.

Nach ihrer Rückkehr von Antioch schrieb Sexton an Dr. Orne, der während des Sommers verreist war; sie berichtete ihm, was sie gelernt hatte, indem sie eine ganze Woche lang mit Schriftstellern zusammen war. Diese Erfahrung hatte eine Erkenntnis aus der Therapie bestätigt: Selbst ganz persönliche Gedichte entstanden aus der Kraft der Worte, Bedeutungen zu vermitteln, und zwar über den bewußten Willen des Dichters hinaus.

»Wenn ich RATS schreibe und entdecke, daß *rats* rückwärts gelesen STAR ist, und wenn erstaunlicherweise STAR wunderbar und gelungen ist, weil ich es in *rats* gefunden habe, ist dann *star* nicht wahr? [...] Natürlich WEISS ich, daß Worte bloß ein Zahlenspiel sind, das weiß ich so lange, bis die Worte anfangen, sich selber zu ordnen und besser zu schreiben, als *ich* es je könnte. [...] Ich traue dem Gedicht eigentlich nicht, aber der Name ist ganz sicher meiner, also muß ich wohl zu dem Gedicht gehören. Also muß ich wirklich sein... Wenn Sie sagen ›Worte bedeuten nichts‹, dann bedeutet das, daß mein reales Ich nichts ist. Ich bin also nur der Trick von Worten, die sich selber schreiben.«

Sextons bescheidene Selbsteinschätzung in diesem Brief zeugt von einer tiefen Einsicht darin, wie die Gesellschaft funktioniert: daß der »Dichter« eine Persönlichkeit ist, die aus einem veröffentlichten Gedicht extrapoliert wird. Das lyrische »Ich« ist real, weil es im Druckmedium sichtbar geworden ist und unter denen zirkuliert, die die Macht haben, es anzuerkennen. Je besser die Zeitschrift, in der das Gedicht erscheint, um so sicherer läßt sich auf die Persönlichkeit der Autorin oder des Autors schließen. Wie andere Währungen hat auch das Pronomen der ersten Person einen Wert, der auf einem kulturellen Markt festgesetzt wird. Dieser Wert fällt der Autorin oder dem Autor des Gedichtes als Nebeneffekt zu, wenn ihr oder sein Werk Anerkennung findet.

1958 stieg der Marktwert eines autobiographischen lyrischen Ichs. Die Literaturwissenschaft hatte den Begriff »Persona« eingeführt, um den Unterschied zwischen dem Autor des Gedichts und seinem Sprecher herauszuheben, und das Werk von T. S. Eliot und Ezra Pound hatte dazu beigetragen, die Vorstellung zu bestärken, daß in der Kunst Größe mit Unpersönlichkeit, auch als »Allgemeingültigkeit« bezeichnet, einherging. Die Gedichte von Snodgrass und Lowell stellten Mitte der fünfziger Jahre diese Annahme in Frage. Der autobiographische oder »Bekenntnis«-Stil – allenfalls dem äußeren Anschein nach weniger literarisch – lud den Leser dazu ein, das Wort mit der Person gleichzusetzen. Auf diese Lücke zielt Sextons Brief ab. Der Anschein von Realität ist nur einer der geschickten Effekte, die Worte durch ihre bloße Anordnung erzielen – so ihre Beobachtung. Davon lassen sich die Leser gefangennehmen. Sie loben das Gedicht und erschaffen damit einen Dichter, eben durch Projektion.

Aber die Leser sind lediglich dann geneigt, ein Gedicht zu loben, wenn es einen gewissen kulturellen Wert garantiert. Dieses Argument ließ die Tochter und Frau von Kaufleuten nicht unbeeindruckt. Auch wenn Sexton merkte, daß Dichter und Geschäftsleute sich gern übereinander lustig machen, konnte sie nach der Schriftstellertagung in Antioch auch ihre Ähnlichkeiten sehen. Antioch hatte ihren Blick für den literarischen Markt geschult, auf den sie strebte und auf dem Snodgrass einflußreich war. Teils weil sie ihn bewunderte, teils weil sie den Wert seines positiven Urteils kannte, begann sie einen lebhaften Briefwechsel mit ihm. Snodgrass sollte ihr den Weg ebnen, damit sie mit ihrem literarischen Erfolg alle überholen konnte.

Von Ende August 1958 bis Mitte 1959 schrieb Sexton Snodgrass mehrmals im Monat, sie klatschte über das Familienleben, legte Gedichte bei und hielt ihn über ihre Karriere auf dem laufenden. Wenn es in ihrer Therapie Krisen gab, überschüttete sie ihn mit langen, intimen Briefen. Er antwortete regelmäßig und herzlich, genau wie Kumin. In einem onkelhaften, neckenden Stil äußerte er Anerkennung, Rat und Kritik. Obgleich er seine Briefe an »Annie-Lover«, »Lotus« oder »Annie-pants« richtete, ließ er ihre Intimität allenfalls auf einer metaphorischen Ebene sexuell werden, anders als die früheren Dichter-Geliebten, die sie an sich gezogen hatte.

Snodgrass' vertrauter, herzlicher Ton half Sexton, als sie mit Familienkatastrophen zu kämpfen hatte. Mary Gray hatte sich zwar körperlich von ihrer Operation erholt, war aber wegen des Verlustes ihrer Brust deprimiert. Um sie aufzumuntern, plante ihr Mann für den November eine Europareise – ihre erste Reise nach Übersee. Aber als er die Fahrkarten im Reisebüro abholen wollte, hatte er unterwegs einen Schlaganfall. Er stürzte gegen das Lenkrad; die Hupe machte einen vorbeifahrenden Motorradfahrer aufmerksam, und er wurde umgehend zur Behandlung in eine Klinik in Boston gebracht. Während seines Krankenhausaufenthaltes wohnte Mary Gray bei Anne und Kayo, und irgendwann in diesen Monaten bekam sie Krebsmetastasen. Die Familie fiel wie im Dominospiel zusammen, als die Wellen der Erschütterung sich von einem Mitglied zum anderen ausbreiteten. Mitte November ließ sich auch Sexton in die Klinik einweisen und verbrachte zwei Tage in Westwood Lodge – auf der Flucht vor den inneren Stimmen, die sie in dem Gedicht, an dem sie damals gerade arbeitete, beschreibt, *The Double Image: »They tattled / like green witches in my head, letting doom / leak like a broken faucet.«* [9] Ein verzweifelt munterer Brief an Snodgrass läßt ahnen, wie sie auf die Beziehung zu ihm zählte, da das Leben ihrer Eltern zu Ende ging.

»Lieber Passionsblumengärtner, ich schaute gerade aus dem Fenster zu dem Laster, der zwei Flaschen Whiskey geliefert hat, ja, und es schneite. Ich bin jung. Jedes Jahr beim ersten Schnee bin ich jünger. [. . .] Ich bin ein braves Mädchen, und der Mann hat zwei Flaschen Stoff dagelassen, weil meine Mutter reich ist und sie bestellt hat. [. . .] Meine Mutter sagt mir immer, daß ich bald reich sein werde, weil sie dann nicht mehr am Leben sein werden (sie lechzt geradezu danach, darüber viel zu sprechen), und ich hör ihr zu und denke über ein Gedicht von Ihnen über eine Mutter nach . . . sie ist wie ein Stern . . . alles muß sich um sie drehen.«

Sextons dauernde Bitte um Bestätigung, daß sie ein braves Mädchen sei, stieß allerdings in jenem Jahr an die Grenzen von Snodgrass' Zuneigung, am deutlichsten vielleicht während eines Besuchs um ihren dreißigsten Geburtstag herum. Er hielt sich nach einer Lesung, die Robert Lowell für ihn im Poet's Theatre in Cambridge arrangiert hatte, bei der Familie Sexton auf. Nach seiner Rückkehr nach Rochester, wo er unterrichtete, schrieb Sexton ihm einen verlegenen Brief, in dem sie sich rechtfertigte und ihr offenbar verführerisches Auftreten zu erklären versuchte, mit dem sie wohl nicht hatte »landen« können: »Ich werde immer wieder von Männern gerettet, die mich besser verstehen, als ich mich selber verstehe«, ließ sie ihn reumütig wissen. Offensichtlich hatte sie in diesem Fall recht, denn Snodgrass blieb in den folgenden Briefen gelassen und voller Zuneigung und Bewunderung. Er schien aus quasi verwandtschaftlichen Gefühlen heraus ihr Bedürfnis nach Bestätigung zu verstehen; in den zwei oder drei Jahren ihrer engen Freundschaft schrieb er in den Briefen an sie immer wie an einen wesentlich jüngeren Menschen, obgleich er ja nur zwei Jahre älter war als sie.

Sexton bemühte sich in der Freundschaft vor allem darum, daß Snodgrass ihrem Schreiben weiterhin wohlgesinnt blieb. Sie erwähnte seinen Namen in den Briefen, die sie mit ihren Gedichten für verschiedene Publikationen verschickte, und erhielt dadurch größere, vielleicht gar respektvollere Aufmerksamkeit. Noch wertvoller war, daß Snodgrass so begeistert auf ihre laufende Arbeit reagierte und sie ermutigte, ihre eigene Stimme zu finden. Besonders wichtig war sein Einfluß auf die Entwicklung eines ihrer besten Gedichte: *The Double Image*. In einem Brief vertraute sie ihm die Gründe an, weshalb *Heart's Needle* sie so bewegt hatte, als sie es damals im März gelesen hatte: Es rührte an »unbewußte Schuldgefühle«. Sie beschrieb die Familienstreitigkeiten um die Fürsorge für die Kinder − »Alle sagten, ich sei nicht gut für sie« − und ihr Gefühl zu versagen. Sie kam zu dem Schluß: »Ich traue mich nicht, dieses wahre Gedicht zu schreiben.«

Vielleicht half ihr die Beschreibung des Handlungsverlaufs der Geschichte in einem Brief an Snodgrass bei der Ausgestaltung des Gedichts in ihrer Phantasie. *The Double Image* richtet sich an Joy und erklärt, warum Sexton *»chose two times / to kill myself«*[10] statt als Joys Mutter in der Familie zu leben. *»Why did I let you grow in another place?«*[11] fragt sie. Die Erzählung umfaßt viele einzelne Tatsachen aus der Zeit zwischen Juli 1956, als Joy bei Billie wohnte, und November 1958, als *»you stay for good {. . .} You learn my name {. . .} You call me mother«*[12]. Sie berichtet darüber, daß Sexton in die Klinik kam, einen Selbstmordversuch unternahm, sich im Hause ihrer Eltern wieder erholte; daß bei ihrer Mutter Brustkrebs festgestellt und behandelt wurde und sie Sexton die Schuld für die Krankheit zuschob; daß Sexton ein zweites Mal versuchte, sich umzubringen.

Innerhalb dieses chronologischen Tatsachenberichts verdichtet und interpretiert die Dichterin die Gefühlsdynamik zwischen sich und ihrer Mutter, und zwar in der vieldeutigen Metapher des Gedichttitels: Das doppelte Bildnis sind die beiden Porträts, die Mary Gray in Annisquam in Auftrag gegeben hatte.

> *I cannot forgive your suicide, my mother said.*
> *And she never could. She had my portrait*
> *done instead.*

> *I lived like an angry guest,*
> *like a partly mended thing, an outgrown child.*
> *I remember my mother did her best.*
> *She took me to Boston and had my hair restyled.*
> *Your smile is like your mother's, the artist said.*[13]

Die Mutter war in der gleichen Pose wie die Tochter gemalt: »*matching smile, matching contour*«[14]. Wenn Sexton am Ende des Gedichts auf die Frage »*why I would rather / die than love*«[15] zurückkommt, interpretiert sie die Symbolik dieser Porträts:

> *In north light, my smile is held in place,*
> *the shadow marks my bone.*
> *What could I have been dreaming as I sat there,*
> *all of me waiting in the eyes, the zone*
> *of the smile, the young face,*
> *the foxes' snare.*
>
> *In south light, her smile is held in place,*
> *her cheeks wilting like a dry*
> *orchid; my mocking mirror, my overthrown*
> *love, my first image. She eyes me from that face,*
> *that stony head of death*
> *I had outgrown.*
> *{. . .}*
> *And this was the cave of the mirror,*
> *that double woman who stares*
> *at herself, as if she were petrified.*[16]

Schließlich treiben die letzten Zeilen wunderschön die Andeutungen der Metapher weiter, als Sexton erkennt, daß sie nun selber den Platz der Mutter eingenommen hat.

> *I remember we named you Joyce*
> *so we could call you Joy.*

{. . .}
I needed you. I didn't want a boy,
only a girl, a small milky mouse
of a girl, already loved {. . .}
I, who was never quite sure
about being a girl, needed another
life, another image to remind me.
And this was my worst quilt; you could not cure
nor soothe it. I made you to find me.[17]

The Double Image ist mit Recht als ein mutiges und bewegendes Beispiel der »Bekenntnislyrik« hoch gelobt worden. Tatsächlich schrieb Sexton es teilweise in jenem Herbst in der Nervenklinik – »das ›geschlossene Hotel‹ nahm mir meine Hemmungen beim Schreiben«, meinte sie gegenüber Snodgrass. Neben der autobiographischen Ebene des Gedichtes gibt es allerdings eine zweite Bedeutungsebene, die seine Bezüge erweitert und einen wichtigen Beitrag zur Literatur der weiblichen Psychologie leistet. Sexton wies selber auf diesen weiteren Bedeutungshorizont hin. »Die Mutter-Tochter-Beziehung ist quälender als Romeo und Julia«, erläuterte sie einmal, bevor sie dieses Gedicht im Radio las. »Genau wie Ödipus interessanter ist.«

Dies ist eine provozierende Analogie. Wann ist die Mutter-Tochter-Beziehung wie Ödipus? Bevor der »Komplex« einsetzt, also dann, wenn – dem Mädchen wie dem Jungen – die Ahnung dämmert, daß die Mutter nicht nur für sie da ist. Die Entwicklung kann nur gelingen, wenn das Kind diese erotische Zuneigung verdrängt und in andere Bahnen lenkt (*»my overthrown / love, my first image«*) und damit eines Tages Mutter und Tochter durch eine Version von Romeo und Julia ersetzt. Der Verlust dieser frühesten Liebe ist vermutlich »quälender«, weil er sich nicht verhindern läßt.

Außer durch Wahnsinn natürlich, der in The Double Image die verschüttete Sehnsucht nach verlorener Freude aufdeckt. Die Krankheit macht die Sprecherin wieder zum Kind und erlaubt ihr, zur Mutter zurückzukehren. Der Selbstmordversuch ist also eine kluge, wenngleich unbewußt angestrebte Lösung des Problems, erwachsen zu sein. Sexton wird ihr Kind weggenommen (in dem Gedicht ist nur von einem Kind die Rede), und die Dichterin wird nach Hause entlassen, um wieder bei ihrer Mutter zu wohnen. Als Sexton das Gedicht einmal ihren Radiohörern vorstellte, sagte sie ganz sachlich: »Was das Gedicht für mich leistet, ist dies, daß es davon erzählt, wie ich mit meinen Eltern lebe – ich versuche, eine Tochter zu sein, nicht, eine zu haben... In der Klinik geht es mir dann besser; ich werde endgültig entlassen.«

Aber in *The Double Image* ist es nur ein Elternteil, der dafür verantwortlich ist, daß die Gesundheit wiederhergestellt wird. Sexton beschäftigt sich hier ausschließlich mit dem Charakter der Bindung, die ein gewisser Muttertypus zu der kleinen Tochter aufbaut. Metaphorisch beschreibt sie diesen Typus als die unversöhnliche Mutter, die in ihrer Tochter ein ideales Bild – »*restyled*« – von Weiblichkeit sucht, das für sie ein ideales, ebenso erfundenes Ich spiegelt. Dies ist »*the cave of the mirror*«: eine auf eine weibliche Dyade beschränkte Welt, in der die Mutter sich einen bestimmten Typus von Tochter wünscht (»*we named you Joyce / so we could call you Joy*«) und damit die Entwicklung der realen Tochter zu einem eigenständigen Ich verhängnisvoll stört.

Das Gedicht vermittelt die tiefe Einsicht, daß in einer solchen Mutter ein Kind verborgen ist, das einst selber zum Spiegel mütterlicher Bedürfnisse nach Bewunderung gemacht wurde. Die selige Zufriedenheit eines Säuglings in der Gegenwart seiner Mutter, die totale Abhängigkeit eines Säuglings liefern es den emotionalen Bedürfnissen der Mutter aus, wie dies kein anderes menschliches Wesen dulden würde. Die Tochter einer Frau, die dem Kind nicht verzeiht, daß es diesem Spiegelstadium der Vereinnahmung entwächst, hungert danach, diese Spiegelung wiederherzustellen, und zwar mit ihrer eigenen Tochter (»*I needed you. I didn't want a boy*«).

Dieser Spiegel ist ein echtes Erbstück – in *The Double Image* wird über mindestens zwei Generationen das falsche Ich darin gespiegelt. Sexton verzichtet zuerst auf die Mutterschaft (»*I would rather die than love*«) und nimmt später die Schuld auf sich, zwei Gesten, die von einem Bemühen zeugen, die Reproduktion dieses falschen Ichs zu beenden, das die Mutter in ihrem Hunger nach einer Tochter, die ein Bild und nicht ein Mensch ist, nährt. Folglich ereignet sich die eigentliche Heilung in dem Gedicht nicht nur in der Szene der Wiedervereinigung zwischen den Generationen (die Mutter bringt die dreijährige Joy zu ihrer kränkelnden Großmutter zu Besuch), sondern innerlich, indem Sexton erkennt, wie die Bedürfnisse und das Verlangen ihrer Mutter sich in ihr selbst spiegeln. »*I made you to find me.*« Die Geschichte der Beziehung zwischen der Dichterin und ihrer eigenen Mutter stellt sich in der zögernden Klarheit dieser letzten Zeilen noch einmal anders dar. Diese Schuld ist, wie die Schuld des Ödipus, erst entdeckt worden, nachdem sich eine Katastrophe in ihrer ganzen Tragweite offenbart hat; für Sexton und ihre Mutter liegt in der Mutter-Tochter-Bindung das Rätsel einer Sphinx verborgen.

Sexton arbeitete drei Monate lang an *The Double Image*, von Anfang September bis etwa Thanksgiving 1958. Sie gab dem Gedicht den letzten Schliff, als Mary Gray für die Feiertage nach Newton Lower Falls zu Besuch kam. Ralph war noch in der Klinik und erholte sich von seinem Schlaganfall, und Sexton war glücklich, ihre Mutter im Haus zu haben. Als sie später an diese Zeit zurückdachte, erinnerte sie sich belustigt: »Mutter war keine Puritanerin. Sie trank gerne; es machte einfach Spaß, sie da zu haben. An Thanksgiving, als ich zu schreiben versuchte, schenkte ich ihr keine Beachtung; da wurde sie wütend, und dabei blieb sie . . . Oh, ich war sauer auf sie, sie machte mich wütend, aber so war sie eben, wenn man sie eine Minute lang nicht beachtete. Wenn sie ihren Sarkasmus einsetzte – oh, sie kannte mich genau! –, konnte sie mich unter Druck setzen! Und doch habe ich zeit meines Lebens mit ihr zusammensein wollen.«

Vielleicht war es das Bewußtsein, daß eine endgültige Trennung von Mary Gray bevorstand, was Sexton in jenem Herbst so ausdauernd arbeiten ließ; eine bevorstehende Trennung sollte mit ihrer intensivsten Arbeit stets Hand in Hand gehen. Gewiß trifft es zu, daß sie beim Schreiben von *The Double Image* die psychologische

Ähnlichkeit zwischen sich und ihrer Mutter überzeugend analysierte, jene Ähnlichkeit, die sowohl ihre Neurose wie ihre Kunst vorantrieb: Die Dichterin war ausersehen, eine Tochter zu sein, nicht aber eine Mutter.

Als Sexton von diesem Anspruch zu profitieren begann, hatten ihre Briefe an Snodgrass alle einen heiteren Ton. Im September war sie mit Snodgrass' Ermutigung in den Lyrikkurs von Robert Lowell an der Boston University gegangen; dort überarbeitete sie Manuskripte, die sie am Boston Center und in Antioch entworfen hatte, und lernte, unter Lowells scharfem Blick, »was wegzulassen war«. Ende Oktober wurde *The Farmer's Wife* von *Harper's* angenommen. Sexton war begeistert. »Sie haben mich gewissermaßen ›entdeckt‹«, schrieb sie dem Herausgeber, Russell Lynes. »Ihr Brief klebt an der Wand, und ich fühle mich schon die ganze Woche ›entdeckt‹.« (Sexton rechnete es in jenem Jahr tatsächlich verschiedenen Herausgebern an, daß sie sie entdeckt hätten: Nolan Miller von *The Antioch Review* war der erste gewesen.) Als sie am vorletzten Dezembertag einen angesehenen Verleger für *The Double Image* fand, war ihre Befriedigung vollkommen. Es war *The Hudson Review,* eine renommierte Literaturzeitschrift in New York. Ihr Herausgeber, Frederick Morgan, schrieb ihr herzlich: »Sie haben in Ihrem Werk echte Kraft und Gefühlsstärke – und zugleich Beherrschung. Das Gedicht ist meiner Meinung nach nicht makellos, aber was macht das schon, wenn es im Kernpunkt so gut und wahrhaftig und authentisch ist? Ich setze große Hoffnungen und Erwartungen in Ihr Werk.« Genau zwei Jahre, nachdem sie ihr erstes Gedicht komponiert hatte – das Sonett, das sie hingekritzelt hatte, nachdem sie I. A. Richards im Fernsehen gesehen hatte –, hatte Sexton ein bedeutsames Werk geschrieben und dafür eine bedeutsame Anerkennung bekommen. Ja, sie war entdeckt worden.

1 Musik schwimmt zurück zu mir
Warten Sie, Mister. Wo geht's nach Hause? / Man drehte das Licht aus / und das Dunkel regt sich in der Ecke. / Es gibt keine Wegweiser in diesem Zimmer, / vier Damen, über achtzig, / in Windeln allesamt. / Lalala, o Musik schwimmt zurück zu mir / und ich spür die Melodie, die sie spielten / den Abend als sie mich / in dieser privaten Einrichtung auf einem Hügel ließen
Stell dir vor. Ein Radio lief / und jeder hier war verrückt. / Mir gefiel's und ich tanzte im

Kreis. / Musik strömt über den Verstand / und ulkigerweise / sieht die Musik mehr als ich. / Ich mein, sie erinnert sich besser; / erinnert den ersten Abend hier. / Es war die erstickte Kälte des Novembers; / sogar die Sterne waren am Himmel festgezurrt / und jener Mond zu hell / stach durch die Gitter mich aufzuspießen / mit einem Singen im Kopf. / Den Rest hab ich vergessen.

Sie sperren mich in diesen Stuhl um acht Uhr früh / und es gibt keine Schilder, die den Weg weisen, / nur das Radio, das vor sich hin schlägt, / und das Lied, das sich an mehr erinnert / als ich. Oh, la la la, / diese Musik schwimmt zurück zu mir. / Abends als ich kam tanzte ich einen Kreis / und hatte keine Angst. / Mister?

2 erstickte Kälte

jener Mond zu hell / stach durch die Gitter mich aufzuspießen / mit einem Singen im Kopf

3 Ich bin fortgegangen / wie Männer das müssen.

4 Ich bin deine wirkliche Mutter.

5 Das Bison hier, enorm, / stupst sein Kalb, Lid an Lid, / und schaut ihm ins Auge / zu sehn, was es grad denkt. / Ich zwang dich zu Gehorsam. / Ich weiß nicht warum.

6 Bestraft und versorgt hinter Gittern, / strecken die Waschbären, auf Brot und Wasser, / dünne schwarze Finger nach uns. / Und du bist noch meine Tochter.

7 Preise ich / deine Bedürftigkeit . . . / die wilden Bienenhäuser / deiner Nerven . . .

8 Ich barst leer / von dir, ließ dich spüren wie die Luft so ist . . . / Ich bin am Ufer / wiege dich fort.

9 Das doppelte Bildnis

Sie schwatzten / wie grüne Hexen in meinem Kopf, ließen das / Schicksal / tropfen wie einen kaputten Wasserhahn.

10 es zweimal vorzog, / mich selbst zu töten

11 warum ließ ich dich / anderswo aufwachsen?

12 bleibst du für immer [. . .] Du lernst meinen Namen. [. . .] Du nennst mich *Mutter*

13 Ich kann deinen Selbstmord nicht vergeben, sagte meine Mutter. / Sie konnte es nie. Sie ließ mein Porträt / malen statt dessen.

Ich lebte wie ein lästiger Gast, / wie ein halb geflicktes Ding, ein ausgewachsnes Kind. / Ich weiß, meine Mutter tat ihr Bestes, / Sie nahm mich nach Boston und ließ mir das Haar wieder richten. / Ihr Lächeln gleicht dem ihrer Mutter, sagte der Künstler.

14 passendes Lächeln, passender Umriß

15 warum ich lieber / sterben wollte als lieben

16 Im Nordlicht wird mein Lächeln gehalten, / der Schatten zeigt meinen Knochen. / Was mag ich geträumt haben als ich da saß, / mein ganzes Ich Warten in den Augen, die Zone / des Lächelns, das junge Gesicht, / die Fuchsfalle.

Im Südlicht wird ihr Lächeln gehalten, / ihre Backen welken wie trockene / Orchideen; mein Spottspiegel, meine verworfne / Liebe, mein erstes Bildnis. Sie blickt mir aus dem Gesicht, / dieser Steinkopf des Todes, dem / ich entwuchs. / [. . .] / Und das war die Höhle des Spiegels, / diese doppelte Frau, die auf sich selbst schaut, / als wär sie versteinert.

17 Ich erinnere mich, wir nannten dich Joyce / daß wir dich Joy rufen konnten. / [. . .] / Ich brauchte dich. Ich wollte keinen Jungen, / nur ein Mädchen, eine kleine Milchmaus / von einem Mädchen, schon geliebt, [. . .] / Ich, die ich mich nie ganz sicher fühlte, / da ich ein Mädchen war, brauchte ein andres / Leben, ein andres Bildnis, mich zu erinnern. / Das war meine schlimmste Schuld; du konntest sie nicht heilen, / noch lindern. Ich schuf dich, um mich zu finden.

Mentoren
1958–1959

Der Name Snodgrass öffnete Sexton im September 1958 die Tür zu Robert Lowells Schreibseminar an der Boston University. Von Snodgrass ermutigt, schickte sie Lowell einen Stapel neuerer Gedichte. Er reagierte wohlwollend: »Natürlich entsprechen Ihre Gedichte den Anforderungen. Sie sind flüssig und voller Erfahrung, wie gute Prosa. Noch bin ich nicht sehr vertraut mit ihnen, aber ich habe sie heute morgen mit großer Bewunderung und mit Neid gelesen, als ich gerade Seiten mit Fragmenten von meinem eigenen unfertigen Zeug durchgeblättert hatte. Sie bleiben bei der Wahrheit und dem schlichten Ausdruck sehr komplizierter Gefühle, und an eben dieser Richtung in der Lyrik bin ich besonders interessiert.« Lowells »unfertiges Zeug« war das Manuskript von *Life Studies,* das er bereits sieben Wochen später, am 31. Oktober, seinem Verleger zuschickte.

Lowells Schreibkurse sind so umfassend dokumentiert, daß man wirklich ein Gefühl dafür bekommen kann, wie es war, wenn Sexton jede Woche zwischen fünfzehn Studenten ihren Platz einnahm, wie sie, unruhig auf dem Sitz hin und her rutschend, zuhörte und eine – verbotene – Zigarette nach der anderen rauchte. Der Kurs traf sich dienstags von zwei bis vier Uhr nachmittags. Die Studenten kamen gut vorbereitet und brachten getippte Manuskripte mit, die in Durchschlägen verteilt wurden. In der ersten Stunde diskutierte Lowell immer ein oder zwei Gedichte aus der Anthologie auf der Leseliste; er konnte lange über die Wirkung von bloß ein oder zwei Zeilen von wirklich guten Dichtern sprechen. Danach wendete er sich den Gedichten der Studenten zu. Alan Williamson erinnerte sich an diesen Unterrichtsstil:

»Er hörte zu, wie der Student das Gedicht einmal vorlas, dann las er es selber laut vor, und dabei kreiste seine Hand wie eine Wünschelrute, bis er zu einer besonderen Einzelheit oder Wendung kam, und dann ließ er die Hand herabplumpsen: ›Hier erwacht es zum Leben.‹ Hin und wieder reichte er dem Studenten ein ganz neues Gedicht zurück, das vor Ort aus den zwei oder drei Passagen entstanden war, die da ›zum Leben erwachten‹. [. . .] Er hatte oft unheimlich recht in seiner Äußerung darüber, wo das emotionale Zentrum, die mögliche Originalität, lag. Er kam dem, was man ›Intuitionen vermitteln‹ nennt, so nahe, wie ich es mir nur vorstellen kann – im Bezug auf das eigentliche Thema; auf Diktion; auf Struktur –, dies alles unterscheidet ja so oft die guten, und erst recht die großen Dichter von den unreifen.«

Daß er seine Studenten verwirrte, war ein Nebeneffekt von Lowells erfolgreichsten Unterrichtsmethoden: seine Konzentration auf kleine, aber wichtige Details in einer Wendung oder Zeile, die es lohnten, genauer betrachtet und bewundert zu werden. Viele der veröffentlichten Gedichte, die er ausgesucht hatte, damit sie allgemein bewundert würden, hatte Sexton noch nicht gelesen. Nach einem Monat in dem Kurs äußerte sie sich gegenüber Snodgrass besorgt: »Ich werde nie ein wirklich gutes Gedicht schreiben. Ich schreibe bloß ab. Ich bin eine Reinkarnation von Edna St. Vincent . . . Ich lerne von Lowell mehr, als Sie sich vorstellen können. Ich lerne, was ich nicht bin. Daß ich wie Edna sei, hat er nicht gesagt (aber ich, eine geheime Angst) – auch eine Angst zu schreiben, wie eine Frau schreibt. Ich wünschte, ich wäre ein Mann – ich würde lieber wie ein Mann schreiben.« Im Unterricht und in den Sprechstunden, zu denen Lowell jede Woche einige wenige privilegierte junge Dichter einlud, widmete er Überlegungen darüber viel Zeit, ob dieser oder jener Dichter »bedeutend« oder »unbedeutend« sei, und Frauen wurden fast unausweichlich als »unbedeutend, definitiv unbedeutend« eingestuft – bei Elizabeth Bishop allerdings machte er eine Ausnahme. In der Internatszeit waren Sara Teasdale und Adelaide Crapsey Sextons Vorbilder gewesen, anerkannte Lyrikerinnen in der Art von Edna St. Vincent Millay – ganz anders als Bishop und definitiv unbedeutend. Völlig unvorbereitet begegnete Sexton nun den Gedichten von Robert Browning, Gerard Manley Hopkins,

Hart Crane und William Carlos Williams, und in ihren Augen repräsentierten sie, was es hieß, »bedeutend« zu sein und »wie ein Mann zu schreiben«.

Der problematische Status von Frauen in Lowells Kurs wurde noch verstärkt durch seinen Ruf, ein Schürzenjäger zu sein. Wie einer seiner Freunde es formulierte: »Cal mußte ›verliebt‹ sein. Dichter waren eben immer verliebt«; also galt für Frauen zusätzlich eine andere Klassifikation. Nachdem Lowell 1963 eine Stelle an der Harvard University bekommen hatte, sprach er regelmäßig mit den Studentinnen – nicht mit den Studenten –, die sich für seine Kurse angemeldet hatten, und ließ sie nach ihrem Aussehen zu; so behauptete er jedenfalls gegenüber Freunden. Im Hintergrund seines Berufslebens gab es immer irgendwo »ein Mädchen«, und in den manischen Phasen seiner Stimmungsschwankungen stand sie dann unmittelbar im Vordergrund. Im Hinblick auf seine erotischen Abenteuer war Lowell nicht gerade diskret.

Sexton war keine Studentin im eigentlichen Sinn, und sie ließ sich mit Lowell nicht auf einen Flirt ein, aber auch auf sie übertrugen sich die Spannungen im Klassenzimmer, die seine – wie sie es nannte – »sanfte, gefährliche Stimme« erzeugte, wenn er die vor ihm liegenden Gedichte durchging, um eine Wendung oder Zeile herauszugreifen, die er als »fast perfekt . . . in ihrer Art« bezeichnen könnte. Bevor sie für ihr formales Geschick Lob erhielt, war sie schon zu der Überzeugung gelangt, Lowell würde sie nicht mögen, und die Ehrfurcht, die in seinem Klassenzimmer herrschte, störte sie. »Ich benehme mich im Unterricht sehr gemein«, klagte sie gegenüber Snodgrass. »Die Studenten sitzen einfach wie kleine Hündchen da und wackeln zu all seinen Bemerkungen mit dem Kopf.« Doch das Seminar förderte Sextons Stärken, wahrscheinlich weil sie besondere Nuancierungen und Klangeffekte zu analysieren lernte. »Lowell kann meine Arbeit nicht durch seine Arbeit beeinflußt haben, da ich sein Zeug nicht gelesen hab . . . mir bloß seine Vorstellungen über die Arbeit anderer Leute angehört hab. Ich habe nicht das Gefühl, daß er mich beeinflußt – sondern daß er mich lehrt, was ich NICHT schreiben soll – vorwiegend jedenfalls«, äußerte sie im Februar gegenüber Snodgrass. »Ich lerne Sprünge und Grenzen.« Am Ende des Semesters faßte sie die Erfahrung zusammen: »Er war ein großartiger Lehrer für mich. Es war so leicht, wie eine leere Vase zu füllen. Schließlich hatte ich keinen blassen Schimmer von Lyrik. Vor 2 Jahren hatte ich allenfalls von Edna St. Vincent gehört ... und jetzt kann ich durch Unmengen von Gedichten wandern und auswählen und nochmals auswählen.«

Vielleicht hat Lowell in jenem Herbst und Winter nicht den Stil von Sextons Gedichten beeinflußt, aber ganz gewiß hat er die Richtung bestärkt, die ihre Arbeit nahm – und dazu gehörte auch, »wie eine Frau zu schreiben«. In Lowells Unterricht skizzierte Sexton die ersten Entwürfe zu *The Double Image,* wobei sie versuchte, im Rahmen einer komplexen, gereimten Strophe die Wirkung einer spontan klingenden Stimme in der ersten Person zu erzielen und darauf sicher eine dramatische Geschichte aufzubauen. An dem Projekt arbeitete sie über drei Monate. Als *The Hudson Review* Ende Dezember *The Double Image* annahm – die gesamten 240 Zeilen –, war Lowell beeindruckt.

Anfang Januar waren die meisten Gedichte, die Sexton zur Veröffentlichung herumgeschickt hatte, angenommen. Snodgrass war voll Bewunderung: »Großer Gott! Sie veröffentlichen ja überall!« Sie beschloß jetzt, Lowell bei der Veröffentlichung eines ganzen, 122 Seiten langen Manuskripts um Rat zu bitten, dessen Titel aus *The Double Image* stammte: *To Bedlam and Part Way Back.* Das Auswählen und Anordnen der Gedichte, die er prüfen sollte, leitete wieder eine kreative Phase ein, und in den nächsten fünf Monaten schrieb Sexton in seinem Kurs acht neue Gedichte; in ihnen erhielt das Thema Irrenhaus mehr Gewicht, und weniger Gedichte als zuvor waren als bloße Formübungen geschrieben. Lowell sah inzwischen das Manuskript durch und gab es an andere Leser weiter, mit der Bitte um Rat, in welche Verlage es am besten paßt. Sexton schrieb an Snodgrass:

»Lowell hilft mir wirklich, De, so freundlich wie möglich, und ich kann es mir noch gar nicht vorstellen. Ich bin immer so verblüfft, wenn mir Güte widerfährt. Mit einigen kritischen Vorbehalten gefällt ihm das Aussehen meines Buches, und er hat es Stanley Kunitz und Bill Alfred gezeigt, die – wie er sagt – beide seine Begeisterung (und seine Vorbehalte) teilen. [...] Ist das nicht etwas, De ... Ich meine, ich bin – Feuer und Flamme deshalb. Er meint, es könnte jetzt bis September angenommen werden, aber ich sollte noch immer einiges umschreiben und das schlechtere Zeug aussortieren und statt dessen ein paar neue Gedichte schreiben. Ich bin ganz verwirrt und begeistert über all dies – und das übrige werden die Zeit und der Buchmarkt tun. Aber ich sage mir selber im Innersten immer wieder, ich darf nicht verrückt werden, damit es gelingt.«

Nicht-verrückt-werden hieß, sich beim Schreiben in Trance zu verlieren. Sie »schrieb freiwillig zwanzig oder mehr Entwürfe eines Gedichtes«, erinnerte sich Maxine Kumin. »Sie hatte eine unvergleichliche Hartnäckigkeit in diesen Anfangsjahren.« Sexton war auch auf der geschäftlichen Seite der Dichtung beharrlich; sie tippte Gedichte ordentlich ab, um sie zur Veröffentlichung in Serien wegzuschicken, ehe sie dann in Buchform erschienen, und sie schrieb persönliche Briefe an Zeitschriftenherausgeber. Begeisterte Reaktionen führten in jenem Winter zu neuen Bekanntschaften. Sexton begann einen Briefwechsel mit Carolyn Kizer von *Poetry Northwest,* und daß im Februar ihr erstes Gedicht im *New Yorker* angenommen wurde, war der Beginn einer herzlichen Beziehung zu dessen Lyrikredakteur Howard Moss. Sie war begeistert: Die Veröffentlichung im *New Yorker* sah sie als ein bedeutendes Debüt an, denn die meisten der literarischen Zeitschriften, in denen ihre Arbeiten bisher angenommen waren, hatten Auflagen unter tausend Exemplaren. Trotz so manchen Erfolges«, schrieb sie an Moss, »ist nichts angenehmer gewesen. (Ich meine hurra.)«

Sie kümmerte sich allmählich auch aktiv darum, für sich selber Werbung zu machen. Parties, die zu Ehren von Dichtergästen stattfanden (oft bei John Holmes zu Hause), zeigten deutlich, daß der Erfolg im Literaturgeschäft dem Erfolg im Wollhandel recht ähnlich war; es war eben wichtig, daß das eigene Markenzeichen erkennbar war, und man brauchte ein gewisses Maß an Geschäftssinn. »Es ist Politik und so schlimm wie die Universität selbst. Sehen Sie sich Cal [Lowell] ruhig an, aber hängen Sie sich ihm bloß nicht an die Rockschöße«, schrieb sie an Snodgrass. »Letzte Woche hat John Holmes eine Party für Dick Wilbur gegeben. Nachdem schon fast alle gegangen waren (Cal, Stanley Kunitz, John Brinnin und Isabella Gardner), saßen wir herum und lasen unsere Gedichte vor (Dutzende andere[;] müssen 50 Leute dagewesen sein!) . . . Wilbur, Holmes, Dave Ferry, Phil Booth, Maxine, ich, George Starbuck und noch einige andere, an die ich mich nicht mehr erinnere, und das hat schon Spaß gemacht. Aber doch alles sehr politisch und ›wen kennen *Sie*‹ und ›arbeiten Sie gerade an einem neuen Buch‹.«

Sexton plauderte gern, also war sie angetan, aber auch nervös, als Frederick Morgan, der Herausgeber der *Hudson Review,* sie einlud, doch im Büro der Zeitschrift vorbeizuschauen, falls sie einmal in New York sei. Als sie dann eines Tages Mitte Januar spät dort ankam, traf sie sämtliche Mitarbeiter der *Hudson Review* – Morgan, Joseph Bennett, Mary Emma Elliott – und auch Morgans Frau Rose; sie verbrachten den Abend mit Martinis, und die Morgans überredeten Sexton, noch zu bleiben, damit sie noch auswärts essen gehen könnten. Morgan erinnerte sich deutlich an das Ereignis: »Anne beeindruckte mich, denn sie kam mir vor wie jemand, der alles noch vor sich hat. Sie hatte alles – Interesse, Esprit und Persönlichkeit, war aber eigentlich nicht sehr kultiviert. Sie hatte ein sehr nettes Lachen, ein ungestümes Lachen, und war eher unbefangen und irgendwie töricht. Es machte einfach Spaß mit ihr. Ich mochte sie wirklich gern, und meine Frau auch.« Als Sexton dann den Mitternachtsflug nach Boston nahm, schrieb sie in einer begeisterten Stimmung ein Gedicht für Rose Morgan, das sie zu dem immer dicker werdenden Manuskript von *Bedlam* steckte. Aber als sie dann zu Hause war, schrieb sie in Panik an Snodgrass, ob sie sich wohl richtig benommen habe: »Vielleicht habe ich mich gehenlassen – aber ich glaube nicht. [. . .] Ich habe versucht, mich NICHT höflich zu benehmen (wie Sie mir gesagt hatten), aber das war schwierig, weil Höflichkeit eben ein Teil meiner gewohnten Maske ist ... Ich habe versucht, die Maske abzunehmen und, wie Sie mir gesagt hatten, ›ich selbst zu sein‹. Wenn Zeit gewesen wäre, hätte ich Ihnen zurückgeschrieben: ›was für ein Ich???‹ ... aber es war keine Zeit ... Dennoch, ich war ziemlich ich selbst, sprühend vor Begeisterung über dies und das.«

Sexton begann, ihre berufliche Persönlichkeit als eine Maske wahrzunehmen, ob sie nun im Büro der *Hudson Review* oder auf der Bühne war. In jenem Winter entwickelte sie auch den Lesestil, der ihre Auftritte eines Tages zu den unvergeßlichsten im Lyriker-Zirkel machen sollte. Was sie ihre erste »richtige« Lesung nannte, fand am 1. März im Poets' Theater in Cambridge statt, wo sie mit Arthur Freeman, einem frühreifen Harvard-Studenten, auftrat, ferner mit Maxine Kumin, George Starbuck, einem jungen Dichter, der gerade nach Boston gekommen war, und dem Harvard-Professor William Alfred, der die Einführungen übernahm. Die Lesung war ausverkauft und wurde in der Woche darauf wiederholt. »Die meisten der wirklich wichtigen Leute kamen beim ersten Mal«, erzählte sie Snodgrass, aber »die zweite Lesung war ein größerer Erfolg« – beide Male rührte sie die Zuhörer mit ihrer Lesung von *The Double Image* zu Tränen.

Für Sextons Fortkommen in jenem Jahr war die Teilnahme an dem privaten Workshop, der sich aus dem Lyrikkurs von John Holmes entwickelte, mindestens so wichtig wie Lowells Kurs. Ab Herbst 1958 trafen sich Sexton, Kumin, Sam Albert und George Starbuck reihum bei den Teilnehmern zu Hause zu Abendsitzungen mit offenem Ende. Es war ein fester kleiner Kreis, der nur gelegentlich auch Gäste empfing, denn der Erfolg ihrer Vorgehensweise hing davon ab, daß sie gegenseitig ihre Arbeit genau kannten und recht unterschiedliche künstlerische Ziele respektierten.

Holmes und Sexton waren in diesem Kreis polare Gegensätze. Sie ging ihm völlig gegen den Strich; fast alles an ihrem Auftreten mißfiel ihm. Wenn der Workshop bei Holmes im Wohnzimmer stattfand – so erinnerte sich Johns Witwe Doris Eyges –, drangen Sextons schrille Schreie bis ins Arbeitszimmer in der oberen Etage, wo Doris saß und Englischklausuren korrigierte. »DAS MÜSST IHR HÖREN! ES FUNKTIONIERT! ES FUNKTIONIERT! PHANTASTISCH!« Die laute Stimme forderte allgemeine Aufmerksamkeit. Fotos von den Workshop-Abenden zeigen, wie sehr Sextons persönlicher Stil im Gegensatz zu dem der anderen Dichter stand: Sie sitzt auf dem Boden, ein Glamourgirl mit lang ausgestreckten Beinen, grellrotem Lippenstift, rotem Pullover und roten hochhackigen Pumps, während daneben, sittsam auf Stuhl und Sofa, George Starbuck mit Hornbrille und Tweedjackett und Maxine Kumin in Marineblau sitzen. Holmes hätte wohl zu der marineblauen Seite des Zimmers gepaßt.

Eines Abends lud George Starbuck einen seiner Kollegen beim Verlag Houghton Mifflin, einen jungen Dichter namens Joseph DeRoche, ein, an dem Workshop teilzunehmen. Der Kreis traf sich an jenem Abend bei Sexton zu Hause; DeRoche vermerkte in seinem Tagebuch, daß Kayo ein unaufdringlicher Gastgeber war, der liebenswürdig Getränke servierte, ehe er sich dann nach oben zurückzog, während Anne »für uns auf ihrem Wohnzimmersofa hofhielt und dabei dauernd ein elektrisches Heizkissen zurechtrückte, um ihre ›Magenschmerzen‹ zu kurieren«. Die Dichter wurden immer lauter, nachdem reichliche Vorräte von Bourbon und Gin ausgeschenkt worden waren und sie dann Gedichte diskutierten. DeRoche vermerkte, daß er davonkam als »in der Schlacht Verwundeter – gelobt für die äußere, methodische Form, aber getadelt für zu wenig Gehalt«.

Auf dem Nachhauseweg in der U-Bahn überraschte Starbuck DeRoche, indem er Sextons Arbeiten lobte und seine eigenen heruntermachte, da sie *nur* aus Technik bestünden. »Technisch gute Gedichte« waren eine Spezialität von John Holmes' Workshop. Starbuck erinnerte sich folgendermaßen: »Keiner von uns in diesem Kreis war als Workshop-Lehrer, Lyriklehrer, der Typ eines Psychiaters; wir taten nicht, was Anne dann später als Lehrerin tun sollte – drängend, aber ohne Druck auszuüben, einfache kleine Fragen zu

150

stellen danach, woher hast du das, wie bist du da drauf gekommen, wie alt warst du, als dir das zum ersten Mal passiert ist. Ich war, genau wie Max, viel mehr an Kniffen und Wortspielen interessiert. Anne griff das auf. Sie hatte bemerkt, wie einer von uns ein Akrostichon schrieb, und da schrieb sie etwa vier solche Gedichte, die sich an andere Gruppenmitglieder richteten. Ich glaube, eines davon ist auch in eines ihrer Bücher geraten.« (In Sextons veröffentlichten Büchern sind keine Akrostichons; allerdings zeigen die zahlreichen Arbeitsblätter von *For God While Sleeping* (Für Gott im Schlaf), wie sie ein doppeltes Akrostichon mit Starbucks Namen ausarbeitete. In einem der Entwürfe hatte das Gedicht einunddreißig Zeilen: der erste und der letzte Buchstabe einer jeden Zeile, die Seite herunterbuchstabiert, lauteten

starbuckslustisnaughtyandsickhe
tuckshistrickinacausticacrostic[1]

Doch nur wenige dieser Zeilen sind noch in dem Gedicht erhalten, das am Ende aus diesem Spiel entstanden ist.)

Natürlich suchte Sexton den Rat ihrer Workshop-Kollegen für das Manuskript, an dem sie gerade für die Veröffentlichung arbeitete. Holmes schrieb ihr einen langen Kommentar, der vorsichtig anfing: »Es ist ein Buch, schon recht, gut zusammengestellt.« Als nächstes schlug er anstelle von *To Bedlam and Part Way Back* mit Rücksicht auf die Verkäuflichkeit einen anderen Titel vor: »Ich glaube wirklich, Buchhändler und Verleger wären vorsichtig.« Dann brachte er eine Ansicht zum Ausdruck, von der er im stillen schon seit den ersten Tagen ihrer Zusammenarbeit überzeugt war. »Ich mißtraue bei einer ganzen Reihe Ihrer Gedichte der eigentlichen Quelle und dem Thema, nämlich bei all jenen, die Ihre Zeit in der Klinik beschreiben und darin herumstochern. [...] Es stört mich, daß Sie Lyrik auf diese Weise benutzen. Das alles ist bloß eine Befreiung für Sie, aber für alle anderen ist es doch nur eine Zurschaustellung von jemandem, der eine Befreiung erlebt, oder? [...] Veröffentlichen Sie das nicht in einem Buch. Sie werden bestimmt darüber hinauswachsen und ein anderer Mensch werden, dann würde dieser Ruf Sie verfolgen und Ihnen schaden. Es würde sogar noch nach Jahren Ihre Kinder verfolgen und ihnen schaden.«

Erstaunt entwarf Sexton in aller Eile einen Brief, den sie aber nicht abschickte. Der Brief, den sie dann abschickte, enthielt ein Gedicht mit dem Titel *For John, Who Begs Me Not to Enquire Further*. Sie wußte sich im Normalfall die Aufmerksamkeit eines anderen Dichters zunutze zu machen, aber Holmes sagte nicht »Schreiben Sie um«, er sagte »Veröffentlichen Sie nicht«. Ihre Antwort war eine Verteidigung nicht nur ihrer Manuskripte, sondern des ganzen Genres, das schon bald »Bekenntnislyrik« genannt werden sollte.

> *I tapped my own head;*
> *It was glass, an inverted bowl.*
> *{. . .}*
> *And if you turn away*
> *because there is no lesson here*
> *I will hold my awkward bowl,*
> *with all its cracked stars shining*
> *{. . .}*
> *This is something I would never find*
> *in a lovelier place, my dear,*
> *although your fear is anyone's fear,*
> *like an invisible veil between us all . . .*
> *and sometimes in private,*
> *my kitchen, your kitchen,*
> *my face, your face.*[2]

Hellhörig, wie Neurotiker oft gegenüber den Ängsten anderer sind, legte Sexton in dem Gedicht nahe, daß Holmes' Ablehnung ihrer Gedichte zum Teil eine psychologische Abwehr sei. Sein Leben war nach den Worten seiner Witwe »von Schrecken zerrissen«. Er war ein unberechenbarer Alkoholiker gewesen, und seine erste Frau hatte auf grausame Weise Selbstmord begangen: Sie hatte sich die Pulsadern aufgeschnitten und war über seinen ganzen Papieren, die sie zu diesem Zweck auf seinem Schreibtisch aufgehäuft hatte, verblutet. »John ist nie darüber hinweggekommen, und er hatte Angst vor Annes selbstmörderischer Seite«, sagte Maxine Kumin. »Er konnte ihr Talent eigentlich nicht leugnen – es war so offensichtlich –, aber er wollte so wenig wie möglich mit ihr zu tun haben. Und hier versuchte sie also verzweifelt, ihn zu ihrem christlichen, akademischen Daddy zu machen. Anne hatte es derart mit Autoritätsfiguren. Er wollte gar nichts dergleichen!«

Ende der fünfziger Jahre hatte Holmes aufgehört zu trinken, und er war wieder glücklich verheiratet; sein Leben war äußerlich friedlich und geschützt. Sein Rat an Sexton war möglicherweise ein Rat, den er selber befolgt hatte: »Veröffentlichen Sie das nicht . . . Sie werden bestimmt darüber hinauswachsen und ein anderer Mensch werden.« Aber Sexton ging bei ihrer Arbeit von einem anderen Verständnis von Zusammenbruch aus. In ihrer Bilderwelt bringt *»tapping the head« »stars«* hervor, bedeutungsvolle Zeichen, die den Leidenden und den Betrachter verbinden trotz der *»glass bowl«* der Verschiedenheit, die ihnen andere Formen der Kontaktaufnahme unmöglich macht. *»Anyone's fear«* vor dem Kranken verhindert diese Identifikation; der Mut in den *Bedlam*-Gedichten rührt von der Klarheit her, mit der Sexton zeigt, wie allgemein die Erfahrung von Leid ist und wie es sich nur als persönliches erleben, aber metaphorisch begreifen und vermitteln läßt. Holmes' Reaktion entmutigte sie keineswegs, sondern gab ihr vielmehr Aufschluß über die Eigenheiten, die für ihre Gedichte charakteristisch sind. Der Titel *For John, Who Begs Me Not to Enquire Further* spielt auf einen Brief Schopenhauers an Goethe an: »Aber da tragen die meisten die Jokaste in sich, welche den Ödipus um aller Götter willen bittet, nicht weiter zu forschen.« Ein längeres Zitat aus diesem Brief wurde das Motto zu *To Bedlam and Part Way Back,* und *For John . . .* leitete Teil II ein, in dem Sexton ihre ambitioniertesten und offenherzigsten Gedichte zusammenfaßte. Insofern sprach sie innerhalb des Buches selbst die Einwände an, die ihre Themen provozieren mußten.

Im Februar 1959 hatte Mary Gray das letzte Stadium ihrer Krebserkrankung erreicht und litt unter schrecklichen Schmerzen. Ralph Harvey, der sich noch immer von seinem Schlaganfall erholte, war auf klägliche Weise traurig. »Er benimmt sich wie ein Zehnjähriger und weint immerzu und fleht meine Mutter an, sie solle nicht sterben«, berichtete Sexton Snodgrass. Sie machte fast täglich Besuche im Krankenhaus, wo ihre Mutter lag, »aufgeblasen wie ein Ballon, als bekäme sie ein Kind«. Sie erklärte Snodgrass: »Ich habe jetzt das Gefühl, als nähme ich jeden einzelnen Knochen von ihr und legte ihn in einen weichen Korb.« Von allen Familienmitgliedern war sie diejenige, die Mary Gray am treuesten in ihren letzten Lebensmonaten beistand; da sie ja selber in der Klinik gewesen war, wußte sie, wie sie ihre Mutter mit regelmäßigen munteren Besuchen aufheitern konnte. Außerdem hatte sie viele Neuigkeiten, die sie unbedingt loswerden mußte, ehe es zu spät war. »Heute geh ich rein und lächele und lache und erzähle ihr, wie Robert Lowell mich angerufen hat und wie gut er das Buch findet, und ich zeige ihr das Buch (als würde das helfen), und sie lächelt und scheint stolz zu sein, aber inzwischen übernehme ich schon ihr Leben. Wie kann sie da lächeln? Robert Lowell sagt, daß ich viele Gedichte in Anthologien haben werde und daß manche ›bedeutend‹ sind . . ., und Mutter sagt: ›Ich weiß gar nicht, wie du das geschafft hast. Ich kann es gar nicht glauben.‹ . . . Mutter glaubt noch immer nicht, daß ich sie geschrieben habe . . . Keiner, der mich kennt, glaubt es . . . aber sie sagt, ich sei ihr nettester Besuch.«

Sextons Fassade wies im Januar für eine kurze Zeit Risse auf, und sie verbrachte zwei Tage in Westwood Lodge (13. bis 15. Januar); Snodgrass berichtete sie: »Wenn ich nicht aufpasse, werde ich für 6 Monate eingewiesen.« Genau wie im November nutzte sie Westwood Lodge als einen Rückzugsort zum Schreiben, und während dieser Zeit in der Klinik schrieb sie ein neues Gedicht, *Ringing the Bells* (Die Glocken läuten).

Mary Gray hatte das Manuskript von *The Double Image* gesehen, ehe sie ins Krankenhaus ging, und gesagt, daß es ihr gefalle. Da das Gedicht nun in den Fahnenabzügen zur Veröffentlichung vorlag, bat Lowell Sexton, es im Unterricht vorzustellen und laut vorzulesen, und er »zerpflückte es nicht«, wie sie Snodgrass berichtete. Es war, als tauschten Sexton und ihre Eltern die Plätze: Mary Gray und Ralph wurden immer weniger, wurden bedürftig und hilflos wie kleine Kinder und verwandelten sich in Figuren von Gedichten, während Anne im Druck wiedergeboren wurde. »Ich weiß, es ist verrückt«, schrieb sie an Snodgrass, »aber ich habe das Gefühl, es sei meine Schuld.«

Mary Gray Staples Harvey starb am 10. März, einige Tage vor ihrem achtundfünfzigsten Geburtstag.

»Ich wollte ihr die Hand halten, wie man einem Kind die Hand hält, um sie hinüberzubegleiten, und sagen ›Es ist ja gut. Ich bin da. Du brauchst keine Angst zu haben.‹ . . . Und das hab ich getan. Und dann war sie fort. Sie war im Nicht-Sein . . . Ohne mich. Ohne *sich selbst!* . . . Also ging sie über vom Etwas-Sein zum Nicht-Sein . . . aber wozu war ich gut? Mit der ganzen Liebe (Sehnsucht) konnte ich doch die Stunden oder den Schmerz nicht aufhalten . . . Ich spielte keine Rolle. Nein. Der Schmerz spielte eine größere Rolle, und es war, weiß Gott, der Schmerz, der sie hinausstieß. Nicht ich. Trotz all meiner Sehnsucht und meines Wollens, nicht ich. Und jetzt ist sie ein Nichts. Außer für mich . . . für mich ist sie etwas Großes . . . etwas, das ich liebe und hasse und auf das ich noch immer reagiere, mit dem ich noch immer spreche.«

Sexton machte wohl oder übel mit ihrer Arbeit weiter, und die Zeit des Trauerns überschnitt sich mit der Vollendung des *Bedlam*-Manuskripts; sie schloß es mit einer merkwürdig kühlen Elegie auf ihre Mutter ab: *The Division of Parts.*

> *I planned to suffer*
> *and I cannot.*
> *{. . .}*
> *Time, that rearranger*
> *of estates, equips*

me with your garments, but not with grief.
{. . .}
my Lady of my first words,
this is the division of ways.[3]

Erst im Oktober, als sie eine Geschichte mit dem Titel *Dancing the Jig* (Jigtanz) schrieb, begann sie nochmals, ihre Tochterrolle gegenüber dieser starken, schwer faßbaren Mutter zu reflektieren, eine Aufgabe, die sie den Rest ihres Lebens beschäftigte.

Im selben Winter stieß eine weitere regelmäßige Teilnehmerin zu Lowells Schreibseminar an der Boston University: Sylvia Plath. Als sie mit ihrem Mann, dem britischen Dichter Ted Hughes, nach Boston zog, war sie gerade sechsundzwanzig. Sie wurde in Boston und Cambridge als die Frau von Hughes vorgestellt, »die auch schrieb«; Hughes hatte sich mit neunundzwanzig bereits mit einem preisgekrönten Buch *The Hawk in the Rain* einen Namen gemacht. Plath hatte gerade ein Jahr am Smith College unterrichtet; sie hoffte, in diesem Jahr einen Roman und einen Gedichtband fertigzustellen und im darauffolgenden Jahr ein Kind zu bekommen. Ihre Erwartungen maß sie an den Leistungen von Virginia Woolf. »Ich werde besser sein als sie«, versprach Plath in ihrem Tagebuch. *»Keine Kinder, bis ich es geschafft hab.«* Um dieses Programm zu erfüllen, erlegte sie sich einen strikten Plan mit Lesen, Schreiben und Deutsch Lernen auf, aber bereits nach vier Monaten in Boston fühlte sie sich elend und ans Haus gefesselt. Ab Oktober arbeitete sie im Archiv der psychiatrischen Klinik des Massachusetts General Hospital, und Mitte Dezember nahm sie ihre Psychotherapie wieder auf. Ab Februar 1959 besuchte sie dann Lowells Lyrikkurs.

Bisher hatte Plath Lowells Werk kaum beachtet – sie hatte ihren Geschmack als sehr konventionelle Englischstudentin am Smith College und dann als Fulbright-Stipendiatin an der Cambridge University in England ausgebildet. In ihrem Tagebuch notierte sie am 5. Mai 1958, daß sie am Abend vor Lowells Lesung am Smith College in seinen Gedichten geschmökert habe; seine »schwierigen, verknoteten, von Farben und Wut schillernden« Formulierungen weckten bei ihr »Aufregung, Freude, Bewunderung und Neugier, ihn kennenzulernen und zu preisen«. In ausgelassener Laune zog sie sich dann rote Seidenstrümpfe an, um zu seiner Lesung zu gehen. Daß sie 1959 an seinem Kurs teilnahm, war genau wie die Arbeit in der Klinik eine Möglichkeit, dem Tag »eine objektive Struktur« zu geben und sich abzulenken von der Qual, neurotisch um sich selbst zu kreisen. Plath verachtete, was sie ihre »Faulheit« nannte – »nicht auf einen Doktor hinzuarbeiten oder auf ein drittes Buch wie A. C. R. [Adrienne Cecile Rich, eine weitere junge Dichterin in Boston] oder vier Kinder und einen Beruf zu haben«.

Zwar machte sich Plath wegen dieser Ambitionen über sich selbst lustig, aber trotzdem beobachtete sie ihre Konkurrenz am Ort genau und rechnete sich ihre Erfolgschancen aus. Vor allem die Frauen nahm sie genau aufs Korn, mit einer Einstellung, die sie selbst als »die ruhige, selbstgerechte Bosheit einer Frau mit Gedichten, die besser sind als die, denen andere Frauen ihren Namen verdanken«, bezeichnete. Wie Lowell führte Plath eine Liste großer Dichter, und ab und zu, insbesondere nach einer Phase hektischer Kreativität, belohnte sie sich im stillen selbst, indem sie sich auf dieser Liste anders einordnete. »Vermessen, wie ich bin, glaube ich, ich habe Verse geschrieben, die mich als *die* Poetin Amerikas qualifizieren (wie Ted der Dichter Englands und seiner Dominions sein wird). Wer sind die Konkurrentinnen? In der Geschichte Sappho, Elizabeth Barrett Browning, Christina Rossetti, Amy Lowell, Emily Dickinson, Edna St. Vincent Millay – alle tot. Heute: Edith Sitwell und Marianne Moore, die alten Riesinnen, und mit der poetischen Patin Phyllis McGinley ist es vorbei – leichte Gedichte: Sie hat sich verkauft. Eher: May Swenson, Isabella Gardner und am ehesten Adrienne Cecile Rich – die von diesen acht Gedichten bald in den Schatten gestellt werden wird.«

Zweifellos erwartete Plath, durch die Teilnahme an Lowells Kurs berufliche Beachtung zu erlangen, denn sie wußte, daß seine Fürsprache ihre Karriere fördern würde. In jenem Winter und Frühling schrieb sie ein Dutzend Gedichte, die sie später dann in ihrem ersten Buch, *The Colossus* (1960), veröffentlichen sollte. Nur einige davon

(*The Eye-mote, Point Shirley, Electra on Azalea Path*) lassen die Qualität der zu Recht bekannten Gedichte ahnen, die sie in England zwischen 1961 und ihrem Selbstmord 1963 schrieb. 1959 waren es nicht etwa Plaths Gedichte, die ihre Klassenkameraden beeindruckten, sondern ihre literarische Bildung, zumindest nach deren Erinnerung: Ihre Wahl von Wallace Stevens als »Lieblingsdichter«, ihre Fähigkeit, jedem außer Lowell eine Nasenlänge voraus zu sein bei modischen Bemerkungen über lyrische Manierismen. (»›Erinnert mich an Empson‹, sagte sie durch ihre zusammengebissenen Zähne. ›Es erinnert mich an Herbert. Vielleicht die frühe Marianne Moore?‹«)

Nach Plaths eigener Einschätzung war Lowells Seminar ein auslösendes Moment für den Durchbruch ihrer Lyrik, teils wegen des Vorbilds von *Life Studies* und teils wegen des Vorbilds Anne Sexton. Lowells und Sextons Themen – »sonderbare private Themen und Tabus« wie das des psychischen Zusammenbruchs – beeinflußten sie am stärksten, wie sie später in einem Interview berichtete: »Ich denke vor allem an die Dichterin Anne Sexton, die auch über ihre Erfahrungen als Mutter schreibt; als Mutter, die einen Nervenzusammenbruch hatte, als eine außerordentlich gefühlvolle junge Frau. Und ihre Gedichte sind wunderbar kunstvoll gearbeitet, und doch haben sie eine emotionale und psychologische Tiefe, und das ist, wie ich finde, ziemlich neu und aufregend.«

Plaths herzliche Bewunderung für Sexton bildete sich in jenem Winter erst allmählich heraus. Die Kursteilnehmer waren zu beschäftigt mit Lowells Unterricht, um einander viel Aufmerksamkeit zu schenken. Als eine von ihnen, Kathleen Spivack, später einmal Roger Rosenblatt, der zu diesem Zeitpunkt Direktor des National Endowment for the Humanities war, begegnete, stellten sie fest, daß sie ein ganzes Jahr lang einander gegenübergesessen hatten, ohne sich miteinander bekannt zu machen, aber »acht Jahre danach konnten wir uns noch an unsere jeweiligen Gedichte und die vernichtenden Kommentare darüber erinnern«. – »Wir zogen im Klassenzimmer schweigend unsere Kreise«, erinnerte sich Sexton in einer Tagebuchnotiz, »und ließen unsere eigenen Gedichte heraus, wie unter den Augen eines Schlächters, eines Liebhabers. Beides geschah. Vor den

Augen des Vaters verhielten wir uns so still wie möglich.« Es war vorherzusehen, daß Sexton und Plath aufeinander aufmerksam wurden, als »der Vater« sie miteinander zu vergleichen begann, und zwar kurz nachdem Sexton im März *The Double Image* (Das doppelte Bildnis) vorgetragen hatte. Lowell meinte, sie »könnten aufeinander abfärben«, da »Anne mehr sie selbst war und weniger wußte«, wie er sich später erinnerte. »Sylvia lernte von Anne.« Beispielsweise scheint Sextons Gedicht *My Friend, My Friend* (Meine Freundin, meine Freundin), das bestimmt im Unterricht kritisiert wurde, Plath Reime und ein Thema für eines ihrer bekanntesten Gedichte, *Daddy*, geliefert zu haben.

Lowells Vorgehen brachte Plath in ihrem Tagebuch zum Nachdenken. In ihrer Psychotherapie versuchte sie, die komplizierten Gefühle für ihren Vater zu klären; am 9. März hatte sie dessen Grab besucht, einen Tag bevor Sextons Mutter starb und eine Woche nachdem Sexton *The Double Image* vorgelesen hatte. Außerdem bemühte sie sich aktiv darum, schwanger zu werden. Der Tagebucheintrag beginnt mit einer traurigen Notiz darüber, daß das Menstruationsblut wiederum ein Zeichen von Versagen ist, und fährt dann mit verzweifelten Gedanken darüber fort, wie sie in der Therapie und im Schreiben um Erkenntnis ringt.

»Ich weine über alles. Bloß um mir eins auszuwischen und mich in Verlegenheit zu bringen. Zwei Gedichte fertiggemacht, ein langes, *Electra on Azalea Path,* und *Metaphors for a Pregnant Woman,* ironisch, neun Zeilen, in jeder neun Silben. Sie sind auf keinen Fall vollkommen, aber ich habe wohl Qualitäten. Kritik zu vieren meiner Gedichte in Lowells Kurs: Kritik an der Rhetorik. Er stellt mich mit Anne Sexton auf eine Stufe – eine Ehre, nehme ich an. Es war auch Zeit. Sie hat sehr gute Sachen, und sie werden besser, obwohl es viel Ungeformtes bei ihr gibt.

Lust, mir die Haare attraktiv schneiden zu lassen statt diesem Mauspferdeschwanz. Werde bestimmt losgehen und mir einen Pagenkopf machen lassen wie in alten Zeiten. Ist es Geld, das mich abhält? Muß ordentlich werden.«

»Ich regrediere entsetzlich«, merkt sie an. »Vielleicht habe ich alle Antworten auf meine Fragen in mir, aber ich brauche einen Katalysator, um sie ins Bewußtsein zu holen.«

Das aber, was sich nicht ins Bewußtsein befördern ließ, arbeitete produktiv in ihrem Unbewußten: *Electra on Azalea Path* faßte die Suche nach dem Vater in eine gelungene Schilderung, während das Rätsel der Fruchtbarkeit in *Metaphors for a Pregnant Woman* in einer primitiven, magischen Denkweise wurzelt. Das Unbewußte scheint auch in Plaths Befriedigung darüber durch, mit Sexton verglichen zu werden. Die Assoziationen bewegen sich entlang einer verborgenen Achse, einer Identifikation mit Sexton als einer Dichterin, die sich direkt mit Problemen auseinandersetzte, denen Plath in der Therapie auswich: Sexton als Tochter einer dominierenden Mutter; Sexton als Mutter; Sexton als Dichterin, die Lowell bewunderte; Sexton als Frau, die immer »ordentlich« war, mit gepflegter Frisur.

Anfang April blühte die Freundschaft auf. Normalerweise blieb Sexton nach Lowells Kurs ein paar Stunden in Boston, weil sie um sieben einen Termin bei ihrem Psychiater hatte. Sie und Plath fingen an, nach dem Unterricht auf einen Drink auszugehen. Manchmal waren sie in Begleitung von George Starbuck, dem Lektor bei Houghton Mifflin, der sich ab und zu freinahm, um das Seminar zu besuchen. Starbuck schrieb witzige, herrlich komplizierte Gedichte; in seiner jungenhaften Überschwenglichkeit war er eine Ausnahme unter Lowells nüchternen Teilnehmern, die einander taxierten. Sexton und Plath mochten seinen verschmitzten Humor. »Wir drängten uns auf die Vorderbank meines alten Fords«, erinnerte sich Sexton,

»und ich fuhr dann schnell durch den Verkehr zum oder in die Nähe vom Ritz. Ich parkte unerlaubterweise in einer LADEZONE und erklärte ihnen fröhlich: ›Das ist schon in Ordnung, denn wir wollen auftanken!‹ Los ging's, beide an Georges Arm, ins Ritz, und wir tranken drei oder vier oder zwei Martinis. Darüber hat George sogar in seinem ersten Gedichtband, *Bone Thoughts,* eine Zeile. Da heißt es: *»I weave with two sweet ladies out of the Ritz.«*[4] [...]

»Oft, sehr oft unterhielten Sylvia und ich uns lange über unsere ersten Selbstmordversuche; das geschah ausführlich, in allen Einzelheiten und gründlich, während wir die kostenlosen Kartoffelchips knabberten. Selbstmord ist schließlich das Gegenstück des Gedichts. Sylvia und ich unterhielten uns oft über solche Gegenstücke. Wir sprachen über den Tod mit einer zornigen Intensität, der uns beide anzog wie eine Glühbirne die Nachtfalter. Wir saugten uns daran fest!«

»Ich vermute, ein deutlicheres Gefühl kann man nicht für das bekommen, was man früher einen *cavalier servente* nannte«, erinnerte sich George Starbuck, »als ich es hatte, wenn ich diesen beiden gesprächigen Damen bei ihren Drinks im Ritz Gesellschaft leistete. *Nicht* Martinis: Anne trank damals Stingers – furchtbares Zeug –, was Sylvia trank, weiß ich nicht mehr. Sie hatten diese ausgelassenen Gespräche, in denen sie ihre Selbstmorde miteinander verglichen und über ihre Psychiater redeten. Ich hatte nur ein paarmal das Privileg, Ohrenzeuge zu sein.« Er erinnerte sich an Plaths Reserviertheit. »Sie hatte das Gehabe einer höheren Tochter angenommen.« Im Gegensatz dazu sei Anne »extravagant« gewesen »mit ihren Erinnerungen an psychiatrische Kliniken und Selbstmord und solche Sachen. Ohne Übertreibungen – sie sah das eigentlich mit amerikanischem Humor: selbstironisch, der Witz ging auf ihre Kosten. Sylvia war sachlicher. Daher kam mir gar nicht in den Sinn, daß Sylvias Phasen so schlimm waren, wie es sich dann in ihrem Schreiben herausstellte. Sie war spielerisch, aber nicht extravagant. Ihr Tagebuch zeigt, daß sie vor mir auf der Hut war, was sonderbar ist. In dem Alter meint jeder, die anderen seien Löwen.«

Starbuck war tatsächlich eine Art Löwe: Literaturagent und Lektor für Lyrikmanuskripte. Plath wußte, daß er sich bei Houghton Mifflin dafür eingesetzt hatte, Sextons Buch herauszubringen. Aber sie wußte auch über das Geheimnis Bescheid, daß Sexton und Starbuck ein Verhältnis anfingen, ein Stück intimes Wissen, das sie wochenlang in ihrem Tagebuch beschäftigte. Vielleicht hatte sie ja ebenfalls mit Starbuck geflirtet; das gehörte zum Metier – »Dichter sind immer verliebt«.

Sextons Leben dienstags stellte sich der bös-parodistischen Plath wie eine Geschichte aus ein, zwei Frauenzeitschriften dar: Seminar mit berühmtem Dichter, Martinis im Ritz, Liebe am Nachmittag und am Abend ein Termin beim Psychiater. Plath fügte der Situation noch selbstbewußte Prosa hinzu. »Ich hätte diese Woche bei Houghton Mifflin [einen Band Gedichte] einreichen sollen. Aber A. S. ist mir zuvorgekommen, und ihr Liebhaber G. S. schreibt im *New Yorker* Oden an sie und die beiden zusammen: hatte das Gefühl, daß unsere Martini-Nachmittage zu dritt im Ritz zu Ende gehen. Jener unvergeßliche Nachmittag in G.s klösterlichem und kargem Zimmer auf Pinckney: ›Sie hätten uns nicht allein lassen sollen‹: Wo liegt das Recht zu lügen? Ich ging, fühlte mich aber wie ein brauner Nachtfalter um eine eher magere Kerzenflamme, angezogen. Das ist vorbei. Wie Snodgrass sagen würde.« Sie dachte schadenfroh daran, aus der Affäre eine »doppelte Geschichte« zu machen, »›August Lighthill und die andere Frau‹ . . . Hier gibt es Schrecken. Und all die Einzelheiten. Mach besondere Lebensabschnitte zu Geschichten, dann wird sich der Roman schon ergeben.« Die Handlung skizzierte sie in ihrem Tagebuch: »Eine unausstehliche Frau (natürlich ich selbst)« erzählt einer Ehefrau gehässig, daß ihr Mann mit »Anne« eine Affäre habe, und erfährt dann, daß er tatsächlich eine Affäre mit ihr hat. »Es wird ein widerlicher Kuhhandel. DIE OLYMPIER. Arme, verheiratete Dichter in der Ritz-Bar.«

Houghton Mifflin nahm Sextons Manuskript *To Bedlam and Part Way Back* am 19. Mai an, im selben Monat, in dem Lowells *Life Studies* in den Vereinigten Staaten erschien (in England war das Buch einen Monat früher herausgekommen). Lowells Buch erhielt im gleichen Jahr den National Book Award, und in seiner Dankrede gab er eine Erläuterung seiner künstlerischen Ziele, auf die man später zurückgriff, um auch Anne Sextons Stil zu erklären. Lowell übernahm eine Metapher des strukturalistischen Anthropologen Claude Lévi-Strauss und unterschied zwischen zwei »konkurrierenden« Arten von Dichtung, »gekocht« und »roh«. »Die gekochte, wundervoll fachkundige und unnahbare«, sagte er, »wirkt wie eine für Oberseminare gebaute, mechanische oder Katzenspielzeug-Maus; die rohe, schlampig gebaute und forensisch tödliche wirkt dagegen oft wie ein Libretto ohne Partitur von einem bärtigen, aber vegetarischen Castro.« Mit »gekocht« bezog Lowell sich auf die Lyrik von großer Ernsthaftigkeit und voller raffinierter formaler Effekte, die er beim Schreiben von *Life Studies* außer acht gelassen hatte; das andere Extrem waren Gedichte wie Allen Ginsbergs *Howl* (daher der Vergleich mit dem Libretto eines bärtigen Vegetariers – Lowell war bei einer Dichterlesung in San Francisco ziemlich beeindruckt von Ginsberg gewesen). Die Lyrik hatte einen Ruck nach links gemacht, und Lowell setzte auf die neue Bewegung – auf eine zurückhaltende, intellektuelle Art.

An dem Tag, an dem *Life Studies* herauskam, war er allerdings im McLean Hospital in Belmont, Massachusetts, wo man ihn Ende April aufgenommen hatte. Lowell war manisch-depressiv, und sein Leben war durchsetzt von Krisen, denen oft Phasen reicher Kreativität folgten. Während seiner Genesung von einem Nervenzusammenbruch 1956 hatte er in kurzer Zeit *Life Studies* geschrieben; nach einer anderen schweren Krise Anfang 1958 hatte er es vollendet. Aus der privilegierten Position der Rückschau hat Lowells Biograph Ian Hamilton die plausible Vermutung angestellt, daß Lowell das »Anfangsstadium des Wahnsinns« wie einen Schatz hütete, dem er sich in stabilen Phasen hingab. »Der als manisch-depressiv Diagnostizierte wird bestimmt immer eine verborgene Sehnsucht nach dem ›tropischen‹ Terrain seines Leidens haben«, bemerkte Hamilton, »und den Weg zur ›Gesundheit‹ immer eher pflichtgemäß als freiwillig beschreiten.«

Inwiefern hatte Lowells Manie mit seinem Genie zu tun? Und inwieweit waren seine manischen Phasen freiwillig? Solche Fragen müssen bei der Erörterung dieser Ära der amerikanischen Kultur aufkommen, in der so viele gefeierte Künstler psychisch labil waren oder zu sein schienen. Viele Zeitgenossen von Lowell hatten Tage oder Wochen mit Alkohololorgien verbracht, Wochen oder Monate in

163

psychiatrischen Anstalten, Jahre in psychiatrischer Behandlung. Denkt man allein an die Dichter, so gehören Randall Jarrell und Theodore Roethke dazu, die wie Lowell manisch-depressiv waren; Delmore Schwartz, der durch seine Paranoia von Freunden und Beruf abgeschnitten war; Elizabeth Bishop, die mehrfach wegen Alkoholismus in der Klinik war; und John Berryman, der an all dem obengenannten litt.

Keiner, der je das Ereignis eines wirklichen Nervenzusammenbruchs miterlebt hat, hätte die manchmal verrückte oder kindliche Freiheit der Phantasie mit der oft beängstigenden Geisteskrankheit verwechseln können. Allerdings konnte die Überaktivität während der schöpferischen Qualen jenen Verhaltensstörungen ähneln, die den Ausbruch der Krankheit kennzeichnen. In einem Brief an Roethke bemerkte Lowell zu dieser Ähnlichkeit: »An den Dichtern unseres Alters ist etwas Merkwürdiges, etwas, das wohl nicht immer so gegolten hat. Und zwar, daß wir, um überhaupt schreiben zu können, mit einer solch zielstrebigen Intensität ans Werk gehen müssen, so daß wir immer am Rande des Untergangs sind . . . Ich habe das Gefühl, es ist etwas fast Unvermeidliches, eine Art Defekt am Motor.«

Aufgrund seiner Labilität war Lowell als Freund und Mentor recht unzuverlässig, aber durch seine Aufgeregtheit und eher kindliche Selbstverliebtheit hatte sein Unterricht eine fesselnde Unmittelbarkeit, und so waren junge Dichter und Studenten sehr tolerant gegenüber der Unsicherheit, die seine Verletzlichkeit mit sich brachte. Sexton reagierte auf Lowells spektakulären Zusammenbruch in jenem April mit Mitgefühl und auch voyeuristischer Faszination. Anfang dieses Monats berichtete sie Snodgrass, daß er wieder mal einem Mädchen den Hof machte – »(pst Geheimnis)«; den Klatschmäulern zufolge ein Symptom dafür, daß wieder eine seiner Krankheitsphasen ausbrach. Am 1. Mai schrieb Sexton: »Lowell ist jetzt wieder in einer manischen Phase, und es erscheint so beunruhigend. Er ist in McLean, aber, wie ich höre, nur für kurze Zeit. Aber was für eine Veränderung in seinem Verhalten. So gesehen etwas beängstigend. Aber vermutlich geht es ihm nicht [so] schlecht wie die anderen Male.« Sie legte für Snodgrass, ausschließlich zu seinen Händen, ein Gedicht bei (das sie später dem *Bedlam*-Manuskript hinzufügte):

> In the thin classroom, where your face
> was noble, and your words were all things,
> I find this boily creature in your place;
>
> find you disarranged, squatting on the window sill,
> irrefutably placed up there,
> like a hunk of some big frog
> watching us through the V
> of your woolen legs.
>
> Even so, I must admire your skill.
> You are so gracefully insane.
> We fidget in our plain chairs
> and pretend to catalogue
> our facts for your burly sorcery
>
> or ignore your fat blind eyes
> or the prince you ate yesterday
> who was wise, wise, wise.[5]

Ziemlich sicher hätte Lowell vorgeschlagen, die lose Diktion zu überarbeiten (»*all things*«, »*some big*«, das wiederholte »*place*«), wenn er um einen Kommentar gebeten worden wäre. Dies war nicht gerade Sextons bestes Gedicht, aber es trug dazu bei, ihr Revier in der literarischen Welt zu behaupten. Lowell, regierender Herrscher im Königreich der verrückten Poeten, hatte ihr ungewollt die Gelegenheit gegeben, die für ihn passende Rolle zu schneidern: großer Dichter als Froschkönig.

Lowell war Mitte Juni wieder zurück in Boston, und er und seine Frau, Elizabeth Harwick, gaben eine Einladung. Adrienne Rich und ihr Mann, Alfred Conrad, gehörten zu den Gästen, und wie

Rich sich erinnert, drehte sich alles um Sextons Berühmtheit. »Ich erinnere mich noch, wie ich das Gefühl hatte, daß da plötzlich diese *Frau* war, über die Lowell und die Leute aus Cambridge redeten, diese Frau, die gerade ein Buch mit dem Titel *To Bedlam and Part Way Back* herausbrachte. Damals hätte ich das nie zugegeben, aber ich fühlte mich bedroht, sehr in Konkurrenz mit ihr. Der Gedanke, daß eine andere Dichterin eine Quelle von Kraft sein oder daß man füreinander eintreten könnte, fand damals noch wenig Anklang. Ich nahm wohl an – und sicher nicht aufgrund eines schlimmen Charakterfehlers von mir –, daß, wenn sie einen gewissen Raum einnehmen würde, ich dann eben diesen Raum nicht haben würde.« Als Rich Sexton dann persönlich kennenlernte, war sie schockiert. »Ich hatte nicht erwartet, daß sie so umwerfend wäre – groß, braungebrannt, weiß gekleidet und ganz blendend aussehend. Und ich hatte den Eindruck, daß sie sich nicht für gebildet hielt, nicht für intellektuell. Es war, als wäre sie in einem Zimmer lauter Harvard-Typen und Literaturkritikern und so weiter ausgesetzt: all diesen super-erfolgreichen Leuten.«

Richs Stimmung stand auch unter dem Einfluß des Gefühls, selber als Künstlerin an einem toten Punkt angelangt zu sein. »Ich wollte eine große Dichterin sein. Ich hatte eine gewisse Vorstellung davon, was das war«, sagte sie lachend. »Ich hatte das Gefühl, noch nicht lang genug in die Lehre gegangen zu sein. Außerdem hatte ich die sehr romantische Vorstellung, vermutlich von Keats, daß man ein Leben lang im verborgenen leben und schreiben kann und dann am Ende all diese großen Gedichte hinterläßt. Vielleicht würde es mir ja so ergehen. Ich kämpfte wohl irgendwie gegen die Angst und die Probleme, in einer literarischen Welt zu konkurrieren, mit Hilfe der Vorstellung, daß eines Tages jemand daherkäme und mich entdeckte. Das hatte wohl auch mit meinen Problemen zu tun, eine Frau zu sein. In der literarischen Szene zu konkurrieren, schien mir ein Verlust von Weiblichkeit.«

An diesem toten Punkt fühlte sich Rich noch zusätzlich durch ihren anderen Beruf beeinträchtigt: Ehe und Mutterschaft. Es entbehrte nicht der Ironie, kommentierte sie später, daß aus den

Gesprächen, die sie mit Sylvia Plath in jenem Frühling führte, als einzige Einzelheit deren Neugier haften blieb, wie Mutterschaft und Schreiben miteinander zu vereinbaren seien. »Ich gab etwas sehr Weises als Antwort, so etwa ›Es läßt sich machen, aber du solltest es dir gut überlegen‹. Was ich ihr eigentlich sagen wollte, war, ›Versuch es erst gar nicht‹, weil ich so niedergeschlagen war: Ich hatte gerade mein drittes Kind bekommen, ich war dreißig, und ich hatte das Gefühl, daß mein Leben in vielerlei Hinsicht vorbei sei, daß ich nie wieder schreiben würde. Ich konnte mir keine Zukunft vorstellen, die anders als die beiden vergangenen Jahre wären, in denen ich die Kinder großgezogen hatte und fast ständig wütend gewesen war.«

Wie Lowell waren Rich und Plath und Sexton mit präzisen Rollenerwartungen groß geworden. Die Klage über eine in Mißkredit geratene Männlichkeit, die in *Life Studies* mitschwang, hatte ihr Gegenstück in der schuldbewußten Wut auf Mütter, wie sie in der Lyrik von Frauen anklang – zum Beispiel in Plaths *The Disquieting Muses*, Richs *Snapshots of a Daughter-in-Law* und Sextons *The Double Image*. (Maxine Kumins Mutter-Tochter-Gedichte aus dieser Zeit waren zurückhaltender, aber voller Andeutungen.) Die Generation dieser privilegierten Dichterinnen schuf eine Bilderwelt, in der die Weigerung zum Ausdruck kam, auf gesellschaftliche Ansprüche zu verzichten. Durch ihre Gedichte zog sich auch ein Protest dagegen, daß Weiblichkeit mit Mutterschaft gleichgesetzt wurde. Nur wenige Mütter waren beispielsweise in die Liste von Rollenvorbildern aufgestiegen, die Plath führte; warum erlaubte die Wahl der Mutterschaft, wenn es denn eine Wahl war, keine genialen Werke?

Auf diese Frage gab – gibt – es keine einfache Antwort, aber in den sechziger Jahren wurde sie das Terrain, das durch das hervorragende Werk all dieser Frauen für die Lyrik erschlossen werden sollte. Weil Lowell in *Life Studies* häusliches Leben ganz nüchtern zum Thema gemacht hatte, entwickelte sich eine kritische Sprache, die prüfte, inwiefern es als Gegenstand ernsthafter Kunst taugte, und auch dies spielte eine Rolle dabei, daß den Dichterinnen das Thema nun offenstand. Als der Kritiker M. L. Rosenthal seine Lowell-

Rezension zum Thema eines Buches über – von ihm so genannte – Bekenntnislyrik ausweitete und darin Beurteilungen von Plath und Sexton aufnahm, begründete er damit eine eigene Bewegung dieser Gruppe. Lowell hatte mit *Life Studies* ein Tabu gebrochen. Die beiden Weltkriege des Jahrhunderts hatten jedenfalls die Bandbreite dessen, was sich glaubwürdig als Heldentum in der Kunst beschwören ließ, eingeschränkt; andererseits konnte die Psychoanalyse, die sich auf den Ursprung erwachsenen Verhaltens in der Kindheit konzentrierte, Erinnerungen an eine Zeit wecken, in der Erwachsene von großer Bedeutung waren. Paradoxerweise erlaubte es der psychoanalytische Standpunkt nun, in der Kunst wieder außerordentliche Leidenschaften und ein Gefühl von Schicksal, im Sinne einer Ökonomie der Sublimierung, zuzulassen.

Das Etikett »Bekenntnislyrik« blieb an jener Kunstrichtung haften, aber in der Rückschau scheint es einen falschen Akzent gesetzt zu haben, indem es die Gedichte so darstellte, als seien sie aus Scham und nicht aus Selbsterkenntnis entstanden. Die Lyrik war ein durchaus geeignetes Medium, Freudsche Einsichten darüber weiterzuverfolgen, wie sich der individuellen Erfahrung im Familienleben langfristig stabilisierende und auch verzerrende Strukturen einprägen. Die Gedichte von Lowell, Plath, Sexton und Rich kehrten die Kategorien »öffentlich« und »privat« um. Ja, diese Dichter machten die Entdeckung, daß die Rollen, wie sie im Familienleben festgelegt werden, von – wie es heute heißt – der Ideologie der Differenz der Geschlechter geprägt sind. Sie »bekannten«, sich von der Energie jener Fähigkeiten überwältigt zu fühlen, die durch die unterschiedliche Behandlung der Geschlechter und den Konformitätsdruck nicht anerkannt wurden.

1963 zog Adrienne Rich mit ihrem Mann von Boston nach New York, befaßte sich immer intensiver mit politischen Fragen und entwickelte eine feministische Poetik, um der peinigenden sexuellen und sozialen Rolle der Frau etwas entgegenzusetzen. Nach wie vor ist allgemein – wenngleich manchmal mit Schrecken – anerkannt, wie wichtig ihr Werk in seiner Schönheit und bahnbrechenden Kühnheit ist.

Plath zog mit Ted Hughes aus Boston nach England, wo sie – unter dem Druck, für zwei kleine Kinder sorgen zu müssen und »fast ständig wütend« – schließlich die Ziele erreichte, die sie sich in ihrem Bostoner Tagebuch gesetzt hatte: Gedichte zu schreiben über »wirkliche Situationen, hinter denen die großen Götter das Drama von Blut, Lust und Tod spielen«. Ihr Werk kam erst nach ihrem Tod stückweise in Druck, über Jahre hinweg ein schmales Bändchen nach dem anderen. Vermutlich war es die Entschiedenheit ihres brillanten Schreibens, die ihr den ersehnten Status einbrachte und sie – wie ihr Tagebuch es vorhergesagt hatte – zur »Dichterin Amerikas« machte. 1982 wurden Plaths *Collected Poems* mit dem Pulitzerpreis ausgezeichnet in Anerkennung ihres tragischen weiblichen Schicksals wie auch der unzweifelhaften Größe ihres Werks. Und in einer ironischen Umkehr setzte Plaths *Ariel* den Maßstab, an dem Anne Sextons Werk gemessen werden sollte – unter anderen von Robert Lowell.

Sexton blieb in den Vororten von Boston, wo sie und Maxine Kumin sich gegenseitig unermüdlich darin unterstützten, ihre – wie Kumin es nannte – »Heimarbeit« zu Erfolgskarrieren auszubauen. Von den vieren sprach Sexton als erste die Zwänge an, die die herrschenden Klischees von Weiblichkeit den Frauen auferlegten; vielleicht lag es daran, daß sie ihre Kunst unter dem psychologischen Einfluß einer Mutter entwickelte, die sich nicht mit Selbstaufopferung, sondern mit Schreiben identifizierte. Das letzte Gedicht, das Sexton für das *Bedlam*-Manuskript schrieb, *Her Kind* (Ihre Art), zeigt, wie sie eben dies versucht.

Bedlam sollte am 1. August in der Druckerei sein. Um elf Uhr schob Sexton noch immer hektisch Gedichte hin und her und zerbrach sich den Kopf über Lowells Rat, etwa fünfzehn neue Gedichte hinzuzufügen. Als es dann schließlich um die Endfassung des Manuskripts ging, rangierte sie klug Texte aus, die sie noch vor wenigen Monaten stolz zur Serienveröffentlichung eingeschickt hatte. Außerdem traf sie eine grundsätzliche Entscheidung: »nicht ein Liebesgedicht in dem Ganzen«, schrieb sie fröhlich an Snodgrass. Sie gliederte das Buch grob in zwei Teile, in frühe und neuere

Gedichte. Über den ersten Teil zerbrach sie sich den Kopf, weil ein Grundgedanke, ein dominierendes Bild, ein Thema fehlte. Beim Durchblättern dessen, was sie ihren »Knochenhaufen« aussortierter Versuche nannte, stieß sie auf einen Text mit sentimentalen Versen, der im Dezember 1957 als *Night Voice on a Broomstick* (Nächtliche Stimme auf einem Besenstiel) entstanden war und den sie erfolglos an Literaturzeitschriften geschickt hatte. Im Juli 1959 fand sie den neuen Titel *Witch* und arbeitete ihn zu einer Art Sonett mit sechzehn Zeilen um. Dann brach sie diese Zeilen zu ganz kurzen Stücken mit unregelmäßigen, aber auffälligen Reimen auf; in dieser achtund-dreißigzeiligen Fassung endete *Witch* folgendermaßen:

> *Who see me here*
> *this ragged apparition*
> *in their own air*
> *see a wicked appetite,*
> *if they dare.*[6]

Solche Gedichte hatte Sexton in ihren Lehrjahren für Workshops geschrieben. Wie *The Farmer's Wife, Unknown Girl in the Maternity Ward, For Johnny Pole on the Forgotten Beach* und *The Moss of His Skin* wird auch *Witch* von einer Dramengestalt durch eine Maske gesprochen, und es bietet ebenso ein psychologisches Porträt eines sozialen Typus. Sexton verbesserte das Gedicht in verschiedenen Neufassungen, aber irgend etwas an den kurzen Zeilen störte sie. Sie verlängerte sie wieder und erprobte dabei diesmal ein anderes Strukturprinzip, indem sie den Strophenschluß jeweils durch einen Refrain markierte; »*I have been her kind*«.[7] Jetzt begann das Gedicht folgendermaßen:

> *I have gone out, a possessed witch,*
> *haunting the black air, braver at night;*
> *dreaming evil, I have done my hitch*
> *over the plain houses, light by light:*
> *lonely thing, twelve-fingered, out of mind.*

> *A woman like that is not a woman, quite.*
> *I have been her kind.*[8]

Durch den Gebrauch eines ununterschiedenen, aber doppelten »Ichs« gestaltet das Gedicht eine einzelne Figur, die mit Wahnsinn gleichgesetzt, durch Einsicht aber wiederum davon distanziert wird. In jeder Strophe gibt es zwei Standpunkte eines »Ichs«: Die Hexe (Strophe eins), die Hausfrau (Strophe zwei) und die Ehebrecherin (Strophe drei) sind die Handelnden oder Ausagierenden; im Refrain tritt ein »Ich« durch den Vergleichsrahmen des »Wie«, um das Alter ego in derselben Zeile zu bezeugen, es zu deuten und zu bestätigen. Durch die doppelte Subjektivität wird in *Her Kind*, wie Sexton das Gedicht jetzt nannte, sehr geschickt ein Zustand dargestellt, der nicht in Worten, sondern in Symptomen, die um Verständnis heischen, symbolisiert wird. *Her Kind* schafft sich auch eine eigene perfekte Leserin, ihre Namensschwester, das »Ich«.

Diese Version gefiel Sexton. Das Gedicht war neunzehnmal überarbeitet worden; wie sie auf dem letzten Manuskript notierte: »brauchte eine Woche zur Vollendung«. Seither war *Her Kind* das Gedicht, mit dem sie ihre Lesungen eröffnete, wobei sie dem Publikum erzählte, es werde ihnen zeigen, was für eine Art Frau sie sei und was für eine Art Dichterin. Es war eine höchst dramatische Geste, und Maxine Kumin mochte sie gar nicht (sie fand, Sextons Lesungen seien übertrieben), aber genauso schlüpfte Sexton eben von der Person in die Persona. Die lyrische Stimme in dem Gedicht besteht auf einer Trennung zwischen einer Art Frau (wahnsinnig) und einer Art Dichterin (einer Frau mit magischen Kräften): eine doppelte Identität, die das Paradox von Sextons Kreativität ausdrückte. *Her Kind* ist nicht durch eine Maske gesprochen, aber auch kein Erzählen in der ersten Person wie *The Double Image*. Es macht auf den Unterschied aufmerksam zwischen dem Schmerz und der Darstellung des Schmerzes, zwischen der Dichterin auf der Bühne der Literatur – frivol, brillant, gekonnt – und der Frau, deren Qualen sie aus erster Hand kannte. *Her Kind* war Sextons Debüt als Hexe; es war ideal als programmatisches Gedicht für *To Bedlam and Part Way Back*.

1 starbuckslustistungehörigundkranker / stecktseinenummerinakustischeakrostik
2 Für John, der mich bittet, nicht weiterzuforschen
Ich tippte mir an den Kopf; / Es war Glas, eine umgekehrte Schale. / [...] / Und wenn du dich abwendest / weil es hier nichts zu lernen gibt / Ich werd meine komische Schale halten, / glänzend mit all ihren gesprungnen Sternen / [...] / Dies ist etwas, das ich / an einem lieblicheren Ort nie finden würde, Lieber, / obgleich deine Angst jedermanns Angst ist, / wie ein unsichtbarer Schleier zwischen uns allen... / und manchmal im stillen, / meine Küche, deine Küche, / mein Gesicht, dein Gesicht.
3 Die Verteilung von Stücken
Ich wollte leiden / und kann es nicht. / [...] / Die Zeit, jener Umverteiler / von Besitz, stattet mich aus / mit deinen Kleidern, aber nicht mit Trauer. / [...] / du Herrin meiner ersten Worte, / dies ist die Teilung der Wege.
4 Ich schlingere mit zwei goldigen Damen aus dem Ritz.
5 In dem dürren Klassenzimmer, wo dein Gesicht / edel war, und deine Worte alles, / find ich dies brodelnde Wesen an deiner Stelle;
find dich durcheinander, auf der Fensterbank hockend, / unverrückbar da hingesetzt, / wie ein Trumm von einem Frosch / uns durch das V / deiner wollenen Beine beobachtend.
Trotzdem, ich muß dein Können bewundern. / Du bist so elegant verrückt. / Wir rutschen auf unsren nackten Stühlen hin und her / und tun so als sammelten wir / unsre Fakten für deine mächtige Zauberei oder ignorieren deine fetten blinden Augen / oder den Prinz, den du gestern aßest, / der weise war, weise, weise.
6 Hexe
Die mich hier sehn / diese zerlumpte Erscheinung / an ihrem Himmel / sehn verruchte Lust / wenn sie's wagen.
7 Ich war von ihrer Art
8 Ich bin ausgezogen, eine beseßne Hexe, / den dunklen Himmel verzaubernd, tapfrer des Nachts; / Böses träumend hab ich meine Runde gedreht / über die öden Häuser, Licht für Licht; / einsames Ding, zwölffingrig, von Sinnen. / Solch eine Frau ist keine Frau, eigentlich. / Ich war von ihrer Art.

Tod, Verdrängung und Ersatz
1959–1960

Ralph Harvey war ans Alleinsein nicht gewöhnt und fühlte sich ohne Mary Gray einsam; also suchte er jetzt das Zusammensein mit den anderen Frauen in seiner Familie. Als er im Frühjahr 1959 noch immer wegen Bluthochdruck in Behandlung und arbeitsunfähig war, gewöhnte er sich an, bei Anne und Kayo vorbeizukommen und manchmal ganze Vormittage damit zu verbringen, in der Küche bei einer Tasse Kaffee zu plaudern. Später erinnerte sich Sexton bei Interviews an diese kurze Zeit des Kontakts, und sie schien ihr besonders wertvoll, gemessen an der bisherigen Beziehung, die sie als »fast null« bezeichnete. Sie war erstaunt, als er ihr gestand, daß er bis an den Rand des Selbstmordes schwermütig geworden sei und nun verstehe, wie sie sich gefühlt habe, als sie sich umbringen wollte. Außerdem machte er Geständnisse über seine Sexualität, die sie beunruhigten und bekümmerten. »Seine Persönlichkeit veränderte sich nach dem Schlaganfall«, sagte sie zu Dr. Orne. »Wie alle psychisch Kranken, die ich je gesehen habe, sagte er immer wieder dasselbe.«

Ralph besuchte in jenem Frühling auch mehrmals seine Schwester Frances in New Hampshire, und er fügte seinem Testament einen Nachtrag hinzu, in dem er sein Erbe an sie verzehnfachte. Dann fing er an, einer Witwe in der Nachbarschaft den Hof zu machen. Kaum einen Monat nach dem Tod von Mary Gray verkündete er, daß er wieder heiraten wolle. Diese Neuigkeiten brachten Anne und Jane in einer seltenen Weise einander näher. Jane war empört, und Anne hatte Angst, das Vermögen der Familie Harvey könnte in die Hände der Witwe fallen, und gemeinsam gelang es den listigen Schwestern, die Heiratspläne zu hintertreiben. Für diesen Erfolg mußte Sexton mit übermäßigen Schuldgefühlen zahlen, die sich mit der noch nicht verwundenen Trauer um ihre Mutter vermischten, und diese Last warf sie Ende Mai aus dem Geleise. Sie verbrachte drei Tage in Westwood Lodge und kam am Abend des

2. Juni in Begleitung von Kayo nach Hause. Am nächsten Morgen starb Ralph Harvey ganz plötzlich an einem weiteren Schlaganfall. Anne und Blanche hielten sich in den darauffolgenden Tagen im Hintergrund, während Jane, die im benachbarten Wellesley wohnte, die genauen Anweisungen ihres Vaters im Hinblick auf die Beisetzung ausführte. Die Familienmitglieder erinnern sich noch, wie sie, als sein Leichnam ins Krematorium überführt werden mußte, vortrat und sehr bestimmt das Vorrecht für sich beanspruchte: »Ihr könnt nicht mitkommen, ich mache das selbst. Er war *mein* Vater!« Anne und Blanche waren anscheinend zu überrascht und zu traurig, um zu protestieren.

Die Vermögensaufteilung brachte weitere unerfreuliche Überraschungen mit sich. Als der einzige Schwiegersohn, der noch für die R. C. Harvey Company arbeitete, hatte Kayo erwartet, Ralph Harveys Geschäftsanteile zu erben und die Nachfolge seines Schwiegervaters als Direktor anzutreten. Aber das Testament legte offen, daß Annes Vater, um seinen verschwenderischen Lebensstil zu finanzieren, seine gesamten Anteile gegen Bargeld an einen stillen Teilhaber verkauft hatte, der nun seinen eigenen Sohn als Geschäftsführer einsetzen wollte. Wenn Kayo bei der Firma bleiben würde, müßte er stellvertretender Direktor und Verkäufer bleiben und weiterhin auf Reisen gehen. Über diese schlechte Nachricht war Anne so entsetzt, daß sie ein Bild ihres Vaters auf den Boden warf und mit dem Absatz auf sein Gesicht trat.

Außerdem mußte sie zu ihrem Leidwesen bei der Haushaltsauflösung in Annisquam helfen. Zwar war es nicht das Haus ihrer Kindheit, aber es war doch der Ort, an dem sie zum ersten Mal darum gerungen hatte, ihre in den Selbstmord mündende Depression zu überwinden, das Haus, in dem »*in north light*« ihr Porträt gegenüber dem Porträt von Mary Gray hing. Anne, Blanche und Jane fuhren nach Annisquam, wo der Testamentsvollstrecker des väterlichen Vermögens ihnen bunte Zettelchen gab, die sie an die Gegenstände kleben sollten, welche sie gerne hätten. Anne nahm den Schreibtisch ihrer Mutter und eine große Menge Bücher. Als diese Aufgabe überstanden war, mußte sie wieder für zwei Tage ins

Krankenhaus und hatte mit Selbstmordgedanken zu kämpfen: Es war der fünfte Jahrestag von Nanas Tod, Dr. Orne war verreist, und sie selber brauchte dringend Hilfe. Wie sie Snodgrass schrieb: »Das Problem ist, wenn alle bloß so dahinsterben, daß da keiner mehr ist, dem ich meine Gefühle ins Gesicht schleudern kann: Liebe oder Haß. Was tut man mit dem Gefühl? Es ist noch immer da, auch wenn *sie* weg sind.« Eines tat sie, sie ließ sich eines der leichtsinnigen, üppigen Geschenke von Ralph Harvey an Mary Gray, einen Platinring mit einem großen Rubin und einem großen Diamanten, passend machen und legte ihn von da an nicht mehr ab. Und im Juli schrieb sie für ihren Vater die Elegie *All My Pretty Ones,* das erste von vielen Gedichten an die Toten.

Sexton holte sich Trost bei der zweiten Familie, die sie um sich versammelt hatte: bei den Dichtern, insbesondere bei Maxine Kumin und George Starbuck. Sie und Kumin gewöhnten sich etwa zu dieser Zeit an, einander jeden Morgen anzurufen, wenn sie soweit waren, sich der Dichtung zuzuwenden. Sexton ging auch in jenem Sommer mit Starbuck und mit Arthur Freeman aus, dem Harvard-Studenten, den sie im Jahr zuvor kennengelernt hatte, und zwar in Freemans Wohnung in Adams House oder in der Buchhandlung Grolier, die auf Lyrik spezialisiert war (der Inhaber, Gordon Cairnie, hielt dort auf einem klapprigen Sofa, umgeben von Bildern berühmter Freunde, hof). Freeman, damals jung und auf Anerkennung aus, erinnerte sich, daß zu den Dichtern, die man in jenen Tagen am Harvard Square sah, »die Großen« wie I. A. Richards, Adrienne Rich und ihre Schwester Cynthia gehörten; »auf dem Weg nach oben« waren John Hollander, Stephen Orgel, Donald Hall, Allen Grossman und George Starbuck. In Freemans Erinnerung hing Sexton sehr an Starbuck: »Sie konnte nicht über die Straße gehen, ohne George um Rat zu fragen.« Kumin, Holmes, Sexton und Starbuck trafen sich nach wie vor alle zwei Wochen zu einem Workshop, und Starbuck und Sexton waren immer noch verliebt. Ehe sein Buch *Bone Thoughts* in Druck ging, schrieb er die zärtliche Widmung an sie:

To the one with her head out the window, drinking the rain.
To the one who said me a lullaby over the phone.
To the one who, divining love in this rocky terrain,
has made it her own.[1]

Einmal, es mag in jenem Sommer gewesen sein, zog Sexton ein rotes Kleid an und bereitete ein Picknick vor, das sie ans Ufer des Charles River mitnahmen; seither besaß sie immer ein rotes Kleid und verknüpfte es immer mit romantischen Sehnsüchten. Sexton und Starbuck nahmen gemeinsam an der Schriftstellertagung in Bread Loaf teil (Sexton hatte das Robert-Frost-Stipendium bekommen), und im selben Jahr fuhren sie zu einer Lesung nach New York. Unter Dichtern machten sie aus ihrer Liaison kein Geheimnis. Starbuck war von seiner Frau getrennt, Kayo oft verreist, und Billie übernahm klaglos die Kinder, ohne irgendwelche Fragen zu stellen. Wie Sexton sich in jenem Sommer fühlte, da sie nun ein zweites Zuhause hatte mit einem brüderlichen Liebhaber-Ehemann als geheimem Mittelpunkt, hat sie in ihrem Gedicht *Doors, doors, doors* festgehalten:

Climbing the dark halls, I ignore their papers and pails,
the twelve coats of rubbish of someone else's dim life.
Tell them need is an excuse for love. Tell them need prevails.
Tell them I remake and smooth your bed and am your wife.[2]

Allmählich ließ die erotische Faszination nach und machte einer bleibenden Wärme zwischen den beiden Platz, doch Starbuck blieb einer von Sextons verständnisvollsten Freunden.

Bis in den Herbst hinein war Sexton von einer Welle des Erfolgs getragen. Die Bostoner Literaturzeitschrift *Audience,* die Firman Houghton herausgab, verlieh ihr im August ihren Jahrespreis für Gedichte, die sie Anfang des Jahres veröffentlicht hatte, und nahm für das Herbstheft fünf weitere an. Robert Lowell machte ihr die Freude, für *Bedlam* einen großzügigen Text für den Buchumschlag zu schreiben. »Mrs. Sexton schreibt mit der heutzutage beneidenswerten und erstaunlichen lyrischen Offenheit einer romantischen Dichterin«, hieß es. »In ihren Inhalten hingegen ist sie eine Realistin und beschreibt ihre persönliche Erfahrung mit einer geradezu russischen Genauigkeit und Fülle. Ihre Gedichte bleiben bei mir haften. Ich kann es mir nicht anders vorstellen, als daß sie das Aufsehen erregen werden, das ihnen gebührt.« Und im Dezember – fast auf den Tag genau drei Jahre, nachdem sie im Fernsehen I. A. Richards' Vorlesung über Lyrik gesehen hatte – wurde sie eingeladen, in Harvard zu lesen, und zwar in einer nach dem Stifter Morris Gray benannten Veranstaltungsreihe. Dies war eine bemerkenswerte Anerkennung; Ted Hughes hatte im Jahr zuvor eine Morris-Gray-Lesung gehalten. Unter Sextons Zuhörerschaft an jenem Nachmittag war vermutlich auch Professor Richards selber, der Wert darauf legte, zu Dichterlesungen zu gehen, und der inzwischen wohl von Sexton erfahren hatte, wie seine Fernsehvorlesung über das Sonett ihre Karriere in Gang gesetzt hatte.

Ende 1959 ging Sextons Publikum bereits über den Umkreis des Neuengland-Dichterzirkels hinaus. Im Herbst wurde eine ihrer Lesungen aufgenommen, um möglicherweise in der Yale Series of Recorded Poets zu erscheinen. Carolyn Kizer nahm vier Gedichte für *Poetry Northwest* an – *Ghost of a Memo* (Geist eines Memos), *Funnel* (Schornstein), *Said the Poet to the Analyst* (Sagte die Dichterin zum Analytiker) und *The Kite* (Der Drachen) –, und im Oktober las Sexton mit George Starbuck und Joseph Bennett im Poetry Center des YMHA an der 92. Straße in New York. Trotz großer Angst, sich mit den Literaten einzulassen, war sie doch nie schüchtern unter ihnen, und meistens hinterließ sie den Eindruck strahlend guter Laune. Bei der Party nach dieser Lesung schmeichelte Sexton dem Romanautor Herbert Gold, indem sie ihm sagte, seine jüngste Geschichte *Love or Like* sollte man mit *Heart's Needle* von Snodgrass in einer Kassette an Leute verkaufen, die sich gerade scheiden ließen – oder heirateten.

Trotz allem fühlte sich Sexton mit einem Buch im Druck und ohne einen eigentlichen Arbeitsplan ziellos. Gelegentlich ging sie in

Lowells Seminar, aber sie war sich mit ihm einig, daß sie von einer zweiten Runde nicht viel haben würde. Wie so oft in ihrer Karriere stellte sich das neue Thema beim Ausbruch einer Krankheit ein. Sie bekam im September eine Lungenentzündung, und bei der Behandlung fand der Arzt im Unterleib einen verdächtigen Schatten, der einen klärenden Eingriff notwendig machte. Eine gutartige Eierstockzyste sowie ihr Blinddarm wurden entfernt. Sexton erholte sich schnell von der Operation, gerade rechtzeitig, um ihren wichtigen Lesetermin am 30. Oktober in New York einhalten zu können, aber die drohende Gefahr von Krebs weckte Erinnerungen an die Krankheit ihrer Mutter und, was schwerwiegender war, brachte sie zu der Überzeugung, daß sie und ihre Mutter einen »embryo of evil«[3] in ihrem Körper nährten. Sie hatte ein Jahr zuvor über diese unheimliche Verdoppelung in *Double Image* geschrieben, das ja das Verhängnis vorhersagt. Das Schicksal schien sie nun wieder auf den Todesweg ihrer Mutter zu drängen. Aber diesmal ging Sexton mit ihrem »amerikanischen Humor« an das Thema heran. Im Oktober entstanden während ihrer Rekonvaleszenz zwei Werke: eine Geschichte mit dem Titel *Dancing the Jig* und *The Operation,* ein langes Gedicht.

In *The Operation* fand Sexton für die Identifikation mit ihrer Mutter ganz außergewöhnliche Bilder, und zwar durch die Verbindung von Operationstechnologie und Urangst: »*I soar in hostile air {...} / I plunge down the backstair / calling* mother *at the dying door, / to rush back to my own skin, tied where it was torn.*«[4] Durch die Reime und die unwürdige Krankenhausroutine entsteht ein komischer Ton, der das Pathos des Gedichts unterläuft und doch auch verstärkt.

Dancing the Jig (Jigtanz) ist eine kurze, geheimnisvolle Geschichte; sie spielt sich bei einer Party im Kopf einer Frau ab, die gegen ihren Impuls ankämpft, aufzuspringen und wie eine Puppe zu tanzen, und dabei hofft, daß die anderen sie irrtümlich für betrunken halten. Sie verfolgt ihren Geisteszustand zurück bis zum Familieneßtisch. Im Mittelpunkt dieser Erinnerung steht, wie sie mit den Rhythmen des Mundes ihrer Mutter verschmilzt – während sie kaut, redet, raucht. In der Erinnerung überschüttet die Mutter die Tochter mit Kritik, während diese versucht, zu kauen, zu reden und sie selber zu sein. Die Tochter kann die beiden Münder nicht mehr auseinanderhalten; als sie versucht, aus dieser Dyade auszubrechen, holt ihre Mutter sie mit dem Schnippen eines spitzen Fingernagels zurück. Die Komik entsteht hier aus dem Nebeneinander von spießiger Party-Atmosphäre und der noch immer lebendigen surrealen Phantasie, die den Körper der Tochter packt.

Dancing the Jig fand sofort einen Verleger, und der Text erschien in *New World Writing.* Daraufhin wurde Sexton von Sterling Lord, einem Literaturagenten in New York, angesprochen, und fortan gehörte Sexton zu dem Stall von Schriftstellern, für die er als professioneller Vermittler fungierte. Sie hoffte, der Agent werde ihr behilflich sein, Frauenzeitschriften für ihre Texte zu finden; außerdem versuchte sie, sich auf dem Kinderbilderbuchmarkt durchzusetzen. Dieser Vertrag kennzeichnet ein neues Stadium in der Entwicklung von Sextons Karriere, denn gewöhnlich veröffentlichten Lyriker ja nicht so gewinnbringend, daß sie für Literaturagenten attraktiv waren.

Der Tod brachte Sexton im folgenden Frühling nochmals aus dem emotionalen Gleichgewicht. Ihr Schwiegervater George Sexton kam im März bei einem Autounfall während eines mit Billie unternommenen Florida-Urlaubs ums Leben. Die Zahl der Todesopfer betrug jetzt drei Elternteile innerhalb von zwölf Monaten. Sie schrieb an Snodgrass: »Kayos Vater war väterlicher zu mir, als mein eigener Vater es je gewesen ist. Tatsächlich hat er in den letzten vier Jahren die Hälfte aller meiner Psychiatrierechnungen bezahlt, und einmal, als ich mich umzubringen versucht hatte, war er derjenige, der im Krankenhaus blieb. Sie lassen einen nicht allein, wenn man versucht hat sich umzubringen, und sie erlauben nicht, daß eine Krankenschwester für einen verantwortlich ist. Es muß ein Familienmitglied sein. Kayo war verreist, und meine Mutter und mein Vater sagten, sie kämen nicht... Gut, jetzt ist es auch egal... Nur um zu erklären, warum sein Tod mir so nahe geht.«

Dann stellte Anne wenige Wochen nach George Sextons Beerdigung fest, daß sie schwanger war. Weil sie fürchtete, daß Kayo nicht der Vater sei, überzeugte sie ihn davon, daß sie nicht gesund genug sei, ein weiteres Kind auszutragen, was allerdings nicht leicht war: Kayo wünschte sich noch ein Kind, und der Verlust seines Vaters muß diesen Wunsch noch verstärkt haben. Trotzdem begleitete Billie Anne Anfang Mai zu dem Arzt, der eine illegale Abtreibung vornehmen sollte.

Diese neuerlichen Verluste beschworen neuerliche Anfälle von Verzweiflung herauf, die Sexton nicht etwa bekämpfte, indem sie sich ihrer trauernden Familie näher anschloß, sondern indem sie wie besessen schrieb: im März nach George Sextons Tod *Old Dwarf Heart* (Herz eines alten Zwerges); im April *Ghosts* (Geister); im Mai *The Starry Night* (Sternennacht); Anfang Juni *The Abortion* (Die Abtreibung) und mehrere Gedichte mit religiösen Themen – *With Mercy for the Greedy* (Gnade den Habgierigen), *For God While Sleeping* (Für Gott im Schlaf), *In the Deep Museum* (Im tiefen Museum). Zur gleichen Zeit entwarf sie wohl auch das kurze Stück mit dem Titel *Ladybug, Fly Away Home,* dessen Protagonistin eine Studentin ist, deren Psychiater sie zu einer Abtreibung überredet. Außerdem fing sie an, Tagebuch zu führen. »Ich habe wirklich mein Leben damit zugebracht, mich von mir selbst zu entfernen«, begann sie tapfer. »Dostojewski sagt, ›welch schmutziger Dinge ist das Herz fähig‹. Ich beginne dies Tagebuch erfüllt von meinem eigenen Schmutzgefühl. Warum sonst ein Tagebuch führen, wenn nicht, um den eigenen Schmutz zu untersuchen?«

Sexton fand, daß ihr die Psychotherapie in jenem trüben Winter und Frühling nicht viel half. »Das Leben der Dichtung hilft mir (hoffe ich), da manches so schlimm ist wie noch nie«, äußerte sie gegenüber Snodgrass. »Manchmal bin ich überhaupt nicht von dieser Welt. Vielleicht bin ich ja verrückt und werde nie richtig gesund. Weiß Gott, ich habe lang genug daran gearbeitet.« Sie liebäugelte nochmals mit der Möglichkeit, daß sich ihre Probleme von einem spirituellen Standpunkt eher erschließen könnten als von einem psychiatrischen. Briefe von ihrer Freundin Ruth Soter, die mit ihrem Mann nach Japan gegangen und ganz überraschend katholisch geworden war, verstärkten Sextons religiöse Selbstzweifel. Sie schrieb Snodgrass, wie sie Soter beneidete, daß diese konvertiert war. »Ich glaube bestimmt nicht an Gott«, überlegte sie, ». . . und das ist eher traurig für mich.« – »Ich wünschte, die Religion würde bei mir wirken«, fügte sie in einem anderen Brief hinzu. »Soweit ich sehe, ist das Leben vollgestopft mit Toten, und weiß Gott, wie ich mich auch dreh und wende, stoße ich immer wieder auf sie.«

Soter – und nicht etwa Snodgrass – gestand Sexton, daß sie eine Abtreibung gehabt hatte. Soter war deshalb bedrückt und bewegt und schrieb sofort, sie hoffe, daß Sexton Vergebung durch die Sakramente der katholischen Kirche suchen werde, und sie legte dem Brief ein Holzkreuz mit Bißspuren bei. Sextons Antwort war ein raffiniert strukturiertes Gedicht, *With Mercy for the Greedy,* in dem sie jene ambivalente Einstellung zum Christentum ausdrückte, die sie zeit ihres Lebens beibehalten sollte.

Dem Gedicht ist eine Widmung vorangestellt: »*For my friend, Ruth, who urges me to make an appointment for the Sacrament of Confession*«.[5] In den fünf darauffolgenden Strophen stellt Sexton zwei parallele Arten von »Gnade« einander gegenüber: die Ruth zur Verfügung stehende Gnade religiöser Praxis und die ihr selber im Schreiben von Gedichten zuteil werdende Gnade. Beide beziehen ihre Kraft aus dem Bekenntnis. Ruths religiöse Praxis ist ritualisiert: Ihre Wiedergeburt im Sakrament der Taufe stellt sicher, daß sie durch das Sakrament der Beichte Erlösung von ihren Sünden erlangen und durch das Sakrament der Kommunion eins werden kann mit dem Heiligen Geist. Diese Art der Gnade steht Sexton nicht – oder noch nicht – offen: »*I detest my sins and I try to believe / in the Cross. {. . .} But I can't. Need is not quiet belief.*« Trotzdem hat sie sich Ruths Kreuz um den Hals gehängt: »*All morning long / I have worn / your cross, hung with package string around my throat. / It tapped me lightly as a child's heart might, / tapping secondhand, softly waiting to be born.*«[6]

Inwiefern ist Sextons Erfahrung mit Soters vergleichbar? Die letzte Strophe gibt eine rätselhafte Antwort:

> *My friend, my friend, I was born*
> *doing reference work in sin, and born*
> *confessing it. This is what poems are:*
> *with mercy*
> *for the greedy,*
> *they are the tongue's wrangle.*
> *the world's pottage, the rat's star.*[7]

Das Gedicht geht von der Beobachtung zu Metaphern über, was nun eine ganz andere Art zu lesen erfordert, damit sich die Bedeutung in dieser Folge von Analogien − *»tapping secondhand«* − erschließt: (*»Tongue's wrangle«*, *»world's pottage«*, *»rat's star«*). Es erfordert eben die Art des Lesens, die die Lyrik stets erfordert: eine Wachheit für die vielfältigen Bezüge, die zwischen den Zeichen auf der Seite bestehen. Wie Soters Kreuz sind Sextons Metaphern Vermittler des Geistes.

Zum Beispiel klingen in dieser letzten Strophe zwei früher entstandene, »gescheiterte« Gedichte an, die Soter in dem gemeinsamen Workshop kritisiert haben muß. *With Mercy for the Greedy* läßt sie derart wieder aufleben, daß Soter es hören mußte. Die Anrede *»My friend, my friend«* ist der Titel der Villanelle, die Sexton 1958 für Maxine Kumin geschrieben hatte; darin hatte sie ihren Neid zum Ausdruck gebracht, selber nicht *»born a Jew«* zu sein. George Starbuck erinnerte sich, wie fasziniert Sexton von Kumins Judentum war: »Ich glaube, Maxine fühlte sich manchmal wie ein ethnisches Dorf oder eine historische Ausstellung, wobei Anne, die Religionsstudentin, wissen wollte: ›Was hat es mit diesem Judentum auf sich? Wer ist dieser Jahwe?‹« Aber Sexton konnte nicht Jüdin *werden;* die eigentliche Aussage der Villanelle ist, daß man eben als Jude geboren sein muß und nicht dazu gemacht werden kann.

Juden werden geboren, aber Christen werden wiedergeboren. In dem zentralen Begriff *»born«*, der zweimal in der Reimposition steht, verschlüsselt Sexton den Bezug zu ihrer Abtreibung − eine der nicht genauer benannten Sünden, für die sie Erlösung sucht −, aber sie lenkt auch Aufmerksamkeit auf die Wiederholung als dichterisches Mittel, um vielfältige Bedeutungen zu erzeugen.

Ein Hinweis auf eine verborgene Bedeutung am Schluß von *With Mercy for the Greedy* ist die Anspielung auf Sextons Lieblingspalindrom, »*rats live on no evil star*«.[8] 1958, möglicherweise in der Woche, die sie zusammen mit Soter in Antioch war, hatte sie eine merkwürdige kleine Übung mit dem Titel *An Obsessive Combination of Ontological Inscape, Trickery and Love* geschrieben, in der sie zum ersten Mal versuchte zu erklären, welche Bedeutung für sie in diesem Wortspiel lag:

> *Busy, with an idea for a code, I write*
> *signals hurrying from left to right,*
> *or right to left, by obscure routes,*
> *for my own reasons; taking a word like »writes«*
> *down tiers of tries until its secret rites*
> *make sense; or until, suddenly, RATS*
> *can amazingly and funnily become STAR*
> *and right to left that small star*
> *is mine, for my own liking, to stare*
> *its five lucky pins inside out, to store*
> *forever kindly, as if it were a star*
> *I touched and a miracle I really wrote.*[9]

»*Rat*« war eine von Sextons Metaphern für ihr krankes Ich; in einem anderen religiösen Gedicht, das sie im Juni 1960 schrieb, machte sie Ratten zu den Verursachern von Christi Tod *(In the Deep Museum)*. Aber damals, 1958, wollte sie Dr. Orne mit der Umkehr rats/star exemplarisch zeigen, wie Worte *sie* als Medium gebrauchten, Bedeutung in die Welt zu setzen (»Natürlich WEISS ICH, daß Worte bloß ein Zahlenspiel sind, ich weiß das, bis die Worte anfangen, sich von selbst zu arrangieren, und etwas schreiben, das besser ist, als ich es je könnte«). Sexton stellte fest, daß dieses »Wunder« sich unausweichlich ereignete, wenn sie Reime gebrauchte; Worte, die um einer Art von Ähnlichkeit willen – eben der des Klangs –

gewählt waren, zeigten andere Ähnlichkeiten, sobald sie erst an ihrem Platz waren, und brachten Bedeutungen zum Ausdruck, die über die von der Dichterin beabsichtigten hinausgingen. Ihre Gedichte waren ein Beweis ihrer psychischen Gesundheit: »Ich tue nur so als ob, wenn ich darauf komme, aber wenn ich merke, daß es klappt, bin ich wirklich. [...] Ich habe es gemacht, also bin ich wirklich.«

With Mercy for the Greedy vertieft diese Erkenntnis noch. Es behauptet, daß die Kontexte, in denen Bedeutungen sich ergeben, gemeinschaftliche und nicht rein persönliche sind: Zeichen sind der Welt Suppe (»*the world's pottage*«). Im Tausch für dein Kreuz biete ich meiner Ratte Stern (»*my rat's star*«), meinen Code für die weltliche Erlösung, die ich erfahre, wenn mich Liebe oder Not zum Schreiben bringen. Der Austausch in *Mercy* ist gleichzeitig dyadisch, zwischen zwei Freundinnen, die eine private Form der Verständigung entwickelt haben, und allgemein – eine Eigenschaft, die in der Sprache als solcher angelegt ist.

To Bedlam and Part Way Back kam bei Houghton Mifflin am 22. April 1960 heraus. Für einen ersten Lyrikband fand es ziemlich breite Beachtung; wie der Kritiker der *New York Times* meinte, war sein Thema von »natürlichem, inhärentem Interesse: ein Nervenzusammenbruch, der mit mitleidlosem Blick und klarsichtiger Schärfe dargestellt« ist.

Zum Teil wegen Lowells Text auf dem Buchumschlag war *Life Studies* der Vergleichsmaßstab, den die Kollegen in Sextons Umgebung an *Bedlam* anlegten. An der Brandeis University gab der berühmte Literaturprofessor Irving Howe Sextons Buch an einen jüngeren Kollegen, den Dichter Allen Grossman, weiter, der sich noch erinnert, damals gedacht zu haben, der Buchumschlag zeige eine Frau in großen Schmerzen. »Irving Howe sagte zu mir über das Buch, ›Nun, das ist das Wahre‹. Das Gefühl hatten nach meiner Erinnerung viele – Menschen, denen Lyrik sonst nicht viel sagt, wie Irving Howe eben.« Grossman schrieb über *Bedlam* eine Rezension für die Zeitung von Brandeis, die er dann an Sexton schickte.

Die Gedichte »scheinen mir leidenschaftlich und von unglaublich hohem Rang«, meinte er. »Sie berühren mich und umarmen mich und machen mir Freude.« Ironischerweise überzeugte diese begeisterte Rezension sogar John Holmes, oder zumindest berichtete Sexton dies Dr. Orne. »John Holmes hat sie gesehen (weiß nicht, woher er sie hat, ich hab sie ihm nicht gezeigt), und er hat Maxine gesagt, daß sie seine Meinung über meine *Bedlam*-Gedichte verändert hat und daß Grossman recht hatte und nicht er (John Holmes).«

Elizabeth Bishop, die Lichtjahre von Boston entfernt war und zur anderen Seite gehörte, erhielt von Houghton Mifflin ein Rezensionsexemplar und schrieb an Robert Lowell: »Sie *ist* gut, stellenweise – aber es tut mir leid, da ist doch ein riesiger Unterschied zwischen ihrer einfachen Art und der von *Life Studies*, zwischen ihrer Art Egozentrik, an der sonst nichts dran ist, und der Ihren, die – was wäre das Gegenteil von *sub*-limiert, wüßt ich gern – jedenfalls ausgesprochen *interessant* und für jeden Leser schmerzlich nachvollziehbar ist. Ich habe das Gefühl, ich weiß zu viel über sie. [. . .] Am besten gefallen mir einige ihrer verrückten Gedichte; die, die so klingen, als habe sie sie in einem Zug geschrieben. Ich meine, sie muß in einer, wie Lota es kürzlich nannte, ›Luna bin‹ gewesen sein.«

Ob es sich um Lob oder Kritik handelte, die eigentliche Frage dieser Leser ist, wie Sexton hier den als »Wahnsinn« etikettierten Verlust ihrer sozialen Funktionstüchtigkeit einsetzte. Beide Seiten gestanden ihrem Werk Authentizität und Können zu, aber war es interessant oder nur peinlich? Die Auseinandersetzung über die Qualität von Sextons Werk kam im Laufe ihrer Karriere immer zu der Frage, ob die Sprecherin Opfer oder Überlebende der Krankheit sei; das heißt, man faßte jeweils die eine oder die andere Seite jenes doppelten Bewußtseins ins Auge, das Sexton in *Her Kind* gestaltet hatte.

Elizabeth Bishop ging wohl von einem aristotelischen Menschenbild aus, wenn sie Sexton »egozentrisch« fand, wohingegen Lowell »für jeden Leser schmerzlich nachvollziehbar« sei. Als sie die Gedichte von *Life Studies* zum ersten Mal gelesen hatte, hatte sie Lowell gesagt, er sei »der glücklichste Dichter, den ich kenne«, weil wegen seiner familiären Abstammung eigentlich alles in seinem persönlichen Leben von historischem Interesse sei: »Sie brauchen bloß die Namen hinzuschreiben! Und die Tatsache, daß das schon bedeutend, anschaulich, amerikanisch etc. scheint, gibt Ihnen wohl offensichtlich die Zuversicht, beim Schreiben und im Gespräch jede Vorstellung und jedes Thema *ernsthaft* anzugehen.«

Im Gegensatz dazu lag für Grossman das Hervorragende an Sextons persönlicher Stimme darin, daß sie »von der anderen Seite eines enormen *dérèglement* [sprach] und dabei zum Ausdruck brachte, wie viel man aufgeben muß, um nach einer äußersten Reduktion des Ichs zu einer Erneuerung zu gelangen«. Er hielt dies für das genaue Gegenteil von Egozentrik: »Anne Sexton war die erste bedeutendere Schriftstellerin, bei der man eine Stimme hörte, die nicht mit sich selbst« als künstlerischem Ego beschäftigt war. Sie reflektiere vielmehr, wie sich das Ich in den Nachwirkungen des Wahnsinns und dann der ärztlichen Behandlung wieder regeneriert. Ihre Gedichte vermittelten »eine Unmittelbarkeit, wie manche Menschen sie erleben, wenn sie zum ersten Mal Thomas Hardy lesen – aber nicht sehr viele andere Schriftsteller«. Überlebt zu haben, durchgehalten zu haben sei auch die »psychologische Collage« von Lowells Werk, aber Sexton mache weniger Umschweife, sie spreche ganz offen über das, was wirklich in dem Prozeß der Verwandlung passiert sei. Und eben dies schätzten sowohl Howe also auch Grossman an *Bedlam*.

Am meisten nahm sich Sexton allerdings die Rezension von James Dickey in *Poetry* zu Herzen, die allein das herauspickte, was amateurhaft an ihrem Werk war. Sexton sagte Dr. Orne, Dickeys Bemerkung, sie schreibe wie eine Einser-Studentin in einem typischen Schreibkurs, kränke sie. »Aber Sie haben doch gerade erst mit Schreiben angefangen«, bemerkte ihr Arzt. »Ich habe keinen Geschmack, ich hab gar keine Grundlagen«, entgegnete sie. »Dadurch bin ich sehr originell, weil ich nicht so viel vor mir habe, was ich nachahmen könnte. Das Schreiben kommt von innen, aber man lernt, wie man es polieren kann.« Nach dem Besuch von Lowells

Kurs hatte sie Lust, wirklich etwas zu lernen. »Als Dichterin ist es vielleicht besser, verrückt zu sein als gebildet. Aber das bezweifle ich«, scherzte sie.

Sexton versuchte tapfer, diesen Nachteil zu überwinden, und schrieb sich in jenem Sommer am Brandeis's Institute of Literature ein, wo sie zwei Kurse über moderne Schriftsteller belegte. »Howe hatte mir einen ›Fan-Brief‹ zu meinem Buch geschrieben«, erzählte sie Snodgrass triumphierend, »daher habe ich ein Stipendium bekommen«, das die Studiengebühren deckte. Howe war einer der Lehrer; Philip Rahv, der Herausgeber der *Partisan Review,* ein anderer; und durch sie lernte sie den britischen Dichter Stephen Spender kennen, der sie aufforderte, der britischen Zeitschrift *Encounter,* die er herausgab, Gedichte vorzulegen. Sexton und Howe waren »ein wunderbares Gegensatzpaar«, meinte George Starbuck. »Diesen Kurs hätte ich gern gesehen. Howe hält sich an eine äußerst klausurmäßige, logisch aufgebaute Exposition. Was auch immer er bei seinem langweiligen Systematisieren getan hat, sie ist bestimmt nicht müde geworden, darauf einzugehen. Sie war einfach wie im Fieber und voller Energie und hatte ein Zeitgefühl wie eine Zweijährige. Wochen und Monate waren für sie enorme Zeitspannen wegen all dessen, was sie hätte schaffen können – daher konnte sie den Dingen sehr sorgfältig nachgehen. In der Rückschau erstaunt mich, daß sie nicht mehr Leute abgeschreckt hat.«

Irving Howes positives Urteil hatte Sexton so etwas wie ein Bachelor-Grad in Literatur verliehen. »Es ist erstaunlich, wieviel Ausbildung man überspringen kann, wenn man tatsächlich etwas auf dem Gebiet getan hat«, schrieb sie glücklich an Dr. Orne, als das Semester anfing (die anderen Studenten in dem Seminar studierten für ihr Magister-Examen). Sie hatte gerade Dostojewskis *Schuld und Sühne* gelesen. »Wie schön und krank und morbide das war. Bei Gott, wenn es darum in ›großer Literatur‹ geht – vielleicht könnte ich einfach schreiben, wie ich sowieso schreibe, und mich nicht mehr darum kümmern, ob es eine zu ›kranke und morbide‹ Weltsicht ist.« Weitere europäische Schriftsteller auf der Sommerliste waren Mann, Brecht, Pirandello, Gide, Rilke, Sartre und Camus;

sie belegte auch einen Kurs über amerikanische Schriftsteller wie Henry James, T. S. Eliot, Wallace Stevens, Allen Tate, Nathanael West und William Faulkner. »Ich müßte also eigentlich verdammt viel lernen.«

Es war vorherzusehen, daß der Besuch der Brandeis-Kurse Sexton angst machen würde. Nur ihre engsten Freunde wußten, wie verängstigt sie war, wenn sie die Autotür aufmachte und aus diesem Schutzraum mitten unter Fremde trat. »Auf Plätze gehen ist das Schlimmste«, schrieb sie Dr. Orne. Ganz allgemein hatte sie Angst, sich zu exponieren; sie beschloß, die Kurse ohne Schein zu besuchen, damit sie keine Prüfungen machen mußte. »Es ist sehr wichtig, daß *sie* nicht herausbekommen, daß ich dumm bin, denn sie halten mich für ein poetisches Genie.« Aber selbst Alltagsgespräche mit ihren Lehrern konnten auf demütigende Weise ihre Angst verraten. »Rahv fragte mich, wie es mir gefiele, ein Erfolg zu sein . . . und ich fing an, am ganzen Körper zu zittern, und konnte mir nicht mal eine Zigarette anzünden«, berichtete sie Snodgrass. Ein andermal, als sie nach dem Marathon des Vormittagsunterrichts in der Cafeteria saß, setzte Irving Howe sich zu ihr und fing an, über ihre Gedichte zu reden. »Dann ging er weg, und als ich versuchte, die Tasse in die Hand zu nehmen, war es wie ein Charlie-Chaplin-Film – ich konnte sie einfach nicht in die Hand nehmen! – Seitdem konnte ich in Brandeis nichts mehr essen – die Gabel zitterte immer.«

Aber Sexton nahm von ihrem Sommer an der Brandeis University mit, was sie wollte: ein Gefühl für Schriftsteller wie Kafka, Dostojewski und Rilke, deren Namen sie von ihren Mentoren erfahren hatte. Sie beklagte sich gegenüber Dr. Orne, daß sie anscheinend nicht imstande war, den Vorlesungen ihrer Lehrer über die Bücher zu folgen, aber das Lesen regte ihre Kreativität an und befriedigte ihren Wissensdurst. »Nach zwei Stunden Rahv über Dostojewski oder Kafka etc. pro Tag schluckte ich vor Aufregung Feuer . . . und wenn ich nach Hause kam, legte ich meinen Kopf an den Lautsprecher der Hi-Fi-Anlage und ließ eine Sonate die Hitze, die Intensität davontragen oder zumindest etwas beruhigen«, erinnerte sie sich später. »Anne war bis zum Ende eine meschugge Studentin mit großen Augen«, kommentierte Starbuck.

Wichtiger als ein College-Kurs war für Anne Sextons Bildung in jenem Jahr allerdings die Entfaltung ihrer Freundschaft mit dem Dichter James Wright; eine tiefe Liebe verband die beiden in der Zeit, als sie ihren zweiten Gedichtband schrieb. Sie waren einander vorgestellt worden, als Robert Lowell Wright, der gerade in Boston zu Besuch war, zu seinem Lyrikkurs eingeladen hatte. Wright war ein schüchterner, weicher, kleiner, rundlicher Mann und verblüffend wortgewandt; er war in Martin's Ferry, Ohio, in einer armen Arbeiterfamilie aufgewachsen, hatte aber später eine ausgezeichnete Ausbildung am Kenyon College erhalten. Danach hatte er als Fulbright-Stipendiat in Wien die eigentümliche Befreiung eines Amerikaners erlebt, der die europäische Kultur entdeckt. Er wirkte auf schrullige Weise gebildet und war vernarrt in Musik und Literatur. Außerdem war er der geborene Geschichtenerzähler; seine langen Briefe waren, wie seine Art zu sprechen, ein vergnügliches Gemisch aus Pedanterie und Komik. Wie Sexton legte Wright nie jene Scheu eines Menschen ab, der eine zweite Chance bekommen hat. Er war, wie Sexton es formulierte, »wirklich«.

Im Februar 1960 schickte Sexton Wright spontan einen Fan-Brief, in dem sie seinen neuen Gedichtband *Saint Judas* lobte; dies löste einen wasserfallartigen Briefwechsel aus. In den folgenden elf Monaten gingen zwischen ihnen – in ihren Worten – »mehrere hundert ›leicht scharlachrote‹ Briefe« hin und her. Die meisten davon sind nach ihrem Tod auf unerklärliche Weise verschwunden, aber aus dem, was erhalten ist, geht hervor, welches Glück Sexton hatte, mit Wright gerade zu diesem Zeitpunkt befreundet zu sein. Sie nannte ihn mit dem Kosenamen »Comfort«, wie auch ihr Großvater A. G. S. für sie geheißen hatte. Dieser Name machte deutlich, wie wesentlich Wright dazu beitrug, daß Sexton zu ihrem künstlerischen Selbstverständnis fand; er war für ihre trauernde Seele wie ein Gemisch all jener elterlichen Figuren, die ihr stärkende Aufmerksamkeit geschenkt hatten, einschließlich Mary Gray und Dr. Orne.

So wenigstens sah es Sexton. In einem der langen, weitschweifig erzählenden Briefe, die nur so aus ihr heraussprudelten, berichtete sie Wright, wie sie das Geld, das sie an einem Tag beim Verkauf von Kosmetik an der Tür verdient hatte, für sein Buch *The Green Wall* ausgegeben hatte, das 1957 in der Yale Younger Poets Series ausgezeichnet worden war. »Ich war nicht arm, aber es war furchtbar harte Arbeit, Fremden Gesichtscreme zu verkaufen, die die Tür nicht aufmachen wollten, und außerdem war ich ja gerade aus der Klapsmühle gekommen und Fremden gegenüber nervös, ich war sogar nervös mit Gesichtscreme.« Es war der Job, den sie auf Dr. Ornes Drängen hin angenommen hatte, um die zusätzliche wöchentliche Therapiestunde zu bezahlen. Sie erklärte Wright, daß *The Green Wall* der erste Gedichtband gewesen sei, den sie sich je gekauft habe. »Ich hatte noch nie von Ihnen gehört ... aber von Yeats hatte ich auch noch nicht gehört.« Am nächsten Tag sei sie nach Annisquam gefahren, um ihre Mutter zu besuchen, und habe sich zurückgezogen, um das Buch zu lesen. »Ich hielt es in der Hand und es bewegte sich, nicht wie das Meer unter mir, sondern vielleicht wie ein kleines künstliches Herz. Das sage ich, so extravagant es auch klingen mag, weil das Buch mir klarmachte, wer ich war, wer ich sein könnte. Das Buch war lebendiger als das ganze zugrunde gerichtete Meer.« Interessanterweise ging Sexton hier in Metren über – »... *who I could be. / The book was more alive / than All the ruined sea*« –, die den dreihebigen Jambus von Wrights Titelgedicht anklingen lassen:

> *Be glad of the green wall*
> *You climbed across one day,*
> *When winter stung with ice*
> *That vacant paradise.*[10]

Sie erwähnte insbesondere ein Gedicht, das Kranke und Verwundete in bewegender Weise idealisierte, dann behauptete sie weiter, in dem Augenblick, als sie *The Green Wall* gelesen habe, »wußte ich, daß ich endlich mit meinem Leben, meiner Familie, meiner Welt in Verbindung war«.

Wrights Freundschaft mit Sexton erblühte in einer für ihn belastenden Lebensphase. Seine Ehe ging gerade auseinander, und er nahm alle Kraft zusammen für die schmerzliche Trennung von seinen kleinen Söhnen Franz und Marshall. Aber er befaßte sich auch mit neuen Arbeiten, die völlig anders als die lyrischen Gedichte waren, die Sexton in *The Green Wall* so bewundert hatte. Fast ein Jahr lang war Sexton für ihn eine Muse, die ihn wieder seiner Inspiration näher brachte. Er nannte sie »*Blessing*« (manchmal »*Bee*« oder »B.«), der Titel eines berühmten Gedichtes, das er in jener Zeit schrieb; es beschreibt »*two Indian ponies*«, die »*bow shyly as wet swans. They love each other*«. Es endet mit den Zeilen »*Suddenly I realize / That if I stepped out of my body I would break / Into blossom*«.[11] Indem Wright Sexton etwas anbot, was sich, auf dem Papier, schon bald als Werben um sie erwies, befriedigte er ihr Verlangen nach zärtlicher Anerkennung mit seinem eigenen Verlangen. »Meine schöne, freundliche Blessing, meine neue Liebe«, nannte er sie. »Inmitten von allem, was du tust, sollst du wissen, daß du zutiefst geliebt bist. [...] Ich überlebe, indem ich hier sitze und an dich denke.«

Manchmal schrieben sie einander zwei oder drei Briefe am Tag. Wright wollte Sextons Ohr für die Musik sowie ihre Kenntnis der europäischen Literatur schulen, auf seine weitschweifige, klatschsüchtige und herzlich gemeinte pedantische Art, und seine Vorschläge in Sachen Musik versah er mit den Seriennummern der Aufnahmen mit seinen Lieblingsdirigenten. Er übersetzte damals gerade Neruda, teilweise weil er versuchte, sich von seinem formalen Stil zu lösen und zu kargeren, imagistischen Gedichten zu kommen. Eine Notiz, die Sexton mit zwei unterschiedlichen Übersetzungen von Nerudas *Walking around* vertraut machen sollte, ist beispielhaft für den Ton seiner Briefe. Wright fand es nützlich, ihr zu sagen, daß Neruda »ein südamerikanischer Kommunist ist, was historisch gesehen ein kompliziertes Wesen ist. Jedenfalls, er ist sozusagen wie Majakowski insofern, als seine direkt *politischen* Gedichte so schlecht sind, daß sie nicht komisch sind, sondern einem regelrecht Bauchschmerzen machen, als sähe man, wie Sir John

Gielgud am dramatischen Höhepunkt von *Hamlet* mehrere Zeilen auslassen würde.« Wright war mehrere Monate lang Sextons begeisterter Mentor, der für sie Gedichte, die er bewunderte, abtippte. Unter seiner Anleitung fing sie auch an, die Bibel zu lesen. Er las ihr ständig am Telefon daraus vor, wie Maxine Kumin sich erinnerte.

Genau wie Sextons Briefe und ihre mangelhafte Bildung Wright willkommen waren, waren ihm Gedichtmanuskripte, die sie gerade in Arbeit hatte, willkommen, und er war freigebig, ja verschwenderisch mit Rat und schrieb mit einem stumpfen, weichen Bleistift in einer winzigen Schrift kreuz und quer über ihre Entwürfe. Er hatte direkten Einfluß auf mehrere Gedichte, die Sexton 1960 und 1961 schrieb. Entwürfe von *The Truth the Dead Know* (Die Wahrheit der Toten) und *A Curse Against Elegies* (Eine Verwünschung von Elegien) lassen vermuten, daß sie möglicherweise anfangs ein und dasselbe Gedicht mit dem Titel *Refusal* (Verweigerung) waren; im August 1960 machte Wright eine Bemerkung darüber, wie ähnlich sie seinem eigenen Gedicht *The Refusal* seien, und er bemerkte, daß Sextons zwei Versionen unterschiedliche Themen hätten und sie in seiner Nachfolge nun das »engere und weniger aussagekräftige« Thema gewählt habe. Er versuchte sie davon abzubringen, ihn zu imitieren. »B. muß ihrer eigenen Phantasie trauen: ihren Eigensinn zu Hilfe rufen«, riet er.

Aber nicht so sehr Wrights praktischer Rat als vielmehr seine Anerkennung als Kollegin spielte für Sexton eine Rolle, weil es ihr half, die Identität zu internalisieren, die sie in der Welt der professionellen Dichter nun rasch erwarb. Er schickte ihr ein Exemplar von Rainer Maria Rilkes *Briefe an einen jungen Dichter* mit der sibyllinischen Widmung: »Für Anne Sexton, für die dieses Buch geschrieben wurde – ›Mögen die, die klagen, daß es nur auf dem Papier geschah, sich erinnern, daß die Menschheit Ruhm, Schönheit, Wahrheit, Wissen, Tugend und unvergängliche Liebe bisher nur auf dem Papier erreicht hat.‹ (G. B. Shaw über seine Briefe an Ellen Terry) – Jim Wright, Frühling 1960.« Vielleicht dachte Wright, als er Shaw zitierte, an Rilkes schlechten Ruf als Ehemann und Vater, der der Hingabe an Liebe und Arbeit, wie er sie in *Briefe an einen jungen Dichter* idealisiert, so völlig entgegengesetzt war. Aber Sexton empfing und schätzte dieses Buch als etwas Heiliges, das Wrights Seele verkörperte. Sie machte es sich als persönliches Manifest zu eigen, und sie las es immer wieder, wenn sie mit Wright emotional Kontakt aufnehmen wollte.

Im Hochsommer hatten Sexton und Wright sich eine Möglichkeit ausgedacht, wie sie zusammenkommen könnten. Wright war Ende Juli und Anfang August für fünf Tage nach Montauk auf Long Island auf einen Besitz eingeladen, der Hy Sobiloff gehörte, einem Banker, der auch dichterische Ambitionen hatte. Sobiloff war gesellig und energiegeladen, ein Unternehmer, der Vorstandsvorsitzender bei verschiedenen Gesellschaften war und sich uneigennützig in der Medizin engagierte. Aber seine eigentliche Liebe galt der Lyrik und poetischen Formen des Filmemachens. Das Treffen in Montauk, zu dem auch Oscar Williams, der Herausgeber einer populären Gedichtanthologie, kam, war als ein Salon-Lyrikseminar gedacht. Wright war noch aus einem anderen Grund eingeladen: Er sollte Sobiloff bei den Gedichten helfen, die in dessen drittem Buch, *Breathing of First Things,* veröffentlicht werden sollten. (Sobiloffs frühere Bücher hatten so hervorragende Dichter wie Conrad Aiken und Allen Tate überarbeitet.)

Es ärgerte Sexton, als Wrights Freundin eingeladen zu sein. Da sie normalerweise sorgsam darauf achtete, ihre Affären geheimzuhalten, hätte sie die Einladung vielleicht nicht angenommen: Aber Kayo sollte zwei Wochen auf einer Geschäftsreise sein, Dr. Orne war verreist, Billie ließ sich überreden, die Kinder zu nehmen, und Wright war hartnäckig. Also brach Sexton am Morgen des neunundzwanzigsten Juli nach Long Island auf, um dort fünf Tage mit Wright in Sünde zu leben. »Ich fuhr einfach hin, so als hätte ich eine Freiheitspille genommen!«

Als sie in Montauk angekommen war, verflog ihre Nervosität unter dem Eindruck von Hy Sobiloffs warmherziger Persönlichkeit. Er lebte »wie ein König«, fand sie, und erinnerte sie an ihren Vater. Während die anderen Dichter pflichtbewußt drinnen blieben und an ihren Manuskripten arbeiteten, gingen sie und Hy auf seiner

Yacht fischen. »Ich war die einzige, die wußte, wie man ihn zu nehmen hatte«, bemerkte sie. »Anders als Jim, der ja aus einer armen Familie kam.« Es ärgerte sie, beim Cocktail zu merken, daß Jim keinen Martini mixen konnte, und es war ihr peinlich, daß Jim sein Sporthemd nicht in die Hose steckte; solche Dinge würden Hy, wie ihrem Vater, auffallen.

Das Lyrikseminar fand tagsüber in Sobiloffs Haus statt, aber abends zogen sich die Teilnehmer in ein nahe gelegenes Motel zurück. Jim und Anne hatten zusammen ein Zimmer. Nervös wie Frischvermählte verbrachten sie die erste gemeinsame Nacht mit umeinandergeschlungenen Armen, zu schüchtern, sich zu lieben. Aber am Morgen wachte Anne voller Begehren auf. Wright beschrieb dies in einem Brief, den er später an Dr. Orne schrieb: »Ich hatte Angst und Hemmungen; und sie liebte mich. [...] Ihre weibliche Stärke und ihre bedingungslose Freundlichkeit wie ihre zutiefst zärtliche Sexualität übertrafen alles, was ich je bei einer Frau erlebt oder mir vorgestellt hatte. Natürlich hatte ich schon viele Phantasien gehabt, [...] aber Anne war ganz anders als jede Phantasie.«

Für solches Glück mußten die beiden schuldbeladenen Seelen sehr bald einen hohen Preis zahlen. In der folgenden Nacht, nachdem sie zu viel getrunken hatten, fingen sie an, sich zu streiten – ein Streit, der in beider Erinnerung etwas von einer Farce hatte. Die Motelwände waren dünn, daher mußten sie ihren Streit mit Flüstern und Gesten austragen. Wright sagte Sexton ungestüm, er wolle, daß sie sich von Kayo scheiden lasse und ihn heirate. Sexton sagte, sie könne ihre Familie nicht im Stich lassen. Wright faßte dies als Ablehnung auf und schlug mit einem langen, abstrakten, wehleidigen Monolog zurück (»wie es meine Gewohnheit ist«, bekannte er); darin ging es um »alte einsame Verehrung«, darum, daß »Betrug die normale menschliche Erfahrung ist« und daß »Anne mich ›ausgenutzt‹ hat«, indem sie sich mit ihm für »eine flatterhafte Sommerliebesaffäre [traf], um sich die Zeit zu vertreiben, solange ihr Mann auf seiner alljährlichen Geschäftsreise war«.

Trunken von seinen eigenen Worten merkte Wright gar nicht,

daß Sexton ohnmächtig geworden war, bis er auf ihr merkwürdiges Schweigen aufmerksam wurde. Sie lag mit dem Gesicht nach unten auf dem Bett und blieb auch kraftlos, als er sie hochhob. »Die graue Welt stürzte über mich herein«, erinnerte er sich. »Ich habe Angst, mich dem geringsten realen Problem zu stellen. Ich bin 32 und kann nicht mal Auto fahren.« Weil er nicht wußte, ob sie krank war, und befürchtete, sie könnte sich vergiftet haben, hielt er sie in den Armen und sprach eine ganze Stunde lang zärtlich auf sie ein. Aber als sie endlich die Augen aufschlug, nahm sie ihn nicht wahr; ihr Blick war auf einen unsichtbaren Gegner gerichtet. Sexton war dann die ganze Nacht, während Wright bei ihr wachte, abwechselnd in tiefer Bewußtlosigkeit und in halluzinatorischen Zuständen. Als sie am nächsten Morgen aufwachte, erklärte sie, nichts von dem, was geschehen war, im Gedächtnis behalten zu haben.

Sextons eigene höchst beunruhigende Erinnerung an diese Episode betraf einen Streit um Geld. Sie hatte immer das Gefühl, knapp mit Bargeld zu sein, aber Wright hielt sie für reich. Sie fand, daß er seine Herkunft aus dem Arbeitermilieu ausnutzte, um ihr das Gefühl zu geben, daß sie ihren Status nicht verdiente. »Leute wie du haben ja keine Ahnung«, was Geld wert ist, sagte er zu ihr. Dann entdeckte sie, daß Sobiloff ihm fünfhundert Dollar für die eine Woche Arbeit zahlte. »Ich zahlte immer für alles, und er log mich an«, sagte sie zu Dr. Orne. »Ich fand heraus, daß er mich ›ausnahm‹.«

Doch die Gedichte, die das Ergebnis dieses Zusammenseins waren, legten reiche Gefühlsschichten frei. Als Wright wieder zurück in Ohio war, widmete er Sexton ein Gedicht mit dem Titel *Lazy on a Saturday Morning: »Gulls poise on the wet arms / Of a woman who is in love with the sea. / She floats away from the shore on an oak leaf, calling me / By a strange name.«* [12] Mit Bleistift fügte er hinzu: »Ich finde dich schön. Es stimmt, daß ich keinen Fisch erwischt habe an jenem Tag auf dem Boot. Trotzdem, ich habe *dich* erwischt, wie du das Wasser liebst. Solange es das Meer gibt, wird es uns in Erinnerung behalten. Ich habe ihm das saubere weiße Taschentuch deines Gesichts übergeben, liebe B.« Als Sexton wieder zurück in Boston war, hielt sie die emotionale Dynamik zwischen ihnen beiden im letzten Teil von *All My Pretty Ones* in drei Liebesgedichten fest: *Letter Written on a Ferry While Crossing Long Island Sound* (Brief, geschrieben auf der Fähre beim Überqueren des Long Island Sunds), *From the Garden* (Aus dem Garten) und *Love Song for K. Owyne* (Liebeslied für K. Owyne). Sie widmete diesen Teil des Buches »Comfort, der eigentlich mein Großvater war«.

Dieses intensive Zusammensein, bei dem sich beide selbst inszenierten, stand für Sexton stark unter dem Eindruck, daß Dr. Orne nicht da war; er hatte ein Forschungsstipendium angenommen, das ihn für die Sommermonate nach Australien führte, so daß er Sexton einem anderen Therapeuten überließ. Als Dr. Orne später die Affäre mit ihr besprach, legte er ihr nahe, sie als ein Forum des Ausagierens zu betrachten, wobei ihre reale Bindung an Wright als Ersatz für die symbolischen Bindungen an ihre Eltern und an Nana fungierte, die ja jetzt auf Dr. Orne übertragen waren. Sexton stimmte dieser Einsicht bloß zum Teil zu. Ihr und Wright war bewußt, daß ihr Zusammensein mehr im Bereich harmonischer Phantasien als in der Welt der Tatsachen stattgefunden hatte – und sie konnten die Vergünstigung würdigen, die sie in *The Black Art* (Die schwarze Kunst) besingt.

Sexton erkannte sehr wohl, daß ihre zwischenzeitlichen Trancezustände symptomatisch, ja hysterisch gewesen waren, aber sie widersprach Dr. Orne, wenn er ihre Liebe zu Wright als reine Übertragung auffaßte. Als *All My Pretty Ones* 1962 herauskam, hatten sie und Wright ihren Traum fallengelassen, zusammen durchzubrennen, aber Wrights Brief zu dem Buch bestärkte sie nochmals in ihrer Zuversicht, daß sie einander als Künstler wirklich verstanden. Wright vermochte, wie Rilke, Intimität im wesentlichen durch Worte herzustellen, und Sexton fühlte sich durch die Höhenflüge ihrer regelmäßigen Korrespondenz angeregt und unterstützt. Als Wright sein Exemplar von *All My Pretty Ones* erhielt, schrieb er ihr: »Meine liebe Bee, [. . .] ich habe das Buch. Es ist entzückend. Ich bin stolz, daß ich auf dem Umschlag zitiert werde. *Du* bist entzückend. Ich schreibe Dir bald. Ich war so bewegt über die Seite mit ›Comfort‹, daß ich noch nicht darüber reden will.« Er teilte ihr mit, er wisse aus einem früheren Brief, daß sie krank sei, und er fragte Dr. Orne, ob er in Kontakt mit ihr treten solle. »Ich habe den Eindruck, daß fast jeder, den ich auf der Welt kenne [. . .], Dich und mich für mehr als verrückt halten würde [. . .], weil, was auch immer einer von uns beiden wann auch immer durchmacht, wir überhaupt keine Angst und Schuldgefühle haben, uns gegenseitig absolut alles zu sagen oder zu schreiben oder telefonisch mitzuteilen.« Als Sexton Dr. Orne diesen Brief zeigte, merkte sie an: »Dadurch scheint die Übertragung zu Ihnen wie Wasser gegenüber Wein. Er schenkt mir so viel, aber bei jedem von uns beiden ist es ein ›verrückter Überfluß‹. Ist es meine Mutter – wer ist es? Es hat nichts mit Sex zu tun [. . .] er ist nicht groß in Sachen Verantwortung – er ist ein Genie – er bringt mich zum Schreiben.«

Die überfließende Energie, die Sexton in jenem Jahr für die Dichtung und die Dichter aufbrachte, war ein Anzeichen des Fortschritts, den sie in der Therapie machte. Im Juli 1960 jährte sich ihr erster Klinikaufenthalt zum vierten Mal – so lang war normalerweise ein College-Studium. Was hatte sie von diesem anstrengenden Kurs gehabt? Daß ihre schlimmsten Zustände noch immer auftraten, entmutigte sie, aber Dr. Orne stellte ihre düstere Sicht immer wieder in Frage. Ihre Liebe zu Nana, so argumentierte er, habe in ihrer Psyche eine feste Grundlage geschaffen, auf der jede andere Liebe sicher ruhen könne. »Ich habe noch nie jemanden kennengelernt, der in der Behandlung etwas tun konnte, wenn es nicht in seiner Vergangenheit eine echte Beziehung gab«, sagte er ihr immer. »Als Nana psychotisch wurde, konnten Sie sie eben nur weiter besitzen, indem Sie die kranken Anteile übernahmen.« Ein wesentliches Therapieziel war es, eine vertrauensvolle Beziehung zu Dr. Orne aufzubauen, durch die sie tatsächlich emotional umlernen würde.

Sextons Fortschritte wurden auch durch die immer stärkere Beziehung zu ihren Kindern gefördert. Linda wurde in jenem Sommer sieben, Joy fünf. Daß sie reifer wurden, machte es leichter, natürlicher für Sexton, für sie als Mutter dazusein, und sie spürte eine tiefe

Liebe zu ihnen; sie waren ebenfalls »wirklich«. Auch wenn sie keine »gute Mutter« im traditionellen Sinn war und auch wenn ihre Kinder sie nie als stabil und zuverlässig erleben sollten, Sextons Zärtlichkeit und Genußfähigkeit bildeten für sie eine bleibende emotionale Basis. Aber Sextons eigentliche Arbeit war die Dichtung; die Arbeit der Kinderbetreuung wurde wie in Mary Grays Haushalt delegiert.

Zum Glück für Linda und Joy schien ihrer Großmutter diese Arbeit angenehm zu sein, und sie *war* eine gute Mutter. Sie fühlten sich bei Billie völlig zu Hause – »sicher« war das Wort, das Joy später wählte –, und sie hatte eine Art, ihre Besuche zu besonderen Ereignissen zu machen, indem sie ihnen ihr Lieblingsessen kochte, Betthupfer aufs Bett legte und kleine Geschenke verteilte. Sie kümmerte sich auch um ihre Kleidung und um ihr Aussehen. Sobald sie ankamen, marschierte sie mit ihnen zum Zähneputzen ins Badezimmer; oft badete sie sie und wusch ihnen die Haare, weil sie ihre Mutter in Sachen Körperpflege lax fand. Als erfahrene Schneiderin war Billie geschickt darin, Kleider zu ändern; Joy erinnerte sich, wie sie einmal eine kleine Applikation in Form einer Katze auf einem ihrer Lieblingskleider anbrachte, um einen roten Filzstiftflecken zu verdecken.

Nach dem erschütternden Tod von George Sexton war es Billie und ihrer eigenen Tochter Joan (jetzt Ende zwanzig) mehr denn je angenehm, die Kinder bei sich zu haben. Joan wohnte noch zu Hause, und wie eine große Schwester hatte sie zahlreiche faszinierende Hobbys und begeisterte sich phasenweise für Weben, Tonmodellieren und Perlenaufziehen, und sie steckte die Kinder mit ihrer Begeisterung an. Außerdem mochte sie Picknicks, und sie packte riesige Freßkörbe mit köstlichen Überraschungen, die sie in den Wald mitnahmen. Wenn sie daran zurückdachten, kam ihnen Joans Schwung in den Sinn, und sie bewunderten ihre Geduld. »Ich zog sie immer auf, um zu sehen, wie weit ich bei ihr gehen konnte«, gab Joy zu. »*Einmal* habe ich sie so wütend gemacht, daß sie mich anschrie. Sie hat mir nicht ein einziges Mal eins hinten drauf gegeben.«

Anne Sexton hatte ungewöhnliches Glück, daß sie auf Billies und Joans bedingungslose, liebende Fürsorge für Linda und Joy bauen konnte, während sie sich der Entwicklung ihrer Kunst und der wachsenden Anerkennung dafür widmete. Aber es fiel ihr schwer, großzügig zuzugeben, daß sie ihnen Dank schuldete, weil es ihr auch wie eine Anklage vorkam. Die Rolle, die sie Billie in ihrem Familienleben übernehmen ließ, führte immer mehr zu Spannungen zwischen Sexton und Kayo, zumal Sextons Stabilität so wechselhaft war.

1 Der mit dem Kopf aus dem Fenster, wie sie den Regen trinkt. / Der, die für mich am Telefon ein Wiegenlied singt. / Der, die Liebe auf diesem Felsenterrain weissagt und es sich zu / eigen gemacht hat.
2 Türen, Türen, Türen
Dunkle Treppenhäuser erklimmend, überseh ich ihre Zeitungen und Kübel, / die zwölf Schichten Abfall eines anderen trüben Lebens. / Sag ihnen, Not entschuldigt Liebe. Sag ihnen, Not überwiegt. / Sag ihnen, ich mache dein Bett und streich es glatt und bin deine Frau.
3 Embryo des Bösen
4 Die Operation
Ich schwebe in feindlicher Luft [. . .] / Ich stürze die Hintertreppe hinunter / rufe *Mutter* an der Todestür, / in meine eigne Haut zurückzuschlüpfen, verbunden wo sie aufgerissen war.
5 Für meine Freundin Ruth, die mich drängt, einen Termin für das Sakrament der Beichte zu vereinbaren
6 Ich verabscheue meine Sünden, und ich versuche / an das Kreuz zu glauben. [. . .] / Aber ich kann nicht. Not ist kein Glaube, eigentlich.
Den ganzen Morgen hab ich / dein Kreuz getragen, mit Paketschnur um den Hals gehängt. / Es pochte leicht wie ein Kinderherz, / pochte aus zweiter Hand, sanft wartend geboren zu werden.
7 Meine Freundin, meine Freundin, ich ward geboren / Forschungsarbeit in Sünde zu tun, und geboren / es zu bekennen. Darum geht es in Gedichten: / Gnade / den Habgierigen, / sie sind der Zunge Zank, / der Welt Suppe, der Ratte Stern.
8 Das Wortspiel, eben das Palindrom, läßt sich nur inhaltlich wiedergeben [Anm. d. Übers.]: Ratten leben nicht auf einem bösen Stern.
9 Ein besessenes Gemisch von ontologischer Ingestalt, Tricks und Liebe
Beschäftigt mit einer Vorstellung von einem Code schreibe ich / hastig Zeichen von links nach rechts, / oder von rechts nach links auf geheimen Wegen, / aus meinen eigenen Gründen; ein Wort wie »schreibt« / Versuchsreihen hinunter bis seine geheimen Riten / Sinn ergeben; oder bis plötzlich RATS / erstaunlich und komisch STAR wird / und der kleine Stern von rechts nach links / meiner ist, mir zu gefallen, / seine fünf glücklichen Stacheln rauszukehren, / für ewig freundlich zu bewahren, als wär's ein Stern / den ich berührt und ein Wunder, das ich wirklich schrieb.
10 Sei froh über die grüne Wand, / über die du einst geklettert bist, / als Winter stach mit Eis / das leere Paradies.
11 zwei indianische Ponys . . . nicken schüchtern wie nasse / Schwäne. Sie lieben einander. [. . .]
Plötzlich merke ich, / daß ich, trät ich aus meinem Körper, / in Blüte ausbrechen würde.
12 Faul an einem Samstagmorgen

Möwen schweben auf den feuchten Armen / einer Frau, die verliebt ist ins Meer. / Sie schwimmt vom Strand hinweg auf einem Eichenblatt, ruft mich / mit seltsamem Namen.

Gehör finden
1961

Nach seiner Rückkehr von seinem Sommer in Australien im Herbst 1960 wandte Dr. Orne eine andere Methode in der Therapie an. Sexton profitierte von der Behandlung nicht so, wie er es sich erhofft hatte. Ihre Sitzungen waren nach seinen späteren Äußerungen wie in sich geschlossene Vignetten mit Anfang, Mitte und Schluß. Oft sei das Material interessant gewesen, und man habe das Gefühl gehabt, daß sie vorankäme. Aber mit der Zeit stellte er fest, daß sie doch keine Fortschritte machte. »Anne war so mit der Interaktion beschäftigt, daß sie nicht verstand, was eigentlich vorgegangen war«, merkte er an. »Sie konnte sich nicht an den Inhalt der Interaktionen erinnern, oder sie erinnerte sich falsch. Sie wollte wirklich arbeiten, war aber durch ihr schlechtes Gedächtnis schwer beeinträchtigt.« Außerdem fiel sie oft am Ende ihrer Behandlungsstunde in einen Trancezustand und überschritt damit die vereinbarte Zeit. Manchmal war die Trance so tief, daß er sie nicht aufwecken konnte. Gelegentlich ließ er sie im Sprechzimmer ausschlafen, aber das paßte nicht immer. Durch diese Trancezustände behielt Sexton von der vorausgegangenen Stunde noch weniger in Erinnerung.

Um das Problem anzugehen, bat Dr. Orne Sexton, sich sofort nach jeder Stunde Notizen über den Verlauf zu machen. Das tat sie einige Wochen lang gewissenhaft. Diese Notizen zeigen, daß sie zwar wußte, wie sie sich in der Behandlungsstunde gefühlt hatte, aber sich nicht daran erinnern konnte, wodurch diese Gefühle ausgelöst worden waren, ganz gleich, wie intensiv sie waren.

Als nächstes schlug Dr. Orne vor, die Gefühlszustände in den Therapiestunden durch Tonbandaufnahmen festzuhalten. Nach jeder Stunde mußte Sexton eine Reihe schwieriger Aufgaben erledigen. Zuerst mußte sie einen kurzen schriftlichen Bericht über wichtige Themen verfassen, die sie besprochen hatten. Einen Tag danach mußte sie wieder in die Praxis kommen, sich in einem abgeschlossenen Zimmer das Band anhören und dabei Notizen machen. Dies trug dazu bei, daß ihr bewußt wurde, wie wenig sie behalten hatte. Dr. Orne argumentierte, daß das Abhören der Bänder ihr helfen würde, den Zusammenhang in der Behandlung zu wahren – ja, daß es als zusätzliche Therapie dienen würde. Manchmal, wenn das Material sehr schmerzlich war, hielt er das Tonband zurück. Gelegentlich saß er bei ihr, während sie zuhörte. Er wollte ihr helfen, die ganze Bandbreite von Gefühlen und Erinnerungen zu »besitzen«, die in den therapeutischen Begegnungen hochkamen und ihr nicht mehr bewußt waren, sobald sie den Arzt verließ. Er hoffte, die Notizen würden dazu beitragen, daß sie die Verantwortung für das Erinnern übernahm, eine Verantwortung, die sie immer ihm zuschieben wollte. Ihre Gedächtnisprobleme seien, so Dr. Orne, »Symptome dafür, daß ein Teil von Ihnen eine Menge weiß. Die Bänder geben Ihnen ein Mittel an die Hand, befähigen Sie, mit diesem Teil von Ihnen zu arbeiten.« Außerdem sollte Sexton dadurch Vertrauen in die eigene Deutung ihrer Erfahrungen gewinnen. Wie er es später formulierte: »Anne war es so eher möglich, mit mir auf gleicher Ebene zu sein. Jetzt konnte sie, wenn ich mich irrte, zu mir sagen: ›Da irren Sie sich, Dr. Orne!‹«

Die neue Behandlungsmethode begann im Januar 1961. Sextons Notizen sind Ausdruck einer stürmischen Zuversicht, daß diese Methode schließlich die Macht der Symptome über ihr Leben reduzieren werde. Auch wenn sie mit Riesenschritten in der literarischen Welt vorangekommen war, war ihr persönliches Leben noch immer durch ihre Fähigkeit, zu »vergessen«, wer sie war und was sie gesagt hatte, beträchtlich eingeschränkt. Um die daraus resultierende Peinlichkeit in Grenzen zu halten, behielt sie Durchschläge von den meisten Briefen, die sie schrieb, sogar von solchen an Freunde. Aber in ihren familiären Beziehungen war dies das Hauptproblem. Weiterhin litt sie außerordentlich, wenn Kayo auf Geschäftsreisen war; selbst wenn das Leben äußerlich ruhig war, geriet Sexton leicht in Panik, sobald sie das Haus verlassen mußte, außer wenn sie Dr. Orne konsultierte oder zum Friseur ging, was für sie einfach Routine war. Sie sehnte sich danach, in Buchhandlungen und Bibliotheken zu schmökern, konnte aber nur dorthin gehen, wenn eine Freundin oder ein Freund sie begleitete. Lebensmittelgeschäfte, Drogerien und Kaufhäuser jagten ihr Angst ein, und sie weigerte sich hineinzugehen, wenn nicht jemand – gewöhnlich Maxine Kumin – sie vorher darauf vorbereitet hatte und beim Einkaufen bei ihr blieb. »Ich hasse es, in den Supermarkt zu gehen, weil er voller Qual der Wahl ist, voller Entscheidungen und Menschenmengen«, erklärte sie. »Jemand sieht mich, *und ich sehe mich durch sie*. Dann ist alles vorbei, die ganze Welt zerfällt.« Sie quälte sich stundenlang, bevor sie telefonisch eine Bestellung aufgab. Die Aufgabe, neue Schuhe für die Kinder zu kaufen, konnte sie schon drei Wochen vorher in Aufregung versetzen. Meistens erledigten Billie oder Kayo die Einkäufe.

Jetzt ließ die Therapie zum ersten Mal wirklich hoffen, daß sie sich davon freimachen könnte, andere Menschen schon allein deshalb als Bedrohung anzusehen, weil sie von ihr Notiz nahmen. »Ich habe das Gefühl, als hätten Sie und ich meiner Neurose den Krieg erklärt – mit vereinten Kräften«, sagte sie zu Dr. Orne. »Vom Verstand her meine ich, das wird sie wirklich besiegen. Früher kam ich immer hier herein und habe die Zeit damit zugebracht, mit Worten etwas auszuagieren, und dann bin ich wieder davor weggelaufen.« Dennoch fand sie das Verfahren, mit ihrem Arzt den aufgenommenen Therapieverlauf anzuhören, sehr beunruhigend. Nach einer solchen Stunde Mitte Januar schrieb sie an den Rand ihres Eintrags: »Am liebsten würde ich dieses Buch, das Erinnerung fordert und die häßliche Wahrheit, auf der Stelle vernichten – was bedeutet, ich *werde* mich erinnern und ich *werde* gesund!«

Das Anhören der Bänder nahm die Zeit in Anspruch, die Sexton sonst ihrer Dichtung widmete: »Die Zeit muß aus Ihrem kreativen Bemühen kommen, nicht aus Ihrem neurotischen Bemühen«, räumte Dr. Orne ein. In jenem Jahr schrieb sie sehr wenig. Doch weil *Bedlam* so begeistert aufgenommen wurde, behandelte man sie wie eine Stardichterin; Interviews und Diskussionen fanden statt, und sie gehörte nun zum College-Dichter-Zirkel. In jenem Januar erfuhr sie, daß *Bedlam* zu den dreizehn Gedichtbänden gehörte, die für den National Book Award vorgeschlagen waren, eine ungewöhnliche Ehre für ein Debüt. Sie wurde nach New York eingeladen, um in einer Radiosendung aus ihrem Werk zu lesen und über das Thema »Dichtung als Therapie« zu diskutieren. Anfang Februar lud Arthur Freeman sie ins Adams House an der Harvard University ein, wo sie mit Gastdozenten und jungen Schriftstellern ihr Buch diskutieren sollte, und noch im selben Monat trat sie bei einem Lyrikwochenende am Amherst College zusammen mit Louis Simpson, einem ihrer derzeitigen Helden, in einem Programm auf. Ebenfalls im Februar bat Louis Untermeyer um Genehmigung, einige ihrer Arbeiten in einer Neuauflage seiner Lyrikanthologie abzudrucken, die Lowell als Textbuch angegeben hatte. Nur wenige lebende Dichter (darunter Lowell) waren in der Anthologie vertreten. Maxine Kumin war begeistert von der Nachricht. »Dies ist das Publikum, für das wir schreiben: das *vertikale* Publikum«, sagte sie zu Sexton. »Denk bloß an die Gesellschaft – Hardy und Yeats! Jedes College hat diese Anthologie in seiner Bibliothek!« Sexton vertraute Untermeyer an, daß diese Ehre in ihr auch etwas anderes ausgelöst hatte: »Ich bin traurig, seit Ihr Brief mich erreicht hat . . . eine normalerweise gut verdrängte Sehnsucht hat mich gepackt, all dies mit meinen Eltern zu teilen.«

Sexton erhielt auch zahlreiche Anfragen für öffentliche Auftritte. Im April war sie bei einer Podiumsdiskussion am Boston College dabei, wo ihr ehemaliger Verehrer Jack McCarthy zum Lehrpersonal im Fachbereich Englisch gehörte. Andere Podiumsteilnehmer waren John L. Sweeney von der Harvard Lamont Library, W. D. Snodgrass und John Holmes – »ein Haufen Vaterersatz«. Sexton überarbeitete ihre Achtminutenbemerkungen sechsmal, behauptete sie. Der so entstandene Vortrag, der auf einer Zeile aus Rilkes *Briefe an einen jungen Dichter* basierte, stellt sich im Manuskript als ausgefeilt, aber zugleich lebendig und unprätentiös dar; die Aussicht, ihn halten zu müssen, versetzte sie aber dermaßen in Schrecken, daß sie sich vorher im Auto mit zwei Thermosflaschen Martini stärken mußte.

Im selben Monat las sie mit George Starbuck und dem jungen

Dichter Peter Davison, Lektor beim *Atlantic Monthly,* auch beim Kunstfestival der Cornell University. »Anne las ausgezeichnet aus *Bedlam* und neueren Arbeiten«, erinnerte sich Davison. »Ich bewunderte damals besonders das lange Gedicht *The Operation.* Ich war gar nicht darauf gefaßt, wie extrovertiert sie war. Wenn die Parties erst einmal anfingen, blieb sie die halbe Nacht dabei.« Er hatte noch Sextons auffallende Erscheinung von damals in Erinnerung, »eine Mischung aus Ungeschicklichkeit und Grazie, lange Beine und lange Arme und Rauch, Rauch, Rauch, Rauch, Rauch – immer rauchend. Leuchtendblaue Augen mit großen Pupillen; blauschwarze Haare; leicht gebogene Nase. Sie saß immer da, hatte Arme und Beine kreuz und quer übereinandergeschlagen und beugte sich vor, die Hand am Kinn. Sie war gut gekleidet und hielt sich wie ein Mannequin.« Auf der Rückfahrt von Ithaca »fuhren wir langsam, und sie erzählte mir eine Menge von sich selbst«, sagte Davison. Ihm war in Cornell Sextons Lampenfieber aufgefallen, aber ihre Angst hatte melodramatisch gewirkt, wie eine Rolle. »Ich war versucht, es für einen Scherz zu halten. Aber dann erfuhr ich von ihr, daß das nicht stimmte.«

Sextons eigene Party-Erinnerungen kreisten darum, wie sie es fertigbrachte, reichlich zu trinken, ohne daß man ihre zitternden Hände bemerkte. »Ich hatte die ganze Zeit Angst – bestellte doppelte Martinis on the rocks mit einem langen Strohhalm, und griff nur mit aufgestütztem Arm danach«, erzählte sie Dr. Orne. »Und wenn ich mir eine Zigarette anzündete, stützte ich mich mit dem Ellenbogen auf den Sessel.« Sie behauptete, daß sie das Erlebnis in Cornell nur überlebt habe, weil sie dafür sorgte, »ständig einen Wächter und mit niemandem eine Affäre zu haben«.

Während des ganzen Jahres 1961 besuchte Sexton den Workshop von John Holmes. Vier von den fünf regelmäßigen Teilnehmern hatten nun Bücher im Druck, die durch die Diskussionen bei ihren zweimal monatlich stattfindenden Zusammenkünften Form angenommen hatten. *The Fortune Teller* von John Holmes kam im März heraus und wurde im darauffolgenden Jahr für den National Book

Award vorgeschlagen. Starbucks *Bone Thoughts* hatte im Jahr zuvor den Yale-Preis gewonnen, und Maxine Kumins *Halfway* sollte den Lamont-Preis bekommen. Zwar erhielt Sextons *Bedlam* nicht den National Book Award in jenem Jahr, ebensowenig wie *All My Pretty Ones,* als es vorgeschlagen wurde, aber die Workshop-Arbeit trug doch dazu bei, daß alle diese Bände einen so vollendeten Schliff hatten.

Die Anerkennung, die Sextons Buch fand, änderte nichts an der Meinung, die John Holmes von dieser Frau hatte. Ihre Affäre mit Starbuck hatte ihn geärgert, und er vertraute sich Kumin an: »Warum stehen wir für sie und ihre undurchsichtigen Liebesaffären ein?« Holmes war normalerweise ein wohlwollender Mann und immer kollegial, und so ließ er seinen Gefühlen nur privat freien Lauf und versuchte, sie aus dem Workshop herauszuhalten. Aber nach einer Sitzung in jenem Winter explodierte sein Mißfallen in einem Wutanfall. Vorgeblich in der Absicht, Sam Albert, den er als Opfer von Sextons schlechtem Benehmen ansah, zu trösten, schrieb er beiden einen Brief, in dem er Dampf abließ. Sexton gegenüber war er gönnerhaft, aber er machte unmißverständlich klar, worum es ihm ging: »Sie haben es Sam furchtbar schwergemacht, fand ich, das war zuviel und für einen Mann schwer hinzunehmen, und er hat es sehr fair aufgenommen. [. . .] Außerdem hatte ich zum ersten Mal etwas dagegen, ich fand, Sie und Max hatten zu viel getrunken, und das hat den Sinn und verantwortungsvollen Verstand von den Gedichten abgelenkt.«

Holmes ging mit einem hohen Ethos an die Sitzungen heran. Sexton dagegen gefiel die tumultartige Atmosphäre. »Was für ein Workshop ist denn das?« meinte sie aufgebracht. »Sind wir bloß Handwerker, oder sind wir Künstler! [. . .] Ich ärgere mich über die Vorstellung, daß ein fast gutes Gedicht nicht jeden Zeitaufwand verdient, wenn wir es verbessern können, und zuerst muß der Autor selber in der Lage sein zu HÖREN.« Die ungehemmte Erregung des Gruppengeschehens animierte Sexton häufig zu geistreichen Überarbeitungen. »Immer wenn das passiert, ist es jedesmal eine große Kraft und ein großer, gemeinsam erlebter schöpferischer Akt«, ar-

gumentierte sie; den Prozeß zu unterdrücken würde die Arbeit ab-
töten. Außerdem war ihr klar, daß es eben nicht bloß um das Benehmen in dem Workshop ging. »Auf der ganzen Linie, John, wo Sie
auf mich stolz sein könnten, schämen Sie sich meiner. Ich tue immer
so, als würde ich nichts merken ... Aber dann erinnern Sie mich
wieder an meinen Vater (und ich WEISS, das ist nicht Ihre Schuld).
Aber da ist doch noch etwas anderes ... an wen erinnere ich Sie?«

Sexton war wegen Holmes' ablehnender Haltung natürlich verletzt, aber dieser Briefwechsel bewirkte, daß sie ihre Beziehung zum
kritischen Establishment insgesamt in einem neuen Licht sah; in
einem Traum, von dem sie Dr. Orne berichtete, wird dies deutlich:

A. S.: Diese makellose Stimme sprach sehr deutlich, als wollte sie
mir genau sagen, wo es langging – und doch war er dabei freundlich
und geduldig – zugleich sehr ärgerlich und doch geduldig – und
dies war schrecklich, weil ich alles, was er mir auch sagte, umgekehrt sah.

Er redete ganz vernünftig, vernünftig, und er hörte gar nicht auf,
mir zu sagen, wissen Sie, einfach nett ... Es wurde dann so beängstigend, daß ich auf den Boden stampfte – vielleicht auch schrie,
aufhören, aufhören – das war das Gefühl: ZUHÖREN! und dann
versuchte ich etwas anderes. BITTE. Als KÖNNTE ER MICH NICHT
HÖREN.

Dr.: Eine Sache verstehe ich nicht; und zwar, was Sie wollten, als
Sie auf den Boden stampfen mußten.

A. S.: Also, assoziieren. Wenn man auf den Boden stampft,
dann muß man am Boden sein – wie ein Kind oder ein Tier oder
jemand, der große Angst hat. – Er sagt mir immer wieder, was los
ist, und er hat wohl recht, aber für mich stimmt es nicht, also muß
ich es nochmal versuchen, um dasselbe für uns daraus zu machen,
damit wir uns verständigen können. Sonst bin ich verrückt. Bin ich
verloren.

Dr.: Wenn Sie zu *einem* Menschen sprechen können, dann sind
Sie nicht verrückt?

A. S.: Richtig. Das heißt, *einem* gesunden Menschen.

In die Gestalt des männlichen Zuhörers gingen einige der kritischen Rezensionen ein, die Sextons Buch bekommen hatte, ebenso wie die Eltern, die raffinierterweise jetzt tot und nicht in der Lage waren, Einspruch zu erheben; sie hatten nicht lange genug gelebt, um Anne Harvey Sextons Worte in einem Buch lesen oder sehen zu können, wie sie in der Welt als Dichterin Anerkennung fand. Und zumindest ein Teil des Traumes dokumentiert Sextons Bemühen, sich selber zuzuhören. Gewiß gehört zu den vielen Stimmen, die sich im Traum zu der gleichgültigen Stimme verdichten, auch die in den Aufnahmen ihrer Therapiesitzungen, die immer weiterredet, während die reale Frau sich unter den Kopfhörern verkriecht in der Angst, in allen Worten, die sie selber ausgesprochen hat, »das Umgekehrte zu sehen«.

Doch eine Zeitlang hatte Sexton kritische Rückmeldungen, die eben nicht nur zensierten und verrückt machten, in produktiver Weise genutzt, zuerst und langfristig von seiten Dr. Ornes (in seiner Rolle als gute Mutter), und, ebensowichtig, von seiten Maxine Kumins. »Max und ich sagen, wir lieben uns wie Schwestern – das ist [für mich] etwas ganz Neues«, merkte Sexton an. Ihren leiblichen Schwestern gegenüber hatte sie nur Rivalitätsgefühle, bei Kumin hingegen lernte sie Gemeinsamkeit kennen. Als Sexton sich ein neues Arbeitszimmer einrichtete, ließen sich beide spezielle Telefonapparate auf ihren Schreibtischen anbringen und benutzten sie tagsüber, um Gedichtentwürfe zu besprechen. »Wir hatten manchmal eine Verbindung und hielten die Leitung dann stundenlang ununterbrochen besetzt«, erinnerte sich Kumin. »Wir gaben uns dann durch Pfeifen in den Hörer Bescheid, wenn wir bereit waren weiterzumachen.«

Dank Kumins herzlicher, begeisterungsfähiger Art wurde die Arbeit für Sexton wirklich. Wenn sie Zeilen und Entwürfe am Telefon ausprobierten, hob dies den tranceähnlichen Zustand der Inspiration etwas auf, den Sexton als »das Unbewußte melken« bezeichnete. In einem Interview sagte sie über dieses Verfahren: »Alle Dichter haben einen kleinen Kritiker im Kopf. [...] Man muß den kleinen Kritiker abschalten, wenn man mit einem Gedicht anfängt, damit er einen nicht stört. Dann muß man ihn beim Überarbeiten und Ausfeilen wieder anschalten.« Über das Telefon nach ihrer Freundin zu pfeifen war eine Möglichkeit, den inneren kritischen Prozeß durch die Instanz eines äußeren Kontaktes in Gang zu setzen, eine Verschmelzung der Ressourcen. Nach diesem Muster arbeitete Sexton zeit ihres Lebens, als Theaterautorin, als Mitglied der kleinen Rockgruppe ›Anne Sexton and Her Kind‹, die ihre Gedichte zu Musik aufführte, als Lehrerin und natürlich im Workshop.

Maxine Kumin warf John Holmes vor, daß er sie mitten in seine Auseinandersetzung mit Sexton hineinziehe. Aber als Dichterin *war* sie eben mittendrin. Stark in methodischen Dingen und vernarrt in Wortspiele, die Starbuck und Holmes entzückten, war sich Kumin doch bewußt, daß die Methodikanhänger in ihrem Kreis dazu neigten, ihre Technik an seichte Arbeiten zu verschwenden. Für Sexton hingegen waren die »Tricks« dazu da, Segel auf ein Schiff zu setzen, das mit wertvoller Fracht beladen war: einer Bilderwelt, die sie, wie Starbuck es formulierte, bereits am ersten Tag zum Unterricht mitgebracht hatte und nie hätte lernen können. Sexton half Kumin, in sich selber dieselben Kräfte aufzuspüren. Kumin bedankte sich dafür in ihrem Gedicht *For Anne at Passover* in *Halfway,* einem bewegenden Antiphon zu Sextons *My Friend, My Friend*, und Sexton antwortete mit ihrer Widmung in Kumins Exemplar von *Bedlam* darauf: »Für Max, die mich bei all diesen Gedichten ermutigt hat und einige ›halbwegs‹ geschrieben hat und die ganz meine Freundin, meine Freundin ist.« Ihre Telefongespräche waren in Kumins Erinnerung wunderbare »andauernde, vollkommene Ermutigungen« für jeden Text, an dem sie arbeiteten. »Funktioniert dieses Bild? Ist das Gedicht hier zu Ende? Kann ich so anfangen? Wie sieht es mit diesen Reimen aus?« Aber Kumin erwähnte auch noch eine tiefere Kommunikationsebene. »Die Wildheit hab ich von Anne. Sie hat mich aus meinem Schneckenhaus rausgeholt. Ich bin sehr zurückhaltend, sehr schweigsam; durch sie lernte ich zu sehen, daß das rein Zerebrale einen starken Schuß Viszerales brauchte.«

Das Viszerale war genau das, was John Holmes an Sextons Werk nicht leiden konnte. Er entschuldigte sich bei Kumin für seinen unbeherrschten Brief, aber er bestand weiter darauf, daß er recht hatte mit Sextons *künstlerischen* Mängeln. Er appellierte an Kumins Gewissen und meinte, irgendwer müsse Sexton darauf aufmerksam machen, daß ihre Arbeit in die falsche Richtung ging. »Ich habe schon vor langer Zeit gesagt, daß es ihr schwerfallen würde, nach dem Buch das Thema zu wechseln, und das stimmt. [. . .] Nicht daß sie zwei Themen hat, Geisteskrankheit und Sex, sondern daß sie so absolut selbstsüchtig schreibt, über sich selbst, um sich zu entblößen und zu schockieren und ein Bekenntnis abzulegen. Künstlerisch gesehen sind ihre Motive falsch, und schließlich wird die Selbstbezogenheit allmählich einfach verdammt langweilig.«

Kumin war da anderer Ansicht, wie sie rückblickend im Vorwort zu Sextons *Complete Poems* zum Ausdruck bringt. Sexton »schrieb offen über Menstruation, Abtreibung, Masturbieren, Inzest, Ehebruch und Drogenabhängigkeit zu einer Zeit, als die Anstandsformen all das als angemessenen Gegenstand der Dichtkunst gelten ließen«, meinte sie da. »Heute scheint der Einspruch fast kurios. Anne schilderte die problematische Stellung der Frau – die neurotische Realität der Zeit –, wenn sie auch nicht in der Lage war, in ihrem eigenen Leben mit den persönlichen Schwierigkeiten umzugehen, die diese mit sich brachte.« Für Sexton wie auch für Kumin stand etwas auf dem Spiel, was auf einen ideologischen Konflikt über das wahre Wesen der Dichtkunst hinauslief. Durften Gedichte nur für Frauen »hörbare« Erfahrungen ausdrücken – das Dilemma der Stellung der Frau?

Damals, 1961, waren solche Fragen noch schwerer zu formulieren. Doch Kumin und Sexton sollten in jenem Jahr die Nutznießerinnen eines gesellschaftlichen Experiments sein, das Frauen anging. Im Herbst zuvor hatte die *New York Times* eines Sonntags mit der Ankündigung eines neuen experimentellen Programms aufgemacht; es sollte »die Talente ›intellektuell unterforderter Frauen‹

entwickeln«, deren Karriere unterbrochen war. Das Programm, das den Namen Radcliffe-Institute tragen sollte, wurde von Mary Ingraham Bunting begründet, die erst kürzlich als Präsidentin von Radcliffe, dem Frauen-College an der Harvard University, inauguriert worden war. Zu den ersten Bewerberinnen gehörte Anne Sexton, an dem Montagmorgen nach Erscheinen der Geschichte rief sie im Radcliffe-Institute an, um sich zu informieren. Insgesamt riefen zweitausendvierhundert Frauen an oder erkundigten sich schriftlich über das Programm, und zweihundert bewarben sich um die zwanzig verfügbaren Stipendien, von denen einige speziell für aktive Künstlerinnen reserviert waren.

Bunting, die Biologin gewesen war, ehe sie sich in der Verwaltung hervortat, sah das Institut als eine Art Labor für sich an, in dem sie eine Hypothese überprüfen konnte. Sie vermutete, daß viele gut ausgebildete Frauen in der Gegend von Boston bereit waren, nach der Kindererziehung wieder ganztags in ihre intellektuelle oder künstlerische Arbeit einzusteigen, daß sie aber in einem »Klima, da niemand damit rechnete«, um eine Gelegenheit kämpfen mußten. Männer mit dem gleichen Hintergrund waren zu dem Zeitpunkt, wenn ihre Kinder auf eigenen Füßen standen, gewöhnlich beruflich etabliert, aber Frauen mußten festgefügte kulturelle Erwartungen durchbrechen, wonach eine Frau nur die Wahl zwischen Ehe und Karriere habe. Das Radcliffe-Institute sollte ein Ort sein, wo Frauen, die bereits eine bestimmte Karriere ins Auge gefaßt hatten, die verlorene Zeit aufholen konnten, indem sie die Einrichtungen der Harvard-Bibliotheken und -Labors nutzten. Möglicherweise würde eine neuerliche Anerkennung ihrer Leistungen ihnen weitere Chancen eröffnen. Buntings Idee war radikal, aber doch wieder nicht zu radikal: Sie zielte auf eine soziale Gruppe – gebildete Hausfrauen –, der die derzeitigen Radcliffe-Studentinnen vielleicht in Zukunft einmal angehörten.

Sextons Bewerbungsschreiben war eine für sie typische Mischung aus Unterwürfigkeit und Hybris. »Ich weiß, mein akademischer Hintergrund sieht blaß und uninteressant aus. Dennoch scheint mir, daß ich allein schon ein gutes Stück vorangekommen bin«, bemerkte sie. »Ich habe das Gefühl, daß ich bereits eine erfolgreiche Dichterin bin. Jetzt suche ich nach der Möglichkeit, dies auch auf Dauer zu sein.« Briefe von Philip Rahv, Dudley Fitts, Louis Untermeyer und John Sweeney unterstützten ihre Bewerbung. Sie alle betonten ihr Talent, aber Rahv lobte auch ihren »ungewöhnlich scharfen und wachen Verstand, ihre Fähigkeit, schwierige Gedanken aufzunehmen«. Er meinte, eine Phase kontinuierlichen Lesens und Schreibens in der Harvard-Atmosphäre würde ihr enorm guttun. »Hoi!« war die Antwort ihres Interviewpartners in dem Harvard-Gremium. »Wir werden merken, daß sie da ist. Ihre Lebendigkeit und ihr Schwung sind enorm. Ihre Kommentare über das Schreiben sind faszinierend.«

Als Sexton ihr Bestätigungsschreiben bekam − einen Tag nach Kumin −, zog sie durch die ganze Nachbarschaft, »rannte in die Nachbarhäuser und setzte sich auf deren Küchentische. ›Ich hab's, ich hab's!‹« An Dr. Orne schickte sie sofort einen Nachtbrief in Knittelversen mit der freudigen Nachricht: *»Hark Hark the lark / Gadzooks Hear Hear / My I.Q.'s OK this year.«*[1] Nur wenige Dinge in ihrem Leben hatten ihr bisher so viel bedeutet wie das Radcliffe-Stipendium, sagte sie bei ihrem nächsten Termin zu ihm. »Das ist etwas, was *wir* erreicht haben.« Dr. Orne und seine Mutter konnten wirklich beurteilen, wie weit sie gekommen war. »Sie und Dr. Brunner haben gesagt, ich könnte das schaffen; ich will sagen, Sie hatten recht, auch wenn ich es damals nicht gedacht hätte. Wenn meine Eltern noch am Leben wären, müßten sie's erfahren.«

Diese Entwicklung »war ein echter Treffer«; welcher Art die Chance war, war eine zweite Frage, über die sie mit ihrem Arzt sprach. »Das Radcliffe-Ding ist für überqualifizierte Frauen, die zu Hause festgefahren sind und den Kontakt zu ihrem Gebiet verloren haben, obwohl sie früher brillant waren. Aber Maxine und ich, wir sind auf unserem Gebiet, wir sind nicht zu Hause festgefahren!« Als Dr. Orne bemerkte, daß sie sich in Literaturkursen an der Harvard University einschreiben könnte, reagierte sie sofort mit einem Nein. Philip Rahv bewunderte vielleicht ihre Fähigkeit, schwierige Gedanken aufzunehmen, aber an diesem Punkt in ihrem Leben würde sie lieber mit Rahv essen gehen als seine Vorlesung anhören. Kurse zu besuchen hatte sie hinter sich.

Sie hoffte allerdings, daß das Radcliffe-Institute eine Chance bieten würde, von einem professionellen Prosaschriftsteller betreut zu werden. Bisher hatte sie nur eine Geschichte im Druck, *Dancing the Jig*. Sie hatte die Stärken ihrer besten Gedichte: psychologische Wahrhaftigkeit und eine dramatische Situation. Aber in der Rückschau wünschte sie, sie hätte noch länger daran gearbeitet oder sie unter Pseudonym veröffentlicht. »Bei Prosa gibt es keine Aufpasser«, erklärte sie: keine Zeilenendungen, keine rhythmischen Intervalle, keine Reime, die einen Gedanken zu Ende führten. Sie fand *Dancing the Jig* nicht so gut wie ihre besten Gedichte und bedauerte jetzt, etwas im Druck zu haben, das nicht ihrem höchsten literarischen Maßstab entsprach. Angesichts ihrer derzeitigen Präsenz in der literarischen Welt würden die Verleger wohl bereit sein, alles zu drucken, was sie ihnen schickte. »Man muß ein ungeheures kritisches Gespür haben, und das hab ich nicht so – und wenn meine Freunde es nicht für mich haben, dann gehen Dinge raus, die furchtbar schlecht sind.« Vielleicht würde sie ja durch Radcliffe einen Schriftsteller finden, mit dem sie privat arbeiten könnte. Ihre Tätigkeit sollte im September beginnen; dann würde sie weitersehen.

Jedenfalls war es Sextons bevorzugte Lernmethode, bei einem Meister in die Lehre zu gehen, der an einer Verschmelzung der Seelen teilhaben würde wie einst Wright. In jenem Frühling, als sie den gutaussehenden Anthony Hecht kennenlernte, meinte sie, einen neuen Seelenverwandten gefunden zu haben. Hecht gehörte zu den *Hudson-Review*-Dichtern; er war ein begabter Handwerker, dessen elegante formale Verse von einer ausgezeichneten literarischen Bildung zeugten. Sexton lernte ihn auf einer Reise nach New York kennen. Er war seit kurzem von seiner Frau getrennt und bewegt von Sextons überfließendem Interesse an seinen Gedichten, an seinen Kindern, an seiner Scheidung und von der Anziehungskraft, die er auf sie ausübte. Gleich nach ihrer Rückkehr nach Boston begann sie, ihn mit Notizen und Briefen zu überschütten.

Seine vorsichtigen Antworten waren um die richtige, galante Note bemüht. »Und was soll ich jetzt sagen? Daß ich Sie liebe? Ja, vermutlich. Aber ich fühle mich irgendwie töricht, an eine glücklich verheiratete Frau einen Liebesbrief zu schreiben.« Er schickte ihr zwei Weingläser als Geschenk: »Ich möchte, daß Sie und Kayo zuerst aufeinander trinken, dann auf mich. [...] Sie sind eine erstaunlich begabte und anerkannte Dichterin und ein unglaublich liebenswerter Mensch. Jeder, der Sie kennt, darf sich glücklich schätzen.«

Sexton kam im Mai wieder nach New York, um Hecht zu besuchen. Offenbar übte sie jetzt einen stärkeren sexuellen Druck auf ihn aus, aber er zog eine Grenze, über die er sich nicht locken ließ. Nachdem er sie ins Flugzeug nach Boston gesetzt hatte, schrieb er ihr einen Brief: »Inzwischen meine ich, daß das Beste an unserer Beziehung eben dies ist, daß da ein ›Sicherheitsfaktor‹ ist und daß wir es, ohne uns je Lügen übereinander erzählt zu haben, schaffen, eine gewisse Intimsphäre zu wahren.« Er fügte die Abschrift eines Gedichtes von Sir Thomas Wyatt bei, von dem er ihr erzählt hatte: »*Whoso list to hunt, I know where is an hind...*« Indem Hecht dezent das Gefühl von sich auf den Renaissancedichter verschob, zog er sich von der Jagd zurück:

> *But as for me, alas, I may no more –*
> *{...}*
> *There is written her fair neck round about:*
> *Noli me tangere, for Caesar's I am,*
> *And wild for to hold, though I seem tame.*[2]

Sexton mochte Hecht wirklich gern, und sie wußte, daß er recht hatte, wenn er ihrer Intimität Grenzen setzte. Sie fürchtete, daß ihre eigenen Impulse die Oberhand gewinnen würden, daß ihr eigener Kampfgeist angesichts seines Widerstands noch hartnäckiger werden würde. »Nicht, daß ich mit ihm ins Bett will; ich will mir sicher sein, daß er mich liebt. Dieses [Bedürfnis] ist wie Tabletten oder Drogen, nur viel komplizierter.« Sexton besprach diese Faszination in der Therapie, weil sie das zugrundeliegende Verhaltensmuster sah; Liebhaber waren Statthalter für irgendeine unbestimmte, unerreichbare Person, wie auch Dr. Orne selbst. »Es geht mir nicht darum, daß ich schön bin; sondern, daß ich es fertigbringe, daß sich die Männer in mich verlieben«, erklärte sie. »Dieses Vorgefühl ist stärker als Alkohol. Nicht bloß mit ihnen schlafen: Es ist ein Ritual. Wenn ich es erzwingen will, sage ich bloß ›Ich brauche dich‹ . . . Ich denke manchmal, gut, daran werd' ich sterben, es ist eine Krankheit; es wird die Kinder zerstören, wird meinen Mann und die Meinung der anderen über mich zerstören. Seit George, seit meine Mutter gestorben ist, brauche ich das Gefühl, daß jemand in mich verliebt ist. Von George bis zu Jim. Ein nettes Betäubungsmittel – Menschen haben, die in mich verliebt sind.«

Um ihre guten Vorsätze zu bekräftigen, lud sie Hecht nach Newton Lower Falls ein. Er besuchte die Sextons mehrmals und wurde ein Freund der Familie. Anscheinend klammerte sich Sexton in jenem Sommer an seine Zuneigung, um einen Ersatz für James Wright, der immer mehr außer Reichweite war, zu haben; als Sexton ihm ihr glühendes Liebesgedicht *Letter Written on a Ferry While Crossing Long Island Sound* (Brief geschrieben auf der Fähre beim Überqueren des Long Island Sunds) als Geschenk schickte, antwortete er darauf wie auf einen Entwurf und riet ihr, die letzte Zeile zu streichen, *»good news, good news«* – »Als würde Ödipus in letzter Minute gerettet – im letzten Moment – von Bischof Sheen verkleidet als Lone Ranger. [. . .] Ich werde später noch erklären, warum ich es für ein hervorragendes Gedicht halte.« (Es kam immer häufiger vor, daß er positive Reaktionen auf »später« verschob.)

Im Juli schrieb Sexton im Bann der Gefühle, die durch die Beziehung zu Hecht wieder genährt wurden, ihr Gedicht *The Black Art,* mit dem sie wehmütig ihrer komplizierten Bindung an Wright gedachte.

A woman who writes feels too much,
those trances and portents!

As if cycles and children and islands
weren't enough; as if mourners and gossips
and vegetables were never enough.
She thinks she can warn the stars.
A writer is essentially a spy.
Dear love, I am that girl.

A man who writes knows too much,
such spells and fetiches!
{...}
With used furniture he makes a tree.
A writer is essentially a crook.
Dear love, you are that man.[3]

Wright sollte Anfang September in Manhattan sein, um bei einer Fachtagung einen Vortrag zu halten, und nach großer Aufregung konnte Sexton sich dazu durchringen, sich dort mit ihm zu treffen. Er wohnte bei Hechts Bruder Roger, der zusammen mit ihm aufs Kenyon College gegangen war. Sexton traf sich am Nachmittag mit ihnen zu einem Drink, dann gingen sie zum Essen. Roger Hecht hat die Begebenheit in lebendiger Erinnerung behalten: »Ein lauwarmer, nicht ganz dämmriger Abend: Jim Wright im Anzug mit kurzärmligem weißem Hemd und Schlips; Anne mit schwarzem Hut, schwarzem Kleid, barfuß, ihre Schuhe an den Riemen über der Schulter: Anne fast, aber nicht ganz, an Jim gelehnt, während sie durch Greenwich Village spazierten... Ein Restaurant: wie die beiden nebeneinandersitzen, und wie Jim sagt – ich glaube mehr als einmal – ›Hör auf, mich zu nerven, Anne‹.« Sexton hielt ihren Eindruck von dem unglückseligen Abend in *Lament* (Klage) fest, einem Gedicht, das sie gleich nach ihrer Rückkehr zu Hause schrieb. Ein Konflikt zerrte tagelang an ihnen: Sexton wollte Bestätigung, und Wright wollte aus einer nach seinem Gefühl vermutlich verfahrenen Situation mit einer verheirateten Frau entkommen. Er trank ständig, um dadurch ihrem Drängen nach Intimität zu entkommen; das war einer seiner Auswege.

Sexton konnte nie verstehen, warum James Wright sich von ihr zurückzog, obwohl sie im Laufe der Zeit zu der Überzeugung kam, daß seine enger werdende Freundschaft mit dem Dichter Robert Bly etwas damit zu tun hatte. (»Gleich was Robert Bly von deiner Meinung über mich hält«, schrieb sie im Februar 1964 an Wright, »er weiß jedenfalls nicht, wieviel du mir als Schriftsteller gegeben hast; daß du dich nicht damit aufgehalten hast, mich zu beurteilen, du warst viel zu beschäftigt damit, mir zu geben.«) Es gab keinen eigentlichen Bruch, nur immer länger werdendes Schweigen. Vier Monate nach ihrem Treffen in New York schrieb Sexton in einer traurigen Stimmung *Letter Written During a January Northeaster.* Jeder Gegenstand in der Winterlandschaft ist von der Stille erfüllt und wartet mit der Sprecherin; nur Geister sind auf den Beinen.

> *Dearest,*
> *where are your letters?*
> *The mailman is an impostor.*
> *He is actually my grandfather.*
> *He floats far off in the storm*
> *with his nicotine mustache and a bagful of nickels.*
> *His legs stumble through*
> *baskets of eyelashes.*
> *Like all the dead*
> *he picks up his disguise,*
> *shakes it off and slowly pulls down the shade,*
> *fading out like an old movie.*
> *Now he is gone*
> *as you are gone.*
> *But he belongs to me like lost baggage.*[4]

Verlust war Sextons zuverlässigste Muse. In den Trancen der Trauer konnte sie sich an ihren Schreibtisch setzen, die Berge von Post von den Schreibmaschinentasten fegen und die Worte aus ihren Fingern sprudeln lassen. Die Sehnsucht nach den unerreichbaren *»pretty ones«* regte die Kräfte der Verdichtung an, die in diesem Gedicht deutlich werden. Der Zusammenhang, den sie zwischen ihrem Großvater und James Wright herstellt, verbindet assoziativ Schriftsteller, Tod, Insel (Squirrel Island, Montauk, Manhattan), die unsichtbare Gegenwart Gottes (»*the tree has quietness in it; /quiet as the crucifix*«)[5] und kosmisches Spiel (in dem Geldsack, aus dem A. G. S. auf Squirrel Island die Automaten fütterte); daraus entsteht ein elegisches Liebesgedicht in einem durchgängig effektvollen Ton, in dem Pathos und Humor eine erstaunliche Mischung eingehen.

Sexton schloß ihren nächsten Gedichtband mit *January Northeaster* ab. Dieselben Elemente – Tod, Insel, Gott – gingen dann später auf unheimliche Weise in *The Rowing Endeth* (Das Rudern endet), ein, das Schlußgedicht in Sextons letztem Buch *The Awful Rowing Toward God* (Das furchtbare Rudern zu Gott). Sie widmete es James Wright.

Als sich im Herbst 1961 die erste Gruppe der Radcliffe-Stipendiatinnen versammelte, hatte *Time* eine Titelseite mit der Präsidentin Bunting, und *Newsweek* brachte einen Artikel über diese »begabten Frauen« mit einem Foto von Anne Sexton, die Füße gegen ein Bücherregal hochgestützt, einen Bleistift in der Hand, ein aufgeschlagenes Buch auf dem Schoß und ein breites Lächeln im Gesicht. Das waren große Neuigkeiten.

Als Radcliffe-Stipendiatin wurde Sexton ein Honorar von 2000 Dollar gewährt, das in zwei Raten ausgezahlt wurde. Da die meisten Stipendiatinnen verheiratete Frauen waren, die von ihren Ehemännern unterstützt wurden, gab die Frage, *wozu* das Geld eigentlich da war, den Hauptanlaß zu Kommentaren in der nationalen Presse. *Newsweek* war insofern typisch, als es die Information hochspielte, daß die meisten Frauen das Stipendium dafür verwendeten, eine Haushaltshilfe anzustellen. Eine »schickte ihre damit sehr zufriedenen Kinder ins Sommerlager«, während eine andere eine neue Waschmaschine und eine Spülmaschine kaufte, »um sich die Hausarbeit zu erleichtern«. Anne und Kayo beschlossen, einen Teil des Geldes dafür zu nutzen, ihre hintere Veranda zu einem Arbeitszimmer umzubauen. Anne benutzte noch immer das Eßzimmer als

Arbeitsplatz, und sie saß gern mitten im Haus, aber Kayo haßte das Durcheinander.

Sexton nahm den Rest ihres Radcliffe-Stipendiums als Anzahlung für einen Swimmingpool, der den größten Teil des Gartens einnahm. Er war keineswegs aufwendig; ein Leinwandeinsatz, wie sie damals in den Vororten an der Haustür angeboten wurden, war etwa 4,5 mal 7,5 Meter groß, und Anne und Kayo machten die letzten Arbeiten und das Wiederbepflanzen selbst. Dennoch empörte dieser offenbar leichtfertige Gebrauch des Stipendiums die Yankee-Direktorin des Institutes, und die Geschichte, daß Anne Sexton mit ihrem Radcliffe-Stipendium einen Swimmingpool gebaut hat, wird noch heute in Bostoner Kreisen erzählt. Sexton meinte, daß sie einen Anspruch auf diesen Luxus habe und er ihr als Schriftstellerin helfen würde. Sie haßte es, aus dem Haus zu gehen – das gehörte zu den Symptomen ihrer Krankheit, die sie wirklich behinderten. »Ich kann meine Ziele erreichen, wenn sie mit Schreiben zu tun haben«, bemerkte sie einmal, »weil zum Schreiben nicht gehört, hinaus in die schreckliche Welt zu gehen.« Ihr Zuhause war ihr Arbeitsplatz, und der Swimmingpool war eine Erweiterung des Arbeitszimmers. Durch das hohe Fenster in ihrem kleinen Zimmer sah man über den Beckenrand auf ein Bahngleis, das den Garten entlangführte und über das zweimal am Tag Güterzüge rumpelten. Dahinter ging der Blick auf einen Golfplatz, der von einem Nebenarm des Charles River eingefaßt war; aber Sexton tat so, als sei der Pool ein Teich und der Golfplatz ein Feld, das von Wald gesäumt war. Das Radcliffe-Stipendium hatte ihr endlich ein Zimmer für sich allein gegeben. Obwohl sie zu den regelmäßigen Gruppentreffen nach Cambridge fuhr, erledigte sie ihr Schreiben in dem neuen Arbeitszimmer, umgeben von Büchern. »Meine Bücher machen mich glücklich«, erklärte sie in einem Interview. »Sie sitzen da und sagen: ›Gut, wir sind geschrieben worden, und das kannst du auch.‹«

Kaum waren die Radcliffe-Stipendiaten ausgewählt, fing man auch schon an, sie wissenschaftlich zu beobachten. Präsidentin Bunting verpflichtete Alice Ryerson, die an der Harvard University in Erziehungswissenschaften promoviert hatte, Informationen über den sozialen Hintergrund und die Ziele einer Testgruppe zu sammeln, und die Psychologin Dr. Martha White führte ein Abschlußinterview. Die Interviews, die Sexton diesen Wissenschaftlerinnen gab, stellen stichwortartig die Lebensgeschichte dar, die sie für die Öffentlichkeit aufbereitete. Sie vermittelte darin nicht nur Informationen, sondern auch das Bewußtsein dessen, wie wichtig ihre Verwandlung von der Hausfrau zur Dichterin war. Obgleich sie sich nie der politischen Richtung der Frauenbewegung anschloß, deuten diese Interviews doch an, daß sie ihre eigene Entwicklung geprägt sah von ökonomischen und sozialen Bedingungen, die das Leben von Frauen bestimmten. »Haben Sie sich je als Frau in Ihrem Beruf benachteiligt gefühlt?« fragte Ryerson. »Das ist ein sehr wichtiges Thema. Oh, schrecklich. Ja. Unbedingt«, war Sextons emphatische Antwort. »Es gibt so viele Dichterinnnen, und die sind fast alle so schlecht. [...] Es gibt ganze Clubs von Dichterinnen: Es ist in Ordnung, als Frau Gedichte zu schreiben. Daher können sie ruhig schlecht sein. [...] Frauen bemühen sich nicht, etwas Richtiges daraus zu machen. Sie dilettieren bloß darin.« Der Unterschied zwischen einer Dilettantin und einem Profi? »Geld hilft weiter: Das ist das einzige – in der Gesellschaft, in der ich lebe.«

Sexton war bereits als Profi etabliert, ehe sie zu dem Institut kam, anders als viele der Radcliffe-Stipendiatinnen. Aber sie war in jenem Jahr die einzige, die kein College-Examen hatte; die meisten anderen hatten Hochschulabschlüsse. »Früher bin ich immer herumgelaufen und hab gesagt, ›Ich bin nicht aufs College gegangen – ich weiß nichts – ich bin sehr dumm und habe bloß eine große Klappe‹«, sagte sie zu Ryerson. »Jetzt sage ich: ›Ich bin am Radcliffe-Institute.‹ Das ist so, als hätte ich ein Examen.« Es veränderte ihren Status in der literarischen Welt von Boston. Manchmal erleichterte es ihre Beziehungen zu den Leuten, die sie bei gesellschaftlichen Zusammenkünften vor oder nach ihren Lesungen an den verschiedenen Colleges traf, und 1961 ermutigte es sie dazu, ihr Lesehonorar auf 250 Dollar zu erhöhen, wobei 100 Dollar bereits als ziemlich viel galt. (Louis Untermeyer meinte dazu voller Bewunderung: »Nur wenige Dichter können höhere Honorare verlangen –

und dies erst nach vielen Lesereisen und jahrelangem Veröffentlichen.«)

Die größte Rolle spielte ihr Radcliffe-Stipendium allerdings, wie Sexton behauptete, in der Beziehung zu ihrer Familie. »Es ist ein Statussymbol«, meinte sie. »Für meinen Mann machte es meine Tätigkeit gleich respektabler. Ich nahm jetzt nicht mehr soviel von meiner Familie; ich gab mehr zurück. Sehen Sie, man hat immer Schuldgefühle, daß es selbstsüchtig ist, weil jeder sagt ›Warum ist es nicht genug, Frau und Mutter zu sein?‹ Ich erinnere mich noch, wie meine Schwiegermutter sagte: ›Warum sind denn dein Mann und deine Kinder nicht genug – warum machst du nicht ein Hobby daraus?‹ Man hat dieses Schuldgefühl. Aber wenn man diese Geldsumme bekommt, dann meinen alle gleich, daß man respektiert wird und daß man darüber hinaus noch einen Beitrag leistet.« Als Linda Sexton Jahre später diese Bemerkung sah, bestritt sie, daß Sexton die Einstellung der Familie richtig wiedergegeben habe. Sie betonte, daß Kayo und Billie gemeinsam dafür gesorgt hatten, daß Anne Zeit zum Gedichteschreiben hatte, auch wenn sie sich davon genarrt fühlten: Billie, weil sie die Gedichte als einen Einbruch in die Privatsphäre der Familie ansah, Kayo, weil das Schreiben ihn daran hinderte, mit Anne zusammenzusein. Ihr Unmut, so Linda Sexton, hielt die beiden nicht davon ab, großzügig zu helfen, und sie bezweifelte, daß das Geld, das Sexton bekam, Einfluß auf Billies und Kayos Einstellung gegenüber Sextons Karriere hatte.

Wie auch immer, aus Sextons Bemerkungen über die Bedeutung des Radcliffe-Stipendiums für ihr Familienleben werden die drängenden Probleme nicht sichtbar, die damals – von ihrem Optimismus überdeckt – akut waren. 1961 sollte das Jahr sein, in dem sie sich endlich einer der größten Schwierigkeiten ihres Alltags stellte; in welchem Ausmaß sie Autorität an ihre Schwiegermutter übertragen hatte. Billie sah Sextons zunehmenden Erfolg mit gemischten Gefühlen, und ihr war klar, daß das Radcliffe-Stipendium den Kindern weitere Opfer abverlangen würde. »Sie bat mich, zwei Tage pro Woche zu uns kommen zu dürfen«, berichtete Sexton Dr. Orne. »Sie wird über diese armen Kinder weinen, deren Mutter fort ist und sich nicht um sie kümmert; sie werden nicht geliebt... Billie schwebt ständig über mir; ich will ja nicht selbstsüchtig sein, aber sie läßt sich nicht aufhalten – sie ist wie eine Flutwelle, die jeden Tag ein bißchen höher steigt.«

In einem Punkt hatte Billie schon recht. Sextons Krankheit war für Linda und Joy außerordentlich belastend gewesen. Linda erinnerte sich, wie ihr von früh auf von Billie gesagt wurde, sie müsse mit den Gefühlen ihrer Mutter sehr vorsichtig sein und dürfe nie etwas tun, das sie aus dem Gleichgewicht bringen und sie krank machen könnte. »Ich habe *immer* mit der Angst gelebt, daß sie zusammenbrechen und sich wirklich umbringen würde«, sagte Linda. Bereits mit acht und sechs Jahren fühlten sich die Kinder in starkem Maße für Annes Wohlbefinden verantwortlich, und Billie machte sich Sorgen angesichts des Drucks, dem die beiden bei einem solchen Familienleben ausgesetzt waren. Joy erinnerte sich, daß ihre Großmutter mindestens dreimal pro Woche zu ihnen nach Hause kam, mit ihrem eigenen Schlüssel aufschloß, um Einkäufe abzustellen oder Kleider, die sie in der Reinigung abgeholt hatte, vorbeizubringen oder manchmal bloß etwas zum Naschen – eine Schachtel mit frischen Geleespritzringen aus der Bäckerei Hazel oder eine Packung Eiscreme. Billie hatte die Kinder an vielen Wochenenden über Nacht bei sich, und natürlich blieben sie immer bei ihr, wenn Anne einen Babysitter brauchte. Anne übersah in ihrem ständigen Aufbegehren dagegen, daß Billie im Leben ihrer Töchter allgegenwärtig war, wie sehr Billie ihnen Glück und Sicherheit vermittelte. Und natürlich war Billie der Auffassung, daß Anne jetzt, da sie sich anscheinend so viel stabiler fühlte, mehr Zeit mit ihnen und weniger mit Gedichten zubringen sollte.

Anne reagierte auf das Problem meist dadurch, daß sie ihrer Schwiegermutter durch Kayo hintenherum Vorwürfe machte. Die Spannungen explodierten in einer gewalttätigen Auseinandersetzung an einem Samstagabend kurz nach einer von Kayos längeren Reisen, und am darauffolgenden Dienstag humpelte Sexton mit einer Halskrawatte in Dr. Ornes Praxis. »Es ist wie Jekyll und Hyde«, erklärte sie. »Da ist er, mein wunderbarer Ehemann, so nett, und dann wieder ist er plötzlich ein schreckliches Monster. Er verliert völlig die Kontrolle.«

Annes und Kayos Auseinandersetzungen waren schon jahrelang ein Thema in ihrer Therapie – spätestens seit dem Ereignis im Mai 1958, als Kayo in seiner Wut auf Annes Verwicklung mit anderen Dichtern gewalttätig geworden war und Anne ihre Manuskripte zerrissen und ihre Schreibmaschine durchs Zimmer geworfen hatte. Normalerweise stritten sie sich – etwa einmal im Monat –, wenn sich durch den Cocktail das Abendessen um ein paar Stunden verzögerte. Anne beklagte sich dann, steigerte sich in ihre Unzufriedenheit hinein und schimpfte drauflos. Kayo machte sich dann daran, das Abendessen zu bereiten. Anne zog ihn vom Rande des Geschehens her auf, er explodierte vor Wut und fing an, mit den Fäusten auf sie einzutrommeln. Die Kinder, die man in ihre Zimmer verbannt hatte, damit die Eltern in Frieden trinken konnten, stürzten die Treppe herab und drängten sich zwischen sie. Wenn sich die Emotionen dann legten, kam Kayo wieder zu sich und war von Reuegefühlen überwältigt. Anne durchschaute dieses Verhaltensmuster genau und war sich darüber im klaren, inwiefern es ihre tiefsten Bedürfnisse befriedigte. »Oh, mein Gott, er liebt mich immer so, wenn er mich geschlagen hat, es tut ihm so leid. Es ist so schwer, nicht darauf hereinzufallen, er liebt mich so, und all die Wut, die er wochenlang aufgestaut hat und die in kleinen Wellen herausgekommen ist, kommt dann in einer großen Woge raus. Wenn's auch weh tut, dann ist es vorbei, und er liebt mich.«

Ziemlich oft konnten sie sich gar nicht erinnern, was der Auslöser gewesen war, aber einmal, so berichtete Sexton Dr. Orne, endete das Ganze anders, weil Zeugen dabei waren, die ihnen helfen konnten, die Ereignisse zu rekonstruieren. Sie hatten ihre Nachbarn Rita und Karl Ernst zum Abendessen eingeladen. Nachdem sie mehrere Martinis getrunken hatten, bereitete Kayo Steaks und gebackene Bohnen zu. Irgendeine Bemerkung von einem der Gäste provozierte Anne zu einem Seitenhieb: »Kayo ist sich immer mit seiner Mutter einig – sie sind sich so ähnlich.« Kayo wurde rot im Gesicht, und Anne rannte aus dem Zimmer und warf die Tür hinter sich zu; Kayo lief hinter ihr her, warf sie zu Boden und fing an, sie zu würgen. Die Ernsts brachten sie auseinander, und Joy kam aus ihrem Zimmer heruntergelaufen. Es dauerte eine Weile, bis Anne ihre Tochter getröstet und wieder ins Bett gebracht hatte. Als sie weinend wieder zu den anderen stieß, beklagte sich Kayo gerade über sie. »Da fing ich an, mit aller Kraft zu schreien: ›Du kannst hier verschwinden! Dieses Haus gehört mir, nicht dir!‹ – und er ging wieder auf mich los, und das Ganze ging von vorne los.«

Soweit folgte dieser bedauerliche Vorfall einem vertrauten Muster. Aber nachdem ihre Freunde gegangen waren und sie sich beruhigt hatten, sprachen Kayo und Anne über das, was geschehen war; ihr zufolge war das ungewöhnlich. Sie beschrieb Dr. Orne das Gespräch. Kayo hatte ihr davon erzählt, daß er sich auf seinen Reisen ganz anders fühlte als zu Hause: Unterwegs »war er jemand«, während er sich zu Hause wie ein Niemand vorkam. Es ärgerte ihn, daß er für alle Frühstück machen und dann seine Frau aus dem Bett zerren mußte; er konnte es nicht ausstehen, wie sie das Haus verschludern ließ. Die Tabletten machten alles nur noch schlimmer, meinte er. Aber er hatte immer Angst, ihr zu sagen, was er eigentlich fühlte, weil er nie wußte, wie sie seine Kritik aufnehmen würde.

Sexton berichtete Dr. Orne, daß diese Schilderung ihr eine neue Erkenntnis vermittelte: Die ideale Frau, die Kayo da beschrieb, war eigentlich seine Mutter. Beim Zuhören wurde ihr klar, daß er gar nicht mehr wußte, was die Auseinandersetzung ausgelöst hatte: ihre Spitze gegen Kayo und Billie, die bei ihr selbst und bei ihrem Mann an einen Nerv gerührt hatte. »Man bringt ja nicht seine Frau um, weil sie das Haus nicht sauber genug hält; man bringt sie um, weil sie nicht wie die eigene Mutter ist. Als wir heirateten, glaubte er, ich würde einmal wie seine Mutter sein; und ich war ja auch eher so, wollte das Haus ordentlich halten. Jetzt bin ich eher wie eine Kameradin – ich nehme Unordnung eher hin, ganz anders als seine Mutter. Was mich innerlich richtig niederschmettert, ist seine Ansicht, daß seine Mutter eine bessere *Mutter* sei als ich . . . Es ist eines unserer wesentlichen Eheprobleme. Wenn er mit mir verheiratet sein will und ich die Mutter dieser Kinder sein soll, dann muß er sich von seiner Mutter im Kopf lösen.«

Sexton war stolz darauf, daß sie sich Kayos Klagen angehört hatte und nicht in ihre übliche Rolle nach einer Gewaltszene verfallen war. Genau wie Kayo ungewöhnlich offen und mitteilsam in bezug auf seine Gefühle gewesen war, sah auch sie in dem Ereignis einen Anfang für eine bessere Verständigung. »Ich nahm ein Stück Kreide und zog auf dem Küchenfußboden einen Strich. Ich sagte: ›Das heißt Scheidung. Entweder du machst eine Therapie, oder es ist aus.‹« Sie berichtete Dr. Orne, daß sie das Gefühl hatte, einen wertvollen Rückhalt aufzugeben, als sie diesen Vorschlag machte: Kayos Bereitschaft, die Rolle des guten Vaters für sie zu spielen. Jeden Abend, ehe sie in ihrem Doppelbett schlafen gingen, saß er neben ihr und streichelte ihr das Haar und sagte dann immer wieder: »Ja, du bist mein braves Mädchen«, bis sie einschlief. Da war er Nana. In anderen Situationen war er Daddy: Wenn er von der Arbeit zurückkam, Frau und Kinder begrüßte, arrangierte er um sich eine richtige Familie, in der Anne Mutter und Ehefrau sein sollte – bis er sich eine Schürze umband und selber die Mutter wurde. So und auf vielfältige andere Weise gab er ihrem Leben Zusammenhang und Gestalt. Es war ihr wohl bewußt, daß die Psychotherapie diese neurotische Ökologie stören könnte, indem sie diese Rituale analysierte und die Handelnden regredieren ließ. »Es wird ihn durcheinanderbringen, ihn verändern und ihm angst machen«, sah Sexton voraus. »Das will ich nicht! Er soll stabil und gesund sein. Er soll nicht irgendwie reifen, nicht mehr, als ich reifen will! Andererseits will ich diese Auseinandersetzungen auch nicht. Ihm geht es schlechter, seit es mir besser geht . . . Aber diesmal bin ich nicht zu ihm zurückgekrochen, damit er mich lieb hatte, als ich verletzt war. Ich habe unsere Trennung mit einer rationalen und nicht mit einer emotionalen Entscheidung herbeigeführt.«

Kayo fing tatsächlich eine Therapie an, und zwar bei Dr. Herbert Leiderman, einem Psychiater, der Annes Behandlung während Dr. Ornes Abwesenheit im Sommer 1960 überwacht hatte. Kayo konsultierte Dr. Leiderman die nächsten einundzwanzig Monate lang regelmäßig. Ein unmittelbares Ergebnis davon war, daß er seine Gewalttätigkeit unter Kontrolle brachte. Sieben Monate nach dieser Episode berichtete Sexton Dr. Orne von Träumen, in denen sie angekettet war und auch mit anderen Mitteln bestraft werden wollte, und bemerkte dazu: »Ich kann es nicht mehr mit Kayo ausagieren – er schlägt mich nicht mehr. Deshalb träume ich davon, und es wird mir klarer: Wenn ich deprimiert bin, will ich mir selbst etwas antun, aber er tut das nicht mehr. Ich brauch es, daß man mich bestraft und mir dann vergibt. Hab nie gemerkt, daß er genau das für mich getan hat.«

Bei ihren Interviews mit den Wissenschaftlerinnen vom Radcliffe-Institute war Sexton mittlerweile soweit, Kayos Auffassung über die enormen Veränderungen, die sie beide in den vergangenen Jahren durchgemacht hatten, zumindest ansatzweise anzuerkennen: »Mein Mann weiß nicht, wozu jemand Gedichte schreibt. Und daraus kann ich ihm keinen Vorwurf machen. Er ist ein Geschäftsmann, und er hat keine Dichterin geheiratet. Er hat bloß ein Mädchen geheiratet und wollte eine Familie gründen.« Als sie dann aber angefangen habe, sich Bildung anzueignen, habe es kein Zurück mehr gegeben. »Eine ganz neue Welt tat sich auf. Ich war ganz allein, und ich wußte nicht warum... Die Gesellschaft ist nicht darauf vorbereitet, daß jemand sich mit achtundzwanzig selbst erkennt. Ich habe eigentlich erst wirklich angefangen zu leben, als ich neunundzwanzig war... Aber ich hätte nicht so lange leben können, ohne verheiratet zu sein. Ich meine, das möchte ich auch. Verheiratet sein und Kinder haben. Nur eins hab ich außerdem noch vom Leben gefordert. Und zwar sollen sie mich loslassen, damit ich Schriftstellerin sein kann. Und das ist ziemlich viel verlangt von ihnen.«

Sexton sprach in diesem Interview oft von ihren Kindern als von einer Quelle der »Erfüllung«. Dem Augenschein nach könnte man meinen, daß sie ein Lippenbekenntnis ablegte, um den herrschenden gesellschaftlichen Konventionen zu genügen, aber 1961 genossen es die vier Sextons mittlerweile, einfach zusammenzusein. Wenn der Charles River beim Golfplatz zugefroren war, holten sie ihren Schlitten oder ihre Schlittschuhe heraus (in der Erinnerung ihrer Töchter konnte Anne ziemlich gut laufen) und trieben mit der Nachbarschaft Wintersport. Im Sommer bot das Schwimmbecken den Kindern Abkühlung; es wurde zu einem Treffpunkt für die Nachbarschaft. Maxine Kumin kam jeden Tag mit ihren drei Kindern, und ab und zu setzten die beiden Frauen eine Schreibmaschine an den Beckenrand und dachten sich Kindergeschichten aus, die dazu geeignet waren, ihr literarisches Talent zu Geld zu machen. Wenn Kayo dann nach einem heißen Tag nach Hause kam, nahm er ein Bad, ehe er den Grill anmachte; nach Einbruch der Dunkelheit badeten sie gern vor dem Zubettgehen noch nackt.

Diese Stabilität war eine Quelle des Glücks in Sextons Alltag; sie sagte im selben Jahr darüber zu Dr. Orne: »Das einzige, was ich genau weiß: Ich wäre nicht gesund geworden, wenn ich nicht die Kinder gehabt hätte, denn sie lieben mich. Sie brauchen mich und geben mir das Gefühl, daß ich ich bin, daß sie mich so haben wollen.« Ihr Vertrauen sickerte allmählich in jene Bereiche ihrer Psyche, wo ihre älteste Erfahrung von Liebe gespeichert war, und kam im Laufe der nächsten Jahre in einigen ihrer besten Gedichte wieder hoch. Eines davon richtet sich an Linda und trägt den Titel *The Fortress* (Die Festung); dies war das Gedicht, das sie den Radcliffe-Stipendiatinnen vortrug.

Die Stipendiatinnen hatten beschlossen, Nachmittagstreffen abzuhalten, bei denen sie Texte, die sie gerade in Arbeit hatten, vorstellten, und Sexton und Kumin sollten die Reihe im Februar eröffnen. Ihr Status als Künstlerinnen schüchterte die anderen Frauen ein; eine von ihnen erinnerte sich noch, wie sie bei dem ersten Treffen ankamen »wie exotische Vögel, beide in Rot, mit schwarzem Haar und strahlenden Augen«. Eine Tonbandaufnahme ihres Seminars zeigt besser als jede schriftliche Erinnerung, wie sie einander in dem öffentlichen Auftreten, das sie inzwischen als Dichterinnen entwickelt hatten, ergänzten. Kumin ging die Situation mit unverhohlenem Lampenfieber an, aber auch mit einem ausgesprochenen pädagogischen Geschick. In ihrer Lesung fügte sie Gedichte aus ihren Kinderbüchern und aus ihren Erwachsenenbüchern zusammen, wobei sie besonderen Wert auf das Technische legte. Sie ergänzte ihren Vortrag mit Sinnsprüchen und zitierte intellektuelle Anregungen von Thoreau bis Sartre und lyrische Vorbilder von Belloc bis Starbuck. Trotz ihrer betonten Intellektualität und ihrer Förmlichkeit wirkte sie warmherzig und liebenswürdig – aber dennoch erweckte Kumin den Eindruck, niemandem die Zeit stehlen zu wollen.

Ganz anders Sexton, die mit der Behauptung begann, daß sie nicht sehr gut vorbereitet sei, daß sie gewöhnlich offizielle Lesungen vor einem weit von ihr entfernt sitzenden Publikum gebe, daß sie einfach einige Seiten mit Notizen »von ein paar Lesungen« zusammengeworfen habe. Zwischen den Gedichten entschuldigte sie sich, daß ihre Arbeiten »so ernst« seien. Dabei streute sie in ihre nervösen und exaltierten Kommentare scharfsinnige Beobachtungen darüber ein, wie sie mit ihren Gedichten Kontakt zu den Lesern suche. »Eine meiner geheimen Regeln für mich als Dichterin ist ›Was auch immer du tust, sei nicht langweilig‹.« Sie beabsichtige mit ihren Gedichten, das Publikum emotional zu fesseln. Jedes Gedicht sei sich selbst genug, habe seine eigene Stimme, meinte sie; die Dichterin sei wie eine Schauspielerin, die aus Worten eine Figur erschaffe. Viele Leute verwechselten die persönliche Stimme eines Gedichts mit der Dichterin oder dem Dichter, die/der es geschrieben habe; hingegen betonte Sexton: »Ich kann sehr persönlich sein, aber oftmals bin ich nicht persönlich im Hinblick auf mich selbst.« Als Beispiel las sie *In the Deep Museum*, wo sie mit der Stimme Christi im Grab spricht.

Am Schluß beschrieb sie dann, wie sie ein Gedicht über eine Mutter geschrieben habe, die sich mit ihrer Tochter hingelegt hat und aus dem, was sie durch das Fenster sehen, Bilder schafft.

> *Outside, the bittersweet turns orange.*
> *Before she died, my mother and I picked those fat*
> *branches, finding orange nipples*
> *on the gray wire strands.*
> *We weeded the forest, curing trees like cripples.*

Der bittersüße Geschmack der Erinnerung gibt dem Gedicht seine Farbe, denn *The Fortress* hat mit den gefährlichen verborgenen Bindungen zwischen Mutter und Tochter zu tun:

> *I press down my index finger —*
> *half in jest, half in dread —*
> *on the brown mole*
> *under your left eye, inherited*
> *from my right cheek: a spot of danger*
> *where a bewitched worm ate its way through our soul.*

In diesem Gedicht ist die gefürchtete Krankheit nicht, wie in *The Double Image,* der Wahnsinn, sondern der unausweichliche Tod. Bilder der Fortpflanzung in der Natur wirken als Verteidigung dagegen und werden auch zu einer Art Heilmittel.

> *I cannot promise very much.*
> *I give you the images I know.*
> *Lie still with me and watch.*
> *A pheasant moves*
> *by like a seal, pulled through the mulch*
> *by his thick white collar. He's on show*
> *like a clown. He drags a beige feather that he removed,*
> *one time, from an old lady's hat.*
> *We laugh and we touch.*
> *I promise you love. Time will not take away that.*[6]

Sexton spricht über die Heilkraft der Kunst und zeigt sie auch, und zwar in einer Sprache, die die bittersüße Frucht als »orange nipples« vorfindet. Die tote Mutter, die durch die Krebserkrankung ihre Brust verloren hat, spukt durch das Gedicht; sie schimmert in einem leuchtenden Nachbild am Zaun und stillt damit das Verlangen der Tochter. »*Fat arm*« war ein Begriff des Ekels, den Mary Gray mit ihrer Entstellung durch die Operation verband. *Fat* taucht am Zeilenende in der vierten Strophe des Gedichts auf, ein Gewehr, das sozusagen erst in der letzten Strophe (»*fat-hat-that*«) wieder abgefeuert wird, wo einem Vogel das Gefieder wieder wächst, durch die witzige Zusammenstellung von Reimen (»*much-watch-mulch-touch*«). Die wird die Zeit nicht nehmen.

»Man könnte sagen, daß Radcliffe eine bestätigende Mutter war«, sagte Sexton über ihre Jahre am Institut. In der Arbeit, die sie im Seminar präsentierte, einem ihrer reifsten Gedichte zum Thema Mutterschaft, schrieb sie zum ersten Mal (wohl das einzige Mal) über ihre Mutterbindung als Schriftstellerin und über das Bilder-Erschaffen als eine Art mütterlicher Sorge. Bezeichnenderweise ist *The Fortress* an Linda Gray gerichtet: an das schriftstellerische Erbe in der Familie, den »*gray . . . strand*«, den grauen Faden, der sich durch die Generationen zieht von Arthur Gray Staples über Mary bis zu Anne und dann zu Linda. Die Sprache, die magische Kraft der Schriftstellerin, »heilt« mit Namen und Bildern, die die Arbeit des Wurms ungeschehen machen.

Sexton schrieb *The Fortress* während der ersten Wochen am Radcliffe-Institute, in einer Phase schöpferischer Erregung. Aber ihr Ziel, einen Menschen zu finden, der ihr Fortkommen als Autorin von Kurzgeschichten betreuen würde, verlor sie nicht aus dem Auge. Sie las begierig, auf der Suche nach Vorbildern. Shirley Jackson gefiel ihr: Sie hatte irgendwo gelesen, Jackson schreibe »wie eine Hexe mit einem in Natterblut getauchten Besenstiel«, und hatte das Gefühl »Verdammt noch mal, genau das soll man über mich sagen. Ich will den Leuten angst machen«. Sie las Henry Millers *Wendekreis des Krebses,* und es gefiel ihr, »weil es nicht so sehr ein Roman ist als vielmehr ein Mund voll Spucke«. J. D. Salingers *Franny und Zooey* kam mit großem Tamtam heraus und wurde sofort zum Bestseller; Sexton griff sofort danach. Als sie es las, fühlte sie sich, wie sie sagte, traurig und weise, aber an dem Morgen, als sie damit fertig war, erhielt sie einen Fan-Brief von einem Mädchen, das ein uneheliches Kind bekommen hatte und Sexton um Rat fragte, da sie in ihren Gedichten so reif und so weise wirke. Dieses zufällige Zusammentreffen ließ Sexton ihre Begeisterung für Salingers Buch überdenken. »Schriftsteller sind solche Schwindler: Manchmal haben sie kluge Erkenntnisse, aber sie leben überhaupt nicht danach. So sind Schriftsteller eben. Wenn man liest, was sie schreiben, ob dies nun ihre Gedichte oder ihre Briefe sind, meint man, sie wüßten schon was, aber gewöhnlich sind sie ein einziges Chaos. Ich denke an dieses Mädchen, und da fühle ich mich ganz sentimental und verloren.«

Dennoch beneidete sie Salinger um seinen Ruf. Er hatte die Leser, die sie selber erreichen wollte: Menschen, die durch das Vorstadtleben abgestumpft waren und sich nostalgisch in ihre Kindheit zurücksehnten. Als Verfasserin von Lyrik konnte sie nicht mit Verkaufszahlen rechnen wie Salinger, aber Sexton meinte, sie könnte wohl Prosa schreiben, die der seinen ebenbürtig sei. »Ich glaube, man kann die Menschen mit einer Geschichte mehr bewegen als mit Gedichten. *Der Fänger im Roggen* spricht viele Menschen an, weil es von ihrer Zeit handelt«, meinte sie. »Und ich habe einen Bestsellerverstand, ich bin eigentlich ziemlich gewöhnlich. Ich bin beliebt bei der Menge: Ich habe etwas Allgemeines, ich schreibe über die Mittelschicht!«

Wie es der Zufall wollte, trug der *New Yorker* Sexton, kurz nachdem *Newsweek* über sie als Star des Radcliffe-Institute berichtet hatte, die begehrte Vereinbarung an, daß sie künftig ihre Texte stets zuerst dort anbieten sollte. Obgleich sie zynisch über den literarischen Geschmack des Herausgebers dieser Zeitschrift sprach, teilte sie die Meinung, die Sylvia Plath damals 1959 ihrem Tagebuch anvertraut hatte: Für eine gewisse Klasse von Schriftstellern ließ sich beruflicher Erfolg messen an den dünnen Bestätigungsbriefen und den dicken Schecks, die vom *New Yorker* an seine glücklichen Mitarbeiter verschickt wurden. Für das Vorankommen in ihrer Karriere war allerdings noch wichtiger, daß der Vertrag mit dem *New Yorker* sie zu Kollegen eben jener Schriftsteller machte, an denen sie gemessen werden wollte. Shirley Jackson und J. D. Salinger schrieben für den *New Yorker*; ebenso John Updike, den sie mit großem Interesse gelesen hatte. Als sich Sexton nach Vorbildern umsah, hatte die Zeitschrift gerade mehrere Gedichte von Updike abgedruckt, außerdem ein paar seiner Geschichten mit einem Ich-Erzähler, die eher autobiographisch als fiktional wirkten. Vier Jahre jünger als Sexton, hatte Updike noch nicht jene Prosa geschrieben, mit der er sich Mitte der sechziger Jahre dann als bedeutender Schriftsteller etablieren sollte. Aber er hatte den Schritt bereits getan, auf den Sexton hinarbeitete: Der *New Yorker* veröffentlichte anscheinend alles, was er schrieb. In jenem Herbst waren die Glanzpapierseiten mit der Weihnachtsreklame in der Zeitschrift durchsetzt mit witzigen Karikaturen über die Russen und Bunker und Astronauten und die Chinesen und Psychiater und die Bombe; Updikes kluge, hinreißende Prosa voller Familienspuk verknüpfte das Ganze. Dies war Sexton-Land. Sie schrieb ihm impulsiv und bat ihn, ihr Privatunterricht zum Thema Kurzgeschichte zu geben. Updike antwortete freundlich, daß er »nicht so tun wolle, als habe er nützliche Informationen« über das Schreiben. Er riet ihr, ihrer Begabung zu trauen, ihre Geschichten so gut auszuarbeiten, wie sie könne, und die Kritik den Lektoren der Zeitschriften zu überlassen. Dies war für jemand anders guter Rat, aber Sexton brauchte bei ihrer Methode der Gestaltung den Dialog mit ihrem Kritiker – ja, sie brauchte das kritische Äquivalent einer Gegenübertragung.

Sexton wußte tatsächlich sehr wohl, mit wem sie arbeiten wollte, aber er war nicht in Boston. »Wenn Saul Bellow hier in der Gegend lehren würde, wäre ich in seinem Unterricht«, sagte sie zu Dr. Orne. »Man muß aufpassen, bei wem man lernt. Ich muß gut sein, ich will, daß mein Werk Bestand hat. Ich hab keine Zeit, nochmal von vorne anzufangen – ich möchte den Abdruck meiner Persönlichkeit in Marmor gemeißelt hinterlassen.« Bellows *Der Regenkönig* blieb für sie ein gefährliches Buch, wie ein Talisman; sie las es immer wieder, wenn sie mit ihrem Vorstadtleben unzufrieden wurde. Sie nannte Bellow »den Salinger für Erwachsene«, mit einer Begabung für Komik, über die sie ebenfalls verfügen wollte. Sexton hielt *Der Regenkönig* für »den besten amerikanischen Roman seit Faulkner«, und sie sagte Dr. Orne, sie sei der Meinung, daß Bellow in einer Zeile zusammengefaßt habe, worum es in der ganzen Psychotherapie gehe: »»Mein ganzer Verfall hat sich an einem Kind ereignet.‹«

Sie fand den Mut, Bellow einen Fan-Brief zu schreiben, und war überglücklich über seine Antwort, eine herzliche Bestätigung, daß »wir einander geistig begegnet sind«. In Sextons Worten: »Es war, als hätte ich von Shakespeare einen Brief bekommen – für mich ist er der größte lebende Schriftsteller. In meinem Exemplar dieses verdammten Buches *Der Regenkönig* ist alles unterstrichen: also, das ist *meine* Meinung!« Bellow hatte zwei Sätze von dem Roman, an dem er gerade arbeitete, *Herzog,* umkringelt und »BOTSCHAFT« genannt: »Er ging hinaus, im Kampf gegen die Trauer über sein vereinsamtes Leben. Seine Brust weitete sich, und sein Atem stockte. ›Um Himmels willen, fang nicht an zu heulen – du Idiot! Lebe oder stirb, aber vergifte nicht alles.‹« Fünf Jahre später sollte Sexton diese Botschaft im Titel ihres dritten Buches übernehmen, *Live or Die.*

Kurz nach Thanksgiving, als Kayo wieder unterwegs war und Sexton einige bange Tage durchmachte, war sie ganz unerwartet in genau der Stimmung, sich an Prosa zu versuchen. Normalerweise konnte sie nicht schreiben, wenn Kayo verreist war; so oft es ging, steckte sie ihre Energie in eine kurze Liebesaffäre. Aber während dieser Abwesenheit nutzte sie die Energie für eine Kurzgeschichte mit dem Titel *Cigarettes and Butternut Squash*; sie schrieb sie für Linda, die gerade mit einer Grippe zu Hause lag. Beim Lesen von neueren Zeitschriften, in denen ihr persönlich bekannte Schriftsteller veröffentlichten, fiel Sexton auf, wieviel Tatsächliches in den Geschichten als Fiktion getarnt war. »Ich war gerade dabei, den *New Yorker* zu lesen – und da beschloß ich, einfach mein tatsächliches Leben als Stoff zu nehmen!« Man brauchte auch gar nicht viel Handlung; eine Geschichte beruhte oft auf dem, was sie einen »Anfall von Wachheit« nannte, eine plötzliche Erweiterung des Alltags durch eine irrationale Eingebung: »Ich habe solche Anfälle von Wachheit! Vielleicht bin ich deshalb Schriftstellerin: Manchmal nehme ich diesen Anfall und beschreibe ihn. Dann vergeht er nicht.«

Cigarettes and Butternut Squash war klug strukturiert, eine in einen autobiographischen Rahmen gefaßte Kindergeschichte, die Sextons merkwürdige Stimmung am Tagesende festhielt. Offenbar überarbeitete sie den Text nie und schickte ihn auch nicht zur Veröffentlichung ein, aber der Elan des Schreibens übertrug sich auf ein anderes Prosastück, das sie Anfang Dezember in großer Eile schrieb, *The Last Believer*. Hier ging es um Erinnerungen an den Weihnachtsmorgen, wenn der Hausherr in der Dämmerung seinen Auftritt als Weihnachtsmann hatte und alle Frauen in der Familie ihm assistierten. Jetzt, da Ralph und Mary Gray nicht mehr lebten, hielten Anne und Blanche und Jane noch immer an diesem Ritual fest. Linda und Joy erinnerten sich, wie ihre Mutter am Weihnachtsmorgen, wenn es noch dunkel war, in ihr Zimmer kam, um sie zu wecken; sie saßen dann alle drei auf der Spielzeugkiste am Fenster und versuchten, durch die Zweige der Bäume zu sehen. Dann sagte Anne aufgeregt: »Da ist er, da ist er!« und zeigte auf den Himmel, »und wir sagten dann ›Oh, da ist er!‹, überzeugt, daß wir ihn gesehen hatten«, erinnerte sich Linda. »Und dann hörten wir unten seine Stimme, wie er ›Ha! Ha! Ha!‹ rief.« In *The Last Believer* hielt Sexton wunderschön den Zauber der Illusion fest, mit dem diese Scharade ihr kindliches Ich umfing, die familiäre Wärme, die dadurch entstand, und die widersprüchlichen Gefühle, die sie als Teenager empfand, als sie hinter die Kulissen gebeten wurde. Die Geschichte spricht das Problem an, was Weihnachten 1961 für sie bedeutete; es gelingt ihr darin, das schuldbewußte Ringen einer Mutter, die mit den nachdenklichen Fragen eines Kindes konfrontiert wird, um ihren nicht gefestigten religiösen Glauben mitzuteilen, ohne dies direkt auszusprechen.

Das Gespräch mit Linda sei wie ein Gespräch mit der eigenen Seele, bemerkte Sexton gegenüber Dr. Orne. Wie andere Arbeiten, die sie in jenem Herbst schrieb, wurde *The Last Believer* durch eine heftige Identifikation mit der Situation der Tochter ausgelöst, mit der Achtjährigen in ihr selbst, verbunden mit einem feinen Gespür dafür, in der Mitte des Lebens angelangt zu sein. Der neunte November brachte Sextons dreiunddreißigsten Geburtstag, und um diese Zeit begann sie im Bewußtsein anderer wichtiger Jahrestage damit, Gedichte im Manuskript ihres zweiten Buches zu arrangieren, das den Titel *All My Pretty Ones* tragen sollte. James Wright hatte den Titel vorgeschlagen, der Shakespeares *Macbeth* entnommen ist, und zwar handelt es sich um die Stelle, wo MacDuff vom Hinschlachten seiner Frau und Kinder erfährt: »*All my pretty ones? Did you say all?*«[7]

Die Zeit, in der ihre Eltern gestorben waren, kam Sexton oft wieder in den Sinn, während sie ihre neuen Gedichte in fünf Abschnitte ordnete und über die beiseite gelegten Manuskripten brütete auf der Suche nach Texten, die eine Überarbeitung lohnten. Das Buch hatte eine strenge Struktur. Teil I war von den Themen her elegisch und zeigte Sextons starke Identifikation mit den Toten. Teil II enthielt religiöse Gedichte. Teil III enthielt nur ein Gedicht, *The Fortress,* das sie Dr. Orne widmen wollte (er brachte sie davon ab, indem er eine Weisheit zitierte, die er von seinem eigenen Mentor Elvin Semrad erfahren hatte: »Anders als andere Ärzte dürfen sich Psychiater nur in einer Währung bezahlen lassen: mit Geld. Alles andere kostet den Patienten zu viel.«) Teil IV bestand aus einer Auswahl von Gedichten, die sonst nirgends hinpaßten, während Teil V James Wright gewidmet war, versteckt hinter »Comfort, der eigentlich mein Großvater war«. Somit verwies der Schluß des Buches auf den Anfang zurück: Die Toten leben in den Projektionen auf die Lebenden wieder, so daß der Verlust der Toten sich in den Lebenden endlos wiederholt.

Während sie dieses endgültige Arrangement für das Buch ausarbeitete, wurde Sexton wieder akut von Selbstmordgedanken gequält. Gewöhnlich war Kayo im November viel unterwegs und hängte an seine übliche Runde von Geschäftsreisen einen Jagdausflug zur Eröffnung der Jagdsaison mit »den Jungen« an. Dieses Jahr überschnitt sich sein Jagdausflug mit einer Fachtagung, derentwegen Dr. Orne übers Wochenende verreist war. Diese Reisen waren Wochen im voraus geplant und festgemacht, aber die vielen Gespräche darüber konnten die Panik nicht verhindern, die Sexton dann überfiel, als der Samstag herannahte. Voller Schrecken rief sie Kayos Therapeuten Dr. Leiderman an. Sie wußte, daß sie viele Regeln verletzte, indem sie den Arzt ihres Mannes konsultierte, »aber weil ich nicht wußte, was ich tun sollte, war ich in eine Notlage geraten«, erklärte sie.

Er »half mir zu warten [auf Kayos Rückkehr] und mich nicht umzubringen«, sagte sie später Dr. Orne. »Ich bat darum, in die Klinik eingewiesen zu werden, aber statt dessen hielt er mich Stunde um Stunde bei der Stange – ich wollte wirklich nach Westwood, aber er sagte: ›Ich möchte, daß Sie warten. Wenn Sie nicht warten können, rufen Sie mich an.‹« Sie rief ihn mehrmals an jenem Tag an, und am Abend ließ sie die Kinder bei Sandy Robarts Familie und ging in seine Praxis, um ihn persönlich zu konsultieren. Die Beruhigung, die sich dadurch einstellte, verflüchtigte sich allerdings, kaum daß sie die Praxis verließ. Sie fuhr zu einem Restaurant, bestellte ein Glas Bier und fing an, das einzunehmen, was sie für eine Überdosis Tabletten hielt. Sie hatte ihr Manuskript dabei, und während sie das Bier schlürfte und die Tabletten hinunterspülte, kritzelte sie wie wild Notizen für Maxine Kumin und markierte die Änderungen, die noch vor der Veröffentlichung des Buches gemacht werden sollten. »Es war eine sinnlose Angelegenheit«, sagte sie später lahm zu Dr. Orne; sie hatte die falschen Tabletten mitgenommen. Schließlich fuhr sie nach Hause, übergab sich und bat Sandy Robart, die Nacht bei ihr zu bleiben.

Sexton taumelte durch den nächsten Tag, rief fast stündlich bei Dr. Leiderman an, aber am Abend hatte sie dann das Gefühl, sie müsse einfach in die Klinik. »Ich hatte alles vorbereitet. Ich war so nervös, daß ich die Kinder um sechs Uhr ins Bett steckte; wußte, daß Kayo gegen acht zu Hause sein würde; ich konnte sie nicht länger ertragen... Saß an meiner Schreibmaschine, und ich trank das Glas Milch, und ich nahm die Tabletten. Ich war sehr nervös – wenn die Katze sich im Haus regte, brach mir der Schweiß aus. Schließlich machte ich das Licht aus. Es war fast zu spät wegzulaufen; ich hatte Angst, er würde mich in der Einfahrt abfangen. Also tat ich etwas ziemlich Praktisches. Statt die Tabletten zu nehmen, die mich umbringen würden, nahm ich Deprol [Schlaftabletten]. Die beruhigten mich endlich; dann kam er nach Hause.«

In der Rückschau war sie schockiert und verwirrt, wie schlimm ihre Panik gewesen war. Sie war ein Jahr oder länger nicht mehr von solchen Gefühlen überwältigt worden und war zu der Überzeugung gelangt, daß sie dergleichen Vorfälle hinter sich hätte. Aber ihr war auch klar – »intellektuell«, wie sie es formulierte –, daß keine dieser Tablettensitzungen ein echter Selbstmordversuch gewesen war. »Es war ein *Ersatz:* Es ist derselbe symbolische Akt, aber es besteht ein Unterschied, ob man etwas nimmt, das einen umbringt, oder etwas, das einen sofort umbringt. Die ›Töte-mich‹-Tabletten sind ganz besondere – ich hab sie meinen Eltern weggenommen, und ich bekomme sie nicht mehr.« Das war Nembutal, ein schnell wirkendes Barbiturat, das bereits in relativ kleinen Dosen tödlich ist. Sexton hatte es nach dem Tod ihrer Eltern aus deren Medizinschrank genommen: »Ich habe das Gift einkassiert.« Sie sagte Dr. Orne, sie habe es gewöhnlich in ihrer Brieftasche bei sich, um sich jederzeit, wenn sie in der entsprechenden Stimmung war, umbringen zu können. »Wenn ich Deprol und Nodular nicht als Ersatz hätte, wäre ich bestimmt schon längst nicht mehr am Leben – das Mädchen da draußen in der Vorstadt loswerden!«

Sexton bereitete in einem Taumel *All My Pretty Ones* für die Veröffentlichung vor, und Ende November schickte sie das Manuskript schließlich an Houghton Mifflin. Dr. Orne sagte sie: »Sie haben einmal zu mir gesagt: Wenn Sie sich umbringen, werden Sie nicht leben (obgleich eine meiner Vorstellungen ist, daß ich wiedergeboren werde). Aber sehen Sie mal, ich kümmere mich um diesen ›Lebe‹-Teil, indem ich meine Gedichte schreibe. Ich habe keine Zeit, zu lernen, wie man lebendige Kurzgeschichten schreibt – aber mit den Gedichten hab ich es jetzt geschafft, ich bin die ganze Zeit dabeigeblieben! Das war überhaupt immer der Grund, warum ich gelebt habe.« Sie wußte, das neue Buch würde sehr gut sein, und sie vertraute Dr. Orne ihre Hoffnung an, daß sie damit sogar zu den Großen gehören würde: »Kafka, Dostojewski sind groß dank der Wirkung ihres Werkes. Sie hält noch an; sie sind tot, aber sie hält immer noch in demselben Ausmaß an, als wenn sie am Leben wären. Beider Leben war ein Chaos, aber das ändert nichts daran – was sie *getan* haben, war wichtiger als ein gutes Leben.« Sie schloß daraus, daß man weder geistige Gesundheit noch den Beifall der Welt brauchte, um große Werke zu erschaffen. »Ich könnte mich morgen umbringen, wenn ich denselben Beifall wie ein Salinger hätte – könnte etwas schwierig sein, mit Beifall umzugehen.« Die eigentliche Größe eines Schriftstellers hänge von seiner Fähigkeit ab, »tief hinunter« ins Unbewußte zu tauchen. »Man kann es Können nennen; es spielt keine Rolle, wie man dahin gelangt, aber es muß hinabtauchen. Genau das versuche ich in einem Gedicht zu tun, auch wenn es mir nicht immer gelingt. Ich habe den Ehrgeiz, daß ich es greifen, daß ich es berühren kann.«

1 Horch, horch, die Lerche, / Zapperlot, hört, hört, / mein IQ ist okay dies Jahr.
2 Ich selber aber, ach! ich mag nicht mehr / [. . .] / Ist eine Schrift, um ihren Hals gewunden: / Noli me tangere, die ich Cäsars bin, / Wild, nicht zu halten, ob auch zahm ich schien. (Dt. von Gisbert Kranz)
3 Die schwarze Kunst
Eine Frau, die schreibt, fühlt zu viel, / Zauber und Zeichen! / Als wären Zyklus und Kinder und Inseln / nicht genug; als wären Klagen und Klatsch / und Gemüse nie genug. / Sie meint sie kann die Sterne warnen. / Eine Dichterin ist eigentlich eine Spionin. / Mein Lieber, dies Mädchen bin ich.
Ein Mann, der schreibt, weiß zu viel, / Worte und Fetische! / [. . .] / Aus alten Möbeln macht er einen Baum. / Ein Dichter ist eigentlich ein Gauner. / Mein Lieber, dieser Mann bist du.
4 Brief bei Nordostwind im Januar geschrieben
Liebster, / wo sind deine Briefe? / Der Postbote ist ein Hochstapler. / Er ist eigentlich mein Großvater. / Er schwebt weit weg im Sturm / mit seinem Nikotinschnurrbart und einem Geldsack. / Seine Beine stolpern durch / Körbe mit Augenwimpern. / Wie alle Toten / nimmt er seine Verkleidung, / schüttelt sie ab und zieht langsam die Jalousie herab, / verblassend wie ein alter Film. / Jetzt ist er fort / wie du fort bist. / Aber er gehört mir wie verlornes Gepäck.
5 in dem Baum ist Ruhe, / ruhig wie das Kruzifix.
6 Im tiefen Museum
Draußen wird das Bittersüß orange. / Ehe sie starb, haben meine Mutter und ich diese fetten / Zweige gesammelt und orangene Nippel / an grauen Drahtfäden gefunden. / Wir jäteten den Wald, heilten Bäume wie Krüppel. / [. . .] / Ich presse meinen Zeigefinger – / halb im Spaß, halb im Schreck – / auf das braune Muttermal / unter deinem linken Auge, geerbt / von meiner rechten Wange: ein Fleck der Gefahr / wo ein verhexter Wurm seinen Weg in unsere Seele fraß. / [. . .] / Ich kann nicht sehr viel versprechen. / Ich geb dir die Bilder, die ich kenne. / Lieg still bei mir und schau. / Ein Pfau zieht / vorüber wie eine Otter, durch die Mulche gezerrt / an seinem dicken weißen Halsband. Er hat seinen Auftritt / wie ein Clown. Er schleift eine beige Feder, die er einmal / vom Hut einer alten Dame genommen hat. / Wir lachen und wir berühren uns. / Ich verspreche dir Liebe. Die wird die Zeit nicht nehmen.
7 All die süßen Kleinen? Alle, sagst du? (Dt. von Dorothea Tieck, Shakespeare GW, Bd. 3, S. 461)

Die Dichtung und das Unbewußte
1962

Als *All My Pretty Ones* im Druck war, hatte die Pflege ihres erst kürzlich entdeckten Talents Anne Sexton im wörtlichen Sinn als Person neu hergestellt; sie verwandelte sich in diejenige, die sie in der Stimme der ersten Person ihrer Dichtung selbst geschaffen hatte. Das Publikum begegnete jener lebhaften Sprecherin auf den gedruckten Seiten oder bei Sextons wunderbaren, mit rauchiger Stimme vorgetragenen Lesungen. Doch die veröffentlichte Version ihrer selbst war nicht mehr das *Ich* jener Dichterin, die nach Worten und Rhythmen jagte. Diesem Rätsel der Identität stellte sich Sexton im neuen Jahr vehement, während sie stundenlang rauchte und ihr Haar mit dem Zeigefinger zwirbelte, um sich zwischen zwei Heuhaufen zu entscheiden – dem Versuch, Gedichte zu schreiben, und dem Versuch, Gedichte zu schreiben, die sich anders anhörten als ihre bisherigen. In der Rückschau lassen sich zwei wichtige Einflüsse ausmachen, die richtungweisend für ihre Kunst werden sollten: eine sechsmonatige Krise in ihrer Therapie, in der es hauptsächlich um Probleme der Intimität ging, vor allem um Intimität mit Frauen, und ein zunehmender Ehrgeiz, für die Bühne zu schreiben.

Die Therapiekrise entstand unauffällig durch Dr. Ornes Ankündigung, daß er plane, Anfang Februar zwei Wochen in Mexiko zu verbringen. »Wenn Kayo für zwei Wochen mit mir nach Florida fahren würde, würde ich mir nicht solche Sorgen machen, ich könnte so tun, als würde ich *Sie* verlassen«, scherzte Sexton. Angesichts der Aussicht, von ihrem Arzt und ihrem Mann (der geschäftlich unterwegs war) im Stich gelassen zu werden – so empfand sie es –, brachte sie einen guten Teil ihrer Therapie in den ersten Wochen des Jahres 1962 in Trance zu und weinte bitter. Wenn sie am Ende der Stunde aufwachte, war sie schockiert und schämte sich. »Das Gefühl ist so gewaltig – so hatte ich weinen wollen, als meine Mutter starb, aber da konnte ich es nicht . . . Mein Vater war immer auf Reisen, genau wie Kayo. Genauso ist es in meiner Kindheit zugegangen; Kayo besucht dieselben Kunden wie mein Vater, Kayo ist jetzt dort, wo mein Vater immer hingefahren ist.«

Sie dachte in jenem Winter oft an ihren Vater. Das Abhören einiger alter Therapiebänder weckte in ihr schmerzliche Erinnerungen an jene Ereignisse, die sie Dr. Orne beschrieben hatte: wie ihr Vater in ihr Zimmer gekommen war und was Nana sah, als sie durch die Tür spähte, und wie Nana dann verrückt wurde und sagte, Anne sei nicht mehr Anne. In der Trance wurden ihre Berichte über diese Episode immer detaillierter. Aber die Einzelheiten unterschieden sich auffallend von ihren bisherigen Berichten; sie drehten sich immer mehr um Nana.

Sexton entdeckte, daß Dr. Orne (und Kayo und James Wright) irgendwie »Nana« spielten, wenn sie selber von dem »heftigen, unvernünftigen Gefühl« von Verlust ergriffen war, das nur ein Mensch ihr nehmen konnte: Nana oder jetzt eben ihre Ersatzpersonen. »Es muß Nana sein, die fortgeht, und alles ist in Unordnung, und dann Nana, die zurückkommt, und alles ist in Ordnung.« Sexton agierte Nanas »Rückkehr« aus, indem sie sich in ihre Jungmädchenzeit zurückversetzte. Im Sprechzimmer des Arztes geschah dies häufig dergestalt, daß sie »sich zusammenrollen und ›Verlaß mich nicht‹ seufzen« wollte. Zu Hause fand die emotionale Dynamik, die sie brauchte, in dem Refrain ihren Niederschlag, den sie jeden Abend von Kayo einforderte, während er ihr den Kopf streichelte: »Ja, Anne, du bist ein braves Mädchen.« Sie glaubte, daß diese sicheren Gefühle der Abhängigkeit von Nana durch sexuelle Gefühle für ihren Vater zerstört worden seien.

A. S.: Ich will nie über diesen Punkt hinausgehen, ich will auf der Couch liegen und bei Nana sein, wo ich geliebt wurde . . . Ich wäre nicht all die Jahre mit Kayo verheiratet geblieben: Seine Bedeutung für mich liegt darin, daß er wie Nana ist. Deshalb müssen Sie Nana sein.

Dr.: Und wenn Sie sexuelle Gefühle für mich spüren würden?

A. S.: Ich muß für Nana furchtbarer als für meinen Vater gewe-

sen sein ... Ich bin bei Jim dauernd in Ohnmacht gefallen, weil
diese beiden Gefühle ständig in Konflikt gerieten: Ich verliebte
mich in Jim wegen seiner Briefe, er war meine Nana, meine Seele;
aber er war ein Mann, was hab ich ihm da also geboten? Er hatte all
die Fähigkeiten, all die Gefühle meines Vaters, teils sexy, teils
prüde.

Sexton arbeitete mit Dr. Orne im Januar nur einen kleinen Teil
dieses Materials durch, und sie bestand darauf, keine Notizen machen zu müssen, wenn sie im Anschluß die Bänder anhörte. Aber
eine Woche nach Dr. Ornes Abreise vereinbarte sie einen Termin
mit seiner Mutter. Sexton erzählte Dr. Brunner-Orne von dem
Material, das aufgetaucht war, und sie sagte, ihre intensivsten
Gefühle drehten sich um den Prozeß von Verlust und Rückkehr,
und ihr sei klargeworden, daß sie dies mit Nana vor und nach der
von ihr beobachteten »Urszene« in Zusammenhang gebracht habe,
auf die sie in den Trancezuständen immer wieder zurückgekommen
sei. Sie meinte, die Konsultation von Dr. Brunner-Orne werde ihr
helfen, Dr. Ornes Abwesenheit zu überstehen. »Sie ist sehr gut für
mein Ego«, berichtete Sexton Dr. Orne, als er zurückgekehrt war.
»Vielleicht hat sie mir erlaubt, Sie zu lieben? Ich habe ihr gesagt:
›Vermutlich habe ich einen größeren Ödipuskonflikt, als ich
dachte‹, und sie hat gesagt ›O ja‹.«
    In dieser Zeit machte Sexton die durch diese Themen freigesetzte
Energie für ihre Kreativität nutzbar. In den Wochen vor Dr. Ornes
Abreise begann sie, einen Workshop für Dramatikerinnen und
Dramatiker zu besuchen, und zwar zusammen mit ihrer Nachbarin
Eleanor Boylan, die Puppenspiele in den Bostoner Kindertheatern
aufführte und auch mit dem Charles Playhouse zu tun hatte, das
den Workshop finanzierte. Schon nach einigen Treffen war Sexton
davon gefesselt. Sie leistete sich »für vierzig Dollar Avantgarde-
Stücke als Taschenbücher« und fing an, ihre Tagebuchnotizen
der Therapie aus dem Jahr 1961 nach Ideen durchzusehen. Als sie
erst einmal eine Handlung gefunden hatte, entwarf sie in zwei
Wochen eine erste Fassung. »Vier Szenen, drei Charaktere«, berich-

241

tete sie Robert Lowell. »Ich war vollkommen davon eingenommen.«

Unter dem Titel *The Cure* ging das Stück einigen der religiösen Fragen nach, die Sexton in *All My Pretty Ones* aufgeworfen hatte. Eine selbstmordgefährdete Frau namens Daisy kann eine mit Schuldgefühlen belastete Erinnerung nicht loswerden: Sie meint, daß sie als Kind ihre ganze Familie umgebracht habe, indem sie in der Nacht, als ein Brand ausbrach, bei dem alle umkamen, von zu Hause weggelaufen ist. Sie konsultiert nun einen Psychiater, Dr. Alex. Das Stück beginnt damit, daß Daisy Dr. Alex erzählt, Christus sei zu ihr gekommen. Sie glaubt, Christus wolle die »psychologischen Erklärungen«, die der Psychiater für ihre Ängste findet, in Frage stellen und sie von ihrem schuldigen Dasein erlösen. »Ich bin nicht mehr eine Frau, als . . . als Christus ein Mann war!« ruft Daisy aus. Nachdem sie einen Priester um Rat gefragt hat, der ihren Visionen ebenfalls keinen Glauben schenkt, bringt sie sich um.

Eleanor Boylan stellte eine begeisterte Mitarbeiterin dar: »Ich übernehme den Priester, du übernimmst den Psychiater!« Boylan hatte erfreulich geringe Erwartungen, was das Verhalten eines Priesters betraf, und die Rolle, die sie schrieb, trug dazu bei, die düstere Handlung des Stücks aufzuhellen. *The Cure* wurde von Repertoire-Schauspielern, die mit dem Charles Playhouse zu tun hatten, mit verteilten Rollen gelesen, aber ihre Reaktionen waren nicht besonders positiv: »Sehr interessant, bloß kein Stück«, sagte der Direktor Michael Murray. Entmutigt stopfte Sexton ihr Exemplar in das Handschuhfach ihres VW-Käfers und vergaß es für drei Jahre – so behauptete sie zumindest, wenn sie später die Geschichte erzählte. Aber der Versuch, die Erfahrung der Übertragung kreativ zu nutzen, ging äußerst fruchtbar in die Gedichte ihres nächsten Buches ein, *Live or Die* (1966), und in das Stück *Mercy Street,* das am Ende aus *The Cure* entstand.

Inzwischen sammelte Sexton Erfahrungen als Lehrerin. Da von Radcliffe-Stipendiatinnen erwartet wurde, daß sie zur Ausbildung der Anfangssemester beitrugen, bot Sexton einen informellen Lyrik-Workshop an, der sich wöchentlich (donnerstags, nach ihrem Friseurtermin) in einer Studentenlounge treffen und Frauen und Männern offenstehen sollte. Der Kurs begann mit dem Herbstsemester und wurde dann nach den Weihnachtsferien wiederaufgenommen. Etwa fünfzehn Studenten stellten sich ein, die Hälfte von Harvard. Zu ihnen gehörte Jeffrey Moussaieff Masson, der mit seinem berühmt-berüchtigten Buch *Assault on Truth: Freud's Suppression of the Seduction Theory* (1984) später ziemliches Aufsehen erregen sollte. 1962 war er im zweiten Jahr an der Harvard University und wollte Dichter werden. Er ging eifrig zu dem ersten Treffen von Sextons Workshop, und später erinnerte er sich, daß sie bereits damals eine gute Lehrerin war.

»Nachdem der erste Student sein Gedicht vorgetragen hatte, hob ich forsch die Hand und meinte, ich könnte sie beeindrucken. Ich sagte: ›Dieses Gedicht ist so naiv wie ein Bild von einem jungen Hund, der den Kopf zum Fenster rausstreckt und mit dem Schwanz wedelt.‹ Ich war entsetzlich jung mit meinen neunzehn Jahren – eine furchtbare Kombination von Arroganz und Ignoranz. Sie holte mich ziemlich schnell auf den Boden. Sie war nicht unmenschlich, aber sie sagte mir, sie wolle nicht, daß Menschen die Gefühle anderer verletzten. Dann sprach sie ausführlich über das Gedicht, und ich merkte, daß ich völlig unterlegen und überboten war. Ich war baff, wie gut sie darin war; sehr persönlich. Das fand ich sehr beeindruckend – in Harvard war ja alles entsetzlich unpersönlich und patrizisch. Hier hatte ich nun das gefunden, weshalb ich gekommen war, einen Ort, wo Menschen über ihre Gefühle redeten. Gleichzeitig merkte ich auch, daß ich kein Talent zu solcher Subjektivität hatte. Ich war kein guter Dichter und würde in dieser Welt nie vorankommen.«

Masson kam schon nach ein paar Stunden nicht mehr in den Kurs. Sexton traf sich weiterhin den ganzen Mai mit der Gruppe, mit gemischten Gefühlen bezüglich des Erfolgs. Die Studenten sagten ihr, daß sie sich zu sehr bemühe, aber in Sextons Augen bemühten *sie* sich nicht genug.

Was sie allerdings nach wie vor befriedigte, war der weiterhin laufende Workshop von John Holmes, ein Vorbild für ihren eigenen Unterricht. Die Gruppe wäre beinahe auseinandergefallen, als George Starbuck im September zuvor nach Rom gefahren war. Da erfuhr Holmes, daß Theodore und Renée Weiss für das akademische Jahr am Massachusetts Institute of Technology in Cambridge zu Gast sein würden, und er lud sie ein, Starbucks Platz einzunehmen. Als literarisches Paar – sie Übersetzerin, er ein poeta doctus – hatten die beiden *The Quarterly Review of Literature* gegründet, eine kleine Zeitschrift, die die kosmopolitische Bandbreite ihres Geschmacks widerspiegelte. Mit ihnen überwog nun in dem Workshop das konservative Element, das John Holmes mit seiner Yankee-Solidität und Maxine Kumin mit ihrer Intellektualität repräsentierten. Aber es stellte sich doch heraus, daß sie gemeinsam ein guter Ersatz für Starbuck waren, weil von ihnen viel freudige Begeisterung ausging und methodische Fragen stets im Vordergrund standen. Ted Weiss fiel auf, daß Sexton, auch wenn sie durch den Workshop geschult und auf Kritik von seiten des literarischen Marktes angewiesen war, in ihrer Dichtung und in ihrer Kritik anderer Dichter selten literarische Bezüge herstellte, sondern sich in dieser Hinsicht weitgehend von Maxine Kumin belehren ließ.

Die ganze Gruppe feierte, als *The Fortune Teller* von Holmes in jenem Jahr für den National Book Award vorgeschlagen wurde. Holmes hatte das Gefühl, daß er es als Dichter endlich geschafft hatte, und er war besonders stolz darauf, diese intime kleine Institution gegründet zu haben, die in den etwa drei Jahren ihres Bestehens so viel gute Literatur gefördert hatte. Im gleichen Winter nahm er die Arbeit an *The Five* auf, einem Lobgesang auf Workshops in Form eines langen Gedichts, insbesondere jenes Workshops, den er damals in den vierziger Jahren mit John Ciardi, Richard Eberhart, May Sarton und Richard Wilbur besucht hatte, die damals alle in oder um Boston lebten. Er war tief enttäuscht, als der National Book Award dann an Alan Dugans *Poems* und nicht an seine Sammlung ging, an der er so lange gearbeitet hatte. Er schien die Enttäuschung mit seinem ganzen Körper zu spüren, denn er litt in jenem Winter an starken Schmerzen, für die keine organische Ursache gefunden wurde. Im März wurde aus seinen Halsschmerzen eine Gedichtmetapher: *»He looks across his audience, / Hearing the lines come to him as he wants them, bare, true, / Real as an ache in the bones or the throat. He is a poem's voice.«* [1] Im Mai wurde dieser Schmerz als Krebs diagnostiziert. Mitte Juni starb Holmes.

Sexton und Kumin waren über seinen raschen Verfall und den entsetzlichen Tod schockiert. »Wir waren uns so sicher, daß es psychisch sei – er ist doch erst in den Fünfzigern«, sagte Sexton zu Dr. Orne. Sie war traurig, daß sie nie vermocht hatte, Holmes ihren Zorn oder ihre Dankbarkeit auf angemessene Weise zu zeigen. »Ich habe von John und nicht von Robert Lowell schreiben gelernt«, meinte sie. »Daß er mich nicht mochte, konnte ich kaum aushalten.«

Natürlich hatte Sexton in jenem Winter und Frühjahr alle ihre Übertragungsgedichte in den Workshop mitgebracht (*The Wallflower* [Das Mauerblümchen], *And One for My Dame* [Und eins für meine Herrin], *Consorting with Angels* [Beratung mit Engeln], *Mother and Jack and the Rain* [Mutter und Jack und der Regen], *The Sun* [Die Sonne]) – passenderweise auf Briefpapier, das sie sich aus dem Geschäft ihres Vaters gesichert hatte, unter dem Briefkopf *»R. C. Harvey Company Duplicate Copy«*. Der Tod von John Holmes stellte sich in ihrer Vorstellung als neuerlicher Verlust eines Vaters dar, und die Elegie, die sie für ihn schrieb, *Somewhere in Africa* (Irgendwo in Afrika), war von literarischen Werten geprägt, die der Workshop pflegte und durch die sie sich seit langem abgewertet fühlte.

Dieses Gedicht ist in vielen Einzelheiten – angesiedelt in einem mythischen Afrika – Saul Bellows *Regenkönig* entlehnt. Es sprach auch Sextons ambivalente Liebe zu dem väterlichen Holmes an. Es besang seine Integrität und beanspruchte für ihn das Paradies, das der Zunft der Dichter zugeteilt ist. Doch es machte auch einen Unterschied zwischen dem Zensor und dem Künstler in ihm. Wenn er ihre Arbeiten kritisierte, hatte Holmes immer die Worte »kindisch« und »selbstsüchtig« gebraucht; er sah ihre Gedichte ausschließlich im Zusammenhang mit ihrer Person, die er mißbilligte.

Holmes meinte, Dichtung solle gegenüber Gefühlen einen moralischen Standpunkt einnehmen, aber Sexton gebrauchte Gefühle, Reime und Rhythmen, um Bilder zu erzeugen. Sie baute darauf, durch die dramatische Situation des Gedichtes zwischen manchmal halluzinatorischen Kombinationen einen Zusammenhang herzustellen. Insofern waren Holmes und Sexton sehr verschiedene Dichter, er sententiös, sie imagistisch.

Doch Holmes' gentlemanhafte Ablehnung hatte Sexton dazu gezwungen, sich selber diesen Unterschied klarzumachen; indem sie ihm widersprach, kam sie dazu, sich selber als Dichterin des Unbewußten anzusehen. Als sie *Somewhere in Africa* schrieb, hatte sie sich endgültig von allen ihren früheren Mentoren – De Snodgrass, Robert Lowell, James Wright –, die natürlich auch Zensoren waren, gelöst. Sie hatte sich eine öffentliche Persönlichkeit und eine ganz besondere Stimme zu eigen gemacht. In *Somewhere in Africa* brachte die Dichterin auf ihre Weise ihre Zensoren und Lehrer zu ihrer endgültigen Ruhestatt.

Zu der selbstbewußten Thematisierung der »Stammesfrau« in der Elegie für Holmes hatte Sexton vermutlich die Aufforderung angeregt, die sie im Frühjahr zuvor vom Herausgeber von *Harper's* erhalten hatte. Er hatte sie darum gebeten, etwas zu einem Sonderheft über *The American Female* beizutragen, obgleich er gar nicht genau wußte, worauf er eigentlich hinauswollte. Sollte das Werk von der amerikanischen Frau oder *für* die amerikanische Frau sein? *Harper's* nahm *Mother and Jack and the Rain* an. Vielleicht erkannte der Herausgeber Sextons Anspielung auf Virginia Woolfs *Ein Zimmer für sich allein* in diesem Gedicht, aber höchstwahrscheinlich nicht. 1962 gab es noch keine »feministische Literaturwissenschaft«, die »Frauenliteratur« gefeiert hätte.

Doch Sexton hatte 1962 bereits die interessante gesellschaftliche Rolle einer zeitgenössischen amerikanischen Dichterin als eine Identität angenommen, die ein Eigenleben führte; sie gewann Gestalt durch die Rezeption ihres Werkes. Als *All My Pretty Ones* im Oktober herauskam, interessierte die Kritiker vor allem, wie unverblümt sie in Gedichten wie *The Operation* den weiblichen Körper behandelte. Die positivste Bemerkung kam von Charles Simmons in *The Saturday Review.* Er stellte thematische Ähnlichkeiten im Werk von Sexton und Simone de Beauvoir fest, deren bahnbrechende feministische Abhandlung *Das andere Geschlecht* gerade auf Englisch erschienen war: »Mrs. Sexton besingt mit erschreckender Intensität die Gefühle, die Simone de Beauvoir leidenschaftslos diskutiert.« Im Hinblick auf *The Operation* bemerkte Simmons: »Bis vor kurzem haben weder Frauen noch Männer solche Erlebnisse literarisch verarbeitet. Jetzt, da dies möglich ist, haben Frauen die Option häufiger genutzt als Männer. Tatsächlich scheinen einige von ihnen in den Kulissen gewartet zu haben, um endlich über das bisher Unausgesprochene zu sprechen. Nicht jedem gefällt diese Art zu schreiben, obwohl sie oft, wie in *The Operation*, klar, berührend und menschlich ist – Qualitäten, von denen man meinen sollte, daß sie gute Literatur gewährleisten.«

James Dickey hielt hingegen *All My Pretty Ones,* schmeichelhaft ausgedrückt, für »gekünstelt«. In seiner Rezension des Buches für das *New York Times Book Review* machte er Sexton fertig: »Es läßt sich wohl schwerlich ein Schriftsteller finden, der penetranter in den krankhaften und abstoßenden Aspekten körperlicher Existenz herumstochert, als würde dadurch das Schreiben realer, und es ließe sich wohl auch kaum eine hoffnungslos mechanischere Methode finden, über diese Dinge zu berichten, als die ihre.« Vielleicht verbarg sich hinter seinem starken Mißfallen eine morbide Faszination; sein eigenes Werk, das in dem Roman *Deliverance* (1970) gipfelt, sollte schon bald ähnliche Obsessionen zeigen.

Sextons eigene Einstellung zur »Frauenfrage« war anfangs stark durch Robert Lowells Seminar beeinflußt, wo stets ein Unterschied gemacht wurde zwischen den »Dichterinnen« und den »Großen«. Vielleicht spürte sie auch eine gewisse Abwehr in Lowells Bemühen, sich die Damen auf Distanz zu halten; Alice Ryerson gegenüber, die das Interview für Radcliffe machte, äußerte sie die Ansicht, daß die Dichtung *in ihrem Wesen* weiblich sei, so daß eine Schriftstellerin dies kompensieren müsse, indem sie Themen meide, die mit Frauen identifiziert würden. Das beste Kompliment, das eine Dichterin bekommen könne, sagte sie 1962, sei: »Sie schreibt wie ein Mann.« Doch 1969 hatte sie ihre Meinung darüber geändert; auf die Bitte, sich zu den Zielen einer feministischen Zeitschrift zu äußern, schrieb sie an die Herausgeberin: »Mein Kommentar ist folgender: Solange von einer Schriftstellerin gesagt werden kann, ›Sie schreibt wie ein Mann‹, und diese Frau es als Kompliment auffaßt, so lange sind wir nicht gut dran.« Dieser Wandel ist vor allem durch starke Einflüsse auf Sexton während ihrer Zeit am Radcliffe-Institute bedingt, wo sie feministische Vorstellungen kennenlernte, und durch ihre täglichen Gespräche mit Maxine Kumin: Ganz im Privaten konnten sie die feministischen Einsichten ihrer besonderen Situation als schreibende Frauen anpassen, als Frauen, die einander sehr ähnlich waren, und als Frauen, die ihre Töchter dazu erzogen, hohe Erwartungen an das Leben zu stellen.

Sexton reagierte ebenfalls dankbar auf das Lob anderer Dichterinnen, mit denen sie vieles gemeinsam hatte; deren Anerkennung spezifisch weiblicher Aspekte ihres Werkes schien sie nicht zu kompromittieren. Sie schickte an Sylvia Plath ein Leseexemplar von *Pretty Ones,* und deren Dankesbrief war mehr als nur höflich: »Ich war völlig sprachlos und begeistert über das neue Buch. Es ist ungemein meisterhaft, weiblich im umfassendsten Sinn und so segensreich *un-literarisch.*« Sexton war ebenfalls sehr dankbar, als May Swenson einen positiven Brief an Houghton Mifflin schickte, nachdem der Herausgeber sie um einen Text für den Buchumschlag gebeten hatte. Auch Elizabeth Bishop wurde um einen solchen Text gebeten, aber sie schrieb statt dessen an Sexton selber. Über *Bedlam* schrieb sie: »Sie haben von Anfang an [. . .] mit Ihrer ganz eigenen authentischen Stimme gesprochen; dies ist etwas sehr Seltenes und hat Ihnen viel Zeit erspart!« Taktvollerweise erwähnte Bishop die Einschränkungen nicht, die sie Lowell gegenüber geäußert hatte; sie fand die Gedichte von *Pretty Ones* genauso authentisch, »erschütternd, furchtbar, sehr real – und sehr gut«. Die Dichterin Denise Levertov schrieb im selben Sinn: »Ihr neues Buch ist so voll von wilden, schönen Dingen; es ist wirklich aufregend.«

Im Laufe des Winters und Frühlings 1962 bewegte sich Sextons Arbeit mit Dr. Orne auf einen großen Eklat zu, da er sie drängte, eine analytischere Rolle in der Behandlung zu übernehmen. Im Januar – genau ein Jahr zuvor hatten sie ihr Verfahren mit den Tonbandaufnahmen begonnen – bat er sie, ihre Notizen über die Bänder des Vorjahres durchzusehen und sich ein paar wichtige Sitzungen auszusuchen, die sie mit ihm besprechen wollte. Sie machte ihre Hausaufgaben, kam aber zurück und protestierte, genau wie damals 1960 in Brandeis, als sie unter Philip Rahvs Anleitung Romane gelesen hatte: »Ich kann darauf nur emotional reagieren, der unbewußte Stoff ist für mich überwältigend – ich habe keinen solchen Verstand, ich weiß nicht, wie ich objektiv sein soll.« Doch immerhin brachte sie das Besprechen ihrer Notizen über alte Bänder zu einem Höhenflug freier Assoziationen an ihrer Schreibmaschine, und sie faßte das Kernproblem in sehr wenigen Sätzen zusammen:

»Ich möchte mich am liebsten neben dir hinlegen und einschlafen, und du wirst mich nie verlassen, weil ich ein braves Mädchen bin. Aber ich kann mit dir keinen Sex haben, weil ich mit Nana auch keinen Sex haben kann. Mein Vater war ein König. Der König kann mit jedem Sex haben. Sag nichts, was mir angst macht, sonst laufe ich weg. Ich will laufen, aber ich habe Angst. Beweg dich nicht, denn ich habe Angst, wenn die Dinge sich verändern. Ich habe solche Angst, daß meine Finger weh tun, meine Arme tun weh, mein Magen tut weh. Ich werde ohnmächtig, erstens einmal, um meinen Körper loszuwerden. Ich bin ich selbst, das kann ich dir sagen, das heißt, mein Körper ist er selbst, und meine Seele hat ihn in Ruhe gelassen. Ich verliere den Verstand, ist es denn nirgends still, nirgendwo ein Milchteich. Ich will meine Mutter haben, ich hasse meine Mutter. Nana war sicher. Nana war verrückt. Daddy war betrunken. Ich bin eine kleine Hure.«

»Sich hinlegen und einschlafen« neben einem zuverlässigen »Du« war ein Ziel, das Sexton immer häufiger dadurch erreichte, daß sie in den Therapiestunden im April, Mai und Anfang Juni in Ohnmacht fiel. Dr. Ornes Geduld machte allmählich einer Verbitterung Platz, und der Schluß solcher Termine fand zunehmend im Verborgenen statt: Das Band war zu Ende, ehe die Stunde zu Ende war, und Sexton blieb »ohne Band, auf das sie als eine Realität zurückkommen konnte«. Die objektive Haltung des Arztes wurde ein rotes Tuch für sie, als er sie drängte, wieder Notizen über ihre Therapiebänder zu machen (nach der Aufregung über das Besprechen alter Bänder hatte sie damit aufgehört, Notizen zu machen); dies war ein Teil der Aufgabe, Persönlichkeitsaspekte zu integrieren und zu verbinden. Sexton weigerte sich so lange, bis er darauf bestand. Die Auseinandersetzung erreichte Mitte Juni einen Höhepunkt. Sexton kam zu ihrem regulären Donnerstagabendtermin. Am Anfang der Stunde sagte sie zu Dr. Orne, es werde ihr schwerfallen zu gehen. Später fiel sie dann in eine Trance. Als sie nicht aufwachte, wurde Dr. Orne ungeduldig, und er knallte ein Buch auf seinen Schreibtisch; diese Geste weckte sie auf, und sie verließ sein Sprechzimmer.

Dann fuhr sie mit ihrem Wagen zu einem Drive-in-Restaurant (das hatte sie noch nie getan) und bestellte bei der Bedienung eine Tüte Milch. Da Dr. Orne oben in einem anderen Sprechzimmer zu tun hatte, nahm sie in dem leeren Sprechzimmer Platz, das Dr. Brunner-Orne normalerweise belegte. Sie streckte sich auf der Couch aus, trank die Milch und wurde ohnmächtig. »Da lag ich, zusammengerollt wie ein kleines Mädchen, wieder im Mutterleib, auf der Couch Ihrer Mutter!« Als Dr. Orne ins Zimmer kam, fand er sie bewußtlos, und es war nicht möglich, sie zu wecken, indem er ihren Namen rief, zählte oder in die Hände klatschte – so weckte er sie normalerweise. Dann gab er ihr einen Klaps auf die Wange, und sie wachte auf. Sehr verärgert schimpfte er sie aus, da sie ihm »keinen Platz« lasse. Sie brach in Tränen aus und weinte bitter. Während sie noch schluchzte, erklärte er ihr, er habe Verpflichtungen, die sie mit ihrem Benehmen störe: gegenüber anderen Patienten und gegenüber seiner Familie.

Es war schon spät. Sexton fuhr nach Hause, aber sie fühlte sich

»vernichtet« und konnte gar nicht aufhören zu weinen. Als sie in ihren Taschen nach Papiertaschentüchern suchte, fand sie einen Zettel, auf den sie ein paar Zeilen aus einem Gedicht von Rimbaud geschrieben hatte: »*Ma faim, Anne, Anne, / Fuis sur ton âne.*« – »Mein Verleger schickte mir Rimbaud in einer Prosaübersetzung, ich kann kein Französisch, aber plötzlich sah ich da meinen Namen – ›Anne, Anne‹ sprang mich aus dem Französischen an, mein Name – und im Rest des Gedichtes geht es um Hunger.« – »Flee on your donkey«: Die Botschaft schien in ihre Tasche geraten wie ein direktes Geschenk von einem anderen wahnsinnigen Dichter, der Erniedrigung in Kunst verwandelte. Gegen Mitternacht rief sie in Westwood Lodge an und bat, aufgenommen zu werden; Dr. Orne war einverstanden, und Sexton fuhr selber in die Klinik, wo sie allmählich ruhiger wurde. Sie blieb nur eineinhalb Tage, die sie fast ausschließlich damit zubrachte, die Erfahrung in einem neuen Gedicht zu beschreiben. Sie gab ihm den Titel *Flee on Your Donkey* (Flieh auf deinem Esel).

Bei ihrem nächsten Termin sagte Dr. Orne zu ihr, daß er sich Vorwürfe mache, diese Krise provoziert zu haben, indem er sie gedrängt habe, gesund zu werden, aber versäumt habe, ihr klarzumachen, daß seine Aufmerksamkeit für ihre Symptome durch seine anderen Verpflichtungen begrenzt sei. »Als Therapeut habe ich an diesem Punkt Verpflichtungen in der Beziehung«, gestand er. »Ich erwarte von Ihnen, daß Sie die ganze Zeit arbeiten. Wäre vielleicht besser, wenn ich diese Forderung nicht stellen würde.« In den nächsten Wochen handelten sie einige Therapiebedingungen neu aus, wobei Sexton gelegentlich behauptete, sie erwäge einen Arztwechsel, weil sie noch immer eine Psychoanalyse in Betracht ziehe. Sie fühlte sich mit den immer gleichen Symptomen wie festgefahren. »Ich bin seit Jahren nicht mal in die Bibliothek gekommen!« klagte sie. »Ich habe Maxine – ich habe wohl bloß mehr Leute gefunden, die ich benutze.« Den ganzen Juli lag sie darnieder in der Erwartung, daß Dr. Orne seinen Sommerurlaub nehmen und dann zurückkommen würde; erst wenn dieses Problem gelöst wäre, könnte sie eventuell daran zu arbeiten beginnen, gesund zu werden.

»Werden Sie es mir überlassen, ob ich gesund werde oder nicht?«
fragte sie. »Ich weiß, daß es nicht klappen wird, wenn ich Sie
dränge«, antwortete er.

Das Gedicht, das aus dieser Krise entstand, war in vieler Hinsicht
eine direkte Antwort auf die ungelösten Probleme in Sextons Therapie. Es beginnt folgendermaßen:

FLEE ON YOUR DONKEY
Ma faim, Anne, Anne,
Fuis sur ton âne ... Rimbaud

Because there was no other place
to flee to,
I came back to the scene of the disordered senses,
came back last night at midnight,
arriving in the thick June night
without luggage or defenses,
giving up my car keys and my cash,
keeping only a pack of Salem cigarettes
the way a child holds on to a toy.
I signed myself in where a stranger
puts the inked-in X's —
for this is a mental hospital,
not a child's game.

Today an intern knocks my knees,
testing for reflexes.
Once I would have winked and begged for dope.
Today I am terribly patient.
Today crows play black-jack
on the stethoscope.

Everyone has left me
except my muse,
that good nurse.

She stays in my hand,
a mild white mouse. [2]

Flee on Your Donkey, ein langes, ambitioniertes Gedicht – 240 Zeilen in der letzten Fassung –, ist eine Parabel darüber, wie Sexton unbewußte Prozesse in künstlerische Form brachte. Es läßt sich als ein Wendepunkt in ihrer Kunst auffassen, zum einen weil es dem Rechnung trägt, daß der Mensch Anne Sexton nicht mehr erwartete, im üblichen Sinn »gesund« zu werden – es besagt, daß sie in der Behandlung etwas lernen, aber nicht gesund werden könnte –, und zum zweiten, weil es zeigt, wie die Dichterin Anne Sexton eine neue Poetik entwickelte, eine besondere Art, »aus dem Unbewußten zu schreiben«. Zusammenfassend läßt sich die Handlung folgendermaßen darstellen: »Anne«, wiederum in der Klinik angelangt, denkt darüber nach, daß ihre Probleme immer wiederkehren; wie die anderen Patienten agiert sie dieselben Konflikte aus, die sie schon früher dorthin geführt hatten. Der Arzt, besser als Christus (»*better than Christ*«), hat mir eine andere Welt versprochen (»*promised me another World*«). Doch trotz jahrelanger Behandlung hat sich nichts geändert, außer: »*disorder is not what it was. / I have lost the trick of it!*«[3] Diese Erkenntnis führt zu einer Entscheidung. »*Turn, my hungers!*« ermahnt sie sich, Rimbaud paraphrasierend, »*flee this sad hotel, / ride out on some hairy beast {. . .} Ride out / any old way you please!*«[4] Sonst ist sie dazu verdammt, im Krankenhaus zu sterben, gefangen in der Narrenkrankheit (»*the fool's disease*«).

Krankheit stellt sich in dem Gedicht als Gefangensein in Symptomen dar, die immer wieder auftauchen: »*I came back*« ist ein Leitgedanke. Gesundheit ist die Fähigkeit der Muse/Schwester, die Anne »*in my hand*« hält. Der Reim assoziiert die Macht der Schriftstellerin mit ihrer Weiblichkeit und mit dem Bereich der Heilung, indem die Muse als Gehilfin des Arztes dargestellt wird. Zum Schluß unternimmt das Gedicht einen Ritt auf einer Metapher, die Christus (auf einem Esel nach Jerusalem reitend) mit Rimbaud verbindet.

Die Anspielung »*my hand*« enthält eine ganze Reihe von Bedeutungen, die aus Sextons Therapie stammen. Sie war widerstrebend zu der Einsicht gelangt, daß Nanas »milde weiße« Hände sexuelle Gefühle weckten, die sie nicht zur Kenntnis nehmen wollte, und daß der Wunsch, zu Nana zurückzukehren, ihr neurotischstes Symptom war, das sie ausagierte, wenn sie Dr. Orne bat, »Nana zu sein« und ihr die Hand zu halten. Ohne Gepäck und Abwehr (*»without luggage or defenses«*) zu gehen, würde bedeuten, daß ihr Hunger nach Nana eine Befriedigung finden mußte, die zuträglicher war als die, die sie bisher gesucht hatte. Die Regression *muse/nurse/mouse* – Muse/Schwester/Maus – zeigt, daß sie inzwischen eine solche Sublimierung oder Übertragung emotionaler Befriedigung mittels einer Reihe von Ersatzpersonen, die alle Nana evozieren, für »gesund« hielt. Außerdem bezieht das Gedicht in seinem Selbstvertrauen und Witz seine weibliche Resolutheit aus Mary Gray, deren Stärke eben das war, woran auch Anne – in der magischen Verdichtung der Metapher – festhält, nachdem sie auf alles andere verzichtet hat: das Päckchen Zigaretten (Salem-Mentholzigaretten übrigens, die die distanzierte, hexenhafte Macht der Mutter der Dichterin repräsentieren). Mary Gray rauchte, Dr. Orne ebenfalls. Die Muse/Schwester ist unter anderem die »gute Mutter«, die Dr. Orne in Sextons Psyche dadurch zum Leben erweckte, daß er sie zum Schreiben ermutigte.

Eine andere Assoziationsreihe allerdings setzt die Hand mit Bestrafung gleich. Dieses Thema taucht in der fünften Strophe des Gedichts auf:

> *Hornets have been sent.*
> *They cluster like floral arrangements on the screen.*
> *Hornets, dragging their thin stingers,*
> *hover outside, all knowing,*
> *hissing:* the hornet knows.
> *I heard it as a child*
> *but what was it that he meant?*[5]

Hornissen und Bienen waren Sextons Symbole für »etwas entsetzlich Böses, das immer da ist, selbst wenn alles in Ordnung ist«. Wie

Daddy, wenn er betrunken und zornig war, wußten die Hornissen, wie sexy Anne war: wenn sie ihr Radio am Bett für *The Green Hornet* und *The Shadow* einstellte, konnte der Mann im Radio sehen, wie sie masturbierte. Diese Zeilen werfen einen Schatten voraus auf all die schlimmen Dinge, die »er« – Gott, Daddy, der Analytiker – über sie zu berichten weiß, da er »alles wissend« draußen schwebt. Doch diese allwissende Figur wandelt sich im Verlauf des Gedichtes von einer Bedrohung zu einem Partner, wie ihr Junggesellenanalytiker (*»bachelor analyst«*) der hilfreiche *Esel* wird, dem sie die Last ihrer Träume aufbürdet:

> I stared at {my dreams},
> concentrating on the abyss
> the way one looks down into a rock quarry,
> uncountable miles down,
> my hands swinging down like hooks
> to pull dreams up out of their cage.
> O my hunger! My hunger![6]

Sechs Jahre zuvor hatte Annes Hunger sie zu einem Analytiker geführt wie zu einem Erlöser. Sie steckte gerade in einer Krise: Die Erlösungsvision muß wohl als Code angesehen werden – Verwirrung war's nicht mehr (*»disorder is not what it was«*). Allerdings erwächst die einzige Befriedigung, die sich zu bieten scheint, daraus, daß die Übertragungsbeziehung in eine »objektivierende« analytische Beziehung übergeht. Die Metaphern des Gedichtes zeigen, daß dies eine unmögliche Situation ist, ein Bündnis mit den lebensgefährlichen Urteilskräften, mit dem männlichen Schatten. Das Gedicht zieht der Analyse die Kunst vor, da sie der Wahnsinnigen die Macht ihres magischen Denkens läßt. Anne beschließt, sich weiterhin die Trance als Quelle ihrer Dichtung zu erhalten. Nachdem sie die Macht des Analytikers (Orne-âne-Anne) insoweit internalisiert hat, wie sie die dichterische Produktion gefördert hat (nach dem Vorbild von Christus und Rimbaud und nicht etwa von Gott oder Daddy), kann sie sich selbst laufen lassen (run-Brunner-Orne).

255

Sexton meinte, *Flee on Your Donkey* enthalte zu viel Wahrheit, die unerklärt bleibe. Doch sie arbeitete vier Jahre lang immer wieder daran – teils, so darf man vermuten, aus psychologischen Gründen, da es ein ehrgeiziges künstlerisches Projekt mit ihrer Therapie bei Dr. Orne verband. Mitte 1962 geriet sie nicht nur in ihrer Therapie, sondern auch mit ihrer Kreativität in eine Krise. In ihren ersten beiden Büchern erzählt die Stimme der Sprecherin gelassen von Erfahrungen, über die die Persona hinausgewachsen ist, und liefert den Lesern damit moralische Einsichten, die der Refrain *»I have been her kind«* zusammenfaßt. Jetzt, da *All My Pretty Ones* im Druck vorlag, war Sexton zwar noch immer eine psychiatrische Patientin, aber sie hatte auch Erfahrungen darin gewonnen, inwiefern das »Ich« der Dichtung wiederum eine andere Art von Betrug oder Schwindel war, wie sie gern sagte. Das maßgebliche Zentrum ihrer früheren Gedichte, die erste Person, war unter anderem eben ein künstlerisches Mittel gewesen, ein Nebeneffekt von Wortwahl und Syntax.

Flee on Your Donkey stellte ein bewußtes Ringen um einen neuen Stil dar. Sexton brachte Anklänge an frühere Gedichte über die Nervenklinik ein, aber Dr. Orne gegenüber unterschied sie zwischen gereimten Strophen, wie sie sie in *The Double Image* eingesetzt hatte, und der Struktur, die sie in *Flee on Your Donkey* erreichen wollte. Wenn man formalisierte Verse schreibt, erklärte sie, »arbeiten Ich und Unbewußtes gleichzeitig. Wenn man anders schreibt, schreibt das Unbewußte, und das Ich kommt dazwischen und zerstört. Das muß so sein: Da ist einfach zuviel, es muß eine Auswahl treffen. Trotzdem, wenn man alles unbewußt herauskommen läßt, hat man es gestaltet, in eben dem Moment, nicht das Ich hat es gestaltet, das Unbewußte hat es gestaltet, und da liegt der Unterschied.«

Sextons Methode beim Überarbeiten spontaner Gedichte wie *Flee on Your Donkey* war, zuerst das zu nehmen, »was mein Unbewußtes mir bietet«. In einem Interview wies sie darauf hin, daß Schreiben etwas ganz anderes sei als das Verbalisieren in der Therapiesitzung. »Schreiben ist viel unbewußter. Selbst wenn die Therapie das auch sein sollte, eine ganze Menge Unbewußtes haben sollte, ist man sich doch über [seine Gedanken] klar – sie werden bewußt. Meine Gedichte werden nicht alle bewußt. Doch jedes Buch ist ein Versuch – oder jedes Gedicht ist ein Versuch –, die Dinge zu meistern, die noch nicht ganz gemeistert sind.« Wenn die Zeilen erst einmal auf der Seite seien, könne das Ich sie »noch mal durchgehen«, erklärte sie. »Wenn ich zum Beispiel über eine Liebesaffäre redete: Das war ein Ich, eine bewußte Bedeutung [d. h. ein Thema]. Wenn ich ohne dieses Medium schreibe, habe ich die bewußte Bedeutung nicht, ich habe das Unbewußte, das überall umherschweift.« Eine Aufgabe für das Ich bestand also darin, die Geschichte zu finden, die irgendwo in der Metaphorik lag; sie war sich sicher, daß das Unbewußte sie gestaltet hatte, daß der Wahnsinn Methode hatte. In *Flee on Your Donkey* schuf sie schließlich einen kreisförmigen Handlungsverlauf, der spiralförmig nach außen führt und am Ende in eine Flucht mündet: *»Turn, my hungers! For once make a deliberate decision. / {...} Anne, Anne, / flee on your donkey...«*[7]

Eine weitere Seite des Ichs zeigt sich in den Endreimen oder Halbreimen (wie *»X's«* und *»reflexes«*, *»muse«* und *»mouse«*, *»sent«* und *»meant«*) und den Binnenreimen (*»inked-in«* mit *»winked and«*, *»donkey«* mit *»car-keys«*), die häufig, aber in unregelmäßigen Abständen auftauchen. Die Unregelmäßigkeit unterstreicht, daß den verwirrten Sinnen zufällige Dinge und Klänge auf komische und unheilvolle Weise ähnlich erscheinen können. Und der Reim, erläuterte Sexton, »bringt noch einen Klangeffekt, ein Geklapper im Kopf«. Das ungeordnete Geklapper der Reime pointiert noch das Thema der Suche nach Erkenntnis, das am Ende den Durchbruch in *Flee on Your Donkey* bringt. Es versteht sich von selbst, daß das Ich ein solches Ende schreibt: Absicht gehört zu den Sprachen des Ichs, und Endungen sind die Orte, wo es gern seinen Standpunkt vertritt.

Sexton war sich darüber klar, was für Kritiken sie für Gedichte bekommen würde, die in einem solchen Prozeß entstanden waren. Vor einem Treffen mit Robert Lowell zum Lunch meinte sie einmal zu Dr. Orne: »Ich weiß, es ist nicht für die Welt geschrieben, für

normale Menschen, wahrscheinlich nicht mal für Sie. Deshalb weiß
ich nicht, mit wem ich da im Kontakt bin.« Lowell, der stets
liebenswürdig war, wenn Sexton ihn um seine Meinung bat, war
immer ehrlich und manchmal auch streng. Schon seit er ihr vielbe-
wundertes *Letter Written on a Ferry While Crossing Long Island Sound*
(Brief, geschrieben auf der Fähre beim Überqueren des Long Island
Sunds) gelesen hatte, das ebenfalls spontane Wurzeln in einer extremen Übertragungsphase hatte, war ihm klar, daß sie sich nun
stilistisch auf die unbewußte Methode eingelassen hatte. Sexton
erinnerte sich: »Lowell sagte, warum schreiben Sie so [unbewußt],
wenn Sie auch anders schreiben können? Ich wußte, was er meinte –
es ist eine andere Art zu schreiben. Was heute in Mode ist, kann
natürlich in ein paar Jahren schon wieder aus der Mode sein.« So war
sie nicht sehr überrascht, als er sie auf freundliche Weise entmutigte, nachdem er *Flee on Your Donkey* gelesen hatte.

Dies war ihr wichtig, weil sie darauf zählte, daß Lowell für sie
eines ihrer »Über-Ichs« war – wie sie es formulierte. (»Ein Lektor
fungiert als Über-Ich«, erklärte sie Dr. Orne. »Außer Lowell gibt es
da nicht viele; und ich muß ihn zwischen seinen Anfällen erwi-
schen.«) Sie berichtete Dr. Orne von ihrer Diskussion:

A. S.: Lowell hat gesagt, es hätte eine Kurzgeschichte werden
sollen. Das ist nicht gut für mich: Ich will ein Gedicht schreiben. Er
sprach über meine gesamte Arbeit seit dem neuen Buch [*All My
Pretty Ones*]; aber er findet es nicht gelungen, dieses Gedicht, und
gerade an dem liegt mir. Ihm gefallen andere Dinge, wie das eine
über *The Sun*. Aber das ist ein sehr gut ausgedachtes Gedicht: So ein
Gedicht werde ich immer schreiben können, dadurch werde ich nie
eine gute Dichterin! Das ist bloß das »Wesen der Dichtung«, aber
nicht so eindeutig, es ist bloß ein richtiges Gedicht, kristallisiert.
Ich weiß, daß das geht, aber man kann solche Texte nicht haufen-
weise schreiben. Man muß mehr wagen . . . Ich will nicht bloß eine
Dichterin sein, die das Wesen der Dichtung schreibt. Ich will mehr
Inhalt, eine Geschichte, mehr den Stempel des Individuums. *The
Double Image* (Das doppelte Bildnis) ist gewagt, auch wenn viele

Leute es schlecht finden. In *Flee on Your Donkey* ist etwas Wahres, eine Geschichte.

Dr.: Wahrheit, die Sie nicht besitzen.

A. S.: Ich versteh nicht, was Sie meinen.

Dr.: Dinge, die Sie nicht selber besitzen wollen, wie eine Muschel, die eine Perle um etwas bildet, um es zu isolieren.

A. S.: Dieses Gedicht handelt von meinem ganzen Ausagieren: Ich erlebe noch mal, was geschehen ist.

Welches Material ihr Unbewußtes auch immer absonderte – sie wollte es nutzen, um Perlen entstehen zu lassen: Genau dies war 1962 ihre Absicht als Künstlerin, während sie sich langsam ihren Weg zu einem neuen Gedichtband bahnte.

Mit John Holmes' Tod ging die Workshop-Ära in Sextons literarischer Ausbildung zu Ende. In den vier Jahren zuvor hatte sie alle paar Wochen die Vorteile regelmäßiger kritischer Aufmerksamkeit für ihre neuen Werke genossen. Jetzt fehlte ihr ein kritisches Publikum. Sie und Kumin arbeiteten nach wie vor jeden Tag mindestens eine Stunde am Telefon; daran änderte sich nichts, aber es ersetzte nicht das Bedürfnis nach distanzierterer Beurteilung. George Starbuck war besonders gut darin gewesen, Anklänge an andere Dichter aufzuspüren und Sexton methodische Feinheiten beizubringen; da er aber jetzt an der American Academy in Rom war, wandte sich Sexton an Arthur Freeman. Als Lehrer an der Harvard University sollte er die Jugend zu intellektueller Ernsthaftigkeit und Zielstrebigkeit ermuntern, und zu diesem Zweck ließ er in Adams House ständig Dichter aus und ein gehen, darunter auch Sexton.

»So wurde ich Anne Sextons auserwählter Ratgeber«, erklärte Freeman später. »Eher ein auserwähltes Opfer. Sie konnte nicht über die Straße gehen ohne Rat. Normalerweise brachte sie mir zehn Gedichte auf einmal; ich erinnere mich noch, Fassungen von *Flee on Your Donkey* und anderen Stücken gesehen zu haben, die dann in *Live or Die* eingingen. Nun, ich wußte ja, was Dichtung ist, und ich mochte nicht, was Sexton da machte. Ich sah zehn Gedichte und haßte jedes einzelne! Ich lobte *Flee on Your Donkey*, daran erinnere ich mich, weil ich es für das beste von allen hielt. Ich hielt sie für eine Anfängerin; aber diese Dinge bekommt man nie so richtig mit. Oh, was George [Starbuck] da mitmachen mußte – er hat jede einzelne Fassung von jedem Gedicht gesehen.« Freeman mochte Bekenntnislyrik ganz allgemein nicht besonders, meinte, sie sei in Boston lediglich in Mode, aber er mochte Sextons Sinn für Humor. Nach seiner Erinnerung war sie sehr gesellig. Die Sextons luden ihn ein- oder zweimal zum Essen zu sich ein; häufiger jedoch trafen sich Freeman und Sexton bei Partys im Büro des *Harvard Advocate* nach Lesungen, wo ihr gutes Aussehen und ihre Fröhlichkeit starken Eindruck machten. »Da war es verständlich, wenn man Anne für wesentlich weniger verrückt hielt, als sie zu sein behauptete«, kommentierte Freeman. »Der Kader um Lowell romantisierte den Wahnsinn; viele meinten, daß Anne ihre psychischen Zustände in ihren Gedichten in aufdringlicher Weise in Szene setze.«

Freeman hatte den Eindruck, daß Sexton einsam war, nachdem Starbuck aus Boston weggegangen war. Das stimmte durchaus. Sie fing an, einem Mönch namens Bruder Dennis Farrell zu schreiben, der ihr einen Fan-Brief geschickt hatte, als ihm *Bedlam* in die Hände gefallen war. Er ließ sie wissen, daß die Dichtung in ihm Gefühle freigesetzt habe, die durch übertriebene Rationalität lange unterdrückt gewesen seien, und daß ihm ihre Briefe und Rilkes *Briefe an einen jungen Dichter,* auf die sie ihn hingewiesen hatte, große Freude bereiteten. »Sie stehen in der Gnade«, schrieb er ihr dankbar.

Nach dem Krach mit Dr. Orne wandte sich Sexton an Bruder Dennis und bat ihn um Beistand: »Ich bin JETZT in Schwierigkeiten. Schreiben Sie mir irgend etwas ... bloß Worte ... Ich brauche einen Freund.« (Sie schickte James Wright eine ähnliche Botschaft: »Ich brauche dich – bitte schreib mir – bitte sei eine Weile mein Freund – ich bin innerlich in großer Not – ich brauche deine tiefen, guten Worte.«) Bruder Dennis tröstete sie in einem mitfühlenden Brief, der mit einer Anspielung auf das Hohe Lied endete: »Braun bin ich, doch schön, ihr Töchter von Jerusalem ... Daher liebte mich der König und führte mich in seine Gemächer!« Natürlich wußte er nicht, wie genau sich dieses Bild gerade zu jenem Zeitpunkt in die Bilder von Sextons innerer Stimme fügte (»*My father was a king. The king can have sex with anyone*«)[8].

Während Dr. Orne im Sommer aus Boston fort war, vertiefte sich die Freundschaft. Die Dichterin und der Mönch wechselten lange, intensive Briefe; Bruder Dennis meinte, ein nicht eingeweihter Leser könnte die beiden für Héloise und Abaelard aus der Legende halten. Es schien tatsächlich so, daß ein leichter Anflug von Frivolität beide Briefpartner zu virtuosen Leistungen anregte. Sexton genoß es immer, sich gegenüber jungen Männern, die sie auf Distanz halten konnte, zu exponieren. Bruder Dennis erwiderte den Flirt nicht, aber er breitete die Gefühle der Selbsterforschung aus, zu der ihre Gedichte einluden. Dies ermutigte sie wiederum, religiöse Fragen vorzubringen, die für ihr Stück wesentlich waren; sie arbeitete während der Abwesenheit ihres Therapeuten wieder daran.

In *The Cure* glaubt Daisy, Christus sei jenseits von Geschlechtlichkeit. Sexton entwickelte diese Sichtweise in einem Monolog, der später als das Gedicht *Consorting with Angels* veröffentlicht wurde; es beginnt folgendermaßen: (*I was tired of being a woman*).[9] Bruder Dennis widersprach ihrer Darstellung von Christus als geschlechtslos vehement, und Sexton zog daraus betrübt den Schluß, daß er Daisys Sehnsucht »nach einem Schicksal« nicht verstehe, »das nichts mit Geschlechtlichkeit zu tun hat«. Sie meinte, er habe das Wesentliche an ihrem Gedicht übersehen: »ein eher naives Begehren, in der großen Umarmung aufgenommen zu werden«. Scharfsinnig argumentierte sie, daß ein wahrhaftiges poetisches Bild ein komplexes Gefühl einfange, auch wenn das Gefühl mit einer Neurose zu tun habe. Aber ein *Begehren* sei nicht neurotisch und könne es auch nicht sein. Es sei ein Beweis für einen verlorenen Zusammenhang, etwas Quälendes, das das ganze menschliche Leben durchziehe, und die Kunst sei ein Mittel, dem Ausdruck zu verleihen.

Doch Sexton war sich in ihren eigenen vielschichtigen Gefühlen nicht sicher, wie sie dieses »Begehren, in der großen Umarmung aufgenommen zu werden« einordnen sollte. War es im Grunde eine spirituelle Sehnsucht, wie Bruder Dennis ihr versicherte? Oder war es bloß ein weiteres neurotisches Symptom? »Ich bin wohl so hysterisch, daß ich das Gefühl habe, wenn ich glauben würde, würde ich die Herrschaft über die Realität verlieren . . ., aber andererseits, dann wäre es nicht mehr dieselbe Realität.« Indem sie die Auseinandersetzung mit diesen Fragen, wie beim Schreiben und Überarbeiten von *The Cure,* in die Kunst verlegte, machte sie (ihrer Meinung nach) von Konflikten, die ihr in ihrem Leben noch unlösbar vorkamen, einen produktiven, tätigen Gebrauch.

Die Religion war nur eines der Themen, die viele Briefseiten füllten, Briefe, an denen Sexton tagelang schrieb, doch es war eben das religiöse Denken in den Briefen von Bruder Dennis, das ihr am meisten wohltat (und deshalb, darüber war sie sich ganz klar, verschmolz er in ihrer Vorstellung mit James Wright). Keine Einzelheit, die sie ihm anvertraute, konnte Bruder Dennis von seiner unbändigen Neugier abbringen, auch wenn oft Monate zwischen ihrem Brief und seiner Antwort verstrichen. Im März 1963, nach einer Unterbrechung von zwei Monaten, schrieb er ihr jedoch, um sich zu verabschieden. Seine Briefe an sie hätten zu einer allgemeineren Wendung hin zu Vorstellungen gehört, die mit dem Leben in einem Kloster nicht vereinbar seien. Obgleich er betonte, daß sein tiefes Gefühl für sie mit seiner Entscheidung, das Priesteramt aufzugeben, nichts zu tun gehabt habe, war Sexton doch vom Gegenteil überzeugt. In einem langen Brief (auf den Bruder Dennis nicht antwortete) unterschied sie zwischen »einer menschlichen Beziehung« und »einer Briefbeziehung zwischen Menschen«, in der einem »Worte (über die Finger) aus dem Herzen fliegen können, und niemand muß ihnen wirklich gerecht werden«.

Wie immer war Sextons Maßstab »einer menschlichen Beziehung« die Schwesterlichkeit, die sie mit Maxine Kumin verband. In jenem Sommer überredete sie Kumin, an einer neuen Fassung von *The Cure* mitzuarbeiten, und sie vereinbarten, wie sie gemeinsam eine Handlung erarbeiten wollten, so daß, wie Sexton es formulierte, die Neurose ihrer Freundin ebenso wie ihre eigene darin Platz hätten. »Dieses Mädchen paßt vollkommen zu uns beiden, die Art, wie sie empfindet, und das, was sie tut. Es ist erstaunlich, daß man ein Stück schreiben und die Bedürfnisse von zwei verschiedenen Frauen befriedigen kann!« Sie verwarfen die erste Fassung fast völlig und hielten nur an dem fest, was Sexton für das emotionale Zentrum hielt: am Selbstmord. In der neuen Handlung bringt sich Daisy nach wie vor um, aber sie hat ein Leben nach dem Tode, wird dort von Engeln vernommen und dann gezwungen, wieder zu den Lebenden zurückzukehren. Natürlich war es Kumin, die darauf bestand, daß Daisy wieder zum Leben erwacht; aber schließlich war diese Wendung der Ereignisse Sexton auch recht. »Das hielt mich den ganzen Sommer am Leben. Mich umzubringen, gerichtet zu werden und wieder zurückgeschickt zu werden, ist mein idealer Tagtraum.« Das Projekt beinhaltete auch interessante formale Probleme, die sie nicht in sechs Wochen lösen konnten: Das Stück enthielt noch zu viele Rückblenden, zu wenig Handlung. Außerdem »gibt es in der neuen Fassung sieben Gedichte. Eine meiner ursprünglichen Ideen war es, daß man die Gedichte rezitieren kann. Aber es geht nicht.« In einer Hinsicht war die Zusammenarbeit allerdings ein Erfolg: Das Arrangement garantierte Sexton, daß der Mensch, der sie jeden Tag verließ, auch wiederkam. »Ich hatte Maxines Ich, das mich bei der Stange hielt, wenn ich innerlich verzweifelte – sie mußte bei der Stange bleiben, und ich hatte einen anderen Menschen, auf den ich mich verlassen konnte.«

Ihre Freundschaft vertiefte sich weiter, als die Kinder größer wurden. Wenn sie nachmittags nach getaner Arbeit schwimmen gingen, waren die Kinder mit dabei in der herrlichen Kühle von Sextons schattigem Pool. Max' älteste Tochter Jane war für alle die große Schwester. Judy Kumin, zwei Jahre älter als Linda Sexton, war auf ganz besondere Weise mit Anne befreundet, die ihr später Unterricht in Lyrik gab und sie um Rat fragte, wie sie mit der widerspenstigen Linda im Teenager-Alter umgehen sollte. Danny und Linda waren im selben Alter, und Danny vertonte später einige von Sextons Gedichten für ihre kleine Rockgruppe. Joy war für alle die kleine Schwester und brauchte Aufsicht. Sie war ein unbeschwertes, unternehmungslustiges Kind und terrorisierte die Er-

wachsenen verschiedentlich damit, daß sie auf die schmale Eisen-
bahnbrücke ging, die in der Nähe über den Charles River führte.
(Das Brückengestell war nur breit genug für einen Zug, aber es
führte zu einem Einkaufszentrum. »Ich war unterwegs, mir einen
verbotenen Spaß zu leisten«, erinnerte sich Joy. »Ich merkte, daß
mich meine Beine tragen würden, wo immer ich hinwollte – das
machte mich aktiv.«)

Anne und Max teilten sich in die Kinder, wie sie alles miteinander teilten. Die Erinnerung an die Tage, als sie Nachbarn in Newton
waren, brachte Jane Kumin zum Nachdenken über diese Nähe: »In
Wirklichkeit war Anne das Lieblingskind unserer Mutter.«

Sexton erhielt im Juni die Fahnenabzüge von *All My Pretty Ones* und
war in Hochstimmung, als sie erfuhr, daß das Buch gleichzeitig als
Leinenausgabe und als Paperback erscheinen sollte. Ihr lag daran,
daß ihre Bücher weithin erhältlich waren; *Bedlam* war bisher nur in
Leinen erschienen, und sie hatte Houghton Mifflin ein ganzes Jahr
gedrängt, eine Paperbackausgabe herauszubringen, die *Bedlam* und
Pretty Ones zusammenfaßte. Als Paul Brooks, ihr Lektor, sie um
Namen von Schriftstellern bat, die Werbetexte für den Buchumschlag schicken könnten, raffte Sexton sich auf und bat Robert
Lowell, einige Bemerkungen aus persönlichen Briefen, die er an sie
geschrieben hatte, kurz bevor sie das Manuskript bei Houghton
Mifflin abgab, für Werbezwecke verwenden zu dürfen. Wie gewöhnlich hatte Lowell ohne große Mühe den Finger auf die besten
und schlechtesten Eigenschaften des Buches gelegt. Er ließ sie
wissen, daß ihre Sammlung, wie Edgar Lee Masters *Spoon River
Anthology,* für ihn ein ausgewogenes Werk sei, in dem »kleine
Momente die großen Momente stützen«.

»Fehler? Ich glaube nicht, daß sie eine Rolle spielen. Oder vielleicht
sind es unvermeidliche menschliche Grenzen – deine! Es gibt lose
Enden, eine gewisse Monotonie des Tons, eine Art zu schreiben, die
manchmal zu leicht alles hineinspielen läßt, schwache Stellen, unin-
spirierte Momente, die einfach ablaufen, verschleiert hinter dersel-

ben sicheren Stimme, Gedichte, über die man nur sagen kann, daß sie Sexton sind und daher wertvoll.«

Auch wenn er sich auf Sextons Bitte hin vermutlich etwas wand, willigte er doch ein. Vielleicht sah er es als einen fairen Tausch für die Mühe an, die sie sich im Jahr zuvor mit *Classroom at Boston University* gemacht hatte, einem kurzen Stück über Robert Lowell für das ihm gewidmete Sonderheft des *Harvard Advocate*.

Kurz bevor *All My Pretty Ones* in Druck ging, änderte Sexton bei der Ausarbeitung des Umschlagtextes Lowells freundschaftliches »du« in ein formelles »sie« und ließ die negativen Bemerkungen weg, so daß die Bedenken wie Lob klangen. Sie fand diese Art der Eigenwerbung höchst geschmacklos und unaufrichtig und zog, als sie die Rückseite des Umschlags schon zusammengestellt hatte, noch einmal in Erwägung, ihre Version von Lowells Worten zurückzuziehen. Aber ihr Geschäftssinn überwog dann. Sie schrieb an Paul Brooks: »Lassen Sie das Lowell-Zitat so, wie ich es Ihnen geschickt habe. Meine Eitelkeit ist stärker als mein Gewissen.«

Nun sind Werbetexte keine Beurteilung; sie sind eher wie Reißzwecken, die einen neuen Titel an eine Pinnwand heften. Aber als *All My Pretty Ones* am 15. Oktober erschien, bekräftigten die Rezensionen in den wichtigen Zeitschriften nur die glühenden Vorankündigungen – James Dickeys vernichtende Kritik in der *New York Times* erwies sich als Ausnahme. Manche Leser, vor allem Dichter, halten es noch immer für Sextons bestes Buch. Im November erwies die Zeitschrift *Poetry* ihr eine große Ehre, indem sie die sieben Gedichte, die im Augustheft erschienen waren, mit dem Levinson-Preis auszeichnete. Sexton befand sich mit diesem Preis in ehrwürdiger Gesellschaft; der erste Empfänger war Carl Sandburg gewesen (1914), und Wallace Stevens, Robert Frost, Marianne Moore, H. D., Dylan Thomas und Muriel Rukeyser gehörten dazu – vor Sexton insgesamt siebenundvierzig. (Lowell erhielt im darauffolgenden Jahr den Levinson-Preis.)

In einem Brief von Denise Levertov, in dem sie erklärt, daß sie Texte aus *Pretty Ones* für eine Vorlesung über dichterische Methodik an der Indiana University verwenden wolle, ist das, was Dichter an Sextons jüngstem Werk bewundernswert fanden, sehr schön eingefangen: »Ich nenne die Vorlesung ›Frag den Inhalt nach der Form‹. Als eines meiner Beispiele will ich ein Gedicht von Ihnen lesen – wahrscheinlich *Flight* (Flug) – das ist ein wunderbares Gedicht. Oder vielleicht *The Starry Night* (Sternennacht). Ich hoffe, Sie haben nichts dagegen.« Die Rezension von *Pretty Ones* des Dichters Richard Howard hebt ihren Umgang mit konkreter Erfahrung besonders hervor: »[Sexton] hat im aufgewühlten Kielwasser von Mr. Lowell unserer Dichtung nicht nur die Lyrik des gesteigerten Selbst-Ausdrucks zurückgegeben, die sich in den Roman zurückgezogen hatte, sondern eine unmißverständliche Aufzeichnung von Ereignissen – nicht witzig, sondern immer unerbittlich und mit gerade so viel Musik, wie es die reine Genauigkeit zuläßt.« Howard sah in ihrer »starken umgangssprachlichen Diktion« ein »deutliches Hindernis gegen Sentimentalität«.

Sextons zweites Buch fand schließlich ein viel größeres Publikum als nur Dichterkollegen und Literaturwissenschaftler, die es am ehesten lasen, um in dem Gebiet auf dem laufenden zu bleiben; bis zu ihrem Tod waren 18 000 Exemplare verkauft und Ende der 80er Jahre zweimal so viele. (Die Verkaufszahlen preisgekrönter Bücher aus der renommierten *Yale Series of Younger Poets* bieten einen Vergleichsmaßstab; Peter Davison, dem derzeitigen Lektor bei Houghton Mifflin, zufolge wurden von George Starbucks *Bone Thoughts* [1960] etwa 4000 Exemplare verkauft und von Davisons *The Breaking of the Day* [1964] 2500.) Nicht nur die Dichter, sondern auch der schwer faßbare »Durchschnittsleser« schätzten *All My Pretty Ones* wegen der verblüffenden, intelligenten Metaphorik. »Man schreibt nicht für ein *Publikum*«, sagte Sexton 1962 in einer Radiosendung; »man schreibt für *den, der es verstehen wird.*« Verkaufszahlen verstellen diese Tatsache, doch nach und nach kamen Briefe von Lesern bei Sexton an, die sich alle direkt, fast magisch, von ihrem Buch angesprochen fühlten. Manche sahen sich ermutigt, ihr ihre eigenen Werke zur Beurteilung zu schicken.

Und viele, viele dieser Leser suchten persönlichen Kontakt mit

Sexton als einem Menschen, der für die psychisch Kranken sprach. Sie ging freundlich mit denen um, die in ihr ein Vorbild für die eigene Gesundung sahen und sich deshalb mit ihr identifizierten, aber sie konnte auch sehr direkt sein. Als sie ein Manuskript, dem offenbar ein Fünfdollarschein beigelegt war, zurückschickte, ließ sie den hoffnungsvollen Autor wissen: »Offen gestanden habe ich nicht das Gefühl, daß es einen Markt für Ihr Werk gibt. Sie verschwenden Ihre Zeit, wenn Sie versuchen, Ihre Gedichte zu verkaufen. Allerdings, da Sie krank gewesen sind, können Ihre Gedichte ein wunderbares Ventil sein, und ich rate Ihnen, daß Sie auf dieser Ebene weitermachen. [...] Darf ich vorschlagen, daß Sie die fünf Dollar für Rilkes *Briefe an einen jungen Dichter* ausgeben, das bei Norton erschienen ist. Er wird Ihnen mehr sagen, als ich es je könnte.«

Natürlich war Sexton all die Anerkennung willkommen. Begeistert von den guten Rezensionen nahm sie mehrere Einladungen an, in jenem Herbst mit Kritikern zusammen aufzutreten. Im Oktober war sie mit Peter Davison in einer Fernseh-Interview-Show zu Gast, die P. Albert Duhamel, Literaturkritiker beim *Boston Herald,* moderierte, und im November nahm sie an einer Podiumsdiskussion über den »Dichter und die außerliterarische Kritik« bei einer Tagung der New England College English Association teil. Normalerweise konnte Sexton es nicht leiden, Reden für ein akademisches Publikum zu schreiben, aber diese schrieb sie in einer selbstbewußten Stimmung. Sie hatte jetzt genug Autorität, über Literaturkritik zu reden, und zwar aus der Perspektive des Empfängers.

»Mir scheint, man ist erst nachträglich darauf gekommen, einen lebenden Dichter auf dieses Podium zu laden«, sagte sie. »Ich würde gern den Titel unserer Diskussion, ›Der Dichter und die außerliterarische Kritik‹, ändern in ›Außerliterarische KRITIK UND DER DICHTER‹, denn ich bin ein künstlicher Kuckuck, der seinen Kopf in die Hierarchie literarischer Etikettierer steckt und ruft – UND DER DICHTER ... UND DER DICHTER ... Denn ich erschaffe etwas und denke nicht ... und wenn ich zufällig einmal denken sollte – dann in Symbolen und Metaphern ... und ich möchte Sie daran erinnern, daß ich nicht dafür verantwortlich bin, was sie bedeuten ... der

Kritiker würde das besser erklären.« Der »echte« Kritiker, bemerkte Sexton, »beschäftigt sich normalerweise mit toten oder fast toten Schriftstellern«. Was der lebende Schriftsteller vom Kritiker braucht, ist »mit einem Wort . . . Lob! Erst jetzt kann ich es mir leisten, genauer zu werden. Ich kann sagen, daß ich verstanden werden will, und, was noch schlimmer ist, . . . daß ich mir selber erklärt werden will.« Doch der Dichter müsse unbewußt arbeiten, behauptete Sexton, er »muß immer noch über das Leben staunen können . . . wenn wir anfangen sollten, vernünftig zu sein, zu verstehen, warum wir schreiben, oder auch nur, was wir schreiben, wenn wir uns selber verstehen würden, würden wir vielleicht gar keine Gedichte mehr schreiben und Kritiker werden«.

Ende 1962 war Sextons künstlerische Lehrzeit beendet. *All My Pretty Ones* war das Werk einer reifen Künstlerin und zeigte bereits die ganze Bandbreite der Themen, über die sie schreiben sollte: psychische Krankheit, sexuelle Liebe, spirituelle Angst. Ihre Lehrzeit war in zwei Entwicklungsphasen verlaufen. Unter der Anleitung von Lowell hatte sie gelernt, was sie weglassen mußte. Von Kumin und Starbuck und Snodgrass und Wright hatte sie gelernt, daß sie fast alles zulassen konnte, entweder, indem sie »Kniffe« anwandte, die es erlaubten, daß unbewußtes Material an die Oberfläche sprudelte und im Gitter von Metrum und Reim aufleuchtete, oder – Wrights Beispiel folgend – indem sie den Bilderfolgen traute, die im Gedicht auftauchten, wenn die Dichterin in einer schöpferischen Trance war.

Außerdem hatte Sexton trotz gelegentlicher Rückschläge in ihrer Therapie das Gefühl, endlich auf dem Weg, wenn auch nicht der Genesung, so doch der Besserung zu sein. Es gelang ihr besser, mit ihren Symptomen umzugehen; sie erinnerte sich leichter, fand Zugang zu Gefühlen, vor denen sie bisher in den Trancezuständen weggelaufen war. Sie hatte auch als Mutter wieder Vertrauen gefaßt; ihre Kinder hatten keinen Zweifel daran, wer sie war, und auch das half ihr, insbesondere wenn Kayo weg war. Sie hatte jetzt mit gerade fünfunddreißig nicht nur einen Nervenzusammenbruch überlebt, sie hatte ihn genutzt, um eine Ausbildung zu bekommen, und war dadurch, daß sie ihre Erkenntnisse in Kunst einfließen ließ, eine wichtige neue Dichterin in der amerikanischen Kulturszene geworden.

Ein Schnappschuß, den Oscar Williams in jenem Sommer aufnahm, fängt den Moment wunderbar ein. Das Foto ist, wie Sexton auf der Rückseite notiert hat, in Oscars Dachgarten in Manhattan aufgenommen, »das erste Mal, daß ich Saul Bellow begegnet bin«. Nur Sexton ist scharf, ihr kantiges Gesicht und die nackten Schultern sind von der Abendsonne angestrahlt; sie sieht gelassen und ganz bezaubernd aus, während sie sich da im Gespräch mit einem anderen Dichter vorbeugt. Es ist Sexton, durch die Ruhm auf die Party strahlt. Sie stand vor ihrem Höhepunkt.

1 Er schaut über sein Publikum, / Hört die Zeilen zu sich kommen, wie er sie wünscht, knapp, wahr, / Real wie ein Schmerz in den Knochen oder im Hals. Er ist die Stimme eines Gedichts.
2 FLIEH AUF DEINEM ESEL
Ma faim, Anne, Anne, / Fuis sur ton âne . . . Rimbaud
Weil es keinen anderen Ort / der Zuflucht gab, / kam ich zurück zu der Szene der verwirrten Sinne, / kam zurück gestern abend um Mitternacht, / traf ein in der dichten Juninacht / ohne Gepäck oder Abwehr, / gab meine Autoschlüssel ab und mein Bargeld, / behielt nur ein Päckchen Salem-Zigaretten / wie ein Kind an seinem Spielzeug festhält. / Ich unterschrieb, wo ein Fremder / mit Tinte Kreuzchen macht – / denn dies ist eine Nervenklinik, / kein Kinderspiel.
Heute klopft mir ein Praktikant auf die Knie, / zur Prüfung der Reflexe. / Früher hätte ich gezwinkert und um Stoff gebettelt. / Heute bin ich entsetzlich geduldig. / Heute spielen Krähen Siebzehn und Vier / auf dem Stethoskop.
Alle haben mich verlassen / außer meiner Muse, / *dieser guten Schwester.* / Sie bleibt in meiner Hand, / eine milde weiße Maus.
3 Verwirrung war's nicht mehr / die Illusion hab ich verloren!
4 Laß ab, mein Hunger! . . . flieh aus diesem traurigen Hotel, / reit aus auf einem struppigen Tier [. . .] Reit aus / wo immer es dir gefällt!
5 Hornissen sind geschickt. / Sie drängen sich wie Blumenarrangements am Fliegengitter. / Hornissen, ihre dünnen Stachel ziehend, / schweben draußen, alles wissend, / zischend; *die Hornisse weiß* / Dies hörte ich als Kind / aber was meinte er damit?
6 Ich starrte auf [meine Träume], / konzentriert auf den Abgrund / wie man hinabschaut in einen Steinbruch, / unzählige Meilen hinab, / meine Hände schwingen hinab wie Haken / Träume aus ihrer Höhle zu ziehen. / Oh mein Hunger! Mein Hunger!
7 Kehr um, mein Hunger! / Triff endlich eine bewußte Entscheidung. / [. . .] Anne, Anne, / flieh auf deinem Esel . . .
8 Mein Vater war ein König. Der König kann mit jedem schlafen.
9 Ich hatte es satt, eine Frau zu sein.

Anne Wilder und Anne Sexton.

Die Preisträgerin
1963–1967

Die Familie Sexton kurz vor Anne Sextons Reise nach Europa.

Anne Sexton auf einem Flohmarkt in Brüssel auf der Suche nach Ersatz für ihre gestohlenen Kleider.

Rechts: Anne Sexton in ihrem Swimmingpool. Unten: Kayo und Linda am Vorabend von Allerheiligen (Halloween).

Oben: Kayo auf Safari.
Links: Manuskript eines Auszugs aus der Gedichtfolge *Eighteen Days Without You* (Achtzehn Tage ohne Dich).

Ein Kreis von Künstlerinnen
1963

Im Jahre 1963 hatte Anne Sexton sich in der amerikanischen Literaturszene als bedeutende junge Dichterin durchgesetzt. Im folgenden Jahrzehnt sollte sie fast alle Preise, Ehrungen, Auszeichnungen und Stipendien erhalten, die amerikanische Dichter bekommen können, und nachdem die Oxford University Press ihre *Selected Poems* veröffentlicht hatte, sollte ihre Arbeit auch in Großbritannien hohe Anerkennung finden. Ab Anfang Januar, als Sextons Lektor bei Houghton Mifflin ihr die gute Nachricht mitgeteilt hatte, daß *All My Pretty Ones* in die engere Auswahl für den National Book Award gekommen war, trafen regelmäßig Gerüchte über Preise im Briefkasten in der Clearwater Road 40 ein. Im März erfuhr sie, daß man sie für ein Stipendium der Ford Foundation vorgeschlagen hatte, mit dem sie am Theater arbeiten sollte; Robert Lowell und Anthony Hecht hatten vor ihr solche Stipendien erhalten. (»Mein Herz fing an zu pochen, bum bum bum – es ist eine Menge Geld«, sagte sie.)

Die wichtigste Anerkennung, die ihr *All My Pretty Ones* einbrachte, war jedoch ein von der American Academy of Arts and Letters gestiftetes Reisestipendium: 6500 Dollar, mit denen ein einjähriger Aufenthalt im Ausland finanziert werden sollte. Sexton sollte diese neue Auszeichnung, die erst im Mai öffentlich bekanntgegeben werden sollte, als erste bekommen. Würde sie sie annehmen?

Das Komitee, das ihr den Preis anbot, wußte anscheinend, daß Sexton nur eine bescheidene schulische Ausbildung hatte und noch weniger gereist war, und hielt sie als Preisträgerin vermutlich aus diesen Gründen für besonders geeignet. Seine Mitglieder konnten aber nicht ahnen, welche Empfindungen diese Nachricht bei Sexton zunächst auslösen würde: Sie fühlte sich in die Enge getrieben. Sie konnte unmöglich so weit von zu Hause fortreisen, nicht einmal für ein Zehntel des angegebenen Zeitraums. Eine derartige Ehrung abzulehnen würde sie jedoch lächerlich machen. Sie sprach mit Kayo über ihr Dilemma, und er versetzte sie in Erstaunen, als er erwiderte, daß er dies für eine einmalige Chance in ihrem Leben halte, die sie nicht ungenutzt vorübergehen lassen sollte. Allmählich nahm ein Plan Gestalt an: Anne würde das Geld mit Sandy Robart teilen, die sich von ihrer Arbeit, der Betreuung entwicklungsgestörter Kinder, beurlauben lassen würde. Anne könnte als Dichterin reisen, und Sandy würde im Ausland Nervenkliniken besuchen. Am Ende des Sommers könnten sie fahren.

Bis Mai war *All My Pretty Ones* häufig und begeistert besprochen worden, und Sexton wurde von Bostoner Zeitungen, im Radio und im Fernsehen interviewt. Die American Academy of Arts and Letters richtete in New York eine große Party aus, auf der die Verleihung des Reisestipendiums bekanntgegeben wurde; Sexton erhielt es »für ein einzigartiges, eigenständiges und originelles Werk, in dem sich eine leidenschaftliche Klarheit der Sprache und des Denkens mit ungewöhnlicher Musikalität verbinden«. Robert Lowell und Elizabeth Hardwick wollten im Anschluß an den offiziellen Teil ein Abendessen in kleinem Kreis geben, zu dem als Gäste aus dem New Yorker literarischen Establishment Lillian Hellman, Stanley Kunitz, Marianne Moore und andere geladen waren. Sexton sagte im Scherz zu ihrem Pressemanager bei Houghton Mifflin, wenn sie die Exemplare ihres Buchs schon wie Schokolade an die Reichen und Berühmten austeile, könne sie auch eines an Jacqueline Kennedy im Weißen Haus schicken. »Sie ist kultiviert; sie ist eine Frau; sie ist Mutter; ist nicht gerade auch ihr Vater gestorben? Und ihr Mann stammt aus Massachusetts.«

Die Aussicht auf die Verleihungsfeier brachte Sexton jedoch ins Schlingern. »Ich muß auf die Bühne hinaufgehen, wenn die Verleihungsurkunde verlesen wird«, sagte sie zu Dr. Orne. »Wenn ich ein Gedicht lese, kann ich auf die Bühne fegen, und noch ehe ich damit fertig bin, habe ich sie schon gewonnen. Aber einfach dort zu stehen! Und hinterher eine große Cocktailparty!« (»Ist es denn wichtig, ob Sie zittern oder nicht?« fragte Dr. Orne zurück. »Gibt man Ihnen denn einen Preis für gutes Angepaßtsein?«) Sexton hatte das Gefühl, sich für eine ihrer beiden ganz unterschiedlichen öffentlichen Persönlichkeiten entscheiden zu müssen – für das kleine Mädchen oder den Vamp. Das Kind eignete sich sehr gut für Interviews, die bei ihr zu Hause stattfanden. »Ich war angezogen wie ein kleines Mädchen, als der Mensch vom *Boston Globe* kam. Keine Schuhe an den Füßen, Hängerkleid, er konnte nicht erkennen, ob ich überhaupt eine Figur habe.« Für New York aber hatte sie eine Aufmachung ausgesucht, die ihr Haltung abverlangte: ein zyklamfarbenes Tweedkostüm mit einem rückenfreien Top, »lila, sehr tief ausgeschnitten und gewagt. Ich muß dazu einen trägerlosen BH anziehen, das Top ist im Rücken sehr schmal. Ich hab alles ganz genau geplant. Die Jacke laß ich an, bis ich in Fahrt bin, dann ziehe ich sie aus.« Wenn sie die Absicht hatte, Menschen an sich heranzulassen, mußte sie, so behauptete Sexton, sich anziehen wie ein Kind und flache Schuhe tragen. »Wenn ich dieses kleine Mädchen bin, *habe* ich meinen Körper nicht. Ich kann das nicht erklären, aber es ist so.«

Verschiedene psychologisch günstige Umstände, vor allem die Bestärkung, die sie von ihren Kolleginnen am Radcliffe Institute erfuhr, trugen zu jener Zeit allerdings dazu bei, daß Sexton »dieses kleine Mädchen« hinter sich lassen konnte. Sie und Kumin waren ein zweites Mal, für das Semester 1962/63, nominiert worden. Im vorausgegangenen September war eine weitere Verstärkung in Gestalt der aus San Francisco stammenden Schriftstellerin Tillie Olsen eingetroffen, von der Sexton schon Gedrucktes kannte, da Olsens Novelle *Tell Me a Riddle* im Jahre 1960 in dem gleichen Band *New World Writing* erschienen war wie Sextons *Dancing the Jig. Tell Me a Riddle* war für Sexton sofort ein weiterer heiliger Text geworden. Olsen hatte sich in gleicher Weise zu Sextons Arbeiten hingezogen gefühlt; sie hatte Sextons Foto vom Schutzumschlag von *Bedlam* ausgeschnitten und an der Wand über ihrem Schreibtisch aufgehängt, neben die Porträts von Tolstoi, Hardy, Whitman, Kollwitz und »anderen, die mir Beistand leisten und mich beurteilen«.

Als Fünfzigjährige war Olsen älter als die meisten anderen Frauen am Radcliffe Institute. Sie hatte außerdem in einem völlig anderen

Milieu gelebt. Sie stellte fest, daß fast alle Lehrkräfte am Radcliffe Institute, wie Charaktere in einem Roman von John Cheever, sich eine gewisse Zeit lang einer Psychoanalyse unterzogen hatten und Theorien über Weiblichkeit anhingen, die direkt von Freud und anderen männlich orientierten Modellen menschlicher Triebkräfte abgeleitet waren. Insbesondere Maxine Kumin war sehr von Freudschen Ideen angetan; sie behandelte Freud in einem Kurs und wollte ihre Freunde an ihrer Begeisterung über *Das Unbehagen in der Kultur* und *Das Ich und das Es* teilhaben lassen. Aber als in diesem Jahr Betty Friedans *Der Weiblichkeitswahn* herauskam, löste es heftige Diskussionen im Institut aus, und Friedans Kritik an der Psychoanalyse radikalisierte Kumins Ansichten, wie sie Sexton später schrieb: »Konnte den WEIBLICHKEITSWAHN keinen Augenblick weglegen. Bin verrückt nach dem, was es zu sagen hat. Ja, ja, ja [. . .], wenn ich an die 3 Jahre Unterricht bei den College-Anfängern zurückdenke, dort traf das offenbar alles zu, die Apathie, das Desinteresse an irgendwelchen abstrakten Gedanken, die Frau, die nur eins im Sinn hat: sich einen Mann zu angeln & Kinder zu machen. Aber das beste Stück an dem ganzen Buch ist SIGMUND FREUDS SEXUELLER SOLIPSISMUS [. . .] Ich rebelliere gegen den Freudianismus insgesamt.«

Olsen ergänzte die erfrischende Kritik an der Situation der Frau, die sich am Institut ausbreitete, durch ihre persönliche Sicht. Als Frau eines Druckers und berufstätige Mutter von vier Töchtern war ihre Betrachtungsweise der Dynamik familiärer Beziehungen und der Situation der Frau von ihrer »Erziehung als sozialistische Tochter« geprägt worden, berichtete sie. Ihr politischer Standpunkt wurde besonders deutlich, als man ihr von den psychologischen Profilen berichtete, die in Radcliffe angefertigt wurden. Von den Stipendiatinnen wurde erwartet, daß sie sich einer regelrechten Serie von psychologischen Tests unterzogen und sich von einer der Sozialwissenschaftlerinnen interviewen ließen, zu deren Arbeitshypothese die Vorstellung gehörte, daß sich in den hohen Leistungen der Stipendiatinnen der Einfluß eines starken Vaters widerspiegele. »Nach meinem Empfinden war diese Methode, diese ›Untersuchung‹ an uns ein unproduktiver und sogar beleidigender Versuch herauszufinden, warum wir ›außergewöhnlich‹ und, was Motivation und Leistungen angeht, offenbar anders waren als andere Frauen«, erläuterte Olsen. »Das habe ich auch Connie Smith [der Direktorin des Instituts] gesagt: ›Wir haben Verstand, Beobachtungsgabe, Lebenserfahrung. Das Beste, was das Institut tun könnte, wäre, uns zusammenzubringen, damit wir darüber sprechen können, woher *das* kommt.‹ Mir ging es also um einen bewußten Prozeß der Verständigung über diese Fragen, in den alle einbezogen werden sollten, und den gab es dann erst sieben Jahre später. Sie nannten ihn ›Hebung des Bewußtseins‹.« Olsen weigerte sich, sich von Dr. Ryerson interviewen zu lassen. »Und ich begriff damals nicht, wie Anne, Max und andere einen solchen Übergriff zulassen konnten.«

Wie Sexton hatte auch Tillie Olsen keinen Collegeabschluß, obwohl sie an der Stanford University einen Schreibkurs belegt und mit dem Romancier Richard Scowcroft gearbeitet hatte. Sie und Sexton stellten auch fest, daß sie bestimmte Dichter mochten, die nicht in Mode waren. »Wir gingen am Charles River entlang, unter den Ahornbäumen, die gerade ihre Herbstfarben annahmen; es war mein erster Herbst in Neuengland«, erinnerte sich Olsen. »Ich zitierte Sara Teasdale, und Anne sagte: ›Ach, du magst ihre Gedichte also auch! Aber das darfst du nie, nie vor jemandem zugeben.‹ Ich fragte: ›Was meinst du damit?‹, und sie erzählte mir, daß sie in dieser Holmes-Gruppe einmal habe durchblicken lassen, daß Sara Teasdale ihr gefalle, und hören mußte, daß Sara Teasdale das Allerletzte sei ... Von Anfang an sprachen wir über Dichter, die uns alles bedeuteten. Wir mußten uns nie in acht nehmen oder heucheln. Wir schämten uns voreinander nicht dafür, daß wir Sara Teasdale oder Edna St. Vincent Millay mochten.«

Sextons Freundschaft mit Tillie Olsen war eine von mehreren bedeutsamen Veränderungen in ihrem Leben, die durch das Radcliffe Institute ausgelöst worden waren. Als sie Olsen kennenlernte, war Sexton ein »alter Hase« im Institut. Sie spürte zwar im gesellschaftlichen Umgang immer noch die Nachteile ihres schlechten Gedächtnisses und konnte die Aussicht, mit anderen Menschen zusammentreffen zu müssen, nur ertragen, wenn Kumin wie ein Rettungsanker bei ihr war, sie haßte es, sich gesellschaftliche Verpflichtungen aufzuhalsen, und fürchtete, sie müsse sie mit Einladungen zu sich nach Hause abgelten, sie mußte immer noch mehrere Drinks intus haben, bevor sie überhaupt im Institut aufkreuzen und sich in das Seminar eines Lehrers setzen konnte, und dennoch integrierte sie allmählich einen Kreis berufstätiger Frauen in ihr Leben, die die gleichen Ziele hatten und etwas in der Welt erreichen wollten.

Besonders eng schloß Sexton sich an Barbara Swan an, eine der zwei Malerinnen, die in die – von Swan »die Erste Besatzung« genannte – erste Gruppe von Radcliffe-Stipendiatinnen aufgenommen worden waren. Swan machte sich mit den anderen vertraut, indem sie sie zeichnete. »Anne war eine Schönheit, und es war eine Herausforderung, von diesem schönen Gesicht abzusehen und zu ergründen, was sich dahinter verbarg«, erinnerte sie sich. »Wenn man will, daß Menschen sich öffnen und sich mitteilen, dann geht das beim Porträtieren am besten. Auf eine komische Weise ist es so, als säße man bei seinem Analytiker. Ich stelle Fragen, und die mir Gegenübersitzenden teilen mir dann häufig Dinge mit, auf die ich nicht gefaßt bin und auf die auch sie nicht gefaßt sind, und das alles nur, weil ihnen klar wird, daß sie beobachtet werden.« Als ihre Freundschaft sich schließlich vertiefte, schuf Swan Porträts von Sexton in mehreren Techniken, und Tillie Olsen war der Ansicht, sie sei zu Annes wirklichem Wesen vorgedrungen. »Zwischen Barbara und Anne bestand eine der schönsten Frauenfreundschaften, die ich je gesehen habe«, sagte Olsen. »Mit Barbara war Anne so natürlich wie nirgendwo sonst, so wie sie mit ihren Kindern gewesen sein muß. Barbara lebt in einem besonderen Universum.«

Während ihrer gemeinsamen Zeit im Radcliffe kaufte Sexton eine der ersten Lithographien Swans, *Die Musiker,* und hängte sie in ihrem Arbeitszimmer auf. Das Bild zeigt zwei Gestalten, die Blasinstrumente spielen, »und jede Menge düsteren Hintergrund, der alles mögliche bedeuten konnte«, scherzte Swan. »Offen gestanden experimentierte ich damals noch mit den Gestaltungsmöglichkeiten, die die Lithographie bot.« Sexton verwendete das Bild als Vorlage für ein Gedicht, wobei sie die Phantasie einer Wiedergeburt durch die Mundhöhle – möglicherweise eine Metapher für Therapie, wie Kumin vermutete – auf die unbestimmten Formen projizierte. Swan reagierte mit ehrfürchtiger Freude – »verblüfft!« – auf Sextons Arbeit. »Anne kam wie ein Tornado in meine Welt gefegt. Sie erschütterte sie, rüttelte sie durch, ergriff von ihr Besitz wie ein Dämon. Natürlich bewunderte ich das Gedicht.« In Barbara Swan hatte Sexton ein zweites »Sende- und Empfangsradio« gefunden, um Mary Grays Wort noch einmal aufzugreifen. Im Laufe der Jahre arbeiteten die beiden Künstlerinnen bei vielen Projekten zusammen, so bei Plakaten, bei den Umschlägen für *Live or Die, The Book of Folly* und *The Death Notebooks* und bei den Illustrationen für *Transformations.*

Tillie Olsen und später auch die Bildhauerin Marianna Pineda schlossen sich mit Swan, Kumin und Sexton im Jahre 1963 zu einer eng verschworenen Gruppe des Radcliffe Institute zusammen. Sie bezeichneten sich scherzhaft als »die Ebenbürtigen« – die Künstlerinnen, die Präsidentin Bunting mit den Wissenschaftlerinnen mit den hohen akademischen Graden zusammenbringen wollte. (Kumin, die ein Master's Degree hatte, war eine Ausnahme, aber dies wurde durch Sexton wieder wettgemacht.) Im gleichen Jahr stieß Olsen zufällig auf Virginia Woolfs *Ein Zimmer für sich allein,* das Sexton ebenfalls las und eine »Wohltat« nannte.

Im gleichen Jahr hielt Olsen auch einen Vortrag, der auf Material aufbaute, das sie später in ihrem vielbeachteten Buch *Silences* verarbeitete. Seit ihrer Kindheit hatte sie Seiten aus ausgeliehenen Büchern, die sie besonders schätzte, abgeschrieben und ihre eigenen Gedanken dazu festgehalten. Zum Radcliffe Institute brachte sie ein enormes Konvolut loser Blätter mit, die sie über die Jahre hin gesammelt und zu Bündeln unterschiedlichster Form und Größe geordnet hatte. Als sie an der Reihe war, das regelmäßig dienstags stattfindende Seminar zu leiten, wählte Olsen Passagen aus diesen Bündeln und von ihr selbst Verfaßtes über »die Bedingungen, die Schriftsteller behindern oder verstummen lassen, mit besonderer Berücksichtigung der speziellen Bedingungen von Frauen« aus. »Zum ersten Mal«, erinnerte sie sich, »hatte ich Gelegenheit, mein Material und meine Gedanken dazu in eine geordnete Form zu bringen.«

Als Sexton Bilanz über die zwei Jahre am Radcliffe Institute zog, war Olsens Präsentation für sie der Höhepunkt. Insbesondere eine von Olsen vorgelesene Passage aus *Schnee auf dem Kilimandscharo* weckte ihre nie ganz überwundene Angst vor ihren eigenen selbstzerstörerischen Tendenzen. »Was tötet die kreative Begabung – was macht die Axt stumpf? Alkohol und andere schädliche Neigungen. Natürlich nehmen sie auch meinem Schmerz die Spitze ... Vielleicht muß ich ohne meine Krücken auskommen.« Sie erzählte Martha White: »Vermutlich hat Tillies Seminar mein Schreiben und überhaupt alles verändert. Sie hat es um eine Theorie des Scheiterns bereichert, mir gezeigt, wie man sein Talent vergeuden kann. Zu dieser Zeit hatte ich so große Angst vor dem Scheitern. Die haben Künstler immer. Du suchst nach dieser wundervollen Sache, die du vielleicht niemals finden wirst. Tillie macht dir wieder Mut. Mich hat sie aufgerichtet; hinterher konnte ich nicht sprechen, ich war wie betäubt. Tillies Seminar dauerte viel länger als vorgesehen, aber wenn irgend jemand sie unterbrochen hätte, hätte ich ihm den Kopf abgeschlagen.«

In Tillie Olsen fand Sexton eine einzigartige Mentorin. Olsen, die eine entsetzlich skrupulöse Schreiberin war, Wörter hütete wie einen Schatz und sehr geduldig sein konnte, brachte der Jüngeren bei, auf weite Sicht zu denken. Nach dem Seminar lieh sich Sexton Olsens Auszüge und persönlichen Anmerkungen aus und verbrachte viele Stunden damit, dreiundsechzig Seiten dieses kostbaren Destillats abzutippen, die sie später in ihren eigenen Mappen verwahrte. Olsens gehorteter Schatz wirkte auf sie komisch und magisch zugleich, war eine exzentrische und dabei authentische Form von Spiritualität. Sexton suchte Olsens Nähe nur sehr selten (»Tillie ist so eingespannt«, äußerte sie im Gespräch mit einem anderen Mitglied des Instituts, »ich wage nicht, sie zu stören«), dann aber mit der gleichen Intensität, mit der sie ihre Ratgeber in religiösen Fragen ansprach. Olsen spürte diesen Hunger und erinnerte sich, als sie an diese Zeit zurückdachte, mit Trauer, Schmerz und tiefer Liebe an Sexton.

Am 12. Februar 1963 berichteten die amerikanischen Tageszeitungen in einer Kurzmeldung, daß die Dichterin Sylvia Plath in London gestorben war. Im Bostoner Raum war das eine Lokalnachricht, und sie versetzte den Bostoner Dichterkreis in große Aufregung. Obwohl als Todesursache zunächst Lungenentzündung angegeben worden war, zweifelten nur wenige daran, daß sie sich das Leben genommen hatte, und so war es ja auch; Plath war, den Kopf im Gasherd, erstickt. Einige hatten Gerüchte über Ted Hughes und eine andere Frau gehört, und die meisten sahen im Selbstmord eine spezifisch weibliche Form der Rache, die dem Modell der griechischen Tragödie nachgebildet war, Furcht und Mitleid erregte. Für diejenigen, die Plaths neueste Arbeiten kannten, wurde die Erschütterung noch durch das Wissen verstärkt, daß diese außerordentlich talentierte, unverwechselbare Dichterin gerade erst zu sich selbst gefunden hatte.

Sextons Erschütterung war eine ganz persönliche, denn Plaths zwar seltene, aber freundliche Briefe hatten Zufriedenheit ausgestrahlt: »Ich habe mich mit Frieda [Plaths Tochter] und einem sehr hübschen 6 Monate alten Sohn Nicholas auf dem Lande eingerichtet, züchte Bienen und baue Kartoffeln an und mache für die BBC eine Sendung nach der anderen.« Im Jahre 1963 schien Plath all die Ziele verwirklicht zu haben, in die sie Sexton genau vier Jahre vorher während der Drinks im »Ritz« nach den Lowell-Seminaren eingeweiht hatte: ein Leben in England, in dem sie Mutterschaft und Hausfrauenpflichten mit ihrer Entwicklung als Schriftstellerin in Einklang bringen konnte. Ein so ehrgeiziges Ziel zu verwirklichen hätte jedem eine stabile Gesundheit abverlangt, Plath verlangte es jedoch außerdem die Befreiung von einer starken Anziehungskraft ab – Sexton nannte sie eine Lust –, der Anziehungskraft des Selbstmords. Die Nachricht ihres Todes rief in Sexton nostalgische Erinnerungen an die Gespräche wach, die sie vor all diesen Jahren geführt hatten. Sie destillierte daraus das Gedicht *Sylvia's Death* (Sylvias Tod), das sie später zu einem längeren Text ausweitete.

Als weitere Gerüchte aus England kamen, spürte Sexton immer stärker die Gemeinsamkeiten zwischen Plath und ihr selbst. Sie stellte sich vor, wie Plath verlassen und einsam darum gekämpft hatte, das forsche, fröhliche Gesicht zu wahren, das alle in Boston so gut kannten. Als der Priester der unitarischen Kirche in Wellesley anrief und sie um Hilfe bei der Ausgestaltung eines Gedenkgottesdienstes für Plath bat, war sie froh, bei der Auswahl der Gedichte helfen zu können. Aber, so sagte sie zu Dr. Orne, sie und der Priester sahen die Person, derer da gedacht werden sollte, in ganz unterschiedlichem Licht.

»Ich begann mir Sorgen darüber zu machen, wie ihre Beerdigung vonstatten gehen sollte. Ihr Ehemann schlief mit einer anderen: Warum ist Sylvia nicht nach Hause gekommen? Dann begriff ich, sie *ist* ja nach Hause gekommen. Das erklärte ich ihrem Pfarrer, und ich glaube, das hat ihm nicht sonderlich gefallen. Ich sagte, Sie müssen verstehen, ich betrachte das von einem kranken Standpunkt aus – obwohl er ja stark psychiatrisch orientiert ist –, und so sehe ich das nun mal. Warum ist sie nicht nach Hause gekommen und zu ihrer Mutter gezogen? Sie ist ja schon einmal zu ihrer Mutter gezogen [als sie Hughes heiratete und sie für zwei Jahre nach Massachusetts kamen]. Sie konnte das nicht noch einmal tun. Sie tat es, indem sie sich umbrachte. Das sollte meiner Meinung nach bei ihrem Begräbnis nicht ausgespart werden – für mich ist das eine wichtige Art zu sterben.«

Plaths Tod machte Sexton traurig, aber er weckte auch ihren eigenen, stets dicht unter der Oberfläche lauernden Todeswunsch. Der Selbstmord, erklärte sie kategorisch, sei wie eine Droge: »Ein Mensch, der Drogen nimmt, kann nicht erklären, warum er das tut, es gibt keinen wirklichen Grund dafür«, sagte sie zu Dr. Orne. Er widersprach: »Es gibt immer einen Grund: Drogen machen süchtig.« – »Selbstmord ist auch eine Sucht«, bemerkte Sexton. Einem Freund gegenüber drückte sie es so aus: Sylvia Plath »hatte den Selbstmord in sich. Wie ich. Wie viele von uns. Aber wenn wir

Glück haben, kommen wir damit nicht durch, und irgend etwas oder irgend jemand zwingt uns zu leben.«

Während die gesunden Anteile von Sextons Persönlichkeit gestärkt wurden, indem sie sich glücklich unter die anderen Künstlerinnen am Radcliffe Institute mischte, in ihrer Kunst neue Wege beschritt und bei Lesungen die Macht spürte, die sie auf eine ständig steigende Zahl von Zuhörern ausübte, zog Plaths Selbstmord sie zu dem trüben Wasser ihrer alten Obsession, einer zum Ritual gewordenen Selbstzerstörung. »Sylvia Plaths Tod beunruhigt mich«, berichtete sie Dr. Orne. »Löst in mir den gleichen Wunsch aus. Sie hat sich etwas genommen, das mir gehört hat, *dieser* Tod hat mir gehört! Natürlich hat er auch ihr gehört. Aber wir hatten ihm beide abgeschworen, so wie man dem Rauchen abschwört.«

Diese rivalisierende Haltung fand auch Eingang in Sextons Texte über Plath. Ein immer wiederkehrendes *»me, me too«* verleiht *Sylvia's Death*, das unter der Pose des Grams von Selbstmitleid trieft, einen unechten Ton – und trotzdem hat es Sexton immer gemocht und Kritikern gegenüber verteidigt. Howard Moss lehnte es für den *New Yorker* ab. Robert Lowell schrieb, seiner Meinung nach sei es »durch das Pathos zu aufdringlich« geworden. Als sie das Gedicht an George Starbuck schickte, schrieb Sexton dazu: »Es ist wirklich gut. Du kannst es dir an die Wand hängen.« Auf die von Galway Kinnell geäußerte Kritik erwiderte sie: »Ich hab bloß zugehört und [das Gedicht] seinen eigenen Weg gehen lassen, ein bißchen defekt, ein bißchen zu viel Stil vielleicht, aber es gehört sich selber mehr als mir.«

Als Sexton im Juli schließlich das Exemplar von *Die Glasglocke* erhielt, das sie im März in einer Londoner Buchhandlung bestellt hatte, las sie es auf der Couch, die sie von ihrer Mutter geerbt hatte, in einem Zug. Die Lektüre von Plaths Roman versetzte sie in glühende Aufregung (die auch später nicht nachließ; etliche Jahre danach, als sie sah, wie Linda es verschlang, sagte sie mit schneidender Stimme: »Das ist eine bloße Brotarbeit, sonst nichts!«). Sie berichtete Dr. Orne in einem Brief von den Gefühlen, die es bei ihr auslöste: Plath hatte Prosa geschrieben, wie Kumin es nun ebenfalls tat (den Roman *Through Dooms of Love*) und wozu Dr. Orne auch Sexton ermutigt hatte; Plath war darüber hinaus aber auch Lyrikerin – »eine große Lyrikerin, mit einem großen Potential«. Sie hatte ein Buch über ihren Selbstmordversuch geschrieben – ein »sehr bewegendes« Buch mit glücklichem Ausgang –, und danach hatte sie sich wirklich umgebracht. »Ich lese immer wieder darin . . . muß es lesen, komme immer wieder wie auf einer Salzspur auf ihren Tod zurück«, schrieb Sexton.

An diesem Punkt schleichen sich verworrene Gefühle in den Brief ein – zweifelsohne hervorgerufen durch die erbsengrüne Couch, auf der sie beim Lesen gelegen hatte. Mit der Rivalität, die Sexton Plath gegenüber verspürt, bricht ihr Zorn auf Mary Gray hervor, die von ihr keine Notiz genommen hat; mehr noch, ihr wird nun klar, daß ihrer gesamten schriftstellerischen Entwicklung eine Illusion zugrunde lag, der »große Schwindel« der Übertragung. »Jetzt kapiere ich es! Ich war nur da, weil ich Ihnen etwas bedeuten wollte, Ihnen wichtig sein und dann Ihnen gehören. Ich habe eine ganz neue Person erfunden, eine Dichterin, Anne Sexton, die Ihnen nicht gleichgültig sein würde. [. . .] Alle diese Leute, die mir schreiben und an mich glauben. Großer Gott! Mich gibt es ja nicht einmal.«

Dies war für Sexton zweifellos ein vertrautes Gefühl, aber Plaths Tod gab ihm eine neue Wendung. Zu der Anziehungskraft des Todes als einer Möglichkeit, nach Hause zur Mutter zu kommen und endlich von ihr bemerkt zu werden, kam nun die Anziehungskraft eines Todes hinzu, der die Dichterin ein für allemal abspalten, sie in die Unsterblichkeit ihrer Wörter entlassen konnte. Sehr früh schon, im Mai 1963, begann Sexton sich Gedanken über ihren Nachruhm zu machen und erzählte Dr. Orne: »Ich habe mir überlegt, ich schreibe ein Buch und laß es liegen, und wenn ich sterbe, kann es postum veröffentlicht werden.« Es war, als sei Sylvia Plath, die gewiefte Rivalin, Sextons Projekt für den eigenen zukünftigen Ruhm, wobei das phantasierte Finale ein zum richtigen Zeitpunkt publizierter Selbstmord sein sollte, durch einen kühnen Sprung zuvorgekommen. Durch diese einzigartige Tat hatte Plath ihre Plätze als Vorläuferin und Nachfolgerin in der Rangordnung der Poesie ein für allemal umgekehrt.

Bei allem Brüten über Plath freute sich Sexton aber auch auf ihre Auslandsreise und hoffte, daß sie ihr Vorankommen in der Therapie günstig beeinflussen würde. »Jetzt ist es an der Zeit, gesund zu werden. Keine Verzögerungstaktik mehr!« Wenn sie nicht gerade von der Furcht heimgesucht wurde, in Europa mit Fremden zurechtkommen zu müssen oder etwa keine Unterkünfte zu finden, in denen sie ganz allein ein Badezimmer aufsuchen konnte (dies bereitete ihr beträchtliche Sorgen), versetzte sie die Aussicht auf die Reise in freudige Erregung. Sie und Sandy Robart beschlossen, mit dem Schiff zu reisen und nicht zu fliegen, damit sie alle ihre »Identitätssachen« mitnehmen konnte: Bücher, die Schreibmaschine und den dicken gebundenen Band mit den Briefen, die Nana aus Europa nach Hause geschrieben hatte und die eine Art Vorlage für ihre eigene Reiseroute bilden sollten. Robart übernahm die Aufgabe, alles zu arrangieren, und verpflichtete das Gespann auf Sparsamkeit nach dem Vorbild von Arthur Frommers Reiseratgeber *Europe on Five Dollars a Day.*

Als der 22. August, das Abreisedatum, näher rückte, begann Sextons Fassade der Tapferkeit aufzubrechen. Sie hatte sich in einem Willensakt auf diese Reise eingelassen; andere Bereiche ihres Ichs, die sie nicht zu Rate gezogen hatte, machten ihr nun Schwierigkeiten. Am letzten Julitag verlief die Sitzung im Sprechzimmer des Arztes besonders dramatisch. Schon vor dem Termin war sie in der Toilette in Ohnmacht gefallen; die Sprechstundenhilfe mußte sie die Treppe hinaufführen. In Dr. Ornes Büro angelangt, ging Sexton schnurstracks auf den Ventilator zu und begann ihn in den Armen zu wiegen, danach sank sie zu Boden, wo sie die gesamte Behandlungszeit zusammengerollt und in Trance lag, auf Dr. Ornes Stimme nicht reagierte, betete und ihn Nana nannte. Am folgenden Tag schrieb sie das Gedicht *For the Year of the Insane* (Zum Jahr der Wahnsinnigen), in dem sie ihr inneres Erleben dieser Stunde ausdrückte.

War sie wirklich stark genug für die Reise? Dr. Orne meinte ja, und zwar aus mehreren Gründen. Zum ersten war er der Überzeugung, daß sie in den vergangenen Jahren bei der Integration verschiedener Anteile ihres Ichs ein gutes Stück vorangekommen war. Von dem Tag, an dem sie ihm ihre Reisepläne mitgeteilt hatte, bis zu ihrer Abfahrt verbrachte er einen Großteil der Zeit damit, ihr im einzelnen darzulegen, welche Fortschritte er beobachtet hatte. Unmittelbar vor ihrer Abreise sagte er ihr: »Sie haben den Mechanismus des Vergessens durchkreuzt. Tatsache ist, daß Ihr Erinnerungsvermögen, Ihre Fähigkeit, Dinge im Gedächtnis zu behalten, sich verbessert hat ... Ich glaube nicht, daß Sie das in kürzerer Zeit hätten erreichen können. Bewahren Sie es sich, solange es geht.« (Darauf erwiderte Sexton: »Ich bringe mein ganzes Leben damit zu, gesund zu werden, und dann ist es vorüber!«) Zum zweiten glaubte er, daß ein wohldosierter Einsatz von Medikamenten ihrer Stabilisierung dienlich sein würde. Zum dritten, meinte er, könnten sie es einrichten, den Kontakt mittels Briefen aufrechtzuerhalten: Sie sollte ihm wöchentlich schreiben, und er würde zu verabredeten Zeiten antworten. Bevor sie ging, machte Sexton eine Polaroid-Aufnahme von ihm in seinem Sprechzimmer und nannte sie einen »Talisman, der das Böse vertreibt«.

Der wichtigste Garant für Sextons Gesundheit sollte jedoch die robuste, vernünftige, fröhliche und findige Sandy Robart sein. Sandy war zwar amüsiert, als Anne und Kayo ihr den Handel zum ersten Mal vorgeschlagen hatten – »Ich hatte eine Familie und drei Kinder und mußte dafür sorgen, daß die Schulden irgendwie abbezahlt wurden« –, aber dann fügte sich alles doch. Nach all den Jahren, in denen Anne auf Sandy angewiesen war, kannte sie deren Tugenden ganz genau. »Sandy hat vor nichts auf der Welt Angst«, behauptete sie. »Sie mag gestörte Kinder, und die sind schlimmer als gestörte Erwachsene, schon weil sie viel mehr herumlaufen.« Sandy würde ihr helfen, einen klaren Kopf zu behalten, und sie durch die kurzen Phasen der Bewußtseinsspaltung, das lästigste ihrer Symptome, begleiten.

Das größte Problem, dem Sexton sich gegenübersah, bestand

darin, daß sie die zwei anderen Stützpfeiler ihrer Gesundheit verlassen mußte, Linda und Joy, für die es keinen magischen Ersatz gab. Stundenlang sprach sie mit ihnen darüber, wo sie sein würde, wenn sie an sie denken und ihnen schreiben würde, daß sie auf Daddy aufpassen sollten. Sie fürchtete, die beiden könnten noch zu klein sein, um eine solche Trennung zu verkraften. Außerdem fürchtete sie, daß bei Linda, die unmittelbar vor ihrer Abfahrt zehn Jahre alt werden würde, während ihrer Abwesenheit die Menstruation einsetzen könnte. Daher kaufte sie ein Päckchen Damenbinden, erklärte Linda, wie man sie benutzt, und deponierte sie für alle Fälle auf dem oberen Brett von Lindas Schrank.

Für Sexton waren die Kinder nun wunderbare Gefährten. Sie hatte gelernt, auf ihre stets verfügbare Zuneigung und ihre Anteilnahme zu bauen, und sie fühlte sich in der Lage, ihnen das Gefühl von Vertrautheit zu geben, das ihr ihre eigene Mutter nie hatte vermitteln können. Diese neuentdeckte Stärke drückte sie bei zahlreichen kleinen Gelegenheiten aus, etwa wenn sie darauf bestand, ihnen zu zeigen, wie man die Küchengeräte benutzt, und sie, wenn sie von der Schule nach Hause kamen, mit der Ankündigung überraschte, heute sei Backtag. Sie machten Eierkuchen, Schokoladenkuchen, Muffins und Ingwerplätzchen – und aßen sie auf, solange sie noch warm waren. »Mutter lehnte sich in ihrem Stuhl zurück und *führte Regie*«, erinnerte sich Joy. Sexton ließ sie auch an ihrer Begeisterung für Musik teilhaben, legte eine Schallplatte auf, nach der alle drei tanzen konnten, und Joy und Linda versuchten stolpernd, ihre graziösen Bewegungen nachzuahmen. »Sie fing einfach an und hob irgendwie die Arme zu der Musik – in ihrer Jugend war sie groß und schlank und graziös«, berichtete Linda. »Sie liebte die Musik wirklich, und das konnte alles sein, von Andy Williams bis Beethoven – sie tanzte herum und versuchte mitzusingen. Damals haben wir uns über sie lustig gemacht; sie war unmusikalisch, brachte keinen einzigen Ton richtig heraus.« Im Jahre 1963 spielte Linda die Hauptrolle in einer Schulaufführung von Frances Hodgson Burnetts *Sara Crewe*, und Anne hielt sie dazu an, die Sache ernst zu nehmen. »Mutter stellte mich an das eine Ende des Hauses, und dann ging sie ans gegenüberliegende Ende, stand im Gang und sagte, ich solle es ›voll rausbringen‹. Sie hat mir geduldig geholfen, die Rolle zu lernen, hat mir das Gefühl gegeben, daß es ihr furchtbar viel bedeutet.«

Weniger glückliche Erinnerungen hatten die Kinder an ein anderes Spiel, das Sexton gern spielte und das sie »Neun sein« nannte. Dr. Orne beschrieb sie dieses Spiel so: »Am Sonntag kam Linda zu mir ins Bett, und dort blieben wir ungefähr eine Stunde lang und taten so, als sei ich neun. Sie redete mit mir, und ich erzählte ihr alles, so wie früher. Ich schmuste mit ihr, lag weiter unten im Bett als sie, hatte den Kopf an ihre Brust gedrückt, und sie hielt mich in den Armen. Ich möchte neun sein.« Joy sei ein bißchen eifersüchtig gewesen, erzählte Sexton, aber es sei ihr unmöglich gewesen, so zu tun, als sei sie sieben. So sei das Spiel immer weitergegangen, bis Linda keine Lust mehr hatte. »In Wirklichkeit wollte sie natürlich, daß ich vierunddreißig bin, und ich sagte: ›Ach, ich möchte lieber neun sein.‹ Ich wollte nicht. Sie fing an zu weinen — beide versuchten, irgendwelche magischen Sachen zu sagen wie ›Ich möchte *dich* zurückhaben‹. Es hat mir wirklich gefallen, ich habe ungefähr anderthalb Stunden ausagiert.« Offenbar meinte sie mit gleichem Recht, hin und wieder zu Linda ins Bett gehen zu dürfen, wenn sie nicht schlafen konnte. »Ihr Körper will meinen Körper; sie schmust gern«, erzählte Sexton Dr. Orne. »Kayo stört es, wenn ich mich herumwälze, und Joy würde sofort aufwachen und anfangen zu plappern. Wahrscheinlich benehme ich mich Linda gegenüber wie ein Kind bei seiner Mutter, schmiege mich an sie, wie es ein Kind tun würde, und sie ist empfänglich dafür. Ich spürte, wie sie die Füße an mein Bein legte, so wie ich es im Halbschlaf tue, wenn ich mit Kayo im Bett bin. Dadurch schlief ich wieder ein.«

Noch Jahre später gehörte dies für Linda Sexton zu den beunruhigendsten Erfahrungen, die sie je mit ihrer Mutter gemacht hatte. In ihrem Gedächtnis stand das Bild eines riesigen Kopfes, der sich an ihre Brust drückte und unbedingt das Baby sein wollte und sie damit zur Mutter machte; unvergessen war auch das Gefühl, daß ihr zuviel körperliche Nähe abverlangt worden war. Als sie älter wurde, eskalierten diese Probleme und führten zu tiefen Konflikten mit ihrer Mutter. Sexton jedoch, die die zwiespältigen Erinnerungen an Nanas Schmusen ausblendete, behauptete, sie könne nichts Schlimmes darin sehen, wenn sie das Bedürfnis hatte, sich von Linda und Joy bemuttern zu lassen. »Durch meine Kinder kann ich mich retten, denn da ist eine Bindung«, erklärte sie Dr. Orne.

In der Nacht vor ihrer Abreise nach Europa schrieb Sexton beiden Töchtern einen Brief, den sie unter die Kopfkissen legte, damit sie ihn erst nach ihrer Abreise finden und aufbewahren würden. Als die s. s. *France* am 22. August aus dem New Yorker Hafen auslief, standen Sexton und Robart lange an der Reling und ließen eine Girlande Seifenblasen nach der anderen steigen, damit ihre Kinder sie sehen konnten, bis das Schiff endgültig den Blicken entschwunden war.

Sexton nahm eine Schreibmaschine nach Europa mit, weil sie dort Gedichte schreiben wollte und hoffte, auch einen Roman schreiben zu können (für eine der Gestalten sollte Sandy Robart das Vorbild liefern), hauptsächlich jedoch, weil sie ihre Lieben mit einem stetig fließenden Strom von Briefen überschütten wollte. Sie und Maxine Kumin hatten einander geschworen, den Telefon-Workshop in veränderter Form fortzuführen, indem eine der anderen ihr Manuskript schickte (was sich unerwarteterweise als sehr nützlich erwies: Mängel im Rhythmus wurden auffälliger, wenn die Stimme der Dichterin nicht dazwischenredete). Max war auch eine zuverlässige Berichterstatterin über den Familienalltag bei den Sextons. Im Anschluß an regelmäßige Besuche schilderte sie Anne, wie gelassen Kayo die tägliche Hausarbeit zu bewältigen schien und wie gut sich Linda in der Küche zurechtfand. Auch Billie schrieb häufig ein paar Zeilen, immer Geschichten über die Kinder, insbesondere über Joy. Und sie beteuerte: »Koste jedes Quentchen Glück aus, das Dir über den Weg läuft, und sei versichert, ich werde alles dafür tun, daß alles so geschieht, wie Du es haben willst.«

Sexton schrieb häufig Briefe nach Hause, Reiseberichte, in denen ihre Fähigkeit zu überbordender Freude sichtbar wird. Mit einnehmender Offenheit teilte sie fröhliche Erkundungen des Alltags mit. Sie und Robart reisten in einem gemächlichen Tempo, legten oft Pausen ein und machten viele Fotos, die sie nach Hause schickten. Sie bemühten sich, Geld zu sparen, indem sie sich selber die Haare machten und die Wäsche wuschen, und sie hatten viele Vorräte mitgebracht, Toilettenpapier und einen Tauchsieder, Picknick-Geschirr und Heizkissen. Sexton sagte, ihr dunkelblauer VW habe ausgesehen wie die »Früchte des Zorns«, so vollgestopft sei er gewesen.

In Belgien wurde ihr Auto aufgebrochen und ein Großteil des Gepäcks gestohlen. Sie büßten natürlich alle ihre guten Kleider ein, außerdem Sextons Reimwörterbuch und – unersetzlich – das gebundene Buch mit Nanas Briefen, Sextons tragbare Magie. Verschwunden waren auch Großvater Staples Briefe aus Europa, die sie zusammen mit Nanas eingepackt hatte. »Euere europäischen Laren & Penaten zu verlieren ist beinahe so, wie alles zu verlieren!« schrieb Kumin mitfühlend, als sie die Neuigkeit erfahren hatte. »ACH, WENN WIR UNS DOCH NUR HÄTTEN AUSSUCHEN KÖNNEN, was gestohlen werden darf«, schrieb Sexton nach Hause. »Wie will der Dieb denn Badeanzüge verkaufen, ganz zu schweigen von den jeweils zehn Exemplaren aller meiner Bücher [. . .] Manuskripte von neuen Gedichten hab ich nicht verloren, denn die [waren] in der Mappe, die ich ins Zimmer mitgenommen hatte.« (Die neuen Gedichte waren *Crossing the Atlantic* [Überfahrt über den Atlantik] und *Walking in Paris* [Spazierengehen in Paris]; die in beiden verwendete Metaphorik der Jungfräulichkeit deutet darauf hin, daß zu Sextons Bewältigungsstrategien die Phantasie gehörte, auf dieser Reise ein neues Leben anzufangen.)

Unverdrossen machten sie und Robart sich zum Brüsseler Flohmarkt auf den Weg und beherzigten damit einen Rat ihrer Concierge, die ihnen erzählt hatte, alle Welt wisse, daß Diebe gestohlene Kleidung sofort zu einem bestimmten Winkel des Markts brächten. Als Detektive hatten sie keinen Erfolg, um so mehr dafür als Käuferinnen; sie kehrten mit einem exklusiven neuen Hahnentritt-Kostüm zurück, das Robart für ungefähr zwei Dollar erstanden hatte. Als sie müde und verschwitzt in ihrem kleinen Hotel eintrafen, bot Madame ihnen ein kostenloses Schaumbad an (ein echtes Entgegenkommen), kochte ihnen eine warme Mahlzeit und lud sie ein, bei ihr zu bleiben und ihren Geburtstag mitzufeiern. »Auf dieser Seite erfahren wir wirklich, was Leben ist«, räumte Sexton ein. Als eine Woche später Robarts Portemonnaie in einer Straßenbahn gestohlen wurde, blieb Sexton gelassen.

Vielleicht war sie selbst ein wenig überrascht, wie leicht sie mit solchen Katastrophen fertig wurde. »Ich habe weder die Zeit noch die Kraft, niedergeschlagen oder unruhig zu sein«, schrieb sie an Kayo. »Und wenn ich doch mal unruhig bin, liegen offenbar immer gerade vier Meilen Fußmarsch vor mir, und damit hat es sich dann.« Sie wurde böse, weil sie nie von den Kindern hörte – sie klagten, es sei zu schwer für sie, sich hinzusetzen und richtig zu schreiben. Aber obwohl Sexton es bedauerte, so weit weg zu sein, schrieb sie nach zweieinhalb Wochen an Kayo: »Ich bin hartnäckig, und ich werd' hierbleiben.« An Dr. Orne schrieb sie: »Ich bin stolz auf meine merkwürdige unbeholfene Stärke, die es verhindert, daß ich krank werde, um nach Hause kommen zu können [. . .] Aktivität trägt viel dazu bei, der Unruhe vorzubeugen.«

Sextons Lebensgeister bekamen noch mehr Auftrieb, als Robart und sie in Amsterdam eintrafen und dort nicht nur einen Stapel Briefe von der Familie und von Freunden vorfanden, sondern auch einen Umschlag von der Ford Foundation, die ihr mitteilte, daß sie den Preis bekommen habe, mit dem sie im Jahr 1964/65 ein Projekt mit einer Theatergruppe erarbeiten könne. Doch sie machte auch die Entdeckung, daß sie das Schreiben und das, was es ihr eintrug, gar nicht benötigte, um zu wissen, wer sie war; sie verließ sich auf Robart, wenn sie sich nicht auf ihre eigene Neugier und Freude verlassen konnte. Daß sie auch Augenblicke der Niedergeschlagenheit erlebte und ihnen keine übermäßige Aufmerksamkeit schenkte, war für sie eine neue Erfahrung. Besonders stolz war sie darauf, mit ihrem »blauen Juwel« über die Alpen gefahren zu sein (Höhenangst war eine ihrer vielen Phobien), und sie schrieb ihrer Familie einen begeisterten Brief über die Alpenlandschaft und die Fahrt abwärts in Richtung Italien, »wo einen hinter der Schweiz Opernklänge ansprangen«.

Briefe, in denen Sexton hauptsächlich plauderte, waren an die ganze Familie einschließlich ihrer Schwiegermutter gerichtet, häufig schrieb sie aber auch nur an Kayo über ihre Entdeckungen. Dazu gehörten die Schönheit und Gewandtheit seiner Briefe. Er schrieb ihr mehrmals pro Woche lange getippte Briefe, die vor Liebe und Neuigkeiten überflossen. Er schrieb mit leichter Hand, als sei er der geborene Schriftsteller, über Stimmungen, das Wetter, die Haustiere, die Nachbarn, den Garten und die Kinder, und darüber, wie sehr sie ihm fehlte und was er dabei lernte. In ihrer Sehnsucht wurden sie tief empfänglich füreinander, und beide bemerkten sie in den Briefen des anderen Züge, für die keiner von ihnen in der Vergangenheit Worte gefunden hatte. »Oh, mein Liebster«, schrieb Anne, »ich liebe, was ich bereits kenne – aber wieviel mehr von Dir ist außerdem noch da???? Welches Du hat gesprochen? Und wie gut kann ich aus tiefster Seele antworten . . . mit Liebe, Liebe, Liebe.« Ihre Trennung, so empfand sie es, brachte sie einander näher, indem sie ihr und ihm »den Teil meines Ichs, in den Du Dich [im Charles River Country Club] zuerst verliebt hast«, zurückgab, »das Mädchen, das dauernd den Schläger schwang, auch wenn es den Ball nicht traf«. In ihren besten Stunden hielt sie ihre Reise für »das größte gemeinsame Projekt, das wir je unternommen haben«. Aber sie wollte nicht mehr, daß er sie als Prinzessin Anne sah, das Mädchen seiner Träume. »Ich möchte ein schlichtes Wort der Liebe sagen, meiner Liebe. [. . .] Du bist nicht der Mann meiner Träume. Du bist mein Leben.«

»Vielleicht, das überlege ich, hast Du Angst davor, daß ich mich verändern oder über Dich ›hinauswachsen‹ könnte (hier drüben oder in der Therapie) . . . Doch diese Veränderung hat bereits stattgefunden (auch wenn ich noch nicht ganz gesund bin), und ich habe meine Wahl getroffen. Es ist wohl überflüssig, Dir das zu sagen . . ., denn schließlich haben wir ja geheiratet. Aber danach kam eine Zeit, in der ich Dich wählte und wußte, daß dies mein Glück sein würde. [. . .]

Das hier ist für uns Neuland. Wir haben die Navy durchgestanden, drei schwere Tode, Wachstum und meine Krankheit. Wir haben es geschafft, stärker als je zuvor in unserer Liebe. Ohne das würde ich die Reise abbrechen. [. . .] Ich spüre Dein Vertrauen immer in mir. Es veranlaßt mich zu bleiben. Wie kann ich das sagen und mich verständlich machen? Ich werde Dich nie verlassen, und nicht etwa, weil ich keine Alternativen hätte, sondern weil ich es so will. Ich möchte MEHR werden als Prinzessin Anne. [. . .] Ich muß lernen, eine Frau zu sein, kein Kind.«

Kayo bestätigte, daß er diesen Reifungsprozeß ebenfalls spürte. »Prinzessin« sei sein Wort für den Zauber ihrer Liebe zu ihm, schrieb er ihr, dieser Liebe, die einen ständig an ihm nagenden Zweifel, »beinahe eine Unfähigkeit zu glauben und zu akzeptieren, was doch so wahr ist«, immer wieder ausräumte. »[. . .] Jedesmal wenn ich einen neuen Brief lese, [. . .] beginnt mein Herz wieder zu springen, als würdest Du es das allererste Mal sagen« – wie in dem Märchen, in dem das »Ich liebe dich« der Schönen das Untier verwandelte. »Wörter verändern mich nicht . . . Wörter ändern nichts daran, daß Du für mich eine Prinzessin bist, und auch das Alter ändert daran nichts. Mein Herz ist immer noch so erfüllt von einer Liebe, von der ich Dir bisher nichts gesagt habe – und ich werde wahrscheinlich sterben, ohne sie ganz zum Ausdruck bringen zu können! [. . .] Glaube mir, daß meine Seele einzig nach Dir schreit, und wenn ich Dir schreibe, dann schreibe ich mehr, als bei Dir ankommt – ich schicke Dir Küsse durch meine Fingerspitzen – Prinzessin, lies diesen Brief mit den Lippen.«

Einen Großteil der Liebesbriefe an ihren Mann schrieb Sexton aus Venedig, ganz verzaubert von dem Trubel und der Schönheit dieser Stadt. Sie und Robart verbrachten viel Zeit auf der Piazza San Marco: Tagsüber saßen sie dort in der Sonne und beobachteten die Menschen um sich herum, nach Einbruch der Dunkelheit tranken sie an im Freien aufgestellten Tischen Aperitifs oder in »Harry's Bar« Martinis. Eines Abends schwebten sie Arm in Arm in einer Art Tanz zum Klang der aus den Straßencafés dringenden Walzer über die Piazza, während die feierlichen Schläge der großen Turmuhr weit in die Nacht hallten. Arbeitsblätter mit unveröffentlichten Gedichten zeigen, daß Sexton ihrer fruchtbaren Identifikation mit Nana Nahrung gab.

In Venedig trafen auch die ersten Kapitel des Romans, an dem Kumin arbeitete, *Through Dooms of Love,* bei Sexton ein. Durch umfangreiche Forschungsarbeit zu den politischen Auffassungen, die die Linke während der dreißiger Jahre diesseits und jenseits des Atlantiks vertreten hatte, hatte Kumin Hintergrundmaterial für eine anspruchsvolle Handlung zusammengetragen, die sich um die Auseinandersetzung zwischen einem Gewerkschaftsführer und seiner couragierten, allzu idealistischen Tochter drehte. Sexton schickte eine ausführliche, sorgfältige Kritik zurück. Sie nahm wie immer aufrichtig Anteil am Schreiben ihrer Freundin, und auf einer gewissen Ebene enthielt die Anteilnahme auch Rivalität. Was für eine Geschichte würde *sie* der Alten Welt entlocken?

Dann änderte sich das Wetter, und Sextons inneres Stimmungsbarometer schlug jäh um. Sie fuhren nach Florenz, um dem strömenden Regen, in dem Venedig ertrank, zu entkommen. Sexton schrieb an Dr. Orne, sie habe das Gefühl zu schrumpfen, »mich zu teilen und noch einmal zu teilen, und jedesmal wird das Ich, das da ist, kleiner«. Als »der Reiz neuer Orte« verblaßte, begann sie aus dem Gleichgewicht zu geraten. Als ihr in Rom im Oktober ein romantischer jugoslawischer Friseur namens Louis nachstellte, verlor sie es endgültig. Sie lernten einander am Strand kennen; am nächsten warmen Abend saßen sie in einem Café und hörten den Violinen zu, die »Arrivederci Roma« spielten. Sie tanzten, sie flirteten, sie gingen miteinander ins Bett. Einen Tag später fuhr sie mit Robart im Zug nach Neapel und Capri – den Volkswagen hatten sie in Rom zu Schrott gefahren –, und Louis, den es erwischt hatte, reiste ihnen nach.

Nun geriet Sexton in Panik. Louis hatte kein Kondom benutzt, als sie sich geliebt hatten; konnte sie schwanger sein? Niedergeschlagen schrieb sie Kayo einen Brief, in dem sie Louis freilich nicht erwähnte. (»Ich bin einfach nicht gesund. Sehen wir den Tatsachen ins Auge.«) Und sie telefonierte mit Dr. Orne in Boston und

besprach mit ihm ihre Misere, ein Anruf, der sie 180 Dollar kostete.
Dann ging sie zurück an den Strand, um mit Louis weiter Süßholz zu
raspeln. Dann zurück zum Telefon, um einen Rückflug nach Boston
zu reservieren, und zu einem letzten Stelldichein noch einmal an den
Strand. »Capri ist nicht von dieser Welt – Sonne! Wasser! (Sex!)«,
schrieb sie an Dr. Orne. »Ich begehre ihn wie wild. [. . .] Wenn ich
bei ihm bin, bin ich glücklich, manisch und kann nicht aufhören zu
flirten. Nein! Ich habe nicht noch einmal mit ihm geschlafen (was er
natürlich nicht verstehen kann – & auch ich kaum –, denn ich komme
um vor Sehnsucht, es mit ihm zu machen – ›Ich will! Ich will! Ich
will!‹) [. . .] Jetzt habe ich also beide Stimmungen auf einmal, und sie
ziehen an mir wie an einem Jojo! [. . .] Begehrt zu werden verändert
mich total.« An Kayo schickte sie ein Telegramm: »ANKOMME
BOSTON SONNTAG 27. OKT.«

Sexton kam verdrießlich und trotzig in Newton Lower Falls an, war
durch ihr Geheimnis aber zum Schweigen verurteilt. Als ihre Periode
einsetzte, gab eine ihrer quälendsten inneren Stimmen Ruhe. Neun
Tage nach ihrer Rückkehr aus Europa und vier Tage vor ihrem
fünfunddreißigsten Geburtstag wurde sie dennoch wieder in Westwood Lodge eingewiesen; sie floh so vor der Anstrengung, zu Hause
den Schein zu wahren. »Ich hab doch so perfekte Briefe geschrieben!«
jammerte sie. Es war das alte Problem der trügerischen Wörter.
   Als sie am 5. November Dr. Ornes Sprechzimmer betrat und
Nanas Bild zusammen mit den »Töte mich«-Pillen, ihren eigenen
Lieblings-K.-o.-Pillen und, um das Maß voll zu machen, einer
Rasierklinge in der Handtasche hatte, war sie stark selbstmordge-
fährdet. Auf dem Band, das Dr. Orne an jenem Abend aufnahm,
seufzt eine dünne, teilnahmslose Stimme, die klingt, als spräche aus
ihr eine geschrumpfte Version von Anne Sexton. Der Arzt behielt sie
nicht lange im Sprechzimmer. »In der Psychiatrie gibt es eine
einfache Regel«, sagte er sanft zu ihr. »Man muß einen Patienten
haben.« Er rief in Westwood Lodge an, um ihre Aufnahme vorzubereiten – sie wollte unbedingt nach McLean –, dann rief er Kayo an und
sagte ihm, daß sie nicht nach Hause kommen würde.

In Westwood Lodge wurde Sexton von Dr. Brunner-Orne betreut; nach der Einlieferung nahm Dr. Orne keinen weiteren Einfluß auf die Behandlung. Dr. Brunner-Orne beschloß, die Medikation zu verändern, was Sexton in Wut versetzte, weil sie glaubte, Dr. Orne habe sie im Stich gelassen. Sie dachte, daß er in ihrem Fall bei seiner Mutter interveniert habe, und erklärte, daß sie aus psychologischen und physiologischen Gründen nicht ohne ihre gewohnten Schlaftabletten auskäme. Sie wußte, daß er der Auffassung war, sie müsse sich aus dieser Abhängigkeit lösen, und beschuldigte ihn, die Gelegenheit nutzen und sie ihr abgewöhnen zu wollen.

Sexton behauptete stets, sie halte ihren Tablettenkonsum nicht für gefährlich; das rasche Vergessen, das ihr die Schlaftabletten ermöglichten, sei im Gegenteil ein willkommenes Geschenk. Doch sie hatte sich schon früh, schon im Jahre 1961, zu fragen begonnen, wie stark ihre Abhängigkeit von Tabletten und Alkohol vielleicht doch war. »Kann man nicht auf ganz unauffällige Art und Weise, die keinem schadet, von etwas abhängig sein?« hatte sie Dr. Orne gefragt. Zu diesem Zeitpunkt hatte er ihr klipp und klar geantwortet, sie mache sich selbst etwas vor. »Es geht hier einzig und allein darum, ob man [das Problem angehen] will; Sie sind dazu in keiner Weise bereit.« Und er sagte, er könne das Problem nicht behandeln, solange sie es nicht als wirkliches Problem anerkenne, sondern darin lediglich ein Symptom für andere Probleme sehe. (»Die meisten Psychiater können bei Alkoholikern überhaupt nichts ausrichten«, stellte er fest.) Im Jahre 1963 war sie bei einer früheren Gelegenheit schon einmal auf diese Frage zurückgekommen. »Ich sollte aufhören, diese Tabletten zu schlucken, aber dann wäre ich in Panik. Es geht nicht darum, daß ich mich damit umbringe, ich behalte mich unter Kontrolle, wie auch durchs Trinken. Ich wäre ein einziges Durcheinander, wenn ich damit aufhörte. Ich benutze all diese Dinge, um meine Angst in Schach zu halten – wenn ich die Angst habe, schlottere ich. Und wenn ich meine Tabletten nicht hätte, meinen Alkohol, wäre ich nicht einmal zu Hause sicher; meine Ehe würde mit hineingezogen.« Nun, da Sexton ohne Alkohol und ohne Schlaftabletten in Westwood Lodge festsaß, geriet sie tatsächlich in

Panik. Sie konnte weder essen noch schlafen und kam nicht zur Ruhe; schlimmer noch, sie glaubte, die neuen Medikamente würden Halluzinationen auslösen. Und an allem war Dr. Orne schuld.

In der Auseinandersetzung mit Dr. Orne um den Entzug der Schlaftabletten brachte Sexton unter der Hand noch ein zweites Thema aufs Tapet: Kayos Eifersucht. Kayo fühlte sich an der Nase herumgeführt und war verzweifelt darüber, daß die aus Europa zurückgekehrte Person nicht die »Prinzessin« war, der er geschrieben hatte, sondern die deprimierte, ausgebrannte Frau, von der er gehofft hatte, daß sie für immer verschwunden sei. Sexton zufolge hatte er sie am Abend ihrer Einlieferung in Westwood, als sie das Haus verließ, um ihren Termin bei Dr. Orne wahrzunehmen, angeschrien: »Du bist schon seit so vielen Jahren nicht mehr zu retten, ich habe genug von dir!« In diesem Augenblick fürchtete sie, er könnte gewalttätig werden, nicht so sehr, weil er die Kontrolle verloren hätte, sondern vielmehr, weil es sie reizte, bestraft zu werden, und weil sie wußte, womit sie ihn anstacheln mußte, um die Strafe zu bekommen. Besonders zornig war Kayo über die neuerliche starke Abhängigkeit von ihrem Arzt, und er war überzeugt davon, daß sie unter Dr. Ornes Einflußnahme zu einem hilflos winselnden Wesen wurde. Außerdem *wollte* Kayo, daß sie zur Cocktailzeit etwas mit ihm trank und ihre Schlaftabletten nahm, damit beide Ruhe finden konnten. Dr. Orne bezog zu diesem Thema eindeutig Stellung. »Der Alkoholismus findet auf der körperlichen Ebene statt, nicht bloß auf der psychischen«, hatte er gewarnt – und das hatte weder Anne noch Kayo geschmeckt. Genaugenommen sah Kayo in Dr. Ornes Ratschlägen häufig eine unerwünschte Einmischung.

So bot die für falsch gehaltene Behandlung Sextons in Westwood Kayo die Gelegenheit, seine eigene Sicht der Dinge in Konkurrenz zu Dr. Orne geltend zu machen. Nachdem Anne drei Tage im Krankenhaus gewesen war, kam er sie besuchen. Um ungestört reden zu können, gingen sie hinaus und setzten sich im Dunkeln ins Auto. Es regnete stark. Eng aneinandergeschmiegt führten sie in dieser stürmischen Nacht ein langes Gespräch, in dessen Verlauf

Kayo die Fassung verlor und zu weinen begann; er sagte ihr, er könne so nicht weitermachen. »Noch weinend fragte er mich, was ich wollte«, schrieb Sexton später in einem langen Brief an Dr. Orne.

»Er sagte, ich könnte alles auf der Welt haben, McLean, das Austen Riggs Center, jeden Arzt und alles, die Scheidung, was ich wollte, wenn es mich nur glücklich machte. Ich schwieg. Er wartete. Ich dachte über all diese Dinge nach. [. . .]
Ich wollte wirklich gesund werden und daß er auch will, daß ich gesund werde. Und weiß doch, daß ich es nicht kann, beinahe schon aus Opposition zu ihm. Es ist ein Krieg zwischen uns geworden. [. . .] Er hat vor Ihnen noch nie mit einem Rivalen zu tun gehabt (glaubt er). [. . .] Nach fünf schweigend verbrachten Minuten, in denen der Regen aufs Auto trommelte, habe ich schließlich geantwortet: ›Ich möchte, daß du wieder in Therapie gehst, damit wir lernen können, miteinander zu sprechen, damit du mir helfen kannst, mir selber zu helfen.‹ Er war bestürzt [. . .], bat mich, ihm einen Monat Bedenkzeit zu geben. Er verabscheut Therapie. Nicht Doktor Leiderman, sondern die Therapie an sich, diese Form analytischen Denkens und Fragens.«

»Unsere Therapie ist vorbei«, verkündete Sexton. »Ich beende die Therapie, aber nicht als Ihre Patientin, sondern als Ehefrau.« Kayo war bei ihr, als sie am 8. November, dem Tag vor ihrem Geburtstag, Westwood Lodge verließ, gegen den Rat des Personals, das der Meinung war, sie sollte zumindest noch eine Nacht bleiben.
Natürlich beendete Sexton nicht die Therapie bei Dr. Orne. Das Bündnis mit Kayo war weniger ein Zeichen für ihre Entschlossenheit, ihre Ehe zu retten, als vielmehr ein Akt der Rebellion gegen Dr. Orne und Dr. Brunner-Orne, die nur dürftig getarnten Elternfiguren. Die eigentliche Ursache für die ganze Episode war offenbar ein Bedürfnis, das Sexton um die Zeit ihres Geburtstags immer aufs neue verspürte, der Drang nämlich, das Drama von Trennung und Vereinigung, von Tod und Wiedergeburt zu durchleben.

Der Wirrwarr, der hier herrschte, war für Sexton als Schriftstellerin fruchtbares Terrain, welche Turbulenzen in ihrer Familie es auch mit sich brachte. Sie nutzte die durch den Aufenthalt in Westwood bedingte Schlaflosigkeit und entwarf ein Gedicht, für das ihre Episode mit Louis und ihr Bedauern über deren erbärmliches Ende den Anstoß gaben. Ursprünglich *Menstruation at Thirty-five* (Menstruation mit fünfunddreißig) betitelt, setzt es Selbsttötungsimpulse mit einer unerwünschten Menstruationsblutung gleich, die am Geburtstag der Sprecherin beginnt. Die Sprecherin malt sich aus, daß ihre Gebärmutter für kurze Zeit einem wirklichen »*survivor*«, einem Überlebenden, Unterschlupf bot, dem Nachkommen von Bauern, »*Slavic and determined, {...} my carrot, my cabbage*«[1]. Die Kraft eines Lebens, das hätte erwachen können, geht mit dem Blut verloren, und die Frau, die durch dieses Leben selber Kraft hätte schöpfen können, versinkt wieder in ein selbstauferlegtes Dunkel.

Wie bei *Sylvia's Death* hing Sexton persönlich zu stark an einigen pathetischen oder unausgereiften Bildern, als daß sie sie einem künstlerischen Über-Ich hätte überantworten können. Die Bilder des Kohlkopfs und der Karotte (für Mädchen und Jungen und bäuerliche Zähigkeit) fungierten als private Kürzel für die entsetzliche Zeit der Gefangenschaft, die Louis während des Krieges durchgestanden hatte. Auf Capri hatte Louis die Geschichte erzählt, wie er von den Faschisten gemeinsam mit zehn anderen Männern und Frauen, ebenfalls jugoslawische Partisanen, in einem Keller eingesperrt worden war. Bis zur Brust im Wasser stehend, hätten sie abwechselnd auf den Kellerstufen geschlafen. Nach einigen Wochen sei ihnen die Freilassung angeboten worden unter der Bedingung, daß zwei der Männer zwei der Frauen der Folter auslieferten; sie hätten sie erfüllt. Sexton sah in Louis' Überleben einen zwingenden Beweis für die Fähigkeit des Menschen zu gesunden. Sie bewahrte in ihren Mappen ein Bündel von Notizen auf: über die Zimmer, in denen sie sich nach der Liebe ausgeruht und geredet hatten, über die Geräusche des Wassers und der Insekten, über die zerklüfteten Felsen und das strahlende Licht von Capri – Einzelheiten, die mit Sicherheit die schlafende Schönheit, das Unbewußte, wachrufen würden, sollte sie jemals eine Möglichkeit finden, eine ausführlichere Version dieser Geschichte zu erzählen.

Sexton war nur zwei von den zwölf Monaten, die ihr durch das Stipendium zustanden, im Ausland gewesen. Aber zwei Monate sind eine lange Zeit, und trotz des Schattens, den ihre vorzeitige Rückkehr auf die Reise warf, fühlte sie sich durch die Begegnungen mit Fremden, mit der Geschichte und mit dem Leben anderer Menschen erfüllt und bereichert. »Überall fanden meine Augen und meine Sinne Anreize und Aufregungen«, schrieb sie an Felicia Geffen von der Academy of Arts and Letters und bot eine Rückgabe der verbliebenen Stipendiensumme an. Sie war entzückt, als sie die Antwort erhielt, die Akademie wünsche, daß sie das Geld behalte. Sie und Kayo sollten es im Juni des nächsten Jahres für eine Reise verwenden, die eine aktualisierte Variante ihrer ursprünglichen Route war: London, Venedig, Rom und Capri.

---

1 Slawisch und entschlossen, [. . .] meine Karotte, mein Kohlkopf.

Die Nana-Hexe
1964

Nach Sextons Rückkehr aus Europa im Oktober teilte Dr. Orne ihr die Neuigkeit mit, daß er Boston verlassen werde, um eine attraktive Stelle in Forschung und Lehre an der Medical School der University of Pennsylvania und dem Institute of Pennsylvania Hospital in Philadelphia anzutreten. Der Vertrag würde im September 1964 beginnen. Nach mehr als sieben Jahren neigte sich seine und Sextons gemeinsame Arbeit also dem Ende zu.

Sexton war auf eine derartige Veränderung nicht vorbereitet. In ihren Phantasien *starb* Dr. Orne, wenn sie (oder er) die Stadt verließ; er würde doch nicht etwas so Prosaisches und Verräterisches tun und einen neuen Job annehmen. Doch der lange Prozeß der Verabschiedung gestaltete sich für sie zu einer nützlichen Phase der Bilanzierung. Trotz ihres Kummers über die Trennung von diesem väterlichen, mütterlichen Mann war sie sich mit ihm einig in der Überzeugung, daß die in der Therapie erreichten Ergebnisse wirklich vorhanden waren und Bestand hatten.

Es wäre ihr sicher schwerer gefallen, sich auch weiterhin an einen solchen Glauben zu klammern, wenn sie nicht durch einen glücklichen Zufall eine neue Seelenverwandte gefunden hätte. Kurz vor ihrer Abreise nach Europa hatte sie eine Psychiaterin namens Anne Wilder kennengelernt, eine Freundin von Tillie Olsen. Wilder war elegant, temperamentvoll, voller Ironie, warmherzig, ein paar Jahre älter als Sexton und von Schriftstellern fasziniert. »Ich bin schon in Sie verliebt«, hauchte Sexton dramatisch, als Olsen sie miteinander bekannt machte.

Als Sexton aus Europa zurückgekehrt und in Newton Lower Falls wieder heimisch geworden war, hielt sie die Verbindung zu Wilder, die inzwischen an ihren Wohnort San Francisco zurückgegangen war, aufrecht. Sie schrieben einander häufig und telefonierten mehrmals im Monat für eine Stunde oder länger. Nachdem Dr. Orne

seine Absicht, aus Boston wegzugehen, verkündet hatte, begann
Sexton, Wilder für die neue Mannschaft zu werben. Da ihre Freundin Psychiaterin war, meinte Sexton wohl, daß keine Offenbarung
ihrer psychischen Verfassung sie voneinander entfremden könnte.

Und in der Tat schwelgte sie in ausführlichen Mitteilungen über
ihr Leben und ihre Therapie. Nach einer Durchsicht ihrer Sammlung von Therapienotizbüchern aus drei Jahren komprimierte sie
die Einzelheiten für Wilder zu einer knappen, zwei einzeilig be-
schriebene Seiten umfassenden Schilderung, deren Thema das Kind-
heitstrauma war (»Mangelndes Vertrauen geht natürlich auf die
Eltern zurück . . .«). Darin glättete sie die zerrissenen, zerknitter-
ten, zuweilen unverständlichen Fragmente, die im Verlaufe von
beinahe acht Jahren Behandlung – meist in den Trancen – an die
Oberfläche gekommen waren, und fügte sie zusammen. Sie schilderte präzise, wie die kleine Anne Opfer körperlicher Demütigun-
gen und geisttötender Zurückweisungen von seiten ihrer Mutter,
Nanas und Daddys geworden war. Nie zuvor hatte sie diese Geschichte so schlüssig erzählt; sie verknüpfte Wirkungen und Ursachen, als lege sie lediglich die Bausteine eines Puzzles aneinander.
Die Geschichte ihrer Verwandlung war nun vollständig. In diesem
Brief an Wilder kann man die Samenkörner für die gelungensten,
anspruchsvollsten Werke entdecken, die Sexton als gereifte Künstlerin schaffen sollte: die Handlung von *Mercy Street,* den Ursprung
der *Transformations* und die Anregung zu *O Ye Tongues.* Daß sie diese
Version ihrer persönlichen Geschichte überhaupt zusammenstellen
konnte, scheint eine der positiven Auswirkungen gewesen zu sein,
die die Beendigung der Therapie bei Dr. Orne zeitigte.

Der Austausch von Briefen mit Anne Wilder gab Sexton nun
wieder Gelegenheit zu vertraulicher Mitteilung, die sie in ihrem
Leben entbehrt hatte, seit Jim Wright und Bruder Dennis Farrell
daraus verschwunden waren. Selbst die Telefongespräche mit Kumin gaben dem Verlangen nach Selbstentblößung, der Freude an
der ungeteilten Aufmerksamkeit eines »Zwillings« nicht in diesem
Maße Raum. Dieser Zwilling hier hatte alles – sogar Sextons
Namen. Eine weitere Nana! Natürlich sah Wilder in diesem Aspekt

304

der Begeisterung Sextons den Fallstrick der Übertragung. »Ich würde mich freuen, wenn die Tatsache, daß ich Psychiaterin bin, im Verlaufe unserer Beziehung für Dich immer stärker an Bedeutung verliert«, schrieb sie, als sie Sextons gedrängte Version der Probleme ihrer Kindheit erhalten hatte. »Je weniger unsere Beziehung eine ›Übertragungsbeziehung‹ ist, desto mehr ist sie eine wirkliche Beziehung, und zwar *in beide Richtungen,* desto befriedigender, dauerhafter etc. wird sie sein.« Sie betonte, daß sie, da sie keine professionelle Beziehung eingegangen seien, vor dem Übertragungseffekt auf der Hut sein sollten, der dazu angetan sei, »Desillusionierung, Enttäuschung, gegenseitige Beschuldigungen und Bitterkeit« hervorzurufen.

Leichter gesagt als getan. Wilder ihrerseits erkannte in der Anziehung, die Sexton auf sie ausübte, zum Teil ihre Faszination durch Schriftsteller wieder – sie war eine Cousine zweiten Grades von Thornton Wilder und hoffte, daß das Schreiben in ihrer Familie nicht aussterben würde. Sie litt an Lupus, einer unheilbaren, mit körperlichem Verfall einhergehenden Krankheit, die sie dazu zwang, als praktizierende Ärztin kürzerzutreten, und sie hatte Sexton erzählt, daß sie die dadurch gewonnene Zeit zum Schreiben nutzen wollte. Diese Mitteilung beunruhigte Sexton sehr, und sie schrieb einen langen Antwortbrief, der sich in einem Satz zusammenfassen läßt: In der Zeit, die du noch hast, »Schuster, bleib bei deinem Leisten«.

Wilder schloß daraus, Sexton denke, sie stürbe an Lupus, und es dauerte eine ganze Weile, bis sie das Mißverständnis aufgeklärt hatten. Da nun aber das Thema Tod einmal angeschnitten war, brachte Wilder, die von Sextons ständigen Selbstmordgedanken wußte, eine Frage aufs Tapet, die wohl beinahe jeder Anne Sexton im Jahre 1964 gern gestellt hätte. Sie sei doch eine preisgekrönte Dichterin, die Mutter zweier reizender Kinder, eine schöne Frau, die ein angenehmes Leben führe. Woher komme dann die große Anziehungskraft des Selbstmords? »Für Dich klingt das vielleicht verdammt oberflächlich, aber noch in der schlimmsten, tiefsten Verzweiflung habe ich immer gedacht [. . .], wie dumm es wäre, wenn ich mir selber das Leben nehmen würde. Denn es wird mir ja sowieso bald genug genommen. [. . .] Ich liebe das Leben und die Dinge und Gegenstände, die es hier auf der Erde gibt. Grasbüschel zum Beispiel.« Woher kam diese große Anziehungskraft?

Zu dem Zeitpunkt, als Wilder diese Frage stellte, dachte Sexton nicht daran, sich umzubringen; sie dachte nicht einmal mehr daran, darüber zu schreiben. *Life* und die *Saturday Evening Post* hatten gerade große Artikel über Arthur Millers neues Stück *Nach dem Sündenfall* gebracht, für dessen eine Hauptfigur *Life* zufolge Marilyn Monroe Pate gestanden hatte. Eifrig las Sexton die Berichte über dieses Stück, da es sowohl in seiner Thematik, dem Selbstmord, als auch in seiner Struktur, einer Beichte vor einem schweigenden Zuhörer (lies: Psychoanalytiker), auf provozierende Weise *The Cure* ähnelte. Begeistert schrieb sie an Wilder: »Millers Stück geht mir wirklich an die Nieren . . . die Geschichte mit dem Selbstmord etc. Es *ist* zu bekennerisch . . ., aber mir, mir gefallen Bekenntnisse nun mal . . . am meisten hat mir die Methode gefallen, die er verwendet hat . . . mit der ich auch mal geliebäugelt habe . . . eine Methode, die der Zeit ins Gesicht schlägt. Ich habe ein großes Interesse daran (weiß nicht warum), der Zeit ins Gesicht zu schlagen, sie zusammenzuschieben wie ein Päckchen Karten & sie so umzuschichten, daß sie zu meinem Stil paßt.« Wilders Frage nach dem Selbstmord kam daher genau zum richtigen Zeitpunkt und öffnete die Schleusen für eine »morbide freie Assoziation«, die Sexton einem Brief beilegte. »Wir leben in solchen Gegensätzen . . . Du und ich . . . ich immer auf des Messers Schneide . . . mit Kostproben vom Tod . . . verrückt nach der Frucht, dem prallen Mond, den arthritischen Händen, angefüllt mit Lust, dem alten Leichnam, dem Brot, das ich für einen Kuß hielt, der Liebe, einer Infektion. [. . .] Er wird sehr häßlich sein, aber er ist immer sehr häßlich gewesen, und diesmal werde ich ein Teil davon sein . . . Ich werde seine anderen Kinder sein.«

Ein paar Tage später schickte Sexton Wilder das Gedicht *Wanting to Die* (Sterbenwollen), das einen Großteil dieses Materials zu luziden Äußerungen über die Zwangsvorstellung ordnet, durch die sich der Selbstmörder von anderen unterscheidet:

But suicides have a special language.
Like carpenters they want to know which tools.
They never ask why build. [1]

Sie gab auch zu, daß sie es vermieden hatte, ihre Besessenheit vom Selbstmord mit Wilder zu erörtern oder sie in ihrer Therapie durchzuarbeiten, bevor das Gedicht ihr »gekommen« war.

Im Jahre 1964 stand Sextons Meinung über den Selbstmord ziemlich genau fest, und das galt auch für die Methoden. Mit welchem Gerät? Sie würde Alkohol mit einer Überdosis Tabletten kombinieren, was sie für den »weiblichen Ausweg« hielt, wie sie Dr. Orne erklärte. »Sich wie Ernest Hemingway mit einem Gewehr in den Mund zu schießen ist die mutigste Tat, die ich mir vorstellen kann«, sagte sie. »Sorge bereiten mir die Minuten, bevor man stirbt, die Angst vor dem Tod. Die habe ich mit den Tabletten nicht, aber mit dem Gewehr würde es einen Augenblick geben, wo man es weiß, eine entsetzliche Angst. Ich würde alles tun, um diese Angst nicht erleben zu müssen; dann wäre der Tod ein Freund.« Plaths Tod durch Ersticken bot sich als anderes Vorbild an, in dem sie einen »weiblichen Weg« sah. In diesem Sinne notierte sie, als Sylvia Plath starb, auch in ihrem Therapiebuch: »Ich will nicht in irgendeinem Krankenhaus sterben – oder auf einer einstürzenden Brücke –, ich will nicht an etwas sterben, vor dem ich mich fürchte.« Ungefähr zu dem Zeitpunkt, als sie *Wanting to Die* schrieb, sprach sie mit Dr. Orne ausführlicher über ihre Ansicht zu diesem Thema: »Ich bin so fasziniert von Sylvias Tod: die Vorstellung, unversehrt zu sterben, ganz bestimmt nicht verstümmelt . . . Die Jungfräulichkeit zu verlieren heißt, verstümmelt zu werden; in der Jungfräulichkeit ist man zwar nicht offen, aber auch nicht besudelt . . . Wenn wir schon vom Verstümmeln reden – ich würde lieber sterben, als mir eine Brust abnehmen zu lassen! In dem Augenblick, in dem sie mit meiner Mutter fertig waren – oder das Leben mit meiner Mutter oder mit Nana fertig war! Mein Vater hatte diesen Tic mit der Vollkommenheit, das heißt körperlicher Vollkommenheit – Dornröschen blieb unversehrt.«

Unversehrt sterben, das tat Sexton jeden Abend, wenn sie ihre Schlaftabletten einnahm und sich in Dornröschen verwandelte. (Linda Sexton äußerte hierzu später, daß aus Sextons Vergleich mit der Brustamputation ihre Angst ersichtlich wird, sie könne einen Tod finden wie ihre Mutter, vom Krebs zerfressen, hilflos.) Wenn sie ihre »Töte mich«-Pillen nahm, war dies ebenfalls eine aktive Handlung: die Bestrafung eines Ichs, das sie haßte. Vom Standpunkt der Neurose aus würden auch die Selbstmordversuche einige Rechnungen begleichen; insofern waren sie vergleichbar mit den Aktionen, mit denen sie den Zorn ihres Therapeuten entfachte oder ihren Mann zur Anwendung körperlicher Gewalt anstachelte. »Dann würde er mich bestrafen – so wie das Sich-Umbringen eine Bestrafung ist – und als Nana mich ansah und sagte, ich sei nicht Anne.« »Was wollen Sie damit denn erreichen?« fragte Dr. Orne. »Daß jemand mich ansieht und mir sagt, daß ich in Ordnung bin – oder mich schlägt«, antwortete sie. Geschlagenwerden sei wie Tabletten nehmen, »einen Teil von mir vernichten, ihn zerquetschen – ich habe einen Teil von mir getötet«. Auf diesen getöteten Anteil wollte Sexton mit ihrem Bild eines abgespaltenen Aspekts ihres Ichs hinaus, der ›rat‹, die im Tode ihren ›star‹ finden konnte; und die Metapher in ihrem Brief an Wilder, daß sie eines der Kinder des Häßlichen sei, weist in dieselbe Richtung. Die kleine und unrettbar böse Kreatur in ihrem Innern führte ein Eigenleben, und das wollte Sexton mit aller Macht zerstören. Dies bedeutete nun, 1964, aber nicht, daß sie sterben wollte.

Das Problem des Selbstmords geriet auch aus einem anderen Anlaß auf die Tagesordnung, und zwar im Zusammenhang mit dem Tod von Sextons langjähriger Freundin Ruth Soter. Einander widersprechende Gerüchte kursierten: Manche glaubten, Soter sei an einem Herzanfall gestorben (sie hatte eine schwere Herzkrankheit), andere wieder glaubten, sie habe Selbstmord begangen (sie hatte in der Vergangenheit mehrmals versucht, sich das Leben zu nehmen). Sexton schrieb an eine von Soters Freundinnen: »Mir wäre es lieber, wenn sie sich das Leben genommen hätte (was doch eine freie Willensentscheidung zu sein scheint) und nicht an einem Herzanfall gestorben wäre (was doch bedeutet, an eine schreckliche Maschinerie angeschlossen gewesen zu sein). Wenn ich das erklären wollte, würde es trotzdem niemand verstehen. Ruth hätte es verstanden. Sie sprach eine besondere Sprache, die ganz ihr gehörte, und mein Leben ist nun, wo sie es verlassen hat, viel leerer.«

Da Sexton inzwischen so weit gekommen war, daß sie den Selbstmord einer intellektuellen Betrachtung unterziehen konnte, hatte sie eine gewisse Kontrolle über die Antriebe erlangt, die sie einst beherrscht hatten; diese unsentimentale Klarheit verleiht *Wanting to Die* Kraft und Schönheit. Und doch versinnbildlicht das Gedicht auf einprägsame Weise jenen Seelenzustand, der in der lakonischen Feststellung Sextons nach Plaths Tod im Gespräch mit Dr. Orne zum Ausdruck kommt, daß »Selbstmord ebenfalls eine Sucht ist«.

Das Frühjahr 1964 war gänzlich der Aufgabe gewidmet, eine tragfähige Grundlage für die Arbeit mit einem neuen Therapeuten zu schaffen. Dr. Orne sondierte zunächst das Terrain, und Sexton suchte verschiedene Ärzte auf, bevor sie sich für Dr. Ollie Zweizung entschied. Anfangs konsultierte sie Dr. Zweizung einmal in der Woche, während sie zweimal in der Woche weiterhin zu Dr. Orne ging. Es ist nicht verwunderlich, daß alle Gedichte, die sie in dieser Zeit schrieb, in ihrem Kopf an einen Arzt gerichtet waren – entweder an Anne Wilder oder an Dr. Orne. Drei davon fanden Eingang in *Live or Die: KE 6-8018* (die Telefonnummer von Dr. Ornes Sprechzimmer), *Wanting to Die* und *The Wedding Night* (Die Hochzeitsnacht). Zwei weitere Texte ordnete Sexton einem Manuskript mit Therapiegedichten zu, das später als *Words for Dr. Y.* veröffentlicht wurde: *I remember my mother dying* (Ich weiß noch, wie meine Mutter starb) und *I put some daisies in a bowl* (Ich stelle Gänseblümchen in ein Glas).

Mitte Mai brachen Anne und Kayo zu dem einmonatigen Auslandsaufenthalt auf, der durch das Stipendium der American Academy of Arts and Letters möglich geworden war. Es war eine romantische Reise. Sie besuchten noch einmal Annes Lieblingsorte in Italien. Sie schauten bei Freunden in Zürich vorbei und fuhren durch den Schwarzwald. Aus Frankreich berichtete Sexton Wilder von einem unfreiwillig komischen Erlebnis in ihrem Pariser Hotel: Der Kellner des Zimmerservices brachte ihnen ihre Champagnercocktails, als Kayo sich gerade ein Bad einließ. Nackt kam Kayo zu Anne herüber, und sie schlürften ihre Getränke, bevor er badete. Sie beschloß, eine Aufnahme von ihm als Bacchus zu machen, und nachdem er sich in Pose gestellt und sie ihn fotografiert hatte, sah sie aus dem Fenster – und schaute in die amüsierten Gesichter anderer Touristen, die auf der gegenüberliegenden Seite des Hofs im Speisesaal saßen. Sie hatten viel Spaß miteinander, und trotzdem hatte Anne es eilig, nach Hause zu kommen; Dr. Orne und Wilder gegenüber klagte sie, daß ihr Ich etwa nach der Hälfte dieser Reise wieder einmal »einen Riß bekommen« habe, und obwohl sie sich mit aller Kraft bemühte, ihre Bitterkeit vor Kayo zu verbergen, zählte sie die Tage bis zu ihrer Rückkehr und war froh, daß sie nicht auseinandergefallen war, bevor sie es nach Hause geschafft hatten.

In der Mitte des Sommers nahm Sexton die Arbeit an ihrem lange beiseite gelegten Stück *The Cure* wieder auf. Ihr Stipendium von der Ford Foundation deckte die Kosten für die Werkstattproben und für die Produktion im Charles Playhouse in Boston, dessen Spielzeit im September begann. Sie erwartete, daß diese Zusammenarbeit sich ähnlich gestalten würde wie die Lyrik-Workshops, in denen sie so viele Anregungen für die Überarbeitung ihrer Gedichte erhalten hatte, und sie wollte startbereit sein und einen frisch aus der Schreibmaschine gekommenen Entwurf parat haben. Sie gab dem Stück den neuen Titel *Tell Me Your Answer True* und eine andere Handlung: »Ein Mädchen, das Selbstmord begangen hat, findet sich nach dem Tode in einer Nebenvorstellung des Zirkus als Darstellerin wieder, die nach Christus sucht. Sie wird von Figuren aus einer Moralität gejagt, die Namen wie Lästerer, Marktschreier, Fleisch und Karitas tragen.« Von Arthur Millers Technik der Rückblende in *Nach dem Sündenfall* inspiriert, wollte Sexton die Nebenfiguren während der gesamten Spielhandlung auf der Bühne lassen. Sie sollten auf einer Tribüne sitzen und warten, bis der Marktschreier ihnen ihr Stichwort gab. Den Rahmen für die peinigenden Attacken, denen Daisy durch Erinnerungen an ihre Schuld ausgesetzt ist, liefert nun ein Fegefeuer im Zirkus; die Szenen mit Daisy und einem Arzt, einem Priester und der Familie sind unverändert aus *The Cure* übernommen und darin eingebettet. Wie in Millers Stück läuft die Handlung auf die Aufdeckung eines niederschmetternden Geheimnisses hinaus, aus dem die Schuldgefühle der Hauptgestalt herrühren. In *Tell Me Your Answer True* ist das Geheimnis eine inzestuöse Begegnung zwischen Daisy und ihrem Vater Arthur (der den Spitznamen »As« trägt). Daisys unverheiratete Großtante, die die Szene beobachtet, verliert daraufhin den Verstand. Daisy hat den Selbstmord als Sühne begangen. Das Stück beginnt und endet im Leben nach dem Tode, in einer Vorhölle, die Sexton den »Ort« nennt.

Einen Großteil dieser neuen Fassung schrieb Sexton in kreativer Hochspannung während der sechs Wochen, die ihre Kinder in einem Ferienlager verbrachten. Die rasch näher rückende Trennung von Dr. Orne, der am 1. August nach Philadelphia ziehen würde, motivierte sie zusätzlich, sich ganz in der Arbeit zu verlieren. Die Arbeit lenkte sie wohltuend von diesem schmerzhaften Verlust ab, denn sie vermittelte Sexton das tröstliche Gefühl, zu einer vorausgegangenen Etappe ihrer Beziehung zu ihrem Therapeuten zurückzukehren. Im Jahre 1958, als Joy noch ständig bei Billie lebte, hatte sie ebenso besessen an frühen Fassungen von *The Double Image* (Das doppelte Bildnis) gearbeitet. Dann hatte sie ihre Mutter verloren. Nun verlor sie den einen, der Stellvertreter für buchstäblich *alle* ihre süßen Kleinen gewesen war. In diesem Sinne schrieb sie an Wilder: »Mir geht es nicht gut, aber vielleicht überlebe ich sie ja doch, die Trauer um MEINEN BESTEN FREUND – DOKTOR ORNE, Nana, Mommy, Daddy – & Liebe & Wachstum & Verstehen.« Die Beendigung der Therapie bei Dr. Orne konfrontierte sie mit sehr heftigen und sehr alten Gefühlen; die Arbeit an dem Stück erlaubte es Sexton, diesen Emotionen und insbesondere dem lautstark sich meldenden Gefühl, an Nanas Schicksal schuld zu sein, nachzuspüren.

In den schlimmsten Phasen ihrer Krankheit fühlte Sexton häufig, wie der auf Rache sinnende Geist Nanas von ihr Besitz ergriff und sie mit Stimmen traktierte, die nur sie hören konnte. In einem ihrer späten Gedichte nannte sie ihn »die Nana-Hexe«; in der Therapie führte sie diese Verfolgung auf die Erinnerung oder Phantasie zurück, in der sie Nana »Du bist nicht Anne!« hatte sagen hören. Während eines ihrer Angstzustände im Jahre 1958 hatte sie für Dr. Orne aufgeschrieben, wie die Stimmen sie verfolgten: »Ich suche nach Nana – ich weiß, daß sie hier ist – jeder, der stirbt, verwandelt sich in eine Stimme, die mir folgt. [. . .] Die Stimmen tönen dünn in meinem Ohr – sie sind winzig, weil sie von so weit weg rufen. Manchmal ist es die Stimme eines Fremden – aber er ist tot – ich kenne ihn nicht. Die Toten üben Macht über mich aus – sie trösten mich nicht – sie sagen schreckliche Sachen – ich fürchte mich – sie lachen mich aus – sie durchschauen mich. [. . .] Nana, wie kann ich nur loslassen. Oh, warum kannst du mich nicht endlich in Ruhe lassen, Nana, mit deiner Stimme in meinem Kopf?«

In dem Stück griff Sexton auf diese Stimmen zurück, um die Figuren der Zeugen zu konstruieren. Der neue Handlungsaufbau brachte ihre Begabung für Komik zum Vorschein, und sie schrieb geistreiche, sprühende Knittelverse für die drei Marktschreier und die vier Zeugen:

BARKER TWO
Hark ye! Gather round, pull up your chair, to see the universe in its
underwear. Hark ye! Give me your sentiments please. Don't push for places
like rats on cheese. {. . .} Pregnant nuns and crooked financiers, the hairy,
the horny, the gouty in this arena, arrive for your eyes without subpoena.
Forget about shawls and chains and chow, we have our victim ready now.[2]

> *BACKBITER*
> *My name is Backbiter. I ride on a horse.*
> *This is my hobby – a lobby of sorts.*
> *Being the devil, I take none by force.*

With death on his tongue
And a dart in his heart
Everyman here is a fool and a fart.[3]

CHARITY
My name is charity and I live with my daughter.
Her name is Mercy but she's gone insane.
We live without beef, we live without water.
Life is our portion, but most of it's pain.[4]

Sexton stellte sich die Marktschreier als Holzfiguren vor, deren Stimmen per Tonband eingespielt werden sollten. Im Gegensatz dazu sollten die Zeugen auf der Bühne umhertollen und der Manager als Ringrichter und Zirkusdirektor agieren und zu Beginn jedes neuen Aktes ein schnelles Tempo vorgeben. Die karnevalistische Atmosphäre sollte ein Gegengewicht zu der statischen, oder ekstatischen, Erinnerung schaffen, die Daisys Rolle erforderte.

Die Anlage des Stücks machte es notwendig, daß Sexton eine Spannung zwischen Daisys Sicht des Geschehens und der der anderen Charaktere aufbaute, eine Herausforderung, die sie mit großem Geschick meisterte. Die Familienszenen wirken so, als habe sie sie aus ihren Therapienotizbüchern übernommen, das Stück verbindet die Einzelteile jedoch zu einer Gesamtkomposition, die über Anne Sextons persönliche Lebensgeschichte weit hinausgeht. Mit Ausnahme des Arztes sind alle Charaktere wie gestörte Kinder, die durch magisches Denken Glück herbeizaubern wollen. Daisys Mutter schwelgt in nostalgischen Erinnerungen an die romantische Vergangenheit. Ihr Vater ist Handlungsreisender (hat Sexton seinen Namen von Arthur Miller ausgeliehen?) und versucht das Gesicht eines Unerschrockenen zu wahren, indem er sich ständig betrinkt. Während er seine Flasche leert und Scherze macht, denkt er nur an seine Erektion, nicht an seine Tochter, und trotz des Entsetzens, das die Inzestszene auslöst, macht Sexton aus ihm eine bewegende Gestalt. Zuerst spricht er ganz zärtlich: *»Lie back now and I'll give you a back rub like Aunt Amy does.«*[5] Dann gleiten seine Hände zwischen Daisys Beine.

Im weiteren Verlauf des Stücks ist nicht die Tat des Vaters, sondern die Reaktion der Großtante, die die Szene mit angesehen hat, von entscheidender Bedeutung für Daisy. Tante Amy wird vor Daisys Augen verrückt, und ihr Wahnsinn bricht sich in einem Schwall von Assoziationen Bahn (sie nennt das »Hakenschlagen«): »*Who put the hex into Texas! Ha! You make a double, a conversation that goes on between your two selves and then it starts . . . starts to scream obscene things and then it rolls down the hill and the other joins in, howling with laughter, calling off its own words, own signals, little plaything, away from itself . . . then these two are over, are dead . . . They are cast off, double trouble.*«[6] Sie idealisiert Daisys kindliche Unschuld und kann die Entdeckung nicht ertragen, daß ihre Nichte Verlangen empfindet. Das Stück zeigt außerdem, daß Tante Amy psychologisch insofern mit Daisy verschmolzen ist, als das, was Daisy beschmutzt, sie zerstört.

Doch alle Personen des Stücks wollen, daß Daisy ein Kind bleibt, eine Zielscheibe für Projektionen und Phantasien. »Ich bin halb verrückt vor Liebe zu dir«, wie es in einem Lied heißt. Daisy wird sich zunehmend der eigentlichen Beweggründe für diese sie infantilisierende Liebe bewußt, und dies treibt sie an den Rand des Wahnsinns, läßt sie um ihre eigenen Kinder fürchten, ruft bei ihr den Wunsch hervor, auf dem Wege des Wahnsinns in jenen kindlichen Zustand vor dem Inzest zurückzukehren, und führt sie am Ende zu Christus. Sein Tod spricht sie unmittelbar an: So wie Christus sein Leben geopfert hat, um die Erbsünde ungeschehen zu machen, glaubt auch Daisy, daß der Tod der Ausbreitung der Krankheit durch die Generationen Einhalt gebieten und sie in jenes Stadium der Kindheit zurückversetzen kann, das die Mitglieder ihrer Familie idealisiert hatten – »nicht mehr eine Frau, als Christus ein Mann war«. Als Sexton im Jahre 1962 die erste Fassung des Stücks schrieb, sagte sie zu Dr. Orne, daß Daisys pathologischer Zustand – und ihr eigener – sich ihr als religiöses Problem darstellten. »Dieses Mädchen bin *ich,* eine andere Vorstellung von Christus.« Der Psychiater im Stück jedoch, Dr. Alex, sieht keinen Unterschied zwischen Daisys Christusbild und ihren anderen Wahnvorstellungen. Er besteht streng darauf, daß sie sich an die »Tatsachen dieser Welt«

halten solle, und als sie sich seinem Skeptizismus widersetzt, verabreicht er ihr Medikamente und schickt sie wieder ins Krankenhaus zurück, wo sie Selbstmord begeht.

Die Handlung des Stücks gibt dem Arzt recht: Kein Christus, keine Vergebung erwartet Daisy nach ihrem Tode. Weder medizinische noch religiöse Institutionen können dem Problem ihrer Schuld beikommen, die in der Macht ihres Körpers liegt, sexuelles Verlangen bei jenen zu wecken, die Macht über ihr Leben ausüben. In jeder einzelnen Szene fordert Daisys Dilemma eine feministische politische Analyse geradezu heraus – eine Analyse, für die Sexton in keiner Weise gerüstet war. Dennoch zeigt das Stück deutlich Sextons Vorbehalte gegen die reduktionistischen freudianischen Deutungen weiblicher Sexualität, die zu ihrer Zeit hoch im Kurs standen. Daisys erotische Gefühle wandern zuerst zu einer Frau, zu Tante Amy, die aber zu gehemmt ist, um sie als solche anerkennen zu können, und danach zu einem Vater, der Männlichkeit mit Erektion gleichsetzt. Schließlich machen sie sich an einem von der phallozentristischen Psychologie befreiten Christusbild fest. In dem Wunsch, »nicht mehr eine Frau« zu sein, »als Christus ein Mann war«, artikuliert Sexton den psychologischen Konflikt, aus dem sich die Handlung des Stücks – in jeder seiner vielen Fassungen, von *The Cure* 1961 über *Tell Me Your Answer True* 1964/65 bis hin zu *Mercy Street* 1969 – entfaltet. Die Möglichkeit, eine Beziehung zwischen dem Leiden Christi und dem einer »Hysterikerin« herzustellen, blieb für Sexton eine fesselnde spirituelle Problematik, die sich in ihrem Werk als außerordentlich fruchtbar erwies.

Es ist immer enttäuschend, wenn man feststellen muß, daß ein Kunstwerk klüger ist als sein Schöpfer; Anne Sextons Stück jedoch war nicht nur klüger, sondern auch mitfühlender als der Mensch Anne Sexton. In jenem Sommer wurde Sextons komplizierte Beziehung zu Linda, die am 21. Juni ihren elften Geburtstag feierte, mit aller Macht in den Strudel des Stücks gerissen. In vieler Hinsicht *war* Linda Daisy: ein Kind, dessen Körper sich vor aller Augen veränderte, was in ihrer Mutter alte Erinnerungen und neuen Stolz wachrief. Sexton berichtete Wilder, daß sie unter dem Arm ihrer Tochter drei Haare entdeckt hatte: »Ich sage ganz entzückt zu ihr: ›Linda, du bist wie ein Garten! Jeden Tag etwas Neues!‹ [. . .] Es ist so wunderschön, und es reißt mich in Stücke.«

Wenn Sexton in jenem Monat nicht an dem Stück arbeitete, schrieb sie an einem Geburtstagsgedicht für Linda, *Little Girl, My String Bean, My Lovely Woman* (Kleines Mädchen, meine grüne Bohne, meine wunderschöne Frau). Trotz seines zärtlichen und feierlichen Tons zeigt das Gedicht dennoch die schmerzlichen Spuren der Beschäftigung Sextons mit Daisy. Das Heranwachsen zur Frau beschwört bei Daisy die Katastrophe der Verführung durch ihren Vater herauf und bringt die schuldhafte Erotik hinter dem Schmusen ihrer Großtante zum Vorschein. Die gleiche bedrohliche Atmosphäre beherrscht das Gedicht, wenn die Mutter ihren Phantasien über die erwachende Sexualität ihrer Tochter nachhängt:

> *and someday they will come to you,*
> *someday, men bare to the waist, young Romans*
> *at noon, where they belong,*
> *with ladders and hammers*
> *while no one sleeps.*
>
> *But before they enter*
> *I will have said,*
> Your bones are lovely,
> *and before their strange hands*
> *there was always this hand that formed.*[7]

Die merkwürdig betonten Stellen »*where they belong*«, »*while no one sleeps*«, »*their hands . . . this hand*« drängen die Scham über den Inzest beiseite, von der die benachbarten Denkfiguren der Dichterin beherrscht sind: Inzesttaten, begangen von Aces und Amys Händen. *Little Girl* zu schreiben machte es Sexton offenbar möglich, ihre verworrenen erotischen Gefühle für Linda künstlerisch zu gestalten, sie in ein Lobgedicht zu überführen, das sie jedesmal, wenn Linda sie auf einer Reise begleitete, stolz in der Öffentlichkeit vortrug. Viele Leser fanden dieses Gedicht bewegend und gelungen, und dies zu einem Teil aufgrund seiner Thematik, der Vermischung von Stolz und Beschützerimpulsen bei einer Mutter, die die knospende Sexualität ihrer Tochter beobachtet. Von allen Texten Sextons zeigt dieses Gedicht vielleicht am besten, wie sie in einem Werk Gefühle in ein harmonisches Gleichgewicht bringen konnte, die sie in einem zweiten nicht zu zügeln vermochte.

Leider fand die künstlerische Integration dieser Gefühle keine Entsprechung im Leben. Viele Jahre lang hatte Sexton, wenn sie nicht schlafen konnte – insbesondere wenn Kayo auf Reisen war –, in Lindas Bett Trost gesucht. Nun begann Linda Sextons Schmusen anders zu erleben: als verdächtiges Anklammern. Erst später wurde Linda klar, daß ihre Mutter wohl masturbiert haben mußte, wenn sie neben ihr lag. Sie erinnerte sich: »Ich hatte mich auf meine Seite gedreht, und ich lag da wie ein Stein und tat, als schliefe ich, und wartete darauf, daß irgend etwas aufhörte. Ich glaube nicht, daß ich wissen wollte, was das war.«

Sexton hat ihrer Tochter gegenüber niemals zu erkennen gegeben, daß sie sich dieser Grenzüberschreitung bewußt war, wie aber hätte ihr entgehen können, daß sie Unrecht tat? Das Wohlwollendste, was man zu ihren Gunsten sagen könnte, ist, daß sie sehr dissoziiert gewesen sein muß, als sie Linda sexuell benutzte. Sexton identifizierte sich stark mit dieser Tochter, durch die sie ihre eigene psychische Entwicklung noch einmal durchlebte. Dr. Orne zu verlieren bedeutete für sie das gleiche wie Nana zu verlieren. Sexton war elf Jahre alt, als Nana in das Haus der Harveys einzog. Vielleicht hat sie in Trance, wobei sie wie in allen ihren »Spielen« mit ihren Kindern die Positionen von Mutter und Kind vertauschte, bei Linda jene »heilen« Gefühle gesucht, die Nana ihr im Übermaß geboten hatte, ohne daß Nana oder sie selbst deren sexuellen Charakter erkannt hätten. Linda stimmt dieser Interpretation von Sextons Verhalten zu. Später hat sie es so formuliert: »Der Zwang, ihre eigene Geschichte noch einmal zu erleben und *noch einmal zu inszenieren,* war einfach zu stark.« Immer wenn Sexton sich besonders zerbrechlich fühlte, wandte sie sich an Linda, und für Linda war dies ein Preis, den sie aufgrund der Instabilität ihrer Mutter zu zahlen hatte.

Während Dr. Ornes Abreise bedrohlich heranrückte, verlor Sexton immer mehr den Boden unter den Füßen. Nachdem sie einen Monat lang mit Feuereifer Daisys Geschichte umgeschrieben hatte, begann sie ungefähr Ende Juli zunehmend stärker unter Tante Amys Symptomen zu leiden. Sie verlangte sich viel ab, aß nur wenig und schlief nachts nur ein paar Stunden, und sie beschwor einige ihrer verheerendsten Erinnerungen herauf, um den Zeugen und dem Marktschreier, Tante Amy und Ace eine Stimme zu verleihen. Schließlich, so schrieb sie an Anne Wilder, gewann ihre »linke Hand« die Oberhand: »Ich bin nicht (offen) deprimiert . . . o nein. MANISCH. [. . .] Das hat die Maschine angetrieben, die das Stück angetrieben hat, das mich angetrieben hat (wenn's geschafft ist — schau dir das große EGO der Schriftstellerin an — bricht nicht zusammen, ehe das Stück nicht geschafft ist — Stück ist wichtiger als alle Pläne, krank zu werden) . . . total verrückt!«

Als Sexton dann wirklich zusammenbrach, Ende Juli, traf Dr. Orne die letzten Vorkehrungen für seinen Umzug und behandelte sie faktisch schon nicht mehr, Dr. Zweizung aber befand sich auf einer Forschungsreise. Dr. Orne entschied, daß Sexton in die Klinik eingewiesen werden sollte, und vertraute sie einem Arzt im Massachusetts General Hospital an, den sie »Jack Frost« taufte. In einem langen Brief an Wilder schilderte sie Einzelheiten aus Gesprächen mit diesem neuen Arzt, als seien sie und er Charaktere in einem Theaterstück.

Doc: Hat Ihnen jemand mal gesagt, was Ihre Krankheit ist, Mrs. Sexton?
 Ich: Ja. Ich bin hysterisch.
 Doc: Und was bedeutet das?
 Ich: Na, das bedeutet, ich bin nicht psychotisch!
 Doc: Sind Sie da so sicher?

[Hier fügte Sexton Bühnenanweisungen ein: »Furcht, psychotisch zu sein. Furcht, außer Kontrolle zu sein. Furcht.« Während des nächsten Termins griff »Jack Frost« das Thema der Diagnose ihrer Krankheit wieder auf.]

Doc: Was also, wenn Sie doch psychotisch sind? Eine so scharfe Trennlinie zwischen neurotisch und psychotisch gibt es doch gar nicht, einen solchen Unterschied?

Ich: Furcht. Furcht, außer Kontrolle zu sein. Furcht. Mein Großvater starb in einer Zwangsjacke. Nana starb als Verrückte. Furcht vorm Psychotischen. Neurotisch zu sein kommt mir ziemlich normal vor.

Doc: Und die Reime, die Sie ständig machen?

Ich: Ich weiß, daß das dumm ist. Und ich muß dauernd lachen. Sieht so aus, als könnte ich nur dummes Zeug fühlen. Ich spreche immer SPRACHE.

Die von ihr in Szene gesetzten Symptome waren zu diesem Zeitpunkt real. Von »einem dauernden Reimen in meinem Kopf« gepeinigt, wollte Sexton sich durch einen Strom von Geplapper mit einer anderen Patientin, die die gleichen Symptome hatte, Erleichterung verschaffen. »Über ein Potpourri von Reimen lachen wir zehn Minuten lang . . . Nachts träume ich Witze«, berichtete sie Wilder. »Und Dr. Orne schwatzt über Depression, von der das komme, und über Manie, die aufgeflammt sei, als ich das Stück schrieb, das sich so glänzend mit dem Wahnsinn beschäftigt (rat mal, warum? Weil's authentisch ist . . . das Wortgeklapper stammt aus MIR und nicht aus einem Lehrbuch oder ist auch nicht bloß geraten, ich hab's sogar eigenhändig aus meiner Maschine rausgefischt!)«

Nach der Entlassung aus dem Krankenhaus tippte sie das Manuskript von *Tell Me Your Answer True* ab und überreichte Dr. Orne einen der Durchschläge als Abschiedsgeschenk. Es war ein bemerkenswert verdichteter und wortgewaltiger Beweis für das Band zwischen ihnen. Dadurch, daß er Sexton »im Stich ließ«, hatte Dr. Orne dafür gesorgt, daß sie den Verlust von Nana in allen seinen

Dimensionen noch einmal inszenierte, denn durch die wundersame Ökonomie der Übertragung hatte er ihr dazu verholfen, die komplizierte Abspaltung noch einmal zu durchleben und herauszufiltern, mittels der sie die tiefe Liebe zu ihren Eltern und zur Großtante, die auf tragische Weise von eigenem psychischem Schmerz überschwemmt war, hatte bewahren können. Das Stück überführte alle diese Einsichten in eine Geschichte und war, da es viele Wünsche Sextons erfüllte, ökonomischer und befriedigender als ein Traum. Züge von Dr. Orne erschienen in allen Gegenspielern Daisys: in Amy, Ace, Dr. Alex und dem Priester. Außerdem machte es aus Daisy und Amy Heroinnen der Sprache, ganz ähnlich den berühmten Hysterikerinnen bei Freud. Anne/Orne waren die Autoren dieser Geschichte und Dr. Orne ihr idealer Leser, denn er hatte ja, indem er Sexton eine besondere Sprachbegabung bescheinigte, das Werden der Dichterin autorisiert.

Sexton blieb zwei Wochen in der psychiatrischen Abteilung im Massachusetts General Hospital in Behandlung – viel länger, als sie gewöhnlich in Westwood blieb –, offensichtlich weil man hoffte, sie auf neue Medikamente einstellen zu können. Sie ließ Anne Wilder eine ausführliche Beschreibung ihrer Behandlung zukommen, aus der hervorgeht, daß man bei ihr zunächst ein Antidepressivum, Tofranil (Imipramin), ausprobierte. Als dieses Mittel bei ihr nicht anschlug, wurde sie auf Thorazin (Chlorpromazin) umgestellt, das im Jahre 1964 in breitem Umfang zur Behandlung von Patienten mit Psychosen wie beispielsweise Schizophrenie eingesetzt wurde; es sollte Halluzinationen und Wahnvorstellungen auflösen und Manien der Form, die sich bei Sexton im »Hakenschlagen« ausdrückten, dämpfen. Belustigt schrieb sie an Wilder: »Thorazin, heißt es, soll den Reimeschmied verscheuchen.« Noch wußte man nicht viel über die neurologischen Nebenwirkungen einer Langzeittherapie mit diesem Mittel, die Sexton vermutlich zu spüren bekam: Tremor, durch den ihre Handschrift nur schwer zu entziffern war; Verzerrungen des Gesichts, die die Asymmetrie ihrer Züge noch stärker betonten; unwillkürliche Bewegungen des Munds, der Lippen und der Zunge, die ihre Kinder verstörten. Bekannt war jedoch, daß Thorazin Unwohlsein erzeugte: Es sedierte stark, führte zur Gewichtszunahme und machte die Haut des Einnehmenden äußerst empfindlich gegenüber Sonnenlicht. All diese Nebenwirkungen bekam Sexton in den folgenden acht Jahren zu spüren und verfluchte sie.

Sie sträubte sich nicht nur gegen die Nebenwirkungen, sondern auch gegen den Frontalangriff des Medikaments auf die sprachlichen Fähigkeiten, für die sie den Begriff »Language«, Sprache – häufig in Großbuchstaben geschrieben – verwendete: eine Bezeichnung für ihre Inspiration, die am stärksten die Verwandtschaft mit ihrer Krankheit zu erkennen gab. An Wilder schrieb sie einmal: »Sprache hat nichts mit rationalem Denken zu tun. Wohl deswegen macht mich rationales Denken so schrecklich wütend und verwirrt. [. . .] Ich murmele den Bäumen am Pool Sprache zu, als ob sie wüßten, und ich ärgere mich wie wild über jeden, der nicht Sprache spricht (und das ist inzwischen eine Obsession). Was soll's. Ich denke, Sprache ist schön. Ich denke sogar, der Wahnsinn ist schön (ganz bestimmt ist er die Wurzel der Sprache), nur daß er eben weh tut.« Nach ihrer Entlassung aus dem Krankenhaus fuhr sie in Begleitung von Sandy Robart für kurze Zeit nach New York, um sich dort ein paar Theaterstücke anzusehen. Inzwischen hatte sie schon drei Wochen lang Thorazin eingenommen und berichtete, »das manische Ich ist dank Thorazin unter Kontrolle . . . außer an einem Tag in New York, als ich vergessen hab, es einzunehmen und rausgegangen bin und einen vier Fuß großen Stoffhund gekauft hab (für mich selber). Er ist sehr lustig – macht sich großartig in der Bar im »Waldorf« und im »Sheraton«.« Während dieses kurzen Urlaubs von dem Medikament schrieb sie an Dr. Orne: »Ziemlich manisch. Sehr. Sandy mag mich manisch. Sie lacht die ganze Zeit über mich. Ich lache auch. Wenn ich mir's aussuchen kann, nehme ich diese Krankheit (falls es überhaupt eine ist).«

Im Juli hatte Sexton die gewaltigen sprachlichen und emotionalen Energien der Manie als reines Geschenk empfunden, das sie benutzt hatte, um eine neue künstlerische Stufe zu erklimmen. An Kayo, der an ihrem sechzehnten Hochzeitstag auf einer Geschäftsreise war, schrieb sie, sie wisse, daß das Stück sie ihm in diesem Sommer entzogen habe, und das tue ihr leid. Aber »wenn die Magie nur alle 5 oder 6 Jahre auftaucht, muß ich sie nutzen, ich kann nicht anders«. War der Wahnsinn wirklich die Wurzel der »Sprache«? Würde das Thorazin die Magie vernichten?

Als der September herannahte, hatte Sexton *Tell Me Your Answer True* so oft überarbeitet, daß sie sich nun imstande fühlte, beim Charles Playhouse in die Lehre zu gehen, wo das Stück mit finanzieller Unterstützung durch die Ford Foundation in einem Workshop geprobt und eventuell bis zur Aufführungsreife entwickelt werden sollte. Verantwortlich für ihr Projekt war Ben Shaktman, ein kleiner, kluger Mann mit lockigem Haar, sechsundzwanzig Jahre alt und vertrauenerweckend. Shaktman war im gleichen Monat als Leiter des neuen Musiktheaters für Kinder ans Charles Playhouse berufen worden und war gleichzeitig für das Tourneeprogramm der Theaterschule verantwortlich. Ihm war auch die Leitung der Experimentierbühne übertragen worden, mit der Sexton, finanziert durch ihr Stipendium, ein Stück erarbeiten sollte.

Shaktman und Sexton trafen sich in Boston zum Lunch, um einander kennenzulernen. Später erinnerte er sich an ihre Ankunft in dem Restaurant: Sie war strahlend schön wie ein Mannequin, forschfröhlich, begeisterungsfähig und hatte einen großen Schuhkarton unter dem Arm. Offenbar verstanden sie sich auf Anhieb prächtig, aber sie entschuldigte sich immer wieder für einige Minuten; später, als sie gute Freunde geworden waren, gestand sie ihm, sie sei so nervös gewesen, daß sie immer wieder die Toilette habe aufsuchen und sich übergeben müssen. Shaktman sagte ihr, er hoffe, sie werde sofort anfangen können: »Schreiben Sie jeden Tag eine Szene für unsere Experimentiergruppe und zwingen Sie uns, sie zu spielen.« Er war ziemlich naiv. Sie öffnete den Schuhkarton und holte die dicke, makellos getippte Kopie von *Tell Me Your Answer True* hervor. Shaktman machte ihr eine Woche später eine große Freude, als er anläßlich eines Presseempfangs verkündete: »Sextons Stück ist ein Knüller!«

Sexton brachte immer mehr Zeit im Charles Playhouse zu und schaute sich an, wie Shaktman und Michael Murray in ihrem unterschiedlichen Inszenierungsstil Stücke für die Aufführung vorbereiteten. Montags und dienstags, wenn ihre Haushälterin zu Hause für sie einsprang, fuhr sie nach Boston, um ihren Psychiater aufzusuchen und die Proben im Charles Playhouse zu besuchen. Wenn sie wieder an der Schreibmaschine saß, schrieb sie eine Szene um und schickte sie per Eilboten an Shaktman. Am nächsten Tag rief er sie an und ging die Szene Zeile für Zeile durch; am Abend war eine weitere Überarbeitung zu ihm unterwegs. Gelegentlich sprachen die Schauspieler ihr eine Szene vor, und sie war wie versteinert, wenn Shaktman Zweifel an dem äußerte, was für ihr Ohr großartig klang.

Shaktman wußte genau, welchem Drama er auf der Spur war: dem tragischen Scheitern familiärer Liebe im Zentrum des Stücks. »Anne Sexton hat mich gelehrt, was es heißt, eine Tochter zu sein – eine Tochter mit einem Ace im Mittelpunkt ihres Lebens. In vieler Hinsicht war Tante Amy die spannendste Figur des Stücks, denn sie verkörperte auf sehr einprägsame Weise die Deformation der Tochterrolle.« Seiner Meinung nach war Daisys hervorstechendster Zug nicht ihr Wahnsinn, sondern ihr Liebreiz; Sextons Vision der Frauwerdung eines Mädchens war seiner Meinung nach »außerordentlich interessant«, mußte jedoch von den manischen Aufgeregtheiten im Leben nach dem Tode und von der schwerfälligen Exposition durch die Monologe aus der Psychotherapie befreit werden. »Aus dem Munde eines Schauspielers klingen Tatsachen viel besser als Vorstellungen«, erklärte er zu einem ihrer Entwürfe. »Ballast, gleich welcher Art, zusätzliche POESIE, zusätzliche Bezüge, zusätzliche Charaktere können das Stück als solches leicht aus dem Gleichgewicht bringen.« Shaktman gab Sexton den Rat, alle Zeugen zu streichen und das Stück ganz auf Daisy zu konzentrieren. »Daisy ist doch eine Johanna von Orléans an Gesundheit!« bemerkte er später. »Daisy ist so verrückt, wie ich es bin«, erwiderte Sexton. »Und was Gott angeht, der hat doch inzwischen einen Anrufbeantworter, der uns, wie das Mädchen vom Wetterbericht, mitteilt, daß er nicht da ist.«

Ihre enge Zusammenarbeit endete Anfang März 1965, als Shaktman eingeladen wurde, ein Stück in New York zu inszenieren, und von seinem Posten am Charles Playhouse zurücktrat. Vielleicht waren seine Möglichkeiten, ihr nützlich zu sein, ohnehin erschöpft. Sexton räumte zwar ein, daß das Hauptproblem des Stücks seine Struktur sei, war aber nie bereit, auf das Thema von Daisys Ringen um den Glauben zu verzichten. Shaktman wollte das Stück in psychologischen Gegebenheiten ansiedeln, Sexton jedoch wollte den Konflikt zwischen psychologischen Erklärungen und den Mysterien des Sinns ausloten, die sich niemals durch bloße Vernünftigkeit erschließen. Während ihrer gesamten Lehrzeit im Charles Playhouse war sie enttäuscht darüber, daß es ihr nicht gelang, diesen Konflikt künstlerisch so zu gestalten, daß er den Theaterleuten, auf deren professionellen Rat sie angewiesen war, einleuchtete. In diesem Sinne schrieb sie auch an ihre Agentin: »Jetzt kommen mir allmählich Zweifel an der ganzen Basis des Stücks (zum einen, daß die Ungenauigkeit der Erinnerung uns alle für immer zum Narren hält; zum zweiten, daß die Vorstellung von Christus uns alle zum Narren hält, indem sie das Leben zu Teilen eines Puzzlespiels verbiegt und uns alle an den ›Ort‹ des immer wiederkehrenden Grauens verbannt).« Sie zog den Schluß, sie müsse nur »hartnäckiger daran arbeiten, ein gutes Stück aus Daisy herauszuholen. Ich denke, sie hat eine Geschichte zu erzählen.«

Nun, da Sexton als Dichterin immer erfolgreicher wurde, wollte sie freier und weniger ans Haus gebunden sein. Auf die Kinder, elf und neun, mußte aber weiterhin jemand aufpassen. Sexton nahm für sich in Anspruch, daß sie es sehr genieße, Mutter zu sein, und ihre Töchter waren anhängliche Kameradinnen, die ihre ansteckende gute Laune und ihre Lebendigkeit genossen, wann immer sie sie ihnen bieten konnte. Das machte auch Sexton glücklich. Mehr noch, die Kinder waren ihr eine Quelle der Inspiration. Wenn sie ihnen nahe war, fand sie Zugang zu den Freuden und Kümmernissen, die tief in ihr selber ruhten. Sie nahm die Schwingungen der animalischen Existenz und der sich entwickelnden Intelligenz ihrer Töchter auf;

diese sorgten dafür, daß ihr eigenes unbewußtes Leben wie ein Springbrunnen sprudelte.

Aber sie hatte nie Gefallen daran gefunden – und das würde sich auch in Zukunft nicht ändern –, für einen Haushalt verantwortlich zu sein, und natürlich brauchte sie auch Zeit, um ungestört arbeiten zu können. Billie Sexton war froh, die Kinder an den Tagen, wenn die Haushaltshilfe nicht da war, übernehmen zu können; Anne jedoch meinte, das Problem ließe sich am besten lösen, wenn sie ein Au-pair-Mädchen anstellten, das auch bei ihnen wohnte. Sie und Kayo annoncierten in einer Stockholmer Zeitung nach einer erfahrenen Frau. Zu Anne Wilder sagte Sexton: »Was ich brauche, ist eine Mutter: GESUCHT! . . . EINE MIETMUTTER! USA . . . So müßte die Anzeige lauten. Bisher keine Zuschriften.« Wenn sie jedoch noch einen Erwachsenen bei sich aufnehmen wollten, würden sie umziehen müssen.

Darauf drängte Kayo immer häufiger. Der Tod seines Vaters im Jahre 1960 hatte ihm eine Erbschaft eingebracht, die er zurückgelegt hatte in der heimlichen Hoffnung, eine neue berufliche Laufbahn einschlagen und vielleicht eine medizinische Ausbildung absolvieren zu können. Nun aber machten ihm die beengten Wohnverhältnisse der Familie zu schaffen. Es gab kein freies Fleckchen mehr im Haus, sogar der Garten dahinter war voll, denn dort hatten die Sextons ja Annes Arbeitszimmer und den Pool gebaut.

Als sie im Jahre 1953 nach Newton Lower Falls gezogen waren, hatte Anne das Haus und die Umgebung gehaßt und sie verächtlich immer als »das Arschloch von Newton« bezeichnet. Mit den Jahren hatte sie jedoch in der Clearwater Road wunderbare Freunde gefunden. Sandy Robart, Rita Ernst und Eleanor Boylan lebten alle nur knapp eine halbe Häuserreihe entfernt, und Anne, die noch immer in Panik geriet, wenn sie in der City allein auf dem Bürgersteig gehen mußte, war froh, daß sie nur über den Rasen zu laufen brauchte, wenn sie sie besuchen wollte. Die Sextons luden fast jede Woche das eine oder andere Paar aus ihrer Nachbarschaft zum Essen oder auf ein Glas ein.

Im Jahre 1964 waren sie jedoch soweit, daß sie in eine bessere

Gegend ziehen wollten, wo es auch bessere Schulen gab. Mit Beginn des Herbstes gingen Anne und Kayo auf Häuserjagd. Ihre Suche führte sie nach Weston, wo Billie lebte und wo Anne aufgewachsen war. Die Häuser dort waren geräumig, häufig großzügig und standen auf kleinen Anhöhen oder an kurvenreichen Straßen. Das Haus in der Black Oak Road Nummer 14, das die Sextons schließlich kauften, hatten sie an einem schönen Tag im Oktober entdeckt, als die Laubfärbung in Neuengland ihren Höhepunkt erreicht hatte. Große Sumpfahornbäume standen zu beiden Seiten des olivgrünen Hauses, und das Gelände auf der Rückseite war von Wald gesäumt. Das Haus war ein brandneuer, zweigeschossiger Bau im modernen Kolonialstil; es hatte viele helle Räume und eine sonnige Küche mit Blick auf ein Gelände, das für einen Swimmingpool wie geschaffen schien. Direkt neben der Küche befand sich ein holzgetäfeltes Zimmer mit einem dunklen, gemauerten Kamin, das Anne als Arbeitszimmer benutzen konnte. In dem großen, tiefergelegenen Wohnzimmer, in das zwei Stufen hinabführten, konnte Kayo die große Stereoanlage aufstellen, die er sich wünschte. Sie entschieden sich für eine helle Tapete und legten einen Teppich in leuchtendem Orange ins Wohnzimmer und einen Teppich in leuchtendem Gold durch den Korridor und die Treppe hinauf. »Ich habe absichtlich Sachen ausgesucht, die dramatisch wirken«, schrieb Sexton an Wilder. Unmittelbar nach Weihnachten zogen sie ein.

1 Aber Selbstmörder haben ihre eigene Sprache. / Wie Zimmerleute, die niemals fragen, *warum* / Gebaut wird, immer nur: *wie, mit welchem Gerät.*
(Übersetzung von Hans Egon Holthusen)
2 Marktschreier zwei
Hört, hört! Kommt alle her, rückt die Stühle heran, das Universum hat nur noch Unterhosen an. Hört, hört! Haltet nicht hinterm Berg. Drängelt nicht wie auf Käse die Ratten. [. . .] Schwangere Nonnen, Finanzhaie, Haarige, Gichtgeplagte und die Nimmersatten treten vor Ihnen in die Arena ein, ohne vorgeladen zu sein. Vergeßt Proviant, Ketten und Festtagskleid, denn unser Opfer steht schon bereit.
3 Lästerer
Lästerer mein Name. Ich reite auf einem Pferd. / Das ist mein Hobby – und gar nicht verkehrt. / Ich, der Teufel, hole keinen mit dem Schwert. / Mit dem Tod auf der Zunge / Und einem Pfeil im Herz / Ist doch jeder hier ein Furz und ein Scherz.
4 Karitas
Karitas mein Name. Wohne bei meinem Kind. / Misericordia ihr Name, ist aber von Sinnen. / Wir haben kein Fleisch, wir haben kein Brot. / Das Leben ist unser Los, aber meist ist es Not.

5 Ruh dich aus, und ich massiere dir den Rücken, wie Tante Amy es macht.

6 Wer hat die Hexe nach Texas gebracht! Ha! Du schlägst einen Haken, zettelst ein Gespräch an zwischen deinen beiden Ichs, und dann geht es los . . . es fängt an, obszöne Sachen zu schreien, und dann läßt es sich den Hügel hinunterrollen, und das andere klammert sich fest, mit heulendem Gelächter, verleugnet seine eigenen Worte, eigenen Gesten, das kleine Spielzeug, von sich getrennt . . . dann ist es aus mit den beiden, sie sind tot . . . Sie werden fortgejagt, doppelt bekloppt.

7 und eines Tages werden sie zu dir kommen, / eines Tages, Männer mit nacktem Oberkörper, junge Römer / zur Mittagsstunde, zu der sie gehören, / mit Leitern und Hämmern, / wenn keiner schläft. Doch bevor sie eintreten, / werde ich gesagt haben: / *Deine Knochen sind wunderschön,* / und vor ihren fremden Händen / war immer diese Hand, die formte.

»Ikarus fangen«
1965

In den Tagen des Workshops bei John Holmes hatte irgend
jemand Sexton auf eines der wenigen Motive aus der klassi-
schen Literatur aufmerksam gemacht, das sie als persönliches
Kürzel übernehmen sollte. Dies war Ovids Geschichte von
Dädalus und Ikarus, die mit Hilfe von Flügeln aus Wachs und
Federn aus Kreta fliehen wollten. Dädalus entkam, aber Ikarus flog
zu weit der Sonne entgegen, so daß das Wachs schmolz und er ins
Meer stürzte. W. H. Auden hatte dieses Sujet in einem in vielen
Anthologien abgedruckten Gedicht, *Musée des Beaux-Arts*, über
Brueghels Gemälde zum gleichen Thema breiten Leserschichten
nahegebracht, und es könnte auch Sextons Quelle gewesen sein. Als
W. D. Snodgrass' *Heart's Needle* im Jahre 1960 mit dem Pulitzerpreis ausgezeichnet wurde, griff sie die Geschichte jedenfalls in
ihrem Gedicht *To a Friend Whose Work Has Come to Triumph* (Auf
einen Freund, dessen Werk Triumphe feiert) auf.

> {Icarus} glances up and is caught, wondrously tunneling
> into that hot eye. Who cares that he fell back to the sea?
> See him acclaiming the sun and come plunging down
> while his sensible daddy goes straight into town.[1]

Mit der Hommage geht die Unterscheidung zwischen zwei Dichter-
typen einher: dem Dädalus, dem Wissen und Können praktischen
Nutzen bringen, und dem Ikarus, den die Verrücktheit hoch hinaufträgt.

Die Identifikation ihres Dichterin-Ichs mit Ikarus bekam einen
neuen Sinn, als Sexton mit dem Medikament Thorazin behandelt
wurde, das ihr die manischen Arbeitsphasen nahm und ihr die
Freude an der Sonne vergällte. In den ersten sechs Monaten der
Einnahme hatte sie das Gefühl, die Quelle ihrer Kreativität sei
völlig versiegt. Um den Valentinstag des Jahres 1965 herum schrieb

sie an Tillie Olsen: »Die verdammten Tranquilizer, mit denen ich diesen Sommer im M. G. H. angefangen habe, haben jeden originellen Einfall verhindert. Seit der ersten Wahnsinnsphase mit dem Stück (und das war vor dem M. G. H.) nicht ein einziger. [. . .] Seit diesem Sommer, seit dem M. G. H., hab ich kein einziges Gedicht geschrieben . . . (hat man mich, ohne daß ich es weiß, lobotomisiert?)«

Die vielen Überarbeitungen von *Tell Me Your Answer True*, das sie erst kürzlich abgeschlossen hatte, galten Sexton nichts mehr; das waren bloße Fingerübungen. In ihrem neuen Haus brachte sie nun ganze Vormittage damit zu, am Küchentisch zu sitzen und sich »verschwommen« zu fühlen. Durch das nach Osten gehende Fenster, das den Blick über den großen Garten bis hinüber zum Wald freigab, flutete munteres Sonnenlicht ins Zimmer, doch das konnte ihr weder das Herz rühren, noch durfte es ihre Haut berühren. Vor Thorazin hätte sie sich an Tagen wie diesem den Pelzmantel ihrer Mutter umgelegt und wäre nach draußen gegangen, um sich die ersten Frühlingsstrahlen des Februars aufs Gesicht scheinen zu lassen. »Mein ganzes Leben lang war ich in die Sonne verliebt«, sagte sie. »Für mich war sie der große Geliebte, die große Eroberung. Wenn du die Sonne über dich hinweggleiten, dich von ihrer Hitze bewundern läßt, dann ist das, als hättest du Geschlechtsverkehr mit Gott.« Nun mußte sie ihre Haut vor ultraviolettem Licht schützen. »Nur ein Tüpfelchen Sonne auf dem Arm beim Autofahren, und es ist, als würde ich von Bienen gestochen.« Diese Nebenwirkung schien ihr täglich zu bestätigen, daß das Medikament ihre Inspiration blockierte.

Dennoch brach Sexton die Behandlung nicht ab, weil sie hoffte, es würde ihre »rechte Hand«, ihre Rationalität, ihre Dädalus-Seite stärken, wenn sie sich an das Thorazin gewöhnte. Zweimal pro Woche suchte sie Dr. Zweizung auf, einen auch psychoanalytisch geschulten Psychiater, und hatte den Eindruck, daß zumindest ihre Therapie bei ihm gut verlief. Im Dezember war sie mächtig stolz gewesen, als er den Vorschlag machte, sie solle auf die Couch überwechseln, denn sie sah darin ein Zeichen für ihren Fortschritt.

An Anne Wilder schrieb sie: »Jahrelang hab ich nur gehört, ich sei zu krank für die Couch, und nun fühl ich mich gerade ganz gut. [. . .] Ich bin ein bißchen überdreht, weil ich ›auf der Couch‹ war, à la Maxine, à la Analyse, à la was ich noch nie gemacht hab.«

Auch weiterhin berichtete sie Wilder viele Einzelheiten aus ihrer Behandlung, obwohl Wilder die Rolle der Therapeutin nicht übernahm und der Ton ihrer langen, häufigen Briefe immer leicht und freundlich blieb. Wenn sie sich zu Sextons Fortschritten äußerte, tat sie dies immer von der Warte des gesunden Menschenverstands und vermied es, in medizinischen Jargon zu verfallen. Dennoch äußerte sie sich Sexton gegenüber mit der Autorität einer Psychiaterin.

Es war unvermeidlich, daß die Beziehung zwischen Sexton und Wilder in Sextons Therapie zur Sprache kam – zunächst bei Dr. Orne und später auch bei Dr. Zweizung –, und das nicht nur, weil Wilder Psychiaterin war, sondern vielmehr deshalb, weil die Intensität, mit der sich beide von ihrer ersten Begegnung an zueinander hingezogen fühlten, auch eine sexuelle Komponente hatte. Für das Besondere dieser Zuneigung fanden sie eine mythologische Umschreibung: Sie nannten einander »Ikarusfänger«, ein Name, den Wilder an dem Tag, als Tillie Olsen sie einander vorgestellt hatte, ihnen beiden gegeben hatte – zu einem Zeitpunkt, als sie weder Sextons Gedicht über Ikarus noch Sextons private Mythologie kannte. In einem ihrer ersten Briefe an Sexton kam Wilder auf diese Begegnung zurück: »Es war, als sei Ikarus gerade nicht ins tödliche Meer gestürzt, sondern in einen Hafen, meinen Schoß (Herz wäre vielleicht richtiger).« Sexton sah das ebenso.

»Als Metapher zwischen uns funktionierte es in beide Richtungen. [. . .] Auf eine Art, von der Du nichts wissen kannst, war ich, als ich Dich kennenlernte, ebenfalls hungrig und hatte wirklich große Angst . . . und Du hast mir sehr geholfen, und deshalb, verstehst Du, dachte ich, Du hättest diese Metapher erfunden. Du hast gesagt, ›und ich hab Dich gefangen wie Ikarus‹. [. . .] Wenn man aufgefangen wird, heißt das, man stürzt nicht ab. [. . .] Wahrscheinlich habe ich damals nicht gedacht, Dir sei bewußt, daß Du mich auffängst, aber als Du dann die Ikarus-Metapher verwendet hast, wohl doch. Eins ist jedenfalls sicher. Ich bin da reingefallen, direkt aus dem Himmel, und das war Liebe, und Du hast mich gefangen, und das war auch Liebe. Und laß Ikarus unsere Metapher sein.«

Wilder stimmte zu. »Ja, als Paar sind wir leicht zu entzünden«, schrieb sie. »Niedrige Entzündungstemperatur und hohe Flamme.«

Es war der schöne, impulsive, tollkühne Ikarus in Sexton, zu dem sich Wilder am Anfang hingezogen fühlte, und es war der »Ikarus-fänger« in Wilder, zu dem Sexton immer dann wie in Mutters Schoß zurückkehrte, wenn sie in Schwierigkeiten war. Für Anne Wilder ging es in dem Mythos vielleicht um romantische Liebe; für Anne Sexton ging es um Rettung. Daß sie einander unterschiedliche Gefühle entgegenbrachten, spielte keine Rolle, solange sie sie mit den klassischen Metaphern umschrieben, aber Sexton merkte, daß die Intensität, die in Briefen und Telefongesprächen so aufregend war, bei persönlichen Begegnungen in Peinlichkeit umschlug.

Nachdem Wilder im Sommer 1964 einen kurzen Besuch in Boston gemacht hatte, gestand Sexton in einem Brief, daß sie versucht habe, sich ein wenig zurückzuhalten. Widerstrebend gab sie zu, daß ihre Freundin bei ihr erotische Gefühle geweckt hatte: »Aus Liebe war ich nahe dran, fürchtete mich, war verwirrt, war . . . nahe dran, mich darauf einzulassen. Verstehst Du? Muß ich noch deutlicher werden?« Sie betonte nachdrücklich, daß sie sich die »[ihr] eigene warme, offene, spontane Reaktion« auf Wilders An-wesenheit bewahren wollte. Sie hatte das Problem in der Therapie angesprochen und dort Unterstützung für ihre Auffassung gefun-den, daß es nicht »günstig« sei, sich nach »den sexuellen Wünschen von irgend jemandem (Deinen oder meinen) zu richten«. Sexton erwähnte indes nicht, daß ihr im Verlauf der Psychotherapie der offensichtliche Zusammenhang zwischen ihren Gefühlen für ihren anderen »Zwilling«, Nana, und diesem neuen »Zwilling«, Anne, klargeworden war, und sie erwähnte auch die Gefühle für Linda nicht, die sie ausagiert hatte. Sie schrieb lediglich kryptisch: »Es ist nicht die Art Erfahrung, die ich einfach so machen und verkraften würde und nach der ich zum heterosexuellen Leben zurückkehren könnte. Also wird es besser unterdrückt.«

Wilder war tief getroffen von dem, was sich wie ein nicht nur von Sexton, sondern auch von Sextons Ärzten, ihren Berufskollegen, ausgesprochener Tadel anhörte.

»Meine Liebe, ich weiß Deine Offenheit zu schätzen [. . .]; Deine beiden Ärzte haben Dich also davor gewarnt, Deinem spontanen Drang hin zu mir nachzugeben. [. . .] In den Sitzungen, da bin ich mir ziemlich sicher, hast Du das Gesicht gewahrt, und deshalb ging es dann gegen *mich*. [. . .] Nun ist es aber nicht nur so, daß ich in erster Linie Deine Freundin und der Mensch-der-Dich-liebt bin, sondern in Wahrheit hast ja Du, lieber Ikarus, die ersten [. . .] Annäherungsversuche bei *mir* gemacht! [. . .] was Du bequemerweise vergessen hast.«

Wilder hatte ihrerseits starke heterosexuelle Neigungen. Der junge Mann, den sie geheiratet hatte, als sie noch Medizin studierte, war im Krieg getötet worden, und sie hatte nicht wieder geheiratet, wollte dies aber für die Zukunft nicht ausschließen. Dennoch war ihr klar, daß die Spannung zwischen ihr und Sexton erotisch aufgeladen war, und sie meinte, diese Tatsache anzuerkennen sei besser, als sie zu leugnen.

»Ich glaube, beide Ärzte hatten recht mit ihrer Warnung, daß Du nicht in diesem besonderen Wasser schwimmen kannst – jedenfalls nicht zu diesem Zeitpunkt und vielleicht auch nie. [. . .] Glaubst Du denn wirklich, daß ich, die ich von dieser einem Pulverfaß ähnelnden Situation in Deinem Leben weiß und die ich auch Deine außerordentliche Sorglosigkeit und Naivität in vertraulichen Dingen etc. kenne, daß ich es in dieser Situation riskiert hätte, nicht nur mich, sondern, was noch wichtiger ist, Dich in Gefahr zu bringen? Glaubst Du das wirklich?«

Der Behauptung, daß ihre Impulse *verführerisch* gewesen seien, widersprach Sexton heftig; das von Wilder benutzte Wort »Annäherungsversuche« machte sie zornig. »Vieles von dem, was Du sagst, sehe ich ganz anders«, erwiderte sie.

»ICH LIEBE LINDA (ist das abwegig?) ICH LIEBE MAXINE (das etwa?) ICH LIEBE DOKTOR ORNE (das doch nicht etwa?), ich meine, ist es sexuell? Ist es das?? Himmelherrgott, ist es das?? Ich meine, ich kann das zu ihnen allen sagen, mit diesen Worten, und das ist kein Annäherungsversuch an irgendwen, sondern gegenseitige Bewunderung. Es wird nicht in einem sexuellen Licht gesehen. Von KEINEM. Und deshalb glaube ich auch, daß es nicht fair von Dir ist, es in diesem Licht zu sehen. Liebe ist ein weites Feld. [. . .]

IKARUS war rein. Wer wollte daran zweifeln? Ich meine, wenn ich Dir glauben würde, müßte ich anfangen zu zweifeln. [. . .] (Warum bin ich so außer mir? Weiß ich es nicht? Ich weiß es nicht!) Aber laß uns bei der poetischen Wahrheit bleiben. Jede von uns hat etwas anderes darin gesehen.«

Was Sexton bei dieser Auseinandersetzung am meisten zu schaffen machte, war offenbar Wilders sachliche Feststellung, daß ihre Begeisterung füreinander von Anfang an erotischer Natur gewesen sei. Für Sexton stand viel auf dem Spiel, wenn sie diese Deutung ihrer Vertrautheit ablehnte. Noch mehr als eine Woche später focht sie weiter um diesen Punkt, und zwar mit den gleichen Argumenten wie früher Dr. Orne gegenüber, als dieser andeutete, daß ihre Beziehung zu Nana eine sexuelle Komponente gehabt habe. Wenn sie von den Nanas der Welt (Linda, Maxine, Dr. Orne) geliebt wurde, bedeutete das in der Ökonomie ihrer Gefühle, daß Sex aus dem Bild ausgeblendet werden mußte: Ikarus war rein. »Daß Du es als etwas Sexuelles gesehen hast, heißt, Du hast das Lebendige daran verleugnet«, schrieb sie schmollend an Wilder. »Deshalb der Zorn. Ich hatte das Gefühl, daß Du mich durch Deine Behauptung, alles sei schon immer in einem sexuellen Licht erschienen, dazu *zwingst,* Dich und ›uns‹ abzulehnen. Ich sage Dir ganz offen, daß für mich

Sex, *mit wem auch immer,* die Reinheit einer Beziehung beschmutzt. Das hast Du vermutlich schon erraten. Ich bin nicht stets und ständig dieser Ansicht, aber in meinem kleinen Zwergenherzen-Ich schon. Da gibt es dann ein Labyrinth von Bedeutungen und keinen anderen Ausweg als Türen zuschlagen und sarkastisch werden.«

Mit der Bemerkung, daß sie beide sich benähmen wie Zwölfjährige, versuchte Sexton zwei Tage lang, diesen Brief endlich abzuschließen, doch sie konnte sich nicht dazu überwinden, ihn abzuschicken. Jedesmal wenn sie an Wilders letzte Briefe dachte, stieg ihre Empörung. Die letzten Zeilen schrieb sie, als sie beim Friseur unter der Trockenhaube saß. »Wir sind wichtig, & das ist es wert, daß wir es beschützen & darum kämpfen & es verstehen«, kritzelte sie. »Bitte schreib bald – Kayo fährt nächste Woche weg – ich versuche, vom Thorazin loszukommen, damit wir am 15. März (wenn Zweizung fort ist) nach Florida fahren können.«

Sexton war sehr darum bemüht, den Bruch zu kitten, denn das zeitliche Zusammentreffen ihres Entzugs von dem Medikament mit Kayos Abwesenheit machte sie emotional verwundbar. Der nächste Brief, den sie Wilder schrieb, enthielt mit ihrer Lieblingsmetapher für Intimität, »ICH HABE RAUM« – eine Wendung, die Dr. Orne im ersten Jahr ihrer Behandlung benutzt hatte –, ein Friedensangebot. Diese Metapher lieferte die Antwort auf eine Frage, die für Sexton die Voraussetzung für alle Beziehungen war: Ist es möglich, zu kommen und zu gehen? Ein Raum bot einem Bewohner einen ständig vorhandenen Aufenthaltsort; er blieb erhalten, wartete, bis der Abwesende zurückkehren würde. Er war innen, privat, ein Zuhause.

»Oh, meine Liebe! Auch wenn der Raum klein ist. Trotzdem, liebe einzige Anne, der Raum ist voll! (ist das zu kryptisch?) Oh. Sag mir, daß es einfach ist!!! Sag's mir! Sieht aus, als würde ich lieber sterben statt denken zu müssen, es sei nicht einfach und das, was es ist, ist, ist... IST. Ein kleiner, einfacher, altmodischer Raum, ziemlich klein, nicht bequem oder modern, ziemlich schlicht, ziemlich gewöhnlich, mit abgenutzten Möbeln... mit Platz zum Sitzen, zum Sichausstrecken, zum SEIN... mit einem Hauch Liebe darin.«

Sie hatte eine Möglichkeit gefunden, im Labyrinth der Gefühle auszuharren, und mußte keinen Ausweg suchen, keine Tür zuschlagen – fürs erste jedenfalls.

Trotz der angespannten finanziellen Situation, in die die Sextons durch den Kauf ihres neuen Hauses geraten waren, wollte Anne mit Karl und Rita Ernst einen Winterausflug nach Florida machen. Kayo war dagegen. Er machte sich nichts aus Sonnenbaden und meinte, es sei töricht, Geld für eine Reise zu verschleudern. Und ihm bereitete Sorge, daß Anne das Thorazin nur deshalb absetzen wollte, um braun zu werden – und um von neuem so manisch zu werden, daß sie wieder anfangen konnte zu schreiben (was sie auch ganz offen zugab: »Ich nehme das Thorazin nicht mehr. Ich will Gedichte schreiben!«). Sein Standpunkt versetzte sie in Wut. »Ich war so wütend auf Kayo, weil er nicht fahren wollte, daß ich beinahe alle seine Anzüge zerschnitten hätte ... oder, das habe ich mir auch überlegt, ich wollte den Wasserhahn am Spültisch aufdrehen und den Stöpsel hineinstecken und das Wasser die ganze Nacht laufen lassen und die ganze untere Etage dieses herrlichen Hotels ruinieren und überfluten.« Als Rita Ernst kritisch anmerkte, Sexton habe sich unter Thorazin verändert, sei »kindischer« geworden, mußte sie ihr beipflichten.

Dann hatte sie einen Gedankenblitz: Sie könnte doch eine Lesereise arrangieren und damit die Reise nach Florida finanzieren. Durch ihre Agentur erhielt sie häufig Einladungen zu Lesungen an Colleges. Einige davon konnten zu einem Paket geschnürt werden, das die Reisekosten decken und dazu noch einen Gewinn abwerfen würde. Erst kurze Zeit vorher hatte sie einige Anfragen aus dem Mittleren Westen erhalten, auf die sie nun zurückgreifen konnte.

Einen Haken hatte eine solche Sache jedoch immer: Sie konnte es nicht ertragen, allein zu fahren. Am Telefon sprach sie mit Anne Wilder über die Erfolgsaussichten ihres Plans, im Frühjahr gemeinsam eine Vortragsreise zu unternehmen. Sie einigten sich darauf, daß sie sich in Michigan treffen würden. Sexton ließ durch die Redpath Agency eine Lesung an der Wayne State University in

Detroit vereinbaren, wo Wilder zu ihr stoßen sollte; danach würden sie zu Colleges in Ypsilanti, Rochester, East Lansing, Mt. Pleasant, Kalamazoo und Ann Arbor fahren. Die Reise sollte Anfang Mai stattfinden und fast zwei Wochen dauern. Als Wilder in Detroit eintraf, verbrachte sie mehrere Stunden in ihrem Hotelzimmer und schrieb einen langen Eintrag in ihr Tagebuch. »Ich freue mich auf Annes Kommen, aber mit gestutzten Flügeln«, notierte sie.

»Die wichtigste und unüberwindliche Grenze auf A.s Seite ist die gewöhnliche Unfähigkeit des Menschen, sein Handeln mit seinen Worten, Gefühlen, Schwüren, Versprechungen in Einklang zu bringen. Oder, um es psychiatrisch auszudrücken, die gute alte hysterische Diskrepanz zwischen dem, was gefühlt wird, und dem, was zugelassen werden darf und wird. [. . .] Eben fällt mir ein, daß Anne und ich in unserer Freundschaft, psychologisch betrachtet, aus genau *entgegengesetzten* Richtungen aufeinander zugehen, zugegangen sind. Ich aus der Richtung, der Position, daß ich nach Jahren der Abschnürung meinen Gefühlen freien Ausdruck geben kann; und Anne aus ihrer neugewonnenen und sehr wertvollen Position, daß sie eine zuverlässige Kontrollinstanz in sich selber entdeckt hat, eine Kontrolle, die ja, und von mir zuallererst, wirklich erhalten und gestärkt und respektiert werden muß. [. . .] Hier bin ich also, in einem Hotelzimmer in Detroit, warte auf Anne, mit entsprechend dumpfem, flauem Herzen.«

Als Sexton eintraf, hatte sie nur wenig Zeit bis zu ihrem Auftritt in der Wayne State University, und sie gab eine großartige Lesung. Wilder, die ihre Freundin noch nie auf der Bühne gesehen hatte, äußerte sich später in ihrem Tagebuch über die Unterschiede zwischen der Frau und der Schauspielerin, die sie – wie viele von Sextons engsten Freunden vor ihr – beobachtet hatte. »Ich bin nur mäßig überrascht, wenn ich bei ihren Lesungen im Auditorium sitze und höre, wie sie die WAHRHEIT über die Conditio humana und die Möglichkeiten menschlichen Fühlens und Erlebens sagt, und mir

336

dann blitzartig die altbekannte Erkenntnis kommt, daß sie diese Klugheit im wirklichen Leben genausowenig in die Tat umsetzen, verwirklichen kann, wie sie zum Mond fliegen kann.« Sexton war auch wirklich eine Vollblutschauspielerin. Das Honorar war nicht sehr hoch (einhundert Dollar pro Lesung), die Unterbringung auf dem Campus beschränkte sich meist auf Studentenheime in Ziegelbauweise ohne Air-condition und Verpflegung, und die Zuhörer waren oft unhöflich. Sie berichtete Wilder, daß in Indianapolis einer der im Auditorium anwesenden Mitglieder des Lehrkörpers aufgestanden war und »etwas weniger Phyllis Diller und etwas mehr Anne Sexton, wenn es Ihnen nichts ausmacht« verlangt hatte.

Sexton hatte jedoch eine Reihe von Ritualen entwickelt, mit denen sie eine derartige Tour gut überstand. Nach der Ankunft in einem x-beliebigen Hotel wiederholte sie stets eine unabänderliche Prozedur: Zuerst ging sie schnurstracks ins Badezimmer, wo sie die Brause voll aufdrehte und ihre Bühnenkleider in den Dampf hängte, und danach zur Eismaschine, um das erste von vielen Gläsern Wodka zu kühlen, das sie sich aus einem in ihrem Koffer versteckten Flachmann eingoß. So aufgetankt war sie manisch, eine absolute Vorbedingung für ihren Auftritt. Und in allen Stadien der Vorbereitung nahm sie die Dienste so vieler Helfer in Anspruch, wie sie nur auftreiben konnte. Die einen chauffierten sie, die anderen richteten ihr Podium ein (sie konnte nur lesen, wenn sie dabei rauchen und Wasser trinken konnte), die dritten besorgten ihr etwas zu essen und zu trinken (sie aß nicht gern in der Öffentlichkeit). Nach jedem Auftritt rief sie Kayo an, um ihm gute Nacht zu sagen; Wilder war völlig perplex, wie sich ihre Persönlichkeit veränderte, wenn sie mit ihm sprach. »»Hier ist deine Prinzessin...‹ – wie eine Porzellanpuppe auf einer Musikbox.« Vor dem Zubettgehen schluckte Sexton jedesmal in ewig gleicher Reihenfolge mit Milch ihre Schlaftabletten. Außerdem war sie regelrecht verfolgt von der Furcht vor Verstopfung. Als sie in Detroit nach der Lesung und dem anschließenden Empfang in ihrem Hotel ankam, merkte sie, daß ihr das Abführmittel, das sie immer bei sich hatte, ausgegangen war. Sie streckte sich auf dem Badezimmerboden aus und blieb zehn Minu-

ten unbeweglich liegen. Als Wilder wissen wollte, was los sei, flehte
Sexton sie an, eine Drogerie zu suchen, die auch nachts geöffnet
hatte, und ihr ein Abführmittel zu kaufen. Wilder fand das absurd.
»Es schadet überhaupt nichts, wenn du bis morgen früh wartest«,
erklärte sie in bester professioneller Nüchternheit. Tief gekränkt
stand Sexton auf und zog ihren Mantel an. »Kommst du wenigstens
mit?« – »Nein.« Sexton nahm sich ein Taxi, um mitten in der
Nacht das Mittel in Detroit aufzutreiben.

In Ann Arbor bekam Wilder eine weitere Seite Sextons zu sehen,
die sie bisher nur vom Hörensagen kannte: Anne in Trance. Sie
wurden von Professor Allan Seager und einem seiner Kollegen
abgeholt und zur Lesung chauffiert. An einer Ampel fuhr ein
anderer Fahrer hinten auf ihr Auto auf, und durch den Aufprall
wurde Wilder, die im Fond saß, nach vorn gegen Sexton geschleu-
dert, die auf dem Beifahrersitz saß. Zwar brannte Wilder mit ihrer
Zigarette ein Loch in den weißen Mantel ihrer Freundin, aber
verletzt wurde niemand. »Trotz der gerade durchlebten Erschütterung – und trotz der Tatsache, daß die Universitätsband unmittelbar vor den offenen Fenstern des überfüllten Zuschauerraums probte
– gab Sexton an jenem Nachmittag eine wunderbare Lesung«,
erinnerte sich Wilder. Doch als Seager sie hinterher zu ihrer Unterkunft zurückfuhr, versank Sexton in einen Trancezustand. »Sie
wurde still und ganz starr und reagierte auf nichts«, sagte Wilder.
»Seager war besorgt. Ich sagte: ›Ich bin sicher, sie hört alles, was wir
sagen, und sie wird mitmachen, wenn wir ihr aus dem Auto helfen.‹
Wir nahmen sie in die Mitte und stolperten zum Zimmer hinauf;
Seager ließ seine Telefonnummer da, für den Fall, daß sie weitere
Hilfe benötigte. Ich setzte mich neben sie und redete leise auf sie
ein. Allmählich tauchte sie aus der Trance auf. Sie konnte sich nicht
erklären, warum sie sich ständig an die Musik einer Band erinnerte.«

Während der Fahrt durch Michigan hatten sie jede Menge Zeit
für die vom Hundertsten ins Tausendste führenden scherzhaften
Plaudereien, die sie angesichts der drohenden Fernsprechgebühren
sonst oft abbrachen, bevor alles gesagt war. Sie stellten fest, daß sie

beide Laurindo Almeidas Gitarrenversion von Villa-Lobos' »Bachianas Brasileiras« leidenschaftlich liebten. Noch Jahre später war für Sexton die zarte, hohe Stimme von Salli Terri in dieser Einspielung der Inbegriff von Gefühl, eine Reinheit, die Dichtung niemals erreichen konnte; diese wortlose Verzückung stand für die Freiheit jener Tage mit Anne Wilder. Je weiter Sexton sich von Neuengland entfernte, um so mehr Raum schien da zu sein für Gefühle und Handlungen, die sie sich lange versagt oder verleugnet hatte. »Ich bin wirklich in dich verliebt«, sagte sie zu Wilder. »Ich weiß«, antwortete Wilder. Schließlich gingen sie, ermutigt durch ihre Abgeschiedenheit, miteinander ins Bett. »*Love twists me, a Spanish flute plays in my blood*«[2], schrieb Sexton in dem Gedicht zur Erinnerung an dieses Abenteuer (*Your Face on the Dog's Neck* [Dein Gesicht am Hals der Hündin]) – ihre Leser glaubten indes, der Liebespartner sei ein Mann gewesen.

Nach ihrer Rückkehr nach Hause überschüttete Sexton Wilder mit scheuen, triumphierenden Briefen: »Ich bin wie vor einer oder zwei Wochen immer noch bisexuell«, schrieb sie – anscheinend befürchtete sie tatsächlich, eine sexuelle Bindung an eine Frau könnte ihre Heterosexualität ersticken –, »aber in der Zwischenzeit denke ich oft daran, wie es ist, Dich zu küssen«. Nach einjähriger Lethargie war ihre Phantasie endlich wieder erwacht; sie fühlte sich erfrischt, war dankbar. Daß sie diese Grenze nun endlich mit Wilder überschritten hatte, entzückte sie. »Es war mein Bedürfnis, mein Annäherungsversuch«, schrieb sie. »Woher dieses Bedürfnis, die Zärtlichkeit (die mir nie entgegengebrachte Zärtlichkeit) der Mutter zu sexualisieren, das untersuchen wir später. O Maria, kleine Mutter . . . [. . .] Diese Seite der SCHALLPLATTE spiele ich pausenlos.« Und das Gefühl wurde erwidert. »Ich bewundere das Gedicht, kann es beinahe schon auswendig«, schrieb Wilder aus San Francisco, »und ich bin wie Du. Muß es gesagt bekommen. [. . .] In unserem privaten, lieben Haus, in dem ich bin und nur das nackte Ich sein will, muß ich es immer wieder hören, ist schon wahr. Du bist bei mir. Ich habe es dir mit diesen abgedroschenen Worten schon gesagt, aber es ist wirklich wahr: Es ist ein Wunder, etwas, das nur einmal im Leben passiert. [...] Und es hat gar nichts damit zu tun, für mich jedenfalls, ob das mit einem Mann, einer Frau, einem Hund, einer Katze oder einer Giraffe passiert. Es passiert ganz selten, und bei uns ist es passiert.«

Sexton nahm mit Erlaubnis ihres Arztes noch einen weiteren Monat kein Thorazin, obwohl ihre Hochstimmung Kayo beunruhigte. »Er hat höllische Angst meinetwegen, denkt, ich sei total psychotisch«, berichtete sie Wilder. »Ich versuche, mir vor Kayo möglichst wenig anmerken zu lassen, aber er sagt, ich sei irgendwie manisch. Er sagt, ich würde ihn ersticken, so wie seine Mutter. Armer Kerl. Ich gebe mir alle Mühe, den Mund zu halten, nichts zu wissen und NIEMANDEN zu ersticken.«

Allmählich flauten ihre Gefühle für Wilder ab und gerieten wieder in die alten Bahnen. Als Wilder etwas später im gleichen Sommer nach Boston kam, verletzte Sexton sie tief. Sie veranstaltete eine Dinnerparty zu Ehren der Freundin, auf der sie sie dann aber kaum beachtete und zu guter Letzt vor allen Gästen mit schneidenden Bemerkungen bloßstellte. Am nächsten Tag entschuldigte sie sich zwar, aber Wilder wurde klar, daß Sexton Abstand wahren wollte. Die Freundschaft fand nie wieder zu der früheren Freiheit und Offenheit zurück, obwohl sie auch weiterhin Briefe austauschten und häufig telefonierten.

Die Reise im Mai setzte Sextons schöpferische Energie jedoch wieder frei. Sie holte die Mappen mit den Gedichten hervor, die sie seit der Publikation von *All My Pretty Ones* geschrieben hatte, und »machte alte fertig, die noch nicht ganz aufführungsreif waren«. Als sie ein Gedicht mit dem Titel *Suicide Note* (Selbstmordanzeige) fand, das sie auf einer Papierserviette angefangen hatte, tippte sie es ab und überarbeitete es mehrere Male. »Wenn es eine wirkliche Selbstmordanzeige wäre, gäbe es ja wohl nur eine Fassung«, sagte sie scherzhaft. »Mit vorgehaltener Pistole macht man nichts mehr perfekt.« Sie schrieb *A Little Uncomplicated Hymn* (Eine kleine unkomplizierte Hymne) um, das sie im März begonnen und beiseite gelegt hatte, als die Depression sie überwältigte – es sollte aber ein Lobgedicht auf Joy werden, ganz so wie *Little Girl...*, das sie im

Jahr zuvor für Linda geschrieben hatte. »Ich wollte es schreiben und konnte nicht, vielleicht weil ich mich selber schuldig fühlte«, gab sie zu. »Man kann nicht immer so schreiben, wie man will. Man muß auch die Wahrheit sagen.«

Als sie in noch ältere Mappen schaute, entdeckte Sexton *Self in 1958* (Selbst im Jahre 1958), das sie in dem Sommer, bevor sie Snodgrass kennengelernt hatte, geschrieben und dann, in den alten Tagen überbordender Kreativität, die nun so weit hinter ihr zu liegen schienen, zu dem »Knochenhaufen« gelegt hatte. Es war in einer Form geschrieben, die sie mochte, aber kaum noch verwendete, in Strophen mit starken, aber unregelmäßigen Reimen, die einen zusätzlichen »Klangeffekt, ein Geklapper im Kopf« erzeugten.

Mitte Juni hatte sie die vorläufige Version eines Buchs zusammengestellt, das sie *Live or Die* nennen wollte, ein Titel, der schon seit Jahren in der Luft gelegen hatte. Das Manuskript enthielt nun siebenundzwanzig teilweise recht lange, Gedichte, die nach ihrer Entstehungszeit angeordnet waren. Manchmal, wenn es ihr vorteilhafter erschien, fälschte Sexton das Datum, im großen und ganzen zeigt das Buch jedoch, welche Verwicklungen und Wendungen es in den drei bewegten Jahren seit der Veröffentlichung von *All My Pretty Ones* in ihrem Leben gegeben hatte. Der Vorteil einer chronologischen Anordnung bestand ihrer Meinung nach darin, daß so ein Gefühl der Dringlichkeit vermittelt wurde. Kurzzeitig erwog sie, den Band mit *For the Year of the Insane* (Zum Jahr der Wahnsinnigen) zu eröffnen, einem Gedicht, das gerade in *Harper's* erschienen war und starke Anklänge an *Tell Me Your Answer True* hatte; wenn sie das Thema quälender Selbstmordgedanken jedoch zum Leitmotiv machte, konnte das der Aufnahme des Buchs schaden. »Wenn die Entscheidung zugunsten von ›Stirb‹ ausfällt, ist es, literarisch gesehen, ein schlechtes Buch und wird auch so aufgenommen werden«, sinnierte sie in einem Brief an Wilder. »Wenn die Wahl jedoch auf ›Lebe‹ fällt, könnte ein besseres Buch daraus werden. Ich weiß nicht. Hab die ›Lebe‹-Gedichte noch nicht geschrieben . . ., jedenfalls nicht die, die ich im Kopf hatte, als ich mit dieser Chuzpe aus Detroit nach Hause zurückkam.«

Beim damaligen Stand des Manuskripts waren *Flee on Your Donkey*

(Flieh auf deinem Esel), *Wanting to Die* (Sterben wollen) und *For the Year of the Insane* die stärksten Gedichte, und sie drückten alle Verzweiflung aus. Das Thema, das Sexton in ihrem Leben als Schriftstellerin und in ihrem wirklichen Leben beschäftigte, war am Ende von *For the Year* so zusammengefaßt: »*O little mother, / I am in my own mind. / I am locked in the wrong house.*«[3] Doch auch ihr literarisches Vorbild Henderson war ein »Ungeheuer der Verzweiflung« gewesen, und trotzdem hatte Bellow dessen Geschichte mit einer Neufindung enden lassen können. Sie beschloß, das Manuskript wegzulegen, bis sie ein paar neue Gedichte hätte, die das Gleichgewicht zur Seite des Lebens hin verschieben würden.

Viele Bewunderer Sextons hätten allerdings durchaus nicht ihre Meinung geteilt, daß das Buch durch eine Betonung des Wahnsinns oder des Sterbens Schaden nehmen würde. Mehrere solcher Leser meldeten sich gerade in den Monaten bei ihr, als sie die Gedichte für *Live or Die* überarbeitete. Dichter mit hochgespannten Zielen berichteten ihr auch weiterhin über ihre psychiatrische Behandlung, legten Arbeiten bei und baten um Rat. Sie beantwortete derartige Briefe fast immer, und sei es nur mit einer Postkarte, denn sie hatte nicht vergessen, wie sehr sie selbst nach Resonanz gehungert hatte, als sie zum ersten Mal krank geworden war und versucht hatte, Dichtung als Therapie zu nutzen. Wenn sie eine wirkliche Begabung entdeckte, schrieb sie manchmal einen ausführlichen Brief über ihren eigenen Werdegang – vielleicht in Erinnerung an ihre Freundschaft mit James Wright und sein Geschenk der *Briefe an einen jungen Dichter*. Manchmal gab sie aber auch strengen Rat. »Hören Sie auf, den führenden Dichtern Amerikas Briefe zu schreiben«, ermahnte sie einen jungen Mann. »Kämpfen Sie für das Gedicht. Verwenden Sie Ihre Energie darauf. Zwingen Sie dem Wahnsinn Disziplin auf.«

Zusätzlich zu ihrer Sorge um die Entstehung neuer Arbeiten belastete Sexton in jenem Sommer die Furcht vor Dr. Zweizungs August-Urlaub – eine Furcht, die sich in ihren Briefen an Anne Wilder schon im Juni ankündigte. »Er sagt, es sei meine Aufgabe, damit fertig zu werden und nicht länger zu leugnen, daß er wegfährt, zu leugnen, daß ich verzweifelt bin etc. Er sagt, es sei ziemlich ärgerlich, wenn ich mit meinem Zusammenbruch warten würde, bis er weg ist, denn dann wäre er nicht da, um mich aufzufangen. [...] ›Sexton, bleib am Ball, bei den Gefühlen und brich das gefrorne Meer auf‹ [...] wenn ich diese wahren, mich aber zerreißenden Dinge schreibe, dann geschieht das mit der linken Hand, damit es meine rechte Hand nicht mitkriegt und den Riß spürt!«

Sexton konnte zwar Dr. Zweizung nicht davon abbringen, sie zu verlassen, aber sie bat Linda, aus den Reitferien nach Hause zu kommen und ihr während seiner Abwesenheit Gesellschaft zu leisten. Linda, die in diesem Juli zwölf Jahre alt geworden war, hatte sich in dem Ferienlager auf der Highlawn Farm in Warner, New Hampshire, in der Nähe des Kuminschen Sommerhauses, gut eingelebt. Sie hatte geschrieben und gefragt, ob sie noch einen Monat länger bleiben könnte, den ganzen August hindurch. Sexton erwiderte, sie sei einfach nicht imstande, das leere Nest zu ertragen; länger als einen Monat könne sie die Trennung von Linda nicht aushalten. »Bitte gib mir noch ein Jahr, um selbst so erwachsen zu werden, daß ich Dich länger fortlassen kann. Und versuch in der Zwischenzeit, mich so zu nehmen, wie ich bin.«

Sexton mutete ihrer Familie viel zu, da sie unverändert darauf bestand, daß ihre Bedürfnisse zu allen Zeiten Vorrang haben sollten. Manchmal mußte sie umsorgt werden, manchmal brauchte sie Zugeständnisse; sie wollte die Familie nach Belieben ignorieren können, wenn sie sich dem Management ihrer nun gesicherten beruflichen Karriere widmen wollte. Wichtige neue Auszeichnungen wurden ihr auch in diesem Sommer verliehen, und sie fand Mittel und Wege, sie auf ihre Weise anzunehmen – das heißt, es so einzurichten, daß sie von einer Freundin begleitet werden konnte. Als sie für den Herbst eine Reihe von Lesungen auf New Yorker Lyrikpodien vereinbarte, wies sie darauf hin, daß sie für gesellschaftliche Anlässe nicht zur Verfügung stehen würde. Solche Zusammenkünfte beunruhigten sie, erklärte sie. »Mit einer ›Kumpel-Methode‹ komme ich besser zurecht ... ich meine, mit einem

Anstandswauwau, mit jemandem, mit dem ich frühstücken kann, der im Grunde über mein Gleichgewicht wacht.«

Im August erhielt sie die Nachricht, daß der International Congress of Cultural Freedom ihr das erste Reisestipendium einer Literaturzeitschrift in Höhe von 5000 Dollar, über mehrere Monate verteilt, verleihen wollte. Sie war von Frederick Morgan von der *Hudson Review* nominiert worden. Sexton war dankbar, aber amüsiert, und erinnerte ihn daran, daß »ich in der Großen Stadt kaum alleine über die Straße gehen kann«, wie er von ihren Besuchen nur zu gut wisse. An George Lanning vom Kenyon College, der das Preisgeld verwaltete, schrieb sie ganz unverblümt: »Ich kann den Preis nicht ganz in der Weise nutzen, die seine Vergabe vorsieht. Vor allem bin ich nicht (wie ich aus früherer Erfahrung weiß) gut darin, ohne meinen Ehemann zu reisen. Daher müssen wir dies als gemeinsame Reise planen. Und außerdem und überhaupt kann er das Land nicht länger als zwei Monate im Jahr verlassen. Wir können (ich kann!) den Preis daher nur annehmen, wenn ich ihn auf zwei Raten (zwei Jahre) aufteilen kann.« Sie schlug vor, daß sie 1966 nach Afrika und im folgenden Jahr nach Asien oder Lateinamerika (»dessen Dichtung ich liebe«) reisen könne.

Eine weitere angenehme Überraschung war die aus London eintreffende Nachricht von ihrer Wahl zum ausländischen Fellow der Royal Society of Literature. Im Jahre 1964 war Sexton von Jon Stallworthy von der Oxford University Press angesprochen worden. »Zu diesem Zeitpunkt gab es für Lyrik in England nur einen einzigen Verleger, nämlich Faber and Faber«, erinnerte sich Stallworthy. »Wie wir unser eigenes Publikationsvorhaben schnell in die Tat umsetzen, Faber zuvorkommen konnten, das war das Problem. Mir war aufgefallen, daß es in Amerika viele gute Dichter gab, die in England noch nicht veröffentlicht waren.« Sextons Arbeiten gefielen ihm. Der Band der *Selected Poems* von Anne Sexton bei der Oxford University Press mit einer von der Autorin getroffenen Auswahl aus *Bedlam* und *Pretty Ones* stieß auf Anerkennung bei der Poetry Book Society, wurde in die Herbstliste der von ihr empfohlenen Bücher aufgenommen und fand rasch sein Publikum. Die Tausender-Auflage, die Oxford gedruckt hatte, war schnell ausverkauft, »nach acht oder neun Monaten, was damals sehr, sehr selten war«, sagte Stallworthy. »Die meisten Dichter verkauften in einem Jahr nur fünfzig Exemplare eines Buchs.« Nach diesem erfolgreichen Debüt war die Wahl Sextons zum Mitglied der Royal Society of Literature ein glanzvoller Höhepunkt – ein Titel, den man gut mal nebenbei fallenlassen konnte, meinte sie.

Im Frühjahr nach Sextons englischer Veröffentlichung kam bei Faber and Faber Sylvia Plaths Lyrikband *Ariel* heraus, der durch die Presseberichte über Plaths Selbstmord und durch die Vorabveröffentlichung vieler Gedichte in Zeitschriften schon bestens eingeführt war. Ted Hughes schrieb Anmerkungen zum Inhalt und zum Hintergrund einzelner Gedichte aus *Ariel,* und diese erschienen in der Februar-Ausgabe des *Poetry Society Bulletin.* Im März setzte eine Flut von Rezensionen ein.

Das Buch machte Eindruck. Auf der anderen Seite des Atlantiks fragten sich viele angesichts des Erfolgs, warum Sylvia Plath als englische Dichterin angesehen wurde. Eine Frau, die dieser Frage nachging, war Lois Ames, die Plath noch aus der Schulzeit in Wellesley gekannt hatte und nun in Chicago lebte, wo sie als Sozialarbeiterin in der Psychiatrie tätig war. Die Nachricht von Sylvia Plaths Tod im Jahre 1963 hatte sie in vieler Hinsicht stark bewegt, und sie hatte beschlossen, eine Biographie der Dichterin zu schreiben. Als sie in einer neueren Ausgabe der Zeitschrift *Poetry* Sextons Gedicht *Sylvia's Death* entdeckte, schrieb sie ihr, um mehr über die Zusammenhänge in Wellesley zu erfahren. Sexton antwortete herzlich, obwohl sie das Gefühl hatte, einer Biographin nur wenig mitteilen zu können: »[Sylvia] schrieb mir ein paarmal aus England – aber immer über ihr Leben. Über ihren Tod hat sie mir nichts geschrieben. Verdammt.«

Im Sommer 1965 konnte Ames an der Braed Loaf Writers' Conference in Vermont teilnehmen und dort an ihrem Buch arbeiten, und sie beschloß, Sextons freundlichen Brief zum Anlaß zu nehmen und in Weston Station zu machen. Die beiden Frauen waren einander auf Anhieb sympathisch. Ames war herzlich, temperamentvoll und lebhaft und von Sexton ein wenig eingeschüchtert. Beeindruckt von Ames' energischer und couragierter Art, blieb Sexton in den darauffolgenden Monaten mit ihr in enger Verbindung. Als der Verleger Charles Newman ihr in diesem Herbst schrieb und sie um einen Beitrag für eine Plath gewidmete Ausgabe der Zeitschrift *TriQuarterly* bat, brachte sie ihn in Kontakt mit Lois Ames. (Beide Frauen schrieben für dieses Heft, das später zu einem Buch erweitert wurde, Texte, die häufig wiederabgedruckt worden sind.)

Als Ames im folgenden Jahr von Harper & Row einen Vertrag für ihre Biographie erhielt, meinte Sexton, daß es nun an der Zeit sei, ihre eigene offizielle Chronistin zu bestimmen. Die Tatsache, daß Ames bereits die Verpflichtung eingegangen war, über Plath zu schreiben, gab höchstwahrscheinlich den Ausschlag dafür, daß Sexton sie bat, auch *ihre* Biographin zu werden. Am Weihnachtsabend des Jahres 1966, so schilderte Ames die Geschichte, »rief [Sexton] mich an und sagte in ihrer üblichen überschwenglichen Art: ›Mein Weihnachtsgeschenk für dich ist, daß ich dich zu meiner Biographin mache.‹ Ich erwiderte, nur halb im Scherz: ›Ich bin nicht sicher, ob das wirklich ein Geschenk ist.‹«

Von diesem Zeitpunkt an begleitete Ames Sexton auf wichtigen Reisen und erlebte alle ihre Abenteuer mit, entweder in persona oder per Telefon. In ganz kurzer Zeit hatte sie geschickt den psychologischen Raum besetzt, den Anne Wilder frei gemacht hatte. Wie Wilder hatte auch Ames eine klinische Ausbildung absolviert und war eine gute Zuhörerin, und sie war gewillt, eine weitere Vertraute in der Ferne, ein weiterer »Zwilling« zu werden.

---

1 [Ikarus] schaut auf und ist gefangen, bohrt sich wunderbar ein / in dieses heiße Auge. Wen kümmert, daß er wieder zum Meer zurückfiel? / Sieh, wie er die Sonne feiert und an Höhe verliert, / derweil sein vernünftiger Dad durch die Stadt spaziert.
2 Die Liebe wirbelt mich umher, eine spanische Flöte spielt in meinem Blut.
3 O kleine Mutter, / ich bin in meinem eigenen Kopf. / Ich bin im falschen Haus eingesperrt.

»Eine verführerische Frau«
1966

Zu Beginn des neuen Jahres wollte Sexton unbedingt das Manuskript fertigstellen, das nun schon seit Jahren in der Mappe mit der Aufschrift *Live or Die* steckte. Zusätzlich geschürt wurde ihre Ungeduld durch den Plan, einen Roman über ein, wie sie meinte, großartiges Thema zu schreiben: Sex in den Vorstädten. Doch bevor sie damit beginnen konnte, mußte *Live or Die* abgeschlossen werden. Das Leben half ihr aus der Klemme: Mitte Januar brachte Sextons Lieblingsdalmatinerin Penny einen großen Wurf Nachwuchs zur Welt, dessen Vater Kumins Dalmatiner Caesar war. Die ganze Familie schaute voller Begeisterung zu, als sich die acht kleinen Wesen ihren Weg ins Leben erkämpften und zu saugen begannen. Kurz danach schrieb Sexton das programmatische Ende für ihr Buch:

> *I say* Live, Live *because of the sun,*
> *the dream, the excitable gift.* [1]

Das Gedicht sei »direkt von Gott« gekommen, erzählte sie einer Freundin glücklich. Nun endlich konnte sie, wie alle anderen Dichter, mit einem Roman anfangen.

Den emotionalen Anstoß zu diesem Buch, das sie *Marriage – USA* oder vielleicht *Women – USA, The Marriage Bed* oder *Out of Adam's Rib* nennen wollte, gaben die Frustrationen, die Sexton zu jener Zeit in ihrer Ehe erlebte. Die Protagonistin, Vicci, war eine siebenunddreißig Jahre alte Frau, die sich vor der Menopause fürchtete, und deren Ehemann, Oscar, nicht mehr mit ihr schlief. Wie schon in *Tell Me Your Answer True* sollten Priester und Psychiater wichtige Rollen in dem Buch spielen. »Ich habe anscheinend jede Menge Informationen über die merkwürdigen Dinge, die sich in den Häusern der Vorstädte abspielen: Priester, die mit verheirateten Frauen schlafen und versagen – keine Erektion bekommen können; Analytiker, die doch TATSÄCHLICH mit ihren Patientinnen schlafen; und außerdem noch die normalen (?) Spielarten der Untreue, wie sie in allen Gegenden vorkommen«, schrieb Sexton enthusiastisch an ihre Agentin.

Marriage – USA sollte ein ironischer Roman werden, zusammengesetzt aus den verqueren Erkenntnissen, die Vicci in der Therapie gewann, während sie sich mit der Kälte ihres Mannes und ihren körperlichen Mängeln abzufinden versuchte, indem sie ihre frustrierte Sexualität in der Kunst sublimierte (Sexton konnte sich nicht entscheiden, ob Vicci eine Malerin oder eine Geigerin sein sollte). Für die Gestaltung der inneren Monologe Viccis über die Menopause griff sie auf eine kürzlich erschienene Ausgabe der Zeitschrift *Look* zurück. Ihr literarisches Vorbild aber war vermutlich (wieder) Bellows *Regenkönig,* dessen Protagonist Henderson ein männlicher Spießer im mittleren Alter aus der Schicht der oberen Zehntausend war. Der Verfall seiner Zähne und sein hoher Blutdruck sind Dreh- und Angelpunkte der Handlungsführung. Durch das Spielen von Motiven aus Händels *Messias* auf der Violine seines Vaters drückt er eine ekstatische spirituelle Sehnsucht aus.

Als Lois Ames Ende Februar für eine Woche zu Besuch kam, zeigte Sexton ihr die im Rohentwurf bereits fertiggestellten Kapitel und war von Ames' Begeisterung ermutigt. Unter der dämpfenden Wirkung des Thorazins konnte Sexton jedoch nur gelegentlich arbeiten. »Jeder Buchstabe, jede Silbe ist eine Qual«, erzählte sie einem Freund. »Ich fühle mich ganz verpfuscht.« Mit ihrer seelischen Gesundheit ging es auch weiterhin in besorgniserregenden Schwankungen auf- und abwärts; im Januar und Februar und dann noch einmal im Mai hatte sie viele »Durchhänger« – obwohl sie im April an Jon Stallworthy schrieb: »Für jemanden, der verrückt ist, halte ich mich ganz ordentlich.«

In ihren Depressionen spiegelten sich aber auch wirkliche Probleme im Familienleben wider. Es gab starke Spannungen zwischen Anne und Kayo, und beide machten sich Sorgen um Joy, die nun zehn Jahre alt war. Als sie von Newton nach Weston gezogen waren, war Joy ins dritte Schuljahr zurückgestuft worden, weil sie das

Einmaleins nicht beherrschte und nicht in Schreibschrift schreiben konnte. (»Es sei noch nicht ›die Tinte wert‹, hieß es in der Schule immer«, sagte Joy später lachend, als sie sich an diese Zeit erinnerte.) Inzwischen besuchte sie die vierte Klasse, »schwamm« aber trotzdem: Es hatte den Anschein, als sei sie auf dem besten Wege, »eine so schlechte Schülerin zu werden, wie ich es war«, sagte Sexton. Nach zahlreichen Gesprächen mit Lehrern und Schulberatern beschlossen Anne und Kayo, daß Joy eine Behandlung bei einem Psychiater beginnen sollte, und das bedeutete, daß jedes Mitglied der Familie, Linda ausgenommen, nun regelmäßig psychotherapeutisch betreut wurde. Und Joy schaffte den Anschluß; da sie ein wenig älter war als die anderen Kinder in ihrer Klasse, wurde sie eine Anführerin, wie auch Anne es gewesen war.

Während der Zeit, als Anne an ihrem Roman arbeitete, nahm ein Team vom Nationalen Bildungsfernsehen Kontakt mit ihr auf, das sie für eine Serie mit dem Titel *USA: Poetry* interviewen wollte. Nachdem eine Crew Anfang März zwei Tage lang Filmaufnahmen bei ihr zu Hause gemacht hatte, wurde ein dreißig Minuten langer Film hergestellt und landesweit ausgestrahlt.

Die beschönigende Darstellung, die der Nation präsentiert wurde, stellt die beneidenswert gelungene Verbindung von Liebe und Arbeit in Sextons Leben heraus: die vorstädtische Behaglichkeit ihrer Umgebung; ihre stets wache Intelligenz, während sie über der Schreibmaschine die Stirn in Falten zieht oder sich zum autobiographischen Hintergrund von Gedichten wie *Her Kind* (Ihre Art), *Ringing the Bells* (Die Glocken läuten), *Those Times* (Damals) und *The Addict* (Süchtig) äußert. Sie wirkt sehr gesund und gefaßt, während sie auf anrührende Weise aus dem Manuskript von *Live or Die* liest. In einer anderen Szene kommt ein Schwarm von Hunden und Kindern ins Zimmer, und Kayos Auto taucht vor dem Fenster des Arbeitszimmers auf; attraktiv und ein wenig schüchtern kommt er in Regenmantel und Anzug herein und gibt seiner Frau einen Kuß. Anne Sexton sieht wie die buchstäbliche Vorzeige-Hausfrau aus. Im Haus trägt sie ein elegantes ärmelloses weißes Hemdkleid, dessen

Saum das Knie umspielt; im Garten schlendert sie in legerer Kleidung und mit römischen Sandalen am Swimmingpool entlang. (Linda Sexton erinnerte sich, daß sie diese Sachen mit ihrer Mutter eingekauft hatte: »Sie stammten aus der Phase, in der sie Sonderangebote trug!« Sexton hatte die Gabe, Kleidung wunderbar zur Geltung zu bringen.) Am Ende des Films liest Sexton ihr brandneues, fast durchweg optimistisches Gedicht *Live* (Lebe).

Der Film war aus einer Fülle von Material zusammengeschnitten worden, und die nicht verwerteten Passagen wurden kurz nach Sextons Tod zu einem zweiten, neunzig Minuten langen Film montiert. Diese Passagen zeigen Sextons Interaktion mit dem Regisseur und dem Kameramann, und sie machen deutlich, wie sich die endgültige Fassung der Filmerzählung aus zahlreichen unterschiedlichen Ansätzen herausschälte. Der aus den ursprünglich herausgeschnittenen Sequenzen montierte Film beginnt damit, daß Sexton in ihren Arbeitsblättern herumwühlt und sich umständlich darüber ausläßt, wie sie *Live* geschrieben hat, gleichzeitig aber Zweifel daran äußert, daß das Gedicht bereits fertig sei. Sie holt sich eine Flasche Bier, »bloß um bei Stimme zu bleiben«, und fährt sich häufig über die zusammengepreßten Lippen – sie hat einen trockenen Mund, vielleicht eine Nebenwirkung des Thorazins. Durch das Bier wird sie gelöster; sie plaudert über Nervenkliniken und Beschäftigungstherapie (»Wir werden doch sicher vernünftige Schnitte machen, damit ich nicht wie eine totale Spinnerin klinge«) und kommt dann auf das Thema Abstammung zu sprechen. Vielleicht habe sie einst gemeinsame Vorfahren mit Shakespeare gehabt? Eher vielleicht mit den Grimms, sagt sie scherzhaft. »Gute Hexe oder böse Hexe, direkt aus Grimms Märchen. Wär schön, wenn sich herausstellte, daß ich mit ihnen verwandt bin – *oder* mit einer Hexe.«

Geplant war, das Gespräch mit einer Lesung von *Her Kind* zu beenden, doch am ersten Tag des Interviews mit Richard Moore, dem Regisseur, kam Sexton in ihren Selbstaussagen immer wieder auf den Dualismus »gute Hexe/böse Hexe« zurück. Vielleicht hoffte sie, er würde es zulassen, daß *Her Kind,* das Gedicht, mit dem sie alle ihre Lesungen begann, auch zum Leitmotiv des Films werden würde. Ihr Gespräch über Hexerei entwickelte sich jedenfalls zur provozierendsten Szene der herausgeschnittenen Sequenzen, und hier erklärt Sexton, welche Rolle Hintergrundmusik im Prozeß des Schreibens spielt: »Ich möchte Ihnen klarmachen, daß einige meiner Gedichte emotional stark in Musik verankert sind.« Zur Veranschaulichung legt sie eine Chopin-Ballade auf, Opus 23. »Ich sag Ihnen, welches Gedicht ich zu dieser Musik geschrieben habe: *Your Face on the Dog's Neck* (Dein Gesicht am Hals der Hündin) . . . Dieses Lied ist wie miteinander schlafen.« Sie reckt den Kopf. »Das ist noch nicht die Stelle, die mich anmacht, aber sie kommt gleich.« Sie hört weiter zu:

»Warten Sie, hier kommt die Frau. Zögernd, aber sie ist da. [Lacht.] Aber *so* da. [Flüstert.] Das ist es. Genau hier. Genau hier drin, ich liebe es. Ich glaube, das ist das Sinnlichste, das ich je gehört habe. Ich möchte vor Ihnen zwar nicht gerade einen Orgasmus kriegen, bewahre, aber das ist es. Hören Sie! [Schreit auf.] Ahhhh, ist das schön! Hören Sie, daß das wie Sex ist? Ich meine, es ist wie das schönste . . .

Vermutlich suche ich beim Hören meine Melodie. Und wenn sie kommt, dann drehe ich mich einfach im Kreis . . . Wie eine kleine Tänzerin. Und hier, hören Sie das? Gott. So kann ich nicht schreiben.«

Während sie spricht, fährt die Kamera vertraulich nahe heran, fängt ein, wie Sexton sich vor Entzücken mit der Hand an die Kehle fährt, zeigt die bedeutungsgeladenen Pausen, das ekstatische Aufblicken ihrer Augen. Am Ende dieser Szene ist sie nicht beschämt, sondern selbstbeherrscht. Sie hat ihr Anliegen verdeutlicht. Um es mit der Zeile von Kafka zu sagen, die sie häufig zitiert hat: »Kunst sollte die Axt sein für das gefrorne Meer in uns.« Das hat die Musik geleistet.

Was aber war damit, daß *Your Face on the Dog's Neck* auf Anne Wilder anspielte? Sexton sagt der Kamera nicht, daß sie bei dem Gedicht an eine Geliebte denkt; es hat den Anschein, daß sie, wie

351

eine Schauspielerin bei Stanislawski, diese Erinnerung als eine Brücke hin zu den Gefühlen benutzt, die sie so überzeugend vor der Kamera ausdrückt. Sie sagt, das Vortragen gebe ihr »ein Gefühl von Ausdehnung, von Macht, daß man jemanden erreicht hat ... Sogar wenn ich bedrückt bin, kann ich spielen, kann ich ich sein.« Wie machen Sie das? will Moore wissen. Täuschen Sie es vor? »Ich erfinde es mit der Wahrheit; das mache ich sowieso immer.«

Mitten in dem Interview äußert Moore einmal seine Verwirrung angesichts all der Widersprüche, deren Zeuge er wird. »Da sitzen Sie nun, diese puritanische, schöne Lady in I.-Magnin-Klamotten; was machen wir daraus?« – »Ich weiß nicht, was Sie daraus machen«, erwidert Sexton. »Das ist Ihr Problem, denn hinter der Fassade schreibt die böse Hexe ihre Gedichte.« In seinem Dreißigminutenfilm für NET löste Moore das Problem dadurch, daß er Sextons libidinöse Beziehung zur Kunst und zur Kunstproduktion ein wenig sentimental darstellte und die Mehrzahl der Szenen, in denen ihre inspirierten, beunruhigenden Feuerwerke freier Assoziationen überhandnahmen, auf den Boden des Schneideraums fallen ließ.

Wie die unveröffentlichten Entwürfe ihres Romans zeigen, suchte Sexton Anfang des Jahres 1966 tastend nach Möglichkeiten zum Ausdruck von Entdeckungen im Bereich ihrer eigenen Sexualität. Im mittleren Alter lernte sie, sexuelle Lust auf neue Weise zu erleben, und die neuen Erfahrungen, auf die sie sich in diesem Jahr einließ, gaben den Anstoß zu den Themen ihres meistgelesenen Buchs, der *Love Poems*.

Die sexuellen Spannungen, die Sexton in die Ehe von Vicci und Oscar Hammersmith hineinschrieb, hatten ihr Gegenstück in ihrer eigenen Beziehung zu Kayo. Schon früher hatte sie Dr. Orne einmal erzählt, daß die anderen Männer, mit denen sie schlief, verglichen mit dem Ehemann »mir nie etwas bedeuteten«. – »Kayo und ich haben wunderbaren Sex, vorausgesetzt, ich habe Lust darauf ... Jede Menge ausagieren meinerseits. Es gibt niemanden, mit dem ich lieber Sex hätte, obwohl in der Ehe alles schiefgeht ... Hysterisch, wie ich bin, weiß er nie, wer ich im nächsten Moment sein werde... Bei ihm fühle ich mich frei, jede Rolle auszuagieren, die ich will, und ihm geht es genauso – es ist *gut*.« Doch im Jahre 1966 hatte sich das, Sexton zufolge, verändert, und sie malte sich immer häufiger aus, sich scheiden zu lassen und mit einem anderen Mann neu zu beginnen.

Die Befriedigung durch Kayo, wenn sie denn befriedigt war, hatte jedenfalls nie ihren Appetit auf sexuelle Affären oder auf die Zurschaustellung ihrer Sexualität gestillt. In einem Interview erinnerte sich der Dichter Allen Grossman an diese Facette ihrer Persönlichkeit. Er und Sexton waren einander nur selten begegnet, aber er hatte sie während der sechziger Jahre bei mehreren Anlässen zu Zusammenkünften von Dichtern gefahren, die in der Friedensbewegung engagiert waren. »Man war ständig in Versuchung, derartige Dinge für sie zu tun«, erinnerte er sich. »Sie war ein wunderbarer Kamerad. Und trotzdem war sie eine verführerische Frau, die ständig über ihren Körper und seine Verstümmelungen sprach. Ich erinnere mich an eine Gelegenheit, als ich sie irgendwohin fuhr und wir uns lange über die Blaue Grotte in Capri unterhielten und darüber, daß sie dort geschwommen war – natürlich unbekleidet. Es war eine merkwürdig deplazierte Bemerkung, weil sie unmittelbar zuvor davon gesprochen hatte, wie eines ihrer Organe aus ihrem Körper entfernt worden war. Unter diesen Umständen war man überhaupt nicht an ihrem Körper interessiert – und zur gleichen Zeit wurde man in ihre blaue Grotte eingeladen!«

Verführerische Dialoge dieser Art führte Sexton im Winter und im Frühjahr 1966 per Post mit mehreren Dichtern. Einer davon war James Dickey, unter dessen kritischen Peitschenhieben sie sich jedesmal, wenn eines ihrer Bücher erschienen war, gewunden hatte. Er hatte *To Bedlam and Part Way Back* im Jahre 1961, als sie als Dichterin noch in den Anfängen steckte und über Kritiken in angesehenen Zeitschriften froh war, in *Poetry* herablassend besprochen. Als er *All My Pretty Ones* 1963 in der *New York Times Book Review* verriß, war sie zuerst verletzt, dann aber empört. Sie war der Meinung, daß er sie als Zielscheibe mißbrauchte und eigentlich jenes nur schwer faßbare Ungeheuer, die Bekenntnislyrik, treffen wollte (als »neue Spielart der Orthodoxie« hatte Dickey dieses Genre bezeichnet, »so langweilig wie die Schule der vierziger und fünfziger Jahre mit Garten und Bildergalerie«). Seit diesem Zeitpunkt hegte sie einen Groll gegen ihn und sann auf eine Möglichkeit, es ihm mit ihren, wie sie es nannte, »weiblichen Tricks« heimzuzahlen.

Die Gelegenheit ergab sich, als sie einander bei einer Zusammenkunft von Literaten an der Syracuse University irgendwann im Jahre 1965 schließlich persönlich kennenlernten. Dickey erinnerte sich an die Umstände: »Ich hatte eine Lesung gegeben und war danach zu Bett gegangen, hatte mich auf der beinahe schon obligatorischen Party nach derartigen Veranstaltungen nicht blicken lassen. Ich übernachtete im Haus des College-Präsidenten, Dr. Piskor, und Anne weckte mich mit einem Anruf auf und fragte, ob wir uns nicht wenigstens kurz treffen könnten. Ich stand auf, und sie kam vorbei; sie trug einen großen schwarzen Mantel, der aussah, als stamme er von einem Gorilla, und wir gingen ein paarmal die Vorstadtstraße auf und ab, während sie mir, das weiß ich noch, verschiedene Erlebnisse aus ihrer Kindheit erzählte.«

Anscheinend fragte Dickey sie in einem unbeherrschten Moment: »Schlafen Sie mit jedem?« Hinterher schrieb er ihr mehrere galante Briefe und entschuldigte sich. »Sie haben in mir eine neue Zärtlichkeit zum Leben erweckt«, schrieb er. »Ich hoffe, zwischen uns wird es immer eine starke Mann-Frau-Resonanz geben.« Sexton erwiderte, eine Liebesaffäre sei das letzte, was sie wolle. »Ich würde ihr aus dem Weg gehen, wenn sie direkt vor mir stünde. Ich würde bis ans Ende der Stadt laufen, um ihr aus dem Weg zu gehen.« Er antwortete freundlich: »Glauben Sie mir, ich suche keine andere Beziehung zu Ihnen als die Zärtlichkeit, die Sie beschreiben. Weiter sollten wir nicht gehen. [. . .] Denn dann könnte es leicht passieren, daß die Dämonen aufgescheucht werden.«

Eines späten Abends im Februar, als Dickey Sexton aus dem winterlichen Wisconsin, wo er einen befristeten Lehrauftrag an der staatlichen Universität hatte, anrief, wurden die Dämonen dann doch aufgescheucht. Er war einsam und betrunken und reizbar. Am folgenden Tag schrieb Sexton ihm, sein Beharren auf einer Liebeserklärung von ihr habe sie mit Kayo, der ihre Hälfte des erstaunlichen Dialogs mit angehört habe, in Schwierigkeiten gebracht. »Ich bin bereit, Sie als guten Freund und Dichter-Kollegen zu lieben. [. . .] Wollen Sie das wegwerfen, weil ich nicht ganz Frau – ganz Hure –, nicht alles das sein kann, wonach Sie sich im Augenblick vielleicht sehnen?« Dickeys Entschuldigung war philosophisch. »Es muß schockierend und traurig und verblüffend sein, wenn man die eigene Frau am Telefon zu einem anderen Mann sagen hört, daß sie ihn liebt, und zwar nicht einmal, sondern fünfzehnmal. [. . .] Das ist das Betrübliche bei den Ehemännern, daß ihnen Derartiges manchmal widerfährt. Ich hoffe, ich habe keinen größeren Schaden in Ihrer Ehe angerichtet; im Grunde glaube ich das nicht. Aber es tut mir leid, und ich hoffe, daß Sie, wenn Sie mir schon nicht verzeihen, sich wenigstens deswegen keine Sorgen mehr machen.«

Da Kayo zu dieser Zeit bereits zu der festen Überzeugung gelangt war, daß die meisten Dichter »Arschlöcher« seien, maß er dem mitternächtlichen Melodrama vielleicht keine allzugroße Bedeutung bei. Sexton hatte natürlich Verständnis, denn sie hatte in betrunkenem Zustand selbst schon Dichterkollegen angerufen. Ihre Reaktion läßt darauf schließen, daß sie hoffte, zwischen ihr und Jim Dickey würde so etwas wie eine Neuauflage der früheren engen Verbundenheit mit Jim Wright zustande kommen. »Wenn es denn eine Seele gibt – und ich glaube, es gibt eine ›Seele im All‹ –, dann weiß ich, daß meine Seele Dich liebt. Diese Zärtlichkeit ist wohl meine besondere Begabung. Mädchen, mit denen Du schlafen kannst, gibt es mehr als genug – aber fast keines für ein zärtliches und dauerhaftes Gefühl. Irre ich mich?« Sie besiegelten das Übereinkommen mit einer Verabredung für ein keusches Zusammentreffen beim Lunch in Towson, Maryland, wo ihre jeweiligen Lesetermine sich im April überschneiden würden.

Sextons Reise, die sie zu verschiedenen Colleges in Pennsylvania, Maryland und Virginia führte, wurde von Philip Legler arrangiert, einem jungen Mitglied des Lehrkörpers im English Department am

Sweet Briar College in Virginia, der ein glühender Verehrer ihrer Arbeit war. Obwohl es Sexton mißfiel, so weit von zu Hause wegzufahren, schloß sie den Vertrag ab, nachdem Legler ein hohes Honorar (fünfhundert Dollar) herausgeschlagen, bei der Kontaktaufnahme mit anderen Colleges geholfen und ihr bei ihrer Ankunft zahlreiche Martinis versprochen hatte. (Sie hatte geschrieben: »Falls Virginia ein ›trockener‹ Staat ist, [muß ich] Sie darauf aufmerksam machen, daß ich vor dem Dinner und der Lesung angefeuchtet sein muß, wenn ich Staat machen will.«) Die Reise war für Mitte April geplant, und Sexton beschloß, zur Gesellschaft die inzwischen dreizehnjährige Linda mitzunehmen. »Linda ist noch nie geflogen, hat noch nie in einem Hotel übernachtet und ist noch nie Taxi gefahren«, äußerte sie gegenüber einer Freundin. »Wird Zeit, daß sie mal irgendwohin unterwegs ist, und zwar nicht in meinem VW, in Kayos Batman Buick oder auf dem Pferd. Außerdem könnten wir reden und von Frau zu Frau alles besprechen und uns zur Abwechslung von einer anderen Seite als hier zu Hause kennenlernen.«

Mit Anne Sexton zu reisen bedeutete jedoch, auf Anne Sexton aufzupassen: Flugzeugtickets zu verwahren, ihre Handtasche immer im Auge zu behalten, Verkehrsverbindungen zu erfragen, sich die Namen von Leuten zu merken. Daß Linda noch so jung war, hatte keinen Einfluß darauf, wie Sexton sich auf dieser Reise benahm; auf Tournee war sie der Star. Obwohl die Lesung am Sweet Briar College wunderbar lief, mußte sie anschließend von der Party weggetragen werden. In einem Brief an ihren Gastgeber bat sie um Nachsicht: »Es ist mir schrecklich peinlich, wie ich mich am Sweet Briar aufgeführt habe, als ich meine Pillen genommen hatte. Ich hab mich wohl nicht rechtzeitig zu diesem Motel auf den Weg gemacht. Mit den Pillen ist nicht zu spaßen, oder vielmehr mit mir nicht, sie hauen mich einfach um.« Die Pillen, schrieb sie, »sind eine Mutter, nur besser. [...] Gott! Was müssen Sie gedacht haben? Na ja, Sie haben vermutlich bloß gedacht, Annie, das verrückte große Kind.« Normalerweise, fügte sie noch hinzu, »bemühe ich mich darum, meine Krankheit geheimzuhalten (außer daß ich mich gedruckt darüber auslasse, damit alle Welt es lesen kann), und trotzdem will ich nicht, daß die Welt sie *sieht*«.

Aber Linda sah. Die Tabletten waren eine Mutter, Anne war ein kleines Kind, und nur das zählte, wenn Anne etwas brauchte – also war Linda auf sich allein gestellt, oder, schlimmer noch, verantwortlich dafür, sich um ihre Mutter zu kümmern. »In meiner ganzen Kindheit habe ich zwar immer das Gefühl gehabt, geliebt zu werden, aber immer auch das Gefühl der Unsicherheit – daß jederzeit etwas Schlimmes passieren konnte«, erinnerte sie sich. »Während dieser Reise begann ich allmählich zu begreifen, daß es einen Ausweg aus dieser Unsicherheit gab: Wenn ich mich einfach um *alles* kümmern würde, dann würde es in Ordnung sein.«

Sexton war Linda gegenüber nicht mit Absicht herzlos, und sie nahm sich Zeit für besondere Unternehmungen mit ihr. Sie übernachteten im »Williamsburg Inn«; Linda erinnerte sich, daß sie während ihres Lunchs in der Frühlingssonne auf der Terrasse das Gefühl gehabt habe, »in den Clan aufgenommen« worden zu sein. Linda, die als ganz kleines Kind fortgeschickt worden war, hatte »stärker, als meiner Mutter klar war, unter all den Trennungen, die wir miterlebt hatten – ihren Krankenhausaufenthalten, ihren langen Reisen – zu leiden gehabt. Nun konnte sie mich mitnehmen.« Aber sie spürte auch die noch größere Belastung, die diese Veränderung mit sich brachte. Im gleichen Sommer saß sie einmal am Swimmingpool und erzählte Maxine Kumin, wie sie sich bemühte, die Bedürfnisse ihrer Mutter zu erfüllen. »Maxine sagte zu mir: ›Linda, du bist erst dreizehn. Versuch doch nicht, erwachsen zu sein. Schüttel das Gewicht der Welt von deinen Schultern ab.‹« Linda erinnerte sich dankbar an diesen Rat – obwohl sie ihn nicht befolgen konnte.

Nach ihrer Rückkehr vom Sweet Briar College wollte Sexton die Funken, die zwischen ihr und Philip Legler gesprüht hatten, ein wenig mehr knistern lassen. In der Nacht, in der Legler geholfen hatte, sie zu ihrem Motel zu bringen, hatte er ihr einen langen, leidenschaftlichen Brief geschrieben; am nächsten Morgen meldete er sich in einem psychiatrischen Krankenhaus in Richmond an. »Sie können sich nicht vorstellen, wie es mich erschüttert hat, Sie zu sehen, und das nicht nur wegen der Gedichte. Sie leben mit einer so schreienden Intensität, es ist fast zu schmerzlich schön, das mit anzusehen. [. . .] Sie müssen sich damit abfinden, einen lebenslangen Verehrer Ihrer Arbeit und einen Menschen zu haben, der Sie wahnsinnig wahnsinnig wahnsinnig wahnsinnig liebt.« Sexton genoß seine überspannten Erklärungen, die in ihrer Psyche wie ein fernes Echo von Jim Wright klangen. »Ihr Liebesbrief hat mir gefallen. [. . .] Vielleicht ist es ja ein Liebesbrief . . . Dichter schreiben einander ständig Liebesbriefe — manchmal ist es für die Frauen und Männer selbiger schwer, das zu verstehen. Trotzdem hatte ich mit dem verrückten Übermaß recht (falls Sie das Gedicht *The Black Art,* [Die Schwarze Kunst] kennen).«

Angesichts seiner eigenen emotionalen Probleme konnte Legler jedoch die Belastung, die dieses Drängen mit sich brachte, nicht verkraften; er flehte sie an, nicht zu schreiben (obwohl er selber sie weiterhin mit Briefen überschüttete); daher begann sie, ihn anzurufen, woraufhin er sie anflehte, es nicht zu tun. Zerknirscht, wie sie war, wollte sie ihm ihre Vision von der Seelenverwandtschaft der Dichter, die in der Übertragung wurzele, und die Umstände, die zu ihrer eigenen überschießenden Reaktion geführt hatten, erklären. Ihr Brief fängt einige Frustrationen und ein Gutteil des Selbstmitleids ein, das sie in ihrer Ehe empfand.

»Ich habe darüber mit meinem Doktor-Daddy geredet, der übrigens der einzige andere Übermaß-Mensch ist, den ich kenne. Aber er ist ein Fachmann. Er sagt, ich tue Ihnen keinen Gefallen, wenn ich Sie für meine Bedürfnisse einspanne, während Sie sich vermutlich doch auf Ihre konzentrieren sollten. [. . .]

Mein Mann ist klein, gutaussehend, ernst, moralisch, nett, streng, ein Spießer, haßt Poesie, haßt mein Übermaß, haßt meine Krankheit, begehrt mich schon seit Jahren fast nie mehr als Frau. [. . .] Die Tür ist direkt vor meiner Nase zugeschlagen worden, und er hat mich wiederholt wissen lassen, daß ich nicht mehr attraktiv für ihn bin. Ich habe die Hände gerungen und geweint, weil es den ganzen Winter keine Liebe gab. Ihre Fülle, Ihre Blume, Ihr Mich-Annehmen wirkten also wie ein Schock. Mit Ausnahme meiner Töchter und meines Doktors gibt es hier keine Liebe, und ich war einsam. Ich male mir ständig aus, mich scheiden zu lassen, kann es aber nicht tun. Er sagt, ich soll auf ihn warten, so wie er auf mich gewartet hat, sagt, daß er mich liebt (und sagt im nächsten Atemzug, daß ich häßlich bin, daß er mein Haar, meine Stimme etc. haßt). Und doch sind wir eine Familie. 18 Jahre lang habe ich das durchgehalten. [...]

Ich bin nur ein bißchen ausgeflippt, als ich ein wenig Liebe bekam – nachdem ich dieses ganze letzte Jahr mit einer Hungerration auskommen mußte. [...] Ich rufe deshalb nicht an, weil Sie mich darum gebeten haben und weil es ein Symptom meiner eigenen manischen kranken Person ist, daß ich Leute anrufen muß, nicht warten kann, Kontakt haben muß, sofortigen Kontakt. Die verrückte Anne-ie.«

Sexton spielte nun sehr häufig mit dem Gedanken, sich von Kayo scheiden zu lassen. Sie wußte, daß sie auf ihn angewiesen war, wenn sie eine stabile häusliche Umgebung haben wollte, die die gesunden Anteile ihrer Psyche stärkte und es ihr erlaubte zu arbeiten. In den vergangenen zehn Jahren hatte er den Großteil der Belastungen auf sich genommen, für die sie keine Kraft oder auf die sie einfach keine Lust hatte, und sie sah sehr wohl, welche Stütze er damit für die Kinder und auch für sie selbst gewesen war. Aber sie glaubte auch, daß Kayo sich gegen die neuen Möglichkeiten sträubte, die das Alter, der berufliche Erfolg und die Fortführung der Psychotherapie ihr eröffneten. Die Spaltung, die sie mit Philip Legler ausagierte – der in der Ehe mit einem »Spießer« verankerte Körper, die Seele im »All«, das weiße Blatt Papier in eine Schreibmaschine eingespannt –, war regressiv. Der Gedanke, daß eine Scheidung das Problem lösen könnte, tauchte auf.

Vorläufig jedoch verbrachte sie das ganze Frühjahr damit, die Auslandsreise vorzubereiten, die sie und Kayo unternehmen wollten. Sie hatte beschlossen, Kayo von ihrem Stipendium vom International Congress of Cultural Freedom eine erstklassige Safari zu spendieren. Das war zwar ein kostspieliges Vorhaben, sollte aber ein Geschenk ihrer Dichtung an ihn sein, ein Dankeschön für seine Unterstützung während der langen Jahre, als sie durch ihre schriftstellerische Entwicklung die Kraftreserven der Familie in jeder Hinsicht ausgebeutet hatte.

Afrika für Kayo, Südamerika vielleicht für sie selber. In einem frühen Stadium der Planung schrieb sie an Elizabeth Bishop und bat sie um Rat bezüglich einer Reise nach Brasilien. Sie wußte, daß Robert Lowell ein ähnliches Stipendium erhalten hatte und damit in Rio Bishops Gast gewesen war; anscheinend war das ein Ort, an dem sich Dichter trafen. Bishop korrigierte freundlich diesen falschen Eindruck. Lowell hatte ein paar Lesungen gegeben, berichtete sie Sexton, aber er hatte mehr ausspannen als sich für Vorlesungen einspannen lassen wollen. »Es gibt so wenig ›touristische Sehenswürdigkeiten‹ in dieser Gegend, und es ist so schwierig herumzufahren, daß ein Reisender schon ein gezieltes Interesse, Entomologie etwa oder die Indianer oder portugiesisches Barock oder die Rassenfrage etc., haben müßte, damit er bei den aufreibenden oder langweiligen hiesigen Verhältnissen nicht unglücklich wird. Im Vergleich zu Italien ist Brasilien bloß ein riesiges, kahles, nicht ausgefegtes Zimmer, in dem so wenig steht – und die Entfernungen sind beträchtlich.«

Nichtsdestotrotz ermutigte Bishop Sexton zu einem Besuch und bot ihr an, Zimmer zu reservieren und sie zu beraten und herumzuführen. Sexton war begeistert. »Ich interessiere mich dafür, wie die Menschen leben und essen und tanzen und singen und fischen gehen und mit ihren Leben zurechtkommen«, erwiderte sie. »Wir beide, mein Mann und ich, interessieren uns für neue Orte. Wenn da nicht die Schlangen wären, würde ich ihn wohl zu einer Fahrt auf dem Amazonas überreden.« Sie wollte im August eintreffen und den Winter auf der südlichen Halbkugel verbringen.

Mitte Mai jedoch schrieb sie Bishop, daß ihre Pläne sich geändert hätten. »Da ist ein gesundheitliches Problem aufgetaucht ... Ich muß mich eventuell einer Operation unterziehen, die die Sommerreise unmöglich machen würde.« Starke Menstruationsblutungen deuteten auf Zysten oder Tumore in der Gebärmutter hin (Sexton vermutete Krebs). Ein Gynäkologe schlug eine Hysterektomie vor, doch die Aussicht, schon so früh ihre Fruchtbarkeit zu verlieren, erschreckte sie. Nach einer zweiten ärztlichen Diagnose wurde Ende Mai eine Biopsie durchgeführt. Schließlich beschlossen Sextons Ärzte, das Problem mit der »Pille« zu behandeln, die den Eisprung unterdrücken und die Blutung regulieren würde. Sie war nur ein paar Tage im Krankenhaus, aber die Angst hielt an und schlug sich in ihrem Schreiben nieder: zuerst in ihrem Roman und später in dem Gedicht *In Celebration of My Uterus* (Zur Feier meines Uterus).

In der Zwischenzeit bemühte sie sich um eine Position, in der sie kreatives Schreiben unterrichten konnte. In dem Seminar, das sie am Radcliffe Institute abgehalten hatte, und in den Stunden, die sie nach ihren Lesungen in College-Klassen gab, zeigte sich, daß sie eine pädagogische Ader hatte. Mehr noch, im Jahr zuvor hatte Robert Clawson, ein junger Lehrer an der Weston High School, sie zu einer Lesung in seiner Englisch-Klasse eingeladen und dabei auch von seinem Vorhaben gesprochen, einen am Ort ansässigen Dichter als Stipendiaten an die Schule zu holen. Diese Idee war bei ihr haftengeblieben. »Ich bin ja ortsansässig! Laden Sie mich ein!« sagte Sexton zu ihm, und sie ließ auch andere Schulen und Nervenkliniken ihres Orts wissen, daß sie gern befristet als Dichterin dort arbeiten würde.

Im Juni war sie zu einer Konferenz nach East Hampton auf Long Island eingeladen, deren Ziel es war, »zu erkunden, wie der Englischunterricht in der Grund- und der Sekundarstufe durch ein enges Zusammenwirken von Lehrern und Schriftstellern neue Impulse erhalten kann«. Herbert Kohl organisierte dieses Projekt, das später zu einem nationalen, an allen staatlichen Schulen durchgeführten Programm erweitert werden sollte. Als Sexton die Einladung annahm, schlug sie sogleich vor, Bob Clawson als einen Vertreter der Lehrerschaft mitzubringen. Vielleicht würde ja die Weston High

School zu den Schulen gehören, die »neue Impulse« geben sollten, so daß das Projekt finanziert würde und sie am Ende doch noch deren Schul-Dichterin werden könnte.

Also holte Clawson am Morgen des 22. Juni Sexton mit seinem kleinen schwarzen Mercedes-Kabriolett ab. »Ich weiß noch, wie Kayo und die Kinder vor unserer Abfahrt sagten: ›Also, passen Sie auf Mom auf‹«, erinnerte sich Clawson. »Anne hatte mir mehrmals gesagt, daß sie Probleme gehabt hatte. Ich sagte der Familie, ›Keine Sorge, ich paß schon auf sie auf‹, und dachte im gleichen Augenblick, ›Warum muß denn jemand auf sie aufpassen?‹« Sexton hatte eine Sechserpackung Bier mitgenommen und machte eine Flasche auf, sobald sie auf der Landstraße waren; sie war in Hochstimmung. In New London hielten sie an und aßen Lunch. »Aus einer Jukebox hörten wir Ray Charles ›We're Together Again‹ singen. Es stellte sich heraus, daß das ein Vorbote war«, sagte Clawson. »Sie müssen bedenken, ich kannte sie wirklich nicht sehr gut. Es war doch ein Witz, nicht? Ich war verheiratet und hatte Kinder, und da fuhr ich mit diesem ganz auf Liebe eingestellten Wesen davon.«

Als sie in East Hampton eintrafen, fing die Konferenz gerade an. Clawson war beeindruckt von der illustren Gesellschaft von Schriftstellern und Lehrern, die Kohl zusammengebracht hatte. »Nelson Aldrich und John Holt waren da. Jonathan Baumbach, Jeremy Larner, Mark Mirsky. Der Typ, der die *New York Review of Books* herausgibt – Robert Silvers. Grace Paley. Mitchell Goodman und Denise Levertov. John Hollander, Benjamin DeMott – und Muriel Rukeyser. Dort hatte Sexton Rukeyser kennengelernt. Dann waren da auch ein paar schwer schuftende Lehrer aus New Yorker Schulen.« Am ersten Abend gingen die Schriftsteller in ein italienisches Restaurant am Ort groß essen. »Muriel Rukeyser war die Seele des Ganzen, sie war wie eine Erdmutter. Offensichtlich bewunderten die Leute sie sehr. Sie und Sexton verstanden sich prächtig.«

Clawson und Sexton wollten nach dem Essen gerade in ihre Unterkunft zurückkehren, als Clawson einfiel, daß er im Restaurant etwas liegengelassen hatte. »Ich kam wieder heraus, und Anne saß im Auto – das Verdeck war zurückgeklappt – und schaute zu den Bäumen hinauf. Sie befand sich in einer Art hypnotischer Trance. Sie murmelte zusammenhanglose Wörter, und ihre Augen waren ganz sonderbar. Ich holte sie aus der Trance, indem ich sie küßte. Sie wollte nicht ins Hotel zurück, also fuhr ich zum Strand runter, frische Luft schnappen. Anscheinend kam sie wieder zu sich. Sie sagte zu mir: ›Weißt du, was die Wellen sagen? Sie sagen, ich bin, ich bin.‹ Und wir machten ein paar poetische Witze über den fünffüßigen Jambus.« Als sie wieder besser beieinander zu sein schien, fuhr Clawson sie ins Hotel zurück und brachte sie zu Bett; danach saß er die ganze Nacht bei ihr.

Sexton und Clawson wurden ein Liebespaar für die sieben Tage, die sie in dieser anderen Welt lebten. Sie tauchte wieder vollkommen aus dem Zustand des Insichgekehrtseins auf, der Clawson so tief beunruhigt hatte, und beteiligte sich lebhaft an den Debatten über das Unterrichten und das Schreiben. Am letzten Tag blieben einige Schriftsteller noch bis spätabends an der Bar sitzen, und Sexton war enttäuscht, als Clawson unten bleiben und nicht mit ihr nach oben gehen wollte. Er blickte ihr nach, als sie ging. Als er später zu ihr wollte, meinte er, in ihrem Zimmer eine andere Person zu hören; in seiner Eifersucht ging er nach draußen, wo er lange Zeit stand und zu ihrem erleuchteten Fenster hinaufschaute. Am nächsten Vormittag machte sie ihm beim Lunch im »Baron Cove« Vorwürfe, weil er sie verlassen hätte, und er gestand ihr seinen Verdacht. »Schau«, sagte sie zu ihm, »ich bin die ganze Nacht aufgeblieben und habe diese Gedichte für dich geschrieben.« Aus ihrer Tasche holte sie eine Handvoll Liebesgedichte: *The Kiss* (Der Kuß), *The Touch* (Die Berührung), *The Breast* (Die Brust). Als er sie las, begann er zu weinen. »Es war der romantischste Augenblick in meinem ganzen Leben«, erinnerte er sich. »›Bob‹, sagte sie, ›laß uns nicht nach Hause fahren, laß uns fortgehen, nach Mexiko. Jetzt gleich. Wir können uns beide scheiden lassen und heiraten und dort leben und schreiben.‹ Der Realist in mir hatte sich bereits zurückgemeldet. ›Zum einen haben wir kein Geld.‹ – ›Geld!‹ sagte sie,

›Geld interessiert mich überhaupt nicht.‹ Sie suchte in ihrer Tasche nach einem Feuerzeug, zog einen Zwanzigdollarschein hervor und zündete ihn unter den Augen einer verblüfften Kellnerin an.«

Sie verließen das Restaurant und fuhren nach Hause. Während der langen Fahrt nach Weston benahm Sexton sich ganz »gespenstisch«, wie Clawson sich erinnerte. Als er anhielt, um zu tanken, stieg sie aus dem Auto aus und rannte in ein Feld neben der Straße. »Auf der Fähre war sie völlig außer sich – versuchte immer wieder, hinten herunterzuspringen. Ich ging mit ihr buchstäblich bis in die Damentoilette, um ständig in ihrer Nähe zu sein.«

Sexton hatte Clawson nicht erzählt, wann sie zum letzten Mal mit dieser Fähre gefahren war – auf der Heimreise von Montauk nämlich, wo sie eine Woche mit James Wright verbracht hatte. Sehr wahrscheinlich wurde er Zeuge eines Durchbruchs von Gefühlen, die mit dieser anderen schmerzhaften Trennung zusammenhingen. Als sie in New London von Bord gingen, kehrten sie wieder in dem Restaurant ein, in dem sie eine Woche zuvor gegessen hatten. »Ich versuchte, die Dinge wieder in ein etwas ruhigeres Fahrwasser zu bringen«, erinnerte sich Clawson. »Ich spielte noch einmal Ray Charles mit seinem Lied ›We're Together Again‹ auf der Jukebox, und sie kam zu sich. Auf der Weiterfahrt nach Weston schlief sie ein, und ich dachte ständig an den Satz ›Passen Sie auf Mom auf‹.«

Von zu Hause aus schrieb Clawson Briefe an Sexton, die vor Dankbarkeit überflossen angesichts dessen, was die Axt der Liebe am gefrornen Meer bewirkt hatte; er legte Gedichte bei, die er für sie geschrieben hatte. »Du hast dich in mich eingeschlichen, hast mein besseres Ich aufgespürt, das ich versteckt hielt, hast gedroht, es zum Vorschein zu bringen, hast es zum Vorschein gebracht, hast daraus etwas Kostbares, Stolzes gemacht, hast mich gezwungen zu wachsen.« Nun aber wollte er von einer romantischen zu einer brüderlichen Beziehung zurückkehren.

Was Clawson nicht wußte – und was Sexton ihm nie erzählt hat –, war, daß sie die Liebesgedichte, die sie während des Lunchs in Long Island im Restaurant auf den Tisch gelegt hatte, schon ungefähr eine Woche vorher in Weston geschrieben hatte – für einen anderen Mann. Mitte Juni nämlich hatte sie eine leidenschaftliche Liebesbeziehung mit ihrem Psychiater, Dr. Zweizung, begonnen. Später erklärte sie, der Niedergang ihrer Ehe habe sie dazu geführt, sexuelle Intimität in ihrer Therapie zu suchen, doch damals schrieb sie dies bedenkenlos der »alten Sommer-Verrücktheit« zu – »Ich habe eine Theorie, daß die Sonne die Kraft ist, die Leben hervorbringt, Sex auch, aber vor allem Leben«, schrieb sie an ihn. Eine Mappe mit Briefen und Gedichten, die sie bei ihren Papieren aufbewahrte, zeigt, daß die Vernarrtheit auf Gegenseitigkeit beruhte. Dr. Zweizung begann ebenfalls, Gedichte zu schreiben und ihr Durchschläge davon zu geben (Dr. Z., so jubelte sie, sei ein »Wortzauberer«), und aus dem Dialog zwischen seinen Gedichten und dem, was sie in dieser Zeit schrieb, wird ersichtlich, daß es sich um eine zärtliche, ernsthafte, kühne sexuelle Liebe handelte. In einem seiner Verse zitierte er ein Paradoxon, das sie gern benutzte: »Für die Dichtung gilt: Wahrheit ist Lüge ist Wahrheit.« Im Klartext war sein Verhalten ihr gegenüber jedoch ein Verstoß gegen die Ethik seines Berufsstands. Schon früh, im Jahre 1931, hatte Freud den jungen Analytiker Sándor Ferenczi kritisiert, der auch körperliche Intimität als psychoanalytische Technik zulassen wollte; Freuds Forderung an den Arzt lautete jedoch, der »liebesbedürftigen Patientin die verlangte Befriedigung zu versagen«. Diese Auffassung fand Eingang in den Verhaltenskodex, der die psychiatrische Behandlung regelt; darin heißt es, daß »die notwendige Intensität der therapeutischen Beziehung sowohl auf seiten des Patienten als auch auf seiten des Therapeuten zu einer Aktivierung sexueller und anderer Bedürfnisse und Phantasien und zu einer Schwächung der zur Beherrschung des Prozesses notwendigen Objektivität führen kann. Sexuelle Handlungen mit einem Patienten sind ethisch nicht vertretbar.« Wenn sich Dr. Zweizung tatsächlich in Sexton verliebt hatte, verpflichtete ihn der therapeutische Kodex dazu, die Therapie abzubrechen und sich seinerseits in Behandlung zu begeben.

Sexton jedoch freute sich an den Wogen der sexuellen Gefühle sowohl für Bob Clawson, der ihnen weiterhin widerstand, wie auch

für den von ihr »Doktor-Daddy« genannten Mann, der dies nicht
tat. Von einem Tag zum andern wechselten diese Gefühle in ihrem
Herzen; später einmal erzählte sie Dr. Zweizung: »Hin und wieder
war mir in diesem Sommer nicht ganz klar, welchen von euch beiden
ich nun wirklich liebe. Ich wußte es nicht genau. Heute habe ich
keinen Zweifel mehr. Mit Bob habe ich eine Woche lang gelebt. Mit
Dir habe ich nicht eine Woche lang gelebt. [. . .] Herrgott! Ollie,
hörst du mich? Ich liebe Dich sehr. Hörst Du! Verstehst Du? Ja, ja,
ja. Einfach so und ohne Wenn und Aber. Du hast mir die Füße
losgebunden. Du hast mir das Herz losgebunden (die Kinder haben
mir schon früher das Herz losgebunden), aber es ist die reine
Wahrheit, daß Du der erste Mann bist, der es mir auf diese Art und
Weise losgebunden hat.«

Ein Ergebnis dieser Eroberung war eine Flut von Liebesgedich-
ten. Im Juni arbeitete Sexton an mehreren; eines, das im ersten
Entwurf *Love Gone* (Die Liebe ist dahin) hieß, rang als *Divorce*
(Scheidung) um seine Vollendung und hieß schließlich *Woman at the
Window* (Frau am Fenster), bevor es als nicht druckreif weggelegt
wurde. Keine dieser neuen Arbeiten fand Aufnahme in den Band
Live or Die, den Houghton Mifflin für eine Veröffentlichung im
September vorbereitete. Statt dessen legte Sexton für diese Liebesgedichte eine neue Mappe an, die sie vorläufig mit *Rats Live on No Evil
Star* betitelte. Sie war froh, den Anfang für ein neues Buch gefunden
zu haben, doch in diesem Falle bestand ein krasser Widerspruch
zwischen ihren Wünschen und ihren wirklichen Lebensinteressen,
und das wußte sie auch. Wünsche wie die ihrigen waren ein Preis für
die Behandlung, und man mußte darauf vertrauen, daß der Arzt
ihnen nicht entgegenkam, ganz gleich, wie raffiniert die Patientin
auch vorging. Sextons koketter Ausdruck »Doktor-Daddy« zeigt,
wie genau sie sich darüber im klaren war, daß sie bei dieser Beziehung selbst die Grenze überschritten hatte. Kein Wunder, daß ein
Gefühl der Unwirklichkeit sie plötzlich überkam, als sie um den
Jahrestag ihrer Eskapade mit James Wright nun mit Bob Clawson
auf der Fähre über den Long Island Sund fuhr.

Als Maxine Kumin von einem Urlaub aus Europa zurückkehrte,

weihte Sexton sie in die neue Entwicklung mit Dr. Zweizung ein. Kumin, die gerade eine Psychoanalyse abgeschlossen hatte, war empört. Noch Jahre später war sie empört. »Man stelle sich vor, bezahlen, um zweimal pro Woche umgelegt zu werden!« Warum hielt Sexton trotzdem an der Affäre fest? »Anne hatte immer den Eindruck, der am wenigsten geliebte Mensch auf der ganzen Welt zu sein«, sagte Kumin. »Sie konnte nie genug Beweise dafür sammeln, daß sie geliebt wurde.«

Kumin drängte Sexton, andere Fachleute zu konsultieren, was in dieser Situation zu tun sei; daher wandte sie sich an Lois Ames, die sich als Sozialarbeiterin in der Psychiatrie aus der Insider-Perspektive zu dem Fall äußern konnte. Eines Abends führten sie ein Marathon-Ferngespräch, dem Ames am folgenden Tag einen Brief folgen ließ, in dem sie ihren Rat in dieser Angelegenheit zusammenfaßte. Sie hatte Verständnis für beide Parteien, unterstützte aber eindringlich Kumins Anliegen. »Unter diesen besonderen Umständen sind die Strukturen der Orthodoxie schon sinnvoll«, beschied sie Sexton. »Die Regeln sind ein Schutz; ihre Verletzung mag aus einer Reihe von hervorragenden Gründen häufig heilsam oder wünschenswert sein, aber die orthodoxe Methode schützt das potentielle Opfer und den potentiellen Täter, wie unschuldig seine Absichten auch sein mögen, wie tief auch immer der Sumpf, in den er sich unabsichtlich hineinmanövriert – aber das alles weißt Du ja.« Ames meinte, durch Sextons Afrikareise, die am 6. August beginnen sollte, sei doch ohnehin eine Unterbrechung der Therapie unvermeidbar, und dies könne doch ein natürlicher Anlaß für eine Trennung sein – nach ihrer Rückkehr könne Sexton doch überlegen, ob sie sich einen neuen Therapeuten suchen wolle. Dann könnte es ebensogut möglich sein, so ihre Anregung, daß Sexton und ihr Doktor sich ein gemeinsames Leben aufbauten. Am Ende ihres Briefs kam sie auf das Realitätsprinzip zu sprechen: »Denk daran, in der Liebe wie auch bei allen anderen Dingen, insbesondere beim Sex, hat jemand es getan – hat das Unmögliche erreicht, und das könntest Du auch, aber wahrscheinlicher ist, daß Du es nicht kannst.«

Das war natürlich nicht das, was Sexton hören wollte. Auf den Trost des »Schmusens« verzichten? Oder ein zweites Mal einen Abbruch der Behandlung durchstehen? Nein, niemals! Etwa eine Woche nach ihrem Gespräch mit Ames nahm sie eine Überdosis Tabletten und wurde für achtundvierzig Stunden im Krankenhaus behandelt; prompt versäumte sie einen Termin bei Dr. Orne, der einige seiner Bostoner Patienten einmal pro Monat weiterbehandelte. Als er von Sexton erfahren hatte, welche Wendung ihre Therapie genommen hatte, hatte Dr. Orne ihr den gleichen Rat gegeben wie vor ihm schon Kumin und Ames. In einem Brief an ihn gab sie zu, daß sie sich geschämt hatte, ihm gegenüberzutreten, da sie seinen Rat nicht befolgt hatte. »Ich wollte Ihnen nicht sagen, wie es war – & ich hatte das Gefühl, Ihnen beiden gegenüber illoyal zu sein – ihm gegenüber, wenn ich redete, & Ihnen gegenüber, wenn ich es nicht tat. Machen Sie sich darüber keine Gedanken. Wenigstens bin ich nicht gestorben. [...] Alles in allem sieht es ziemlich schlimm aus, und ich habe keine Ahnung, wie ich alles in Ordnung bringen soll. Klar, ich weiß, was zu tun wäre ... aber nicht, wie ich es tun soll. Seit ich Sie zum letzten Mal gesehen habe, hat sich nicht viel verändert. Das Beste, was ich sagen kann, ist, daß ich nicht schwanger bin.« Als sie an Lois Ames schrieb, stellte Sexton die Selbstmordepisode als ein Ausagieren ihres Gedichts *The Addict* hin:

> *Sleepmonger,*
> *deathmonger,*
> *with capsules in my palms each night,*
> *{...}*
> *Don't they know*
> *that I promised to die!*
> *I'm keeping in practice.*
> *I'm merely staying in shape.*
> *The pills are a mother, but better,*
> *every color and as good as sour balls.*
> *I'm on a diet from death.*[2]

Diesmal »war es kein ernsthafter Versuch, sonst wäre er mir geglückt«, sagte sie. »Ein Teil von mir ist Leben. Aber ich hatte gar nicht mehr an die Diät vom Tod gedacht. Ich hatte die Übersicht verloren. [. . .] Verdammt. Wenn ich gestorben wäre, das hätte ein schreckliches Licht auf mein Buch geworfen, das bald herauskommt.«

Und wie mögen all diese erotischen Stürme Annes und Kayos Beziehung Tag für Tag belastet haben? Unter Annes Papieren ist ein wunderbarer Brief von Kayo erhalten, der einen Blick auf einen traurigen Augenblick im Leben dieses seit vielen Jahren verheirateten Paars freigibt. Er ist undatiert und wurde vermutlich im Zeitraum um ihren neunzehnten Hochzeitstag geschrieben.

»Ganz gleich, was auch geschehen ist, es sieht uns gar nicht ähnlich, in getrennten Zimmern zu schlafen. [. . .] Heute abend hast Du mich gebeten, mit Dir zu schmusen. Es war schon schwer genug, ›vielleicht‹ zu sagen, denn nach den Stichen des Kaktus gestern und heute hab ich mich kaum getraut, mich dem Kaktusbusch zu nähern. [. . .]

Auf der anderen Seite des Zauns [. . .] bin ich müde und schnell gereizt. Ich reagiere zu stark auf alles, was Du tust oder sagst. [. . .] Ich bitte Dich, mir zu erlauben, mit Dir zu schmusen – ich will nicht das Spiel spielen und Dich schlagen und Dir das Gefühl geben, daß noch einer mehr auf der Welt gegen Dich ist. Ich bin für Dich – und doch habe ich Angst vor Dir. Ich kann die bösen verletzenden Worte nicht bekämpfen oder ungesagt machen. Ich kann nur schreiben und sagen, ich bin immer noch Boots – vielleicht habe ich ja inzwischen Sporen –, aber dann hat mein Button ja auch immer noch die Nadel, die sie an mir festnäht. [. . .]

Ich liebe Dich, will alles in Ordnung bringen, aber es geht über meine Kraft. Ich benehme mich bloß wie ein Trottel, bringe keinen Ton heraus, kann emotional nicht mit Dir mithalten. Hörst Du mich – komm zu mir – Kayo.«

Im Rückblick auf diese bittere Zeit erinnerte sich Kayo an ein Gefühl permanenter Frustration. Er wußte von ihren Seitensprüngen – »Mord kommt immer ans Licht«, sagte er später mit grimmigem Lachen –, fühlte sich aber durch ihre Krankheit genötigt, ihr den Schmerz, den sie ihm damit bereitete, zu verheimlichen. »Ich dachte, wenn sie jemals gesund werden würde, könnten wir das einfach vergessen.«

Anne und Kayo brachen ganz nach Plan, kurz nach Joys elftem Geburtstag, zu ihrer Reise nach England, Afrika und Italien auf. Nach ihrem jüngsten Selbstmordversuch war Sexton noch wackelig, daher nahmen sie in ihre Reiseroute zusätzlich einen Zwischenstopp in London auf, wo sie sich erholen wollten, bevor sie nach Nairobi weiterflogen. In der Hoffnung, ein paar angenehme Tage als Touristin verbringen zu können, schrieb Sexton vor ihrer Abfahrt an Ruth Inglis, eine alte Freundin aus der High-School-Zeit, die einen Engländer geheiratet hatte. Sie wußte, daß Jon Stallworthy, ihr Lektor bei der Oxford University Press, sie mit Literaten in Kontakt bringen würde, doch das schreckte sie ab. Sie wünschte sich vor allem, sicher (was ihrer Meinung nach immer fraglich war) in Heathrow zu landen, »Brown's Hotel« zu finden, die Flugangst wegzuschlafen und dann durch »Swinging London« zu bummeln, das *Time* in einer Titelgeschichte im April angepriesen hatte. Wie es ein glücklicher Zufall wollte, war Inglis literarische Agentin geworden. Anstelle einer Tour richtete sie für die Sextons ein Mittagessen aus und arrangierte ein Interview mit *Nova,* einer schicken neuen Kunstzeitschrift. Die Sextons wurden auch zum Dinner in das Haus von George MacBeth, der die Lyrikprogramme für die BBC produzierte, eingeladen.

Sexton und MacBeth hatten sich bereits kennengelernt, als MacBeth einige Monate zuvor die Ostküste der USA bereist hatte. Zu dieser Zeit waren von ihm bereits acht Lyrikbände erschienen, und er hatte erst kurz zuvor den Faber Memorial Award erhalten. Wie er später schilderte, bestand ein Großteil seiner Arbeit für die BBC im Aufspüren neuer Talente. »Ich fuhr als Literaturmann der BBC hinüber und hatte die Freiheit, überall hinzugehen und zu treffen, wen ich wollte. Ich bat darum, zahlreiche amerikanische Dichter treffen zu können. Sie war eine davon.« Sexton hatte ihn an der Eisenbahnstation der Route 128 abgeholt und war mit ihm nach Weston gefahren. »Die Atmosphäre wurde freundlicher, als sie begriff, daß ich ihre Gedichte wirklich gelesen hatte. (Ich glaube nicht, daß sie meine Sachen damals schon kannte.) Von da ab redeten wir viel offener miteinander, und es wurde viel ungezwungener zwischen uns.« MacBeth meinte, sein Besuch bei Sexton zu Hause habe ihm Aufschlüsse über ihre Kunst gegeben. »Es war offensichtlich, daß sie Aufrichtigkeit als eine *literarische Technik* ansah, als den Stil, der zufällig dem entsprach, was sie mitteilen wollte. Sie hätte sich selbst jeden Lebenslauf andichten und gut darüber schreiben können, wenn sie nur die entsprechenden Mittel gefunden hätte.« Ihm gefiel auch die »Risikobereitschaft« in ihrer Dichtung: »Erinnerte mich an Hemingway, den wagemutigen Forscher, Abenteurer. Ich bin sicher, daß ich ihr das gesagt habe. Von dieser Feststellung war sie sehr angetan. Vor allem, weil sie von einem männlichen Leser kam.«

Mit der Erinnerung an diese angenehme Begegnung brachen Anne und Kayo am Sonntag nach ihrer Ankunft zum Dinner mit MacBeth und seiner Frau Elizabeth nach Richmond auf. MacBeth erinnerte sich: »Es stellte sich heraus, daß Anne *Die grünen Hügel Afrikas* nie gelesen hatte, also lieh ich ihr mein Exemplar – ein phantastisches Buch! Gab es eine bessere Gelegenheit, es zu entdecken? Ich lieh es ihr aus, bekam es aber nie zurück – es steht nun irgendwo in Annes Bibliothek. Ich weiß, die Geschichte mit Hemingway hat sie stark beschäftigt.«

Von London flogen die Sextons nach Nairobi weiter zu einer dreiwöchigen Safari, in deren Verlauf sie die Serengeti durchquerten, den Ngorongoro-Krater besuchten und am Manyara-See zelteten. »Es war eine todschicke Reise, eine Safari wie aus einem Film«, erinnerte sich Kayo. »Ein großes Geschenk, Annes letztes großes Geschenk für mich – etwas, für das sie sich ganz bestimmt nicht interessierte.« Als sie endlich im Busch angekommen waren, begann jeden Tag zu früher Stunde die Jagd: Sie wurden um halb fünf mit Tee geweckt, frühstückten um fünf und bestiegen dann die Landrover, mit denen sie dreißig Meilen oder noch weiter fuhren. »Als wir abfuhren, war es pechschwarz und vielleicht knapp über null Grad. Wir stiegen auf eine Anhöhe und schauten uns mit Ferngläsern um. Wenn man beispielsweise einen Impala finden wollte, die gab es zu Tausenden, aber man wollte ja einen guten Impala mit Hörnern finden, oder ein Zebra – man wollte eins finden, das nicht völlig verunstaltet war. Hatte man dann schließlich eins entdeckt, merkte man sich die Herde, und am nächsten Tag kam man zurück und pirschte sich allmählich heran.«

Anne wartete im Landrover, wie Kayo sich erinnerte, und »las alte *Reader's-Digest*-Hefte. Wenn der Wind drehte, witterten einen die Buffalos und liefen weg, und einmal kamen sie über den Hügel runter, an dem der Landrover abgestellt war. Sie saß seelenruhig da, als diese große Herde angerannt kam. Und die Herde teilte sich und lief um sie herum. Der Landrover schaukelte, und der Staub wirbelte – und das Brüllen! Sie war schrecklich tapfer . . . Ich hatte eine tolle Zeit. Für mich als Jäger war das ein Höhepunkt.«

Sexton hatte ihre kleine transportable Olivetti mitgenommen und schrieb während der Reise ein paar Briefe. In dem an Ollie Zweizung redete sie sich den Abscheu von der Seele, den Kayo ihr einflößte. »Ich denke ständig an Dich. Stimmt, ich habe nicht, wie versprochen, jeden Tag geschrieben. Stimmt. Aber ich konnte nicht; es war zu entsetzlich: Hitze, Schweiß, Fliegen, Tod, Gewehre, meilenweites Fahren wie ein Traktor über rauhes, felsiges, kahles Land, gleißende Sonne, Blut, das eimerweise aus dem Auto rann, Fleisch, Blut, Tod, Verfall, Geier, Gefahren, Elefanten, die bis auf fünf Fuß herankamen, dann erschossen wurden – [. . .] Abends essen wir das Wild, dessen langsames Sterben ich mit angesehen habe.«

Als Kayo und Anne aus dem Busch kamen, flogen sie nach Mombasa, »damit Anne sich den roten Staub von Afrika aus den Poren waschen konnte«; sie schwammen im Indischen Ozean und aalten sich am Strand. Sie hatte das Thorazin bewußt abgesetzt, damit sie in Mombasa und auf Capri, der nächsten Station ihrer Reise, die See genießen konnte. Ihre ganze Freude kehrte zurück, als sie noch einmal in der Blauen Grotte schwammen. Capri »ist mein geistiges Zuhause und wie eine Wiedergeburt«, schrieb sie an Lois Ames. »Capri ist wie eine schöne Mutter. Das Wasser trägt dich wie einen Korken und ist so klar. Capri ist die Mutter, die wir nie gehabt haben, jung, schön, exotisch, Arme, die dich halten und lieben.«

Kurz nach ihrer Rückkehr im September wurde *Live or Die* veröffentlicht, mit einer Zeichnung von Barbara Swan (*»Gothic Heads«*) auf der Vorderseite und einem Porträt von Sexton auf der Rückseite, das während des Interviews für die NET-Serie *USA: Poetry* aufgenommen worden war. Es war eine eindrucksvolle Fotografie: Sexton sitzt auf der Kante ihres Schreibtischs, ihr Blick geht nach links, sie lächelt nicht und ist konzentriert. Da sie von unten aufgenommen ist, wirkt sie sehr groß. Das Foto nimmt die ganze Rückseite des Schutzumschlags ein. Auf Klappentexte wurde bei diesem Buch verzichtet, denn Sextons Name hatte inzwischen einen guten Klang.

Ein Großteil der positiven Besprechungen benutzte als Aufhänger die »Anmerkung der Autorin«, die anstelle einer Einführung *Live or Die* vorangestellt war: »Ich habe diese Gedichte (1962–1966) in der Reihenfolge angeordnet, in der sie geschrieben wurden, und bitte in aller Form um Entschuldigung dafür, daß sie sich lesen wie die Fieberkurve bei einem bösartigen Fall von Melancholie.« Joseph Slater (*The Saturday Review*), der das Buch wie einen Roman gelesen hatte, sprach von einer »sprunghaften und spannungsgeladenen« Aufwärtsbewegung und lobte »den sicheren, dramatischen Aufbau ganzer Gedichte«. Millen Brand (*Book Week*) war der Ansicht, daß »der Reiz, die Sogwirkung dieser Gedichte vielleicht davon abhängt, in welchem Augenblick sie gelesen werden, und von der Stärke und Toleranz des Lesers«; Sextons Offenheit gefiel ihm besonders. Doch es war auch Sextons Offenheit, die anderen Rezensenten mißfiel. Ihr bissiger Freund Louis Simpson schrieb für *Harper's* einen vernichtenden Verriß: »Ihre vorherigen Bücher waren interessant, aber nun ist die bloße Selbstinszenierung zur Gewohnheit geworden. Ein Gedicht mit dem Titel *Menstruation at Forty* (Menstruation mit vierzig) war der Tropfen, der das Faß zum Überlaufen gebracht hat.« – »GEMEINER KERL«, schrieb Sexton an Simpson, als er ihr eine Kopie der Besprechung schickte. »Die Gedichte sind meine Kinder, unansehnlich, aber mein.«

In den negativen Besprechungen wurde Sexton à la Simpson meist mit sich selber verglichen und für zu leicht befunden; die Leser vermißten die raffinierten formalen Effekte, die in den früheren Bänden häufiger vorkamen, und lehnten die lockerere Struktur der neuen Gedichte meist ab. Der Hang, Sexton mit Sylvia Plath zu vergleichen, ein Vergleich, der zu ihren Ungunsten ausfiel (und dem sie durch die Veröffentlichung des sentimentalen Gedichts *Sylvia's Death* [Sylvias Tod] in *Live or Die* Vorschub geleistet hatte), war bereits weit verbreitet, und daher erschien es aus kritischer Perspektive fast unausweichlich, diese beiden Namen in einen Topf zu werfen. Und viele Kritiker nahmen die Gelegenheit der Sexton-Besprechung wahr, um noch einmal zu beklagen, auf welch schädliche Weise sich die Tendenz zum Bekenntnis im zeitgenössischen Schreiben ausgebreitet habe. Einer dieser Rezensenten, Charles Gullans, schrieb das knappste Verdikt: »Das romantische Stereotyp behauptet, daß ein Dichter empfindsam ist und leidet; das neoromantische Stereotyp behauptet, daß jeder, der empfindsam ist und leidet, auch ein Dichter ist.« Diese Gedichte Sextons seien keine Gedichte, beschied Gullans; »sie sind Dokumente der modernen Psychiatrie, und ihre Veröffentlichung ist eine Folge des allgemeinen Verfalls kritischer Ansprüche«.

Sexton nahm sich in diesem Herbst ihren Roman wieder vor. In der Hoffnung, noch einmal ein Stipendium zu erhalten, schrieb sie ans Radcliffe Institute und machte geltend, daß sie, um einen Roman schreiben zu können, eine Haushälterin und eine Sekretärin benötigte. »Ein Roman schaut so groß aus, so nach ›Ganztagsarbeit‹. Ich kann ihn nicht in den Armen halten wie ein Gedicht, obwohl man auch ein Gedicht manchmal eine Woche lang oder sogar jahrelang in

den Armen halten muß.« Ihrer Agentin Cindy Degener teilte sie
mit, der Teil, den sie bereits geschrieben habe, sei so mißraten, daß
sie darüber nachdenke, ob sie das Buch nicht in »einen unverblümt
pornographischen Roman« verwandeln solle, »ganz ohne Humor
(ich bin KEINE Humoristin), den ich unter einem Pseudonym
herausbringen könnte. [. . .] Wirklicher Bekenntnisstil, nur ein
bißchen besser und natürlich richtig vulgär.«

Sexton kehrte in diesem Herbst auch zu ihrem Liebhaber zurück.
Aus Capri hatte sie an Lois Ames geschrieben: »Vielleicht haben sich
die Dinge mit meinem Doktor nach der Sommerpause verändert.
Das Dumme ist nur, er ist der beste Doktor, den ich je hatte . . . es
ist nur einfach zu intensiv geworden . . .« Zu Hause angekommen,
flammte die Liebesgeschichte mit voller Kraft wieder auf und hinterließ geisterhafte Spuren in der Lyrik, die Sextons Arzt für sie
schrieb. Ein Stapel neuer Arbeiten wanderte in ihre Mappe mit
Liebesgedichten: *The Interrogation of the Man of Many Hearts* (Verhör
des Mannes der vielen Herzen), *That Day* (Jener Tag), *In Celebration
of My Uterus* (Zur Feier meines Uterus), *The Nude Swim* (Nackt
schwimmen), *Song for a Red Nightgown* (Lied für ein rotes Nachthemd), *Loving the Killer* (Den Mörder lieben) – alle im Oktober
geschrieben.

Aber die Belastungen des fortgesetzten Ehebruchs zwangen die
beiden Männer, die Sexton als ihre Liebhaber ansah, zum Handeln.
Clawson verhielt sich auch weiterhin abweisend gegenüber allen
ihren Bemühungen um eine Wiederbelebung der Affäre, und auch
Ollie Zweizung trat allmählich den Rückzug an. Die Romanze
zwischen Patientin und Arzt zerbrach Anfang November, als Dr.
Zweizung, Maxine Kumin zufolge, Sexton mitteilte, daß seine Frau
bei seinen persönlichen Papieren ihre Liebesgedichte entdeckt habe
und sehr zornig geworden sei. Er hatte gelobt, sich zu bessern. Sie
mußten die Affäre abbrechen. Ein lediglich mit dem Datum »Oktober 1966« versehenes Gedicht, das er Sexton gab, klagt elegisch
über einen gestohlenen Ferientag im Herbst, von dem nur Bilder
bleiben: zwei Liebende, die sich mit halbierten Kirschsteinen füttern, damit daraus Venusmuscheln werden; Haar, das wie Rauch aus

einem Autofenster aufsteigt. Ein zweites, auf den 29. Oktober datiertes Gedicht spricht von einer traurigen Zwangsläufigkeit: Es ist die Zeit, nicht das erlöschende Begehren, das ihn von ihr forttreibt.

Obwohl das Ende der Beziehung nicht gänzlich unerwartet gekommen sein kann, war es für Sexton dennoch ein Schock. An ihrem Geburtstag – einem Tag, den sie häufig für Selbstbestrafungen wählte – stürzte sie zu Hause die Treppe herunter und brach sich die Hüfte. Die Familiensaga will es so, daß Sexton sich eine Wiederholung ihres Geburtstages von 1965 gewünscht hatte, als ein großer Stromausfall die gesamte Ostküste verdunkelt und die Sextons bei Kerzenlicht und mit im Kamin gebratenen Hot Dogs gefeiert hatten. Am 9. November 1966 hatte Sexton in der Abenddämmerung Kerzen aufgestellt und alle Lampen ausgeschaltet. Sie wurde von Joy nach oben gerufen, um eine Kerze neu anzuzünden, und blieb im Dunkeln mit dem Absatz an der obersten Treppenstufe hängen. Sie stürzte die ganze Treppe herunter.

Im Krankenhaus rächte sie sich ein wenig an Dr. Zweizung, indem sie zwei Gedichte schrieb, *The Break* (Der Zusammenbruch) und *For My Lover, Returning to His Wife*; in letzterem machte sie reichlich Gebrauch von den Bildern aus Zweizungs Herbstgedichten:

> Let's face it, I have been momentary.
> A luxury. A bright red sloop in the harbor.
> My hair rising like smoke from the car window.
> Littleneck clams out of season.[3]

Der Unfall mochte eine gewisse Symbolik haben (in *The Break* nannte Sexton ihn »ein Fest, so seltsam zu segeln wie Ikarus«), aber die Schmerzen waren heftig und hielten lange an. In einem Brief an Lois Ames übertrieb sie bezüglich der Heilungsaussichten ein wenig: »Ich liege flach & WERDE DAS NOCH EIN JAHR MÜSSEN – [. . .] Wenn ich mit dem linken Fuß auftrete, wird meine Hüfte für immer verkrüppelt sein.« Der Bruch wurde mit Schrauben geschlossen, eine Behandlungsmethode, die einen zehntägigen Aufenthalt im Krankenhaus erforderlich machte.

Nach ihrer Heimkehr in die Black Oak Road richtete sich Sexton auf eine lange Rekonvaleszenz ein. Ikarus war nun wirklich gelandet. Fröhlich weihte sie ihre Freunde in geplante Prosaarbeiten ein. Ben Shaktman schrieb sie, daß sie mit einem Drehbuch begonnen habe, das wie eine Komödie anfange: »Vielleicht kommt ja mit der gebrochenen Hüfte der Clown in mir zum Vorschein. Es hat ungefähr 100 Figuren... und jede von ihnen hat anscheinend sexuelle Phantasien.« Und sie kehrte noch einmal zu dem Roman zurück, den sie überarbeitet, aber seit Januar beiseite gelegt hatte. Ames machte ihr einen Vorschlag: Sexton sollte die Ereignisse, die das Leben ihr geliefert hatte, in die Handlung einbauen. »Das Buch sollte mit dem Sturz über den goldenen Teppich anfangen, mit der gebrochenen Hüfte, den Schmerzen, danach das Krankenhaus, der Doktor kommt mit Ringen unter den Augen und erzählt, daß seine Frau die Gedichte gelesen hat, die gebrochene Hüfte, das gebrochene Herz, alles schon angedeutet, und dann zurück, zurück, zurück. [...] So und nicht anders würde ich das schreiben, wenn ich Du wäre. [...] Wie Sex und Liebe und Familie und Kummer, wo wir alle immer genau wissen, wie die anderen Leute das machen sollten, und alles sieht so leicht aus, kristallklar, ein großes Werk.«

Doch Sexton sollte diesen Roman nie vollenden.

1 Ich sage *Leb, Leb,* denn da sind die Sonne, der Traum, die reizbare Gabe.
2 Süchtig
Schlaflüstern, / todlüstern, / in meinen Händen jede Nacht Kapseln, / [...] / Wissen sie nicht, / daß ich zu sterben versprach! / Ich übe weiter. / Ich halt mich bloß in Form. / Die Pillen sind eine Mutter, nur besser, / alle Farben und so gut wie saure Drops. / Ich mach eine Diät vom Tod.
3 Für meinen Liebhaber, der zu seiner Frau zurückkehrt
Seien wir ehrlich, ich war nicht von Dauer. / Ein Luxus. Eine hellrote Schaluppe im Hafen. / Mein Haar stieg wie Rauch aus dem Autofenster. / Venusmuscheln, nicht mehr in Mode.

Geld und Ruhm
1967

Da der Bruch nur langsam heilte, war Sextons Bewegungsraum in jenem Winter mehrere Monate lang auf das Erdgeschoß ihres Hauses beschränkt. Einen Großteil der Zeit verbrachte sie im Bett, das in ihrem Arbeitszimmer neben der Küche aufgestellt worden war. An einer Wand befand sich ein munter flackernder Kamin, an zwei anderen waren Bücherregale aufgestellt; Mary Grays alter Schreibtisch stand in der Ecke, und auf einem Radio, das ihrem damaligen ähnelte, war leise ein Mittelwellensender eingestellt; es spielte ohne Pause Musik. Das vollgestellte Arbeitszimmer wurde für Sexton nun zum Mittelpunkt der Welt. Von ihrem Bett aus schaute sie durch zwei Fenster über den tiefen Schnee zu den Wäldern hinüber, die bis an die Black Oak Road reichten. Sie konnte jeden Tag beobachten, wie das Auto des Briefträgers anhielt, ihr Fahnenabzüge für den Druck angenommener Arbeiten, Briefe und die von ihr abonnierten Zeitschriften brachte – ihr literarischer Rettungsanker.

Im Dezember und im Januar schrieb Sexton wenig. Sie konnte weder eine Schreibmaschine auf dem Schoß halten noch am Schreibtisch sitzen. Ihre Energie floß in die Genesung. Zum Glück hatte sie meist eine Krankenschwester bei sich, die schon lange vor der persönlichen Begegnung ihre Gedichte bewundert hatte. Sie sollte ihr bis zum Tage ihres Todes eine loyale, verläßliche Freundin werden: Joan Smith, eine Nachbarin von Maxine Kumin aus Newton Highlands. Sexton und Smith hatten sich ein Jahr zuvor auf der Kuminschen Farm in New Hampshire kennengelernt. Eines Septembernachmittags waren die Kumins und die Smiths verschwitzt und klebrig vom Heidelbeerpflücken zum Farmhaus zurückgetrottet und hatten die im Schatten wartenden Sextons erspäht. Joan Smith erinnerte sich: »Ich war ganz verliebt in das Buch *All My Pretty Ones* – mein Exemplar war praktisch zerlesen. Als wir den Hügel zum Teich hinunterliefen, sahen wir eine Frau von strahlender Eleganz, die auf einer Liege saß, und Max sagte, ›Ach, schön, Annie ist da‹, und ich dachte, ›O mein Gott‹ – ich hatte ein Hemd und eine Latzhose an, und ich weiß noch, daß ich ganz verschüchtert und einsilbig war.« Sexton behielt die Begegnung ebenfalls im Gedächtnis, und als sie erfuhr, daß ihre Krankenversicherung die Kosten einer häuslichen Krankenpflege tragen würde, rief sie Smith aus dem Krankenhaus an. »›Joan, ich habe mir die Hüfte gebrochen, ich brauche zu Hause eine Krankenschwester, willst du mir das Leben retten?‹ Sehr dramatisch«, berichtete Smith. »Und ich sagte zu. Und dachte erst hinterher nach: ›Was hab ich da getan?‹«

Sexton war gerade einige Stunden aus dem Krankenhaus zurück, als Smith sie zum ersten Mal besuchen kam. »Kayo war da, Annes Schwiegermutter Billie, die Haushälterin Mary waren da, das Telefon klingelte andauernd, an der Tür läutete es andauernd – es war einer der verwirrendsten, haarsträubendsten Tage, die ich je erlebt habe«, sagte sie. »Ich mußte ein paar Regeln für den Tagesablauf einführen.«

In den folgenden neun Monaten verbrachte Smith an fünf Tagen in der Woche acht Stunden bei den Sextons. Nach den ersten paar Monaten mußte sie Sexton nicht mehr wirklich pflegen. Doch sie sagte: »Anne brauchte einen resoluten Menschen in ihrer Nähe, um nicht aus dem Gleichgewicht zu geraten und ihren Arbeitsplan einzuhalten.« Joan kam morgens um die Zeit, wenn Kayo das Haus verließ, nachdem er den Kindern Frühstück gemacht und sie zur Schule geschickt hatte; Anne schlief in der Regel noch. Wenn sie aufwachte, rief sie sofort nach Joan und erzählte ihr, was sie geträumt hatte. Auf einem Tablett brachte Joan das Frühstück; danach rief Anne Maxine Kumin an und erörterte mit ihr, wie Kumin mit ihrem neuen Roman *The Passions of Uxport* vorankam. Sexton steuerte viele glänzende Einfälle zu dessen Hauptperson, Sukey, bei – »Anne hat ganze Passagen für Sukey geschrieben«, erinnerte sich Kumin. Joan, die das Gespräch mithörte, hielt es fälschlicherweise für Klatsch: »Erst Tage später erfuhr ich, daß es dabei um literarische Figuren ging.«

Nachdem Joan Anne gebadet hatte, half sie ihr bei den schmerzhaften Übungen, die unverzichtbar waren, wenn die gebrochene Hüfte wieder voll funktionstüchtig werden sollte. Sie zeigte Anne, wie sie die Krücken halten mußte, damit sie zum Schreibtisch gehen konnte, und sie freute sich mit ihr, als sie eines Tages endlich wieder anfangen konnte zu schreiben. Als die physische Betreuung nicht mehr so mühselig war, übernahm Joan andere Aufgaben. Einmal half sie Anne beim Sortieren der sich in ihrem Arbeitszimmer türmenden Papiere und war entzückt, als sie dabei die Fahnenabzüge von *Bedlam* und *Pretty Ones* geschenkt bekam. Sie wurde auch Annes Chauffeurin und fuhr sie zu den Terminen beim Psychiater oder zu anderen Besorgungen; Sexton ging wieder regelmäßig zu Dr. Zweizung und versuchte, auf den Trümmern der Romanze eine neue therapeutische Beziehung aufzubauen (»Ich bemühe mich, zu arbeiten, anstatt mich in einem Kuß zu aalen«, schrieb sie an Lois Ames). Wenn die Haushälterin ihren freien Tag hatte, übernahm Joan zum Teil auch das Kochen. »Anne war das nur recht; zu Weihnachten schenkte sie mir ein Kochbuch«, bemerkte sie trokken.

In diesem Jahr wurde außerdem eine Sekretärin in den Haushalt aufgenommen, Jean Moulton, die mit Unterbrechungen ebenfalls bis zu Sextons Tod für sie arbeitete. Moulton war die ideale Gegenspielerin zu Joan Smith: Sie bewunderte Sextons Werk, nahm freudig Anteil an den Aufregungen, die Sextons Berufsleben mit sich brachten, und war eine diskrete, kompetente Sekretärin, die ein Chaos verwalten konnte. Sie legte aber auch Wert auf eine eigene Intimsphäre und verstand es, Sextons dominante Persönlichkeit auf Distanz zu halten.

»In Annes Akten herrschte ein unnachahmliches Chaos«, berichtete sie. »Sie hob alles auf. Natürlich fand *sie* immer alles, wonach sie gesucht hatte. Ich weiß noch, daß sie ihre ganz persönlichen Papiere zusammen mit ihren geschäftlichen Papieren in einem altmodischen Aktenschrank mit aufklappbarer Platte aufbewahrte. Annes persönliche Papiere waren in der ersten Zeit für mich tabu. Nachdem ich angefangen hatte, für sie zu arbeiten, schickten wir diesen Aktenschrank in den Ruhestand und machten einen Telefontisch daraus. Wir besorgten einen neuen, und ich übernahm die Korrespondenz und die Buchführung.«

Seitdem Moulton zum Tippen zur Verfügung stand, diktierte Sexton ihre Briefe. »Das funktionierte am besten, wenn sie mir direkt in die Schreibmaschine diktierte. Der Schreibprozeß wurde dadurch spontaner«, erinnerte sich Moulton. »Anfangs war ich nervös und vertippte mich häufig. Das gefiel ihr – sie sagte, die Briefe sähen dadurch eher so aus, als habe sie sie selbst geschrieben. Die Gedanken kamen bei ihr immer sprunghaft, und sie wollte nichts daran verändern oder feilen.« Später kaufte Sexton ein Diktiergerät, und Moulton tippte auch diktierte Bänder ab. »Ich war ein Morgenmensch, Sexton aber nicht«, erklärte Moulton. »Wenn ich bei ihr zu Hause ankam, fand ich häufig ein Band vor, das sie diktiert hatte: Das konnten kleinere Veränderungen bei Gedichten sein, die neu abgetippt und fortgeschickt werden mußten, das konnten aber auch Briefe oder andere Notizen sein.«

Mit Joan Smith und Jean Moulton als neuen Mitgliedern des Haushalts verfügte Sexton nun über richtiges Personal; wie einst Mary Gray konnte sie sich auf Hausangestellte stützen. Das dritte, am längsten dazugehörende Mitglied war die Haushälterin, Mary LaCrosse oder Meme. Meme, die sich ihrem achtzigsten Lebensjahr näherte, war schon vor Annes Geburt zu Annes Familie gekommen und hatte für Mary Gray und Ralph Harvey in Wellesley, dann in Weston, dann in Boston und schließlich in Annisquam das Haus geführt. Im Jahre 1957, nach Annes erstem Zusammenbruch, hatte Mary Gray sie ihrer Tochter zweimal pro Woche ausgeliehen, und nach dem Tode der Harveys blieb Meme bei den Sextons und trug wesentlich zu ihrem Wohlergehen bei. Sie war eine kräftige, barsche Frau, die einen säuerlichen Körpergeruch verströmte, und sie putzte im strengen Sinne nicht das Haus (in Lindas und Joys Erinnerung war das Haus nie sauber), konnte aber mit flinken Handgriffen Ordnung herstellen; sie brauchte nur durch ein Zimmer zu gehen, und in Windeseile war es aufgeräumt und trug den Stempel ihrer Sorgfalt. Sie stellte frische Blumen auf, sie wusch und bügelte, und sie kochte einfache Mahlzeiten, die die Kinder liebten.

Aber ganz gleich, wie viele bezahlte Hilfen Sexton auch hatte, der Garant dafür, daß im Alltag alles glatt ging, war weiterhin ihre Schwiegermutter. Mit ihren dreizehn und elf Jahren mußten die Kinder zu Unterrichtsstunden und Verabredungen gefahren werden und benötigten Hilfe bei ihren Einkäufen. Da Anne hierfür nicht zur Verfügung stand, kam Billie beinahe täglich vorbei, um die Kinder irgendwo abzuholen oder abzusetzen oder Besorgungen zu machen. In Joan Smiths Erinnerung war es »wunderbar, wie sie einsprang. Sie verbrachte sehr viel Zeit mit den Mädchen; ich glaube, sie hatte einen starken, stabilisierenden Einfluß auf sie. Sie hatte eine großzügige, sehr nette Art.«

Als Sexton im Februar am Schreibtisch sitzen konnte, begann sie sich wieder wie eine Dichterin zu fühlen. In nur wenigen Wochen schrieb sie drei neue Texte: *Moon Song, Woman Song* (Mondlied, Frauenlied), *You All Know the Story of the Other Woman* (Ihr alle kennt die Geschichte mit der anderen Frau) und *It Is a Spring Afternoon* (Es ist ein Frühlingsnachmittag). Wenige Monate später folgten zwei weitere Liebesgedichte: *The Ballad of the Lonely Masturbator* (Ballade von der einsamen Masturbation) und *Barefoot* (Barfuß) – letzteres möglicherweise ein Gedicht zum Jahrestag ihrer mit Bob Clawson in Easthampton verbrachten Woche. Ihre Frühlingsgefühle wurden unterstützt durch gute Nachrichten vom Chirurgen – die Knochen wuchsen rasch wieder zusammen, und wahrscheinlich würde sie im Sommer die Krücken gegen einen Stock eintauschen können.

Im März kauften sie und Kayo ein extra großes Bett – vielleicht ein Hinweis auf eine andere Art der Gesundung. Nach dem spartanischen, gemieteten Krankenhausbett wirkte es riesig; sie nannte es »das Lager der Leidenschaft«. An Lois Ames schrieb sie: »Kayo gefällt es. Geliebt haben wir uns noch nicht darin, dafür aber zweimal, bevor es gebracht wurde (wie zur Vorbereitung?).«

Ausgeruht und umsorgt erlebte Sexton den Neuengland-Frühling des Jahres 1967 auf sehr persönliche Weise, als eine Kraft, die sie zu einem neuen Gipfelpunkt in ihrer Karriere trug. Innerhalb von drei Wochen erfuhr sie von zwei wichtigen Auszeichnungen,

die sie erhalten hatte: den von der Poetry Society of America alljährlich »für das herausragende Gesamtwerk eines Dichters« verliehenen Shelley Memorial Prize und den alljährlich von der Columbia
University verliehenen Pulitzerpreis für den besten im vorausgegangenen Jahr veröffentlichten Gedichtband.

Den Pulitzerpreis hatte Sexton schon seit Jahren im Visier; Dr.
Orne hatte sie einmal anvertraut: »Ich habe mir überlegt, ich
schreibe ein Buch und laß es liegen, und wenn ich sterbe, kann es
postum veröffentlicht werden, und natürlich wird es dann den
Pulitzerpreis kriegen. – Ich will ihn für wenn ich tot bin genauso-
sehr, wie wenn ich noch lebe!« Die Neuigkeiten machten sie überglücklich. Auch Kayo war schrecklich stolz, erinnerte sich Joy:
»Daddy kaufte ihr tollen Champagner und Blumen – es war einer
der Erfolge, an denen er wirklich Anteil nahm.« Max kam und Joan
Smith und Sandy und Les Robart und Rita und Karl Ernst und
andere Gratulanten, deren Gefühle um so tiefer waren, da sie ja die
unsicheren Anfänge dieser märchenhaften Verwandlung einer Hausfrau aus der Vorstadt in eine berühmte Dichterin miterlebt hatten.
In einem seltenen Anfall von Herzlichkeit schickte sogar Annes
Schwester Jane Grüße: »Nach mehreren Versuchen anzurufen, waren wir der Meinung, daß Du die Popularität und die Reklame
verdienst, die Du nur via Western Union bekommen kannst. Viele
Glückwünsche von uns beiden, es ist toll, mit einer Berühmtheit
verwandt zu sein.«

Obwohl mit dem Pulitzerpreis keine große Preissumme verbunden war (fünfhundert Dollar; der Shelley-Preis war mit einer mehr
als dreimal so hohen Summe ausgestattet), verlieh er einem in der
Tat den Status einer Berühmtheit oder bestätigte ihn vielmehr.

Unmittelbar nach der Verkündung des Preisträgers erhielt Sexton
Anfragen von Lesungsagenturen. Innerhalb von zwei Wochen teilte
sie Redpath, ihrer bisherigen Agentur, mit, daß sie mehr Honorar
fordere und keinen Vertragsabschluß akzeptieren werde, der ihr
nicht eine Nettoeinnahme von siebenhundert Dollar pro Lesung
garantiere. Sie ließ die Agentur auch wissen, daß sie von nun ab
zusätzlich von einer zweiten Agentur betreut werde, dem American

Program Bureau. Tatsächlich hatte die Redpath Agency in den vier Jahren seit der Erteilung des Auftrags wenig für sie getan, und sie hatte erfolgreich selbst über Termine verhandelt, hatte persönlich mit Colleges und Universitäten korrespondiert und sich immer höhere Honorare erkämpft. Am Ende ihres Lebens gehörte sie in Amerika zu den Dichtern mit den bestbezahlten Lesungen und orientierte sich mit ihren Forderungen an den James Dickey gezahlten Honoraren.

Sowohl der Pulitzer-Preis als auch der Shelley-Preis waren Sexton zum Teil zwar für ihren gerade erschienenen Band *Live or Die* zuerkannt worden, sie waren aber auch eine Würdigung ihres dichterischen Gesamtwerks. Im Verlaufe des Jahrzehnts, seitdem sie mit dem Schreiben begonnen hatte, hatte ihr Werk in den Augen von Kollegen, Institutionen und vielen Lesern besondere Bedeutung erlangt. Diese Ehrungen wirkten sich zwar nicht unmittelbar auf den Absatz ihrer Bücher aus – in dem Jahr, in dem sie den Pulitzerpreis erhielt, wurden 6640 Exemplare von Anne Sextons Büchern verkauft –, aber sie bestätigten die neue Richtung, die sie mit ihrer Kunst eingeschlagen hatte.

Die Kritiker von *Live or Die* hatten die offeneren Versformen Sextons beklagt, die genau kalkulierten formalen Effekte ihrer ersten beiden Bücher vermißt und daraus den Schluß gezogen, daß die Dichterin zu stark mit sich selbst beschäftigt sei. Die Kritiker wußten jedoch nichts von den künstlerischen Absichten, die hinter diesen Veränderungen standen. Seit Gedichten wie *Flee on Your Donkey* (Flieh auf deinem Esel), *Consorting with Angels* (Beratung mit Engeln), *Wanting to Die* (Sterben Wollen) und *The Addict* (Süchtig) hatte Sexton viel Mühe auf die Dichtung als gesprochene Kunst verwandt. In zunehmendem Maße arbeitete sie mit der Stimme als Medium eines Gedichts; sie rang darum, Gefühle in Wortassoziationen zu verwandeln, während ihre Finger über die Tasten der Schreibmaschine glitten und Wörter zu emotionalen Rhythmen gruppierten (so wie sie ein Jahr zuvor im Gespräch mit den Interviewern von NET auf ihre Gewohnheit, zu Musik zu schreiben, verwiesen hatte). Was dabei herauskam, waren Monologe. Das, was die Kritiker ratlos machte, wenn sie es zwischen zwei Buchdeckeln fanden, hätte sie bei einem veröffentlichten Aufführungstext mit Regieanweisungen für Stimmen und hinzugefügten Pausen vielleicht nicht überrascht.

Sextons eigene Lesungen waren ein bewußt eingesetztes Transportmittel dieser Kunstform. Auf der Bühne strahlte sie eine bezwingende, selbstsichere, betörende körperliche Präsenz aus; ihre rauchige Stimme vermittelte den Eindruck von Verletzlichkeit, der während der gesamten Lesung durch einstudierte Unterbrechungen und Stockungen verstärkt wurde. Die wiederholte Ausstrahlung des NET-Films im öffentlich-rechtlichen Fernsehen (»Kanal 2 sendet mich immer wieder wie Werbung«, sagte sie) vergrößerte in diesem Jahr den Kreis des Publikums bei solchen Auftritten, und der Ruhm brachte ihr Briefe von Möchtegern-Poeten ein. Zu den amüsantesten Briefen, die sich bei Sexton fanden, gehörte eine Anfrage des berühmten Rechtsanwalts Melvin Belli, der zwei eigenhändig abgetippte Gedichte beilegte (und sich für die Tippfehler entschuldigte) und sie bat, sich dazu zu äußern. »Ich kann Ihre Gedichte nur hochschätzen, ich bin außerstande, sie zu kritisieren«, antwortete sie in solchen Fällen großmütig.

Leser, die Sexton nur aus Büchern kannten, mußten den Gedichten selbst eine Stimme geben. Die besondere Stärke des lyrischen Gedichts hat immer darin bestanden, daß es den Leser zu einer einfühlenden Identifikation bewegen kann. Sexton verstand das sehr gut, und das half ihr bei der Bestimmung ihres künstlerischen Standorts. Darüber schrieb sie einmal an Anne Wilder: »Ich bekomme jeden Tag Briefe, die die von Lesern empfundene sogenannte ›Übertragung‹ diktiert hat . . . sie denken alle, ich sei ›gesund‹, habe das, worüber ich schreibe, ›gelöst‹. Ha! Ich weiß also ganz genau, was es heißt, auf dem sogenannten Sockel zu stehen. Einem verlogenen Sockel, den der Leser erfindet (vielleicht, um das tatsächliche Leiden des Schreibens nicht an sich heranzulassen), oder andersherum, um sich eines Leidens zu versichern, das er selber hat.«

Viele Leser Sextons identifizierten sich mit ihrer psychischen Erkrankung. Einen Brief von einem Psychiater hielt sie besonders in Ehren; er schrieb ihr: »Ich finde, daß Ihre Gedichte ungewöhnlich *paläologisch,* ja sogar physiologisch sind. [. . .] Zu einem Verstehen der Sprache psychiatrischer Patienten oder, was das angeht, jedes beliebigen Menschen, kommt man meiner Meinung nach eher durch Mitgefühl als durch ein noch so genaues Erfassen des *mot juste* oder des *bon mot.*« Menschen, die selbst in Behandlung waren, eine hinter sich hatten oder Menschen in Behandlung nahestanden, fanden in Sextons ungeschminkter Darstellung der ihnen gemeinsamen Situation Ermutigung. Ihre Begabung als Geschichtenerzählerin und ihr mutiges Bekenntnis zu dem, was ganz gewöhnlichen Menschen widerfahren konnte, hatten solche Leser schon in der Vergangenheit angezogen, und der Werbeeffekt, den der Pulitzerpreis mit sich brachte, vergrößerte Sextons Leserschaft.

Sextons Publikum beschränkte sich jedoch nicht auf Menschen, die sich auf die eine oder andere Weise mit der »Krankheit« in ihrem Werk identifizierten. Ihre Lyrik ist durchdrungen von der Epoche, die sie durchlebte, als sie zur Frau und Mutter wurde, von der Präsidentschaft Eisenhowers und der sie prägenden Atmosphäre des Konformismus: graue Flanellanzüge für Männer und erzwungene Häuslichkeit für Frauen, kalter Krieg und Atompolitik. In Sextons Werk bietet die psychiatrische Klinik den metaphorischen Raum, in dem die Zwänge des Lebens der Mittelschicht, die vor allem Frauen in den Wahnsinn treiben, artikuliert werden können. Das Zuhause, die Nervenklinik, der Körper: Dies sind die weiblichen Orte in einem gesellschaftlichen System, das den Geschlechtern unterschiedliche Rollen zuweist; und der Theorie des Penisneides zufolge, die in Sextons Milieu hoch im Kurs stand, ist die Frau selbst der Schauplatz dieser Verstümmelung. Wie Sexton es in dem kämpferischen Gedicht an John Holmes ausgedrückt hatte, ist dieser »weibliche Raum« jedoch nicht allein auf Frauen beschränkt, denn

> sometimes in private,
> my kitchen, your kitchen,
> my face, your face.[1]

Indem Sextons Dichtung den Wahnsinn disziplinierte, erfüllte sie zwei einander entgegengesetzte kulturelle Bedürfnisse: nach der Wahrheit über das Gefühl des Krankseins und nach der in gewissem Sinne noch beunruhigenderen Wahrheit über den schwankenden Boden zwischen den Geschlechtern. Dieses Ziel erreichte sie, indem sie sich mit ihrer Stimme an den idealen Leser wandte – auf einen Raum des Verstehens vertraute, in dem sich eine weibliche Sicht der Dinge auf neue Art Gehör verschaffte.

Im Juni war Sextons Hüfte wieder so weit geheilt, daß sie nach New York fahren und an dem Treffen des Leitungsgremiums vom Lehrer-und-Schriftsteller-Projekt teilnehmen konnte, das aus der Konferenz in Long Island hervorgegangen war. Herbert Kohl hatte vom Bildungsministerium der USA Finanzmittel für ein Jahr erhalten, um Pilotprojekte auf den Weg zu bringen, die im September des Jahres an ausgewählten Schulen in New York City, Philadelphia und – mit Sexton und Clawson als Verantwortlichen – in Wayland, Massachusetts, anlaufen sollten. »Warum soll ein so gutes Vorhaben auf innerstädtische Schulen begrenzt bleiben?« hatte Sexton Kohl in Long Island gefragt. »In keiner einzigen Public School ist doch ein Schriftsteller mit einem Stipendium. Warum gehen wir nicht auch in den weißen WASP-Norden von Amerika und schauen, was dort passiert?«

Als die Finanzierung des Projekts bewilligt war, hatte Clawson, zermürbt durch ständige Konflikte mit der Schulleitung, seine Stelle an der Weston High School gekündigt und das Projekt dem Leiter der Schule in Wayland unterbreitet, wo er mit seiner Familie lebte. Er erzählte: »Es wäre für jede Public School ein attraktiver Vorschlag gewesen. Ich hatte einen guten Ruf als Lehrer, und zu der Zeit hatte Anne bereits den Pulitzerpreis erhalten. Und wir boten uns kostenlos an« – das heißt, finanziert durch Kohls Projekt.

Nach dem Treffen der Projektleitung in New York besuchten Sexton und Clawson reihum Sextons literarische Freunde. Sie schauten bei Tony Hecht vorbei, und sie trafen sich mit Howard Moss auf ein paar Drinks im »Algonquin«. Nach Moss' Erinnerung war dies seine erste persönliche Begegnung mit Sexton. »Es war ein herrlicher Frühlingstag; die Türen des ›Algonquin‹ waren zur Straße hin geöffnet. Wir alle tranken etliche Bloody Marys und plauderten eine Weile. Sie begleiteten mich zur Bank ... Es war eine jener netten Begebenheiten, die sich später nur schwer mit Worten wiedergeben lassen. Ich war bezaubert von ihr.« Dieser Eindruck beruhte auf Gegenseitigkeit. Sexton freute sich zu diesem Zeitpunkt über das Zusammensein mit Moss besonders, weil *The New Yorker* ihre neuen Liebesgedichte in schneller Folge angenommen hatte; *Moon Song, Woman Song, For My Lover, Returning to His Wife* und *It Is a Spring Afternoon* hatten sofort Gefallen gefunden. »Sie waren ausgesprochen charmant und distinguiert, und ich hätte gerne noch eine dritte Bloody Mary und noch mehr Lachen gehabt«, schrieb sie in ihrem Dankesbrief.

Sexton lernte auch ihre literarische Agentin Cindy Degener persönlich kennen. Degener hatte die Betreuung Sextons bei der Sterling Lord Agency im Jahre 1964 übernommen, und ihre geschäftliche Beziehung hatte sich zu einer Freundschaft entwickelt, als sie feststellten, daß sie vieles gemeinsam hatten. Das eine war die Flugangst. Das andere war Boston. Degener (eine geborene Sweeney) war Bostonerin irischer Abstammung, und da sie eine erstklassige Ausbildung am Radcliffe Institute absolviert hatte, kam sie Sexton auf die Schliche: Sexton ließ die Plantagenets gern aus, wenn sie, was sie gern tat, ihre Ahnenreihe hersagte. Degeners Humor und ihre großen Erfolge als literarische Agentin nahmen Sexton die Befangenheit, obwohl sie meinte, Degener übertreibe die Karikierung der Vornehmheit ein wenig. (»Ich mag Dich, meine Liebe«, schrieb sie nach ihrem Treffen, »und Boston hat keine schlechte Seite. Es hat nur einfach eine Windseite und eine Leeseite.«)

Bei dieser Gelegenheit übergab Sexton persönlich eine Kopie ihres lange beiseite gelegten Stücks *Tell Me Your Answer True* und bat Degener um Vorschläge zur Überarbeitung und Vermarktung. Der Produzent des NET-Dokumentarfilms hatte Interesse daran bekundet, und Sexton hatte mit Ben Shaktman über eine Wiederaufnahme ihrer Zusammenarbeit gesprochen. Nun hatte der Pulitzerpreis ihren Namen ins Zentrum der allgemeinen Aufmerksamkeit gerückt. Sie wollte die Gelegenheit beim Schopf packen.

Degener war ein Profi, und sie war der Meinung, Sexton könnte tatsächlich für das Theater schreiben, wenn sich entsprechende Möglichkeiten böten. An diesem Tag gab sie Sexton einen Rat: Schreib mehr Stücke, Anne, und überlaß Cindy die Vermarktung. Sexton befolgte ihn und konzipierte innerhalb der nächsten paar Jahre vielleicht drei Stücke, und sie schickte Degener auch mehrere Erzählungen, die Degener jedoch nie unterbringen konnte.

Wie Degener wußte, machte Sexton sich Sorgen über die Aufnahme ihres Werks bei den New Yorker Intellektuellen. Zur Leitung des Lehrer-und-Schriftsteller-Projekts gehörte auch Robert Silvers, ein Gründungsmitglied der *New York Review of Books*. Aus New York mit dem Gefühl zurückgekehrt, daß sie ihr Charisma erfolgreich eingesetzt habe und ihr Preis noch bei allen in frischer Erinnerung sei, meinte Sexton, es sei nun an der Zeit, dieser Zeitung einige Gedichte anzubieten. Nachdem Howard Moss sein Erstleserecht ausgeübt hatte, stellte sie die besten Liebesgedichte zusammen, die er ihr kurz zuvor zurückgesandt hatte, und schrieb Silvers, die *New York Review* werde vielleicht *The Interrogation of the Man of Many Hearts* (Verhör des Mannes der vielen Herzen) zu lang finden, da sie aber »die in der Intelligenzija am weitesten verbreitete Literaturbeilage« [. . . sei], »möchte ich natürlich in ihr erscheinen«. (Silvers lehnte ab.)

Sie nutzte den Aufwärtstrend nach dem Erhalt des Pulitzerpreises auch dazu, sich beim National Endowment for the Arts (NEA) um ein Stipendium zu bewerben, und fügte ihrer Bewerbung Referenzen von Dudley Fitts, Robert Lowell und Louis Untermeyer bei. Sie bat um 20 000 Dollar für die Arbeit an einem neuen Gedichtband. Interessanterweise behauptete sie Kollegen gegenüber, *nicht* an Gedichten zu arbeiten. »Herrgott, ich wünschte, ich könnte etwas schreiben«, schrieb sie später im gleichen Jahr an Philip Legler. »Bin schon so lange blockiert . . . bloß ein Gedicht seit der Hüfte.« In Wahrheit hatte sie nach dem Unfall sieben Gedichte geschrieben, die alle von heimlichen Liebesaffären handelten; viele davon sollten demnächst im *New Yorker* abgedruckt werden. Sie wollte jedoch versuchen, ihrem Ruf als verrückter Dame gegenzusteuern, und »die Hüfte« sollte ihr künftig als gesellschaftlich anerkannte Rechtfertigung dafür dienen, wenn sie etwas Unbequemes nicht tun konnte. Die Hüfte wuchs nicht mehr richtig zusammen; sie hinkte den Rest ihres Lebens ein wenig.

Mit der Bewerbung beim NEA hatte Sexton keinen Erfolg, aber zumindest war sie wieder aktiv. In Vorbereitung auf die Lehraufgaben, mit denen sie und Clawson im September beginnen sollten, fing sie an, Tagebuch zu führen. Das war Neuland für sie, wie sie in ihrem ersten Eintrag vom 16. Juni befangen notierte. »Die Vorstellung eines Tagebuchs gefällt mir nicht. Ich fürchte, alle meine Schwächen werden darin sichtbar. Es ist nicht diszipliniert genug. Ein Gedicht hat mehr Regeln, innere oder äußere. [. . .] Ich, die ich, wie es heißt, so wahrheitsgetreu über mich schreibe, so offen, bin so offen gar nicht.« Da sie jedoch zu der Auffassung gelangt war, daß sie selber ein wenig Übung in einer Aufgabe brauche, die sie den Schülern stellen wollte, führte Sexton in jenem Sommer wenigstens sporadisch dieses Tagebuch. Ein weiterer Beweggrund dafür war, daß sie wußte, es würde auch andere Leser haben, denn Herbert Kohl plante, die Tagebücher von allen Lehrern und Schülern einzusammeln.

Ein paar Monate nach dem Erscheinen von *Live or Die* in den Vereinigten Staaten kam der Band auch in England auf den Markt. Sexton war enttäuscht, als die Poetry Book Society ihn nicht auf die Liste der von ihr empfohlenen Bücher setzte, und bestürzt über die schlechte Aufnahme in der englischen Presse. Jon Stallworthy, ihr britischer Verleger, spielte das Negative herunter. »Ich weiß, wie Sie sich mit diesen grausamen Rezensionen fühlen müssen, und wenn ich nicht die Stimme verloren hätte (während einer Lesung versus Kingsley Amis), würde ich einen Brief diktieren und erklären, warum einige Lyrik-Rezensenten auf dieser Seite des Atlantiks im Augenblick so angriffslustig sind«, schrieb er beschwichtigend. »Es sollte Sie trösten, daß die erste Auflage Ihrer *Selected Poems* bis auf

50 Exemplare verkauft ist.« Noch tröstlicher war die ausgezeichnete Besprechung von Alan Ross, die gerade im *London Magazine* erschienen war und die Stallworthy ausschnitt und dem Brief beilegte. »Jeder, der einen Zusammenbruch erlebt, weiß auch, daß es unmöglich ist, ihn zu beschreiben«, hob Ross an. »Wenn man die Worte endlich findet, ist man bereits halb geheilt, und das ist dann eine völlig andere Situation.« Seine Besprechung widmete sich mit besonderer Sorgfalt Sextons künstlerischer Erforschung solcher neurotischer Gemütszustände, die hauptsächlich theatralischer Natur waren. »Doch trotz allem, womit diese Gedichte befrachtet sind, gehen sie fast nie unter, denn sie tragen das Gewicht ihrer eigenen Überzeugung ohne poetischen Kraftaufwand«, bemerkte er. »Diese Gedichte haben viel zu geben, denn sie sind das Produkt eines starken, originellen Denkens und einer einnehmenden dichterischen Persönlichkeit.«

Sexton war dankbar für dieses Lob. *Live or Die* war bewußt zu einem Zeitpunkt veröffentlicht worden, der seiner Autorin Aufmerksamkeit auf dem fünftägigen Internationalen Lyrikfestival sichern sollte, das alljährlich mit Unterstützung der Poetry Book Society und des Art Council von Großbritannien in London ausgerichtet wurde. Sie war von Ted Hughes, einem der Organisatoren, eingeladen worden, ihre Arbeit dort vorzustellen, und sie hatte mit Freude zugesagt, denn hier bot sich eine Gelegenheit, ihre Arbeit im Rahmen eines internationalen Forums zu präsentieren. Doch George MacBeth gegenüber klagte sie: »Meine Rezensionen in London sind nicht der Rede wert. Wie kann ich da erhobenen Hauptes auftreten?«

Trotzdem reiste sie am 11. Juli mit großem Troß, zu dem auch ein Rollstuhl gehörte, nach London ab. Es war ihr gelungen, für die Reisekosten eine Vielzahl von Quellen anzuzapfen und für sich selbst und Lois Ames, ihre Begleiterin, Plätze in dem Flugzeug zu ergattern, mit dem auch Anthony Hecht reiste. Die drei, Sexton im Rollstuhl sitzend, plauderten in der Abfertigungshalle, als Sextons Name durch den Lautsprecher geplärrt wurde. Ein Fotograf ließ sie ausrufen; er wollte Publicityfotos. Sie bedrängte Hecht, sich eben-

falls aufnehmen zu lassen, was unter den Passagieren ziemlich viel
Aufsehen erregte. »Erst später kam mir der Gedanke, daß Sexton
das selber eingefädelt hatte!« erinnerte sich Hecht. »Ich habe sie
wegen dieses Vorfalls zur Rede gestellt, und sie hat es nie ausdrücklich geleugnet. Anne hat sich, glaube ich, nie richtig von dem
Pulitzerpreis erholt; sie meinte wohl, er bedeute, von diesem Zeitpunkt an müsse jedermann Notiz von ihr nehmen.«

Für die an dem Festival teilnehmenden Dichter waren im »69
Hotel«, unweit von Queen Elizabeth Hall, Zimmer gebucht worden. Sexton fand das ausgesprochen komisch. »Was tut man in
einem solchen Hotel, wenn man die einzige Frau auf der Konferenz
ist? ›69 Hotel!‹ Wissen die denn nicht, daß ich eine gebrochene
Hüfte habe?« In Wahrheit war sie nicht die einzige Frau. Bella
Akmadulina, die russische Dichterin, sollte am gleichen Abend wie
Sexton lesen (im letzten Augenblick erhielt sie keine Reisegenehmi-
gung), und die österreichische Dichterin Ingeborg Bachmann war
ebenfalls eingeladen.

Ursprünglich war geplant, daß Sexton auf dem Internationalen
Lyrikfestival nur einmal auftreten sollte, doch als John Berryman am
Tag seiner Lesung nicht erschien, wurde das Programm in letzter
Minute geändert, und nun sollte sie statt seiner am Eröffnungsabend
gemeinsam mit Pablo Neruda und W. H. Auden auftreten. Drei
Abende darauf las sie noch einmal. Als sie beim Friseur unter der
Trockenhaube saß, schrieb sie Kayo von dieser Wendung der Dinge:
»Tony [Hecht] und ich kriegen nur einen kurzen Auftritt (10
Minuten) – wir sind wohl nicht sehr bedeutend. Meine Lesung (13
Minuten) vorgestern war nicht so gut wie sonst. Kein Vergleich.
Auden saß mit finsterem Gesicht hinter mir und war wütend über
die ausländischen Dichter, die zuerst drankamen und kein Ende
fanden. Für lausige 13 oder 10 Minuten ist die Reise die reinste
Hölle.«

Sextons erste Lesung war vielleicht kurz, aber für viele unvergeß-
lich. »Auden ärgerte sich sehr über Anne, weil sie die ihr zugestan-
dene Zeit weit überschritt«, erinnerte sich Jon Stallworthy. »Er war
ein richtiger Profi und erwartete, daß wir auch *ohne* Bücher genau

rezitieren und nach dem zweiten Gedicht aufhören würden. Sie überzog, und er nahm mehrmals seine dunkle Brille ab und schwenkte sie herum und gestikulierte irritiert und wurde immer wütender.« Auch Stallworthy war über Sextons Benehmen auf der Bühne beunruhigt. »Ich vermute, sie nahm damals irgendwelche Medikamente. Sie trank auch zuviel.« Seiner Erinnerung nach war ihr ganzes Auftreten für das englische Publikum »unpassend«: »Als Anne fertig war, legte sie das Buch hin, breitete die Arme weit aus wie ein Popsänger, der sein Publikum umarmt, und warf den Zuhörern eine Kußhand zu, und das in einem Saal, der meiner Schätzung nach ungefähr zweitausend Menschen faßte – die sahen einander ungläubig und entsetzt an. Es war grotesk und die unpassendste Geste, die ich je auf einer Dichterlesung gesehen habe.« Hecht erinnerte sich ebenfalls an das Aufsehen, das Sexton erregte. »Ja, klar, sie war sensationell, und am nächsten Tag wurde sie deshalb in der Presse heftig angegriffen. Aber sie war die *einzige* unter den Dichtern, die bei der Presse Beachtung fand. Klagegeschrei hin oder her, sie machte die Schlagzeilen.«

Sexton war in dieser Woche von den Stars aus der Welt der Dichtung umgeben. Neben Neruda – ihrem Helden, seitdem James Wright sie auf sein Werk aufmerksam gemacht hatte – waren Allen Ginsberg und John Berryman da, die sie immer schon mal kennenlernen wollte, außerdem Stephen Spender, den sie seit 1960 in Brandeis nicht mehr gesehen hatte. Da fast alle im gleichen Hotel untergebracht waren, muß sie viele neue Bekanntschaften geschlossen haben. Aber Sexton hatte – zumindest in ihren Briefen – nicht viel über »all die in einem Saal zusammengepferchten Egos«, wie sie sich ausdrückte, mitzuteilen. Die einzigen Dichter, mit denen sie auch später ein wenig korrespondierte, waren Nathaniel Tarn, George MacBeth und der israelische Lyriker Yehuda Amichai.

Während ihres Aufenthalts in London nahm George MacBeth ein Interview mit Sexton auf, das zu einem späteren Zeitpunkt in der BBC gesendet werden sollte. Bei dieser Aufzeichnung dichtete sie die Geschichte ihrer Entwicklung zur Künstlerin ein wenig um, vielleicht in der Hoffnung, gewisse britische Mißverständnisse darüber, wieviel sie Robert Lowell verdanke, auszuräumen: Sie sagte kein Wort über all die Jahre im Workshop von John Holmes und behauptete, erst nach der Fertigstellung von *Bedlam* zu Lowells Seminar hinzugestoßen zu sein. Strategisch eingesetzte Unwahrheiten waren natürlich ein Element ihrer Lyrik, daher meinte sie vielleicht, es sei legitim, sie auch in ihre Selbstdarstellung vor einem an Lyrik interessierten Publikum einfließen zu lassen. (Als sie später eine Niederschrift des Interviews las, sagte sie zu D. M. Thomas: »Es liest sich ganz wunderbar, obwohl es an einigen Stellen absolut nicht stimmt. Ich bin ja dafür bekannt, daß ich lüge, und ich bleibe nie unter meinem Niveau.«) »Tatsachen«, sagte sie im Gespräch mit MacBeth, »sind ganz unwichtig, sie sind nur dazu da, daß man an den emotionalen Gehalt eines Gedichts glaubt . . . Ich kann jedes Gefühl fühlen«, fügte sie nachdenklich hinzu, »und darüber schreiben. Ich muß nicht autobiographisch sein.«

MacBeth bat sie, ein Gedicht aus *Live or Die* zu lesen, das er bewunderte, *The Addict.* Es endet so:

> *What a lay me down this is*
> *with two pink, two orange,*
> *two green, two white goodnights.*
> *Fee-fi-fo-fum —*
> *Now I'm borrowed —*
> *Now I'm numb.*[2]

Dieses Gedicht, sagte sie, zeige genau, worum es ihr gehe. »Meine Freunde behaupten, das sei ein grausames Gedicht, weil die Sucht so selbstzerstörerisch sei: ›Du gehst mit deiner Sucht hausieren!‹ Ich sage: ›Halt mal — geht nicht jeder Süchtige mit seiner Sucht hausieren?‹ Er zeigt auf sie und sagt: ›Schaut her, ich bin süchtig.‹« Sie formulierte es noch einmal anders: »Ich will sagen: ›Hallo, ihr alle. Das hier ist mein Ding. Nun schaut zu. Nehmt teil daran.‹ Was ziemlich exhibitionistisch von mir ist, aber denkt daran, ich mache nicht allzuviel Wirbel um das Ganze. Damit will ich sagen,

›Ich bin nur ein ganz kleines Problem‹ – und meine damit sogar meine Krankheit insgesamt. Denn immerhin *bin* ich ja verrückt.«

MacBeth, der Sexton so viel Glauben schenken wollte wie nur möglich, machte an dieser Stelle einen interessanten Einwand: »Ich habe den Eindruck, daß Ihre Gedichte im Grunde nicht autobiographisch, sondern vielmehr moralisch sind. Will sagen, Sie beschäftigen sich mit Extremsituationen, aber Sie geben einen Hinweis, wie man sich in ihnen verhalten sollte. In diesem Gedicht sagen Sie ja, das Wichtigste dabei sei, nicht zu viele Probleme zu machen.« Sexton akzeptierte diese wohlwollende Interpretation, tatsächlich ging es ihr jedoch um etwas ganz anderes. Ihre Lyrik ist *die Stimme* der Extremsituation, und in *The Addict* schließt dies die Taktik mit ein, mit der die Sucht angesichts der moralischen Verurteilung ihren Fortbestand zu sichern versucht. MacBeth spielte gewissermaßen die Rolle des »Mitabhängigen«: Die Sucht ist schon okay, wenn der Süchtige nur nicht zu hohe Wellen schlägt. Sextons Gedicht verabreicht aber eine noch stärkere Dosis: Die Süchtige wird alles sagen, um dich dazu zu bringen, ihr zu folgen. Denn schließlich ist sie verrückt.

MacBeth und Sexton machte das Interview Spaß. Anschließend trieb es sie hinaus auf die Straßen von London; sie gingen in eine Kneipe, um zur Ruhe zu kommen, blieben sitzen, dann trieb es sie weiter zum Essen und danach zu Sextons Hotel zurück und einander in die Arme. Sie kamen in Sextons Zimmer an und fanden dort Lois Ames vor, die im zweiten Bett schlief. Nur wenig beeindruckt, schliefen sie miteinander. »Dies gab der Sache eine zusätzliche exzentrische Dimension«, erinnerte sich MacBeth lachend.

»Lois Ames war zu der Zeit wie Annes Schatten; anscheinend war es für Anne unverzichtbar, jederzeit einen Engel bei sich zu haben, der über ihre Taten Buch führte. Die Biographin, die im Bett daneben schlief! Aber wenn ich daran zurückdenke, dann war nichts besonders Fragwürdiges oder à la Sechziger dabei, es saßen keine Horden von Leuten drumherum und rauchten Hasch. Und dann kam es ihr immer darauf an, als auffällige Person zu erscheinen, etwas von sich zur Schau zu stellen, was andere Menschen nur im kleinen Kreis ausbreiten würden, wenn Sie verstehen, was ich meine. Ich spüre das in mir selber auch – vermutlich haben wir deshalb so aufeinander reagiert. Diese Extravaganz: Man weiß, daß man zu weit geht, aber man tut oder sagt es trotzdem.«

MacBeth gab zu, daß Sexton ihn aufgewühlt hatte. »Hinterher schrieb ich ein Gedicht über Anne, die nach Amerika zurückflog – ein bißchen ritualisiert, vielleicht im engeren Sinne kein persönliches Liebesgedicht, vielleicht ein Gedicht über einen Gemütszustand. Als die *Love Poems* herauskamen, sagte sie einmal, darin sei auch ein Gedicht für mich, doch sie sagte nicht, welches. Ich habe das ganze Buch gelesen, konnte aber nie herauskriegen, welches es war. Ich habe oft gedacht, daß sie vielleicht gelogen hat.«

Übertreibung war ebenfalls das Motto der Begegnungen Sextons mit Michael Bearpark, ihrem alten Freund aus der Junior High School, der nun Psychiater war und eine Praxis in York hatte. Er kam mit dem Auto aus dem Norden herunter, um einen Abend in der Stadt mit ihr zu verbringen, und sie aßen im »Rules« zu Abend, einem Restaurant in der Nähe von Covent Garden, das Prinz Charles und seine Freunde Ende des neunzehnten Jahrhunderts regelmäßig besucht hatten. »Anne war in einem labilen Zustand«, erinnerte sich Bearpark. »Als wir bei der Suppe waren, fragte sie mich immer wieder über meine sexuellen Vorlieben aus. [. . .] Das alles war für mich und für den um uns herumscharwenzelnden Kellner ein bißchen traumatisch.« Nach dem Essen fuhren sie in einen Pub in Chelsea. »Auf dem Rücksitz des Taxis küßten wir uns, und der leicht säuerliche Geschmack ihrer Lippen erinnerte mich an die spielerischen Küsse vor so vielen Jahren.« Das freundliche Zusammentreffen endete jedoch mit einem beunruhigenden Mißklang. Nach der Ankunft in ihrem Hotel bat Sexton Bearpark, bei ihr zu bleiben, »bis sie zu Bett gegangen war und ihren fast tödlichen Cocktail von Beruhigungsmitteln eingenommen hatte«, der ihn als Arzt in Schrecken versetzte. Es war »eine außerordentlich hohe Dosis und eine unorthodoxe Mischung aus stärkeren und schwächeren Tranquilizern, Antidepressiva und Barbituraten«, stellte er fest. »Sie schien sie wahllos einzunehmen.«

Am folgenden Tag sollten Sexton und Lois Ames nach Hereford-shire fahren und D. M. Thomas aufsuchen, einen jungen Dichter, mit dem Sexton Briefe ausgetauscht hatte. Nicht gewöhnt, auf der »falschen« Seite zu fahren, kamen sie weit vom Wege ab, so daß Michael Bearpark, der sich bei Thomas mit ihnen treffen wollte, schon zwei oder drei Stunden vor ihnen dort angekommen war. »Es war vielleicht indiskret, aber ich hatte ihm vorher den Tip zu geben, Gin für sie im Haus zu haben; ich wußte, daß sie ein paar steife Drinks erwarten würde.«

Thomas war ein »vor Energie strotzender Bär von einem Mann, mit krausen Haaren«, erinnerte sich Ames. Der junge Schriftsteller, dessen veröffentlichte Gedichte ungefähr »ein Drittel eines Bandes« ausmachten, unterrichtete an einem Frauencollege; später sollte er mit seinem Roman *Das weiße Hotel* Ruhm und Anerkennung finden. Als er Sexton im Jahre 1966 schrieb, berichtete er ihr, wie nahe seinen Studentinnen Gedichte wie *Unknown Girl in the Maternity Ward* (Unbekanntes Mädchen auf der Entbindungsstation) und *The Fortress* (Die Festung) gegangen seien, und fügte hinzu – es war Musik in ihren Ohren –: »Es gibt auf der ganzen Welt keinen Dichter, keinen Graves, keinen Auden, keinen Lowell, auf dessen zukünftige Arbeiten ich so gespannt bin wie auf Ihre.«

Als Sexton und Ames endlich angekommen waren und die Fla-sche Gin geöffnet war, verlief der Abend sehr angenehm. Sexton las ein paar ihrer Gedichte. »Ich bewunderte ihren Mut als Künstlerin: Sie scheute sich nicht, ihr eigenes Leben als Material zu benutzen«, erinnerte sich Thomas. »Es entsprach so gar nicht den englischen Konventionen von Anstand und gutem Geschmack. Ich hielt es für ein Ideal, das man anstreben sollte. Das Gesunde an ihrem Schreiben war für mich viel auffälliger als das Verrückte. In diesen frühen Gedichten sah ich einen Anklang an die Stimme bei Robert Frost – diese Art Ruhe, ein neuenglischer Zug, der beiden gemeinsam war. Humor mit einem zugrundeliegenden Ernst.«

Nachdem Bearpark sich verabschiedet hatte, fuhr Thomas die

Frauen »zu einem kleinen schwarz-weißen Dorf namens Woebly, zum ›Unicorn Inn‹«, wo er, wie versprochen, für sie das Zimmer hatte reservieren lassen, in dem, wie er (fälschlicherweise) meinte, Rilke im Jahr vor Sextons Geburt übernachtet hatte. Sexton bat ihn mit herauf. »Sie sagte, ich solle wegsehen, während sie sich auszog und ihr Nachthemd anzog, dann durfte ich mich umdrehen und sie anschauen. Es war großartig – sie sagte: ›Das hab ich mir vom Pulitzerpreis gekauft.‹« Sie unterhielten sich noch ein paar Minuten, dann zählte Sexton ihre Tabletten ab. »Sie sagte: ›Bitte bleiben Sie noch, in dreißig Sekunden bin ich eingeschlafen.‹ Und nach dreißig Sekunden war sie wirklich eingeschlafen. Was mich beeindruckte«, fügte er hinzu, »war das Theatralische an diesem Gutenachtsagen, die feine, untergründige Erotik, die darin lag. Sie würde die schlafende Schönheit im Dornröschen-Märchen sein.« Am folgenden Tag chauffierte Thomas' Kollege Tony Riding Sexton und Ames durch die angrenzende Grafschaft. Bei einem Schloß in Shropshire hielten sie an und wollten sich ein wenig umsehen, doch Sexton fühlte sich zu schwach, um zu laufen. Zu Thomas sagte sie: »Meine Beine sind besser als Schlösser und Steine.« Dann sagte sie: »Ich möchte Ihnen das hier geben« – und holte ein Blatt Papier heraus und schrieb es auf. »Ich habe es aufbewahrt und später einmal als Anfangszeile in einer Elegie verwendet.« Am Abend hielten sie an einem Pub auf dem Lande an, in dem Sexton »den Spielautomaten fütterte und im ganzen Lokal für gute Stimmung sorgte. Und über den Tod und Gedichte sprach. Und freimütig und freundlich war und einem jungen Dichter gegenüber sehr entgegenkommend«, erinnerte sich Thomas. »Die ganze Zeit über, die ich mit ihr verbrachte, war sie guter Dinge; es machte Spaß, mit ihr zusammenzusein. ›Lebe oder stirb, aber vergifte nicht alles‹: Das war das Motto, nach dem sie lebte.« Riding fuhr sie wieder ins »Unicorn«, Ames saß auf dem Beifahrersitz. »Ich saß hinten neben Anne, und wir gaben uns einen leidenschaftlichen Kuß«, sagte Thomas. »Ich dachte: Wow! Ich habe Sexton geküßt!«

Thomas konnte sie auf der letzten Station der Reise nicht begleiten, die nach Devon führte, »wo Lois adlige Verwandte hat«, wie

Anne Kayo berichtete, und wo sie zum Essen mit Ted Hughes verabredet waren. Ames würde die Gelegenheit haben, Court Green zu sehen, das Haus und die Umgebung, die Plath in so vielen Gedichten verarbeitet hatte. Ames muß sich unglaublich taktvoll verhalten haben, denn Hughes schrieb später an Sexton, daß bei ihrem Besuch »das generelle Unbehagen, das ich Mrs. Ames gegenüber verspürt hatte, vollkommen verschwunden« sei. Im Gegenzug hoffte er, Sextons Enttäuschung über die kritische Aufnahme ihres Werks in England etwas mildern zu können. Da er wußte, daß sie unter den schlechten Rezensionen litt, wollte er sie aufmuntern und schrieb, keine Sorge, gute Rezensionen sind schlecht für Dichter. Er listete einen ganzen Katalog von Schäden auf, die positive Besprechungen anrichten können: »Sie führen leicht dazu, daß man sich in seiner Eitelkeit bestärkt fühlt – es sei denn, sie loben etwas, was man selber nicht mag. Ferner führen sie dir die eigenen Vorzüge bewußt vor Augen – so als würde man ein Kind für seine natürliche Anmut loben. Ferner erzeugen sie untergründig Widerspruch: Beifall ist der Anfang von Mißbrauch. Ferner untergraben sie deine eigenen anarchischen Freiheiten – indem sie dich in die Regierung wählen. Ferner entfremden sie dich von deinem Teufel, der es haßt, beobachtet zu werden, und nur inkognito beglückt arbeitet.« Obwohl Sexton diese guten Ratschläge über ihrem Schreibtisch aufhängte, sollten sie sich leider immer stärker auf sie beziehen lassen.

Einen Nachhall dieser Begegnungen mit britischen Dichtern spürte Sexton noch auf der anderen Seite des Atlantiks. D. M. Thomas drückte noch einmal seine Ergebenheit aus, indem er sie in einem Brief, den er mit »vorübergehende Schmeichelei« unterschrieb, selbst zitierte: »Du Verrückte, du bist ›so lecker wie ein Schokoladenriegel‹, ganz abgesehen davon, daß Du meiner Meinung nach eine der besten Dichterinnen der Welt und dazu bestimmt bist, eine ganz Große zu werden.« George MacBeth schickte ihr einen Liebesbrief, als sie noch im Flugzeug saß, und ein paar Tage später ein Gedicht, das von diesem Brief inspiriert war: *A Threnody, for Nefertiti in the Caravelle.* (Jon Stallworthy hatte Sexton in der Öffentlichkeit als »Nofretete von Neuengland« bezeichnet.)

Sexton schwärmte dafür, angeschwärmt zu werden, aber die Reise hinterließ bei ihr einen leicht schalen Nachgeschmack, den sie auch durch glühende Beteuerungen nicht los wurde. Sie hatte gelitten; sie war durch die schlechte Presse in ein grelleres Licht gerückt worden, als ihr lieb war; sie fühlte sich durch die Atmosphäre der Ernsthaftigkeit, die die Arbeit vieler auf dem Festival vertretener Dichter umgab, »erniedrigt«; und sie war ein wenig zu oft betrunken gewesen. Ihr Trübsinn schlug sich in einem Brief nieder, den sie kurz nach ihrer Rückkehr an einen Verehrer schrieb, der sie schalt, weil sie so sehr auf Anerkennung aus sei. »Im Moment {bin ich} voller Selbstzweifel, bin gerade aus England zurückgekommen & habe dort meist Dichter gehört, die viel besser schreiben als ich. Denen schreibe ich nicht und bitte sie, mir zu bestätigen, daß ich eines Tages gut sein werde. Das ist etwas, was man allein macht − *den ganzen Weg allein.*«

Anne und Kayo unternahmen im ausgehenden Sommer Wochenendreisen zu Freunden nach Cape Cod und besuchten Joy an ihrem Ferienort in einem Reiterhof in New Hampshire. Linda war am gleichen Tag, an dem Anne aus England gekommen war, aus einem anderen Camp ebenfalls nach Hause zurückgekehrt − ihre Mutter hatte darauf bestanden. Anne konnte sich zwar leicht mit Joys Abwesenheiten abfinden, wenn Linda das Haus verließ, litt sie jedoch jedesmal sehr. »Gestern abend habe ich in Daddys Armen geweint«, hatte sie Linda im Juli geschrieben. »Er sagt, ihm fehlst Du auch, und zwar sehr, aber ich müsse mich daran gewöhnen, daß Du wegfährst. Du bist so sehr ein Teil dieses Hauses und meines Lebens, daß es sich anfühlt, als habe man ein großes Stück aus dem Leben herausgeschnitten.«

Im Sommer reisten Anne und Kayo nur selten; da Kayo ständig unterwegs war, war es für ihn erholsamer, in Weston zu bleiben und Golf zu spielen. Anne verbrachte die meisten Sommertage im Freien, und wenn ihre Freundinnen vorbeikamen, was häufig geschah, fanden im Schatten neben dem Pool ungezwungene Workshops statt. Sie und Max bemühten sich jedoch, sich Zeiten füreinander freizuhalten, nicht nur für die Telefonate am Vormittag, sondern für beinahe tägliche Besuche.

Etwa um diese Zeit fiel Freunden auf, wie ähnlich Kumin und Sexton einander in dem Kleiderstil sahen, der gerade in Mode kam. Sie waren ungefähr gleich groß und hatten die gleiche Figur, breite Schultern und die gleiche dunkle Haut, die im Nu braun wurde. Beide trugen das Haar glatt und hatten wunderbare lange Beine, die sie mit kurzen Röcken betonen konnten. Wie Kumin sich liebevoll erinnerte, war »eine der schönen Seiten an unserer Beziehung die Ungezwungenheit, mit der wir uns gegenseitig unsere Kleider und Schuhe und Handtaschen und Mäntel ausliehen. Für uns zwei reichte wirklich ein Outfit. Ich erinnere mich an ein marineblau-weiß gestreiftes Wollkostüm, das ich schrecklich gern mochte, und Anne ging es ebenso, deshalb mußten wir uns damit abwechseln. Einmal hatten wir sogar das gleiche Kleid und trugen es zusammen wie kleine Bobbsey-Zwillinge.« (Daß die eine auf verblüffende Art und Weise das Abbild der anderen war, hat sich tief eingeprägt; heute noch wollen sich viele Menschen daran erinnern, daß sie überallhin zusammen gingen, obwohl sie in Wahrheit nur selten eine gemeinsame Lesung gaben und beinahe nie zusammen reisten.)

Sexton jedoch stellte in diesem Sommer fest, daß ihre Kleider nicht mehr gut saßen; darüber schrieb sie an Anne Wilder: »Das kommt alles davon, daß ich nur herumliege und Eggnoggs trinke und keinen Schritt zu Fuß gehe.« Sie müßte sich wohl oder übel einen Hüfthalter zulegen, »aber ich wehre mich gegen das Unbequeme und die Vorstellung insgesamt, und so bin ich halt einfach in die Breite gegangen. Gleich drei Kleidergrößen, vor allem am Bauch und ziemlich stark an der Brust und vor allem im runden Gesicht. [. . .] Ich trage lose fallende Hemdkleider und hoffe, daß niemand was merkt.« Kumin erinnerte sich noch, wie überrascht ihre Freundin von diesen Veränderungen war. »Sie fühlte sich überhaupt nicht dick. Sie hatte vermutlich dreißig Pfund oder noch mehr zugenommen. Wir haben nur darüber lamentiert – daß sie immer das dünne Mädchen in dem dicken Mädchen und ich immer das dicke Kind in der dünnen Erwachsenen war. Ich meine, wenn ich in den Spiegel schaute, sah ich eine andere Körperform: Bei mir war es ein Ballon. Wenn sie in den Spiegel schaute, sah sie nicht den Ballon, zu dem sie geworden war, sie sah die dünne Körperform ihres früheren Ichs.«

Wo auch immer, so erinnerte sich Kumin, vermied Sexton körperliche Bewegung. Sie schwamm zwar gern nackt, doch in Kumins Augen (sie war Wettkampfschwimmerin gewesen) war das nicht Sport im eigentlichen Sinne. »Ich wollte sie überreden und hab sie angefleht, auf sie eingeredet und sie unter Druck gesetzt, nur damit sie mal einen kleinen Spaziergang macht; ich hab sie nie auf ein Fahrrad oder ein Pferd gekriegt, obwohl sie einmal auf meinem Pferd Taboo gesessen hat, aber bloß, um sich so fotografieren zu lassen – nur zum Beweis, daß sie es konnte. Nach der gebrochenen Hüfte hatte sie natürlich die perfekte Ausrede: sie konnte nicht laufen.« Und da sie in diesem Sommer einen neuen Job anfangen würde, bei dem sie häufig hin- und herfahren mußte, meinte Kayo, daß sie ein neues Auto brauchte; ihr VW Käfer, das »blaue Juwel«, den sie seit der Rückführung aus Rom im Jahre 1965 gefahren hatte, erschien ihm für den täglichen Gebrauch zu gefährlich. Sie kauften ihr einen neuen roten Cougar.

Am ersten Tag des neuen Schuljahres an der High School von Wayland strömten neben den Schülern auch Journalisten in das Klassenzimmer, da es etwas Neues war, daß ein aktiver Schriftsteller einen Schreibkursus gab. Die Gruppe war auf zwanzig Schüler begrenzt, die täglich für eine Stunde zusammenkommen, aber keinem festen Lehrplan folgen und keine Noten erhalten sollten. Sexton und Clawson legten jeweils an einem Tag, an dem sie bei ihm zu Hause zu Mittag aßen, alle schriftlichen Übungen fest. »Nach dem Unterricht gingen wir in den ›Red Coach Grill‹ und tranken ein paar Gläser und sprachen über den nächsten Tag. Das war unsere Vorbereitung – es war ein reines Vergnügen, ein Luxus.«

Sexton konnte ihre Nervosität im Klassenraum nicht überwinden, und sie nahm Clawson das Versprechen ab, daß er sie keine Sekunde allein lassen würde. Nachdem die Klasse bereits ein paar

Monate zusammen gearbeitet hatte, ging er einmal für einen Augenblick hinaus. »Anne war in Fahrt und machte ihre Sache großartig – alle Fragen gingen an sie, und sie arbeitete wirklich wie eine gute Lehrerin, als ich das Zimmer verließ. Ich kam wieder herein, und da saß sie – in Trance. Als sie mich kommen hörte, hakte es bei ihr wieder ein. Die Kinder waren angespannt. Anschließend sagte sie: ›Ich hab dir doch gesagt – geh niemals aus dem Klassenzimmer raus. Laß mich nicht allein.‹ Ich antwortete: ›Anne, um Himmels willen, du mußt lernen, manchmal allein zu sein.‹ Sie erwiderte: ›Wir sitzen bei dieser Sache in einem Boot.‹«

Die Hausaufgaben für die Klasse drängten auch Sextons eigene Arbeit in eine neue Richtung. Um Anregungen für ihr Schreiben zu bekommen, sollten die Schüler Kurzgeschichten und Romane lesen und darüber diskutieren, so beispielsweise Ralph Ellisons *Unsichtbar* und Sherwood Andersons *Winesburg, Ohio*. Andersons Vorbild regte Sexton dazu an, über Kayos Abenteuer mit einem Elefanten zu schreiben, der ihn in Tansania angegriffen hatte, und darüber, welche Veränderungen dies bei ihm bewirkt hatte. »Die Geschichte von Wing Biddlebaum ist die Geschichte von Händen«, sagte sie zu den Schülern. »Die Geschichte von Kayo Sexton ist die Geschichte eines Elefantenarmbands.« Noch häufiger jedoch ging ihre Arbeit aus einer Diskussion mit den Schülern hervor; ein Gedicht mit dem Titel *The Papa and Mama Dance* (Der Papa-und-Mama-Tanz) begann sie während des Unterrichts und nahm es schließlich in die *Love Poems* auf. (In ihrem Tagebuch notierte sie, daß es darin um Inzest ging, »doch die Schüler haben das nicht kapiert«.) Als sie die Aufgabe stellte, ein Gebet zu schreiben, schrieb sie selber ebenfalls eines, das sie *Turning God Back On* (Gott wieder anschalten) nannte, und danach ein zweites, *Man with a Prayer* (Mann mit einem Gebet). Gewalt, Sexualität, Religion: starker Tobak. Aber Sexton ging es nicht darum zu schockieren, sie wollte Assoziationen in Gang setzen. In ihrem Tagebuch dachte sie über das Problem nach. »Ich bin nicht sicher, wann ich über Bilder sprechen soll. Ich habe Angst davor, die Kinder zu erschrecken. Ich schreibe nur ›phantastisch‹ unter ihre Arbeiten, wenn sie welche benutzen. Ich glaube, Bilder kommen aus dem Unbewußten, und man kann sie nicht erzwingen. Ich konfrontiere sie mit bildhaften Gedichten und hoffe, daß sie auf diese Weise deren Wert selber entdecken. [...] Die frechsten Kinder sind auch die mit der höchsten Intelligenz und dem größten Einfallsreichtum. Sie machen im Unterricht eine Szene, und sie können auch auf dem Papier eine Szene gestalten.«

Die Schulleitung betrachtete das Experiment als gelungen, und es wurde ein zweites Semester finanziert. Sexton arbeitete das ganze Jahr weiter mit Clawson zusammen, doch nach den ersten sechs Wochen begann die Ernüchterung, als ihr allmählich dämmerte, daß es sich nicht einfach um junge Schriftsteller handelte, die sich gemeinsam gegen die Welt verschworen hatten, sondern um Schüler einer Public School, deren Eltern die ehrgeizige Hoffnung hegten, Bildung würde ihren Kindern den sozialen Aufstieg erleichtern. Als im Kurs die Literatur stärker in den Vordergrund rückte, wurde Sexton apathisch. »Ich bin inzwischen passiv geworden und lasse die Stunde einfach laufen. Die Diskussion über *Unsichtbar* hat mich aus dem Konzept gebracht, weil sie zu hoch für mich ist und ich nicht imstande bin, intelligent darüber zu sprechen. Ich erlebe das Buch, aber ich kann es nicht analysieren.«

Das Unterrichten dieses Kurses sollte für Sexton dennoch zwei wichtige Konsequenzen haben. Die eine war ein gewachsenes Vertrauen in ihre Fähigkeiten als Lehrerin. Sie wußte nun, was sie nicht konnte (Literatur unterrichten), aber, und das war entscheidend, auch, was sie konnte – nämlich Teenager zum Schreiben ermutigen, indem sie nach der Workshop-Methode verfuhr, durch die sie selber die handwerklichen Kniffe gelernt hatte.

Ein zweites, kaum vorhersehbares Ereignis war die Formierung einer aus jungen Musikern bestehenden Rockgruppe, die ihre Lesungen begleiten sollte. Sextons Tagebücher geben Aufschluß über den Beginn dieser interessanten Entwicklung. Die Klasse hatte Edward Arlington Robinsons *Richard Cory* gelesen und die musikalische Adaptation des Gedichts durch Simon and Garfunkel gehört. Danach hatte Sexton ihr Gedicht *For Johnny Pole on the Forgotten Beach* (Für Johnny Pole am vergessenen Strand) vorgelesen. Einer der

Schüler, Steve Rizzo, lieh sich nach dem Unterricht *To Bedlam and Part Way Back* aus. Drei Wochen später lud er Sexton und Clawson ein, sich seine Einrichtung von *Johnny Pole, Music Swims Back to Me* (Musik schwimmt zurück zu mir) und *Ringing the Bell* (Die Glocken läuten) für Gitarre anzuhören. Clawson erinnerte sich: »Steve war ein großer, gutaussehender junger Mann, vermutlich einer der besten Football-Spieler, den es in der Schule je gab, aber er hatte keine Football-Mentalität. Viele junge Leute gründeten zu der Zeit Bands. Musikalisch gesehen war Steve ein Primitiver – er konnte keine Noten lesen.« Clawson bat einen Freund, der Berufsmusiker war, den Pianisten Bill Davies, sich anzuhören, wie Sexton zu Steves Gitarrenbegleitung las. Davies war davon angetan, und er erklärte sich bereit, bei der Umsetzung der musikalischen Ideen behilflich zu sein. »Wir fuhren zu mir nach Hause und machten ein paar Aufnahmen, fingen an, einen Sound zu entwickeln.« Am Ende ging aus dem Klassenzimmerprojekt eine herumreisende Kammerrockband hervor, die sich »Anne Sexton and Her Kind« nannte.

Aber das war erst später. Im Herbst 1967 war Sexton ausgebucht, da sie die Lyriksaison im Nordosten nicht verpassen und sorgfältig ausgewählte Lesungen geben wollte, um die höchste Rendite für den Einsatz ihres wertvollen und begrenzten menschlichen Kapitals zu erhalten. Mit George MacBeth hatte sie über ihre Honorare gewitzelt, und im Oktober berichtete er von seiner eigenen Reiseroute. »Ich bin durch die englischen Häuser getingelt, die aus der Portokasse bezahlen, habe für einen Penny pro Sekunde meine alten (langweiligen) Gedichte gelesen und von Dir und Deinen fünfhundert Dollar geträumt.« Die meisten Schulen und Universitäten in den USA bezahlten Lesungen ebenfalls aus der Portokasse und boten Sexton Honorare an, die sich zwischen fünfzig und einhundert Dollar bewegten; solche Lesungen lehnte sie in der Regel ab. Manchmal jedoch war der Veranstaltungsort so renommiert, daß sie auch gegen geringes Honorar oder sogar unentgeltlich las, wie bei der Academy of American Poets im Guggenheim Museum in New York im November, zwei Tage vor ihrem Geburtstag.

Ganz gleich, wie häufig sie in der Öffentlichkeit auftrat, stets erlebte Sexton das gleiche übermächtige Lampenfieber vor einer Lesung und brauchte hinterher mehrere Tage, um sich zu Hause zu erholen. Die Lesungen boten ihr die Chance, Menschen zu begegnen, die sie interessierten, und auch denjenigen, die an ihr Interesse hatten, war damit eine Gelegenheit zum persönlichen Austausch gegeben; dennoch kam dieser in der Regel nicht zustande. Vor ihrem Auftritt im Guggenheim Museum beispielsweise schrieb Sexton an eine junge Dichterin, die sie sehr gern kennenlernen wollte: »Wenn ich Sie anscheinend übersehe, denken Sie bitte daran, daß ich vor und nach einer Lesung sehr aufgeregt bin.« Schon zu Beginn ihrer Karriere hatte sie einmal zu Dr. Orne gesagt, daß sie auf der Bühne, vor dem Publikum, zwar wisse, wer sie sei; anschließend aber, wenn sie von den gleichen Fremden umringt sei, habe sie keine Ahnung.

Mitte November war Sexton vom Unterrichten und Reisen so erschöpft, daß sie einen schon lange vereinbarten Auftritt an der University of Arkansas in Fayetteville absagte. Wie es der Zufall wollte, konnte sie den Freiraum in ihrem Terminkalender, den sie sich durch diese kluge Entscheidung verschaffte, für schöpferische Arbeit nutzen. Dr. Zweizung fuhr mit seiner Familie Anfang Dezember für drei Wochen in die Ferien, und »gone«, »fort«, war auch das Reimwort, das im ersten Gedicht einer Serie mit dem Titel *Eighteen Days Without You* immer wieder erklang:

> *I hibernated under the covers*
> *last night, not sleeping until dawn*
> *came up like twilight and the oak leaves*
> *whispered like money, those hangers on.*
> *The hemlocks are the only*
> *young thing left. You are gone.*[3]

Aus vielen Quellen geht hervor, daß aus Sextons therapeutischer Allianz mit Dr. Zweizung irgendwann nach der Heilung ihrer Hüfte wieder eine sexuelle Beziehung geworden war. Die Szenen, die *Eighteen Days* den Charakter einer Erzählung verleihen, müssen als Produkt eines Phantasieprozesses angesehen werden, der allem schöpferischen Schreiben, vielleicht Sextons Schreiben im besonderen, zugrunde liegt. Trotzdem belegen Sextons briefliche und sonstige Äußerungen, daß sie die darin enthaltenen verschlüsselten Hinweise auf ihre Romanze bewußt eingebaut hat. Dennoch gab nicht die Leidenschaft, sondern die Aussicht auf einen Verlust – noch bevor Dr. Zweizung die Stadt tatsächlich verließ – den Anstoß für ihre Gegenbewegung hin zum Schreibtisch.

Sexton unterrichtete weiter mit Bob Clawson und sprach mit ihm nach dem Unterricht auch über die Manuskripte von *Eighteen Days*. Häufig nahm John Clark an diesen Gesprächen teil, ein Lehrer aus Wayland, den Sexton ebenfalls mochte. Clawson erinnerte sich, mit welcher Erregung er die Gedichte Gestalt annehmen sah. »Sie schrieb damals die *Love Poems*. Einmal sagte sie, ihre Hüfte krachte wie – wie – wie – ›Wie eine Pistole‹, sagten wir. ›Wow, das ist eine tolle Metapher‹, sagte sie. War zwar bloß ein Klischee, aber sie hat es trotzdem reingenommen.«

War sie erst nach Hause und an ihre Schreibmaschine zurückgekehrt, dann konnte Sexton tagtäglich stundenlang selbstvergessen arbeiten. An den Dichter Richard Eberhart schrieb sie glücklich: »Ich habe einen Kreativitätsschub gehabt, der ein ziemlich schlechtes Jahr wettmacht.« Einer Freundin berichtete sie: »Ich stecke mitten im längsten Gedicht meines Lebens, und ich bin so aufgeregt, daß ich bis drei Uhr nachts aufbleibe und mir die Seele aus dem Leibe tippe. Das Gedicht hat nichts mit Krankenhäusern zu tun, es ist ein idyllisches Liebesgedicht. Wenn ich es je zu Ende bringe, schicke ich Dir mal einen Durchschlag.« Sie brachte es zu Ende. *Eighteen Days Without You* wurde zum krönenden Abschluß der *Love Poems*.

1 manchmal im stillen, / meine Küche, deine Küche, / mein Gesicht, dein Gesicht.
2 Süchtig
Was für ein Leg-mich-hin das ist / mit zwei rosa, zwei orangenen, / zwei grünen, zwei weißen Gutenachts. / Fi-fa-fo-fum – / Jetzt bin ich verborgt. / Jetzt bin ich stumm.
3 Achtzehn Tage ohne dich
Ich überwinterte unter den Decken / letzte Nacht, schlaflos, bis die Dämmerung / anbrach wie Zwielicht und die Eichenblätter / wisperten wie Geld beim Warten dort. / Die Hemlocktannen sind als einziges / Junges noch da. Du bist fort.

Anne Sexton als Fotomodell

Die Performance-Künstlerin
1968–1974

Anne Sexton und die Musikgruppe *Her Kind* bei der Probe, von links nach rechts: Steve Rizzo, Sexton, Theodore Casher, Bill Davies, Robert Clawson.

Marian Seldes und M'el Dowd in *Mercy Street*.

Anne Sexton mit ihrer Tochter Linda, 1972.

Oben: Anne Sexton in der Küche.
Rechts: Anne Sexton an ihrem Schreibtisch.

Lois Ames, 1970.

Maxine Kumin mit ihrem Hund Caesar.

Anne Sexton 1974.

Anne Sexton and Her Kind
1968

Eighteen Days Without You war nicht nur das letzte Gedicht, es war auch das beste Gedicht in einem Band, der mit einem neuerlichen Richtungswechsel in Sextons beruflichem Leben einherging. *Love Poems* war ihr erstes Buch, das sie, umgeben von der Aura der Berühmtheit, verfaßt hatte, und »Sexton« war nun ein eingeführter Markenname. Bestimmte Effekte waren Warenzeichen des Produkts, in *The Touch,* das Sextons Lieblingsgedicht in dem Band blieb, werden sie sichtbar:

> *For months my hand had been sealed off*
> *in a tin box. Nothing was there but subway railings.*
> *Perhaps it is bruised, I thought,*
> *and that is why they have locked it up.*
> *But when I looked in it lay there quietly.*
> *You could tell time by this, I thought,*
> *like a clock, by its five knuckles*
> *and the thin underground veins.*
> *It lay there like an unconscious woman*
> *fed by tubes she knew not of.*[1]

Ein Markenzeichen Sextons ist die häufige Verwendung von Vergleichen (»like . . .«). Ein Zweites ist das Strukturprinzip der Wiederholung, die Ansammlung von Assoziationsketten, die sich nicht zu Gedanken ausformen, sondern in surreale Bilder einmünden, während »Ich« besessen den eigenen Körper betrachtet und ihn mit dem Blick in Stücke zerlegt. (»*Nothing was there but subway railings*« – Fingerknochen? Hervortretende Adern?) Ein Drittes ist der Fundus von Metaphern, aus dem das Gedicht schöpft: »*bruise*«, Verletzung, in dieser Strophe, Hunger, Nahrung, Tod und Blut in den anderen. Ein Viertes ist der Tonfall, in dem sich Pathos mit schwarzem Humor vermischt. Zu guter Letzt ist da noch das Sextontypische »Klappern«, das Klopfen und Klirren der Assonanzen: *off-box-locked-looked-clock-knuckles-not of*, um nur eine Spur in diesem Labyrinth der Klänge nachzuzeichnen.

Sexton hatte schon mehrere Gedichte wie dieses geschrieben: Eines davon ist das letzte Gedicht *(Live* [Lebe]*)* aus *Live or Die,* das sie hingeworfen hatte, um den Termin einzuhalten. War das schlechtes Schreiben? Robert Lowell hatte es zu einem früheren Zeitpunkt taktvoll so formuliert: »Man kann nur sagen, daß es Sexton ist und daher wertvoll.« Ein Gedicht wie *Live* erschien einigen überzeugend, wenn Sexton es auf einer Lesung vortrug, und viele zitierten das Credo, mit dem es endete, zum Beweis dafür, daß sie alles in allem doch gesunde Ansichten hatte. Wenn man auf Sexton »stand«, dann mochte man *Live.*

Eighteen Days Without You jedoch war eine Rückkehr zu einer früheren Form. Jeder Tag in der Gedichtfolge hat sein eigenes Schema von Endreimen, die die Verszeilen bruchlos und tröstlich miteinander verkoppeln und die Klänge verdoppeln und verdreifachen. »Wortzauber« nannte das Sexton; die Sprecherin macht ein Wortspiel, das dem von Freud in *Jenseits des Lustprinzips* geschilderten »Fort!-Da!«-Spiel ähnelt, das er bei seinem Enkelsohn beobachtet hatte; das Kind warf abwechselnd eine mit einem Faden umwikkelte Holzspule fort und zog sie dann zu sich zurück, weil es den geliebten Gegenstand wieder bei sich haben wollte. *December 11th* ist ein gutes, kurzes und gelungenes Beispiel für diese Technik:

> *Then I think of you in bed,*
> *your tongue half chocolate, half ocean,*
> *of the houses that you swing into,*
> *of the steel wool hair on your head,*
> *of your persistent hands and then*
> *how we gnaw at the barrier because we are two.*
>
> *How you come and take my blood cup*
> *and link me together and take my brine.*
> *We are bare. We are stripped to the bone*

and we swim in tandem and go up and up
the river, the identical river called Mine
and we enter together. No one's alone.[2]

Sexton stellte *Eighteen Days* auch in einen vielschichtigen Kontext.
Die Perspektive des Gedichts weitet sich allmählich; nach den
privaten Räumen und den Orten der Rendezvous in den ersten
Abschnitten geraten die Daten politischer Morde und militärischer
Schlachten sowie die staatliche Schule für entwicklungsgestörte
Kinder in den Blick. Durch das geschickte Spiel mit Gedenktagen
wird die Intimität ironisiert. In der Welt der voneinander getrenn-
ten Liebenden des Gedichts ereignen sich allenthalben Katastro-
phen, aber nehmen sie auch deren Ausmaß wahr? Für sie hat der
Vietnamkrieg die Größe eines Fernsehapparats, und der Marsch auf
Washington ist ein Karnevalszug. In *Eighteen Days* ist die weibliche
Ich-Figur keine sprudelnde Quelle von Assoziationen, sondern ein
Mensch mit einer Geschichte; wie bei einem Roman werden wir
Zeugen ihres Handelns in einem Bedeutungszusammenhang, des-
sen Umfang sie nicht erkennt, den aber das Gedicht auslotet.

Der Schub kreativer Energie, der *Eighteen Days Without You*
hervorbrachte, ließ im gleichen Winter noch weitere Arbeiten entstehen. Sexton nahm einige wunderbar lyrische Gedichte (*Us* [Wir],
Just Once [Nur einmal]) in die *Love Poems* auf und schrieb dann – eine
vollkommene Kehrtwendung ihres Interesses – ein Gedicht, zu dem
sie durch ein Foto in einer Zeitung angeregt worden war: *The
Firebombers* (Die Feuerbomber). Für dieses neue Thema gab es zwei
konkrete Anlässe. Der eine war Sextons täglicher Unterricht, der sie
intensiver über die gesellschaftliche Funktion von Dichtung nachdenken ließ. Der zweite war, daß sie sich als Mitglied einer Künst-
lergemeinschaft an Protesten gegen den Vietnamkrieg beteiligte.

Der Gedanke, daß es überhaupt eine Gemeinschaft von Künstlern
gab, deren Ansichten über Krieg und Frieden es wert waren, gehört
zu werden, setzte sich während der Eskalation der US-amerikani-
schen Bombardements auf Nordvietnam im Jahre 1965 durch, im
Verlauf der als Operation Rolling Thunder bezeichneten militäri-

schen Aktion. Es gab die realen Bomben, und es gab das idealisierende Vokabular, mit dem ihr Abwurf gerechtfertigt wurde. Die Künstler wandten sich letzterem zu, der rhetorischen oder poetischen Gewalt: der Frage, wie man nennt, was man tut. Den Anstoß dazu, daß die Künstler ein solches Gemeinschaftsgefühl entdeckten, gab Justin Kaplan, als er ankündigte, daß er die Geldsumme, die er mit dem Pulitzerpreis für *Mr. Clemens and Mark Twain* erhalten hatte, dem American Friends Service Committee für die Unterstützung der Opposition gegen den Krieg zur Verfügung stellen werde. Er wolle, wie er erklärte, »die amerikanische Tradition des konstruktiven Widerspruchs ehren, in dessen Dienst sich Mark Twain so nobel gestellt hatte«, und »meiner Sorge über den Kurs, den wir in Vietnam verfolgen, und meinem Glauben und meiner Hoffnung Ausdruck geben, daß wir in der Lage sind, positive Alternativen zu diesem Kurs zu entwickeln«. Eine der Formen, in denen sich der konstruktive Widerspruch der Intellektuellen und Künstler ausdrückte, war die öffentliche Untersuchung der Propagandasprache im Rahmen von Teach-ins, die im ganzen Land an Colleges und Universitäten abgehalten wurden.

Sexton nahm weder an den Demonstrationen in Washington teil noch schloß sie sich den Hunderttausenden an, die, geführt von Martin Luther King, durch die Fifth Avenue in New York marschierten. Doch auch sie wurde von den Wellen des Protests erfaßt, die zu dieser Zeit an der Ostküste hochschlugen. Mit Beginn des Jahres 1966 las sie auf zahlreichen Antikriegskundgebungen. Ihre Teilnahme führte zu Konflikten mit Kayo, wie sie einem Dichterkollegen berichtete: »Heute abend nehme ich an einem großen Anti-Vietnam Read-in [im Sanders Theater der Harvard University] teil. Ich gehe davon aus, daß Eier fliegen, mein Mann (der Republikaner, der meine rot angehauchte – so nennt er das – Politik haßt) meint aber, es könnten sogar Handgranaten fliegen.« Sie faßte ihre Haltung in dem parallel zu ihrem Kurs geführten Tagebuch so zusammen: »Ich hasse jede Form des Tötens und protestiere auf jede nur erdenkliche Weise gegen den Krieg, und mein Mann meint, wir sollten den Krieg ›gewinnen‹. Ich lebe eine

Lüge. [. . .] Wir reden einfach nicht über den Krieg. Eine Lüge.«

Sextons Freund Allen Grossman, ein Dichter, der gleichzeitig Professor in Brandeis war, war einer der Organisatoren zahlreicher Read-ins, an denen sie teilnahm. Die Brandeis University war schon seit langem Schauplatz heftiger politischer Auseinandersetzungen, und unter den Studenten gab es viele sogenannte »rote Wickelkinder«, aus deren Kreis viele der radikalsten Führer der Antikriegsbewegung hervorgehen sollten. Grossman war kein Theoretiker des politischen Kampfes, hatte aber feste Überzeugungen bezüglich der politischen Funktion von Dichtung. Außerdem war er Pragmatiker. »Wir wollten, daß sich bekannte Schriftsteller beteiligen, damit diese Lesungen Schule machten, und Sexton war bekannt«, sagte er.

Zu dem Read-in im Sanders Theater erschien Sexton wie immer in atemberaubend eleganter Aufmachung; sie trug ein weich fließendes weißes Kleid und hochhackige Schuhe. Robert Bly und Galway Kinnell sollten ebenfalls lesen. Adrienne Rich, die die Veranstaltung mitorganisiert hatte, erinnerte sich an den starken Eindruck, den Sextons Dichtung hinterließ. »Sie las *Little Girl, My String Bean, My Lovely Woman* (Kleines Mädchen, meine grüne Bohne, meine wunderschöne Frau) und Sie können sich nicht vorstellen, welche Wirkung dieses Gedicht hatte. Bly und andere lasen Gedichte, in denen von verschiedenen Leuten in der Regierung die Rede war; es wurden Gedichte über kleine Kinder, die das Opfer von Napalmbomben geworden waren, und so weiter gelesen. Dann stand Anne auf und las dieses Gedicht für ihre Tochter – auf eine Art hatte es überhaupt nichts mit der Situation zu tun, auf eine andere aber war es genau das richtige. Es ging darin ums Leben und ums Überleben. Es brachte die Leute ziemlich aus der Fassung, sie aber hatte sich vollkommen in der Gewalt.«

Im Jahre 1968 schrieb Sexton einige Gedichte, die inspiriert waren von dem Vorbild von Rich, Grossman, Muriel Rukeyser, Denise Levertov und Robert Lowell – Dichtern, denen es gelang, ihre Empörung über den grausam eskalierenden Krieg mit den Mitteln ihrer Kunst auszudrücken. Im Januar tippte sie *The Firebombers* für Rukeyser ab:

The woman is bathing her heart.
It has been torn out of her
and because it is burnt
and as a last act
she is rinsing it off in the river.
This is the death market.

America,
where are your credentials?[3]

Sexton war mit sich bei diesem Gedicht nicht im reinen, das sie, wie sie Howard Moss mitteilte, »für die hektographierte Stoppt-den-Krieg-Zeitung hier bei uns« geschrieben hatte. »Wenn Sie es mir also so schnell wie möglich zurückschicken könnten (denn ich kann mir nicht vorstellen, daß Sie es wollen), gebe ich es dorthin als den Beitrag, um den man mich gebeten hat.« Als *Look* später im gleichen Jahr einen Artikel über sie brachte, schrieb sie an Lois Ames, daß die Zeitschrift *The Firebombers* ruhig neben dem Artikel abdrucken könnte, »um zu zeigen, daß mir die Welt, der Krieg und der ganze heutige Dreck nicht egal sind. Es ist mir nicht egal«, fügte sie hinzu, »aber ich glaube, Anteil nehmen ist nicht dasselbe wie gut zu schreiben«. Einer von vielen Unterschieden zwischen *Eighteen Days* und *The Firebombers* besteht darin, daß die Sprecherin im zweiten Text eine Haltung der kritischen Distanz einnimmt; Sextons Denkweise war zu stark psychoanalytisch geprägt, um eine solche kritische Distanziertheit authentisch wiedergeben zu können. In ihren besten Gedichten verknüpft sie Emotionen mit bestimmten Situationen, aber nicht mit großen Symbolen wie »Amerika«. Daher wurde *Little Girl, My String Bean* ihr Antikriegs-gedicht: Es war kein Protest, sondern eine Aussage über die Ver-pflichtung, die die ältere Generation gegenüber der jüngeren hat.

Im Februar wurde Sexton um einen Beitrag anderer Art gebeten: Sie sollte ein Manuskript für eine Auktion des Fifth Avenue Viet-nam Peace Parade Committee in New York zur Verfügung stellen, aus deren Erlös Aktionen gegen den Krieg finanziert werden sollten.

Sie hatte Schwierigkeiten, ihr Gedicht *The Touch* in einer Zeitschrift unterzubringen, und hatte es an Theodore Solotaroff, den Herausgeber der *New American Review,* geschickt, der diese »Literatur- und Kunstauktion für den Frieden« ebenfalls unterstützte; sie teilte dem Komitee mit, daß sie es behalten könnten. »Ich signiere es gern, aber ich möchte ihm keine Widmung geben. Etwas anderes, was ich zur Hand hätte und was für den Zweck geeignet wäre, fällt mir nicht ein, aber ich überlasse Ihnen gerne dieses Manuskript.« Obwohl Sexton auch weiterhin an Lesungen für den Frieden teilnahm, war sie 1970 so weit, von sich zu sagen, sie sei »keine politische Dichterin . . . nicht einmal eine an sozialen Fragen besonders interessierte. Ich mache einfach meine eigenen Sachen, und die sind sehr persönlich«.

Sextons Liebesgedichte wurden in jenem Frühling nach und nach gedruckt. Die *Hudson Review* brachte auf mehreren Seiten ihrer Sonderausgabe zum zwanzigsten Jahrestag der Gründung der Zeitschrift *The Interrogation of the Man of Many Hearts* (Verhör des Mannes der vielen Herzen), *The Break* (Der Zusammenbruch), und *The Ballad of the Lonely Masturbator* (Ballade von der einsamen Masturbation), und in der Ausgabe zum fünfundzwanzigsten Jahrestag der Gründung der *Quarterly Review of Literature* erschienen *The Kiss* (Der Kuß), *In Celebration of My Uterus* (Zur Feier meines Uterus) und *Song for a Red Nightgown* (Lied für ein rotes Nachthemd). Der *New Yorker* druckte *For My Lover, Returning to His Wife* (Für meinen Liebhaber, der zu seiner Frau zurückkehrt) und mehrere traditionellere romantische Gedichte: *It Is a Spring Afternoon* (Es ist ein Frühlingsnachmittag), *Moon Song, Woman Song* (Mondlied, Frauenlied) und *Us* (Wir). Diese Gedichte waren von einer überraschenden Frische. Seit Jahrhunderten hatten Frauen in englischer Sprache nicht solche eindeutig sexuellen Gedichte veröffentlicht. In vielen dieser Verse ist ganz unverhüllt der Ehebruch thematisiert, jedoch in einer neuen Variante: Eine Ehefrau greift in die Dreiecksbeziehung ein, führt einen Mann zur Mutter zurück und weist damit der Erzählerin die Position der verlassenen Tochter zu.

Um die gleiche Zeit brachte das *Time Magazine* unter der Überschrift »Die ehebrecherische Gesellschaft« eine Titelgeschichte über John Updike, dessen Roman *Ehepaare* gerade an die Spitze der Bestsellerliste geklettert war. Sexton schickte Updike ein paar Zeilen und gratulierte ihm zu seinem neuen Buch. Niemand verdächtigte *ihn,* ein Bekenntnisschriftsteller zu sein – obwohl auch er, wie Sexton, hätte sagen können: »Mein Thema ist immer das, was wirklich passiert« –, doch der Erfolg von *Ehepaare* bereitete zweifellos zu einem günstigen Zeitpunkt den Boden für Sextons neues Buch, das in seinem Windschatten segeln konnte.

Eine Zeitlang hatte sie Schwierigkeiten, einen guten Titel zu finden. Sie hatte die Gedichte in einem Ordner mit der Aufschrift *Rats Live on No Evil Star* gesammelt, doch 1968 war das Manuskript über diesen Titel hinausgewachsen. An Paul Brooks bei Houghton Mifflin schrieb sie: »Zum ersten Mal stecke ich fest. Ich könnte es THE TOUCH nennen. Ich könnte es THE MAN OF MANY HEARTS nennen. Ich wollte es schon MANY A BELOVED (Manch Geliebter) nennen, und obwohl das ganz hübsch klingt, paßt es einfach nicht zu dem Buch. Würde Sie ein schlichter Titel wie beispielsweise LOVE POEMS stören?«

Unmittelbar nachdem sie das Manuskript abgeschickt hatte, wurde sie von Brigitte Weeks interviewt, einer früheren Lektorin bei Houghton Mifflin, die seit kurzem zur Redaktion des *Boston Magazine* gehörte. Weeks hatte Sextons Arbeiten mit Begeisterung gelesen, und so sagte sie zu Sexton: »Ich dachte mir, viele Bostoner wären doch sehr interessiert daran, ein wenig mehr über eine so herausragende Bewohnerin dieser Stadt zu erfahren.« Während des Interviews ging Sexton nicht aus dem Sinn, daß einmal mehr ihre heimliche Arbeit an einem Ort versammelt war und schon bald ein Gegenstand in den Händen von Fremden sein würde. Sie versuchte, Weeks dieses Empfinden nahezubringen. »Ich glaube, dieses hier ist ein glücklicheres Buch als die anderen. Die Liebesgedichte sind ohne Ausnahme eine Feier menschlicher Berührung [. . .], körperlicher und emotionaler Berührung. Es ist ein sehr körperliches Buch.« Erfahren Sie etwas über sich selbst durch die Wahrheiten, die Sie unbewußt enthüllen? Können Sie »den Zauber« erklären? wollte Weeks wissen. »Das kann ich nicht, und ich bin auch nicht sicher, ob ich das möchte. Es ist doch eindeutig *Ihre* Aufgabe, sich um eine solche Analyse zu bemühen, so wie es in gewisser Weise *meine* ist, verbergen zu wollen. Ich weiß im Grunde nicht, worin der Zauber liegt – wie ich schon gesagt habe, es beginnt mit einer Art gesteigerter Aufmerksamkeit.«

Da nun die Analyse unsere Aufgabe ist, so stellen wir fest, daß Sexton im Gegensatz zu *Live or Die* bei der Zusammenstellung dieses Bands die Gedichte nicht datierte, also kein dokumentarisches Interesse bedienen wollte. Statt dessen gab sie den *Love Poems* eine quasi-erzählerische Struktur. *The Touch* führt weiter zu *The Kiss* und danach zu *The Breast* – und zu Stockungen: Was für eine Sorte Mann ist dieser *Man of Many Hearts*? Es folgt der Vollzug des Liebesakts. Mit *For My Lover, Returning to His Wife* setzt die Abwärtsbewegung in der Handlungsführung ein. Das ist die Zeit von *The Break* und des *Again and Again and Again* (Immer und immer wieder) des Schmerzes, die Zeit von *The Ballad of the Lonely Masturbator.* Dann beginnt eine neue Kreisbewegung – *Barefoot, Now, Us, Mr. Mine* (Mr. Mein) –, und es kommt zu einer zweiten Trennung: *Eighteen Days Without You.*

The Touch führt das Thema ein: die Wiedererweckung des alternden Körpers durch die Sexualität. Durch die Sexualität findet der Körper erneut Zugang zu seiner eigenen geheimen Geschichte der Lust; die Sexualität läßt den sie Auslebenden regredieren und verknüpft so die einzelnen Kapitel des Begehrens zu einem lebendigen Ganzen:

> *My nerves are turned on. I hear them like*
> *musical instruments. Where there was silence*
> *the drums, the strings are incurably playing. You did this.*
> *Pure genius at work. Darling, the composer has stepped*
> *into fire.*[4]

Zu Beginn kehren die *Love Poems* zu den infantilen Ursprüngen sexueller Befriedigung zurück: Finger, Zunge, Lippen, Brustwarzen und Schenkel greifen zu und werden im Wechsel ergriffen, während die Lust Körperöffnungen und -rundungen erforscht. In sonderbar disparater Metaphorik besingen diese Gedichte Zonen intensiver Empfänglichkeit. In späteren Passagen des Buchs werden die Zonen mit Menschen und Problemen zusammengebracht. Die Menschen sind weiblich und männlich. Probleme ergeben sich zum einen aus den Konflikten des Erwachsenen zwischen Pflicht und Neigung und zum anderen, und dies ist mehr als enttäuschend, aus dem Schwinden des Begehrens, wie es am Ende von *The Interrogation of the Man of Many Hearts* bilanziert wird:

> *and every bed has been condemned*
> *not by morality or law,*
> *but by time.* [5]

Mit der Zeit beginnen sich die Liebenden zu langweilen. Doch das Gedicht sieht noch mehr: Das Begehren sucht, was für immer verloren ist, die nichtsymbolische Erfahrung inniger Vertrautheit, wie sie zwischen Säugling und Mutterkörper bestanden hat. Den Liebenden ist bewußt, daß sie Rollen spielen, die die unterschiedlichen Formen, die die Befriedigung annehmen kann, rechtfertigen; nüchterner ausgedrückt, ihnen ist bewußt, daß die von ihnen gewählten Rollen Anzeichen für die Wiederkehr des Verdrängten sind. Bei Sexton war dies der immer und immer wieder erlebte Verlust der Mutter oder die mit Schuldgefühlen vermischte Freude darüber, für Mutters Mann anziehend zu sein oder selber die Mutter zu begehren. Das Zentrum der Schwerkraft in diesen Liebesgedichten bildet eine Mutter, die schwere, schlaftrunkene Kinder ins Bett hinaufträgt. *Sie* ist die eigentliche Rivalin, und sie steht sogar am Ursprung der Lust, die ein Mann einer Frau schenkt.

> *Loving me with my shoes off*
> *means loving my long brown legs,*

> *sweet dears, as good as spoons;*
> *and my feet, those two children*
> *let out to play naked. {. . .}*
> *Long brown legs and long brown toes.*
> *Further up, my darling, the woman*
> *is calling her secrets, little houses,*
> *little tongues that tell you.*[6]

Mit dem Rüstzeug der Informationen, die in Sextons literarischem Archiv bereit liegen, könnten wir den Häusern in den *Loeve Poems* Namen und Adressen zuordnen. Aber Daten und Fakten führen die Interpretation in die falsche Richtung. Das Buch ist nicht deshalb repetitiv angelegt, weil Sexton zahlreiche Affären hatte oder weil sie Affären abbrach, wieder aufnahm und erneut abbrach, sondern weil sie als eine Dichterin der Liebe Neues zu sagen hatte. Die *Love Poems* waren ein weiteres Buch über das Werk der Übertragung, über die Unsterblichkeit der Liebe, die den Kreisläufen des Körpers eingeschrieben ist, sobald er den Körper des anderen wahrnimmt. Sexton war keine Soziologin, aber sie hat in der ihr eigenen Art registriert, in welchen Details sich Mann und Frau in dieser Hinsicht unterscheiden – Mann und Frau, die nicht mehr ganz jung einander lieben in ihrer Welt und ihrer Zeit.

Ganz selbstverständlich bot Sexton das Manuskript der *Love Poems,* nachdem es bei Houghton Mifflin angenommen worden war, auch ihrem Lektor Jon Stallworthy bei der Oxford University Press an. Vermutlich scherzte sie nur, als sie Stallworthy schrieb, sie empfände aufgrund der schlechten Kritiken, die *Live or Die* in England bekommen hatte, »eine gewisse, ganz untypische Scheu« davor, es abzuschicken. Danach herrschte ziemlich lange Funkstille. Erst Anfang November übersandte Paul Brooks ihr einen Brief, den Houghton Mifflin schon einige Zeit zuvor von Stallworthy erhalten hatte und in dem er ernsthafte Vorbehalte gegenüber dem Manuskript äußerte. Ob Sexton dazu bewogen werden könnte, einige wohlüberlegte Streichungen vorzunehmen? Brooks, der sich dadurch Sexton gegenüber in Verlegenheit gebracht sah, hatte den Brief zurückgehalten, bis einige günstige Besprechungen von Leseexemplaren der *Love Poems* eingegangen waren, mit denen er die bittere Pille von Stallworthys Brief ein wenig versüßen konnte.

Sexton war natürlich bestürzt; am meisten irritierte sie offenbar aber, daß Brooks ihr diesen Brief so lange vorenthalten hatte. Sie war fast immer froh, wenn Lektoren ihr »wohlüberlegte Streichungen« vorschlugen; lange zuvor hatte Howard Moss sich bei ihr beliebt gemacht, weil er redaktionell an den Texten herumgebastelt hatte. Im November war es jedoch zu spät, irgend etwas an der amerikanischen Ausgabe der *Love Poems* zu verändern. Ein wenig steif schrieb Sexton an Jon Stallworthy, sie sei Veränderungen in der britischen Ausgabe nicht abgeneigt. »Offen gestanden, Jon, die Vorstellung, daß Du ein Buch druckst, an das Du nicht glaubst, gefällt mir gar nicht.«

Stallworthy nahm die *Love Poems* an, und die Unstimmigkeiten zwischen Autorin und Verleger legten sich. Seiner Erinnerung nach leitete dieses Manuskript jedoch eine eindeutige Wendung zum Schwächeren in Sextons Kunst ein. »Die Gedichte gefielen mir immer weniger; sie waren nicht mehr so sorgfältig gearbeitet wie früher. Bei Robert Lowell hatte sie doch gelernt, in einer dichten metrischen Struktur flüssig zu schreiben; nun wurden die Texte immer amorpher und ungestümer, und es fiel mir zunehmend schwerer, noch irgendeine musikalische Struktur herauszuhören. Wir standen weiter auf gutem Fuß, und daran änderte sich auch später nichts, sie war ein guter Freund, aber das Abflauen meiner Begeisterung für ihre Bücher kann für sie nicht erfreulich gewesen sein.«

Bald tauchte ein anderes Problem auf – diesmal betraf es Maxine Kumins Arbeit. Im Frühjahr sollte Kumins zweiter Roman erscheinen – jener Roman, den Kumin und Sexton im Jahr zuvor per Telefon bis ins kleinste durchgesprochen hatten: Joan Smith hatte es mit angehört. Er hieß *The Passions of Uxport* und spielte in den Vorstädten von Boston, und jemand, der die Autorin kannte, konnte in der Handlung und in den Charakteren bestimmte Konstellationen im wirklichen Leben wiederentdecken. Die eine war

Kumins Freundschaft mit Anne Sexton, erkennbar an der schwesterlichen Zuneigung zwischen den beiden Hauptfiguren, Hallie und Sukey. Eine zweite waren Sukeys Depressionen und ihre Selbstmordgefährdung, die der Roman breit darstellte. Die Figur Sukeys war nicht besonders eng an Sexton angelehnt, doch als Kumins Verleger einen Fahnenabzug an Tillie Olsen schickte und sie um eine Äußerung für den Schutzumschlag bat, stellte Olsen diesen Zusammenhang her und regte sich darüber auf. Nicht allein über die Darstellung Sukeys, sondern auch über die psychoanalytische Betrachtungsweise, die ihrer Ansicht nach den ganzen Roman prägte, war sie sehr verärgert.

Sexton war verblüfft, daß Olsen der Roman nicht gefiel, und das ihr zu Ohren gekommene Gerücht, nämlich daß Olsen sie für dessen Seichtheit verantwortlich machte, verletzte sie. Später schrieb sie an Olsen: »Das war wie ein Dolchstoß in den Rücken. Nein, Tillie, ich habe nie verstanden, worum es Dir ging. Wenn Du Dir je die Mühe gemacht hättest, es mir zu sagen, hätte ich sicher zugehört und genau zugehört. [. . .] Einer von Maxines Lieblingsschriftstellern ist John Cheever. Vielleicht hat *er* ihr Buch so seicht gemacht.« Die drei Frauen trafen sich noch einmal zum Lunch in Boston, wohin Olsen per Flugzeug zu einer Lesung gekommen war, aber von der Wunde blieb eine Narbe zurück. Am meisten erzürnte Sexton anscheinend, daß Olsen Ideen eine so hohe Bedeutung beimaß, ihnen eine Loyalität entgegenbrachte, die Sexton nur Menschen gegenüber verspürte.

Diesen Scharmützeln zum Trotz brachte das Frühjahr 1968 für Sexton manches Erfreuliche. Gegen Ende des vorausgegangenen Herbstes hatte ihr die Harvarder Ortsgruppe des »Phi Beta Kappa« mitgeteilt, daß man ihr die Ehre erweisen wolle, bei der diesjährigen Aufnahme neuer Mitglieder zu lesen, einer Zeremonie, die während der einwöchigen Abschlußfeiern zur Verleihung der akademischen Grade an der Harvard University stattfand. Sie teilte dem Präsidenten der Ortsgruppe mit, daß sie für diesen Anlaß nicht extra ein Gedicht schreiben werde, sondern eine fünfzehnminütige Lesung aus *Eighteen Days Without You* für einen angemessenen Beitrag halte. Mit der Nominierung zur »Phi-Beta-Kappa«-Dichterin ging eine Ehrenmitgliedschaft im »Phi Beta Kappa« einher – an keiner geringeren Universität als Harvard; und wie der Präsident sie später wissen ließ, war sie die erste Frau, die man in diese Ortsgruppe aufgenommen hatte. Sie war entzückt, aber auch besorgt, weil ihr das akademische Protokoll gänzlich unbekannt war. »Ich glaube, Sie sollten für mich ein Barett und eine Robe besorgen«, schrieb sie an die Universität. »Behalte ich das Barett auf, wenn ich lese? (Die Aussicht darauf, ein Barett und eine Robe zu tragen, macht mich nervöser als die Lesung selber. Wie immer ist es das Unbekannte, das einen in Unruhe versetzt.)« Sie lehnte die Bitte, bei dem sich an die Zeremonie anschließenden Lunch eine kurze Ansprache zu halten, ab. »Ich habe nichts zu sagen außer ›Danke für die Ehre‹.«

Sexton richtete es ein, daß Kayo an der akademischen Feier und dem anschließenden Lunch teilnehmen konnte. Sie war glücklich, ihn an allen Ehrungen, die ihre Dichtung der Familie einbrachten, teilhaben zu lassen, und sie wußte, daß er auf diese besonders stolz sein würde. Paul Brooks war ebenfalls stolz, unterbrach eine Geschäftsreise und kehrte von San Francisco nach Boston zurück. »Es wird das denkwürdigste Ereignis seit Emersons Ansprache vom gleichen Podium werden«, äußerte er voller Vorfreude.

Am Vormittag des 11. Juni versammelten sich die Mitglieder, um sich ankleiden zu lassen, und schritten, während es fein nieselte, in Reihen geordnet zum Sanders Theater hinüber. Auf Fotografien ist zu sehen, wie Anne Sexton mit düsterem Gesicht inmitten der Gelehrten Platz nimmt und sich später erhebt, um ihre Gedichte zu lesen. Erst eine Woche zuvor war Robert Kennedy, ein Harvard-Absolvent, in Los Angeles ermordet worden, und genau zwei Monate nach seinem Tod wurde Martin Luther King ermordet. Diese Tode verliehen dem von Sexton ausgewählten Gedicht *Eighteen Days Without You* einen ironischen Zeitbezug, und sie widmete die Lesung dem Gedächtnis Kennedys.

Natürlich bestellte sie den »Phi-Beta-Kappa«-Schlüssel, wozu sie berechtigt war, und schrieb an den Präsidenten: »Ja, ich denke schon, daß ich gern einen Schlüssel haben möchte – ich weiß nicht genau warum, da er nicht auf ehrliche Weise erworben ist, sondern nur in Erinnerung an eine solche Ehre. Ich möchte gern, daß mein Name auf dem Anhänger steht, ›Anne Sexton‹.« Ein Jahr später erhielt sie eine zweite Ehrenmitgliedschaft im »Phi Beta Kappa« von der Ortsgruppe am Radcliffe Institute – nicht schlecht für das frühere »Spatzenhirn« von Rogers Hall. Aber das war eine andere Anne, vor der »Wiedergeburt mit neunundzwanzig«, die der Welt Anne Sexton gab.

In der Zwischenzeit, als das Ende des Schuljahres an der High School von Wayland näher rückte, hoffte Sexton sehr, man werde sie und Bob Clawson bitten, ihren Schreibkurs im folgenden September zu wiederholen. Es war ihrem Anliegen nicht gerade dienlich, daß eine der besten Schülerinnen die Klasse nach dem ersten Semester verlassen und dies damit begründet hatte, daß der Unterricht »einfach zu unorganisiert und verworren war«. Clawson sagte: »Sie wollte die Chance, aufs College zu kommen, nicht aufs Spiel setzen.« Seiner Meinung nach war diese Schülerin übervorsichtig: »Sie hätte lediglich eintragen müssen, daß sie einen Kurs bei Anne Sexton belegt hatte, dann wäre sie vermutlich von jedem College genommen worden.« Trotz der großen und guten Publicity, die der Kurs hatte, und trotz der sehr positiven Einschätzung durch Herbert Kohl wurde der Vertrag nicht erneuert.

Clawson hatte jedoch eine andere Idee. Wie wäre es, wenn sie das kleine von Steve Rizzo begonnene Klassenzimmer-Projekt – Sextons Gedichte zu vertonen – als geschäftliche Unternehmung weiterführten? Für einen Dichter, der die Anhänger der Pop-Musik erreichen wollte, war das eine gute Zeit. Rizzos Vorbilder Simon and Garfunkel waren nur eine von zahlreichen Gruppen, die poetische Sprache phantasievoll einsetzten und denen es darauf ankam, daß die Texte Gehör fanden; auch The Byrds, The Beatles und The Doors hatten poetische Anliegen. Im Vergleich zu diesen etablierten Gruppen verfolgte die Gruppe, die Clawson um Sexton herum aufbaute, nur bescheidene Ziele. Die Musiker sollten Begleitrhythmen und Songmotive zu bereits existierenden Gedichten schreiben, vor allem zu solchen, deren Bilder und assoziative Strukturen sich von selbst für Rock-Arrangements anboten. Sexton entwickelte Übung darin, Wörter im akustischen Klangteppich der Instrumente zu sprechen. Sie nannten sich Anne Sexton and Her Kind.

Neben Sexton hatte Her Kind vier, zeitweise fünf Mitglieder. Die Besetzung änderte sich, als die Gruppe künstlerisches Profil gewann. Steve Rizzo an der akustischen Gitarre war der einzige Amateurmusiker; ihm zur Seite standen Teddy Casher und später Gerald Oshita an der Flöte und am Saxophon, Bill Davies an den elektrischen Keyboards und der Drummer Harvey Simons, der später durch Doug Senibaldi ersetzt wurde. Als die Gruppe sich formell zusammenschloß, kam noch ein Bassist dazu: anfangs Mark Levinson, später »Hank« Hankinson. Im Frühjahr 1968 begannen sie ernsthaft zu proben, und im Sommer stand der Großteil eines Repertoires von siebzehn Stücken.

Anne Sexton and Her Kind traten im Juli im Rahmen einer Benefizveranstaltung für Eugene McCarthy in Boston zum ersten Mal auf, am Abend vor einer großen Kundgebung im Fenway Park, als McCarthys Kandidatur für die Präsidentschaft noch aussichtsreich war. Über diesen Auftritt schrieb Sexton an Lois Ames: »Es konnte uns zwar kein Mensch hören, und die Leute tranken und redeten, und die Registrierkasse klingelte, und die Gläser klirrten, aber einige Leute (die wichtigen) fanden es toll.« Es war ganz passend, daß die Gruppe sich für McCarthys Kampagne zur Verfügung gestellt hatte: Er war der einzige Dichter im US-Senat, der veröffentlicht hatte. Cambridge war die Ausgangsbasis seiner Kampagne; seine Tochter Mary, eine Antikriegsaktivistin am Radcliffe Institute, hatte ihn dazu überredet, bei den Vorwahlen der Demokraten gegen Lyndon Johnson anzutreten und die zahlreichen liberalen Studenten zu mobilisieren, die sich der Einberufung nach Vietnam entzogen, indem sie sich an Colleges einschrieben. Sexton konnte davon ausgehen, daß ein Teil dieses Publikums ihre Lyrik gelesen hatte.

Sie betrachtete die Benefizveranstaltung als Generalprobe für den ersten bezahlten Auftritt der Gruppe, der im September im De

Cordova Museum in Lincoln stattfinden sollte. Obwohl sie im Brief an Ames jubelte, dies sei »ein toller Laden [. . .], in dem ich zum ersten Mal [W. S.] Merwin hörte (meine erste Lesung überhaupt)«, geriet sie in Panik, als das Datum näher rückte. Da sie das Thorazin abgesetzt hatte (vermutlich, weil es sie beim Sprechen behinderte), griff sie wahllos zu ihren anderen Gegenmitteln gegen die Angst, in der Hauptsache zu Alkohol und Schlaftabletten, und berichtete Ames, daß sie Schwierigkeiten bekommen würde, weil sie ihre allabendliche Einschlafmixtur in gefährlichen Überdosen schlucke. »Ich bin in solcher Panik, daß ich nicht schlafen kann, daß ich sogar, wenn ich zu bin, denke, daß ich nicht schlafe. Lois, ich glaube *wirklich* nicht, daß ich aus Versehen sterben möchte!«

Der Auftritt fand im Freien unter einem Zeltdach statt; da es recht kalt war, trug Sexton lange Unterwäsche unter ihrem Abendkleid. Hinterher war sie der Ansicht, Her Kind sei »ziemlich gut« gewesen. »Ich meine, es war ein bißchen großartig!« Das Konzert gefiel zumindest noch einer weiteren Person – Paul Brooks, der ihr eine herzliche Karte schrieb: »Letzte Woche im De Cordova wurde mir klar, warum Deine Lesungen so grandiose Erfolge sind. Wie Du nur zu gut weißt, bist Du so etwas wie eine Zauberin. Und ich bin immer noch in Deinem Bann. Früher hätte man Dich entweder angebetet oder aufgehängt – oder vielleicht beides, in dieser Reihenfolge.«

Sexton hoffte, daß die Auftritte mit Her Kind ihr Publikum vergrößern würden. Zu einem Interviewer sagte sie in diesem Sommer, ihre Gedichte würden »auf ganz neue Art und Weise erschlossen, indem wir sie miteinbeziehen in die Klänge von Rockmusik«. Während traditionelle Dichter offenbar den Kontakt zum Publikum verlören, »strömen die Leute in Scharen zu Bob Dylan, Janis Joplin und den Beatles – sie sind die populären Dichter der englischsprachigen Welt«, bemerkte sie. Durch die Ausarbeitung eines Programms mit Her Kind fand sogar sie selber einen neuen Zugang zu den Gedichten. Sie ließ die Musiker die Führung übernehmen, und die trafen überraschende Entscheidungen. Zu *Cripples and Other Stories* (Krüppel und andere Geschichten) paßte ein Nashville-Beat. *Woman With Girdle* (Frau mit Hüfthalter) bekam eine langsame, gefühlvolle

Melodie, die die Stärken des Gedichts hervorhob und offenlegte, daß die Metaphorik um den Archetypus einer Göttin kreiste. *The Sun* und *The Addict* wurden durch die musikalische Instrumentierung in gleicher Weise »geöffnet«, wie Sexton es ausdrückte.

Von Anfang an wollte Sexton die künstlerische Kontrolle über die Gruppe behalten. Um jedoch die anvisierten neuen Zuhörer zu erreichen, spielte die Werbung für Her Kind auf der Klaviatur des Anti-Intellektualismus, der in der Counter Culture tonangebend war. »Der Pulitzerpreis von 1967 [. . .] gab ihr die Freiheit zu tun, was sie wollte«, kommentierte der *Boston Sunday Globe.* »Und ihr größter Wunsch ist es anscheinend, die Rituale hinter sich lassen, mit denen sich unsere wichtigsten zeitgenössischen Dichter umgeben: Seminar- und Leserunden, Meere von eifrigen Studentengesichtern und gezückten Bleistiften. [. . .] Her Kind geht es darum, die poetische Botschaft durch die Musik zu unterstreichen; den Mitgliedern der Gruppe geht es nicht um irgendwelche Thesen, sondern darum, etwas zum Publikum rüberzubringen.« Genau dieser Akzent mißfiel Maxine Kumin besonders. »Ich haßte ihre Lesungen«, meinte sie geradeheraus. »Sie waren so melodramatisch und theatralisch. Ich hatte das Gefühl, daß sie die wunderbare Form der Gedichte beschädigten, wenn sie sie zu Aufführungen machte. Ich haßte es, wie Anne sich beim Publikum anbiederte. Das spürte ich bei der Kammerrockgruppe besonders deutlich – obwohl mein eigener Sohn und Liebling die Musik zu *The Little Peasant* (Das Bäuerlein) geschrieben hat.« Linda Sexton, Danny Kumin und deren Freunde aber, die 1968 High-School-Studenten im zweiten Jahr waren, mochten Her Kind von Anfang an, und sie waren von der Art, die Sexton im Sinn hatte.

Doch auch Maxine Kumins Standpunkt lohnt eine nähere Betrachtung, denn sie hatte Sexton gern und wollte ihren Erfolg. Berühmtheit kann dem Künstler, wie bekannt, in vielerlei Hinsicht schaden, und Sexton sollte dies rundum erfahren. Da dem persönlichen Stil ein übertrieben großer Wert beigemessen wird, ist der Künstler durch seinen Ruhm dazu gedrängt, sich zu wiederholen. Und – was für jemanden wie Sexton noch wichtiger war – der Ruhm verändert die Beziehung zwischen der Künstlerin und ihren Kollegen, auf deren ehrliches Urteil sie sich verläßt. Wie wir gesehen haben, war es Sexton zur Gewohnheit geworden, ihre Arbeiten Freunden zu zeigen, die bereit waren, ihr kritische Hinweise zu geben. Von Anfang an probierte sie alles an Kumin aus, und diese Praxis führte sie ihr ganzes Leben lang fort; es war ein für beide Seiten befruchtender Austausch, und Kumin ließ es nie an aufrichtiger Ermutigung fehlen. Andere Menschen laugte Sexton damit aus. De Snodgrass war schon abgesprungen, bevor *All My Pretty Ones* abgeschlossen war; James Wright begann ihr auszuweichen, als sie an *Live or Die* arbeitete. Robert Lowell war nun mit Übersetzungsproblemen beschäftigt. George Starbuck war in Iowa und antwortete nur selten auf Briefe. Anthony Hecht wahrte ebenfalls Abstand, obwohl er ihr während der Arbeit an den *Love Poems* immer wieder wertvolle Ratschläge gab (als Sexton das Gedicht *The Interrogation of the Man of Many Hearts* an *The Hudson Review* schickte, erwähnte sie Fred Morgan gegenüber stolz, daß es Hechts Beifall gefunden habe).

Glücklicherweise hatte Sexton um die Mitte des Jahres 1968 die Aufmerksamkeit einiger jüngerer Dichter erregt, die an die Stelle ihrer früheren strengen Mentoren, die sie so geschätzt hatte, treten konnten. Der mit Abstand wichtigste aus diesem Kreis sollte C. K. Williams werden, zu dem sie sofort einen guten Draht hatte, als sie einander während ihrer Lesung an der Temple University im Frühjahr 1968 kennenlernten. Sexton forderte ihn auf, ihr das *Lies* betitelte Manuskript seiner Gedichte zu schicken, und machte ihm danach eine Freude, als sie vorschlug, er solle es Shannon Ravenel vom Verlag Houghton Mifflin vorlegen.

Sextons respektvolle Aufmerksamkeit setzte bei Williams neue Energien frei, wie er ihr einen Monat später schrieb; er sah Berührungspunkte zwischen der von ihm eingeschlagenen Richtung und ihrer. »Mir ging es wohl darum, die Stille in der Poesie zu begreifen, das heißt, wenn alles in einem Gedicht stehenbleibt, wartet, grell aufleuchtet und einfach weitergeht, und Ihre Gedichte haben so viele von diesen Augenblicken, daß sie ein Weg dorthin sind.« Sie war im richtigen Augenblick aufgetaucht. Zuerst half sie mit, daß

Lies veröffentlicht wurde. Als Houghton Mifflin angesichts des Inhalts mancher Gedichte eine gewisse Zimperlichkeit an den Tag legte, verteidigte sie sie heftig. »Es geht nicht darum, ob die Gedichte negativ oder positiv sind, sondern darum, wie lebendig sie sind. Der Stoff an sich ist nicht so wichtig wie die Schöpferkraft, die in einer großen Metapher steckt«, schrieb sie. »Gerade in diesen sogenannten widerlichen Gedichten ist er ein Fellini des Worts.«

Einmal taten ihre guten Worte Wirkung. Houghton Mifflin nahm *Lies* an, und Williams nahm Sextons Einladung zu einem Besuch in Weston an, wo sie das Manuskript abschließend durchgehen wollten. Er erinnerte sich später lebhaft an die Begegnung.

»Ich traf am frühen Vormittag dort ein. Wir setzten uns und gingen jedes einzelne Gedicht durch. Sie war erstaunlich, sie war einfach große Klasse. Sie hatte jede Zeile im Kopf. Sie hatte jede Zeile im Kopf, bei der ich nicht ganz sicher gewesen war, sie konnte den Finger darauf legen. Und es gab ein paar Gedichte, auf die sie den Finger legte, weil sie im ganzen nicht stimmten. Sie brauchte sich dabei gar nicht abzumühen, alles, was sie sagte, hatte Hand und Fuß. Ich habe immer das Gefühl gehabt – und hier schweife ich ab –, daß die Rolle, die sie in der Dichtung spielte, die Rolle derjenigen, die als einzige auf der ganzen Welt leidet, ihr Unrecht tat. In handwerklicher Hinsicht war sie sehr, sehr clever, wunderbar. So viele ihrer Arbeiten wirken wie von leichter Hand geschrieben – legen diese Begabung nicht wirklich offen. Na ja, in ihren frühen Büchern liegt sie schon zutage, doch als sie eher zu einer Leidensgestalt wurde, vergaßen die Leute allmählich, was für eine wunderbare Handwerkerin sie war.«

Sexton fühlte sich zu Williams hingezogen. Er war ein großer, stiller Mann mit guten Manieren, knapp über dreißig, als sie sich kennenlernten; er war selbstbeherrscht und begegnete ihr mit Respekt. Er drängte sich ihr nicht auf, und offenbar versuchte auch sie nicht, diese Beziehung zu sexualisieren. Seine Arbeit ging in eine Richtung, die sie interessierte. Darüber hinaus war er halbprofessionell an Psychiatrie interessiert. Er hatte für seelisch gestörte Menschen am Institute of the Pennsylvania Hospital in Philadelphia einen Lyrik-Workshop eingerichtet, und er arbeitete als Gruppentherapeut mit gestörten Jugendlichen. Hin und wieder sprach Sexton mit ihm über ihre eigene Therapie. »Mir wurde immer ganz unwohl, wenn ich merkte, welche große Rolle ihr Doktor in ihrem Leben spielte«, erinnerte er sich. »Vielleicht war ich auch nur überrascht, wieviel sie von ihrer Therapie erzählte, als wir noch gar nicht so vertraut miteinander waren. Aber für sie war das ja damals auch kein vertrauliches Thema.«

Gegen Ende des Jahres 1968 hoffte Sexton ihrerseits auch, in die Rolle des Therapeuten schlüpfen zu können, indem sie in Anlehnung an das, was Williams in Philadelphia tat, ein Programm für das McLean-Hospital ausarbeitete. Nachdem sie an jenem Vormittag sein Manuskript durchgegangen waren, war es also an Williams, ihr zuzuhören und sie zu beraten. Sexton spielte das Band mit der Aufnahme von Anne Sexton and Her Kind, das im September im De Cordova aufgezeichnet worden war. Williams hatte einen Freund, der Plattenproduzent war: Konnte er der Gruppe dabei helfen, die nächste Stufe zu erklimmen, die einer professionellen Plattenproduktion? Konnte er behilflich sein, ein Konzert an der Temple University zu arrangieren? Und was hatte es mit diesen Lyrik-Workshops in Nervenkliniken auf sich? Sie hatte viele Pläne. Danach aßen sie Lunch, wobei Sexton eine erstaunliche Menge Alkohol zu sich nahm. »Wir bekamen beide einen kleinen Schwips, aber mich beeindruckte mehr, wie viel sie trank, als, wie betrunken sie war«, erinnerte sich Williams. Am nächsten Tag schickte er ihr mit der Danksagung eine kleine Federzeichnung, die ihn selbst als torkelnde Eule zeigte. »Ich schulde Ihnen vermutlich noch ein weiteres ganzes Universum des Danks – bei einigen Gedichten wurde die letzte Schicht Trägheit weggekratzt, bei anderen der letzte Schleier des Selbstbetrugs«, schrieb er. »Anne, für mich war es ein wunderbarer Tag. Wäre ich nur ein wenig nüchterner geblieben, dann hätten mir nicht derartig die Worte gefehlt.«

Sextons Idee, psychisch Kranken einen Kurs anzubieten, war

keine Eintagsfliege. Alle Welt kannte die Geschichte, wie sie selber ein Jahrzehnt zuvor, angestiftet von Dr. Orne, zu schreiben begonnen hatte. Mit dieser Erfahrung im Hinterkopf schlug sie zunächst einen wöchentlichen Lyrik-Workshop für die Patienten im McLean-Hospital vor, dessen Konzeption sie dann genauer ausformulierte. Sie war dort nie Patientin gewesen, aber als das Krankenhaus der Wahl für die gelegentlich verrückten Künstler von Boston übte es auf sie immer einen merkwürdigen Reiz aus.

Sextons Klasse, der etwa ein Dutzend – ständig wechselnde – Patienten mit ganz unterschiedlichem Talent angehörte, kam Dienstag abends für ein paar Stunden zusammen. Mindestens zwei der Teilnehmer hatten bereits Gedichte veröffentlicht; andere hätten eine Beschäftigungstherapie dringender gebraucht als künstlerische Anleitung. Sexton versuchte, den Kurs inhaltlich und zeitlich zu gliedern, indem sie Schreib- und Lektüreaufgaben stellte. Bei der Organisation und Leitung der Gruppenstunden half ihr Lois Ames, die sich kurz zuvor von ihrem Mann getrennt hatte und mit ihren Kindern ganz in die Nähe, nach Sudbury, gezogen war. Ames zeichnete alle Stunden auf Tonband auf und verfaßte nützliche Bemerkungen zum Klassengeschehen.

Während dieser Monate führte Sexton sporadisch ein Workshop-Tagebuch. Einige Teilnehmer waren ihrer Meinung nach zu intellektuell; ihnen verschrieb sie die Lektüre von Diane Wakoski, Frederick Seidel, Robert Bagg und Aliki Barnstone. Die Mehrzahl jedoch benötigte keine Lockerungsübungen. Sextons geschärfter Blick konnte den wirklich manischen Typus von dessen Doppelgängern unterscheiden, die LSD genommen hatten. Wenn es Generationskonflikte gab, und die waren an der Tagesordnung, ergriff sie in der Regel Partei für die jüngeren Leute und verteidigte »die ausgefallenen Hippie-Wortspiele« in deren Gedichten.

Sexton war bestürzt darüber, wie zornig sie im Workshop werden konnte, wenn Kursteilnehmer feindselig aufeinander reagierten. Einmal äußerte Lois Ames, eine bestimmte Klasse sei wie eine Party bei Liberalen, unter denen man den Republikaner unfehlbar ausmachen könne. Ames' Humor trug dazu bei, daß derartige Probleme nicht übermächtig wurden. Sexton war ja nicht als Psychotherapeutin dort, sie hatte aber auch die Zeiten nicht vergessen, in denen eine Nervenklinik für sie ein Ort persönlicher Entwicklung, die Ermutigung zum Spiel mit Worten eine befreiende Erfahrung gewesen war. Als einer der talentierten Teilnehmer des Workshops ihr vorwarf, nicht kritisch zu sein, antwortete Sexton aus tiefstem Herzen: »Sie haben recht. Ich möchte niemanden im McLean entmutigten. Ich spüre, daß jeder etwas zu sagen hat und vielleicht mit der Zeit noch Wichtigeres zu sagen haben wird. Mich hat die Dichtung an die Hand genommen und aus dem Wahnsinn herausgeführt. Ich hoffe, diesen Weg kann ich auch anderen zeigen.«

Wenn es ihr Terminkalender erlaubte, bot Sexton den Workshop in McLean im Jahr 1969 immer wieder an. Eine zweite reizvolle Möglichkeit zum Unterrichten deutete sich 1968 an, als Steven Whitney, ein Student des Oberlin College in Ohio, bei ihr anfragte, ob sie einen Workshop für ein halbes Dutzend Studenten leiten könnte, die die Winterpause zu Hause in Massachusetts verbringen würden. Sexton sagte zu und machte dabei unmißverständlich klar, was sie von den Kursteilnehmern erwartete: »das halb ausgesprochene Bild aufspüren« und »den Geschichten in der Dichtung nachgehen, im Sinne des gelebten Lebens des Dichters, über den wir gerade sprechen«. Sie schlug vor, daß sich der Kurs bei ihr zu Hause treffen sollte. (In einem Brief bot sie an, Tee zu reichen, im nächsten jedoch nahm sie das wieder zurück; sie schämte sich, weil ihre Hände stark zitterten, eine Auswirkung des Thorazins.)

Die Kursteilnehmer schrieben einen Monat lang jeden Tag ein Gedicht, führten Tagebuch und lasen regelmäßig. Jeden Abend brachte Steve Whitney ihr die Gedichte des Tages, und zweimal pro Woche kamen die Studenten für einen Nachmittag zu leidenschaftlichen Diskussionen zusammen. Sexton las und kritisierte ihre Gedichte und Tagebücher, ermahnte und ermutigte sie. Am Ende des Monats sagte sie, sie habe ihnen alle ihre Tricks beigebracht. Die Gruppe löste sich auf, aber die Mitglieder hielten untereinander Verbindung. Sexton war in eine neue Phase ihrer Laufbahn eingetreten, die einer Collegelehrerin.

Am 9. November 1968 beging Sexton ihren vierzigsten Geburtstag. Ein paar Monate zuvor, am 16. August, hatten sie und Kayo ihren zwanzigsten Hochzeitstag gefeiert und ihren Vorschuß für die *Love Poems* für eine Reise auf die Bermudas verpulvert. Sie hatten nun schon die Hälfte ihres Lebens als Ehepaar miteinander verbracht. Ungefähr die Hälfte ihres Ehelebens war Sexton aufgrund ihrer Depressionen in Behandlung gewesen; und ungefähr die Hälfte ihres Ehelebens war sie Dichterin. Der Erfolg brachte Anne oft wunderbare Belohnungen ein, an denen sie ihn teilhaben lassen konnte, so die Ferien in Europa, die Safaris in Afrika, die Feier in Harvard und die Reise auf die Bermudas. Doch der Alltag dieser Ehe war beherrscht von ihrer Forderung, umsorgt zu werden: an manchen Tagen, weil sie krank war, an wieder anderen, weil sie berühmt war. Die ganze Familie hatte all ihre Kräfte aufgeboten, um diese glänzende Karriere zu ermöglichen, und Kayo hatte die Hauptlast der Haushaltsführung auf seine Schultern genommen. Als ihr Stern aufgestiegen war, geriet er zunehmend in die Rolle des »Mannes an ihrer Seite«: Mr. Anne Sexton.

Es war eine Rolle, die er sehr gut spielte. Mit vierzig wirkte er noch immer jungenhaft und attraktiv, er hatte ein offenes Lächeln und eine herzliche, natürliche Bescheidenheit, die ihm die Bewunderung vieler Freunde Sextons eintrug. Kayo wußte, wie er seiner Frau in der Öffentlichkeit beizustehen hatte. Ein Interview für eine englische Zeitschrift, das im vorausgegangenen Herbst veröffentlicht worden war, zeigte ihn als guten Kumpel, der sich weder durch die bohrenden Fragen des Journalisten noch durch Annes freimütige Antworten aus der Fassung bringen ließ. Während Annes Interview für die Zeitschrift *Look* hatte er für einen angedeuteten Kuß mitposiert und zitierfähige Sätze gesagt: »Ich begriff, daß ihre Krankheit wie eine Flut war – ich konnte nur versuchen, Land zu gewinnen.« Doch Anne spürte in ihm einen Abgrund der Fremdheit, der Außenstehenden dank seines gutmütigen Wesens verborgen blieb. Als sie für die Bermudas-Reise anläßlich des Hochzeitstages packten, vertraute sie Lois Ames an: »Wir wollen Motorräder und Segelboote mieten, fischen gehen, werden miteinander schlafen, hoffe ich, essen, schwimmen, lesen. ICH HOFFE, Kayo redet mit mir und mag mich. Was für ein trauriger Wunsch, bei Lichte besehen . . .« Er konnte an den Dingen, die ihr die liebsten waren, nicht Anteil nehmen, und die alten Rituale funktionierten zwischen ihnen nicht mehr.

Dennoch hatte sie viel zu feiern, als sie die Schwelle zu einem neuen Jahrzehnt überschritt. In der Woche ihres Geburtstages war sie, wie so häufig in jenem Jahr, unterwegs, diesmal in Cleveland. Im Grunde war das ganze Jahr ein Fest gewesen: dank der Ehre in Harvard; dank zweier Interviews und einer Titelgeschichte in *Look;* dank des Poetry Day in Chicago, der alljährlichen Galaveranstaltung zu Ehren des *Poetry Magazine,* wo sie gemeinsam mit dem eleganten Kenneth Koch auf dem Podium gesessen hatte; dank der im Poetry Center in Manhattan veranstalteten Feier aus Anlaß des zwanzigjährigen Bestehens der *Hudson Review,* bei der sie Stargast gewesen war. In der Woche ihres vierzigsten Geburtstages schenkte Dr. Zweizung ihr einen kleinen runden Kuchen mit einer brennenden Kerze in der Mitte (»für das Kind in mir«) und eine Flasche Arpège (»für die Frau«); Blumen, Karten, Telegramme und persönliche Zeilen erwarteten sie überall, wohin sie auch ging. Sie verstand die Botschaft. Sie habe das Gefühl, schrieb sie melodramatisch an eine Freundin, sie habe in diesem Jahr »zum ersten Mal seit meinem vierzehnten Lebensjahr alle die furchtbaren Dinge gelöst, die einmal an meinem Geburtstag passiert sind«.

In dem Gefühl, eine gewisse Stufe der Vollendung und des Glücks erreicht zu haben, schrieb Sexton einen Brief an Linda, in dem sie ihre Erkenntnis weitergab, daß dieses Gefühl weiblicher Erfüllung ein Vermächtnis ihrer eigenen Mutter, Mary Gray, sei. Sexton saß in der Maschine nach St. Louis. Wie ihr Vater und wie Lindas Vater war sie eine Art Handlungsreisende geworden. Die Reise mit dem Flugzeug brachte sie in Kontakt mit all den Leben, die sie in sich trug. »Ich habe eine Geschichte im *New Yorker* gelesen und mußte an meine Mutter denken, und ganz allein auf meinem Sitz habe ich ihr zugeflüstert: ›Ich weiß, Mutter, ich weiß‹«, schrieb sie. »Ich habe an Dich gedacht – wie Du eines Tages ganz allein irgendwohin fliegst und ich vielleicht tot bin und Du mit mir sprechen willst. Und ich Dir antworten will. [. . .] Das ist meine Botschaft an die 40 Jahre alte Linda. Ganz gleich, was passiert, Du warst immer mein Bobolink, meine besondere Linda Gray. Das Leben ist nicht leicht. Es ist schrecklich einsam. *Ich* weiß das. Nun weißt Du es auch – wo immer Du bist, Linda, und zu mir sprichst. Aber ich hatte ein gutes Leben – ich hab unglücklich geschrieben – aber ich habe das Leben ausgekostet. Koste auch Du, Linda, das Leben aus!«

1 Die Berührung
Monatelang war meine Hand unter Verschluß / in einer Blechschachtel. Nichts war da, nur U-Bahn-Geländer. / Vielleicht ist sie verletzt, dachte ich, / und sie haben sie deshalb eingesperrt. / Doch als ich hineinsah, lag sie ruhig da. / Damit könnte man sagen, wie spät es ist, dachte ich, / wie eine Uhr, mit ihren fünf Knöcheln / und den dünnen Adern im Untergrund. / Sie lag da wie eine bewußtlose Frau, / ernährt durch Schläuche, von denen sie nicht wußte.

2 11. Dezember
Dann denk ich an dich im Bett, / deine Zunge halb Schokolade, halb Ozean, / an die Häuser, in die du schwingst, / an das stahlwollige Haar auf deinem Kopf, / an deine unbeirrten Hände und dann, / wie wir an der Schranke nagen, weil wir zwei sind.
Wie du kommst und meine Bluttasse nimmst / und mich zusammenfügst und mein Salzwasser nimmst. / Wir sind nackt. Wir sind ausgezogen bis auf die Knochen / und wir schwimmen im Gespann, immer weiter / flußaufwärts, in dem identischen Fluß namens Mein / und wir treten zusammen ein. Keiner ist allein.

3 Die Feuerbomber
Die Frau badet ihr Herz. / Man hat es ihr herausgerissen, / und weil es verbrannt ist / und als einen letzten Akt / spült sie es fort in dem Fluß. / Dies ist der Todesmarkt.
Amerika, / wo ist deine Legitimation.

4 Meine Nerven sind eingeschaltet. Ich hör sie wie / Musikinstrumente. Wo vorher Stille war, / spielen unheilbar die Drums, die Streicher. Das hast du gemacht. / Das Werk eines Genies. Liebling, der Komponist ist / ins Feuer geschritten.

5 und über jedes Bett ist das Urteil gesprochen, / nicht durch Moral oder Gesetz, / sondern durch die Zeit.

6 Mich lieben, wenn ich die Schuhe aus hab, / heißt, meine langen braunen Beine lieben, / die süßen Dinger, so gut wie Löffel; / und meine Füße, diese zwei Kinder / nackt hinausgelassen zum Spielen. [. . .] / Lange braune Beine und lange braune Zehen. / Weiter oben, mein Liebling, ruft / die Frau ihre Geheimnisse, kleine Häuser, / kleine Zungen, die dir erzählen.

Off-Broadway mit *Mercy Street*
1969

Im Jahre 1969 ergaben sich für Sextons Kunst bedeutsame Entwicklungen, da sie die Gelegenheit erhielt, an der Inszenierung ihres Stückes mitzuwirken. Die Arbeit mit Theaterleuten trug dazu bei, zwei konträre Antriebe – den zur Selbstdarstellung und den zur Spiritualität – zusammenzuführen. Mit den Jahren war aus Sexton eine kluge Geschäftsfrau geworden; sie zwang sich selbst zu Auftritten, für die sie außergewöhnlich hohe Honorare – zumindest für einen Dichter – fordern konnte. Dadurch war sie auch zur Schauspielerin geworden, zu einer Frau, die mit ihrem Körper einen Sinn transportierte, der von irgendwo außerhalb ihrer selbst kam. Einer Interviewerin war einmal aufgefallen, daß Sexton sogar ein *Interview* spielte wie eine Bühnenrolle: »Oft klangen ihre Antworten wie Beschwörungen, immer wiederkehrende Melodien. [. . .] Selbst wenn Anne sie aus Aufzeichnungen bezog, las sie mit der Modulation und Intonation einer ›Schauspielerin in ihrem eigenen autobiographischen Stück‹ – wie sie selbst ihre Lesungen beschrieben hat.«

In den drei Jahren zuvor hatte Sextons Literaturagentin Cindy Degener geduldig dafür geackert, daß *Tell Me Your Answer True* in New York wahrgenommen wurde. Im Jahre 1969 kam ein junger Regisseur, Charles Maryan, auf sie zu und sagte ihr, daß er einen (wie er meinte) »Enthusiasten« aufgetrieben habe, der an einem Off-Broadway-Theater ein Stück finanzieren wolle. Hatte Degener irgend etwas Gutes an der Hand? Die Agentin schickte ihm Manuskripte, darunter auch das von Sexton, und Maryan biß an. »Ich brachte es zu Wynn Handman, dem Leiter des American Place Theater, an dem das Projekt lief, amerikanische Lyriker und Prosaschriftsteller für die Theaterarbeit zu gewinnen.« Degener hatte Handman das Stück im Jahre 1967 gezeigt, doch er hatte es abgelehnt. »Ich sagte zu Handman: ›Lesen Sie's nochmal!‹« erzählte Maryan. »Anne war zu diesem Zeitpunkt eine so zugkräftige

Schriftstellerin, sie mußte einfach die Aufmerksamkeit der Leute dort gewinnen. Denn der ganze Sinn des American Place bestand ja darin, Autoren aus anderen Disziplinen anzulocken und sie ins Theater zu holen.«

Im April fügte sich alles: Handman lud Sexton nach New York ein, um mit ihr über das Stück zu diskutieren, und von der Guggenheim Foundation erhielt sie ein Stipendium, das ihre Arbeit finanziell absicherte. Handman und Maryan war klar, daß das Stück stark überarbeitet werden mußte, bevor es für die Bühne taugte. Als das Trio sich traf, erläuterte Handman, wie er sich das Vorgehen vorstellte: Im Rahmen des am American Place Theater durchgeführten Förderprogramms für Schriftsteller sollte das Stück zwei Wochen lang überarbeitet und geprobt und dann einer kleinen Gruppe von Fachleuten in einer Lesung mit verteilten Rollen vorgestellt werden; danach, wenn das Ergebnis gut war, konnte im Herbst darauf eine Inszenierung folgen.

Sexton merkte schnell, daß sie und Chuck Maryan auf einer Wellenlänge lagen. Er hatte seine Hausaufgaben gemacht und ihre Gedichte gelesen, und er war ganz aufgeregt angesichts der Materialfülle in ihrem Stück. »Bei diesem ersten Treffen kam heraus, daß wir miteinander reden konnten«, erläuterte er. »Anne hörte zu; ich kannte bis dahin niemanden, der so gut zuhören konnte wie sie, und sie ließ mich alles sagen, was ich zu sagen hatte, und reagierte ganz natürlich und direkt.« Am Ende des Lunchs war die Sache perfekt: Sie und Maryan würden ab Mai zwei Wochen lang mit einer Gruppe von Schauspielern an dem Stück arbeiten.

Noch bevor er Sexton persönlich kennenlernte, hatte Maryan schon darüber nachgedacht, mit wem er das Stück besetzen könnte. Den Aufbau verstand er als »Odyssee« durch Daisys Erinnerungen, die um »eine essentielle Frage im Leben jedes Menschen – ob er leben oder sterben will«, kreisten. Die weibliche Hauptrolle wollte er von Marian Seldes spielen lassen. »Lyrik ist ein wichtiger Bestandteil ihres Lebens. Als ich sie anrief und ihr sagte, ich hätte da dieses Stück von Anne Sexton, sagte sie sofort: ›Ich mach's.‹ Damit war das klar.« Außerdem war ihm beim ersten Treffen mit Sexton aufgefallen, daß die Dichterin und die Schauspielerin einander so ähnlich sahen, daß man sie für Schwestern halten konnte.

Aus New York nach Hause zurückgekehrt, machte Sexton sich sofort an die Arbeit an *Tell Me Your Answer True.* Sie nahm sich die Fassung, die sie 1965 am Ende ihrer Zusammenarbeit mit dem Charles Playhouse in Boston noch einmal abgetippt hatte, vor und rückte ihr wieder mit Schere und Klebeband zu Leibe.

Das Stück hatte seine derzeitige Fassung unter dem Eindruck der Beendigung der Therapie bei Dr. Orne erhalten. Im Jahre 1969 wiederholte sich nun die Geschichte, als sie das Stück zeitgleich mit dem Abschluß der Therapie bei Dr. Zweizung in *Mercy Street* umbenannte und umarbeitete.

Sexton hatte ihren engsten Vertrauten freimütig berichtet, daß sie und ihr Therapeut während der Behandlungsstunden eine sexuelle Beziehung hatten. Sie erzählte gern, wie sie ihr aufreizendes rotes Nachthemd in ihre große Handtasche packte, bevor sie sich zu den Stunden auf der Couch auf den Weg machte – wie Grace Kelly in *Das Fenster zum Hof.* Maxine Kumin und Lois Ames wußten von der Liaison. »Wir puritanischen Yankees, was wir nicht ertragen konnten, war, daß sie ihn *bezahlte*!« erinnerte sich Ames. Barbara Swan, Sextons Maler-Freundin aus den Zeiten des Radcliffe Institute, hörte tuscheln, daß da etwas im Gange sei, Bob Clawson ebenso. Sexton weihte auch zwei Frauen ein, die kaum mehr als Bekannte waren: Barbara Kevles, die sie für die *Paris Review* interviewt hatte, und Alice Smith, die sie während einer Lesung in New York kennengelernt hatte und mit der sie in einem regen Briefwechsel stand. Ganz offensichtlich bemühte sie sich nicht darum, die Beziehung geheimzuhalten. Außerdem hatte man nicht den Eindruck, daß sie ihr in irgendeiner Weise schadete; während der Jahre, in denen Dr. Zweizung ihr Therapeut war, traten ihre Gedanken an Selbstmord in den Hintergrund, und sie unternahm auch keine entsprechenden Versuche; sie mußte seltener ins Krankenhaus eingewiesen werden und erschien ihrer Familie viel ausgeglichener.

Einige Menschen, die in die Affäre eingeweiht waren, hielten sie jedoch aus ethischen Gründen für höchst problematisch. Anne Wilder war eine der Freundinnen, die sie sehr beunruhigend fand. Sie meinte als Berufskollegin verpflichtet zu sein, die Zulassungsbehörde von Dr. Zweizungs Fehlverhalten in Kenntnis zu setzen, da der ärztliche Verhaltenskodex verlangte, daß Kollegen »Ärzte namentlich benennen, die in Charakter oder Kompetenz hinter den Anforderungen zurückbleiben oder die sich des Betrugs oder der Täuschung schuldig machen«. Wilder wußte das, und gemeinsam mit Kumin überlegte sie hin und her, ob sie nicht eingreifen müßten. Wilder zufolge sprachen mehrere Überlegungen dagegen, daß sie die Initiative ergriffen. Wenn sie Dr. Zweizung offiziell anzeigten, konnte das verheerende Folgen für sein Ansehen als Arzt haben, und in diesem Punkt war Wilder sehr heikel; sie hatte ferner Grund zu der Annahme, daß er die erotischen Aspekte ihrer eigenen Beziehung zu Sexton mißbilligt hatte. Noch wichtiger aber war ihrer Meinung nach, daß Sexton die Situation eindeutig provoziert hatte. Sexton wußte ganz genau, daß Sex während der Therapiestunde gegen die medizinische Ethik verstieß und nach allgemein anerkannten Grundsätzen der Psychotherapie schadete. Doch sie war ein Mensch mit einem starken Willen und würde zweifellos etwas dagegen haben, wenn ihre Freundinnen sich einmischten, auch wenn diese meinten, nur zu ihrem Besten zu handeln.

Eine zweite Person, den die Situation betroffen machte, war Dr. Orne. »Ich sah Sexton beinahe jeden Monat, obwohl ich nicht ihr behandelnder Therapeut war. Ich hielt die Beziehung zu ihr im Grunde wie ein Vater oder ein Freund aufrecht«, äußerte er später zu diesem Thema. »Daher konnte sie auf mich zählen, wenn sie in Schwierigkeiten, ernsten Schwierigkeiten steckte.« Nach Dr. Ornes Ansicht war Dr. Zweizung zu Anfang ein sehr hilfreicher Therapeut und hatte Qualitäten, die Dr. Orne nicht in die Beziehung eingebracht hatte. »Sie konnte eine Form von Nähe entwickeln, die sie wirklich brauchte«, sagte er rückblickend. »Ich bin ein recht förmlicher Mensch, und das benötigte sie vermutlich, als sie die Therapie begann; andernfalls hätte sie mir nicht vertrauen können. Aber ich glaube, 1964 war sie an einem Punkt angekommen, wo jemand wie

Dr. Zweizung wichtig für sie war. Sie fand in ihm einen verständnisvollen und großherzigen Menschen, aber dann setzte das Problem mit der Gegenübertragung ein.« Insbesondere mißfiel Dr. Orne, daß Dr. Zweizung Sextons Beziehung zu Kayo, den sie seiner Meinung nach unbedingt brauchte, untergrub. »Übrigens zweifle ich nicht daran«, fügte Dr. Orne hinzu, »daß Anne Dr. Zweizung verführen wollte, daß sie es versucht hat und daß es ihr auch gelungen ist. Immerhin habe ich elf Jahre mit ihr gearbeitet, ich weiß, wie sie sein kann! Aber das entschuldigt Dr. Zweizungs Verhalten in keiner Weise.«

Sexton hatte darauf vertraut, daß Dr. Orne in der ersten Runde der Gegenübertragung, im Jahre 1966, als Schiedsrichter fungieren würde.

»Anne erzählte mir, was los war, und ich sagte zu ihr: ›Na gut, Sie müssen damit aufhören.‹ Sie sagte: ›Ich kann nicht.‹ Und ich sagte: ›Okay, ich bin demnächst in Boston, und ich will Sie und Dr. Zweizung in meiner Praxis sehen.‹

Dr. Zweizung war nicht erpicht darauf zu kommen, und ich fragte ihn, ob es ihm lieber sei, wenn ich zu einer Ethikkommission ginge. Er kam, und wir redeten. Ich sagte ihm ohne alle Umschweife: ›Therapeuten sind auch Menschen, und solche Dinge passieren. Aber für Anne ist das nicht gut. Und Sie wissen, daß Sie nicht berechtigt sind, Honorar von ihr zu kassieren: Sie benutzen sie, das ist zerstörerisch.‹ Ich sagte: ›Schauen Sie, wenn Sie sie auch weiterhin behandeln wollen, müssen Sie vorher Ihre eigene Analyse wiederaufnehmen, und wenn Sie selber nicht wieder in Analyse gehen wollen, dann dürfen Sie sie nicht behandeln.‹«

Dr. Orne spürte, daß Sexton »unschätzbaren Nutzen« aus der Behandlung bei Dr. Zweizung gezogen hatte und daß es für sie besonders wichtig war, nicht noch einmal eine für sie bedeutsame Person aus der Vergangenheit, einen ihrer »Anker«, zu verlieren, sofern ihr dies irgendwie erspart werden könnte. Auch wenn eine Fortsetzung der Behandlung mit Risiken behaftet war, war er der

Überzeugung, daß Dr. Zweizung sich seiner Verantwortung bewußt war und man darauf vertrauen konnte, daß er die therapeutische Beziehung wieder auf einen festen Boden stellen würde, was er ausdrücklich versprochen hatte. »Aber«, so Dr. Orne, »sein späteres Verhalten ließ erkennen, daß er das Notwendige nicht getan hatte, nicht das methodisch, nicht das sachlich und nicht das menschlich Notwendige. Statt dessen ging er vorsichtiger vor, und Anne verschwieg mir, daß sie während der Therapiestunden noch immer eine sexuelle Beziehung unterhielten. Schließlich wurde die Beziehung so kompliziert, daß er, als er die Dinge mit Anne in den Griff bekommen wollte, seiner Frau gegenüber durchblicken ließ, daß er eine Affäre habe. Indem er Anne so beiseite schob, machte er den Gewinn zunichte, den die Arbeit mit ihm ihr gebracht hatte.«

Anscheinend war dies im Januar 1969, als Sexton ganz verzweifelt an Dr. Orne schrieb, noch einmal passiert.

»[Dr. Zweizung] ist vergangene Woche nach Washington gefahren, und ich habe ihn da getroffen, und wir haben zu zweit einen Abend verbracht. Ohne die Einschränkungen und die Zeitprobleme ging es uns einfach großartig miteinander. Und doch war es, denke ich, eine verdammt weite Reise für einen Abend. Trotzdem bin ich froh, daß ich gefahren bin. Wir waren ein richtiges Liebespaar. Ich habe mich kein einziges Mal wie eine Patientin benommen und er sich kein einziges Mal wie mein Arzt.

Aber ich habe weiter das Gefühl, daß es das letzte Mal war. Seitdem ist vieles passiert, wodurch es einfach zum letzten Mal geworden ist. Er hat mit einem anderen Arzt darüber gesprochen. Er ist entschlossen, an seiner Ehe zu arbeiten. [. . .]

Ich habe vorgeschlagen (und das ganz ehrlich gemeint), daß wir die Liebe und den Sex sein lassen und uns auf die Therapie konzentrieren. Offen gestanden glaube ich, daß ich es nicht aushalten könnte, ihn als Therapeuten zu verlieren. Wahrscheinlich denken Sie: Zum Teufel, sie hat mich auch verloren und hat es überstanden. Aber Sie wissen, daß es nicht leicht war, Sie zu verlieren, und außerdem habe ich Sie ja nicht ganz verloren. Sie kommen jeden

Monat zurück, und ich vertraue darauf, daß Sie das immer tun werden. Vertraue darauf! . . . Ihm vertraue ich nicht. Er hat zwar versprochen, mich nie im Stich zu lassen, aber nun sagt er mir, es hänge davon ab, wie er mit seiner Frau klarkomme. Ich sagte ihm, wenn wir gemeinsam daran arbeiten würden, könnten wir es bei der Therapie belassen (schließlich haben wir ja in Washington unseren Spaß gehabt) . . . Ich habe ihn angefleht. Aber er hat bloß gesagt, mal sehen. Ich sagte ihm, wenn er und ich Sie am 8. März sehen würden, würden Sie uns überreden, bei der Therapie zu bleiben. Er sagte, er würde ganz unvoreingenommen zu Ihnen kommen.«

Wie diese Konsultation verlief, beschrieb Sexton danach Barbara Kevles. »Es war ungefähr so, als würde eine Phantasie lebendig werden. [. . .] Dr. Orne sagte: ›Sie haben etwas geschafft, was ich nie könnte. Anne ist bei Ihnen viel gesünder geworden.‹ Und [Dr. Zweizung] sagte: ›Sie haben etwas geschafft, was ich nie könnte. Anne ist bei Ihnen so weit gekommen.‹ Und immer so weiter. Ich kann nur sagen, daß sie sehr nett zueinander gewesen sind.« Dr. Orne erklärte später: »Anne war verärgert, aber mir ging es darum, die positiven Aspekte der Situation herauszustellen, so viel Zustimmung zu geben wie nur möglich, denn es bahnte sich für sie eine katastrophale Veränderung an. Ich hoffte, sie könnte ihn als positive Gestalt im Gedächtnis behalten. Ich ging davon aus, daß ich ihr beim Wechsel zu einem anderen Therapeuten behilflich sein könnte und ihr eine Stütze bleiben würde.«

Letztendlich half Dr. Zweizung Anne, einen neuen Therapeuten zu finden. Ein paar Monate später – im Mai – war sie bei Dr. Constance Chase untergekommen, die die Annahme Sextons an die Bedingung knüpfte, daß sie sich nicht mehr von Dr. Orne behandeln lassen dürfe.

In dem Unglücksmonat März, am Todestag ihrer Mutter, während einer Periode der Trennung von einem der Menschen, die als Elternersatz fungiert hatten, arbeitete Sexton also wieder an ihrem Stück; und einmal mehr gab ihr das Schreiben die Möglichkeit, kostbare

Aspekte der Verbindung zu bewahren, die in der Realität auseinanderging. »Dieses Stück habe ich vor vier Jahren geschrieben«, erzählte sie Alice Smith. »Ich verlor meinen alten Doktor und wurde verrückt, und das Schreiben hat mir die Gesundheit gerettet. Dieses Mal verliere ich einen Doktor und werde ein bißchen verrückt (der Unterschied ist nur, dieses Mal habe ich die richtigen Tranquilizer, und deshalb glaube ich nicht, daß ich in einem Krankenhaus enden werde).«

Am 15. April, zum verabredeten Termin, schickte sie Wynn Handman ein überarbeitetes und gekürztes Manuskript, und Ende des Monats fuhr sie wieder nach New York. Chuck Maryan hatte inzwischen eine Besetzung gefunden: neben Marian Seldes als Daisy, Rosemary Murphy als Tante Amy, William Prince als Ace und Virginia Downing als Daisys Mutter Judith. Sie trafen sich im New Dramatists, Handmans Studio in Citynähe. »Die Sache hatte Hand und Fuß«, erinnerte sich Seldes. »Niemand kam einfach so rein und las das Stück herunter. Jeder war berührt davon und las sehr ausdrucksvoll.« Sexton war begeistert. »Bevor sie die Schauspieler hörte, insbesondere Marian Seldes, meinte sie, sie selber lese ihre eigenen Arbeiten sehr gut«, erinnerte sich Maryan. »Sie war aufgeregt und voll dabei und offen für alles, was die Schauspieler sagten.« Obwohl ihnen jede Szene als solche gefiel, hatten sie Schwierigkeiten, das Stück als Ganzes zu erfassen, und sie kamen überein, daß Sexton nach New York kommen und ihre Überarbeitungen mit ihnen durchsprechen sollte, anstatt sie von Boston per Post zu schicken.

In der folgenden Woche fuhr Sexton wieder nach New York, und diesmal mit Lois Ames (»als Begleiterin und Beraterin«, erklärte Sexton Handman. »New York ängstigt mich zu Tode«). Sie wohnten im »Algonquin«, das nicht weit von Handmans Studio entfernt war und das in Sexton liebevolle Erinnerungen an Howard Moss und andere Schriftsteller weckte. Sie brachte ihre Schreibmaschine mit und legte lange Arbeitstage ein, machte sich Notizen, während die Schauspieler probten, und tippte abends die Korrekturen. Immer deutlicher gewannen alle Beteiligten die Überzeugung, daß der

Höhepunkt des Stücks zu früh komme, schon im ersten Akt. »Anne und ich diskutierten gerade über die Szene und darüber, wo sie zu plazieren sei«, sagte Maryan, »als Marian von der Bühne zu uns runterschaute und sagte: ›Warum drehen Sie die Reihenfolge der Akte nicht einfach um?‹ Diese Lösung war weder Anne noch mir eingefallen, aber wir stimmten Marian zu, und so bekam das Stück die Form, in der wir es schließlich aufführten.«

Als Sexton in diesem Frühjahr in New York war, wurde sie von einem ihrer Fans aufgespürt, einem Australier namens Brian Sweeney. Er war ein großer, gutaussehender, reicher, extrovertierter Geschäftsmann, nur wenige Jahre älter als Sexton, der, kaum zu glauben, ebenfalls mit Gedichten dilettierte und ein tiefreligiöser Mensch war. Er erzählte ihr, daß er bei seiner Ankunft in San Francisco den Zollbeamten gefragt habe: »Lebt Anne Sexton noch?« Während ihres fünftägigen Aufenthalts in New York stellte er ihr das Hotelzimmer mit gelben Rosen voll und verwöhnte sie mit Einladungen zum Essen im »La Côte Basque«. Er kämmte die Buchläden durch und kaufte alle Bücher von Anne Sexton auf, um den Markt anzuheizen.

Welches Glück für Anne – daß der Ace aus Daisys Alpträumen in so angenehm auffallender Gestalt erschien, gerade als sie ihn am meisten brauchte! Denn Brian Sweeney stellte alle früheren Vaterfiguren Sextons in den Schatten. Im Gegensatz zu ihren Ärzten und Liebhabern interessierte er sich auf erfrischend direkte Weise für ihre religiösen Überzeugungen, insbesondere ihre Ansichten über Christus. Er beschrieb sich selbst als »letztes Glied in der vom Katholizismus geschmiedeten Eisenkette; zerstört und vernichtet mit dem Glauben des Menschen an Gott, gezeichnet und verbrannt seit den Tagen vor der keltischen Vorherrschaft«. Als er in Sextons Nähe auftauchte, getrieben allein von seiner Leidenschaft für ihre Worte, liebte er sie nur wegen ihrer Seele, und das war ja genau das, was der Arzt verordnet hatte. Was sie ihre weiblichen Tricks nannte, brauchte sie nicht, wenn sie ihn gewinnen wollte, und sie kamen angesichts seiner übermächtigen Keuschheit nicht zum Zuge.

Sextons Arbeitsidyll wurde am 8. Mai gestört, als sie einen Anruf von Kayo erhielt: Seine Schwester Joan war während ihrer Hochzeitsreise bei einem Autounfall getötet worden. Billie war vernichtet. Joan, die sechs Tage zuvor geheiratet hatte, war achtunddreißig Jahre alt, und sie war der Mensch, der Billie am nächsten stand, seitdem George Sexton bei einem ähnlichen Unfall ums Leben gekommen war. Linda und Joy, die Joans Brautjungfern gewesen waren, nahm ihr Tod sehr mit, und sie schlossen sich enger denn je an Billie an, die die Angewohnheit entwickelte, »Joanie« zu sagen, wenn sie »Joy« meinte – ein falscher Zungenschlag, den sie ihr ganzes weiteres Leben nicht wieder ablegen sollte.

Während Sexton in Massachusetts bei ihrer Familie war, rang Handman mit der endgültigen Entscheidung, ob *Mercy Street* inszeniert werden sollte oder nicht. Auch nach den vielen Überarbeitungen unter Mitwirkung einer Gruppe engagierter Schauspieler hatte der Text nur wenig Struktur. Der Dreh- und Angelpunkt sei, wie er Maryan gegenüber äußerte, wo und wie die Handlung anzusiedeln sei. Das Stück war nun aus mehreren Szenen zusammengesetzt, die an mehreren verschiedenen Schauplätzen spielten (im Leben nach dem Tode, im Behandlungszimmer des Arztes, in Daisys Elternhaus); wie konnten sie in Zeit und Ort miteinander verknüpft werden? Schließlich hatten Handman und Maryan die erlösende Idee. Da es in dem Stück um ein religiöses Thema ging, konnte eine Messe in einer Episkopalkirche den Rahmen für die Handlung bilden. »Daisy könnte zu dieser Kirche kommen, um sich zu entscheiden, ob sie leben oder sterben will – aus dem Priester könnte man einen Psychiater machen.« Für diese Entscheidung waren schlichte Kostengründe ausschlaggebend, denn das American Place Theater war in der St. Clement's Episcopal Church untergebracht. Am 26. Mai endlich erhielt Sexton ein Telegramm von Cindy Degener: »Hurra Showbiz du bist da«. Sexton sollte das Stück im Sommer überarbeiten und im September nach New York zurückkehren. Mit *Mercy Street* würde das American Place Theater im Oktober die neue Spielzeit eröffnen.

Sexton hatte jedoch bereits im Showbusineß Fuß gefaßt, wenngleich vorerst nur in der zweiten Liga. Sie verbrachte den Monat Mai mit intensiven Proben mit Her Kind, die in der Bostoner Jordan Hall einen großen Auftritt haben sollten. Von Clawson ermutigt, widmete sie sich dieser Aufgabe mit großem Ernst; in einem Brief, den sie in diesem Frühjahr an Jon Stallworthy schrieb, erwähnt sie die Möglichkeit einer Schallplattenaufnahme. Wenn sie gebeten wurde, Lesungen zu geben, schickte sie nun eine Kopie des Bands, das im De Cordova Museum aufgenommen worden war, und schlug statt dessen ein Konzert vor.

In ihrem Terminkalender standen aber auch zahlreiche Lesungen. Bevor sie das Guggenheim-Stipendium erhielt, hatte sie bereits Auftritte in Colleges vereinbart: für den Februar in Houston, Texas, und Marietta, Ohio; für den März in Binghamton, New York, und Salem, Massachusetts; und für den April in Baltimore, Maryland. Solche Reisen erschöpften sie, insbesondere wenn sie allein fahren mußte. Die *Love Poems* waren um den Valentinstag erschienen, und im ersten Monat waren bereits viertausend Exemplare verkauft worden. Als das Stipendium durchkam und es so aussah, als würde Sexton ausschließlich an dem Stück arbeiten, beschloß sie, ihren Marktwert zu testen und ihre Honorarforderung noch einmal (von 750 auf 1000 Dollar) zu erhöhen. Sie hoffte, so die Anzahl ihrer Lesungen in diesem Jahr reduzieren zu können, vor allem, wenn sie sie durch Konzerte ersetzte.

Sexton hatte in jeder Hinsicht andere Vorstellungen von einer Dichterlesung als ihre Kollegen. Die Mehrzahl der Dichter, die durch die Colleges tourten, präsentierten sich als Lehrer, entsprachen willfährig den Erwartungen und beantworteten Fragen, boten einen Workshop oder Unterricht in einer Klasse an. Davon wollte Sexton nichts wissen. Sie widmete sich der Aufgabe vielmehr mit dem Charisma des *Artisten,* trug wunderschöne Kleider und reiste, so oft es nur ging, mit einem Gefolge. Mehr noch, ihre Lesungen waren sorgfältig einstudiert – wie sie ein wenig verärgert eingestand, als einer ihrer akademischen Verehrer für eine literarische Zeitschrift von einem solchen Auftritt ausführlich berichten wollte: »Alles, was Sie aus meiner Lesung zitieren, meine kleinen einführenden Bemerkungen, ist, und ich hasse es, Ihnen das sagen zu müssen, durchaus nicht spontan, außer vielleicht ein oder zwei Sätze«, schrieb sie und bat ihn, diese Zitate in dem Artikel zu streichen. »Ich hasse es, zugeben zu müssen, daß ich so auf Nummer sicher gehe, aber es ist so.« Wie Marian Seldes sich erinnerte, »hatte Anne vieles an sich, was die Leute an eine Schauspielerin denken ließ. Schon ihre Erscheinung wirkte dramatisch; ihr Verhalten war interessant; wenn sie Schauspielerin gewesen wäre, hätten die Leute gesagt, daß ihr Lachen theatralisch sei. O ja, sie reagierte spontan und mit ihrem ganzen Wesen, ungeschützt. Bei Schauspielern fühlte sie sich sofort wie zu Hause.«

Die am wenigsten vorhersehbare Folge von Sextons momentaner Berühmtheit waren mehrere Bitten um einen Beitrag zu den Feiern anläßlich der historischen Landung des Raumschiffs *Apollo 11* auf dem Mond am 20. Juli 1969. Die amerikanische Presse war außer sich vor Begeisterung, und die intellektuell anspruchsvolleren Blätter baten bekannte Schriftsteller um Meinungsäußerungen. Sextons Gedicht *Moon Song, Woman Song* (Mondlied, Frauenlied; aus dem Band *Love Poems*) wurde in einer Sonderbeilage zur *New York Times* vom 17. Juli noch einmal abgedruckt. Das Titelblatt des *Esquire* fragte: »Welche Worte, die durch alle Zeiten widerhallen werden, sollte der erste Mann auf dem Mond sprechen?« Die Antwort unter der Schlagzeile »Fünfzig hilfreiche Tips« zeigte Anne Sexton (neben anderen) mit einem Weltraumhelm auf dem Kopf; auch *Esquire* druckte *Moon Song, Woman Song* nach. Als *Harper's Bazaar* von einigen berühmten Leuten wissen wollte, was sie in einer Kassette mit Zeitdokumenten auf dem Mond deponieren würden, erwiderte Joyce Carol Oates: »die Bekenntnisgedichte von Anne Sexton, Sylvia Plath, Robert Lowell und W. D. Snodgrass«.

Sextons Hauptarbeit in diesem Sommer jedoch war eine gründliche Überarbeitung von *Mercy Street*. Chuck Maryan kam als Feldforscher nach Boston, damit sie gemeinsam einen Gottesdienst besuchen und ihre Beobachtungen in das Stück einfließen lassen konnten. Sexton beschloß, Maryan solle sich mit dem Ablauf der Messe vertraut machen – dies, meinte sie, sei ein Problem des Re-

gisseurs –, während sie die Aufgabe übernahm, die liturgische
Sprache in geeignete Szenen einzubauen. Sie ließ sich von den
Kirchgängern unter ihren Freunden Gesangbücher aus verschiede-
nen protestantischen Kirchen stibitzen, die sie dann nach geeigne-
ten Wendungen zu durchforsten begann. »Ich will, daß das Stück
ein einheitliches Ganzes wird, und möchte ein Lied, das mit der
Theologie des Sakraments in Einklang steht«, erklärte sie. In dem
Kirchenlied, das sie auswählte, »wird einem die Empfindung ver-
mittelt, von seinen Sünden gereinigt zu sein, und gerade das ist für
Daisy unmöglich«.

Im Juli und im August kam Maryan mehrmals nach Weston, wo
er und Sexton lange Tage am Küchentisch saßen und arbeiteten.
(Sextons Hündin, Penny, wollte ihn nicht in Sextons Arbeitszimmer lassen, erinnerte sich Maryan: »Ich liebe Hunde, und ich
verstehe Hunde, und dieser Hund war Annes Hund.«) Erst am
späten Nachmittag legten sie das Stück beiseite: Gewöhnlich kam
Max dann vorbei, und oft gingen alle im Pool schwimmen; Kayo
kam nach Hause, sie tranken etwas, und Kayo bereitete auf dem
Grill das Abendessen. Im Juli waren die Kinder auf dem Reiterhof,
doch im August kehrten sie nach Hause zurück. Die Art, wie Kayo
und die Kinder sich um die Dinge kümmerten, die Anne überfor-
derten, und auch die Tatsache, daß Anne sachlich eingestand, in
welchem Maße sich die Krankheit auf ihren Lebensalltag auswirkte,
beeindruckten Maryan. »Ich war verblüfft, wie gut alle mit der
Situation zurechtkamen, wie Anne dafür gesorgt hatte, daß alles
funktionierte, obwohl sie so krank war«, äußerte er. »Anne vermittelte nie ein anderes Bild von sich selbst als das einer Behinderten.
Ich habe dies auch nie in Frage gestellt. Aber sie hatte ihrem
Wahnsinn Zügel angelegt, so daß sie zumindest funktionierte ...
Kayo war ein sagenhafter Bursche; ich rechne es ihm hoch an, daß er
die Sache so am Laufen hielt.« Sie sprachen oft über das, was Maryan
»Annes Wirklichkeit« nannte – »wie man mit jemandem sprechen
würde, der sich mit der Tatsache abzufinden hat, daß er ein kurzes
Bein hat«, erläuterte er. »Ich konnte nicht so tun, als sei ihre
Krankheit gar nicht da, denn sie schrieb ja darüber. Ich konnte nicht

so tun, als schriebe sie nicht über ihre eigenen Erfahrungen. Und sie war wunderbar, wenn sie darüber sprach, von gleich zu gleich. Mir gegenüber hatte sie überhaupt keine Scheu.«

Maryan meinte, die Familie präsentiere sich ihm gegenüber von ihrer besten Seite. Er hatte recht. Hinter den Kulissen gab es in diesem Sommer einige Turbulenzen, ausgelöst von den heranwachsenden Töchtern Sextons. Wie Maryan beobachtete, sorgte Anne sich um Joy, die, wie sie selber früher auch, sich nicht fügen wollte. Joy hatte die Schule geschwänzt, und sie war beim Haschisch-Rauchen erwischt worden. Da sie Pferde liebte, beschloß Kayo, an der Rückseite des Hauses einen Stall anzubauen, damit beide Mädchen von der Highlawn Farm, ihrem Reiterhof, über den Winter Pferde mitbringen konnten; Joy würde vielleicht durch die Disziplin, die das Versorgen von Tieren verlangte, reifer werden. Die Probleme zwischen Anne und Linda spitzten sich um die Zeit von Lindas sechzehntem Geburtstag am 21. Juli ebenfalls zu. Anne und Kayo brachten Linda als Geburtstagsgeschenk ein Transistorradio zur Highlawn Farm mit, wo sie eine Kindergruppe betreute, und als sie wieder zu Hause waren, schrieb Anne ihr bestürzt einen Brief: »Ich mache mir solche Sorgen um Dich . . . Sex, Drogen, Jungs, Zigaretten.« Vor allem Drogen. »Deine Einstellung zu Drogen, dieses ›ach, jeder hat doch Drogenprobleme‹ zum Beispiel. Also wirklich, Linda!!!«

Im Jahre 1969 war es offenbar schwieriger denn je, Eltern von Teenagern zu sein. Ganz plötzlich hatte *jeder,* sogar in den Vorstädten, Drogenprobleme, wobei die fragliche Droge Haschisch war (aus Briefen ist ersichtlich, daß auch Anne hin und wieder, wenn Kayo verreist war, einen Joint nicht verschmähte; er mißbilligte Hasch lauthals). Die Drogen waren jedoch nicht das Hauptproblem, vielmehr sorgte die »Drogenkultur« dafür, daß Eltern die Orientierung verloren. 1969 war der Sommer von Woodstock: Es war schwer, sich dem Einfluß der Alben von Janis Joplin, Jefferson Airplane und den Doors, die »Sex, Drugs and Rock 'n' Roll« auf ihre Fahnen geschrieben hatten, zu entziehen. Diese neuen Medienstars, wohlerzogene junge Leute aus der weißen Mittelschicht, waren anscheinend innerhalb einer Generation zu öligen, charismatischen Tieren einer ganz neuen Rasse mutiert. Ihre Musik drang in die vorstädtischen Häuser ein und versetzte wie eine Flutwelle, die alles durcheinanderwirbelte, Eltern in Angst und Schrecken darüber, worauf ihre eigenen Kinder sich da eingelassen hatten. Sexton berichtete Brian Sweeney, daß Linda sich »in einen Hippie mit ganz langem Haar verliebt« habe. »Was soll ich da sagen? Ich bin ja selber eine Art Hippie.« Sollte Linda die Pille nehmen? Wenn sie schon rauchte, sollte sie ihre Zigaretten nicht selbst bezahlen? In den Briefen an Linda im Reiterhof brachte Sexton solche Fragen behutsam zur Sprache, denn sie hoffte, sich das Vertrauen ihrer Tochter zu bewahren. Sie wandte sich hilfesuchend auch an Maxines Tochter Judy, der sie Hilfestellung bei ihren Gedichten gab. Linda vertraute Judy und würde vielleicht auf sie hören.

Ende August begann Charles Maryan mit den Proben zur Aufführung von *Mercy Street*. Er rief Sexton häufig an und berichtete über den Fortgang der Arbeiten, und sie gab diese Nachrichten an Sweeney weiter, der an allen Einzelheiten brennend interessiert war. Drei Schauspieler, die schon an den Proben der Lesefassung beteiligt waren – Virginia Downing, William Prince und Marian Seldes –, sollten bleiben. Maryan hatte jedoch Schwierigkeiten, die Rolle der Tante Amy zu besetzen. In einer Szene stolziert diese Figur, eine Reitgerte schwenkend, über die Bühne und betet eine Litanei her, die sie ihre »Müllbibel« nennt. Die Szene ist kraftvoll und aufwühlend, und Sexton hatte, wie Lois Ames sich erinnerte, Angst davor, diesen Part mit einer älteren Frau zu besetzen, denn die könnte einen Herzanfall oder einen Schlaganfall bekommen. (Ames bezweifelte, daß das ein Problem sein könnte.) Schließlich besetzte Maryan die Rolle der Tante Amy mit einer jungen Schauspielerin, M'el Dowd.

In Sextons Augen war *Mercy Street* nun »eher ein Stück über Tante Amy, im Grunde ihre Geschichte«. Sie hatte die komplizierte Kindheitsbeziehung zu Nana nun endlich vollständig schöpferisch verarbeiten können. In *Mercy Street* akzeptierte sie eine Realität, die ihre eigenen Schuldgefühle gewöhnlich leugneten: daß Nana eine wirkliche Frau gewesen war und ein eigenständiges Leben gelebt hatte, unabhängig von dem bedürftigen Mädchen, für die sie die Macht über Gut und Böse verkörpert hatte. Obwohl alle Charaktere des Stücks vielschichtig sind, ist Tante Amy die komplexeste Figur; in ihre Gestaltung sind nicht nur Sextons Erinnerungen eingeflossen, sondern auch Einzelheiten, von denen sie erst nach Nanas Tod erfahren hatte. Ganz wichtig dabei war, daß Nana Geld gehabt und ihren Lebensunterhalt selbst bestritten hatte, als sie in Ralph Harveys Haus wohnte. Tante Amy ist eine nüchterne Realistin, die Daisys untüchtigen, charmanten Vater durchschaut hat, aber auch sie hat einen Makel – die frustrierte Sexualität, die in ihrer Beziehung zu Daisy hervorbricht.

Im Mittelpunkt des Geschehens von *Mercy Street* steht Daisys Verführung durch ihren Vater Ace, von Sexton »die Erinnerungsszene« genannt. Ace flößt Daisy Whiskey ein, bewundert ihre »kleinen Pfirsichbrüste«, beginnt ihr den Rücken zu massieren – dann gleiten seine Hände zwischen ihre Beine. Während des Verführungsdramas ist eine zweite Figur, links auf der Bühne, zu sehen: Tante Amy, die in ihrem Zimmer eingeschlossen ist, geht auf und ab und ringt in einem einsamen zwanghaften Ritual die Hände, singt und wütet und läßt die Reitgerte knallen. Ihre »Müllbibel«, mit der sie sich selbst kasteit, eine psalmodische Litanei, die der Dichtung des wahnsinnigen britischen Poeten Christopher Smart aus dem achtzehnten Jahrhundert und dem Hohenlied der Bibel nachempfunden ist, durchzieht wie ein Chor die Sätze, die zwischen Ace und Daisy gesprochen werden.

Ace: Here, we'll make a woman of you yet. (Holds bottle to her lips.) Take some. No. Three swallows.

Daisy: I don't like it.

Ace: A few more swallows. You will. It's good for you, prewar Scotch, like medicine. Here, have another swig.

Amy: Once I was a shedder of blood and the great eagle took me in his claws and came into my mouth and ate thereof. He traded me for figs and oil and wine. He drank of me and caused me shame. [1]

Die Aufteilung der Handlung liefert die Vorbereitung und die Erklärung dafür, wie Tante Amy Daisys Bewußtsein besetzt. Was Daisy zu Beginn des Stücks in die Messe führt, ist die Verdorbenheit durch die Sünde, die dem weiblichen Körper innewohnt, da er die lustvollen Wünsche der Eltern auf sich zieht.

Die brisante Thematik störte weder die Schauspieler noch den Direktor, die sich diesem Material als Künstler näherten. So wie Sexton die erlösende Erkenntnis hatte: »Dies sind meine Leute!«, als sie vor vielen Jahren in die Nervenklinik kam, und dann noch einmal, als sie ihren ersten Lyrik-Workshop besuchte, so empfand sie die Welt des Theaters nun ebenfalls als Befreiung und Bereicherung. Als die Proben in vollem Gange waren, schrieb sie begeistert an Ollie Zweizung: »Ich war nie so glücklich. Könnte ich nur bei Dir sein und es mit Dir teilen und Dir alles erzählen! Zum Teufel mit allem, ich finde, Du verdienst es, mich nach so vielen traurigen Zeiten glücklich zu sehen . . . Mein Gott, das Theater ist großartig. Ich bin ganz hingerissen. Jeder einzelne da ist so intuitiv und herzlich. Sie sind nicht verklemmt [. . .], so ein feines Gespür für den Ausdruck des Unbewußten.«

Es enthielt zumindest eine bittere Ironie, daß Sexton über den Fortgang der Probenarbeit derart ins Schwärmen geriet, denn sie beeinträchtigte ihr Familienleben. Außer den üblichen mütterlichen Sorgen gab es da ihr ganz persönliches Problem mit Linda, mit der sie auch weiterhin die komplizierte Intimität auslebte, die ihr durch ihre Beziehung zu Nana eingeschrieben war. Ihre größten Schwierigkeiten als Mutter erwuchsen aus ihrem Bedürfnis, die Position des bedürftigen kleinen Mädchens einzunehmen, also aus jenem Bedürfnis, mit dem sie früher zu Nana gekommen war. Diese Beziehung war durch Nanas Zusammenbruch empfindlich gestört worden, als Anne dreizehn war und vorsichtig die ersten romantischen Freundschaften mit Jungen suchte. Nun, da Sextons Kinder ihrerseits zu Frauen wurden, führte deren körperliche Reifung Sexton im Zusammenhang mit ihrer Arbeit am Stück offenbar zu ihren eigenen Konflikten in der Pubertät und ihrer von Schuldgefühlen durchsetzten Zuneigung zu Nana zurück. Unter der Oberfläche liebevoller Anteilnahme und mütterlichen Stolzes identifizierte sie sich weiterhin stärker mit ihren Töchtern, und insbesondere mit Linda, als für alle Beteiligten gut war: Sie drang in ihr Privatleben ein, war ein wenig zu sehr an ihren Körpern und ein wenig zu sehr an Gesprächen über Sex interessiert.

Als Linda vor dem Eintritt in die Pubertät stand, mißfiel ihr die Aufdringlichkeit ihrer Mutter mehr denn je. Mehrere Jahre lang hatte sie so getan, als schliefe sie, wenn ihre Mutter zu ihr ins Bett kam und sich an sie klammerte. Eines Nachts aber, Linda war etwa fünfzehn, hatte Anne darauf bestanden, daß Linda zu ihr ins große Bett kam und die Nacht über dort blieb. Kayo war auf einer Geschäftsreise, und Anne wollte nicht allein sein. Sie sahen eine Weile fern; dann schlief Linda ein. Mitten in der Nacht wachte sie auf und hatte das Gefühl, nicht atmen zu können. Es war dunkel, aber sie bemerkte, wie ihre Mutter rittlings auf ihr lag, sich an ihrem Körper rieb und sie auf den Mund küßte. »Ich hatte das Gefühl, zu ersticken. Ich weiß noch, daß ich aus dem Bett sprang und mich übergeben mußte. Mutter kam mir ins Badezimmer nach und streichelte mir den Kopf.«

Linda war tief gedemütigt und fühlte sich in zwei Richtungen gezogen. Sie wollte ihrer Mutter nahe sein, aber sie empfand Abscheu und Furcht angesichts ihres Drängens auf eindeutig sexuelle Intimität. Kurze Zeit nach diesem Vorfall bat sie darum, einen Psychiater aufsuchen zu dürfen. »Ich war schrecklich niedergeschlagen«, erinnerte sie sich.

»Nach all den Jahren, in denen ich ›Hab mich lieb! Halt mich fest! Verlaß mich nicht, sei nicht verrückt‹ zu Mutter gesagt hatte, mußte ich nun einen Weg finden, mich aus zu großer Nähe zu befreien. Von alledem erzählte ich der Ärztin nur in Andeutungen. Sie war nicht daran interessiert, dies genauer zu ergründen. Kein Mensch glaubt, daß es so etwas wie einen Mutter-Tochter-Inzest wirklich *gibt:* Bei Freud steht nichts davon, in keiner der Theorien. Aber die Ärztin half mir, eine Grenze zu setzen, die Mutter nicht überschreiten konnte; sie sagte zu Mutter, sie solle nicht darauf bestehen, mir so nah zu sein. Nach dem Gespräch ging Mutter zu meinem Schrank und stand dort und weinte und hängte sich an meine Kleider! Aber wenigstens half mir die Ärztin, einen Keil zwischen Mutter und mich zu schlagen, half mir, die ersten Schritte von ihr fort zu machen.«

Sexton jedoch wehrte sich gegen die Veränderungen und berichtete Linda, daß *ihre* Psychiaterin gesagt habe, zwischen Eltern und Kind könne es nie zuviel Liebe geben. Sie kam nicht mehr in Lindas Bett, begann nun aber, Linda ihre sexuellen Eskapaden anzuvertrauen. Als Linda später an das Verhalten ihrer Mutter zurückdachte, äußerte sie die Vermutung: »Es war, als müßte sie nun mir die Rolle der zurückweisenden Mutter – Nana auf der Türschwelle – zuteilen, denn es war ja unvermeidlich, daß ich um meines Vaters willen von diesen Liebeleien verletzt und angewidert war.« So beleuchtete *Mercy Street* zwar eine verquere doppelte Bindung – zwischen Vater und Tochter, zwischen Großtante und Großnichte –, die eine ganze Familie über mehrere Generationen beschädigte, doch seine Autorin wiederholte diese Situation in ihrer eigenen Familie und weitete sie sogar noch aus.

Während des gesamten Probenmonats verbrachte Sexton vier von sieben Tagen in New York. Sie saß mit hochgelegten Beinen (Marian Seldes hatte ihr ein Paar goldene Pantoffeln geschenkt) im Zuschauerraum des schwülheißen Theaters, trank Bier, sah zu, wie die Szenen Gestalt annahmen, und machte sich Notizen. Abends schrieb sie, wenn nötig, Dialoge um. Diese Form der Zusammenarbeit schuf die Atmosphäre, in der Sexton stets am besten arbeiten konnte. Im Zuge der Überarbeitungen hatte das Stück viele Eigenheiten, die ihren Ursprung im Unbewußten hatten, bewahrt; nun verfügte Sexton über eine ganze Gruppe von kritischen »Über-Ichs«, um das Material zu gestalten. Die Fragen der Schauspieler trugen dazu bei, den Konflikt zwischen Tante Amy und Daisy deutlicher herauszuarbeiten, und mit Hilfe der Messe konnte das

Thema von Daisys Wunsch nach Sühne eine Form erhalten. (»Die Passagen, die ich aus der Messe geklaut habe, sind großes Theater«, brüstete sich Sexton, »aber war das nicht immer so? Wir haben Weihrauch und gregorianische Gesänge und alles, was dazugehört!«)

Den ganzen September hindurch flog Sexton an den Samstagen nach Boston zurück und an den Dienstagvormittagen wieder nach New York. »Großer Gott, ... ich gebe ein Heidengeld aus«, sagte sie. »Ich esse nicht viel, nur ein wenig Kaviar zum Dinner oder vielleicht Kaviar und eine Scheibe Melone.« Mit Brian Sweeneys Hilfe hatte sie im »Algonquin«, wo sie und Lois Ames wohnten, einen Sonderpreis ausgehandelt (Sweeney stand mit Andrew Anspach, dem Manager, auf du und du). Weil sie, drei Jahre nach ihrer Hüftverletzung, immer noch hinkte, fuhren sie und Ames mit dem Taxi vom »Algonquin« (in der 44. Straße West) zum St. Clement's (in der 46. Straße West). Sexton bekam ihre Flugtickets vom American Place Theater bezahlt und hatte vor, das gesamte Stipendium von der Guggenheim Foundation für das Projekt einzusetzen, aber sie fürchtete, es könnte nicht reichen. »Reichen« war eine vage Bezeichnung, denn sie vermied es, sich Klarheit über solche Angelegenheiten wie etwa die tatsächlichen Kosten bestimmter Dinge zu verschaffen; eine der Rollen, die sie Ames zugedacht hatte, war die Bemessung der Trinkgelder in Restaurants und bei Taxifahrten.

Ermutigt durch Sweeneys frühere Großzügigkeit, fragte Sexton an, ob er einen Teil dieser Kosten übernehmen wolle. »War es Ihnen ernst, als Sie mir sagten, ich könnte Sie um eintausend Dollar bitten (aber nur einmal pro Jahr)? Wenn ja, so bitte ich jetzt darum.« Sie berichtete ihm, daß ihr Guggenheim-Stipendium Ames' Ausgaben abdecke, »aber ich kann ihr kein Gehalt zahlen«. Sweeney antwortete mit einem Scheck (den Ames, wie sie sagte, nie zu Gesicht bekam); er hatte versprochen, alle Gewinne aus Pferdewetten, das Sündengeld, mit ihr zu teilen, und auf einer Reise nach Irland hatte er Glück gehabt. Wie bei dem vielen Bier und dem vielen Sitzen nicht anders zu erwarten, nahm Sexton noch mal fünf Pfund zu und schwoll auf Kleidergröße 16 an, berichtete sie. Sie sei nie glücklicher gewesen.

Als der Tag der Premiere immer näher heranrückte, wurde klar, daß einige Schwächen in der dramatischen Struktur des Stücks den Schauspielern und dem Regisseur zu schaffen machten. Gespräche über vorgeschlagene Streichungen und Veränderungen wuchsen sich zuweilen zu hitzigen Debatten aus, und Sextons Zuversicht geriet ins Wanken. Bei einer Auseinandersetzung, die sie nicht für sich entschied, ging es darum, daß sie die Figuren der Zeugen unbedingt im Stück lassen wollte. Chuck Maryan erinnerte sich: »Da wir als neuen Handlungsrahmen die Messe hatten, war es schwer, sie in das Stück zu integrieren, doch ich mochte sie sehr. [. . .] Wynn wollte sie rausnehmen, ich wollte sie drinbehalten; Anne mußte eine Entscheidung treffen.« Sexton war der Auffassung, daß die manischen Zeugen für die Darstellung von Daisys Qualen notwendig waren. Zum einen existierten sie für sie wirklich: Sie waren eine Dramatisierung der Stimmen in ihrem Kopf. (Seit Nanas Zusammenbruch hatte Sexton mit akustischen Gespenstern gelebt.) In Daisys Geschichte hatten sie die künstlerisch interessante Funktion, das Künstlern und Denkern vertraute Gefühl, in Besitz genommen zu sein, zu vermitteln. Ihre Äußerungen, wilde Variationen des »Hakenschlagens«, verstärkten das Element der Komik im Stück und brachen den in der »Erinnerungsszene« dominierenden Realismus auf.

Mit ihrer Überzeugung, daß diese surrealen Elemente unverzichtbar seien, fand Sexton in Virginia Downing, die Daisys Mutter spielte, eine Verbündete. »Der männliche Zeuge war grausam, die Frau übertrieben mütterlich«, erinnerte sich Downing, »und Sexton legte ihnen einige der originellsten Sätze in den Mund, die sie je geschrieben hat. Diese Figuren erschienen Daisy nur, wenn sie allein war; ihre Dialoge ließen sich wunderbar inszenieren und spielen. In ihnen zeigte sich Sextons intuitive Theaterbegabung.« Für Downing verliehen die Zeugen Daisys Krankheit einen Sinn; sie »waren dazu da, das zunichte zu machen, was der Doktor zu erreichen versuchte. Und sie waren unbezwingbar. Die Grausamkeit des männlichen Zeugen war sexuell – Anne ging es darum, zu beschreiben, was mit einem Verstand geschah, von dem solche unbezwingbaren Wesen Besitz ergriffen hatten.«

Doch als die Figuren der Zeugen dem Direktor und dem Regisseur immer entbehrlicher erschienen, geriet Sexton, die sie verteidigte, unter starken Druck. Maryan erinnerte sich an einen Vorfall, wo sie unter einem solchen Konflikt zusammenbrach. »Wynn bedrängte sie und fragte: ›Was *macht* die Großtante dort?‹ Und das war genau der Moment, in dem Anne sich ausklinkte. Anne hatte mir ein paar sehr interessante Dinge über den Wahnsinn erzählt, über das, was sie ›Hakenschlagen‹ nannte – für sie ein Anzeichen ihrer eigenen Instabilität. Sie saß also da und sagte immer wieder nur: ›Die Tante ist wie Job und macht ihren Job.‹ Wenn jemand das oft genug wiederholt, wird es ziemlich komisch. Vor allem, wenn jemand wie ich dabei ist – wenn sie etwas echt Verrücktes sagte, konnte ich mich nicht beherrschen und mußte einfach lachen. Das war nie böse gemeint. Das Gespräch endete damit, daß ich sagte: ›Anne, du fängst an zu spinnen. Es reicht, du hast den Faden verloren. Du bist geistig nicht mehr anwesend. Ich bring dich nach Hause.‹ Gott, wenn ich dran denke, es ist immer noch komisch.«

Auch die Schauspieler bemerkten Annes Stimmungsschwankungen. Downing erinnerte sich, wie überrascht sie war, als sie, nachdem sie mit »dieser lebendigen Frau mit den blauen Augen« gearbeitet hatte, sie eines Tages »grauäugig, abgestumpft – als einen vollkommen veränderten Menschen« kommen sah. Für Marian Seldes war es schmerzlich, diesen Widerspruch mit ansehen zu müssen. »Anne war kein Amateur, in ihrem ganzen Auftreten war nichts Amateurhaftes. Irgend etwas an ihr war einfach erstklassig. Etwas ganz Besonderes. Und deswegen war es so bestürzend, wenn man sie an Tagen sah, an denen sie nicht auf der Höhe war. Man dachte: ›Ich will nicht, daß irgend jemand das sieht.‹ Sie litt.«

Seldes bemühte sich besonders um Sexton, in der sie Züge von Daisy entdeckte. »Für mich zählt bei einem Menschen das *Werk,* das er geschaffen hat. Die Anne, die ich habe, ist in *Mercy Street.* Und das ist ein wunderbarer Mensch: produktiv, kreativ und aufregend. Das kann niemand kaputtmachen. Die Form, in der sie das Stück geschrieben hatte, ermöglichte es mir zu beten, über Gott zu sprechen, Dinge zu tun, die ich in meinem Leben nicht tun kann oder will oder mich weigere zu tun. Die Qualen, die sie in dem Stück verarbeitet hat, erschienen mir so glaubhaft.« Seldes bewunderte auch Sextons physische Erscheinung. »Sie war eine ungeheuer sexuelle, sinnliche Frau, und es ist herrlich, dies bei einer Dichterin, einer amerikanischen Dichterin zu erleben. Wenn sie Europäerin gewesen wäre, hätte uns das weniger überrascht. Sie strahlte das aus. Auf eine Weise, wie dich bestimmte wunderschöne Katzen oder andere Tiere dazu bringen, daß du sie anfassen willst, in ihrer Nähe sein willst. Sie hatte das. Zum Teil war es ihre Schönheit: Wie Menschen aussehen, hat sehr viel damit zu tun, wie andere Menschen auf sie reagieren. Aber es war mehr als das – irgend etwas in ihrem Innern, das sagte: ›Ich bin lebendig, ich bin lebendig, in mir brodelt es, ich brenne‹ – das ist das Wort, nach dem ich gesucht habe. ›Ich brenne, wenn du zu nahe kommst, wirst du dich verbrennen.‹ Sie hatte das wirklich.«

Das Vertrauen, das die Schauspieler ihr entgegenbrachten, war für Sexton eine schwere Belastung; für sie waren die Wechselbäder psychischen Schmerzes das Normalste von der Welt. Tatsächlich wirkte sie auf viele Menschen gesünder denn je zuvor, eine Beobachtung, die sie Dr. Zweizung mitteilte: »Die Schauspieler wollen von mir Interpretationen hören, der Regisseur hält mir praktisch die Hand, und der Produzent, Wynn Handman, umarmt mich«, schrieb sie. »Lois ist mir eine gute Freundin, und wir haben ein 20 Seiten langes Interview über das Stück für die neue Literaturbeilage des Bostoner *Herald* gemacht, die am 5. Oktober erscheinen soll. Wir sind die Titelgeschichte in der ersten Ausgabe.«

Das Stück wurde am Freitag, dem 3. Oktober, voraufgeführt. Ursprünglich sollte es sechs Wochen auf dem Spielplan stehen, aber nachdem die ersten positiven Kritiken erschienen waren, wurde die vorgesehene Spielzeit verlängert. »Miss Sexton hat ein Stück geschrieben, das Aufmerksamkeit verdient und nicht einfach abgetan werden kann«, schrieb Clive Barnes nach der Premiere in der *New*

York Times. Walter Kerr lobte in der *Sunday Times* zwar die Verwendung von Ritualen, die schauspielerischen Leistungen (insbesondere Marian Seldes und William Prince) und die spezifischen Bilder, die Sextons dichterische Stärke seien, fand das Stück insgesamt jedoch formlos, »nicht in sich geschlossen«. Charles Maryan hielt diese Rezensionen für »zum größten Teil positiv, sie garantierten aber noch nicht den Erfolg«. Seiner Meinung nach hatte Sexton falsche Vorstellungen von der Literaturkritik. »Wir waren vier Wochen ohne Pause in der *New York Times* auf der ersten Seite der Veranstaltungshinweise«, stellte er fest, »aber ihr Stück fand nicht die Aufnahme wie ihre Bücher, und sie war mehr denn je überzeugt davon, daß sie keine Dramatikerin sei.« Die schlechtesten Besprechungen – von Stanley Kauffmann in *The New Republic* und von John Simon in *New York* – erschienen erst, nachdem das Stück bereits aus dem Spielplan genommen worden war.

Sexton war mehrere Male nach New York gekommen, um sich die Aufführung anzusehen; sie maß den Erfolg an der Reaktion des Publikums, die überwältigend positiv war. Kurze Zeit nach der Premiere gab sie jedoch der *New York Times* ein Interview, die danach einen Artikel mit der Überschrift »Oh, ich war sehr krank« brachte. Einige ihrer Freunde meinten, daß sie die Interviewerin mit Tricks dazu gebracht habe, mehr über ihr Privatleben zu sagen, als sie hätte sagen sollen, und das tat ihr später leid. In dem Interview selbst aber vertrat sie nachdrücklich die Überzeugung, nach der sie stets auch handelte: »Ich kann mein eigenes [Privatleben] offenbaren. Das ist mein gutes Recht. Wenn jemand vor anderen seinen Körper entblößt, dann ist das sehr peinlich. Man lernt nichts daraus. Aber wenn jemand seine Seele entblößt, dann lernt man etwas. Für große Schriftsteller jedenfalls trifft das zu.«

Ein Mitglied der Familie, die Sextons Auffassung vom Recht des Künstlers auf ein öffentliches Bekenntnis gar nicht teilte, war ihre Nichte Lisa Taylor, Blanches Tochter, die im Juli das College abgeschlossen hatte und in New York bei einem Fernsehsender arbeitete. Am Premierenabend kam sie vor Beginn mit Blumen zum Bühneneingang, doch Sexton war so nervös, daß sie nur einen

Augenblick miteinander sprachen. Das Stück machte Taylor unglücklich. Sie hatte sehr lebhafte persönliche Erinnerungen an Ralph und Mary Gray Harvey, die mit den in *Mercy Street* porträtierten Charakteren nicht in Einklang zu bringen waren. »Anne hat ihre Familie benutzt. Ihre Darstellung war schroff und grausam, selbstsüchtig und subjektiv«, meinte sie später. »Als sie das Material präsentierte, war es wunderbar, ihr zuzuhören – dramatisch und gewagt. Aber für diejenigen, die auf Kosten von Sextons Erfolg leiden mußten, ist die Belastung unermeßlich gewesen.«

Mercy Street wurde am 21. November zum letzten Mal aufgeführt und dann von einer neuen Inszenierung am American Place Theater abgelöst. Marian Seldes und Charles Maryan hofften, daß es schon bald wieder, und oft, inszeniert werden würde, und Sexton ging davon aus, daß Houghton Mifflin das Stück drucken würde. Allmählich jedoch empfand sie nur noch Verdruß über den Text, und obwohl sie jedesmal aufhorchte, wenn Shaktman, Maryan oder Handman sie anriefen und ihr von angeblichen Interessenten berichteten, ließ sie das Manuskript unveröffentlicht im Rohbau ihrer Mappen dahinsiechen.

Die Kraft, die Sexton aus der Zusammenarbeit bei *Mercy Street* schöpfte, investierte sie in die Zusammenarbeit mit den Musikern von Her Kind, die im Dezember ein wichtiges Konzert am Ursinus College in Pennsylvania geben wollten. Kurz nach Thanksgiving kam die Gruppe zusammen, um fünf Tage lang ernsthaft an ihrem Repertoire zu arbeiten. Für den Flötisten Teddy Casher kam Gerald Oshita neu hinzu. Er war auf Einladung des Bassisten Mark Levinson, mit dem er bereits an, wie Oshita sie nannte, »Audioimages« gearbeitet hatte, aus Kalifornien an die Ostküste gekommen. »Wir wollten Anne Sextons Gedichte nicht *vertonen,* wir wollten ihnen einen schmückenden Rahmen geben«, stellte Oshita klar. »Die Musik ist so mathematisch; wenn man ein Gedicht in Musik einbettet, prägt man ihm die musikalische Zeit auf. Unser künstlerisches Ziel war es, eine akustische Verpackung zu liefern, um sie lesen zu hören.« Sextons Durchhaltevermögen bei der Arbeit hat Oshita beeindruckt. »Äußerlich wirkte sie wie eine konventionelle Hausfrau aus Neuengland«, erinnerte er sich. »Aber in Wirklichkeit war sie der Typ Künstler, bei dem die Kerze auf beiden Seiten brennt.« Vielleicht verstanden die Leute den experimentellen Charakter ihres Projekts nicht, mutmaßte er. »Durch die Musik wollte sie den Zuhörern ihre Gedichte näherbringen.« Dadurch unterschied sich ihre kammermusikalische Variante des Rock vom Rock 'n' Roll mit seinem vorantreibenden Rhythmus. »Als Solistin brauchte Sexton Spielraum, sie brauchte Zeit, um während des Auftritts ihre Meinung ändern, eine Silbe dehnen zu können.«

Die Band war inzwischen so lange zusammen, daß sie einen unverwechselbaren Stil entwickelt hatte. Bei ihren Auftritten vermieden sie Rockstar-Kostüme: Sexton trug ein langes Kleid und die Musiker Jacketts und Krawatten. Als das Konzert am Ursinus College näherrückte, »hatten wir wirklich ein Produkt«, sagte Oshita. »Nun war es an der Zeit festzustellen, ob wir geschäftlichen Erfolg haben würden.« Wenn die Gruppe wirklich Gewinn machen wollte, mußte sie viele Auftritte annehmen. Aber »Anne brannte nicht gerade darauf herumzureisen«, stellte Oshita fest. Dank der intensiven Bemühungen von Bob Clawson gab die Gruppe schließlich Konzerte im Norden des Staates New York, in Michigan und sogar an einem so fernen Ort wie Fargo, North Dakota. Aber Sexton, die jederzeit gern probte, bestieg niemals gern ein Flugzeug, und so konnte auch Her Kind nicht abheben. Als sich die Gruppe im Jahre 1971 auflöste, war Sexton erleichtert und enttäuscht zugleich.

Ende des Jahres schrieb Sexton Anne Wilder einen Brief, in dem sie sie plaudernd über die neuesten Ereignisse in der Familie unterrichtete. »Ich trinke keine Martinis mehr. Dafür Jack Daniels, Canadian Club oder Bourbon-Fusel. Die Zeit vergeht . . . Ich rauche noch mehr, und ich huste noch mehr. Ich trage Größe 14–16 . . . dicker Bauch. [. . .] Kayo geht es gut, er ist überarbeitet, unterbezahlt und unausgefüllt – aber er ist immer noch guter Dinge. Er wird ziemlich grau. Ich auch, nur laß ich mir die Haare schwarz färben, und deshalb weiß es keiner.«

Die wirklichen Neuigkeiten waren, wie sich herausstellte, unter vielen Fragen versteckt: »Hast Du *Schlachthof 5* von Kurt Vonnegut gelesen? Und *Mutter Nacht,* auch von ihm? Er ist dieses Jahr mein Lieblingsautor. Sehr komisch. Sein Stil ist so einfach.« 1969 war eine Dürreperiode für Gedichte gewesen, wie Sexton Wilder mitteilte; fast alles, was sie geschrieben hatte, war stillschweigend in eine Mappe mit dem Titel *Words for Dr. Y.* gewandert und sollte bis zu ihrem Tod nicht veröffentlicht werden. Aber am Ende des Jahres hatte sie eine neue Inspirationsquelle aufgetan. Bob Clawson hatte sie zu Vonnegut geführt, und Linda hatte sie zu den Brüdern Grimm geführt. Ihr nächstes Buch sollten die *Transformations* werden, ein Band mit neuerzählten Märchen.

1 Ace: Hier, wir machen schon noch eine Frau aus dir. (Hält ihr die Flasche an die Lippen.) Trink. Nein. Drei Schluck.
Daisy: Ich mag nicht.
Ace: Noch ein paar Schluck. Du kommst schon noch auf den Geschmack. Wird dir guttun, Scotch aus der Vorkriegszeit, wie Medizin. Hier, nimm noch einen richtigen Schluck.
Amy: Einst vergoß ich mein Blut, und der große Adler nahm mich in seine Fänge und kam in meinen Mund und aß davon. Er tauschte mich ein gegen Feigen und Öl und Wein. Er trank von mir und brachte Schande über mich.

»Eine Hexe in mittleren Jahren«
1970

Anne Sextons Leben nahm mit Beginn des neuen Jahrzehnts eine raffinierte, entscheidende Wendung. Seit genau zehn Jahren, seit ihrem Debüt mit *To Bedlam and Part Way Back,* war sie in den Augen der Welt nun eine Dichterin. Vier Bücher lagen inzwischen gedruckt vor und verkauften sich gut: Allein im Jahre 1969 wurden 20 000 Exemplare abgesetzt, wobei der im Februar erschienene Band der *Love Poems* mit 14 147 in den USA verkauften Exemplaren den Reigen anführte. Sexton war in den Bereich vorgedrungen, den Maxine Kumin ein Jahrzehnt zuvor als das »vertikale Publikum« der lebenden und toten Dichterkollegen bezeichnet hatte; dies ließ sich an den Inhaltsverzeichnissen einflußreicher Anthologien, an den Listen »bedeutender« Zeitgenossen, die sich zu Schriftstellerkongressen versammelten, und an den Impressen literarischer Zeitschriften ablesen. Sexton war nicht unumstritten, aber übersehen konnte man sie nicht.

Die entscheidende Wendung führte weg von den Kollegen und hin zu ihrem Publikum. Daß es ihr durch das Theater und durch ihre Konzertauftritte gelungen war, eine große Anzahl von Menschen zu erreichen, hatte ihr künstlerisches Selbstvertrauen offenbar gestärkt. Im Jahre 1970 erlebte sie einen Höhenflug ihrer schöpferischen Energie, vergleichbar dem, der sie bei der Fertigstellung von *Bedlam* und beim Schreiben von *All My Pretty Ones* beflügelt hatte. Innerhalb von acht Monaten schrieb sie die siebzehn langen Gedichte, die den Band *Transformations* bilden, und im gleichen Jahr kam sie auch mit zwei weiteren Bänden, *The Book of Folly* und *The Death Notebooks,* voran. Sie schrieb an allen drei Büchern gleichzeitig und hatte bei der Konzeption unterschiedliche Zielgruppen im Auge. *Transformations* sollte ein populäres Buch werden und die Erzählerin diesmal

> *a middle-aged witch, me —*
> *tangled on my two great arms,*
> *my face in a book*
> *and my mouth wide,*
> *ready to tell you a story or two.* [1]

The Book of Folly sollte ein »Sexton-typischeres« Buch werden, sollte die Leser ansprechen, die das in einem Teil der *Love Poems* verwendete assoziative Verfahren erfaßt hatten. *The Death Notebooks* war für eine postume Veröffentlichung bestimmt.

Mit einundvierzig also faßte Sexton die Vollendung ihres Lebenswerks ins Auge. Das soll nicht heißen, daß sie ihren Tod plante, sondern lediglich, daß sie ihn nun anders sah und ihm einen Platz in ihrem Werk zuwies. 1970 schrieb sie mehrere Gedichte, die ihre Gedanken beleuchten: *Godfather Death* (Gevatter Tod), das sie in die *Transformations* einfügte; *The Death of the Fathers* (Der Tod der Väter), eine Sequenz von Gedichten, die in *The Book of Folly* erschien; *For Mr. Death Who Stands with His Door Open* (Für Mr. Tod, der mit offener Tür dasteht) und die Gedichtfolge *The Death Baby* (Das Totenbaby), die sie für *The Death Notebooks* aufhob. Diese Gedichte ähneln einander kaum, aber eines ist ihnen doch gemeinsam: Zum ersten Mal zeigt Sexton den Tod als etwas Natürliches, weist sie der Sterblichkeit ihren Platz in der Abfolge der Generationen zu.

Transformations war das Werk, das sie in diesem Jahr am meisten in Anspruch nahm, ein Buch voll »schwarzen Humors«, wie sie meinte, das im Umfeld der experimentellen Literatur, die College-Studenten untereinander austauschten, durchaus seinen Platz finden konnte. Romane wie Vonneguts *Schlachthof 5* und Donald Barthelmes *Schneewittchen*, über die der *New Yorker* im Februar 1967 große Artikel brachte, ließen Sexton ahnen, daß in der Literatur auch Platz war für den sadistischen Dreh, den sie einer Kindergeschichte zu geben wußte. Sie war Linda dankbar dafür, daß sie den »Zauber im Kopf« geweckt hatte, aus dem dieses Buch hervorging. Linda erinnerte sich an diese Zeit: »Jeden Tag habe ich mir, wenn ich aus der Schule nach Hause kam, eine Dose Suppe warm gemacht und mich dann in der Küche hingesetzt und beim Essen gelesen – und mich und das Buch ganz mit Suppe bekleckert. Zu dieser Zeit hatte ich Untergewicht; ich war ständig hungrig. Eines Tages kam Mutter in die Küche und sah mich dort in dem Märchenbuch der Brüder Grimm lesen, das ich seit 1961 hatte. Es hatte ein Vorwort von W. H. Auden. Sie fragte mich, welche Geschichten mir gefielen, und notierte sich die Titel auf einer Serviette.«

Essen war eine wichtige Quelle für die Symbolik in *Transformations*. In Lindas Augen fing das Buch einen gestörten Bereich des Familienlebens ein: die Familiendynamik bei den Mahlzeiten. »Joy und ich wurden während der Cocktailstunde hinausgeschickt, und Daddy und Mutter nahmen ihre Martinis oder was auch immer zu sich. Wenn um acht oder neun Uhr abends endlich das Abendessen aufgetragen wurde, waren sie blau. Die Mahlzeit verlief in einer spannungsgeladenen Atmosphäre. Und es gab einfach nie genug zu essen! Daddy machte ein kleines Päckchen tiefgefrorene Erbsen auf, buk vielleicht diese kleinen Kartoffeln, eine einzige für jeden – kein Salat, keine Nachspeise. Mutter würgte an einer Keule. Sie konnte kaum noch feste Nahrung zu sich nehmen; häufig stand sie vom Tisch auf und erbrach das Essen wieder.«

Der Nahrungsmangel hatte nichts mit der finanziellen Situation der Sextons zu tun, denn in den gleichen Jahren bestellten sie den Champagner gleich kistenweise. Verantwortlich dafür waren zum einen Annes Widerwille gegen das Essen und ihre neurotische Furcht vor Einkaufsmärkten – zweimal pro Woche bestellte sie per Telefon exakt die gleichen Lebensmittel – und zum anderen Kayos Bemühen, zu Hause und bei der Arbeit wenigstens das Allernötigste zu tun. Auch das Bedürfnis, inmitten der Unordnung an einem Ritual festzuhalten, spielte eine Rolle. »Ich glaube, wir fühlten uns als Familie verpflichtet, so gut es ging jeden Tag alles so zu machen wie schon immer«, erinnerte sich Linda. »Das Abendessen wurde zum Dreh- und Angelpunkt, die Spannung lag förmlich in der Luft. Bei Tisch war Mutter so oft verwirrt; wir mußten das irgendwie in Grenzen halten. Sie redete Kauderwelsch, sie starrte die Wand an, ihre Augen gingen mechanisch erst nach oben, dann nach unten, mein Vater nannte das ›scheinwerfern‹ – es machte ihn wild. Wir mußten sie zu Bett bringen. Eines Abends kippte sie vornüber und landete mit dem Gesicht im Kartoffelpüree! Mein Vater sagte: ›Anne, hör auf damit, du machst den Kindern angst.‹«

Während dieser Zeit gelang es Sexton jedoch, nichts von ihren Störungen nach außen dringen zu lassen. Linda berichtete, daß die Regeln des Familienlebens das häusliche Leben streng abschirmten. Kayo machte, wenn er am Abend von der Arbeit nach Hause kam, hinter sich die Tür zu, und damit hatte es sich. Er und Anne luden nur selten ihre Nachbarn aus Weston ein, und die Kinder wurden nicht dazu ermutigt, Freunde zu sich zu holen oder diese zu besuchen. Die Familie wahrte also den Anschein von Normalität, und hinter der olivgrünen Fassade ihres hübschen zweigeschossigen Hauses schrieb die Hexe an einem verzauberten Küchentisch ihre Gedichte, »*mouth wide, / ready to tell you a story or two*«. Wie Sexton Freunden gegenüber äußerte, waren die Märchen – und das traf für die Originale wie für ihre eigenen Versionen zu – voll von Bildern des Essens und des Munds, und dieses Thema wird bereits in der Widmung der *Transformations* angeschlagen: »*To Linda, who reads Hesse and drinks clam chowder*«.[2]

Einen verborgenen Einfluß auf das Buch hatte auch Sextons neue Psychiaterin Constance Chase, vor der sich Sexton in *The Frog Prince* (Der Froschkönig) tief verneigte:

> *Frau Doktor,*
> *Mama Brundig,*
> *take out your contacts,*
> *remove your wig.*
> *I write for you.*
> *I entertain.*[3]

In Briefen aus jener Zeit geht Sexton nur ganz allgemein auf ihre Therapie ein, fest steht jedoch, daß sie Dr. Chase mochte und hochschätzte, und die *Transformations* sind zum Teil sicher eine Werbung um die Gunst der Therapeutin. Zu diesem Zeitpunkt in ihrem Leben standen Sexton viele Möglichkeiten offen, hatte sie doch eine neue »Mama« und zwei heranwachsende Töchter an der Schwelle zum Frauesein als Inspirationsquellen. Wie sie zu Linda sagte, konnte man aus Märchen viel über menschliches Verhalten erfahren, wenn man sie nur einmal aus einer unkonventionellen Perspektive betrachtete.

Als sie den Vorsatz gefaßt hatte, aus den Märchen ein ganzes Buch zu machen, flossen die Gedichte der *Transformations* ihr leicht aus den Fingern. (Originalton Maxine Kumin: »Ich muß unbescheiden feststellen, daß ich sie nach den ersten paar Gedichten zum Weitermachen antreiben und unter Druck setzen mußte.«) Sie erschienen Sexton so gelungen und ihre Psyche erschien ihr so stabil, daß sie es riskieren wollte, sie der strengen Kritik von James Wright auszusetzen, der inzwischen glücklich zum zweiten Mal verheiratet war (er und seine Frau Annie hatten Sexton in New York zum Dinner eingeladen, als *Mercy Street* noch lief). Sexton hoffte, ihn wieder in den Zirkel derer, die Anteil an ihrer Arbeit nahmen, aufnehmen zu können. Sie stand sogar mit George Starbuck wieder in Verbindung, der im Begriff war, die University of Iowa zu verlassen und Leiter des Programms für Creative Writing an der Boston University zu werden. Unmittelbar nachdem sie die ersten beiden Gedichte für das neue Buch beendet hatte, schickte sie sie an Starbuck mit der Bitte: »Wenn Du sie auseinandernehmen kannst, gebe ich Dir einen Drink aus, wenn Du hierher kommst.«

Im Mai hatte Sexton bereits mehr als die Hälfte des Buchs geschrieben. Sie erläuterte Brian Sweeney ihr Vorgehen: »Ich nehme das Märchen und wandle es in ein Gedicht nach meiner Art um, folge dem Handlungsstrang der Geschichte, weite ihn aus und gebe meinen eigenen Senf dazu. Sie sind sehr verschroben und grausam und sadistisch und komisch.« Obwohl sie die Gedichte häufig allzu vorteilhaft und *Mercy Street* allzu ungerecht beurteilte, hatten diese beiden Werke mehr gemeinsam, als sie zugeben wollte. In den Märchen geht es um Kinder, die gegen Riesen, Menschenfresser und Hexen kämpfen und dabei oft entsetzliche Qualen erleiden müssen, um Königen und Königinnen zu Willen zu sein. In *Mercy Street* hatte

sie ihren persönlichen Kampf mit den lebenden Toten, der von Anfang an ihre Arbeit angetrieben hatte, in eine dramatische Erzählung
gefaßt. Die Handlungsstränge in den *Transformations* vergrößerten
die Distanz zu diesem Kampf und verlegten ihn von der persönlichen Geschichte in die Legende; die Distanz machte es ihr nun
möglich, sich spielerisch frei auf diesem alten Terrain zu bewegen.
In neuer Verkleidung erscheinen in den *Transformations* nun Versionen von Judith, der kalten Mutter (*Snow White* [Schneewittchen]),
von Tante Amy, der Hexe der Libido *(Rapunzel),* und von Ace, dem
Verführer und Vater (*Briar Rose/Sleeping Beauty* [Dornröschen/Schla-
fende Schönheit]).

> *Daddy?*
> *That's another kind of prison.*
> *It's not the prince at all,*
> *but my father*
> *drunkenly bent over my bed,*
> *circling the abyss like a shark,*
> *my father thick upon me*
> *like some sleeping jellyfish.*
> *What voyage this, little girl?*
> *This coming out of prison?*
> *God help —*
> *this life after death?*[4]

Wie gewöhnlich schickte Sexton die Gedichte, sobald sie sie für
vollendet hielt, an Zeitschriften. Sie hoffte, einen oder zwei dicke
Schecks vom *New Yorker* an Land zu ziehen, der ihr zu diesem
Zeitpunkt bereits mehr als vier Dollar pro Zeile zahlte. Howard
Moss lehnte sie mit taktvollen Worten ab, Cindy Degener gelang es
jedoch, einige davon in angesehenen »erwachsenen« Zeitschriften
wie *Playboy* oder *Cosmopolitan* unterzubringen. Degener, die noch
immer auf einen Roman von Sexton hoffte, freute sich über diese
Neuerung. »Anne Sexton in der Pop-Kultur – juchhe!« schrieb sie.
»Schau Dir den Brief vom *Playboy* an, den ich Dir beigelegt habe,

und vergiß nicht, *Cosmo* zahlt Dir $ 500 für zwei Gedichte und will unbedingt mehr haben, und wir warten auf Nachricht von *Vogue,* wo sie Dich lieben. Du bist ›in‹. [. . .] Ich seh es förmlich vor mir, wie Du auf dieses Blatt Papier starrst und mich verfluchst, weil ich schwach und vulgär bin, aber das Geld ist gut und wird dem Buch nützen, wenn Du es herausbringst.«

Im September war Sexton soweit, daß sie die Sammlung Paul Brooks von Houghton Mifflin vorlegen konnte. »Sie sind voller Charme und origineller Bilder«, antwortete er vorsichtig. »Andererseits lassen sie natürlich die phantastische Kraft und Direktheit Ihrer ernsthafteren Dichtung vermissen.« Brooks Kritik war für Sexton ein Schock. Die Verteidigung ihrer Märchen geriet ihr zu einem ungewöhnlich interessanten Überblick über ihren gesamten Werdegang als Dichterin. »Für mich hat sich mein Werk etappenweise entwickelt«, schrieb sie ihm. »Nun, da ich die *Transformations* nahezu abgeschlossen habe, betrachte ich sie als Teil meines Lebenswerks . . . als ein schlendernd zurückgelegtes Stück des Wegs. Nach diesem Buch, und ich habe bereits damit angefangen, möchte ich gern eines mit sehr surrealen, unbewußten Gedichten machen, das *The Book of Folly* heißen soll. Außerdem habe ich vor, mit einem Buch zu beginnen, das *The Death Notebooks* heißen soll und dessen Gedichte sehr Sexton sein werden . . . dicht, persönlich, stellenweise vielleicht religiös. An den *Death Notebooks* werde ich bis zu meinem Tode arbeiten.« Mit den *Transformations*, stellte sie fest, habe sie sich so weit wie möglich vom Bekenntnishaften entfernt; sie wollte Brooks dazu bringen, daß er dies als einen Fortschritt ansah.

Ihr Vertrauen in diese Gedichte war gerechtfertigt: *Transformations* sollte unter ihren populärsten Büchern das zweite werden, übertroffen nur von den *Love Poems*. Zu ihrer Freude war Kurt Vonnegut bereit, ein Vorwort zu schreiben, und Houghton Mifflin war einverstanden, den Band von Barbara Swan illustrieren zu lassen.

Verkaufszahlen, Tantiemen und Honorare, derartige Angelegenheiten beschäftigten Sexton im Jahre 1970 sehr. Denn im Jahr zuvor hatte die R. C. Harvey Company, wie die übrige Textilindustrie auch, eine Flaute erlebt. Im Januar wurde Kayos Gehalt um die Hälfte gekürzt; im Februar wurde er entlassen. Dies war im Familienleben »eine Zeit voller Schrecken«, wie Linda Sexton sich erinnerte. Linda, die in der vorletzten Klassenstufe der High School war, hatte vor, sich an Colleges zu bewerben, und sie war, wie ihre Mutter auch, regelmäßig in therapeutischer Behandlung; Anne hatte eine Sekretärin; Joy hatte ein Pferd in Pflege. Alle hatten sich an den Überfluß so gewöhnt, daß der Luxus der Mittelschicht für sie den Anschein von Lebensnotwendigkeiten erhalten hatte. Sexton war stolz darauf, daß ihr Einkommen durch Tantiemen und Lesungen ständig stieg und sie damit die größten Sorgen um die unsichere finanzielle Situation ein wenig lindern konnte. Sie wurde gebeten, ihr Januar-Seminar am Oberlin College in diesem Jahr noch einmal zu geben, und sie hatte angefangen, ein paar Studenten Privatunterricht zu erteilen. Man hatte sie zum Januar als Dozentin für Creative Writing an die Boston University berufen, und das war das allerbeste. Als Kayo beruflich ins Schlingern geriet, konnte Anne einen Teil der finanziellen Verpflichtungen übernehmen. Mit fünftausend Dollar aus ihren Ersparnissen half sie ihm, eine Partnerschaft mit einem Kompagnon aus der Wollbranche einzugehen.

Die Herausforderung eines geschäftlichen Neuanfangs verlieh Kayo Schwung. »Er ist ganz allein da draußen, und er muß es schaffen«, berichtete Sexton. »Wenn er nach Hause kommt, ist er oft manisch und enthusiastisch.« In die Ehe kam neues Leben, erinnerte sich Linda Sexton; »die beiden begannen zum ersten Mal im Team zu arbeiten«. Anfang März war die finanzielle Lage bereits wieder so rosig, daß Anne und Kayo sich während der Semesterferien an der Bostoner Universität eine Woche Sonnenschein auf den Bermudas leisten konnten. Wie immer stand Billie Sexton bereit und übernahm während ihrer Abwesenheit die Haushaltsführung. Als sie in einer Selbstbedienungsreinigung warten mußte, bis Vorhänge und Kinderkleider durch das Programm durch waren, schrieb sie ihnen ein paar Zeilen: »Hab über Euch beide und die vielen Probleme mit dem Job nachgedacht und hatte eine glänzende Idee.

Was würdest Du, Kayo, davon halten, wenn Du Dich in Kalifornien nach einer Position umsehen würdest, und wir alle würden dann dorthin ziehen? [...] Anne würde mit ihrer Arbeit in Kalifornien vermutlich noch mehr Anerkennung finden als im muffigen Neuengland, und denk doch nur, wie schön es wäre, in einem warmen, sonnigen Klima ganz neu anzufangen!« Wirklich, in dem neuen Jahrzehnt schien alles möglich.

Vermutlich um Geld zu verdienen, nahm Sexton in diesem Frühjahr zahlreiche Lesungen in ihren Terminkalender auf. Ihr Freund aus dem Sweet Briar College, Philip Legler, lehrte nun an der Northern Michigan University und war bei der Vermittlung eines gutbezahlten Auftritts im April behilflich. Er hoffte, sie würde noch einen Tag länger bleiben können, aber sie berichtete ihm bedauernd: »Ich kann nicht noch einmal den Unterricht ausfallen lassen, denn ich muß ihn schon nächste Woche ausfallen lassen, und vor zwei Wochen konnte ich auch nicht. Ich kann es mir einfach nicht leisten, gefeuert zu werden.« Ihr auf ein Semester begrenzter Vertrag mit der Boston University, der, wie sie hoffte, um ein Jahr verlängert werden würde, war durch Arthur Freeman zustande gekommen, der dort nun Englischprofessor war. »Ich mochte sie und wollte wahrscheinlich ein bißchen Unruhe stiften, als ich sie für den Job vorschlug«, erinnerte er sich. »Anne war eins meiner Privilegien, denn ich wollte nicht selber Lyrik unterrichten.«

Als George Starbuck im Zusammenhang mit seiner Bewerbung als Leiter der Abteilung für Creative Writing zu einem Gespräch an die Universität kam, arrangierte Freeman anläßlich des Jahrestages ihrer Lesung am Poets' Theater in Cambridge im Jahre 1959 eine Wiederholung. Sexton war begeistert, Starbuck nun wieder in Boston zu haben. Außerdem, so hoffte sie, würde er »dafür sorgen, daß ich [an der Boston University] angestellt bleibe«, wie sie ihn recht nachdenklich wissen ließ. Ihr war offensichtlich klar, daß die Fakultät Zweifel an ihrer Eignung hatte. Freeman berichtete: »Daß sie absolut keine Bildung besaß, spielte eine große Rolle – es regte die Leute auf.« Seiner Meinung nach hätte man sie sicher gehen lassen, wenn sie nicht auch weiterhin prestigeträchtige Auszeichnungen bekommen hätte. Im Juni erhielt sie die Ehrendoktorwürde der Tufts University – »das ist ungefähr so, als bekäme man ein Baby, ohne vorher Geschlechtsverkehr gehabt zu haben«, scherzte sie. Die Auszeichnung kam genau zur rechten Zeit: Ihr Lehrvertrag für das nächste akademische Jahr wurde im August verlängert, und sie behauptete immer, die Ehrendoktorwürde habe ihr den Job gesichert. Dann traf Starbuck ein, um das Programm für Creative Writing zu leiten, und er wurde ein weiterer wichtiger Verbündeter.

Nach allem, was in Erfahrung zu bringen war, war Sexton jedoch für einen bestimmten Studententypus eine wunderbare Lehrerin. Nicht unbedingt für die Belesenen: Wenn jemand eine Anspielung auf Yeats oder Hardy, Eliot oder Pound machte, mußte sie häufig bluffen. Doch ihr Ohr für eine gute Wendung, ihre Geduld und Offenheit und vor allem ihre harte Arbeit zahlten sich im Klassenraum aus. Entschlossen, das Mißtrauen ihrer Kollegen zu zerstreuen, gab sie den Literaturstudenten, was für diese das wichtigste war: viel Zeit und Aufmerksamkeit für jeden einzelnen. Ein Absolvent der Universität, der später mit Sexton arbeitete, beschrieb diesen Aspekt ihres Unterrichts so: »Irgendwann im Verlauf des Semesters lud sie dich zu einem Privatgespräch zu sich nach Hause ein, nachdem du ihr einige Zeit zuvor deine Arbeiten gegeben hattest. Sie sprach sie dann sorgfältig und behutsam durch. Ich habe mir da so sehr etwas wie mütterliche Zuwendung gewünscht – ich wollte angenommen werden. Dann zeigte sie dir ihre eigenen Sachen im Manuskript. Sie saß tatsächlich mit diesem schwarzen Manuskripthefter da, mit diesen hauchdünnen Seiten, die sehr sorgfältig beschrieben waren – vieles war eindeutig mehrmals abgetippt und überarbeitet und wieder abgetippt worden. Wir bekamen also zur Krönung dieses großartige, großzügige Geschenk, mit dem sie sich auf eine Ebene mit uns stellte – ›Hier, Sie sollen sehen, was ich gemacht habe‹.«

Aus den Workshops, die Sexton besucht hatte, hatte sie sich außerdem abgeschaut, wie sie einen produktiven Austausch zwischen den Kursteilnehmern in Gang bringen konnte. Eine ihrer

Studentinnen im Jahre 1970 war Ellen Bass, die später eine erfolgreiche Karriere als Dichterin und Herausgeberin machte. Bass beurteilte am Ende des Semesters Sextons Kurs als den besten von insgesamt sechs ähnlichen, die sie bisher besucht hatte, darunter am Goucher College und an der Boston University. Sie schrieb damals: »Mrs. Sexton hat aus einer Klasse von Individuen eine arbeitsfähige Gruppe gemacht. Sie leitet die Diskussion, aber [. . .] sie behandelt uns als Dichter, die zwar erst am Anfang stehen, aber trotzdem ernstzunehmende Lyriker sind.« Ein Gedicht eines anderen Mitglieds der Klasse wurde in jenem Frühjahr vom *New Yorker* angenommen; »ich fühlte mich wie eine glückliche Großmutter«, meinte Sexton.

Linda Sexton hatte ebenfalls angefangen, Gedichte zu schreiben. Sie ging regelmäßig zu Maxine Kumin, die ihre Tutorin war, so wie Judy Kumin zu Anne Sexton kam. Als Linda immer besser wurde, machte ihre Mutter sie zur Testperson für neue Arbeiten und probierte die *Transformations* und danach andere Gedichte bei ihr aus. Wenn Linda eine Metapher nicht klar war, arbeitete Sexton weiter daran. Sie brachte ihr auch die Tricks bei, die sie selber gelernt hatte und nun an die Studenten der Boston University weitergab. »Es war wunderbar, dies mit ihr zu teilen«, erinnerte sich Linda. Gelegentlich nahm Sexton Linda zum Unterricht mit; an einen Freund schrieb sie damals: »Ich will unbedingt, daß sie eine Ausbildung bekommt, und zwar keine mittelmäßige. Ich weiß so wenig, gerade mal genug, um zu schreiben.«

Im August hatte Sexton einen irgendwie bizarren Anfall. »Alles hatte sonderbare Farben, und die Geräusche waren entweder sehr laut oder sehr weit entfernt«, beschrieb sie den Vorgang. Nachdem sie wie üblich Dr. Chase aufgesucht hatte, die (Sexton zufolge) den Symptomen keine besondere Bedeutung zumaß, fuhr sie zu Joan Smith, in deren Haus sie wirre Telefongespräche mit Dr. Chase und Maxine Kumin führte. Dann fuhr sie nach Hause und nahm eine Überdosis Schlaftabletten. Max rief an, und als sie hörte, wie weggetreten Sexton war, gelang es ihr, indem sie in den Hörer schrie, Joy ans Telefon zu holen. Anne war inzwischen schon im Koma. Joy rief die Psychiaterin an, die wiederum Billie anrief, die Linda gerade eine Dauerwelle machte. Billie ließ die Wickler in Lindas Haar, eilte zum Schauplatz des Geschehens und schleppte Anne die Treppe herunter. Als Kayo nach Hause kam, verfrachteten sie sie auf den Rücksitz des Autos und fuhren zum Massachusetts General Hospital in Boston. Während sie im Berufsverkehr nur langsam vorankamen, wurde Annes Atmung immer schwächer. Sexton schilderte die entsetzliche Episode in einem langen Brief an Alice Smith. »Arme Joy«, schrieb sie. »Wie konnte ich ihr das antun?«

Dies sollte die erste von einer ganzen Serie gesundheitlicher Krisen sein, die die gesamte Familie einschließlich ihres jüngsten Mitglieds zunehmend in Mitleidenschaft zog. Sextons Brief an Alice Smith zeigt, daß dieser Anfall, der Ähnlichkeit mit einem unfreiwilligen halluzinogenen Drogentrip hatte, sie sehr erschreckt hatte. Es ist bezeichnend, daß ihre Schilderung in vielen Einzelheiten von der anderer Familienmitglieder abweicht, die diese Episode eher als Melodrama denn als medizinischen Notfall in Erinnerung behalten haben. Durch Sextons permanente Beschäftigung mit sich selbst und durch ihre ständigen Übertreibungen verhärtet, brachten sie immer weniger Mitgefühl auf. »Ich dachte, Mutter sei irgendwie stolz auf dieses Benehmen«, äußerte Linda später mit eisiger Stimme. »Mir kam es so vor, als ließe sie sich schrecklich gehen.«

1 eine Hexe in mittleren Jahren, ich –: / auf meine zwei großen Arme gestützt, / die Nase in einem Buch / und der Mund weit offen, / bereit, euch ein oder zwei Geschichten zu erzählen.
2 Für Linda, die Hesse liest und Muschelsuppe ißt
3 Frau Doktor, / Mama Brundig, / nimm die Kontaktlinsen raus, / setz die Perücke ab. / Ich schreib für dich. / Ich amüsiere.
4 Daddy? / Das ist eine andere Art Gefängnis. / Das ist gar nicht der Prinz, / sondern mein Vater, / der sich betrunken über mein Bett beugt, / in der Tiefe kreist wie ein Hai, / mein Vater dicht auf mir / wie eine schlafende Qualle. / Was für eine Reise ist das, kleines Mädchen? / Dieses Herauskommen aus dem Gefängnis? / Gott behüte – / dieses Leben nach dem Tode?

Die Lyrikprofessorin
1970—1972

Im Jahre 1970 erfuhr Sexton in der Urlaubszeit von einem alten Freund der Familie, Azel Mack, eine schockierende Neuigkeit. Er und seine Frau waren eng mit Ralph und Mary Gray befreundet gewesen, und sie waren die Pateneltern von Sextons eigenen Kindern. Mack hatte beschlossen, daß es nun an der Zeit sei, Anne ein mehr als vierzig Jahre lang gehütetes Geheimnis anzuvertrauen: Er und ihre Mutter seien ein Liebespaar gewesen, und er glaube, daß Anne seine Tochter sei. Er legte »Beweise« vor: eine Locke von ihrem Babyhaar und eine kunstvoll arrangierte Porträtaufnahme, die in einem Fotostudio aufgenommen worden war, als sie sechzehn Jahre alt war (Mary Gray hatte heimlich einen zusätzlichen Abzug für ihn bestellt). »Ich will nicht sterben, ohne dies klargestellt zu haben«, sagte er zu ihr. Sexton war sprachlos. War es denn möglich, daß ihr »richtiger« Vater noch lebte? Oder war diese Geschichte das Produkt der Phantasie eines alten Mannes?

Mack blieb dabei. Er machte mit Sexton eine Reise, um ihr den Ort zu zeigen, an dem sie (vermutlich) gezeugt worden war, und plauderte freimütig über seine heimlichen Treffen mit Mary Gray, erzählte Sexton, wie er und ihre Mutter sich durch die Hintertüren ihrer benachbarten Häuser hinausgeschlichen und sich für kurze, leidenschaftliche Umarmungen und Gespräche im Flüsterton getroffen hatten — so jedenfalls stellte Sexton es dar. Mack behauptete, daß die Affäre bis zu Mary Grays Tod angedauert und er sie nach der Brustamputation getröstet habe, als ihr Mann, von ihren »Mängeln« abgestoßen, sich von ihr abgewandt hatte.

Azel Mack gelang es schließlich, Sexton davon zu überzeugen, daß er tatsächlich ihr biologischer Vater sei. Da er aber erst mehr als ein Jahrzehnt nach dem Tode von Ralph und Mary Gray mit der Geschichte herausrückte, sind viele Familienmitglieder nach wie vor davon überzeugt, daß sie falsch ist. Dennoch rührte sie an Sextons tiefsten Verletzungen und öffnete die Schleusen für eine Flut von Erinnerungen und Sehnsüchten, die sie in diesem Winter in eine Folge von sechs Gedichten mit dem Titel *The Death of the Fathers* (Der Tod der Väter) einfließen ließ.

Diese außergewöhnliche Gruppe von Gedichten kehrt an den Schauplatz des in *Mercy Street* untersuchten Verbrechens zurück: zur erotischen Dynamik des Familienlebens, wie es sich aus der Erfahrung einer Tochter darstellt. Die ersten vier der sechs Texte, *Oysters* (Austern), *How We Danced* (Wie wir tanzten), *The Boat* (Das Boot) und *Santa* (Weihnachtsmann), sind Schnappschüsse von Familienfeiern. Der nostalgisch heraufbeschworene Vater hat Ähnlichkeiten mit dem Typ Mann, den Sexton in *Mercy Street* in der Figur des ständig trinkenden Ace gestaltet hat; in *Oysters* animiert er zu lasterhaften Genüssen, in *The Boat* ist er ein Draufgänger, und in *How We Danced* benutzt er, berauscht von Champagner, heimlich den Körper seiner Tochter, um sich sexuell zu stimulieren.

> *Mother was a belle and danced with twenty men.*
> *You danced with me never saying a word.*
> *Instead the serpent spoke as you held me close.*
> *The serpent, that mocker, woke up and pressed against me*
> *like a great god and we bent together like two lonely swans.*[1]

In den letzten beiden Gedichten der Sequenz, *Friends* (Freunde) und *Begat* (Gezeugt), tritt an die Stelle des sinnlichen Vaters ein merkwürdig aggressiver, merkwürdigerweise geduldeter »Freund« der Familie, der dem kleinen Mädchen grobe Zärtlichkeiten erweist und sie wie im Spiel schlägt.

> *I was stained with his red fingers*
> *and I cried for you*
> *and Mother said you had gone on a trip.*
> *You had sunk like a cat in the snow,*
> *not a paw left to clasp for luck.*[2]

Die Dynamik der Gefühle in *The Death of the Fathers* ist kompliziert und von fundamentalem Interesse. Der Gedichtzyklus behauptet die Realität unterschiedlicher inzestuöser Wünsche, die von zwei Arten von Vätern gehegt werden: Der eine ist auf heimtückische Weise instinktfixiert, der andere ist herrschsüchtig und macht grobe sexuelle Spiele als sein Vaterrecht geltend. Doch Sexton hat auch die Verführung von Müttern und durch Mütter in ihren Gedichten phantasiert und in ihrem Leben ausagiert, so erst kurz zuvor in dem Gedicht *Rapunzel* aus den *Transformations* (»*A woman / who loves a woman / is forever young, / {...} Old breast against young breast...*«[3]). In *The Death of the Fathers* geht die früh erwachte Sexualität der Tochter in zwei Richtungen, hin zu den Vätern, die zu erregen sie zugleich entzückt und erschreckt, und hin zu der ausweichenden Frau, deren Begehren sie sich niemals ganz versichern kann. Sextons Metaphorik deutet darauf hin, daß die Abwesenheit der Mutter jenen Strudel des Begehrens auslöst, der alle miteinander erfaßt und gleichzeitig voneinander trennt. Vielleicht mußte sie erst mit einer Psychotherapeutin arbeiten, um zum eigentlichen Kern dieser Erkenntnis vordringen zu können. Der Bruch des Tabus, kenntlich gemacht durch die Farbe des Bluts und der Liebe, überschwemmt am Ende der Gedichtfolge den Vater wie die Mutter.

> *red, red, Mother, you are blood red.*
> *He scoops her up in his arms*
> *all red shivers and silks.*
> *He cries to her:*
> *How dare I hold this princess?*
> *A mere man such as I*
> *with a shark's nose and ten tar-fingers?*
> *{...}*
> *Those times I smelled the Vitalis on his pyjamas.*
> *Those times I mussed his curly black hair*
> *and touched his ten tar-fingers*
> *and swallowed down his whiskey breath.*

Red. Red. Father, you are blood red.
Father,
we are two birds on fire.[4]

Sextons Gedichtfolge unterzieht ihre Vergangenheit auch einer Revision. Wie in einem Traum besetzt sie selber alle Positionen in der Phantasie, in die sie die Vergangenheit faßte. Sie war die Tochter, die beim Inzest mit einem Vater erregt wurde, und dieser spaltete sich in zwei Männer auf: An einem Tag war er der attraktive Handlungsreisende, dessen Charme jeder erlag, am nächsten ein wutentbrannter, betrunkener Fremder. Sie war auch das verführende Elternteil, das durch den Körper einer Tochter erregt wurde und sich seiner verstohlen bediente. Und sie wurde verlassen wie die Liebhaber ihrer Mutter, diese zwei einsamen Schwäne, diese zwei Vögel in Flammen. Am Ende sitzen nur noch Azel Mack und sie da und hüten den Herd, der von dieser alten Leidenschaft noch warm ist.

Von den Korrekturen, die das Leben in ihre ältesten Erinnerungen eingeschrieben hatte, noch immer überwältigt, zweifelte Sexton daran, ob *The Death of the Fathers* als Gedichtzyklus gelungen, war und schickte ihn deshalb an ihren Freund C. K. Williams, der ihr helfen sollte, die inneren Bezüge zwischen den einzelnen Bildern zu verstehen. Sie hatte an ihm bereits einige ihrer *Transformations* ausprobiert und sein Urteil klug gefunden.

Williams bereiteten diese Gedichte Unbehagen. »Ich weiß, wie nahe das Gedicht Dir sein muß«, räumte er ein, »aber irgend etwas ist passiert, wodurch sich die Kunst Deines Schreibens (die mich übrigens immer erstaunt) gegen Dich gewendet hat, so daß Du sie dazu benutzt hast, oder ein Teil von Dir sie dazu benutzt hat zu verhindern, daß das wirklich Schwerwiegende, das geschehen ist, auch tatsächlich geschah.« Er schrieb weiter:

»Es ist nicht genügend *Stummheit* in dem Gedicht, nicht genug von der Art Sprache, die dicht über dem Unbegreiflichen schwebt, dem Unbegreiflichen der Mysterien der Zeit und der Liebe, die im Vatersein und im Kindsein verkörpert sind ... Ich erinnere mich noch, als Du gelesen hast, an dieses lange Schweigen in dem Gedicht über Deine Mutter *(The Double Image {Das doppelte Bildnis})*, und wie ungeheuer wichtig dieses Schweigen war, so als *sei* es das Gedicht und alles übrige lieferte nur den Rahmen, machte es möglich, schuf es. In diesem hier ist das nicht da, nirgends, und das Gedicht scheint das zu wissen und schämt sich beinahe dafür, so daß sogar die Metaphern oft mit einem dummen Grinsen im Gesicht daherkommen und sagen: ›Ich mein es ja nicht wirklich so, aber du verstehst schon.‹«

Vielleicht war Williams, der Vater eines kleinen Mädchens, ja nicht imstande, die in *The Death of the Fathers* kreisenden Gefühle in ihrer ganzen Tiefe nachzuvollziehen, sein Brief formulierte aber einen Bewertungsmaßstab, den Sexton an dieses Gedicht und an andere, vergleichbare, anlegen konnte. Was er als »Mysterien der Zeit und der Liebe, die im Vatersein und im Kindsein verkörpert sind«, verklärte, das verklärte Sexton nicht. Gerade die »Stummheit« und das »Schweigen« mußten aufgegeben werden, wenn die Tochter auf dem verschlungenen Pfad der Erinnerungen und Phantasien von Papas Mädchen zurückgehen wollte bis zum Rätsel des mütterlichen Begehrens. Und als das Gedicht im Druck vorlag, änderte auch Williams seine Meinung darüber »total«: »Ich denke, es ist wirklich gut. Keine Ahnung, ob Du es geändert hast oder ob ich mich verändert habe, heute halte ich es jedenfalls für eins Deiner stärksten Gedichte.«

Zusätzlich zu der Arbeit an zwei Büchern und dem Kurs an der Boston University, den sie jeden Donnerstagnachmittag hielt, war Sexton in jenem Winter mehrmals mit Her Kind auf Tour. Diese Strapaze war jedoch zuviel für sie; im Februar brach sie zusammen. Sie wurde an einem Donnerstagabend ins Westwood Lodge Krankenhaus eingeliefert und blieb über das Wochenende dort; eine bereits vereinbarte Lesung in Philadelphia sagte sie ab, obwohl sie sich schon darauf gefreut hatte, bei Williams zu übernachten. Sie verließ das Krankenhaus unter der Obhut von Joan Smith, die sie gepflegt hatte, als sie sich die Hüfte gebrochen hatte.

Sexton hatte das Gefühl, für eine Zeitlang einen Aufpasser zu brauchen, denn ihr Herz schien verrückt zu spielen: Beim Autofahren hatte sie einen Blackout gehabt, der sie erschreckte. Eine Woche nach ihrer Entlassung aus Westwood Lodge berichtete sie Cindy Degener, daß ihre körperlichen Beschwerden möglicherweise psychosomatischer Natur seien; sie habe aber eine schwere Depression und werde »auf Anraten des Arztes« nach Florida geschickt. Anne Wilder berichtete sie jedoch, daß die Depression vermutlich dadurch ausgelöst worden sei, daß sie das Thorazin absetzte, um in Florida braun werden zu können. »Thorazin ist kein Antidepressivum, und trotzdem bleibe ich damit bei Verstand«, schrieb sie. »Dr. Chase sagt, es sei ein ganz wichtiges Beruhigungsmittel. [. . .] Mir ist gar nicht bewußt, daß ich so viel Ruhe brauche.« Wilder erwiderte vernünftig: »Wenn Thorazin Dir hilft [. . .], warum findest Du Dich dann nicht damit ab, das Zeug zu nehmen?«

Sexton ging nicht auf diese Frage ein, doch sie traf genau ins Schwarze. Nur sechs Monate vorher ein Selbstmordversuch, der erste seit 1966. Nun ein kurzer Aufenthalt in Westwood Lodge, die erste Einweisung in ein Krankenhaus wegen psychischer Probleme seit 1964. Im Rückblick betrachtet haben diese beiden Ereignisse anscheinend die letzte Etappe ihrer Krankengeschichte eingeläutet. Von nun an wurden die Phasen der Gesundheit immer kürzer, vertieften sich die Krisen.

Woran lag es, daß Sexton gerade in diesem Abschnitt ihres Lebens wieder abzubauen begann, da sie doch behauptete, niemals glücklicher gewesen zu sein? Eine Ursache, die vielleicht als Erklärung taugt, sind die Verluste, die sie zu verarbeiten hatte. Als sie Azel Macks Geheimnis erfuhr, verlor sie ihre Vergangenheit aufs neue: Diese zauberhaften, grausamen Eltern hatten sie einmal mehr mit ihrem Doppelleben konfrontiert. Und zur gleichen Zeit untergruben ständige Reibereien die Beziehung zu ihren Töchtern.

Daß Sexton Mittel und Wege gefunden hatte, ihren Kindern eine Mutter zu sein, hatte zur Wiederherstellung ihres seelischen Gleichgewichts mindestens ebenso beigetragen wie das Schreiben von Gedichten. Im frühen Kindesalter stellten ihre Töchter eine unerträgliche Belastung für Sexton dar, und durch den Zusammenbruch hatte sie sich zwar von ihrer Gegenwart befreit, dies hatte aber auch ihren Selbsthaß verstärkt. Dann waren sie ein wenig älter geworden. Der Charme und die Lebendigkeit vier- und sechsjähriger Kinder – so alt waren Linda und Joy im Jahre 1959, als Sexton als Dichterin in Erscheinung trat – müssen das Gefühl eines Neuanfangs bei ihr unterstützt haben. Weil sie sich so stark mit ihren Töchtern *als* Töchtern identifizierte, eröffneten sie ihr einen neuen Zugang zu unbewußtem Material, das in ihre Kunst einfloß. Und als sie sich wieder an ihre Anwesenheit gewöhnt hatte, zogen sie einen Zauberkreis der Fürsorge um sie herum und bemutterten sie ebenso, wie sie sie bemutterte. Gleichzeitig halfen sie ihr, mit ihrer Krankheit zurechtzukommen, indem sie sie in Familienrituale einbauten.

Nun waren Linda und Joy junge Frauen. Joy, inzwischen fünfzehn, hatte den »großen Vorbau« entwickelt, um den Sexton sie beneidete, und war mit jungen Leuten unterwegs, die ihre Eltern als »schlimmen Haufen« bezeichneten, und Linda, inzwischen siebzehn, brachte hübsche Jungen mit nach Hause. Der Zeitpunkt von Sextons Zusammenbruch, Februar 1971, legt es nahe, ihn im Zusammenhang mit der sich entwickelnden Sexualität ihrer Töchter zu interpretieren, zumal Sexton die alljährlichen Winterferien in der Sonne in diesem Jahr »ein großes Ritual des Körpers« genannt hatte.

Beide Töchter Sextons hatten begonnen, gewisse Dinge vor ihr geheimzuhalten, Geheimnisse, die ihren Körper betrafen: was sie aßen und rauchten, wen sie berührten und wo. Sie fanden, daß ihre Mutter sie für solche Diskretion entschieden zu scharf tadelte. *Little Girl, My String Bean, My Lovely Woman* (Kleines Mädchen, meine grüne Bohne, meine wunderschöne Frau) hatte die Mutter stolz in das Bild eines »alten Baums im Hintergrund« der sexuellen Reifung der Töchter gefaßt und es zum Vorrecht der Mutter erklärt, Zeugin dieser Veränderungen zu sein und sie zu begrüßen. *Snow White* (Schneewittchen), sechs Jahre später geschrieben, verlieh anderen, unfreundlicheren Gefühlen Ausdruck. Der Spiegel kann nicht lügen, wenn die

Königin ihre berühmte Frage stellt, »Wer ist die Schönste?«, und die Königin (*»eaten, of course, by age«*), dazu verurteilt ist, sich mit den Mitteln der Hexerei gegen dieses dumme Häschen (*»dumb bunny«*) zu behaupten, das nur Jugend und Schönheit hat.

Mit zweiundvierzig sah Sexton immer noch atemberaubend gut aus. In der Erinnerung vieler Menschen war sie zu dieser Zeit eine Schönheit. Sie hatte Feuer, die Macht, den Blick zu verzaubern und die Vorstellungskraft zu entzünden. Interviewer erwähnten stets die Intensität ihres Blicks, obwohl manche ihre Augen als tiefblau beschrieben, während andere meinten, sie würden grün funkeln. Außerdem erschien sie vielen wegen ihres dunklen Hauttons als braungebrannt, und das, obwohl sie, seit sie Thorazin nahm, die Sonne meistens meiden mußte. In den Interviews wurde sie trotz der ständigen, in ihren Briefen und Krankenblättern verzeichneten Gewichtszunahme stets als »schlank« beschrieben. (Ihre Kinder meinten, durch das Thorazin habe sie einen »Spinnenkörper« bekommen: dünne Arme und Beine und eine ballonförmige Mitte.)

Aber trotz ihrer bezaubernden Ausstrahlung und ihres wirklich guten Aussehens hatte Sexton die ersten Auswirkungen des Älterwerdens zu spüren bekommen, und im Jahre 1971 spielte sich im Haushalt der Sextons wohl etwas dem Drama in *Snow White* Vergleichbares ab. Linda begann die Pille zu nehmen, angeblich, um ihren Menstruationszyklus zu regulieren. Ihre Mutter rechnete damit, daß diese Neuerung sexuelle Experimente nach sich ziehen würde, und sie rechnete damit, daß sie informiert werden würde. »Als ich schließlich nach der ganzen Aufregung mit achtzehn meine Jungfräulichkeit verlor, geschah es, als sie übers Wochenende verreist war«, erklärte Linda. »Ich vertraute mich Lois an, Mutter aber nicht; es war zu kompliziert. Dann fing sie an, Sachen zu sagen wie ›Ich rieche den Sex zwischen euch. Ich weiß, du hast es getan!‹ Und ich sagte: ›Ich weiß nicht, wovon du redest.‹ Am Ende beschuldigte ich Lois: ›Du hast es ihr gesagt – sie weiß zuviel.‹ Lois gab mir zur Antwort: ›Sie hat dein Tagebuch gelesen.‹ Ich hatte mein Tagebuch nicht gerade versteckt; es lag in meinem Schreibtisch. So wie ich sie kannte, muß dies meiner Meinung nach einen unbewußten Wunsch erfüllt haben. Ein Teil von mir wollte ihr das Geschenk machen. Ein anderer Teil von mir wußte, daß das nicht richtig war.«

Linda lernte immer besser, sich vor der Zudringlichkeit ihrer Mutter zu schützen. Nun hatte sie das Familiengesetz übertreten, das da hieß, man dürfe Anne nicht widersprechen, oder sie würde zusammenbrechen. Und Anne war wütend über das, was ihr wie ein herzloser Treuebruch von seiten Lindas erschien, die ihr eine so wichtige Information vorenthalten hatte. Sie warf Lindas Psychiater vor, gegen sie zu intrigieren, und sie kanalisierte ihren Zorn in ein außerordentlich feindseliges Gedicht, *Mother and Daughter.* In dieser qualvollen Phantasie lehnt sich ein unbekümmertes Mädchen gegen ein armes altes Weib auf und vertreibt es.

> *Linda, you are leaving*
> *your old body now.*
> *You've picked my pocket clean*
> *and you've racked up all my*
> *poker chips and left me empty*
> *and, as the river between us*
> *narrows, you do calisthenics,*
> *that womanly leggy semaphore.*
> *Question you about this*
> *and you will sew me a shroud*
> *and hold up Monday's broiler*
> *and thumb out the chicken gut.*
> *Question you about this*
> *and you will see my death*
> *drooling at these gray lips*
> *while you, my burglar, will eat*
> *fruit and pass the time of the day.*[5]

Es gab in Sextons Psyche nur diese Möglichkeit, um sich als Tochter von der bösen Königin zu trennen: zuerst die kleine Anne von der altjüngferlichen Nana (wie in *Mercy Street*), dann Anne Sexton von Mary Gray (wie in *The Double Image*), wo die Mutter verwelkt, während die Tochter einfach abwartet; nun Linda von Anne.

Im Februar brach Sexton zusammen; daß sie Joan Smith herbei-
rief, die sich um sie kümmern sollte, war vermutlich ein Zeichen der
Niederlage. Allmählich hatte sie sich dem ständigen Druck von
Linda, Lindas Psychiater und anscheinend auch von Dr. Chase
gebeugt, die es mißbilligt haben muß, daß Sexton Linda *Mother and
Daughter* gezeigt hatte. Sexton schrieb erregt an ihre Therapeutin:

»Ich mag es nicht, wenn Sie mir sagen wollen, worüber ich Gedichte
schreiben darf, was ein gutes Thema ist. [. . .] Ich habe mich
manipuliert gefühlt. Ziemlich genau so, wie meine Mutter mich
manipuliert hat. [. . .] Jedenfalls empfindet Linda das nicht so. Sie
ist selbstverständlich der Meinung, daß ich Gedichte über sie schreiben kann, wenn ich das will – wie auch sie hin und wieder Gedichte
über mich schreibt. Sie ist Schriftstellerin. Sie versteht das. Daß Sie
das Gefühl haben, ich benutze Linda, nehme ich Ihnen sehr übel.
[. . .] Sie haben so gewinnend gesagt: ›Menschen gehen vor‹, und
gemeint, vor dem Schreiben. Damit haben Sie mich gezwungen, die
Wahrheit zu sagen. Das Schreiben geht vor. [. . .] So jedenfalls
meistere ich Erfahrungen.«

Aber das Schreiben war ja immer vorgegangen. Das Neue, das
immer wichtiger wurde, war Lindas und Joys zunehmende Unabhängigkeit – und auf ihre Art begrüßte Sexton dies. Niemand war
glücklicher als sie, als Linda in Harvard zugelassen wurde: »Ich, die
ich nie auf ein College gegangen bin, mit einer Tochter im Auf-
wind«, jubelte sie in einem Brief an einen Freund. Aus einem
solchen Gefühl des Stolzes heraus widmete sie Linda die *Transformations*, als sie das Manuskript in diesem Frühjahr einpackte.
    Auch wenn sich Sexton in den tiefsten Tiefen ihrer Psyche dage-
gen wehrte, Linda loszulassen, so ließ sie diesen Prozeß doch andererseits auf ihre Vorstellungskraft wirken, indem sie sich seelisch auf
ihren eigenen Tod vorbereitete. Zu *The Death of the Fathers* kamen
1971 in ihrem neuen Buch drei weitere formal und inhaltlich
anspruchsvolle Gedichtsequenzen hinzu: *Angels of the Love Affair*
(Die Engel der Liebesgeschichte), geschrieben im Mai und Juni, *The*

Jesus Papers (Die Jesuspapiere) im Juli und *O Ye Tongues* (Oh, ihr Zungen) zum Jahresende. Diese Gedichte, die zu Recht als Anne Sextons »letzte« Gedichte gelten können (obwohl es nicht die letzten waren, die sie schrieb), sind religiöse Arbeiten, in denen ein Zusammenhang zwischen einer spezifisch weiblichen Form spiritueller Gnade und der Brust hergestellt wird.

Viel ist schon geschrieben worden über Sexton als religiöse Schriftstellerin, die, ihrer Zeit ein wenig voraus, die Eingebung hatte, daß eine feministische Revision des patriarchalischen Monotheismus dringend notwendig sei. Ihre Lyrik und ihre Korrespondenz aus dem Jahre 1971 bestätigen eine solche Auffassung. Als sie anläßlich der Feier zur Verleihung der akademischen Grade am Regis College als Sprecherin nominiert wurde – sie selbst sollte die Ehrendoktorwürde erhalten –, schlug Sexton als Thema »Gott ist eine Frau« vor. Sie sagte, sie werde »ein paar Bemerkungen machen« und danach drei sehr kurze Gedichte lesen. »Trotz des provozierenden Titels«, fügte sie hinzu, »werde ich mich um Takt und Verständlichkeit bemühen.« Nachdem sie sich einen Monat lang über diese Rede den Kopf zerbrochen hatte, sagte sie ab und entschuldigte sich damit, daß ihre Ärztin ihr geraten habe, alle Vortragstermine zu streichen. Das Regis College fand einen anderen Festredner und machte Sexton trotzdem zum Doktor *honoris causa,* die Bemerkungen über das vorgeschlagene Thema aber sind in ihren Papieren nicht überliefert. Statt dessen schrieb sie weiterhin anspruchsvolle religiöse Gedichtzyklen.

Angels of the Love Affair, eine Folge von Sonetten, verfaßte sie in einem Zug Ende Mai und an den ersten Junitagen, angeregt offenbar durch die Einladung zur Hundertjahrfeier von Squirrel Island; Sexton sollte im Juli Ehrengast bei diesem bezaubernden Provinzfest sein. Nachdem der Besitz nach dem Tode ihres Großvaters im Jahre 1940 verkauft worden war, war Sexton nur einmal auf Squirrel Island gewesen. Ihr bevorstehender Besuch eröffnete ihr – wie Azel Macks plötzliche Offenbarung – den Zugang, um ihre älteste »Liebesgeschichte«, die Familienromanze, mit frischer Schöpferkraft zu erkunden.

Die Gedichte der *Angels of the Love Affair* sind Gebete an den Geist des Paradoxen. In jedem der sechs Sonette trägt die Sprecherin mit einfachen Worten einem »Engel« der Umkehr ihren Wahnsinn vor. Etymologisch gesehen sind Engel »Boten«, Sextons Engel jedoch ähneln mehr den aufgeladenen Polen in einem elektrischen Stromkreis. Sexton, die selber durch Verzweiflung, Furcht, Ekel oder sogar Freude polarisiert ist, ruft den Boten des jeweiligen Gegenpols herbei. Dem Engel des Feuers und der Genitalien zeigt sie Schleim; dem Engel der Flucht und der Schlittenglocken zeigt sie lähmende Ohnmacht; dem ängstlichen Engel der Blizzards und Blackouts jedoch zeigt sie an einem Julimorgen gepflückte Himbeeren. Ihre Assoziationen verbinden sich zu Strophen, die streng gereimt sind.

> *Angel of fire and genitals, do you know slime,*
> *that green mama who first forced me to sing,*
> *who put me first in the latrine, that pantomime*
> *of brown where I was beggar and she was king?*
> *I said, »The devil is down that festering hole.«*
> *Then he hit me in the buttocks and took over my soul.*
>
> *Fire woman, you of the ancient flame, you*
> *of the Bunsen burner, you of the candle,*
> *you of the blast furnace, you of the barbecue,*
> *you of the fierce solar energy, Mademoiselle,*
> *take some ice, take some snow, take a month of rain*
> *and you would gutter in the dark, cracking up your brain.*
>
> *Mother of fire, let me stand at your devouring gate*
> *as the sun dies in your arms and you loosen its terrible*
> *weight.*[6]

Die *Angels of the Love Affair* können als »religiöse« Gedichte bezeichnet werden, weil sie zeigen, wie die Sprecherin das Ich dem Logos überantwortet: jenem Prinzip also, das Sexton »Sprache« genannt hatte, jener Macht der Worte, mehr Bedeutungen mitzuteilen, als ein auf sein Deutungsmonopol pochender – nennen wir ihn »verrück-ter« – Standpunkt hören kann. Es war die Ehrfurcht vor dieser spirituellen Kraft, die das Palindrom *»rats live on no evil star«* für Sexton zu einem Talisman werden ließ. Im Jahre 1960 hatte sie, als sie *With Mercy for the Greedy* (Gnade den Habgierigen) schrieb, erklärt, wenn Gott existiere, müßten die Verächtlichen einen Platz in der Ordnung der Dinge haben, »einen Stern besitzen [. . .], der nicht vom Bösen verunreinigt ist«. Nun begann sie, das weibliche Prinzip mit einer spirituellen Vision zu verbinden, wobei sie »Stern« als Schlüsselbegriff benutzte. In Briefen, die sie schrieb, als Mary Grays Brustkrebs behandelt wurde, benutzte Sexton dieses Wort wieder-holt im Zusammenhang mit ihrer Mutter. Sie ersetzte »Stern« in späteren Gedichten durch »Brust«, in denen sie für eine aufgerichtete Brustwarze einer Frau das Bild einer »Sternbeere« findet oder Brüste, die aus dem Korsett des Büstenhalters befreit werden, *» nipples as uninvolved as warm starfish«*[7] haben.

In *All My Pretty Ones* hatte Sexton *With Mercy for the Greedy* mit zwei weiteren Gedichten über Glaubensfragen zu einer Gruppe zusam-mengestellt. »Das Bedürfnis danach ist noch nicht der Glaube«, hatte sie in diesem Gedicht geklagt und sich zu dem Bedürfnis bekannt. Im Jahre 1971 war sie soweit, erneut über das Problem des Glaubens und darüber nachzudenken, inwieweit er einer Frau verfüg-bar sei. Die Gedichte der *Jesus Papers* stellen das Bild von Jesus als dem Ort der Begegnung des Göttlichen mit dem Menschlichen radikal in Frage. Die neun Gedichte dieses Zyklus, Parabeln, in denen geprüft wird, was es heißt, in einem Körper und in einer Familie zu leben, basieren auf Geschichten, die die meisten Kinder kennen. Wie in den *Transformations* benötigt Sexton diese alten Geschichten, um Freud-sche Fragen zu beantworten. Welche infantilen Phantasien hatte das kleine Kind Jesus?

> *You give me milk*
> *and we are the same*
> *and I am glad.*
> *No. No.*

> *All lies.*
> *I am a truck. I run everything.*
> *I own you.*[8]

Wie erlebte der Sohn Gottes den Ödipuskonflikt?

> *In His dream*
> *He desired Mary.*
> *His penis sang like a dog,*
> *but He turned sharply away from that play*
> *like a door slamming.*[9]

Vollbrachte er wirklich Wunder? Nein; es waren Tricks, mit denen er bei jenen, die das Bedürfnis nicht vom Glauben unterscheiden können, leichtes Spiel hatte (*Jesus Raises Up the Harlot* [Jesus hebt die Hure auf], *Jesus Cooks* [Jesus kocht] und *Jesus Summons Forth* [Jesus befiehlt herbei]).

Diese Gedichte konfrontieren den Leser mit einem Jesus, der im Grunde Ähnlichkeiten mit Anne Sexton hat, mit einer häufig unsympathischen Person, die auf empörende Weise auf den weiblichen Körper fixiert und neurotisch nur mit sich selbst beschäftigt ist und die sich vor dem Tod fürchtet, für den er/sie auserwählt ist. *Dieser* Jesus mußte erst erfunden werden, ehe wir an ihn glauben können, denn, und das wußte Sexton sehr genau, Leiden reduziert jeden Menschen auf eine erniedrigende Bedürftigkeit. Sie wollte jedoch nicht spotten, sondern angesichts äußerster menschlicher Not die Frage aufwerfen: »Ist es denkbar, daß individuelles Leid für andere Menschen irgendwie von Nutzen ist?«

Indem sie Jesus auf das Leiden in einem Körper verkürzte, stieß Sexton immer wieder auf ein theologisches Problem: Jesus hatte den Körper eines Mannes. Deshalb ging sie in *The Jesus Papers* auch der Frage nach, welche Rolle Maria bei der Menschwerdung Gottes spielte. Marias Verwandlung von der Jungfrau zur Mutter ist Gegenstand von *Jesus Unborn*, in dem Maria von dem Engel der Verkündigung angesprochen wird.

> *a strange being leans over her*
> *and lifts her chin firmly*
> *and gazes at her with executioner's eyes.*
> *Nine clocks spring open*
> *and smash themselves against the sun.*
> *{. . .}*
> *Now we will have a Christ.*[10]

Die Geschichte wird einen Christus haben, und Maria wird Milch in den Brüsten haben. Für Sexton ist dies das Prinzip der Menschwerdung, wie es sich im weiblichen Körper manifestiert. Christus opfert bei der Kreuzigung sein Blut; Marias Opfer ist das Blutopfer der weiblichen Chemie, die Körpersäfte in Milch verwandelt. Im letzten Gedicht der Sequenz holt Sexton das Beispiel des Opfers Marias in die Gegenwart, wenn *The Author of the Jesus Papers Speaks*:

> *I went to the well and drew a baby*
> *out of the hollow water.*
> *Then God spoke to me and said:*
> *Here. Take this gingerbread lady*
> *and put her in your oven.*
> *When the cow gives blood*
> *and the Christ is born*
> *we must all eat sacrifices.*
> *We must all eat beautiful women.*[11]

Die Ironien, mit denen das Gedicht seinem Ende entgegenhinkt, erweisen den Absichten, die Sexton in dieser Sequenz verfolgt, offenbar jedoch einen merkwürdigen Dienst. War sie vom Ergebnis ihres rigorosen Fragens nach der Bedeutung des Christentums für Frauen zermürbt? Insbesondere seiner Bedeutung für sie selbst, deren Mutter Mary – Maria – hieß? Das Gedicht enthält einige interessante Einsichten, denen es selber nicht nachgeht, vielleicht weil Sexton im Grunde nicht an theologischen Fragestellungen interessiert war. Nach *The Jesus Papers* gab sie alle Bemühungen um eine Identifikation mit Christus (dem Symbol der Erlösung) oder Jesus (dem Mann, der sich selbst opferte) auf, blieb aber weiterhin fasziniert von den religiösen Konnotationen von Milch. Milch wurde ihr persönliches Symbol für die Gnade, die von ihr ausgehen und die sie empfangen konnte – für die Umkehrung von »*rats*« (dem entsetzlichen, ekelerregenden Körper) zu »*star*« (dem transzendenten Mutter-Prinzip). Dies ist das Thema der wunderbar komponierten Folge von zehn Psalmen mit dem Titel *O Ye Tongues.*

Die Form dieses Gedichts übernahm Sexton vom *Jubilate Agno* des im achtzehnten Jahrhundert lebenden Dichters Christopher Smart, der als geisteskrank galt und aufgrund seines zwanghaften Drangs, auf öffentlichen Straßen zu beten, mehrmals lange in Irrenanstalten verwahrt wurde. Als meisterhafter, in lateinischer, griechischer und hebräischer Prosodik geschulter Dichter hatte Smart die antiphone Struktur hebräischer Psalmen in *Jubilate Agno* nachgebildet und seine Verse abwechselnd mit »*Let*« und »*For*« beginnen lassen: »*Let Jael rejoice with the Plover, who whistles for his life, and foils the marksmen and their guns. {. . .} For I will consider my Cat Jeoffry. {. . .} For he rolls upon prank to work it in. {. . .} For in his morning orisons he loves the sun and the sun loves him.*[12] Sexton behielt diese Struktur bei. Ihre »*Let*«-Abschnitte feiern den Überfluß Gottes: »*Let there be a God as large as a sunlamp to laugh his heat at you*«[13], beginnt das Gedicht (»Erster Psalm«). Die »*For*«-Abschnitte finden das Spiegelbild dieses Überflusses in Sextons Leben: *For I pray that Emily King, whom I do not know except to say good morning, will observe my legs and fanny with good will*[16] (»Zweiter Psalm«), wobei das Motiv der Höhensonne zu einem hinter dem Haus genossenen Sonnenbad, das von einem Nachbarn belächelt wird, erweitert wird.

Durch solche lockeren, aber raffinierten Reihungen verknüpft Sexton die zehn Psalmen zu einer autobiographischen Erzählung, die mit dem Loslassen einer Tochter endet:

For the child grows to be a woman, her breasts coming up like
    the moon while Anne rubs the peace stone.

For the child starts up her own mountain (not being locked in) and
    reaches the coastline of grapes.

For Anne and her daughter master the mountain and again and
    again. Then the child finds a man who opens like the sea. [15]

An den einfachen Kern der Erzählung lagern sich ernste und heitere
Bilder an, und an ihnen vorüberziehend bewegt sie sich zum Tode
hin, endet, wo sie begann (»Zehnter Psalm«):

For Anne walked up and up and finally over the years until she was
    old as the moon and with its naggy voice.

For Anne had climbed over eight mountains and saw the children
    washing the tiny statues in the square.

For Anne sat down with the blood of a hammer and built
    a tombstone for herself and Christopher sat beside her
    and was well pleased with their red shadow.

For they hung up a picture of a rat and the rat smiled and held out
    his hand.

For the rat was blessed on that mountain. He was given a white
    bath.

For the milk in the skies sank down upon them and tucked them in.

For God did not forsake them but put the blood angel to look after
    them until such time as they would enter their star.

For the sky dogs jumped and shoveled snow upon us and we lay in
    our quiet blood.

For God was as large as a sunlamp and laughed his heat at us and
    therefore we did not cringe at the death hole. [16]

Mit der Form übernahm Sexton aus *Jubilate Agno* auch Smarts theologische Voraussetzungen. Das wichtigste war, daß *Jubilate Agno* ein Vorbild dafür lieferte, wie ein heiliger Wahnsinn dem Dichter die Freiheit gab, ohne Scham vom Körper zu sprechen (*»For I shat and Christopher smiled and said let the air be sweet with your soil«*)[17]. *Jubilato Agno* inspirierte Sexton, das einzige Terrain von Vertrauen zu erkunden, das sie je entwickelt hatte: die Gewißheit, daß es für jedes Werk der menschlichen Zunge einen Zuhörer gibt. In *O Ye Tongues* nennt sie den wissenden Zuhörer Gott, eine Mischung aus allen Eltern, Liebhabern, Freunden, Kindern, Ärzten, Lesern, Zuhörern und Brüdern des gesamten Universums. Wie das fürsorgliche Gesicht einer Mutter beugt sich Gottes Gesicht über die Welt; und so, wie sich die Zunge des Säuglings mit der Brust der Mutter verbindet, so verbindet sich die Zunge des Dichters mit der ununterbrochenen Aufmerksamkeit dieses Anderen, der Milch der Himmel.

Wir haben nur spärliche Hinweise darauf, wer Sexton Christopher Smarts katalytisch wirkenden Text nahegebracht hat, unter welchen Umständen sie *O Ye Tongues* schrieb und wessen Rat sie suchte, als sie den Zyklus überarbeitete; ihre Arbeitsblätter bieten im Gegensatz zu ihren sonstigen Gepflogenheiten hierzu nur wenige Daten und Hinweise. Offenbar ist die Sequenz das Ergebnis einer Phase ungestörter Inspiration; sie wurde um Weihnachten 1971 begonnen und um Ostern 1972 vollendet. Als sie sie abgeschlossen hatte, schrieb sie einer Freundin: »Es ist 18 Seiten lang und (vielleicht) ein bedeutendes Gedicht.«

Ebenso rätselhaft ist, aus welchen Quellen sich der immer stärkere religiöse Impetus in Sextons Werk speiste, denn ihre Beschäftigung mit spirituellen Fragen, die in den »letzten« Gedichten ihren Niederschlag fand, blieb ihrer Familie und ihren Kollegen weitgehend verborgen (obwohl sie gern mit katholischen Priestern über solche Themen sprach). In den Notizen, die Sexton im Jahre 1966 zu ihrem nie vollendeten Roman machte, scherzt die weibliche Hauptfigur über ihre religiöse Indifferenz: »Vergangenes Jahr wäre ich beinahe aus freien Stücken Katholikin geworden, aber dann hielt ich das doch für einen zu gewaltigen Schwenk und dachte, vielleicht wird Jesus meine Gefühle für Ihn ja auch so verstehen, auch wenn ich nicht Mitglied Seiner Kirche bin.« Direkten Fragen nach ihrem Glauben wich Sexton meist aus. Auf die religiösen Empfindungen angesprochen, die ein Leser in *For the Year of the Insane* (Zum Jahr der Wahnsinnigen) entdeckt hatte, einem Gedicht, das sie nach einer extremen Tranceerfahrung in Dr. Ornes Sprechzimmer im Jahre 1963 geschrieben hatte, erwiderte sie: »Wer Gott auch sein mag, ich bin immer am Telefon und rufe ihn an. Ich bin nicht sicher, ob das Religion ist. Eher Verzweiflung als Glauben an derartige Dinge.«

Über spirituelle Fragen tauschte sie sich nur mit wenigen Freunden und Freundinnen aus. Eine davon war Cindy Degener, die später meinte: »Wir redeten doch die ganze Zeit über Jesus, so als sei er gerade nebenan!« Degener zufolge zeigten *The Jesus Papers*, daß Sexton von der sich in *Wahren Bekenntnissen* niederschlagenden Version des Lebens fasziniert gewesen sei; »die Geschichte über Jesus enthielt viel Melodramatisches und viele Gespräche mit Frauen. Anne versuchte wirklich den Bindungen, die sie gegenüber diesem Jesus, dem gewöhnlichen Menschen, verspürte, zu trauen.« Sextons australischer Bewunderer Brian Sweeney war ein zweiter Freund, dem sie sich in spirituellen Dingen anvertraute. Theologische Mysterien entzückten ihn; so gefiel ihm zum Beispiel die These »Gott ist eine Frau«, und er schrieb Sexton: »Wenn Mann und Frau wirklich eines sind, ist dann Gott nicht als Bruder des Menschen (durch Jesus Christus) auch die Schwester des Menschen? [...] Meine Liebe, lassen Sie sich das mal durch den Kopf gehen; ich schreibe in einer Stunde oder so weiter, dann habe ich mehr Zeit zum Nachdenken.« Sowohl Degener als auch Sweeney waren im Grunde Katholiken, aber auch irische Phantasten und daher nicht schockiert von dem magischen Denken, mit dem Sexton in Blut Milch fand oder »*star*« in »*rats*« oder »*live*« in »*evil*«.

Ungefähr um die gleiche Zeit, als Sexton letzte Hand an *The Jesus Papers* legte, im Spätsommer des Jahres 1971, gingen die *Transformations* bei den Rezensenten ein. Ende September gab Houghton

Mifflin aus Anlaß der Buchpräsentation im Restaurant »Sardi's« eine feudale Party, und Sexton stellte eine lange Gästeliste zusammen. Darauf standen ihre Champions Louis Untermeyer und Howard Moss; Fred Morgan, Paula Dietz und Irene Skolnick von *The Hudson Review,* denen sie zugute hielt, daß sie sie entdeckt hatten; Tony Hecht und seine neue Frau; Ben Shaktman und seine neue Frau; die loyale Alice Smith; Gloria Steinem (die Sexton noch nie persönlich getroffen, aber aus der Ferne bewundert hatte); und ein ganzer Schwung weiterer New Yorker Dichter und Redakteure, die ihre Arbeit freundlich aufgenommen hatten. Der Regisseur, der Produzent und die Schauspieler von *Mercy Street* sahen sich bei der Party ebenfalls wieder. Alles in allem war es ein glücklicher Tag für Sexton.

Eine Woche später kam sie noch einmal nach New York, um vor der Young Men's Hebrew Association aus den *Transformations* zu lesen. Diese Lesung, die sie gemeinsam mit Tony Hecht bestritt, fand vor einem großen Auditorium statt. Kurz danach hatte sie Grund zur Freude, als sie erfuhr, daß der Buchclub der *Saturday Review* das Buch für seine Abonnenten kaufte (»Es wäre mir nicht im Traum eingefallen, daß ich einmal Gedichte für einen Buchclub schreiben würde«, schrieb sie an Howard Moss).

Kritiker priesen den Band als »wunderbar leicht verständlich« und stellten fest, daß die Gedichte dazu einluden, laut gelesen zu werden. *The Radcliffe Quarterly* druckte voller Bewunderung ein Interview und titulierte Sexton als »eine Hexe unserer Tage«. Ablehnende Rezensenten rügten die langweiligen »modischen Anspielungen« und die Verwässerung authentischen Grauens durch einen Disneyland-Effekt, »das Aufblitzen der Strobolights und das Aufheulen der Vibraphone«. Da Sexton auf einen Erfolg bei breiten Leserschichten hoffte, enthielten sogar diese ablehnenden Besprechungen genau das richtige. Das Buch fand rasch sein Publikum, und schon einen Monat nach seiner Drucklegung hatten die *Transformations* Sexton Tantiemen in Höhe von 6400 Dollar, das heißt 1400 Dollar über den von Houghton Mifflin bereits gezahlten Vorschuß von 5000 Dollar hinaus, eingebracht – für sie ein Rekordhonorar sowohl bei den Vorschuß- als auch bei den Tantiemenzahlungen.

Für einen Lyrikband waren das gute Einkünfte, doch Sexton hatte schon ein Auge auf den nächsten Preis geworfen: eine Dauerposition an der Boston University. Sie hatte immer noch einen Einjahresvertrag als Gastlehrerin mit einer halben Stelle im Creative Writing-Programm. Während George Starbuck ihr Talent als Lehrkraft schätzte, blieben die einflußreicheren Englischprofessoren skeptisch. Sexton hörte gerüchteweise, daß ranghohe Mitglieder der Fakultät Studenten davon abrieten, ihren Kurs zu belegen. Außerdem steckte die Universität in finanziellen Schwierigkeiten. Sexton war erleichtert, als ihr Vertrag schließlich erneuert wurde – im August, für das im September beginnende Semester –, obwohl die Gehälter der Fakultät eingefroren worden waren.

Im Herbst begannen für sie jedoch glückliche Zeiten, denn sie erhielt einen weiteren Ehrendoktor, diesmal von der Fairfield University, einem kleinen liberalen Kunstcollege in Connecticut. Sexton teilte sich die Auszeichnung mit der Senatorin Margaret Chase Smith, mit Sarah Caldwell, der Direktorin des Bostoner Opernhauses, und mit der Schauspielerin Ruby Dee. Durch die Frauenbewegung in Zugzwang gebracht, hielten Colleges im ganzen Land Ausschau nach »Rollenvorbildern«, die sie ihren weiblichen Studenten präsentieren könnten. Etwa um die gleiche Zeit bot ihr die Colgate University – Kayos College – für das Frühjahrssemester 1972, für den Zeitraum von Februar bis Mai, den Crashaw Chair in Literatur an. Damit verbunden waren die Ernennung zur ordentlichen Professorin und ein Gehalt von 13 000 Dollar.

Als Sexton in jenem Herbst für die Akten an der Boston University ihren Lebenslauf aktualisierte, konnte sie einen neuen Band Gedichte (ihren fünften), eine weitere Ehrendoktorwürde (ihre dritte) und die Ernennung zur Gastprofessorin an einer weiteren akademischen Institution aufnehmen. Sie meinte, daß diese Dinge beim English Department Eindruck machen müßten, das ihr für die gleiche Anzahl von Kursstunden, die sie im Frühjahr des folgenden Jahres in Colgate unterrichten würde, nur ein Gehalt von 7000

Dollar zugebilligt hatte. Sie schrieb einen höflichen Brief an den Leiter des Fachbereichs, in dem sie ihr Colgate-Gehalt erwähnte und bat, er möge etwas für sie tun: »Dabei könnte man an Geld und an eine gewisse zeitliche Dauer denken.« Diese Andeutungen brachten ihr nichts ein; im Jahr darauf wurde sie direkter. »Wenn John Barth im nächsten Jahr nicht zurückkommt und Du seinem Nachfolger vier Riesen pro Kurs mehr zahlst, als ich bekomme, frage ich mich, ob an die Tür meines Klassenzimmers nicht eine Frauenfaust gemalt werden sollte«, warnte sie Starbuck. Im September 1972 wurde Sexton zur ordentlichen Professorin mit einer halben Stelle und einem Gehalt von 10 000 Dollar pro Semester ernannt und bekam einen Fünfjahresvertrag.

Die Sextons waren immer noch knapp bei Kasse, denn sonst hätte Sexton vermutlich den Crashaw Chair in Colgate abgelehnt. Die Position erforderte einmal wöchentlich eine lange Reise, damit sie an zwei aufeinanderfolgenden Tagen unterrichten konnte. Außerdem wurde von ihr erwartet, daß sie am Nachmittag eine Vorlesung über Lyrik hielt und am Abend einen Schreib-Workshop für etwa zehn Studenten leitete. Es war die Vorlesung, die ihr am meisten Kopfzerbrechen bereitete – sie selber hatte eine solche Vorlesung nicht einmal besucht, geschweige denn eine vorbereitet. Unterstützt von Bruce Berlind, dem Leiter des English Department an der Colgate University, arbeitete sie einen Unterrichtsplan aus: Sie wollte eine Reihe von elf Vorlesungen mit dem Titel »Anne über Anne« anbieten, die einer kleinen Gruppe von Studenten mit dem Hauptfach Englisch offenstehen sollten. Der Beitrag der Studenten sollte darin bestehen, daß sie sich schöpferisch mit dem Leben der Schriftstellerin auseinandersetzten, in »völliger Versenkung«. Sie sollten ferner Gedichte schreiben, hin und wieder ein Gedicht von Anne Sexton weiterschreiben. Sie sollten Sextons Arbeitsblätter durchgehen und nachvollziehen, wie sich ein Gedicht von falschen Anfängen bis zur publizierten Form hinaufhangelt. Sie sollten ferner ein »Interview« schreiben und dabei aus Einzelheiten aus den Gedichten und Vorlesungen Sextons eine Person erfinden. Während des gesamten Kurses würden sie begleitend darüber sprechen, wie sich ein lebender Mensch in die Persona eines Gedichts verwandelt.

Sexton arbeitete eifrig an ihren Vorlesungen. Während die Agenda einerseits auf eine skandalöse Weise auf sie selbst bezogen war, bot sie andererseits einer geschickten Gedichte-Baumeisterin ein Forum, um den Studenten zu zeigen, wie sie ihre Wirkungen erzielte – und das gelang ihr auch. Da Sexton nie Buchbesprechungen oder poetologische Essays veröffentlichte, sind diese Vorlesungsnotizen ein einzigartiger Beleg für ihre Ansichten über zeitgenössische Lyrik und ihren eigenen Platz darin.

So äußert sie sich beispielsweise überzeugend zu den »lyrischen Gelegenheiten«, die sich durch Einfühlung ergeben. Diese müssen nicht angenehm sein, konstatiert sie. »Das Häßliche, die Sünde, Verderbtheit, Elend, Boshaftigkeit sind ebenso anerkannte und nützliche Gegenstände eines lyrischen Gedichts.«

Die Einfühlung erfordert die Projektion des eigenen inneren Lebens auf eine andere Person; die auf diese Weise geschaffene Persona sollte autobiographisch klingen, und dazu sei eine starke Identifikation notwendig. »Der Vergewaltiger. Welchen Augenblick aus seinem Leben würden Sie auswählen, um darüber zu berichten? Wenn er im »Howard Johnson's« eine Tasse Kaffee trinkt? [...] Vielleicht ißt er ein Krabbenbrötchen. Ich selber esse auch gern Krabbenbrötchen, aber ich habe mehr als das Krabbenbrötchen mit dem Vergewaltiger gemeinsam. Was habe ich mir schon immer mit Gewalt nehmen wollen? Wann habe ich je einen Menschen in Angst und Schrecken versetzen wollen? [...] Wenn Sei Ihre Umgebung mit offenen Augen betrachten, werden Sie Stimmen hören, die aus der Menge herausrufen. Jede hat ihr eigenes Liebeslied. Jede hat einen Augenblick der Gewalt. Jede hat einen Augenblick der Verzweiflung.« Aber, so schränkt sie ein, die Identifikation oder die Einfühlung sind ein schöpferischer Akt, sie sind etwas anderes als das Aussprechen der Wahrheit. »Manchmal nimmt die Seele Bilder von Dingen auf, die sie sich gewünscht, aber nie gesehen hat.« Die Behauptung eines Kritikers, ihr Werk sei stets »auf ganz persönliche und schmerzliche Weise« mit ihrem

Leben verbunden, wies sie zurück und erklärte: »Ich benutze das Persönliche, wenn ich mein Gesicht durch eine Maske verdecke [. . .], wie der Räuber einen Gummistrumpf überzieht.«

Ganz sicher erhielt auch Sexton neue Nahrung durch diesen Prozeß der Rückschau und der Bewertung, der es ihr ermöglichte, ihr eigenes Werk im Zusammenhang zu betrachten und es gut zu finden. Sie arbeitete die Crashaw-Vorlesungen während der Monate aus, als sie die feierlichen Gedichte *O Ye Tongues* schrieb, und wahrscheinlich haben sich diese beiden Arbeiten wechselseitig gefördert. Zu diesem Zeitpunkt stand Sexton fast die gesamte Lyrik, die sie je schreiben sollte, zur Verfügung. *The Book of Folly* war fertiggestellt; sie wartete lediglich ab, bis sie es nach einer schicklichen Pause an Houghton Mifflin verkaufen konnte. Sexton wollte, daß man sie eines Tages auch als Prosaschreiberin betrachtete und fürchtete, ihre Erzählungen würden erst postum erscheinen, sofern sie sie nicht in einen Lyrikband einschmuggelte. Sie erwog also, einige davon in *The Book of Folly* unterzubringen: *The Letting Down of the Hair* (Das Herunterlassen des Haars, die sie als »Allegorie auf meine Hingabe an die Poesie« bezeichnete), geschrieben Anfang der sechziger Jahre, und die neueren Erzählungen *Ballet of the Buffoon* (Ballett des Clowns) und *All God's Children Need Radios* (Alle Kinder Gottes brauchen Radios). In Wirklichkeit seien das, behauptete sie in einem Brief an Brian Sweeney, »Prosagedichte, die ich Geschichten nenne«.

Zur gleichen Zeit arbeitete Sexton an den Manuskripten zweier neuer Bände: an *The Death Notebooks,* das sie im Juni 1972 fertigstellen sollte, mit der Sequenz *The Furies* (Die Furien) als Herzstück und einer Sequenz mit dem Titel *Letters to Dr. Y.* (Briefe an Dr. Y.), die sie auf Anraten von C. K. Williams jedoch unveröffentlicht lassen wollte, bis sie einen geeigneten künstlerischen Kontext gefunden haben würde. *The Death Notebooks* sollte der letzte zu ihren Lebzeiten veröffentlichte Band werden, und *O Ye Tongues* war das letzte Gedicht darin. Obwohl Sexton bis zur Woche ihres Todes weiterhin schrieb, gelang ihr mit keinem der nach *O Ye Tongues* entstandenen Gedichte die für sie typische Verbindung von poetischer Kühnheit und kontrollierter Form in solcher Meisterschaft. Und während sie dieses Gedicht in Briefen als »bedeutendes Werk« bezeichnete, trug sie es nie auf Lesungen vor. Vielleicht sah auch sie in diesem Gedichtzyklus einen Höhepunkt, die Verwandlung ihrer gesamten Laufbahn in eine Legende.

1 Wie wir tanzten
Mutter war eine Schönheit und tanzte mit zwanzig Männern. / Du tanztest mit mir und sagtest kein Wort. / Statt dessen sprach die Schlange, als du mich an dich drücktest. / Die Schlange, jene Spötterin, wachte auf und preßte sich an mich / wie ein großer Gott, und wir beugten uns zusammen wie zwei einsame Schwäne.
2 Ich war fleckig von seinen roten Fingern, / und ich rief nach dir, / und Mutter sagte, du seiest verreist. / Du warst versunken wie eine Katze im Schnee, / nicht eine Pfote mehr, an die ich mich hätte klammern können.
3 Eine Frau, / die eine Frau liebt, / bleibt ewig jung. / [. . .] Alte Brust an junge Brust gedrückt . . .
4 rot, rot, Mutter, du bist blutrot. / Er schaufelt sie hoch in seinen Armen, / ganz rote Schauer und Seiden. / Er ruft ihr zu: / Wie kann ich es wagen, diese Prinzessin zu halten? / Ein gewöhnlicher Mann wie ich, / mit einer Haifischnase und zehn Teerfingern? / [. . .] / Damals roch ich das Vitalis an seinem Pyjama. / Damals verwuschelte ich sein krauses schwarzes Haar / und berührte seine zehn Teerfinger / und schluckte seinen Whiskey-Atem herunter. / Rot. Rot. Vater, du bist blutrot. / Vater, / wir sind zwei Vögel in Flammen.
5 Mutter und Tochter
Linda, du verläßt / nun deinen alten Körper. / Du hast meine Tasche ausgeräumt, / und du hast all meine Pokerchips / verspielt und läßt mich leer zurück, / und, während der Fluß zwischen uns / schmaler wird, machst du Gymnastik, / gibst mit Frauenbeinen Zeichen. / Führe dir das vor Augen / und du nähst mir ein Leichentuch / und hältst den Montagsbraten hoch / und drückst dem Hahn die Eingeweide raus / Führe dir das vor Augen / und du siehst meinen Tod / als Sabber an diesen grauen Lippen, / während du, mein Einbrecher, Obst / ißt und mir guten Tag sagst.
6 Engel des Feuers und der Genitalien, kennst du Schleim, / jene grüne Mama, die mich als erste zum Singen zwang, / mich als erste in die Latrine steckte, diese stumme Szene / in braun, in der ich Bettlerin war und sie Königin? / Ich sagte: »Der Teufel hockt in diesem eitrigen Loch.« / Dann biß er mich in den Hintern und nistete sich in meiner Seele ein. / Feuerfrau, du von der alten Flamme, du / vom Bunsenbrenner, du von der Kerze, / du von dem verdammten Schmelzofen, du vom Barbecue, / du von der wilden Sonnenenergie, Mademoiselle, / nimm etwas Eis, nimm etwas Schnee, nimm einen Monat Regen / und du würdest röcheln im Dunkel, das Hirn würd dir zerspringen. / Mutter des Feuers, laß mich vor deinem gierigen Tor stehen, / wenn die Sonne in deinen Armen stirbt und du ihr schreckliches / Gewicht losmachst.
7 Warzen, so teilnahmslos wie warme Seesterne
8 Du gibst mir Milch / und wir sind eins / und ich bin froh. / Nein. Nein. / Alles Lügen. / Ich bin ein Lastwagen. Ich steuere alles. / Ich besitze dich.
9 In Seinem Traum / begehrte er Maria. / Sein Penis sang wie ein Hund, / doch Er wandte sich jäh ab von diesem Spiel, / wie eine Tür, die zuschlägt.
10 Jesus ungeboren
ein seltsames Wesen beugt sich über sie / und hebt ihr streng das Kinn / und starrt sie mit Henkersaugen an. / Neun Uhren springen auf / und schmettern sich gegen die Sonne. / [. . .] / Nun werden wir einen Christus haben.

11 Die Verfasserin der Jesuspapiere spricht

Ich ging zu dem Brunnen und zog ein Baby / aus dem Wasserloch. / Dann sprach Gott zu mir und sagte: / Hier. Nimm diese Lebkuchenfrau / und steck sie in deinen Ofen. / Wenn die Kuh Blut gibt / und der Christus geboren wird, / müssen wir alle Opfergaben essen. / Wir alle müssen schöne Frauen essen.

12 Lasset Jael sich mit dem Regenpfeifer freuen, der um sein Leben pfeift und die Meisterschützen mit den Flinten narrt. [. . .] Denn ich will meinen Kater Jeoffry betrachten. [. . .] Denn er tollt herum, um ihn [Anm. d. Übers.: den Moschus] einzusaugen. [. . .] Denn in seinen Morgengebeten liebt er die Sonne, und die Sonne liebt ihn.

13 Lasset sein einen Gott so groß wie eine Höhensonne, der seine Hitze auf euch lacht

14 Denn ich bete, daß Emily King, die ich nur vom *Guten Morgen* sagen kenne, meine Beine und meinen Po mit Wohlgefallen sieht

15 Denn das Kind wächst zu einer Frau heran, ihre Brüste gehen auf wie der Mond, während Anne den Friedensstein reibt. / Denn das Kind beginnt seinen eigenen Berg zu ersteigen (nicht eingesperrt, wie es ist) und gelangt an die Küste der Trauben. / Denn Anne und ihre Tochter bezwingen den Berg immer wieder. Dann findet das Kind einen Mann, der sich öffnet wie das Meer.

16 Denn Anne ging immer weiter hinauf und schließlich über die Jahre, bis sie alt war wie der Mond und seine nörgelnde Stimme hatte. / Denn Anne war über acht Berge gestiegen und sah die Kinder, die auf dem Platz die winzigen Statuen wuschen. / Denn Anne setzte sich hin mit dem Blut eines Hammers und baute sich einen Grabstein, und Christopher setzte sich neben sie und fand viel Gefallen an ihrem roten Schatten. / Denn sie hängten ein Bild einer Ratte auf, und die Ratte lächelte und hielt ihnen die Hand hin. / Denn die Ratte ward gepriesen auf jenem Berg. Sie bekam ein weißes Bad. / Denn die Milch der Himmel sank herab auf sie und deckte sie zu. / Denn Gott verließ sie nicht, sondern hieß den Blutengel, sich um sie zu kümmern, bis sie ihren Stern beträten. / Denn die Himmelhunde sprangen und schaufelten Schnee auf uns, und wir lagen in unserem stillen Blut. / Denn Gott war so groß wie eine Höhensonne und lachte seine Hitze auf uns, und daher schrak es uns nicht am Todesloch.

17 Denn ich schiß, und Christopher lächelte und sagte, laß die Luft süß duften von deinem Dung.

Das furchtbare Rudern
1972–1973

Während einer Frühjahrspause an der Colgate University verbrachte Sexton eine Woche am Strand von Florida. Unter einem großen Schirm vor den Sonnenstrahlen geschützt, schaute sie friedlich auf die heranrollenden Wellen. Diese Wellen und ihre Zwillinge weiter oben an der Atlantikküste tauchten in den Gedichten, die sie in den folgenden zwei Jahren schrieb, immer dann auf, wenn sie ein Bild der Gelassenheit suchte, wie in *The Consecrating Mother.*

> *I stand before the sea*
> *and it rolls and rolls in its green blood*
> *saying, »Do not give up one god*
> *for I have a handful.«*
> *The trade winds blew*
> *in their twelve-fingered reversal*
> *and I simply stood on the beach*
> *while the ocean made a cross of salt*
> *and hung up its drowned*
> *and they cried* Deo Deo. [1]

Sexton war müde. Kayos neues Geschäft war nur langsam in Gang gekommen, und sie hatten finanzielle Sorgen. Sie leistete ihren Beitrag, indem sie unterrichtete, aber das ständige Pendeln nach Colgate machte sie so unruhig, daß sie ständig über Übelkeit klagte und Schwierigkeiten hatte, ihre Mahlzeiten bei sich zu behalten. Sie ernährte sich von dem, was sie »Mutter-Essen« nannte: von heißer Schokolade und Rühreiern und cremigen Milchshakes. Wieder nahm sie zu. »Ich mußte einen Badeanzug in Größe 18 kaufen«, gestand sie voller Grimm. Sie und Kayo waren übereingekommen, daß sie es sich leisten konnten, etwas Geld für einen Ferienaufenthalt im Beach Club in Fort Lauderdale zu verpulvern, wo sie sich gemeinsam erholen und ein wenig in Wein und gutem Essen schwelgen konnten. Kayo spielte den ganzen Tag lang Golf, während Anne am Strand döste und las. »Wenn ich tun könnte, was ich wollte, würde ich im Ozean leben«, sagte sie oft.

Als das Semester an der Colgate University zu Ende war, ging Sexton für einen kleinen Eingriff ins Krankenhaus – es wurden ihr endlich die Schrauben aus der zusammengeflickten Hüfte entfernt. Krankenhausaufenthalte legten bei ihr immer eine Goldader von Metaphern frei. Während sie sich erholte, begann Sexton eine Folge von Gedichten über Tiere, die später unter dem Titel *Bestiary U.S.A.* (Bestiarium USA) in ihren postum veröffentlichten Band *45 Mercy Street* aufgenommen wurde, und eine zweite Folge mit dem Titel *The Furies* zu schreiben. Deren Eingangsgedicht, *The Fury of Beautiful Bones* (Die Furie schöner Knochen), beschwor die Erinnerung an ihre alte Romanze mit George Starbuck, in dessen Arme sie 1959 vor den Schrecken der Krankenhausbesuche bei ihrer sterbenden Mutter geflüchtet war. »*It was the fury of your bones*«[2], erinnert sich das Gedicht und bietet damit eine Lesart der kryptischen Widmung von Starbucks *Bone Thoughts* an. Die Gedichte enthielten in ihrer Metaphorik und in den verkürzten, an Plaths *Ariel* gemahnenden Zeilen auch eine verschlüsselte Anspielung auf Sextons Beziehung zu Sylvia Plath. Trotz all dieser Bezüge schlägt der Gedichtzyklus einen emotionalen Bogen, der authentisch Sexton ist; er ist verankert in der Erleichterung über ihr eigenes Überleben:

> *breakfast like a dream*
> *and the whole day to live through,*
> *steadfast, deep, interior.*
> *After the death,*
> *after the black of black,*
> *this lightness –*
> *not to die, not to die –*
> *that God begot.*[3]

Sie arbeitete in diesem Sommer noch an einer dritten Sequenz, an Gedichten über Kindesmißbrauch, die sie unter dem Titel *The Children's Crusade* (Der Kinderkreuzzug) sammelte und an den Herausgeber von *Harper's* schickte mit der Bemerkung, daß diese Gruppe ihrem Gefühl nach zusammengenommen »die Kraft eines Romans« habe. Diesen Zyklus wollte sie mit *The Furies* zwar für eine Veröffentlichung in ihrem postumen Band *The Death Notebooks* aufheben, doch angesichts des chronischen Geldmangels wollte sie auch alle neuen Arbeiten, die sie für druckfertig hielt, sofort in einer Zeitschrift veröffentlicht sehen. (Ein Jahr später erklärte sie J. D. McClatchy gegenüber, sie habe beschlossen, *The Death Notebooks* schon vor ihrem Tode herauszubringen, weil »ich mich in die Furien-Gedichte verliebt hatte und dachte, ›ach, pfeif auf die Idee‹. Und ich werde sowieso noch lange nicht sterben.«)

Aus vielen der Gedichte, die Sexton im Jahre 1972 schrieb, wird ersichtlich, daß sie mit dem Leben in der Vorstadt im reinen war. Sie liebte die Vormittage in ihrem Haus. Wenn sie aufgestanden war, ging sie fröstelnd ins Badezimmer und verkündete der Welt mit gezirptem »Br-r-r-rt! Brrrrt!«, daß sie wach war. In einem eleganten Négligé wandelte sie in die Küche, wo sie Rühreier aß, leise Musik im Radio anstellte, Kaffee trank und eine Weile in der Sonne las. Die Küche war ein Mutter-Ort, wohingegen im Arbeitszimmer die dunkleren Ströme des Familienlebens in die Zeilen einflossen, die ihre Finger aus der Schreibmaschine herausholten.

Persönlich von vielen Belastungen des Familienlebens erlöst, arbeitete Sexton in den siebziger Jahren mit stärkerem sozialen Bewußtsein denn je zuvor. Studenten standen vor ihrer Tür, und es kamen Berge von Post, die ihr tagtäglich bestätigten, daß ihre Arbeit sie mit anderen Menschen verband und ihr durch viele Berührungspunkte festen Boden unter den Füßen gab. Die Gedichtzyklen, die sie 1972 schrieb, so beispielsweise *The Children's Crusade* oder ein zweiter, nie veröffentlichter, zur »*Dog-God*«-Thematik, zeigen ihr Bemühen um eine Überprüfung ihrer eigenen Erfahrungen vor einem kulturkritischen Horizont, den sie durch ihre Lektüre und durch den Kontakt mit dem akademischen Milieu erworben hatte. Sexton, die nie selber Kritikerin war, wußte, daß ihre Stärke darin lag, daß sie neue Ideen auf indirekte Weise, durch Schichten von Assoziationen gefiltert, in ihr Bewußtsein aufnahm; sie konnte nur zu ihnen vordringen, wenn sie in sich hineinhörte. Die Gedichte aus dem Zyklus *The Children's Crusade* waren durch eine ergreifende Geschichte angeregt worden, die sie von ihrer Sekretärin Jean Moulton gehört hatte; sie bezogen ihre Kraft aber aus Sextons eigenen Schuldgefühlen. Hingegen zeigten die »*Dog-God*«-Gedichte, daß sie aus der Tatsache, im säkularen Amerika eine Dichterin »im Kampf gegen die Dollars« zu sein, durchaus eine Satire zu machen wußte. Sie begann sich selbst »Mrs. Dog« zu nennen.

Nun, da das Manuskript von *The Book of Folly* bei Houghton Mifflin zur Veröffentlichung vorbereitet wurde, mußte Sexton sich offensiv mit den bei ihrem englischen Verleger angestauten Problemen auseinandersetzen. Jon Stallworthy hatte Zweifel an der Qualität ihrer beiden letzten Bücher geäußert. *Love Poems*, schrieb er ihr, »finden wir weniger überzeugend als das, sagen wir, ›Hohelied Salomons‹ oder Marvells ›An seine scheue Geliebte‹ oder Donnes ›Der Jahrestag‹. Du überzeugst uns nicht immer davon, daß der Anlaß der Feier das Feuerwerk rechtfertigt.« Mit seiner Auffassung fand Stallworthy Schützenhilfe bei dem Kritiker Ian Hamilton, der *Love Poems* als »Sackgasse« abtat, wohingegen andere Besprechungen positiv waren; so räumte beispielsweise der Kritiker des *Guardian,* Christopher Driver, Schwächen ein, attestierte Sexton jedoch, ihre Stimme habe die Kraft, »einem, ohne daß man es merkt, ganze Wendungen und Strophen ins Gedächtnis« einzubrennen. Innerhalb von zwei Jahren war die erste Auflage der *Love Poems* in Großbritannien vollständig abgesetzt. Dies war ein respektabler Verkaufserfolg für einen Lyrikband, und trotzdem brachte die Oxford University Press keine zweite Auflage heraus. Als Stallworthy im Jahre 1972 die *Transformations* für eine Veröffentlichung akzeptierte, äußerte er seine Bedenken ungeschminkt: »Wir werden natürlich für die *Transformations* gern alles tun, was in unserer Macht steht [. . .], aber ich glaube, wir beide müssen wohl einsehen, daß die Richtung, die Du einschlägst – und ich wünsche Dir viel Glück

507

dabei – nicht die Richtung unseres Verlagsprogramms ist. Wenn sich unsere Wege bei Deinem neuen Buch wieder kreuzen sollten«, fügte er hinzu, »würde sich keiner mehr darüber freuen als wir.« Wie Stallworthy vorausgesagt hatte, behandelten die britischen Kritiker die *Transformations* unfreundlich; die Gedichte »dürften wohl einen mäßig gebildeten, aber anspruchslosen amerikanischen Jugendlichen ansprechen«, schrieb das *Times Literary Supplement* naserümpfend.

Vor dem Hintergrund dieses Briefwechsels beschloß Sexton im August, Stallworthy erst auf den Zahn zu fühlen, bevor sie Cindy Degener grünes Licht dafür gab, ihm das Manuskript von *The Book of Folly* zuzusenden, das im November bei Houghton Mifflin herauskommen sollte. Würde die Oxford University Press sie auch weiterhin in Großbritannien veröffentlichen? Die *Transformations* seien ein »Ausflug« gewesen, behauptete sie, »so wie man vielleicht von dem Blatt Papier aufschaut, und der Ehemann erzählt einen Witz, und man lächelt einen Augenblick und wendet sich dann wieder dem geschriebenen Wort zu«. Stallworthy solle seine Einwände gegen die *Love Poems* klarer formulieren. »Werde ich vielleicht zu frei, wenn ich die streng gebauten Gedichte hinter mir lasse, die komplizierten Formen, all diese wilden Tiere in ihren Käfigen? Ist es das, was Du meinst?« »Nein«, erwiderte Stallworthy. »Nicht daß Du Dich etwa von der ›Form‹ fortbewegt hättest – einige der besten heute schreibenden Dichter haben das auch getan –, sondern daß [. . .] Du vielleicht beim Schreiben zu oft an Dein Publikum gedacht hast.«

Sein Brief muß für Sexton die Sache erledigt haben. Sie schrieb ihm ein paar muntere Zeilen, die er nicht als einen Abschiedsgruß verstand, und nahm dann eine sich bei Chatto & Windus bietende Möglichkeit wahr und schickte *Folly* an den dort für Lyrik zuständigen Lektor, D. J. Enright. Stallworthy erinnerte sich, wie ihm zumute war, als er das Gerücht hörte, daß ein Autor der Oxford University Press ein Manuskript bei Chatto & Windus eingesandt habe: »Meine erste Reaktion war Wut. Enright sagte, es sei Anne Sexton. Da verstand ich. Mit wunderbarem Takt hatte sie mir einen außerordentlich freundlichen Brief geschrieben, in dem sie kein

Buch erwähnte, nichts andeutete – und ihren Schachzug machte. Sehr geschickt von Anne.«

Im Rückblick auf diese Wende meinte Stallworthy, das Problem habe darin bestanden, daß Anne das britische Publikum falsch eingeschätzt habe, so wie auch schon fünf Jahre zuvor beim Internationalen Lyrikfestival in London, aber die Veränderung in der Qualität ihrer Lyrik tat ihrem Ansehen in Amerika offenbar keinen Abbruch. »Die amerikanischen Medien sind immer auf der Suche nach einem neuen Boxer und einem neuen Filmstar und einem neuen Dichter. Das grelle Scheinwerferlicht der Berühmtheit, das auf die Lowells und Sextons gerichtet wird, ist für einen Dichter schwierig.«

Wenn es darum ging, Sextons künstlerischen Wert für das britische Publikum zu bestimmen, war von diesem Blickwinkel aus ihre anhaltende Popularität, die sich auch in den Verkaufszahlen ihrer Bücher niederschlug, weniger von Belang als die negativen Besprechungen, die in einflußreichen Zeitschriften erschienen. Neben den vernichtenden Kritiken erzielte *The Book of Folly* in Großbritannien auch ein paar Achtungserfolge, alle Rezensenten waren sich jedoch einig darin, daß Sextons Bekenntnisstil Plath nachahme und daß er weniger interessant sei. (Amerikanische Rezensenten wiederum neigten dazu, Sexton mit der Behauptung zu verteidigen, daß sie »vor Sylvia Plath und mit ebensolcher Kraft« Gedichte über psychische Qualen verfaßt habe.) Außerdem gab es in Großbritannien kein Äquivalent zur Frauenliteratur-Bewegung in Amerika, die Schriftstellerinnen zu Kundschafterinnen auf dem Weg zu neuen kulturellen Ufern machte. Stallworthy reduzierte Sextons Popularität auf bloße »Berühmtheit«, wie sie auch Lowell umgab, und er übersah, welche Bedeutung dabei Alter und Geschlecht zukamen. In einem ehrgeizigen, wenn auch ablehnenden Überblick über die amerikanische Lyrikszene, den die Dichterin und Kritikerin Anne Stevenson kurz nach Sextons Tod veröffentlichte, findet dies dagegen Berücksichtigung. »Ein vielleicht entscheidender Mangel der Creative Writing-Kurse in Amerika ist, daß sie es versäumt haben, zwischen Kunst und Leben zu unterscheiden«, schrieb sie. »Sensible Studenten, die einen Sinn im Leben oder eine Rechtfertigung für ihre eigene Abnormalität in der amerikanischen Gesellschaft suchen, wenden sich der Lyrik zu, die sie als Alternative zur Wirklichkeit begreifen – und gleichzeitig als Möglichkeit, sich vor der gesellschaftlichen Bedeutungslosigkeit zu bewahren.«

Stevenson hatte recht. Die gängige Auffassung, daß weibliche Erfahrung als Gegenstand von Kunst »abnormal« oder »gesellschaftlich bedeutungslos« sei, führte dazu, daß junge Schriftsteller, und insbesondere Frauen, sich am Modell der Plathschen Themen – Wut und Rache – orientierten und sich davon anstecken ließen, und zumindest in Amerika löste diese Einsicht eine gesellschaftliche Bewegung aus mit einem radikalen Feminismus als Theorie und einer radikalen Dichtung als Praxis. Für Studenten und Studentinnen sowie für weibliche Leser waren Plath und Sexton notwendige Wegweiser hin zu einem Verständnis von Hysterie als Widerstand gegen gesellschaftliche Konditionierung. Folglich wurde das Schreiben von Lyrik im Stil von Plath und Sexton zu einem Mittel der Bewußtwerdung. Was ein Lyrikkritiker als morbide Beschäftigung mit dem eigenen Ich abtun mochte, konnte daher ein interessierter Leser als befreiende Offenheit begrüßen. Für Dichterinnen und Kritikerinnen stand bei der Frage nach dem Leser/der Leserin natürlich am meisten auf dem Spiel, denn sie sahen das Geschlecht immer als den springenden Punkt an.

Sexton arbeitete jedoch nicht auf dem Feld dieser öffentlichen Auseinandersetzungen. Sie besprach weder Bücher noch äußerte sie sich zu der gesellschaftlichen Funktion von Kunst. Welchen Standpunkt sie einnahm, zeigt sich vielleicht am besten in einer Bemerkung, die sie etwa zu der Zeit, als sie *The Death Notebooks* für die Veröffentlichung vorbereitete, einem japanischen Übersetzer ihres Werks gegenüber machte. Yorifumi Yaguchi, der ihr Werk irgendwie einordnen wollte, fragte sie, ob sie anfangs eine »akademische« Schriftstellerin gewesen sei oder zu den »Beatniks« gehört habe. »Ich glaube, durch einen Zufall gehöre ich zu den Akademikern«, erwiderte sie. War sie wirklich eine Bekenntnisschriftstellerin? »Nicht alles, was ich dokumentiere, ist wirklich geschehen.« War sie Feministin? »Ich nehme an, meine Gedichte enthalten auch Sozialkritik. Ich weiß es nicht. Ich versuche, lebensecht zu schreiben.«

Die Frage, ob sie Feministin sei, machte Sexton möglicherweise deshalb zu schaffen, weil das Wort Ärger bei ihr auslöste. Als eine Frau von der Fakultät der University of California in Santa Cruz ihr schrieb und sie um Rat bei der Ausgestaltung eines Kurses im Bereich der Frauenforschung bat, tadelte sie sie: »Vergessen Sie nicht, daß Frauen zuerst einmal Menschen sind.« Einem anderen Wissenschaftler schrieb sie: »Ich wollte immer zuerst einmal ein Mensch sein, aber die Stimme ist die einer Frau und war es von Anfang an, persönlich und weiblich.« Als zu einem späteren Zeitpunkt die Malerin Miriam Schapiro Sexton um einen Beitrag zum Katalog eines siebentägigen Frauenkunst-Festivals an der Cal Arts School in Los Angeles bat, gab sie sich große Mühe damit, legte aber keinerlei besonderen Akzent auf die Geschlechterfrage; ihre Äußerungen klangen vielmehr ganz ähnlich wie diejenigen Rilkes in *Briefe an einen jungen Dichter:* »Das wichtigste ist, daß du tief im Innern die Stimme des eigenen Ichs aufspürst. [...] Zu keiner Zeit darfst du vergessen, das Werk anderer Schriftsteller zu achten [...]; du mußt ihre Bücher um dich haben, und diese Bücher sollen dich um deines ehrlichen Bemühens um Wahrhaftigkeit willen lieben.«

Dennoch freute sie sich über die Briefe, die sie von jungen Schriftstellerinnen wie Susan Fromberg, Mary Gordon und Cynthia MacDonald sowie Erica Jong erhielt. Letztere räumte später offen ein, daß Sextons Vorbild und danach, als sie selber ihre ersten großen Erfolge erzielte, auch Sextons Freundschaft ihr eine entscheidende Hilfe gewesen seien. Jongs Briefe, in einer großen, schwungvollen Handschrift mit lila Tinte auf malvenfarbigem Briefpapier geschrieben, trafen in Weston als geballte Energiebündel ein. Als sie zum ersten Mal an Sexton schrieb, hatte Jong einen Lyrikband auf dem Markt und einen zweiten in Vorbereitung und arbeitete an *Angst vorm Fliegen,* jenem Roman, der ihren Ruf als Phantastin des Sex begründete. Die Mischung aus sexuellen und spirituellen Themen in Sextons Werk bewunderte Jong. »Wenn Anne noch zehn

Jahre länger ausgehalten hätte, wäre die Welt vielleicht reif für sie gewesen«, sagte sie später einmal.

Sexton war auch weiterhin daran interessiert, für das Theater zu schreiben, und drängte Cindy Degener von Zeit zu Zeit, den Text von *Mercy Street* anzubieten. So war Degener hocherfreut, als sie Sexton mitteilen konnte: Wesley Balk, der Direktor der Kammerspiele von Minnesota, hatte beschlossen, *Transformations* als Stoff für eine Oper zu verwenden. Der Auftrag wurde Conrad Susa erteilt, einem jungen Komponisten, der Musik für Broadway-Shows und für das Globe Shakespeare Festival in San Diego geschrieben hatte.

Mitte September begannen Balk und Susa, Gedichtzeilen unterschiedlichen Stimmen zuzuordnen und nach »sichtbarer Poesie oder körperlichen Metaphern« zu suchen, die den Wörtern in einer Aufführung Leben einhauchen würden. Da sie eine neunzig Minuten lange Opernfassung planten, beschränkten sie sich auf zehn Gedichte. Am Ende der zweiwöchigen Proben hatten die Darsteller Fragen zur Bedeutung einzelner Zeilen. Es schien an der Zeit, die Dichterin einzubeziehen, und so flog Susa nach Boston. »Ich verfolgte damit auch meine eigenen Absichten«, erinnerte er sich. »Ich wollte mich von Anne Sexton infizieren lassen – den Klang ihrer Stimme, ihren Sprechrhythmus in mich aufnehmen, hören, wie *sie* diese Texte las. Mir war klar, daß ich diese Stimme in mir haben mußte, wenn ich Anne Sexton werden wollte, die Dämonen und all das.«

Sie trafen sich im »Joseph's«, Sextons Lieblingsrestaurant in Boston, zum Lunch. Sexton war dort eine gute Kundin und konnte sich darauf verlassen, den Tisch zu bekommen, den sie am liebsten hatte, in einem ruhigen Winkel zwei Stufen oberhalb des Hauptraums. Als Susa eintraf, hatte sie bereits Platz genommen und sah jeden Zoll wie eine Geschäftsfrau aus. »Ich fühlte mich wie ein Bittsteller, als ich auf diese Stufen zuging«, erinnerte sich Susa. Er hatte den Eindruck, daß Sexton den Vorschlag, ihr Werk für diese Aufführung zu kürzen, freundlich aufnahm und daß sie Verständnis für die Interpretationsprobleme der Darsteller hatte. Mit dem Gefühl, ihren Segen für das Projekt zu haben, flog Susa nach San Francisco zurück und »fing an, farbigen Sand um Anne Sextons

Kieselsteine herum auszustreuen«, wie er es nannte. Ein- oder zweimal schrieb er ihr über den Fortgang der Arbeit, hauptsächlich aber ließ er die Worte in sich eindringen. »Eines Morgens ging ich ins Bad und wollte mir die Zähne putzen«, erzählte er, »und da begrüßte mich der Spiegel mit ›Guten Tag, Mama‹. Ich merkte, daß die Dämonen sich schon selber um sich kümmerten.«

Sexton jedoch waren die Dämonen auf den Fersen. Zwischen dem 10. und dem 30. Januar 1973 schrieb sie – »unterbrochen von zwei Tagen der Verzweiflung und drei Tagen in einer Nervenklinik« – neununddreißig Gedichte, einen ganzen Band: *The Awful Rowing Toward God*. Sie rahmte das Buch mit zwei Gedichten ein, die wie bei einer Erzählung Anfang und Ende bildeten: *Rowing* (Rudern) und *The Rowing Endeth* (Das Rudern endet). Die Gedichte dazwischen sind kurze, nur locker verbundene Salven von Bildern; das Thema, wenn sich ein solches überhaupt herausfiltern läßt, ist Selbstverachtung. Freigesetzt wurden die Gedichte allerdings von einem starken Schaffensimpuls, der ihr wie ein Hoffnungsschimmer erschien, und die daraus resultierende Metaphorik hat die Dringlichkeit einer Selbsterforschung. Jeden Tag rief sie um fünf Uhr nachmittags Maxine Kumin an, die in diesem Winter für sechs Wochen mit einem Schriftstellerstipendium am Centre College in Kentucky war, und sprach mit ihr die Arbeit des Tages durch. Kumin erinnerte sich später daran, daß Sextons Aufgeregtheit sie beunruhigt hatte – »Sie schrieb, als sei sie auf der Flucht und ihren Verfolgern nur um eine Länge voraus« –, und sie hielt es für einen Fehler, daß Sexton das Thorazin abgesetzt hatte; die manische Energie ihrer Freundin erinnerte sie unangenehm an die Geschichten, die über Sylvia Plath kursierten, als diese mit fieberhaftem Eifer *Ariel* schrieb.

Anfang Februar übergab Sexton das Manuskript an Cindy Degener, die den Vertrag mit Houghton Mifflin aushandeln sollte, und sie schickte mehrmals nacheinander einige Seiten an Howard Moss vom *New Yorker,* der zu dieser Zeit nur selten Gedichte von ihr annahm. Sie schickte das vollständige Manuskript auch an Kollegen von der Boston University, von denen sie sich detaillierte Kritik erhoffte; sie wußte, daß die Gedichte noch ziemlich »roh« waren. Ihr unmittelbarer Zimmernachbar in der Universität, John Malcolm Brinnin, schrieb ihr ganz begeistert, ohne jedoch konkrete Ratschläge zu erteilen: »Für zwanzig Tage auf See ist das ein ziemlich erstaunlicher Fang, & ich glaube, Sie könnten wohl Monate damit verbringen, auszuwählen & zu prüfen, was Ihr Netz da an Land gezogen hat.« George Starbuck nahm von dem Manuskript kaum Notiz und bereute das später. »Wenn man nahe genug dran war – in ihrem Hofstaat –, hat sie uns alle erschöpft«, sagte er bedauernd. Er sah jedoch, daß »sie neue dichterische Gestaltungsmöglichkeiten ausprobierte«, und er wußte, wieviel sie von der rigorosen Kritik, nach der das Manuskript förmlich schrie, hätte profitieren können.

Einen Kritiker, der gewillt war, das Manuskript so durchzuarbeiten, wie er dies in alten Tagen auch getan hatte, fand Sexton: James Wright. Sie hatte beschlossen, den Band ihm und Bruder Dennis Farrell zu widmen, vielleicht weil ihr beide religiöse Einsichten vermittelt hatten. Sie schrieb Wright einen zärtlichen Brief, legte das Manuskript bei und unterschrieb mit seinem alten Kosenamen für sie, Bee. Er schickte die Gedichte postwendend zurück, antwortete aber nicht auf ihre Gefühlsregungen. »Ich habe nicht vor, Dir Deine schlechten Verse und Deine schlechte Prosa durchgehen zu lassen«, kritzelte er auf den unteren Rand ihres Briefs an ihn. »Ein paar Gedichte sind dabei, die finde ich gut. Ein paar sind dabei, die sind Mist. Was was ist, mußt Du selber wissen. – C[omfort].« Wright haderte in pedantischen, leidenschaftlichen Anmerkungen am rechten Seitenrand sowohl mit Sextons Kunst als auch mit ihrer Theologie. »Laß Gott doch sein eigenes Gedicht und streich diese Zeilen weg. Verdammt noch mal, Bee, hör auf, Dich wie eine Heilige zu geben. Sei eine Dichterin und wirf diesen Mist fort.« Zu *The Earth Falls Down* (Die Erde stürzt ab) verfügte er: »Nimm dieses Gedicht raus. Herrgott, Bee, lies Jungs Analyse über *Hiob*.« Bei *After Auschwitz* (Nach Auschwitz) drängte er sie, bis auf drei Zeilen alles zu streichen, und fügte hinzu: »Bee, worum ich Dich bitte, ist ein schreckliches Opfer. Aber *hör doch hin, hör genau hin;* vertrau auf Deine eigene seltsame Stimme.«

Sexton reagierte verärgert auf diese Ermahnungen, und sie strich die Seiten, die ihm mißfielen, zuweilen mit dicker schwarzer Tinte durch. Dann ließ sie Kumin das Manuskript lesen, die geduldig vieles von dem, was Wright angegriffen hatte, verteidigte. *The Fallen Angels* (Die gefallenen Engel) löste ein typisches Tauziehen aus. Wright hatte auf den rechten Rand des Manuskripts krittelige Auslassungen über das Wesen des Himmels geschrieben, die in dem Ratschlag gipfelten: »Bee, hör auf damit, reizende dumme Bemerkungen über Engel zu machen. Wir wissen nicht einmal genug voneinander.« Sexton hatte das Gedicht durchgestrichen, doch Kumin eilte ihm auf dem linken Rand zu Hilfe. »Mir gefällt das Gedicht – es will doch keine tiefgründige theologische Analyse sein, sondern nur die guten Zeichen oder Omen zusammentragen, die ein Weitermachen ermöglichen.« Sexton nahm dieses Gedicht und andere Gedichte, Strophen und Metaphern, an denen Wright Zweifel geäußert hatte, wieder in den Band auf. Zweifellos hätte sie seine Hinweise ernster nehmen sollen; bei Rezensenten klang seine Kritik später wieder an. Dennoch merkte man der Endfassung von *The Awful Rowing* sein Eingreifen an. Indem er sie drängte, *» hör doch hin, hör genau hin«* und »leg die Sprache bloß und laß die Zufälligkeiten«, machte er Sexton auf willkürliche Vergleiche und auf Passagen mit hölzernem Rhythmus aufmerksam, die sie in manchen Fällen überarbeiten konnte. Die Fertigstellung des Buchs aber verdankte Sexton Maxine Kumin. Wie immer kamen von Kumin ermutigende und nicht herabsetzende Worte, sie hielt die Kanäle offen und unterstützte Sexton dabei, den ihr eigenen Gestaltungsprinzipien zu folgen, anstatt ihr andere vorzuschlagen.

In der Entwicklung von Kumins Werk spielte Sexton weiterhin die gleiche Rolle; sie half ihr dabei, ihre innere Stimme nach außen zu tragen. Zufällig wurde Sexton 1973 gebeten, als Jurorin für den Pulitzerpreis zu fungieren, in dem Jahr, in dem Harper Maxine Kumins *Up Country: Poems of New England* herausbrachte. Neunundsechzig Gedichtbände waren in diesem Jahr für den Preis nominiert worden, darunter einige von Dichtern, die Sexton sehr gut kannte – unter anderem von ihrem Protegé C. K. Williams. Als die Jury – William Alfred, Louis Simpson und Sexton – Kumin den Preis

zusprach, vertraute Sexton einem Freund an, daß sie sich leidenschaftlich für *Up Country* eingesetzt und gleichzeitig gefürchtet
habe, sich durchzusetzen, denn sie wußte, wenn Kumin den Preis
bekäme, würde das »zu meinem eigenen Schaden sein – ich würde
sie verlieren«. Wie Sexton es vorausgesehen hatte, festigte der Preis
Kumins Ansehen als bedeutende Schriftstellerin und veränderte
deren Leben. Von nun an war sie häufiger unterwegs und verbrachte
ganze Semester als Dozentin an weit entfernten Orten, und wenn sie
zurückkam, zog sie sich so bald wie möglich *»up country«* ins
»Oberland«, auf die Farm in New Hampshire, zurück. Zwar führten Sexton und Kumin, ganz gleich, wo sie gerade waren, immer
noch jeden Tag ausführliche Telefongespräche und verfolgten auch
weiter den Fortschritt ausnahmslos aller Gedichte, die die eine oder
andere schrieb. Aber die alten Tage, in denen sie ohne Umstände
beieinander vorbeischauen konnten, die in Sextons Garten verbrachten Sommer, in denen sie abwechselnd an der flachen Seite im Pool
vor der auf dem Beckenrand postierten Schreibmaschine standen
und sich kichernd die nächsten Seiten der Kinderbücher ausdachten,
die sie für Geld schrieben, waren endgültig vorüber.

Am 3. Februar gaben Anne und Kayo in der Black Oak Road 14
einen Empfang für Billie, die wieder geheiratet und deren zweiter
Mann sich lange um sie bemüht hatte. Mit Ende sechzig war Billie
noch immer eine gutaussehende, aktive Frau. Nach dem Tod ihrer
Tochter vier Jahre zuvor war sie vereinsamt, und Anne hatte sie in
ihrem Entschluß bestärkt: »Nutze die Gelegenheit und sei glücklich!« Es lag jedoch eine gewisse Ironie in der Terminwahl, denn
zum Zeitpunkt der Hochzeit hatte Sexton bereits den Entschluß
gefaßt, sich von Kayo scheiden zu lassen. Sie verabschiedete ihre
Schwiegermutter in die Flitterwochen und war selbst dabei, Vorkehrungen für die Beendigung ihrer Ehe zu treffen.
　　Schon früher hatte es manchmal den Anschein gehabt, als sei eine
Scheidung die Lösung ihrer Probleme miteinander, doch Anne hatte
immer wieder einsehen müssen, daß Kayo tiefe Bedürfnisse bei ihr
befriedigte. Nun hatte sich das Gleichgewicht offenbar verschoben.

Während der Jahre, in denen das Netzwerk ihrer Freunde und Kollegen immer größer und dichter geworden war, hatte Kayo sich immer weiter entfernt, und er war wieder anfällig für gewaltsame Wutausbrüche.

Zweimal im Verlaufe der Ehe hatte Kayo auf Annes Drängen eine Behandlung begonnen, um diese Probleme anzugehen. Während einer besonders furchterregenden Episode im Jahre 1969 hatte Anne Linda angefleht, die Polizei zu benachrichtigen. Die an den Schauplatz gerufenen Beamten berichteten, daß »Mr. Sexton die von Mrs. Sexton geschilderte Geschichte als wahrheitsgemäß bestätigte. Er gab an, daß er es nur bis zu einem bestimmten Punkt aushalten könne, dann verliere er den Kopf und attackiere sie körperlich«. In dem Polizeibericht stand auch, daß die Sextons »jedes Jahr zwei derartige Auseinandersetzungen haben«. Die Töchter jedoch erinnerten sich, daß diese Ausbrüche häufiger stattfanden, einmal pro Monat vielleicht; sie gehörten im Familienleben schon zur Routine. »Daddy konnte anscheinend nicht zärtlich sein«, erzählte Joy, »er wußte nicht, wie man jemanden sanft umarmt. Er drückte Zuneigung durch kleine Klapse aus.« Dann, im Jahre 1971, geschah etwas, was Anne wie eine bedrohliche neue Entwicklung innerhalb dieses Musters erschien: Kayo verlor die Beherrschung und schlug Joy. Obwohl dies danach nicht wieder vorkam, setzte er seine verbalen Angriffe auf Joy, insbesondere bei Tisch, fort. Anne aber fühlte sich daran erinnert, wie unflätig ihr eigener Vater bei Tisch gewesen war; ihr war nur zu bewußt, in welchem Maße eine heranwachsende Tochter durch ein solches Verhalten Schaden nehmen konnte.

Im Rückblick auf die Ehe räumte Kayo Sexton ein, daß er unter Spannung gestanden habe und aufbrausend gewesen sei. Seine Konsultationen bei Dr. Leiderman hatten seiner Meinung nach nur wenig geholfen, weil sie nicht bis zu den Wurzeln des Problems vorgedrungen seien, das zum Teil darin bestanden hätte, daß er selbst und Anne das Trinken als Freibrief für ihre schlimmsten wechselseitigen Mißbräuche benutzt hätten. »Es passierte immer dann, wenn wir vor dem Essen zwei oder drei Gläser getrunken hatten«, erinnerte er sich. »Anne hatte ein Mundwerk wie die Nadel einer Singer-Nähmaschine. Sie fing an herumzustichen, und ich ging in die Luft. Hinterher lief sie mit verletztem Blick herum – es war immer nur meine Schuld. Sie hatte diese Art an sich, mich zum Sündenbock zu machen.« Die durch Sextons Therapie bewirkten Veränderungen in ihrer beider Leben belasteten ihn, wie er meinte, auf vielfältige Weise. »Von dem Augenblick an, als sie anfing, zu Martin Orne zu gehen, war ich der unerwünschte Dritte. Von da an hatte ich den Eindruck, daß ich mich nur um den Preis ihres Zusammenbruchs zwischen sie und ihre Ärzte drängen könnte.« Mit der Zeit hatte Kayo auch bemerkt, daß seine Frau intime Beziehungen zu anderen Männern, darunter zu Dr. Zweizung, unterhielt. »Ich hörte sie, wenn sie telefonierte. Sie war nicht sonderlich diskret.« Ihr gegenüber sprach er den Druck, den ihre Krankheit und ihre Berühmtheit auf ihn ausübten, nie direkt an, sondern ließ statt dessen seinen Zorn von Zeit zu Zeit explodieren. »Es hat immer jemand für das Zusammenleben mit ihr bezahlt. Und das war ich.«

Der Wendepunkt kam Mitte Januar, als Sexton ihren Produktivitätsschub erlebte. Joy erinnerte sich, daß sie »ihre Flucht vorbereitet und geplant« und Joy schon mehrere Monate zuvor eingeweiht hatte. »Ich hatte das Gefühl, in eine ihrer *Dummheiten* hineingezogen zu werden«, erinnerte sich Joy. Nach der Rückkehr aus Westwood Lodge sagte Sexton zu Kayo: »Unsere Ehe ist am Boden«, eine Wendung, die sie Joy zufolge häufig benutzte; diesmal jedoch fügte sie hinzu, daß sie die Scheidung wolle. Ihrem Anwalt gegenüber – bei dem sie alles daran setzte, schlüssige Beweise gegen Kayo zu sammeln – machte Sexton geltend, der Hauptgrund sei die Zerrüttung ihrer sexuellen Beziehung. Daß sie ihre Entscheidung gerade jetzt getroffen hatte, führte sie auf ihre neuerrungene Unabhängigkeit vom Thorazin zurück. Diese habe ihr das Gefühl gegeben, daß sie auch andere, in gleicher Weise ihrer Gesundung dienende Entscheidungen über ihr Leben treffen könne. »Ich habe [das Thorazin] sehr, sehr langsam abgesetzt«, berichtete Sexton ihrem Anwalt, »und all meine Gefühle brachen im Herbst und Winter hervor. Es war offensichtlich, daß mein Mann mich in diesem Zustand nicht ertragen konnte. Ganz allmählich wurde ich unabhängiger, weniger betäubt, ein kleines bißchen zorniger (ohne natürlich jemand zu schlagen) und gesprächiger.« In einem für den Anwalt verfaßten Gutachten unterstützte Dr. Chase die Auffassung, daß Sexton in jüngster Zeit bedeutsame Fortschritte habe erkennen lassen und daß der Entschluß, die Scheidung zu verlangen, vernünftig sei.

Da sie sich nun einmal dazu durchgerungen hatte, Kayo zu verlassen, begann Sexton Pläne zu schmieden. An einem schon vorher festgelegten Sonntag schickte sie Joy zu Louise und Loring Conant, guten Freunden, die in der Nähe, in Wellesley, lebten. Dann schlüpfte sie bei einem Nachbarn unter – im Haus von Kayos bestem Freund – und bat ihn, ihr zur Seite zu stehen, wenn sie Kayo ihren Entschluß mitteilte. Der Nachbar hatte viele Höhen und Tiefen bei den Sextons miterlebt und war damit einverstanden, daß sie Kayo anrief und in seinem Haus mit ihm sprach. Sexton erzählte ihrem Anwalt später, sie habe gehofft, Kayo alles freundlich und ausführlich darlegen zu können, die Begegnung sei jedoch sehr kurz ausgefallen. Ihr zufolge hatte Kayo einfach zu ihr gesagt: »Du bist verrückt. Du weißt nicht, was du tust.« Danach habe er auf dem Absatz kehrtgemacht und sei nach Hause gegangen. Sexton, die mit einer gewaltsamen Reaktion gerechnet hatte (die indes ausblieb), hatte sogar einen Bodyguard angeheuert.

Noch Jahre später war Annes Entschluß, ihn zu verlassen, für Kayo ein Rätsel. »Dieser Sonntagnachmittag, an dem sie sagte: ›Verlaß das Haus, ich will die Scheidung‹ – ich hatte nicht die leiseste Ahnung, worum es ging«, erinnerte er sich. »Ich habe mich gefragt, ob das durch ihren kometenhaften Aufstieg kam, dadurch, daß sie zuviel Geld hatte, ein zu starkes Gefühl von Macht? Die Schmeicheleien und das Ganze hatten ihr den Kopf verdreht. Ich muß wohl versucht haben, mich einzukapseln – nur das zu tun, die Familie in Gang zu halten und nicht zu fragen, darüber nicht nachzudenken. Vermutlich hat das Anne ganz und gar nicht geholfen. Aber ganz ehrlich, ich weiß nicht und habe es nie gewußt, was ihr wirkliches, ihr treibendes Motiv für die Scheidung war. Und das ist der zweite Grund, weshalb ich aus allen Wolken fiel, als sie davon anfing.«

In den folgenden Wochen geriet Sextons Leben vollkommen aus dem Geleise. Sie kampierte wie eine Zigeunerin in den Häusern sympathisierender Freunde, für die die Trennung keine Überraschung war. Die meisten waren der Meinung von Barbara Swan: »Kayo war auf seine Art ein liebenswerter Mann . . . er gab sich Mühe. Aber er hatte nicht dieselbe Wellenlänge.« Anderen wieder erschien Sextons Entschluß als verhängnisvoll; Lois Ames, die selber eine Scheidung hinter sich hatte, versuchte ihn ihr auszureden. Beide Töchter waren zornig darüber, wie ihre Mutter ihren Vater behandelte, der verletzt und bestürzt wirkte, und sie weigerten sich, Partei für sie und gegen ihn zu ergreifen.

Ganz gleich, welchen Standpunkt sie einnahmen, Sextons Freunde sorgten in einer konzertierten Aktion dafür, daß sie nicht allein war. In Aufrechterhaltung einer Parodie von Familienleben (doch mit ihrem Bodyguard im Schlepptau) blieb sie zunächst bei den Kumins, dann bei ihrer alten Freundin Rita Ernst in Newton. An den Wochenenden lud sie sich zusätzlich zu Joy bei Louise und Loring Conant ein. »Anne führte das gesamte Spektrum von liebenswert bis unausstehlich vor«, erinnerte sich Loring Conant lachend. »Sie war im Wortsinne eine Heimsuchung.« Ihr dauerndes Rauchen setzte ihm zu, und ihr maßloses Trinken bereitete ihm Sorge. Und doch war sie für beide Conants eine Quelle geistiger Anregung. Als eines von vielen Beispielen erzählte Loring, wie Sexton ihm einmal zu seinem Geburtstag eine Flasche wunderbaren deutschen Wein geschenkt hatte. »Sie prostete mir damit zu, und dann fing sie an, frei zu assoziieren, dachte sich alle möglichen visuellen und akustischen Metaphern für den Gaumen aus. Eine Flut von Bildern brach einfach so aus ihr hervor. Sie verbreitete eine Atmosphäre der Freiheit um sich, die mir einfach herrlich vorkam. Und sie regte Louises Kreativität an – Louises Dichtung fing Feuer.« In Louises Sicht der Dinge kam Sextons Eintritt in ihr Leben einem Wunder gleich: nur schwer ins normale Leben zu integrieren, aber trotzdem ein Segen. »Jeder, dem Anne ihre ganze Aufmerksamkeit schenkte, fühlte sich geehrt und erhoben«, schrieb sie in ihr Tagebuch. »Ihre Wärme war so, als sei die Sonne voll aufgedreht.«

Sextons Freundinnen sorgten dafür, daß die Trennung von Kayo sich wie ein aufregender Neuanfang ausnahm, nicht wie eine Katastrophe. Max und Lois waren ihre Hauptstützen, doch sie hatte auch neue Freunde, mit denen sie die Belastung, ihr Leben neu zu ordnen, teilen konnte. Besonders hilfreich war ihre Westoner Nachbarin Maryel Locke, eine attraktive, geschäftstüchtige Frau, die Jura studierte. Als die Sextons sich trennten, schlug Locke sich auf Annes Seite, weil sie sich mit der Hausfrau aus der Vorstadt, die die Regeln außer Kraft gesetzt und einen Pulitzerpreis gewonnen hatte, identifizierte. Sie half Anne bei der Suche nach einem Rechtsanwalt und bei der Zusammenstellung von Dokumenten, die zu ihren Gunsten sprachen, falls Kayo ihre geistige Gesundheit anfechten sollte.

Louise Conant fühlte sich aus ähnlichen Gründen zu Sexton hingezogen. Sexton faszinierte sie als Mensch und als Dichterin. Später, als Sexton in immer größere finanzielle Schwierigkeiten geriet, zahlten die Conants Lindas Studiengebühren in Harvard, und in kritischen Augenblicken übernahm Louise für Joy die Mutterrolle. »Ich war sehr gern bei den Conants«, erinnerte sich Joy. »Sie verkörperten im wirklichen Leben mein Ideal einer Kombiwagen-Familie. Wenn bei uns, als ich noch klein war, von einem neuen Auto die Rede war, wünschte ich mir immer, daß wir uns einen Kombi kauften. Ich glaubte, damit würden wir zu einer normalen Familie. Die Conants waren eine solche Familie.«

Nach einer gerichtlichen Anhörung im März zog Kayo schließlich aus der Black Oak Road 14 aus, und Anne forderte das Haus zurück, das ihr von diesem Zeitpunkt an gehören sollte. Die Dalmatiner der Familie, Penny und Daisy, wurden ihre ständigen Begleiter und liefen ihr von einem Zimmer ins andere nach, wenn sie arbeitete oder Gäste hatte. Per Annonce suchte sie nach einem zur Untermiete wohnenden Paar, wodurch sich ihre Kosten reduzieren und das Haus abends nicht so verlassen wirken würde. Anfang April schrieb Sexton zufrieden an Alice Smith, daß sie ein entzückendes Paar gefunden habe, Simon und Sandra Fahey: »Er geht sehr nett

mit Tieren und Menschen um. Seine Frau, still, vergöttere ich ...
sie ist sehr klug. Sie übernehmen den größten Teil des Kochens, und
er bezahlt einen Anteil der Arbeiten an Haus und Garten und
kümmert sich um den Pool.« Die Faheys blieben bis Thanksgiving,
als das Zusammenleben für alle Beteiligten unerträglich geworden
war.

Eine der für sie wichtigen Beziehungen, die Sexton durch ihre
Scheidung verlieren sollte, war die zu Billie, die während ihrer
Hochzeitsreise die unerfreulichen Neuigkeiten erfuhr. Es überrascht
nicht, daß Sextons Handlungsweise und die Wahl des Zeitpunkts
eine andauernde Verbitterung bei ihr auslösten. Jahre später sprach
sie einmal gegenüber Linda von den Sturzbächen des Unglücks, die
sich vom Tage der Verlobung ihres Sohnes an bis zum Tage seiner
Scheidung in ihr Leben ergossen hätten. Linda, die völlig perplex
war, zog aus dem Ausbruch ihrer Großmutter den Schluß, daß für
Billie Annes Krankheit und ihre Gedichte ein und dasselbe waren;
in Billies Augen »erhielt [Anne] die Quittung dafür, daß sie über
eine Krankheit schrieb, die ihre Familie in die Knie gezwungen
hatte«. Durch den Erfolg habe sie sich berechtigt gefühlt, jedes
Stück Gesundheit, das sie wiedererlangte, ausschließlich in der
Kunst zu verausgaben und Billie in all den Jahren, in denen die
Kinder größer wurden, wie eine Sklavin auszunutzen; darüber hinaus schrieb Anne über Dinge, die nach Billies Auffassung absolut
vertraulich zu behandeln waren. Daß Anne Kayo verlassen hatte,
war in Billies Augen die letzte, und eine unverzeihliche, Schandtat.

Trotz der häuslichen Turbulenzen arbeitete Sexton in diesem Winter und Frühjahr einen vollen Terminkalender ab. Begleitet von Lois
Ames flog sie im Mai nach Minneapolis zu einer Voraufführung der
Transformations. Conrad Susa hatte ihr mehrmals geschrieben und sie
um Hilfe bei der Umsetzung der Metaphorik gebeten, und sie
hatten sich auf ein Glas zum Feiern vor der Vorstellung verabredet.
In dem bodenlangen, mit großen roten Hibiskusblüten bedruckten
Kleid sah Sexton umwerfend aus. »Sie trug Kleider wie eine professionelle Schönheit«, erinnerte sich Susa. »Und trotzdem fiel mir

etwas wild Asymmetrisches an ihrer Erscheinung auf – sie war schlank und füllig zugleich.« Sie gestand ihm, daß sie wegen der Oper sehr nervös sei. »Ich wollte ihr behilflich sein und bot ihr einen von meinen Tranquilizern an. Das haute sie um. Sie öffnete ihre große Handtasche und zeigte mir einen gewaltigen Tablettenvorrat – Röhrchen um Röhrchen voller Tabletten.«

Sexton machte keinen Hehl daraus, weshalb sie nervös war: Sie war beunruhigt über seine Inszenierung der Rapunzel-Szene, mit der sie vielleicht am weitesten von der Fabel, wie sie sie bei den Grimms gefunden hatte, abgewichen war. Sextons *Rapunzel*, die Geschichte einer erotischen Beziehung zwischen einer älteren Frau und einem Mädchen im Teenageralter, war für Susa ein emotionaler Höhepunkt der Oper, »der Gipfel stimmlichen Ausdrucks«. Sein Vorbild sei Monteverdis *Orfeo* gewesen, erklärte er ihr, eine Oper, in der verblüffende Bühneneffekte und die häufige Verwendung von Rezitativen der Sprache einen besonderen Stellenwert gäben. Susa hatte Sextons Text unverändert beibehalten und daraus etwas entwickelt, was er »eine musikalische Unterhaltung« für acht Sänger und acht Instrumentalisten nannte.

Sonst war die Oper zum überwiegenden Teil im *Parlandostil* komponiert, so daß der Sprechrhythmus das Gesangstempo vorgab. »Die Sänger sollten daran denken, daß sie Geschichten erzählen, und sich nicht gehenlassen«, so Susas Hinweis. Die Oper betont die karnevalistische Kühnheit von Sextons Werk und mißt den Strom der Furcht, der durch die *Transformations* fließt, in seiner ganzen Tiefe aus. »Diejenigen, denen Anne Sextons Gedichte vertraut sind, wissen, daß sie unterhaltend sein kann, ohne unbedingt lustig zu sein«, schrieb Susa in einer Bemerkung zum Programm.

Da er nicht sicher war, wie sie seine Arbeit aufnehmen würde, hielt Susa sich in der Pause während der Aufführung im Hintergrund. »Doch als ich, während die Lichter im Saal langsam dunkel wurden, zu meinem Platz zurückschlich, entdeckte sie mich und rief mir durch den Gang zu: ›Conrad, du bist ein Genie!‹ Sie umarmte und küßte mich, begleitet von donnerndem Applaus, ganz schön dramatisch. Ich war entzückt.« Am Ende der Vorstellung führte Susa Sexton auf die Bühne, damit sie einen Vorhang bekam, und während sich die Zuschauer von den Plätzen erhoben, umarmte sie einen Sänger nach dem anderen. Es war ein großer Augenblick für ihre Dichtung.

Die Oper wurde außerdem in Madison, Boston, Houston, Amsterdam und San Francisco gezeigt und erreichte mit einer von der Fernsehanstalt PBS aufgezeichneten Aufführung breite Zuschauerkreise. Nach der New Yorker Premiere nannte sie der Musikkritiker Andrew Porter »eine der intelligentesten und besten zeitgenössischen amerikanischen Opern. [. . .] Ein glänzendes Stück Theater.« Er stellte Susas witzige, vielschichtige Partitur in ihrem Klang- und Melodienreichtum auf eine Stufe mit Strawinskys *Renard* und Kurt Weills *Mahagonny:* »vorzügliche Unterhaltung, die nicht trivial ist«. Susa war mit der Zusammenarbeit ebenfalls zufrieden. »Ich habe die *Transformations* nicht bearbeitet, ich habe Anne Sexton eine Oper geschenkt« – so drückte er es gewöhnlich aus. »Sexton hat die Gedichte geschrieben, ich hingegen ein Libretto.«

Trotz dieses Triumphs machte sich im Frühsommer die Einsamkeit nach der Scheidung bemerkbar. Sextons Freunden war sie lästig, Linda war für den Sommer fort, und Joy versuchte, ihr eigenes Leben zu leben. Sexton wollte einen Begleiter, und daher probierte sie durch, welche alten Freundschaften sich dafür eignen könnten. Sie verbrachte einen Abend mit Ben Shaktman und mehrere Abende mit Philip Rahv. Zufällig hatte sich im März ihr glühender Fan Phil Legler wieder gemeldet; als er von ihrer bevorstehenden Scheidung erfuhr, machte er sich sofort daran, für sie eine zweite Lesung an der Northern Michigan University zu arrangieren. All seine alten Gefühle für sie brachen wieder hervor: »O verrücktes Annie-Baby«, schrieb er im Mai, »mein ganzes Wesen ist in den letzten Tagen offen für Dich. Es ist die Krankheit – das Übermaß, die Intensität. Wow.« Sie tauschten mehrere Briefe aus, danach führten sie lange Gespräche; dabei rief Legler entweder von seinem Büro oder, wozu er spätabends das Haus verließ, von Telefonzellen aus an. Im Juni war er, wie Sexton an eine Freundin schrieb, schon so weit, daß er »jeden Tag Blumen schickte, vier Briefe pro Tag, täglich anrief und verheiratet ist. Er ist ein lieber Kerl, aber er hat keinerlei Sinn für Proportionen.«

Anfang Juli verbrachte Sexton in Michigan eine Woche mit Legler, der praktisch mit in das Zimmer einzog, in dem die Universität Sexton für die Woche untergebracht hatte. Sie saßen bis spätabends an der Bar oder an dem großen steinernen Kamin und unterhielten sich mit den Einheimischen, so als existierte ihr anderes Leben nicht. Während dieser Reise bekam Sexton Zahnschmerzen und eine schlimme Nasennebenhöhlenentzündung; danach fiel sie am Flughafen unmittelbar vor ihrer Abreise nach Boston in Trance, was Legler so in Schrecken versetzte, daß er beschloß, sie nach Hause zu begleiten. In Weston verbrachten sie eine weitere Woche miteinander.

Als Legler aus Boston abreiste, um zu seiner Familie zurückzukehren, war Sexton leidenschaftlich in ihn verliebt. Sie schmiedeten Pläne, wie sie sich heimlich treffen könnten. Sexton schrieb an einige Freunde, die Einladungen arrangieren oder vortäuschen sollten, damit er nach Boston kommen könnte. Beide sehnten sich verzweifelt danach, in der Nähe des anderen zu sein, doch Sexton wollte Legler ständig um sich haben, nicht nur, weil das Alleinsein sie quälte, was gewiß der Fall war, sondern auch, weil, wie sie ihm schrieb, »Du mir meinen Körper zurückgegeben hast«. Wenn sie mit ihm schlief, erlebte sie überraschenderweise die tiefste sexuelle und sinnliche Erfüllung, die sie je kennengelernt hatte.

Es gelang ihnen, Mitte August noch einmal zehn Tage zusammen zu verbringen, nachdem sie sich mit einer List bei der Bread Loaf Writers' Conference eingemietet hatten, wo sie einander »Campdirektor« nannten und ein verheiratetes Paar spielten. Als Legler nach Michigan zurückkehrte, um seine Lehrverpflichtungen wiederaufzunehmen, war Sexton ganz elend. Obwohl Sextons Psychiaterin ihr offenbar zu bedenken gab, daß sie »eine altmodische Zeit des Werbens« brauche, bevor sie neue Bindungen eingehen könnte, schlug sie diesen Rat in den Wind und überschüttete Legler mit langen erotischen Briefen, in denen sie ihn drängte, seine Ehe aufzugeben und sie zu heiraten.

Man kann sich seinen Gemütszustand vorstellen. Nach Jahren befristeter Anstellungen hatte er nun eine gute akademische Position; er mußte eine Familie ernähren und verdankte einen Großteil seines derzeitigen Wohlergehens der Loyalität seiner Frau. Trotz seiner anhaltenden Leidenschaft für Sexton sah er sehr deutlich, daß seine und ihre Schwächen einander gefährlich gut ergänzten und daß sie sich sehr wohl gegenseitig zerstören könnten. Heiraten wollte er sie schon, das ja, aber er wollte seine Familie nicht im Stich lassen. Sie bestürmte ihn mit Briefen, in denen sie ihm eine gemeinsame Zukunft ausmalte: »Das muß es doch geben, oder man hofft, daß es das geben kann – ein Leben, das man miteinander teilt, eine Liebe, die vereinigt, ineinander verwebt und gemeinsam Wurzeln schlagen läßt.« Nach und nach begann Legler mit einer traurigen, schwankenden Nüchternheit das Geflecht aufzutrennen und seine Wurzeln in ihr zu lockern. Sie leistete Widerstand; »ich weigere mich – nun, wo ich weiß, was wirkliche Liebe ist –, eine Wasserfarbe zu sein, die man abwäscht«, konterte sie. Es war ein kluger Schritt, daß er seine Psychotherapie wiederaufnahm und sich bei der Aufgabe, sich aus dieser komplizierten Verbindung zu lösen, hinter dem Rat seines Arztes verschanzte.

Während sich das Drama mit Legler entfaltete, befand sich Sextons Psychiaterin in einem dreimonatigen Urlaub und ließ sie in der Obhut einer Phalanx von »Babysitter«-Ärzten, wie sie es bissig nannte, zurück. Linda war in Seattle, wo sie in der psychiatrischen Station eines Kinderkrankenhauses arbeitete und mit einem Freund zusammenlebte. Die Abwesenheit dieser Menschen bürdete Joy eine unerfreuliche Last auf. Mit siebzehn war sie eine fröhliche junge Frau, die mit beiden Beinen fest auf dem Boden stand, aber nichts davon hielt, die Psyche ihrer Mutter zusammenhalten zu sollen. Auch sie ging so oft wie möglich fort und verbrachte den Juli mit den Conants in Maine.

Kurz nachdem Legler nach Michigan zurückgekehrt war, kam Joy nach Hause, wo sie ihre Mutter in einer schrecklichen Verfassung vorfand. Sexton hatte wieder Absencen, sie versank ganz plötzlich in tranceartige Zustände, aus denen sie nur schwer wieder zurückzuholen war. Das, was sie für eine Nasennebenhöhlenentzündung gehalten hatte, erwies sich darüber hinaus als Abszeß an zwei Zähnen, der sich bis tief in die Nasenhöhle hinein ausgedehnt hatte. Ihre Sehkraft war betroffen (und kehrte nie wieder zur normalen Stärke zurück; sie begann eine Zweistärkenbrille zu tragen). Wochenlang konnte sie schlecht schlafen, war unruhig und hatte Schmerzen; von dem Penicillin, das sie gegen den Abszeß einnehmen mußte, war ihr ständig übel, und sie war häufig betrunken. Max, Lois und Louise sahen abwechselnd nach ihr, aber Joy trug die Hauptlast. Durch ein Telefongespräch mit Linda ermutigt, begann Joy sich schließlich den Forderungen ihrer Mutter zu verweigern, und nach einem besonders schlimmen Abend gab sie es auf, der Situation gewachsen sein zu wollen, und fuhr Sexton in ein Krankenhaus.

Sextons Interims-Psychiater sorgte dafür, daß sie im McLean-Krankenhaus aufgenommen wurde, wo sie fünf Tage blieb und gründlich untersucht wurde. Unter anderem wurde auch ein Elektroenzephalogramm gemacht, weil man ausschließen wollte, daß es sich bei den Absencen, die sie erlebte, um Schläfenlappenepilepsie handelte. Diese Episoden begannen mit Sehstörungen: Die Wände und der Fußboden schienen zu schwanken und sich zu heben, während ihre Angst sich zur Panik steigerte. Ihre Augen schlossen sich, wenn sie tief nach innen versank. Für einen Beobachter sah es so aus, als schliefe Sexton; für einen zynischen Beobachter sah es so aus, als täusche sie einen Anfall vor. Das EEG erwies, daß die Gehirnfunktionen normal waren.

Dr. Chase kehrte Ende August zurück, etwa um die Zeit, als Joy erleichtert in ihr Internat nach Maine zurückfuhr. Kurz danach ließ Philip Legler Sexton wissen, daß er sich zwar mit Bedauern, aber endgültig entschieden habe, seine Ehe nicht aufzugeben. Sexton nahm zusätzlich zu einem großen Quantum Wodka eine Überdosis dessen, was sie ihren üblichen Cocktail von Einschlaftabletten nannte, und wurde über Nacht auf der Notfallstation von Wellesley Newton behandelt und am folgenden Nachmittag entlassen. Am nächsten Abend nahm sie erneut eine Überdosis, wobei sie diesmal etwa ein Dutzend der Chinin-Tabletten, die sie gegen ihre Herzrhythmusstörungen einnahm, beimischte. Sie wurde nach Westwood Lodge gebracht, wo sie zwei Nächte verbrachte. An diesem Punkt beschloß Dr. Chase, daß sie für eine längere Behandlung ins Krankenhaus eingewiesen werden müsse, und am 3. Oktober brachte Max Sexton ins Human Research Institute of Boston, wo sie bis zum Ende des Monats blieb.

Sexton ging ausgesprochen widerwillig in die Klinik. Zum einen war sie in Sorge, ob sie ihren Job an der Boston University würde behalten können. Sie erhielt von Dr. Chase die Erlaubnis, weiterhin Donnerstag nachmittags ihr Seminar zu geben, und mit Hilfe von Freunden gelang es ihr, die Hospitalisierung vor den Kollegen geheimzuhalten. Da sie jedoch in einem wirren und desorientierten Zustand in die Klasse kam, fragten die Studenten sich, was mit ihr los sei. Freunde, die sie besuchten, waren schockiert darüber, wie bleich und abgehärmt sie aussah. Seit sie das Thorazin abgesetzt hatte, hatte sie ständig abgenommen und wog nun noch 110 Pfund, genausoviel wie Joy, die nur einen Meter fünfzig groß war. Sie sah dünn und hager aus, ihr Gesicht wirkte merkwürdig asymmetrisch. Die Kumins sowie Barbara Swan und deren Mann, Alan Fink, holten sie abwechselnd am frühen Abend zum Essen zu sich nach Hause, da sie abends zu den von ihr verabscheuten »Patiententreffen« im Krankenhaus zurückerwartet wurde.

Sie fühlte sich tatsächlich die meiste Zeit über elend. Die Behandlungsmethode im HRI, wo Gruppentherapie einen hohen Stellenwert hatte, mißfiel ihr. »Für einen jungen Menschen, der seinen ersten Zusammenbruch erlebt, mag das ja ganz nützlich sein«, erzählte sie Louise Conant, »aber für mich ist es sinnlos.« Gegen Ende der ersten Woche wurde ihr gestattet, eine Verabredung zum Essen mit Robert Abzug wahrzunehmen, einem jungen Literaturwissenschaftler, den sie und Lois Ames bei stürmischem Wetter während des Rückflugs von einer Lesung in der Library of Congress kennengelernt hatten. Sie hatten ungefähr fünfundvierzig Minuten in dem Restaurant gesessen, als Abzug kurz den Tisch verließ; als er zurückkam, stellte er fest, daß Sexton verschwunden war. Mittels hektischer Telefonanrufe machte man sie in Weston ausfindig. Sie hatte sich ein Taxi genommen und war nach Hause gefahren, »um in ihrem eigenen Bett zu schlafen«, wie sie den Verantwortlichen im Krankenhaus erklärte.

Linda besuchte sie im Human Research Institute nicht. Sexton hatte eines Abends weinerlich in Lindas Zimmer im Wohnheim von Harvard angerufen und sie gebeten, für einen »Familienabend« nach Hause zu kommen, aber Linda hatte abgelehnt. Linda erinnerte sich später, daß ihr dieser Entschluß schwergefallen sei, doch sie habe das Gefühl gehabt, daß ihre eigene Unabhängigkeit auf dem Spiel gestanden habe. »Ich wollte die *Krankheit* nicht mehr unterstützen. Ich war zornig auf sie, wegen all der Jahre der Hysterie, aber ich war auch hin- und hergerissen. Ich malte Gänseblümchen auf eine Karte, die ich ihr schickte, ich schrieb ihr, daß ich sie liebte und an sie glaubte, aber ich konnte es nicht ertragen, sie dort drin zu sehen.«

Sexton wurde am 29. Oktober entlassen. Danach sollte sie nur noch weniger als ein Jahr leben und am Ende den Selbstmord der, so ihr Verdacht, sich abzeichnenden Alternative vorziehen: der permanenten Hospitalisierung. Sexton hatte immer befürchtet, daß sie enden würde wie Nana: daß sie ihr Zuhause verlieren und ständig im Krankenhaus leben würde; daß sie den Verstand verlieren und auf jener kindischen Stufe des gesellschaftlichen Lebens dahinvegetieren würde, die den Alten und Kranken vorbehalten war.

In diesem letzten Jahr verbrachte sie die meiste Zeit damit, den Schein zu wahren. Ihre Untermieter ergriffen nach den Erschütterungen des Spätsommers und Herbstes verschreckt die Flucht, und obwohl ein anderes Paar an ihre Stelle trat, spürte Sexton immer deutlicher, daß sie ohne die Hilfe einer bezahlten Angestellten (häufig Joan Smith) nicht mehr zurechtkam. Da Lois Ames oder einer ihrer Studenten sie begleiteten, schaffte sie es, ihre Klasse regelmäßig zu unterrichten, und sie schaffte es auch, indem sie Freunde mitnahm, vereinbarte Lesungen wahrzunehmen. Eine Zeitlang reiste Louise Conant mit ihr, doch als es mit ihrer Gesundheit immer weiter bergab ging, bezahlte sie häufig Joan Smith für die Begleitung.

Trotzdem fühlte sich Sexton nun die meiste Zeit über wirklich allein. Joy war nicht greifbar; »Mutter«, hatte Joy gereizt zu ihr gesagt, »du hast mir einfach zuviel zugemutet«. Dasselbe galt für Linda; sie ließ sich bei den Anrufen, die sie im Verlauf dieses Jahres von ihrer Mutter erhielt – manchmal waren es mehrere an einem Tag –, verleugnen. Sexton legte vor sich selbst auf einer der zahlreichen Listen, die sie zu dieser Zeit führte, das Gelübde ab, sie wolle »aufhören, Freunde zu belästigen«. Am 5. November wurde die Scheidung vor Gericht verhandelt, und zu diesem Zeitpunkt wünschte sie, die Trennung niemals vollzogen zu haben; nun, da sie an den Verlusten zerbrochen war, sah sie ein, daß die Routine des Familienlebens ihr ein Gefühl von Sicherheit verliehen hatte, die sie für ihre eigene innere Stärke gehalten hatte.

Noch schlimmer war, daß ihre Begabung sie im Stich ließ. Sexton schrieb keine Gedichte mehr; sie schrieb qualvolle Bitten um Zuwendung. Mit *Awful Rowing* und danach wurde Dichtung zu ihrer wichtigsten Therapie, so wie damals, als sie zu schreiben begonnen hatte. Über lange Zeit hatte sie ihre Kreativität damit in Gang gebracht, daß sie freie Assoziationen auf der Schreibmaschine tippte. Wenn sie den Aufruhr in ihrem Innern zu Papier brachte und die in den Wendungen und Sätzen enthaltene Ordnung wahrnahm, erfuhr sie sich schon durch diesen bloßen Akt als Teil einer Ordnung, die größer war als sie selbst und die sie überall erwartete und bereit war, ihren Geist zu empfangen und sie mit anderen Menschen zu verbinden. »Gott ist in Ihrer Schreibmaschine«, hatte ihr ein Priester einmal versichert. Ihre Gedichte klangen immer noch wie Anne Sexton, denn die Fähigkeit, Wörter in Zeilen zu gießen, war ihr geblieben. Was jedoch fehlte, und das war entscheidend, war ein neues künstlerisches Ziel, zu dem es sie drängte und das ihr Kraft verliehen hätte.

Ein Grund dafür war ihr Trinken. Alkohol war nun Sextons wichtigste selbstverordnete Medizin, und sie nahm sie morgens, mittags und abends ein. Im Verein mit der Einsamkeit war sie tödlich für ihre Kunst. Alkohol half zwar, Gefühle in die Bahnen zu lenken, auf denen ihre Poesie Flügel bekam, aber er stürzte sie auch in Depression, Reue, Schlaflosigkeit, Paranoia – jene Schar von Furien, die Alkoholikern immer auf den Fersen sind. Und, für ihre Dichtung fatal, er vertrieb »den kleinen Kritiker« in ihrem Kopf, den sie früher herbeizitiert hatte, damit er kürze, kürze, kürze, erweitere, erweitere, erweitere und wieder kürze, kürze, kürze. Sie hatte die Zungenfertigkeit der Trinkerin, aber nicht die Geschicklichkeit der Künstlerin.

Die Einsamkeit war der zweite Mörder. Nur wenige ihrer Freunde fühlten sich ins Sextons Gesellschaft noch wohl, nachdem sie angefangen hatte zu trinken; der Alkohol bewirkte, daß sie anmaßend und mißtrauisch wurde, leicht beleidigt war und zu Streit und Wutausbrüchen neigte. Voller Sehnsucht nach menschlicher Zuwendung verbrachte sie im letzten Jahr ihres Lebens ganze Stunden spätabends am Telefon, und ihre Stimme schien auf der Umlaufbahn des Mondes daherzukommen. Der Dichter William Stafford, der in Oregon lebte, erinnerte sich an herzliche, mit schwerer Zunge gesprochene Anrufe zu einer Stunde, als es in Weston ungefähr drei Uhr nachts gewesen sein mußte. Sextons Gedichte aus jener Zeit waren das künstlerische Ebenbild eines alkoholisierten Telefonanrufs – sie waren an bestimmte Zuhörer gerichtet, deren Nachsicht, wenn schon nicht Zuneigung, sie durch eine pathetische Bitte wecken wollte.

Auch die Freunde, die ihr weiterhin Liebe entgegenbrachten, konnten ihr nicht viel helfen. Voller Verzweiflung formulierte Louise Conant dies in einem Brief an Sexton: »Eine Liebe, die so groß ist wie [meine], sollte doch einen Unterschied machen – einen grundsätzlichen Unterschied in *Deinem* Leben –, aber so ist es nicht, nicht dann, wenn es wirklich darauf ankommt.« Im Bewußtsein dessen taten sie, was sie konnten, und hofften auf das Beste. Das Beste wäre vermutlich gewesen, wenn die vielfältigen Suchterkrankungen behandelt worden wären und sie zusätzlich zu Hause eine tragfähige Beziehung zu einem liebenden, emotional stabilen Partner gehabt hätte – eine neue Mutter für eine nochmalige Wiedergeburt mit fünfundvierzig, ein vollkommen neues Blatt in dem Kartenspiel – und den Mut, es auszuspielen. Aber wen gab es da noch, der zugunsten so gewaltiger Veränderungen in ihr Leben hätte eingreifen können?

Es kann nicht überraschen, daß Sextons Qualen für ihre medizinischen Betreuer eine immense Belastung darstellten. Spät im Jahre 1973 brach Dr. Chase unvermittelt die Therapie ab. Allen Berichten zufolge hatten sich seit Sextons Trennung von Kayo die Schwierigkeiten zwischen Ärztin und Patientin immer mehr zugespitzt. Dr. Chases Abwesenheit während des Sommers hatte Sexton sehr zu schaffen gemacht, und anscheinend hatte Dr. Chase eine dunkle Ahnung davon, daß Sexton sie über ihre finanzielle Situation getäuscht hatte (die Tatsache, daß sie nicht so in der Klemme steckte, wie sie behauptet hatte, kam im Verlauf des Scheidungsverfahrens ans Licht). Offenbar gab es in der Therapie auch noch andere Probleme. Ende Dezember teilte Dr. Chase Sexton mit, daß sie sie nicht weiterbehandeln könne. In einem Brief an einen für seine »Eheanbahnungen« bekannten Bostoner Therapeuten schrieb Sexton: »Das ist doch keine Beendigung einer Therapie, sondern eine Amputation, und ich fühle mich verdammt schlecht.« Ob ein erfolgreicher Arztwechsel zu diesem Zeitpunkt ihres Lebens noch möglich gewesen wäre, ist fraglich. Doch Dr. Chase zu verlieren, das war ein Verlust zuviel. Im nachhinein betrachtet, wirken die ihr noch verbleibenden neun Lebensmonate wie die Zeitlupenaufnahme eines Hauses, das bei einem Erdbeben einstürzt.

Immer häufiger dachte Sexton nun an Selbstmord. Am 29. Dezember schrieb sie mit der Schreibmaschine ein »Bekenntnis«, aus dem hervorgeht, daß die Fähigkeit, noch immer schreiben zu können, sie am Leben erhielt.

»Ich fürchte mich vor dem Sterben. Und doch glaube ich, es könnte mir ein paar Vorteile bringen. Wenn ich KÖNNTE, würde ich nur innerlich sterben, die Herz-Seele verdorren lassen wie eine Pflaume, und nur an dieser Schreibmaschine die Wahrheit herauslassen. Ich fühle mich entsetzlich einsam – weine im Badezimmer, damit es niemand hören muß – weine über den Tasten, die geduldig dasitzen wie eine alte Großmama... Kann ich mich retten? Ich kann es versuchen... Ich kann es immer weiter versuchen. Großmama, du elektrisches Smith-Corona-Herz, du summst mir zu, und ich bete, daß du nicht kaputtgehst. In diesen letzten Wochen vergesse ich immer, Gott jeden Tag für etwas, irgend etwas zu danken. Ich bitte auch um [nichts?]. Aber ich will in dieser Minute Gott für die Freunde danken, die vielen, vielen, die meine Liebe mögen und in ihr schwimmen, und für diese Großmama-Maschine.«

Aber eine zu späte Einsicht kann trügerisch sein. Sexton ist dem Impuls, sich umzubringen, nicht gefolgt. Vielmehr fand sie eine neue Heilerin, die ihr eine Mutter war, und machte sich daran, ihre Angelegenheiten abzuwickeln.

Sextons letzte Therapeutin war keine Psychiaterin, sondern eine psychiatrisch ausgebildete Sozialarbeiterin, die dafür bekannt war, ein warmes Herz und einen kühlen Kopf zu haben. Barbara Schwartz nahm Sexton als Patientin an, bis ein »richtiger« Psychiater für sie gefunden sein würde, denn Sexton suchte nach einem psychoanalytisch ausgebildeten Therapeuten, der auch Medikamente verschreiben konnte. Sexton nannte Schwartz immer bei deren Vornamen, anfangs, um sie ein wenig vor den Kopf zu stoßen, später jedoch als Zeichen ihrer Freundschaft.

Daß Sexton nach der Scheidung am Leben blieb, dazu trug neben Barbara Schwartz die Zuwendung von Bewunderern aus der Welt der Dichtung mindestens ebenso bei; sie hielten ihre Gedichte am Leben. Besondere Freude bereitete Sexton das Interview mit Steven Axelrod, einem jungen Professor von der University of California at Riverside, und seiner Frau Rise, die an einem Buch über zeitgenössische Lyrik arbeiteten. Sexton sagte ihnen, daß sie sich für die *einzige*

Bekenntnisdichterin halte. Trotzdem, betonte sie, finde die Dichterin nicht sich selbst, wenn sie sich alte Gedichte anschaue; *Live* (Lebe) zum Beispiel sei kein Glaubensartikel für Sextons Leben. »Die Gedichte stehen nur für den Augenblick, in dem sie geschrieben wurden, und machen keine Versprechungen«, sagte sie. »Von allen meinen alten Gedichten haben wohl *The Truth the Dead Know* (Die Wahrheit der Toten) und die beiden letzten Strophen aus *The Touch* (Die Berührung) bis zum heutigen Tage die größte Bedeutung für mich, obwohl ich das nur gerade jetzt denke und meine Meinung in fünf Minuten ändern könnte.«

Sexton wurde in diesem Jahr noch von einem weiteren Wissenschaftler aufgesucht: von J. D. McClatchy, einem Kandidaten für den Ph.D. an der Yale University, der eine Dissertation über Bekenntnisdichtung fertigstellte. McClatchy kam zweimal mit dem Auto von New Haven, um Sexton in Weston zu interviewen. Er fand sie wach, lebendig, nachdenklich und hilfsbereit. »Ihre Vitalität hat mir immer gefallen – ich spürte nicht, wie zerbrechlich sie in Wirklichkeit war.« Für Sexton kamen diese Anfragen von Wissenschaftlern und Kritikern genau zum richtigen Zeitpunkt. Vielleicht war sie aufgrund ihrer Erfahrungen als Universitätslehrerin nun daran interessiert, für ein akademisches Publikum zu definieren, welchen Platz in der Literatur ihr Œuvre einmal einnehmen könnte. Obwohl sie McClatchy gegenüber tapfer behauptete, sie erwarte, noch eine ganze Weile zu leben, sprach sie über ihr Werk, als sei es abgeschlossen. Sexton hoffte, daß man sie als jemanden sehen würde, die ein Lebenszeugnis ablegt. »Wäre das nicht etwas wert? Ich meine nicht eine beweiskräftige Aussage, sondern nur ein einzelnes Leben, ein ganz gewöhnliches, nicht wirklich außergewöhnliches – den Wahnsinn vielleicht ausgenommen, aber zum Teufel, der ist weit verbreitet. Ich sage manchmal zu meinen Studenten, daß wir alle an einem großen Gedicht schreiben, einem großen, bedeutenden Gedicht, [. . .] dem Gedicht unserer Zeit.« Und trotzdem wendet sich ein Gedicht nur an einen Menschen, nicht an eine Gruppe oder eine Epoche. »Durch das [Sprechen vom] eigenen Innenleben erreicht man das Innenleben anderer Menschen.«

Sexton machten ihre Begegnungen mit McClatchy Spaß; er war lebenslustig, intelligent, ein wunderbarer Leser und verstand auch etwas von der praktischen Seite einer Künstlerkarriere. Als sie ihn bat, Maxine Kumins Stelle als testamentarisch benannter Nachlaßverwalter ihres literarischen Werks einzunehmen – Kumin hatte von dieser vermutlich belastenden Ehre Abstand genommen –, lehnte er ab, beriet sie jedoch in dieser Angelegenheit, die Schriftsteller (vom Standpunkt eines Akademikers) zuweilen ganz unkaufmännisch regeln, sehr gut. Er war ihr auch bei der Umformulierung der betreffenden Verfügungen in ihrem Testament behilflich. Sexton beschloß, Linda als Verwalterin ihres Nachlasses einzusetzen, ein Entschluß, den sie Linda an deren einundzwanzigstem Geburtstag mitteilte.

In der Stadt der Dichter, die Boston war, genoß Sexton hohes Ansehen, und sie pflegte ihre Verbindungen und schaffte es, das Ausmaß ihrer Schwierigkeiten geheimzuhalten. Elizabeth Bishop war nun in Cambridge und unterrichtete an der Harvard University, und zu guter Letzt lernte Sexton sie bei einem Lunch persönlich kennen. Bishop war als Dichterin das genaue Gegenteil des Typs, den Sexton verkörperte: Sie verabscheute öffentliche Auftritte und nahm Lehraufträge nur an, wenn sie Geld brauchte. Aber im privaten Kreis war sie umgänglich und trank gern etwas. Beim Lunch sprachen sie – Sexton zufolge – über Geld. Als Bishop von John Brinnin hörte, daß Sexton wegen ihrer Scheidung ganz niedergeschlagen sei, schickte sie ihr eine amüsante Postkarte, auf der ein rauchender Hund abgebildet war, und schrieb: »Bei John sehe ich immer zwei schöne Fotos von Ihnen, Aufnahmen aus diesem Sonnenzimmer, und ich denke, Sie finden es bestimmt sehr erheiternd, so poetisch *dreinzuschauen*!«

Robert Lowell war ebenfalls wieder da und unterrichtete in Harvard. In dem Sommer, bevor er kam, hatte *The Dolphin* entrüstete Rezensionen geerntet, ein seiner dritten Frau, Lady Caroline Blackwood, gewidmeter Gedichtband, in dem er ausführlich aus Briefen zitierte, die Elizabeth Hardwick ihm während des Auseinanderbrechens der Ehe geschrieben hatte. Sexton verabredete sich mit ihm

zum Lunch – zufällig für den Tag, an dem der Tod von W. H.
Auden bekanntgegeben wurde – und zeigte sich Arthur Freeman
gegenüber besorgt, wie sie in der Konversation das Thema Scheidung taktvoll umgehen könnte. »Sagen Sie ihm einfach, jetzt, wo
Auden tot ist, sei er der größte englische Dichter!« riet Freeman.

Unmittelbar vor Weihnachten beging Philip Rahv, Sextons alter
Mentor, der sich ebenfalls hatte scheiden lassen wollen, Selbstmord.
Das war ein Schlag für sie. Kurz nach ihrer Trennung von Kayo
hatten sie und Rahv begonnen, sich fast jede Woche einmal zum
Dinner zu treffen, doch ab Anfang November war Rahvs Abhängigkeit von Tranquilizern ihr auf die Nerven gegangen, und sie hatte
von weiteren Begegnungen Abstand genommen. Sexton wurde
gebeten, während der Trauerfeier eine Eloge zu halten. Als Linda für
die Weihnachtsferien nach Hause kam, kämpfte ihre Mutter mit
einem Berg handgeschriebener Notizen. Linda half ihr, daraus eine
Rede zu machen. Die gemeinsame Arbeit an diesen Worten für
einen toten Freund brachte Mutter und Tochter einander so nahe wie
schon seit Monaten nicht.

1 Die hingebungsvolle Mutter
Ich stehe am Meer / und es rollt und rollt in seinem grünen Blut, / sagt: »Verzichte nicht auf
einen Gott, / denn ich hab eine ganze Handvoll.« / Die Passatwinde wehten / in ihrem
zwölffingrigen Umspringen, / und ich stand nur da am Strand, / als der Ozean ein Salzkreuz
schlug / und seine Ertrunkenen aufhängte / und sie riefen: *Deo Deo.*
2 Ich war die Furie deiner Knochen
3 Frühstück wie ein Traum / und einen ganzen Tag zum Verleben, / standhaft, tief,
innerlich. / Nach dem Tod, / nach dem Allerschwärzesten, / diese Leichtigkeit – / nicht zu
sterben, nicht zu sterben – / die Gott schuf.

Postume Auftritte
1974

The Death Notebooks, die Sexton scherzhaft ihr postumes Buch nannte, wurden am 21. Februar 1974 veröffentlicht. Da der Band *The Book of Folly* dicht auf den Fersen folgte, gab es viele Einladungen zu persönlichen Auftritten, und in diesem Jahr reiste Sexton nach Maryland, Pennsylvania, New Jersey (dreimal), New York, Connecticut, Texas und Maine und gab zahlreiche Lesungen im Umkreis von Boston. Das Fliegen versetzte sie noch immer in Angst und Schrecken, und dies war einer der Gründe, weshalb sie bei auswärtigen Lesungen so hohe Honorare forderte (1974 inzwischen 2000 Dollar, obwohl sie sich gewöhnlich mit 1500 Dollar zufriedengab). Sie hatte *The Death Notebooks* Louise und Loring Conant gewidmet, die ihr und Joy im vergangenen Jahr so oft eine Zuflucht geboten hatten, und Louise begleitete sie manchmal auf diesen Flügen und ließ es sich gutmütig gefallen, wenn Sexton bedient werden wollte. Louise erinnerte sich: »Ich mußte alles in eine Tasche packen, die klein genug war, um als Handgepäck zugelassen zu werden (auf Gepäck zu warten, kam nicht in Frage, es würde sowieso verlorengehen), mit ihr im Taxi zum Flughafen fahren, mindestens eine Stunde vor Abflug dort ankommen, damit genug Zeit blieb, ihr einen Platz im Raucherabteil am Gang zu suchen, damit sie ihr krankes Bein ausstrecken konnte.« Die große Dame verlangte auch, daß »ich ihre Mappe trug (so ein weiter Weg, mit einem kranken Bein), auf die Tickets achtete und stets einen schwarzen Filzschreiber bei der Hand hatte, damit sie Autogramme geben konnte«.

Eine Zeitlang fand Conant, daß das enge Zusammensein mit Sexton diese Mühen wert sei. Für Montag vormittags hatten sie eine Dauerverabredung: Conant hatte einen Schlüssel zu Sextons Haus und kam, wenn diese noch schlief, dann plauderte sie mit ihr oder las, während Sexton frühstückte und die Post durchsah. Oft gingen sie in ihr Arbeitszimmer, um sich ungestört über Religion oder übers Schreiben zu unterhalten. Sexton war häufig mit sich selbst beschäftigt und nicht ganz bei der Sache, doch auf ihre Art war sie eine großzügige Freundin. Conant erinnerte sich, wie sie eines Vormittags im Januar »Poesiewerkzeug« zusammensuchte: einen Stapel helles gelb-orangefarbenes »Glückspapier«, auf dem sie Gedichtentwürfe tippte, einen Stapel drei mal fünf Inch großer Karten, auf denen sie plötzliche Einfälle notierte, und einen gelben Notizblock. Dann wies Sexton Conant geheimnisvoll in die Benutzung dieses Werkzeugs ein. »»Schreib BESONDERS GERN HABEN auf die Vorderseite des Schreibblocks‹, sagte sie. Ich tat es. ›Nun schreib drei oder vier Dinge auf, die Du besonders gern hast.‹ Ich tat es. ›Dreh den Block um. Nun schreib KAMERA. Was kann die Kamera besonders gern haben?‹ Ich tat es. ›Dreh die Seite um. Schreib LÜGEN. Dann schreib drei Lügen auf, die Dir besonders weh tun.‹ Ich tat es.« In diesem Stile ging die Unterweisung weiter, bis viele Blätter mit solchen Themen überschrieben waren. Zum Schluß sagte Sexton zufrieden: »Das müßte eigentlich für den Anfang reichen. Mach was draus.«

Conant glaubte damals, daß es sich um spontane Einfälle handelte. Vielleicht war es auch so, doch Sexton hatte in jenem Winter bei all ihren Studenten mit solchen an der Schreibpraxis orientierten Vorgaben begonnen. Da sie auf eine volle Stelle an der Boston University hoffte, ging es ihr darum, ihre Unterrichtsmethoden zu systematisieren und sie breiteren Anwendungsbereichen anzupassen. Sie wollte zusätzlich Kurse für Erstsemester-Studenten anbieten, falls es ihr gelingen sollte, die Workshop-Techniken, die sie bei den Studenten der höheren Semester anwendete, zu einem praktikablen Unterrichtsplan zusammenzufassen. Sie bot gegen Stundenhonorare auch Workshops bei sich zu Hause an. Diese hatten ja als zwanglose Gespräche mit reiferen Studenten, die sie als ihre Freunde ansah, an ihrem Pool begonnen, nun jedoch hoffte Sexton, eine professionellere Variante solcher Konsultationen zu einer Einkommensquelle machen zu können.

Das Unterrichten war nun Sextons Hauptarbeit. Von Lois Ames unterstützt, die jede an der Boston University gehaltene Stunde auf

Tonband aufzeichnete, war sie in der Regel in der Lage, ihre Seminare abzuhalten, ganz gleich, wie schlecht es ihr ging. Ihre Kurse waren beliebt, und einige Studenten kamen eins ums andere Semester wieder. Einer davon war Eric Edwards, ein Quäker, der den Wehrdienst aus Gewissensgründen verweigert hatte und als Pfleger im Massachusetts General Hospital Ersatzdienst leistete. Er war älter als die Mehrzahl der anderen Seminarteilnehmer und einer der wenigen Männer. Edwards glaubte, Sexton suche einen Protégé, ein außergewöhnliches Talent wie einst C. K. Williams, dessen Karriere sie fördern könne. Auf ihn zu setzen sei eine Fehlentscheidung gewesen, sagte er später lachend. Er hatte nicht den Wunsch, protegiert zu werden, und als Sexton ihn dazu bestimmte, die Klasse zu leiten, wenn sie, was immer häufiger vorkam, nicht da war, sank die Moral der Studenten rapide.

Sextons Schüler wußten nicht, daß sie so häufig fehlte, weil sie nach Selbstmordversuchen in ein Krankenhaus eingewiesen worden war – zweimal im Verlaufe des Winter-/Frühjahrs-Semesters. Edwards jedoch erinnerte sich an ein während dieser Monate stattgefundenes Gespräch über Selbstmordtechniken, ein Thema, das Sexton anscheinend stark beschäftigte. »Sie erzählte mir, *die* Methode, sich umzubringen, sei in der Garage bei laufendem Automotor. Darauf wußte ich nichts zu erwidern; ich für meinen Teil war nicht an Selbstmord interessiert. Ich fragte: ›Warum ist das die beste Methode?‹ Und sie sagte: ›Sie ist schmerzlos, sie ist schnell, sie ist sicher.‹« Auch den Studenten, die in Sextons diesbezügliche Überlegungen nicht eingeweiht waren, blieb nicht verborgen, wie zerbrechlich sie war. »Diejenigen, die im Kurs blieben«, sagte Edwards nachdenklich, wurden eine »Art Klassen-Tier, das um sie herumstrich, groß, liebevoll und konzentriert, aufmerksam«.

Edwards belegte auch einen Kurs bei John Malcolm Brinnin, und er fand, daß die beiden Lehrer einander auf nützliche Weise ergänzten. »Brinnin war ein so besonnener Mensch, elegant und wunderbar klar. Er hielt die Schüler dazu an, den Kritiker zu verinnerlichen – immer wieder zu verinnerlichen. Er war das Gegenteil von Anne; er wollte nicht, daß man ihm zu nahe kam. Anne war maßlos, aber auch weniger distanziert.« Edwards fiel auf, daß es die Frauen in der Klasse waren, die bei der Arbeit mit Sexton die stärksten Gefühle einbrachten. »Viele ihrer Studenten schrieben das, was man die übliche Lyrik Heranwachsender nennen könnte. Für die Frauen meiner Generation ging es aber bei dieser Art des Ausdrucks um mehr als das Abarbeiten von Gefühlen – sie fanden so zu einer Identität, und zwar einer solchen, die die Welt ihnen nicht zugestehen wollte. Das war, bevor der Feminismus ein praktikables gesellschaftliches Konzept dazu lieferte. Diese Frauen mußten es ganz allein tun.«

Studentinnen fühlten sich oft angesprochen von dem, was sie als den Zorn in Sextons Arbeiten interpretierten: dem Streben nach Selbstbestimmung und eigenständiger psychischer Stärke. Eine dieser Studentinnen war Robin Becker, heute eine anerkannte Dozentin für Creative Writing und Autorin mehrerer Lyrikbände. Damals, als junge Frau, die sich für den Feminismus und für eine lesbische Identität entschieden hatte, fand sie Sexton ermutigend. Bezüglich dieses Lyrikkurses war sie rückblickend jedoch der Meinung, Sexton habe in jenem Jahr keine wirkliche Mentorin sein können, zum Teil deshalb, weil sie zu instabil gewesen sei, um eine Arbeitsatmosphäre zu schaffen, in der die Studenten die von ihr entwickelten Techniken zum Abbau von Hemmungen auch hätten üben können. Becker erinnerte sich an eine Stunde, in der Sexton beschlossen hatte, die Klasse »von Repressionen zu befreien«, indem sie mit ihnen eine Übung im Assoziieren machte, die sie »Bilderstürmen« nannte. Edwards erinnerte sich ebenfalls daran: »Mit ihrer Technik des Bilderjagens konnten – mehr oder weniger von allen gemeinsam – ganze Serien, ganze Sequenzen von Bildern entwickelt werden.« Während dieser denkwürdigen Stunde stellte Sexton eine Dose Coke auf den Tisch und gab den Studenten die Aufgabe, etwas Unbewußtes für dieses kleine Ding zu erfinden. Sie gaben ihm einen Namen und begannen in rascher Folge zu assoziieren. Ein Student überschrie den nächsten, ein ganzer Schwall von – zum Teil vulgären – Bildern ergoß sich, die niemand auch nur versuchte aufzuzeichnen. Sexton, die diese Geister gerufen hatte, erlag ebenfalls ihrer Kraft: Sie verlor die Beherrschung. Ihr Benehmen entsprach vermutlich ganz und gar nicht dem, was Studenten von einer Lehrerin erwarteten, und einige Kursteilnehmer schrieben sich nach diesem Semester nicht wieder für ihre Klasse ein. Wer wußte, was für Dämonen, waren sie durch solche Zauberkraft erst einmal entfesselt, noch aus Sexton ausfahren konnten?

Sexton jedoch war der Überzeugung, daß sie eine Unterrichtsmethode gefunden hatte, die sich vorzüglich dazu eignete, den Studenten jene Konventionen auszutreiben, die ihre künstlerische Entwicklung behinderten. Im April formulierte sie einen Unterrichtsplan für einen neuen Erstsemesterkurs, den sie »Kreatives Schreiben von Gedichten: Beschwörung des Unbewußten« nannte, und schlug vor, ihn mit Eric Edwards gemeinsam zu unterrichten. Er erinnerte sich später an ihre enthusiastischen Pläne: Sie würden den Assoziationsprozeß durch Anweisungen (ganz ähnlich denen, die Sexton Louise Conant gab) in Gang setzen und den Studenten so vermitteln, wie sie sich bei ihren Gedichten aus der Falle einer zu einfachen mechanischen Bilderproduktion befreien konnten. Edwards erklärte: »Wir beide standen vorn, machten diese kleine Bilder-Übung, brachten die Studenten dazu, sie ebenfalls zu machen. Aber ich war nie ein guter Schüler; ich war wohl noch zu verklemmt, um mich ganz auf diesen Prozeß einzulassen.« Selbstverständlich beherrschte Sexton selber diesen Prozeß noch nicht ganz; es war eben dieses »Bilderjagen«, das bei den Rezensenten Zweifel hervorrief, ob der Band *The Awful Rowing Toward God* wirklich gelungen war. Ein Kritiker drückte es so aus: »Sie bearbeitet die Oberfläche immer wieder mit Worten, die ihre Seiten mit Bergen von Hobelspänen füllen. Wenn sie die Grundstimmung eines Gedichts hergestellt hat, überläßt sie den Rest der Arbeit einem Netzwerk von Assoziationen.«

Hat die Instabilität Sexton in jenem Jahr daran gehindert, eine gute Lehrerin zu sein? Was die einen als unangemessen empfanden, empfanden die anderen als charismatisch. Edwards drückte es so aus: »Es war wirklich wunderbar, ihre Ausstrahlung zu erleben, wenn es funktionierte; aber auch wenn es nicht funktionierte, war es irgendwie wunderbar – nur eben eine dunkle Ausstrahlung. Es war, als würde sie dich zu ihrer Hölle hinabführen. Ich war ja einer von den unschuldigen Kleinen, die nicht dorthin gehören, deshalb machte ich einfach mit und schaute mir an, wie schlimm es war. ›He, das ist ganz schön schlimm. Ach, Unsinn.‹ Später sagte ich dann vielleicht: ›Huch, wo bin ich gewesen? Was geht hier vor?‹ Für mich war Anne ein verflixtes Wunder. Sie war so produktiv, schrieb zwar nicht so, wie ich schreiben würde, aber intensiv und zielstrebig, mit nie erlahmender Energie.« George Starbuck, dem inoffizielle Äußerungen über die Kompetenz der Lehrkraft zu Ohren kamen, stimmte dieser Einschätzung zu. »Ihr Unterrichtsstil erforderte das, was ein großer Schauspieler jeden Abend ausstrahlt, eine immense Präsenz, Energie und Wachheit. Die Tatsache, daß sie das hatte, bedeutete nicht notwendigerweise auch, daß sie geistig ›in Sicherheit‹ war, genausowenig, wie das bei John Berryman der Fall war.« (Berryman, der an der University of Minnesota unterrichtet hatte, hatte sich 1972 das Leben genommen.)

Der Höhepunkt in diesem Winter war für Sexton die Lesung, die der Harvard Literary Club für den 7. März im Sanders Theater für sie arrangiert hatte. Da mit dieser Lesung *The Death Notebooks* in Boston vorgestellt werden sollten, war Sexton sehr darauf aus, daß viele Leute kamen. Als sie das hektographierte Flugblatt – mit einem Schreibfehler im Buchtitel – sah, das der Harvard Club hatte anfertigen lassen, nahm sie die Sache kurzentschlossen selbst in die Hand. Sie beauftragte Bob Clawson, der inzwischen eine Werbeagentur besaß, mit der Anfertigung eines Plakats und gab ihm dafür das Publicity-Foto von Gwendolyn Stewart, von dem sie gehofft hatte, Houghton Mifflin würde es für den Schutzumschlag von *The Death Notebooks* verwenden. Das Plakat wurde sowohl im Harvarder *Crimson* als auch im Bostoner *Phoenix* als loses Blatt beigelegt und außerdem von einem Team von Freunden im Großraum Boston verteilt. An lokale Rundfunkstationen schickte Sexton Exemplare des Buchs und forderte provokativ, daß sie das Ereignis ankündigten: »Verlesen Sie doch über Ihren Sender Seite 31, *The*

Fury of Guitars and Sopranos (Die Furie der Gitarren und Soprane), oder, falls Sie das vorziehen, S. 37, *The Fury of Cocks* (Die Furie der Schwänze). Ich denke jedenfalls, daß beide Gedichte viele Leute auf sehr sexuelle, sinnliche Weise ansprechen.« Sie schrieb persönliche Einladungen an mehrere der Psychiater, die sie behandelt hatten, und an ihre Töchter.

Der Erwartungsdruck forderte seinen Tribut; an dem Vormittag der Lesung kam Sexton zum vereinbarten Termin zu Barbara Schwartz zur Behandlung, nur um in einem ihrer Trancezustände zu Boden zu sinken. Barbara Schwartz konnte sie zweieinhalb Stunden lang nicht wieder aufwecken. Daß der Tag so begonnen hatte, hätte am Abend jedoch niemand geahnt. Wunderbar zurechtgemacht, traf sie am Arm ihres derzeitigen Begleiters zu dem Dinner vor der Lesung im Restaurant »At Ferdinand's« in Cambridge ein und begrüßte die anderen Gäste herzlich. Ihr neuer Lektor Richard McAdoo und seine Frau hatten zu dem Essen eingeladen, an dem die Conants, die Dichterin Celia Gilbert und der Romancier Dan Wakefield, der Sexton einführen sollte, teilnahmen. Die Lesung sollte um acht Uhr beginnen, Sexton betrat das Podium aber gern erst fünf oder zehn Minuten nach der festgesetzten Zeit. Als sie mit den McAdoos am Sanders-Theater ankam, waren die Türen verschlossen, und das Gebäude sah verlassen aus. Sie klopften, und die Tür wurde einen Spaltbreit geöffnet: »Tut uns leid, es sind keine Plätze mehr frei.« Der Saal platzte aus den Nähten: Jeder Platz war besetzt, alle Gänge waren verstopft; einige Leute saßen auf den Fensterbänken, andere hatten sich auf den Feuerleitern eingerichtet. Der Brandschutzverantwortliche war bereits erschienen und hatte gedroht, den Saal zu räumen, sich nach einer Intervention der Universität jedoch wieder zurückgezogen.

Sexton schritt langsam neben Dan Wakefield zur Bühne. Während er herzliche einführende Worte sprach, stand sie, an der Wand lehnend, hinter ihm und sah hinreißend aus in dem schwarzen, enganliegenden Jersey-Wickeloberteil und dem langen schwarzweißen, bis zum Knie geschlitzten Rock. (Das Poster erfüllte seine Aufgabe so gut, daß einige der Zuhörer später meinten, sie habe das

Kleid auf dem Foto getragen; ein Besucher der Lesung hatte es sogar als rot in Erinnerung.)

Unter den Anwesenden, auf die an diesem Abend Sextons Blick fiel, waren einige der Menschen, denen sie persönliche Einladungen geschickt hatte. Die ihr Liebste aus diesem Kreis war vielleicht Dr. Martha Brunner-Orne, die Sexton wohlwollend von ihrem Platz aus zunickte und ihr später ein paar mütterliche Zeilen schrieb und sie zu ihrem guten Aussehen beglückwünschte. Barbara Schwartz war da und stellte erleichtert fest, daß ihre Patientin sich in der Gewalt hatte. Hinzu kamen ehemalige und derzeitige Studenten, aktuelle und verflossene Liebhaber und der immer größer werdende Kreis von Freundinnen Sextons. Andere, wie Christina Robb, die später Reporterin beim *Boston Globe* wurde, waren aus bloßer Neugier gekommen. »Es war das Ereignis, für das in Boston die größte Reklame gemacht wurde, die ich je erlebt habe. Weit und breit angekündigt. Ich erfuhr in meinem kleinen Haus in Riverside davon und ging mit meiner Schwester hin, nur so zum Zeitvertreib.«

Linda Sexton, die mit Freunden im Publikum saß, stand unter Hochspannung, als ihre Mutter zum Podium vortrat. Sextons Anfangsworte klangen schwer und tief: »Ich möchte diese Lesung einer namenlosen Frau widmen. Es gibt viele Arten von Liebe – von Frau zu Mann, von der Mutter zum Kind, von Frau zu Frau, von Mann zu Mann, von Gott zu uns . . .« Die Worte wirkten wie eine öffentliche Geste des Verzeihens gegenüber Linda, die sich einige Zeit zuvor geweigert hatte, Sexton im Krankenhaus zu besuchen. (Linda war nicht als einzige der Meinung, daß diese Worte eine Botschaft enthielten, die an sie/ihn gerichtet war. Barbara Schwartz erinnerte sich, daß nach Sextons Tod mehrere Freunde im Vertrauen zu ihr gesagt hatten: »Erinnerst du dich noch an Annes Lesung im Sanders Theater? Sie war mir gewidmet . . .«) Doch Lindas Freude war von Sorge getrübt: »Wenn ich sie lesen sah, hatte ich immer Angst, daß sie vor allen diesen Leuten entzweigehen würde, und wie peinlich würde das sein.«

Immer wenn es so aussah, als würde Sexton den Faden verlieren, faßte sie wieder neues Vertrauen, und ihre Stimme wurde tiefer und fand Halt. Sie sagte in einem inzwischen zur Gewohnheit gewordenen Scherz, sie werde an diesem Abend aus ihrem »postumen Buch«, *The Death Notebooks,* das gerade herausgekommen sei, und aus *The Awful Rowing Toward God,* an dem sie noch arbeite, lesen. Auf eine Art entsprach das der Wahrheit, denn die Person, die diese Gedichte geschrieben hatte, gab es nicht mehr; die Performance-Künstlerin hatte die Dichterin überlebt. Sexton gab eine fröhliche Lesung, brachte das Publikum zum Lachen. Sie machte Witze über den *New Yorker;* sie las das Gedicht *Music Swims Back to Me* (Musik schwimmt zu mir zurück) und machte damit »eine Verbeugung vor dem Wahnsinn«; sie las *Old* (Alt) und rührte Herzen an, als sie erzählte, daß ihr Freund, der Arzt Loring Conant, dieses Gedicht in seine Brieftasche gelegt habe, weil es ihn daran erinnern sollte, wie man sich als alte Frau fühlt. Ihre gelöste Art ermutigte einen Pokerspieler in der Menge, sie darauf aufmerksam zu machen, daß der Gewinner beim Poker in *The Rowing Endeth* (Das Rudern endet) entweder zwei Joker oder eine Serie von fünf Assen benötigte. Das stimmte zwar, doch Sexton schrieb das Gedicht nicht mehr um: Von ihrem Standpunkt aus war es abgeschlossen. Außerdem war sie durch solche Einwürfe nicht aus dem Konzept zu bringen. Schon im Jahre 1961 hatte sie sich Dr. Orne gegenüber einmal über diese ihre Fähigkeit geäußert, jederzeit ins Schauspielern umschalten zu können: »Ich könnte noch unmittelbar vor meinem Tod eine Vorstellung geben, glaube ich, aber es ist eine bloße Vorstellung der Gedichte. Ich kenne die Zeilen – es ist ein einstudiertes Gefühl, das ich früher einmal gehabt habe –; wenn ich in ein Gedicht vertieft bin, ruft ja nicht plötzlich jemand irgend etwas dazwischen und sagt, *hier* ist die Wirklichkeit.« Zum Schluß las Sexton *The Touch* (Die Berührung), und die Zuhörer erhoben sich von ihren Plätzen und klatschten lange, sehr lange Beifall.

Die vielen Freunde, die sich an jenem Abend mit Sexton an ihrem Erfolg freuten, ersetzten ihr die so schmerzlich vermißte Familie. Joy und Linda, die in Internatsschulen lebten, standen ihr auch gefühlsmäßig fern, gingen, soweit es ihnen möglich war, in ihrem eigenen Leben auf. Sextons Freunden war im Grunde klar, wieviel für Sexton davon abhing, daß anstelle ihrer Kinder und ihres Mannes nun sie sich um sie kümmerten. Doch während nach Sextons Scheidung die Monate ins Land gingen, gab sie sich immer stärker ihrer Sucht hin; bald schien sie keine Freundesclique mehr zu brauchen, sondern einen Pflegedienst. Vor dieser Aufgabe schraken ihre Freunde zurück. Als Sexton im Februar eine Überdosis Thorazin und andere Tabletten schluckte, wurde sie erst mehr als einen Tag später gefunden; man befürchtete eine Schädigung des Gehirns. Lois Ames, aufgeschreckt durch den besorgten Anruf einer anderen Freundin, fand sie im Koma und rief einen Krankenwagen. Als Sexton das Bewußtsein wiedererlangte, sagte sie zu Ames: »Eine zweite Chance, mich zu retten, kriegst du nicht«, einen Satz, den zu einem späteren Zeitpunkt auch Maxine Kumin zu hören bekam, als sie Sexton einmal beim Tablettenschlucken überraschte. Ames, der klar wurde, daß das Gerüst, das Sexton gestützt hatte, zusammengebrochen war – niemand konnte Kayo ersetzen, der immer heimgekommen war zu ihr, der immer dagewesen war, um die zerbrochenen Teile aufzusammeln –, entwickelte den Plan, daß Sextons engste Freunde reihum »Telefondienst« übernehmen sollten, um einige von ihnen kurzzeitig entlasten zu können. Sie schlug ein Treffen vor, um die Einzelheiten zu besprechen, doch Sexton bekam Wind von diesem Plan und war sehr unglücklich darüber. »Anne nannte uns einen Hexensabbat und bestand darauf, daß wir nicht mehr über sie sprachen«, erinnerte sich Louise Conant. Das taten sie dann auch nicht mehr. Dennoch übermittelten sie Sexton alle dieselbe Botschaft: Es sei schwer, ihr gegenüber offen zu sein, denn wenn man sich ihren Forderungen widersetzte, müsse man gewärtig sein, einen Selbstmordversuch auszulösen.

Sogar Maxine Kumin machte Sextons Verfall mürbe, und schließlich fielen böse Worte zwischen den beiden. Sie waren gemeinsam ans Douglas College in New Jersey eingeladen worden, reisten auch zusammen zu der Lesung und wurden anschließend von zwei jungen Professorinnen der Fakultät, von Elaine Showalter und Carol Smith, interviewt. Sexton, die müde war, bestand darauf, das Interview im

Bett in ihrem Motel zu führen, und unterbrach es durch wiederholte Telefonanrufe, weil sie versuchte, einen derzeitigen Liebhaber aufzuspüren. Kumin ließ sich diese Faxen zwar gefallen, sie explodierte aber, als sie allein waren, und warf Sexton vor, daß sie unerträglich ichbezogen und bedürftig gewesen sei. Für Kumin war die Sache damit erledigt; sie verließ sich darauf, daß ihre Freundin ihr irgendwann recht geben würde. Kurz danach brach sie zu einer Europareise auf und schrieb Sexton lange, plaudernde, freundschaftliche Briefe. Sexton jedoch fühlte sich betrogen und im Stich gelassen und setzte dies Kumin in einem drei Seiten langen Brief auseinander: »Stimmt. Ich bin ichbezogen, wie viele von uns es sind, und viel zu bedürftig. [...] Ich kann Dir nur sagen, daß es mir das Herz gebrochen hat, daß wir im letzten halben Jahr so oft weit voneinander entfernt waren, und trotzdem habe ich begriffen, daß Du Dein ›Oberland‹ liebst und daß es Dir Kraft gibt.« Sie berichtete Louise Conant, daß sie ihre beste Freundin für immer verloren habe.

Am Abend nach ihrer Rückkehr aus New Jersey zog Sexton ein schickes rotes Kleid an – eines, das sie zu Lesungen trug – und sagte ihrem derzeitigen Untermieter, sie wolle tanzen gehen. Sie fuhr mit einem Taxi nach Cambridge und stieg nicht weit von Lindas Wohnheim entfernt aus, bummelte dann hinunter zum Charles River und tanzte auf der Uferpromenade herum, watete ins Wasser und wieder heraus, bis sie bei Barbara Schwartz' Büro angelangt war, in dem Schwartz auf Bitten Sextons immer eine Lampe brennen ließ. Dann schluckte sie ein paar Handvoll Tabletten und spülte sie mit Milch aus einer mitgenommenen Thermosflasche hinunter. Ein barmherziger Samariter kam des Wegs und fragte sie, ob er ihr helfen könne. Er brachte sie in die Notfallstation des Mount Auburn Hospital. Lois Ames wurde angerufen und verbrachte den Rest der Nacht an ihrer Seite.

Keine Geste der Anteilnahme brachte Sexton aber von ihrer Überzeugung ab, daß ihre alten Freunde »dahinschmolzen«. Um so bereitwilliger ging sie daher auf die vielen Fremden zu, denen sie mit ihrer Dichtung das Gefühl vermittelt hatte, ihr nahezustehen, und auf die jungen Frauen, die in ihr eine Vorkämpferin sahen. Aus dem Kreis dieser Menschen schätzte sie Erica Jong ganz besonders. Als Sexton Ende Mai, eingeladen von der Firma Caedmon, für zwei Tage zu einer Schallplattenaufnahme nach New York fuhr, verbrachte Jong an einem der beiden Abende viele Stunden mit ihr im »Algonquin« und gab am anderen ihr zu Ehren eine Party – Jong verewigte den Besuch später in einer Episode ihres Romans *Rette sich, wer kann.*

Als der Sommer nahte, fühlte Sexton sich zunehmend weniger in der Lage, allein zu leben. Irgendwann in dieser Zeit rief sie Dr. Brunner-Orne an und erkundigte sich, ob sie zu ihr in die Therapie zurückkehren könne; dies wurde sanft abgelehnt, aus beruflichen Gründen. Sie stellte Joan Smith als Ganztagskrankenschwester ein, aber da die Untermieter, die das Haus mit ihr gemeinsam bewohnten, gerade auszogen, würde sie nachts allein sein, und vor den Nächten graute ihr. Häufig rief sie zur Schlafenszeit Barbara Schwartz an – manchmal spätabends – und wollte »eingelullt« werden, bis ihre Schlaftabletten wirkten. Zuletzt überredete sie Joy, in diesem Sommer zu Hause zu bleiben, und versprach, rücksichtsvoll zu sein. Sie kaufte Joy eine Kamera und finanzierte ihren Unterricht bei dem Bostoner Fotografen Arthur Furst, und sie ermunterte sie, wann immer ihr danach war, Freunde einzuladen.

Mutter und Tochter lebten drei Monate lang in einer Wohngemeinschaft und hatten vieles gemeinsam mit den Charakteren in John Updikes melancholischem Roman über den Zerfall und die Wiedervereinigung einer Familie, *Unter dem Astronautenmond.* Joy grub ein sonniges Fleckchen im Garten um und legte ein Beet mit indischem Hanf an. Beregnet von einer automatischen Bewässerungsanlage, die Kayo ein paar Jahre zuvor installiert hatte, und vor Wind und Einblicken geschützt, gediehen die Pflanzen prächtig und brachten einen vorzüglichen Ertrag, Gras von hoher Qualität. Joy und ihre Freunde rauchten am Pool ihre Joints. Anne beteiligte sich nicht am Nacktbaden, aber sie verbrachte häufig lange Nachmittage mit Joys Freunden, trank Wein mit ihnen und redete über das Leben. »Alle meinten, Mutter sei echt spitze«, erzählte Joy später. »Ich muß leider sagen, daß ich nicht so viel Freude an ihr hatte wie die anderen. Ich wollte immer noch unser einfaches Kombiwagen-Leben.«

Sexton hielt sich auch nicht an ihr Versprechen, rücksichtsvoll zu sein. Mehrere Male beanspruchte sie das Haus für sich und verschiedene Liebhaber und schickte Joy zum Übernachten zu Freunden. Wenn Anne frustriert war, ließ sie ihren Wutanfällen freien Lauf, stampfte mit den Füßen auf und schrie »wie eine Dreijährige«, wie Joy sich erinnerte, und dieses Verhalten erzürnte Joy am meisten. »Ohne meinen Dad war sie nicht imstande, mir eine Mutter zu sein. Erst haben wir ganz strenge Familienregeln gehabt und dann überhaupt keine mehr.« Joy verbrachte zunehmend mehr Zeit in der Wohnung ihres Vaters, und als der September kam, flüchtete sie wieder ins Internat. Sexton fand ein neues junges Ehepaar, das in ihr Haus einzog.

»Mit Mutter sprach ich vor ihrem Tod, glaub ich, nur noch ein einziges Mal am Telefon«, erinnerte sich Joy, »aber an diesem Tag war sie aufgekratzt und lachte, weil sie sich nicht erklären konnte, warum ihre Handtasche so schwer war. Sie schüttete sie aus, während wir redeten, und fand fünfundfünfzig Bic-Feuerzeuge.« Als Joy später darüber nachdachte, was das Leben mit ihrer Mutter ihr mitgegeben hatte, verspürte sie keinen Groll. »Das, was sie mir nicht geben konnte, bekam ich von jemand anderem – dafür hat sie gesorgt«, sagte Joy nachdenklich. »Ich sehe Mutter auch als Überlebende, als Kämpferin. Sie kam allein nicht zurecht – und das ist bei mir anders. Ihretwegen habe ich mir selber beigebracht, wie man in einem Haus Rohre und Leitungen repariert, die Sachen in Ordnung hält. Sie jedoch hat mir Bücher nahegebracht. Und sie überlebte durch Fühlen, und so bin ich auch.«

Da Sexton mit ihrer Familie immer weniger Kontakt hatte und alte Freunde abweisend reagierten, schloß sie sich häufiger Fremden an. Jeder, der in einer nahegelegenen Bar ein Glas mit ihr trank und eine Zigarette mit ihr rauchte, war ihr willkommene Gesellschaft. Sie gab Kontaktanzeigen in Zeitungen auf und reagierte auf vielversprechende Zeilen von Fans, und obwohl sie in jenem Herbst in John

Cheever, der als Dozent für Creative Writing zusätzlich an die Fakultät der Boston University kam, einen Seelenverwandten fand, blieb sie dennoch einsam. John Malcolm Brinnin erinnerte sich noch an den Abend, an dem Sexton und Cheever einander begegneten, als alle Creative Writing-Lehrkräfte der Fakultät sich mit dem Dekan zum Abendessen im »Athens Olympia« trafen, einem Künstlerlokal im Theaterviertel von Boston. »In dem Restaurant benahmen sich die beiden ganz bewußt häßlich, überboten einander in skandalösem Betragen«, erzählte Brinnin. »George Starbuck und ich versuchten am anderen Ende des Tisches den Dekan und seine Frau abzulenken, und wir beide waren in ständiger Sorge: Hoffentlich haben sie *das* nicht gehört.« Wie Sexton hatte auch Cheever seine Familie vergrault, um den ganzen Tag trinken zu können, und Sexton machte bei den Fakultätssitzungen mit ihm gemeinsame Sache, indem sie ihm aus der Whiskeyflasche, die sie in der Tasche hatte, in seine Kaffeetasse eingoß.

Während der letzten sechs Monate ihres Lebens ließ sie sich regelmäßig von einer jungen Studentin am Seminar der Episcopal Divinity School, Pattie Handloss, in religiösen Dingen unterweisen. Sexton zog in Erwägung, sich in der Episkopalkirche taufen zu lassen; da sie jedoch kein Gruppenmensch war, behauptete sie weiterhin, daß »die heilige Matratze ebenso geeignet ist, um dem unbekannten, zweifelhaften, immer möglichen, frohlockenden ›Gott‹ zu begegnen«, wie ein Gottesdienst. Ihr religiöses Suchen in dieser Zeit war anscheinend von dem Gefühl gespeist, daß es mit ihr zu Ende ging. Sexton sah dieses Ende aber nicht als Hinwendung zu Gott, sondern als Rückkehr in die Arme einer — so ihr Ausdruck — »hingebungsvollen Mutter«; in einem ihrer letzten, an Barbara Schwartz gerichteten Gedichte stellte sie sich den Tod als einen Gang ins Meer vor: »*I wish to enter her like a dream, {. . .} sink into the great mother arms / I never had.*«[1]

»Das Gefühl, daß man Menschen verletzt, ist in vielerlei Hinsicht schlimmer als sterben«, schrieb Sexton 1974 an einen jungen Mann, der ihr seine Selbstmordgedanken gestanden hatte. Sie verletzte Menschen, und es schmerzte sie. Sie setzte sich fast täglich an die Schreibmaschine und fügte klappernd Worte zu Zeilen, so wie sie es nun achtzehn Jahre lang getan hatte. In ihrem tiefsten Innern wußte Sexton, daß dies ebensowenig Gedichte waren wie die senilen Fieberphantastereien einer alten Frau eine Unterhaltung. Es war nicht schwer für sie, sich Nanas Hilflosigkeit an jenem Tag ins Gedächtnis zurückzurufen, als sie in das Pflegeheim gebracht wurde, in dem ihre Freiheit endete. Sexton war überzeugt davon – und das seit jeher –, daß der Tod besser sei als ein Leben, über das Nana Tag für Tag in immer gleichen Worten berichtet hatte: »Niemand hiergewesen.«

Sexton setzte ihrem Leben am Freitag, dem 4. Oktober, ein Ende. Den Tag und die Todesart hatte sie sehr bewußt ausgewählt. Am Donnerstag, dem 3. Oktober, kehrte sie triumphierend von einer gutbezahlten Lesung am Goucher College zurück, noch zur rechten Zeit, um ihren Lyrik-Workshop an der Boston University abhalten zu können. Zu ihrer Überraschung holte die gesamte Klasse sie vom Flughafen ab. Während der langen Fahrt nach Boston ergötzte Sexton ihre Schüler mit der Schilderung, wie sie ständig mit den Knöpfen ihres roten Kleids, das sie bei Lesungen trug, zu tun gehabt hatte, die wie zufällig immer wieder oben und unten gleichzeitig aufgingen. Sie leitete den Unterricht in Hochstimmung.

Als Louise Conant am nächsten Morgen vorbeikam, um ihr ein Geburtstagsgeschenk zu bringen, eine Platte mit einem Flöten-stück, die im Taj Mahal aufgenommen worden war, lag Sexton noch im Bett. Sie frühstückten in der Küche, und während Sexton ihren Kaffee trank, hielt sie immer wieder mitten in einem Satz inne, um die kleinen Meisen zu beobachten, die dem Futterhäuschen vor dem Fenster einen Besuch abstatteten; dies bereitete ihr stets große Freude. Um zehn sollte sie, wie verabredet, in Cambridge bei Barbara Schwartz zur Behandlung erscheinen. Sie und Louise verab-schiedeten sich herzlich voneinander.

In die Handtasche steckte Sexton einen zusammengefalteten Durchschlag eines neuen Gedichts, *The Green Room* (Das grüne Zimmer), das sie für Schwartz geschrieben hatte. Der vierte Oktober war ein wichtiges Datum: Auf den Tag genau neun Monate zuvor hatte sie den ersten Termin bei Schwartz gehabt. Der Titel des Gedichts spielte auf ein Buch an, *Tagebuch einer Schizophrenen,* das Schwartz nach Sextons Wunsch lesen sollte: Es schilderte eine bemerkenswerte Therapie, in deren Verlauf eine Psychoanalytikerin eine junge Frau durch einen symbolischen Prozeß der Schwangerschaft und Geburt hindurchgeführt hatte. Sexton war Schwartz auf eine ähnliche Weise dankbar für die rückhaltlose mütterliche Zuwendung, die Schwartz ihr während dieser neun Monate geschenkt hatte: »*Lady, lady of the sea / in your womb my heart beats like a junkie. / Never tear me out.*«[2] Sexton war an jenem Vormittag so gefaßt, daß Schwartz nichts von einem Abschied spürte; erst nachdem sie gegangen war, entdeckte Schwartz in ihrem Sprechzimmer hinter einem Glas mit Gänseblümchen die Zigaretten und das Feuerzeug, das Sexton dorthin gelegt hatte, und ihr wurde beklommen zumute. Die Geste wirkte wie eine bewußte Handlung, und man konnte sich Sexton nicht ohne Zigaretten vorstellen.

Zum Lunch war Sexton mit Maxine Kumin verabredet; sie wollten die Fahnenabzüge von *The Awful Rowing Toward God* korrigieren, das im März 1975 herauskommen sollte. Sie zeigte Kumin *The Green Room. Awful Rowing* war vor dem einschneidenden Ereignis der Scheidung geschrieben worden, seither jedoch hatten ihre Gedichte den Charakter verzweifelter Hilferufe. Viele waren an einen bestimmten Zuhörer gerichtet, wie auch *The Green Room.* Was meinte Max dazu? Taugte es etwas? Kumin weiß noch, daß sie ihr sagte, es sei immer gut, weiter Gedichte zu schreiben – man könne nie vorhersagen, wann man auf eine Goldader stoßen würde. *The Awful Rowing* – das waren gute Gedichte.

»Wir aßen zusammen Lunch und waren wunderbar fröhlich und albern, und ich weiß noch, daß ich dachte, wieviel besser es ihr offenbar ging«, erinnerte sich Kumin. Mittags um halb zwei waren sie mit der Korrektur der Fahnenabzüge fertig. Kumin sollte an diesem Nachmittag ihren Reisepaß abholen; sie wollte kurze Zeit später mit ihrem Ehemann zu einer langen Reise aufbrechen, die sie nach Europa, Israel und in den Iran führen sollte. Sie wußte, daß Sexton ihre Abreise fürchtete, die noch vor Sextons Geburtstag erfolgen sollte, einem Zeitabschnitt, in dem sie stets Unterstützung brauchte. »Ja, sie war sehr fordernd«, sagte Kumin später. »Aber ich fühlte mich von ihr nie manipuliert. Ich liebte sie so sehr, daß ich eine solche Manipulation wohl auch nicht wahrgenommen hätte. Es gab schon Zeiten, in denen ihre Ansprüche belastend für mich waren, aber, wissen Sie, Annie gab ebensoviel, wie sie bekam. Sie war in ihrer Zuneigung außergewöhnlich großzügig, freigebig und liebevoll. Und als sie bereit war [sich selbst zu töten], blieb das ihr tiefes, dunkles Geheimnis.« Kumin brachte Sexton zum Auto und sah zu, wie sie wegfuhr. Sexton kurbelte das Fenster herunter und rief ihr etwas zu, aber Kumin verstand es nicht richtig. Es war ein sehr überlegtes Lebewohl – ein nicht wieder aufgelegter Hörer.

Bei prachtvollem Altweibersommerwetter fuhr Sexton nach Hause; die Bäume von Weston trugen schon die, wie Sexton sie nannte, Saure-Drops-Farben, sie leuchteten wie Bonbons. In der Stille ihrer luftigen Küche goß sie sich ein zweites Glas Wodka ein und trank es aus, während sie mit dem Mann, mit dem sie für den Abend verabredet war, telefonisch eine neue Uhrzeit vereinbarte. Anscheinend sprach sie mit niemandem sonst mehr, und sie schrieb keinen Abschiedsbrief.

Sie streifte die Ringe von ihren Fingern ab, steckte sie in ihre große Handtasche und holte den alten Pelzmantel ihrer Mutter aus dem Schrank. Obwohl es ein sonniger Nachmittag war, war es ziemlich kühl. Das abgeschabte Satinfutter muß an ihrem Körper rasch warm geworden sein; der Tod würde sich anfühlen wie eine Umarmung, wie das Einschlafen in vertrauten Armen. Vor langer Zeit hatte sie einmal zu Dr. Orne gesagt: »Jedesmal, wenn ich ihn anziehe, fühle ich mich so, als sei ich meine Mutter. Ein echter Pelzmantel. Nur daß sie nicht groß war, meine Mutter war sehr klein.« (»Sie war groß«, sagte Dr. Orne.) Mit einem weiteren Glas Wodka in der Hand schlüpfte Sexton in die Garage und schloß die Tür hinter sich. Sie setzte sich auf den Fahrersitz ihres alten roten Cougar, den sie 1967 gekauft hatten, in dem Jahr, in dem sie zu unterrichten begonnen hatte. Sie ließ den Motor an und schaltete das Radio ein.

Niemand, der Anne Sexton gut kannte, war von ihrem Selbstmord überrascht, und trotzdem war er schockierend. Während der Kondolenzstunden drängten sich Freunde und Bekannte in der Leichenhalle von Wellesley, wo sie in dem mit Gänseblümchen übersäten Sarg aufgebahrt lag, und sprachen der Familie ihr Beileid aus. Das Begräbnis fand, mit Pattie Handloss' Unterstützung, in der Episkopalkirche in Dedham statt. Am 15. Oktober wurde in der Marsh Chapel der Bostoner Universität ein Gedenkgottesdienst abgehalten: Sextons Kollegen und Studenten hielten Ansprachen und lasen Gedichte, und Bob Clawson spielte Tonbänder von Her Kind zum Gedenken an die Frau, die »das Leben ausgekostet hatte«. Sexton hätte am 30. Oktober in New York im Rathaus lesen sollen, und dies nahm man zum Anlaß für eine weitere Gedenkveranstaltung. Einigen der Redner, die Nachrufe auf Sexton sprachen, war offensichtlich besonders daran gelegen, Sextons Selbstmord von ihren Gedichten zu trennen, die ihr eigentliches Vermächtnis seien. Adrienne Rich sprach das Problem ganz direkt an: »Wir haben es schon zu oft erlebt, daß Dichterinnen, daß Frauen sich umgebracht haben, wir haben genug von der Selbstzerstörung als der einzigen Form von Gewalt, die Frauen zugestanden wird.« Denise Levertov griff dieses Thema in einem einfühlsamen Nachruf auf, den sie für eine Bostoner Zeitung schrieb. »Anne Sextons Tragödie wird nicht ohne Einfluß auf die Tragödien anderer Menschen bleiben«, sah sie voraus. »Wir, die wir am Leben sind, müssen tun, was ihr versagt war, nämlich den Unterschied zwischen Kreativität und Selbstzerstörung aufzeigen. Die Tendenz, beides zu verwechseln, hat bereits zu viele Opfer gefordert. [...] Die Feststellung, daß Anne Sexton einige Jahre ihres Lebens Künstlerin war, *obwohl* sie einen so schweren Kampf gegen ihren Todeswunsch führen mußte, ist die angemessene Art, ihrer ehrenvoll zu gedenken.« Sextons Lyrik hat auch weiterhin auf ihre Weise Zeugnis für sie abgelegt. Sie hatte recht gehabt, als sie damals, im Jahre 1961, zu Dr. Orne sagte: »Wissen Sie, um diese ›Lebe‹-Seite habe ich mich gekümmert, indem ich meine Gedichte schrieb.«

Ihrer durch die Scheidung versprengten Familie erschien Sextons

Tod wie das Ende einer Belagerung. Zerschlagen und wie betäubt kehrten sie in die Black Oak Road zurück: Linda kam aus Harvard, Kayo holte Joy aus dem Internat ab, und wie in den alten Tagen war Billie lautlos allen eine Hilfe. Es war Linda, die, von Kayo und Joy unterstützt, die Einäscherung arrangierte und Anne Sextons Asche nach Hause brachte.

Kurz danach zog Kayo wieder in das Haus ein, und drei Jahre später heiratete er ein zweites Mal. Joy schloß die Internatsschule ab und schrieb sich danach an der Schule des Museum of Fine Arts ein; schließlich machte sie am Simmons College einen Abschluß als Krankenschwester. Linda beendete das College und wurde Schriftstellerin.

Es vergingen zwei Jahre, bis Sextons Asche bestattet wurde, und inzwischen war der Schmerz einer reifen Trauer gewichen. An einem warmen Augustnachmittag des Jahres 1976 versammelten sich Kayo, Billie, Linda und Joy am Familiengrab der Sextons auf dem Friedhof von Forest Hill, das wieder geöffnet worden war, um die sterblichen Überreste Anne Sextons aufzunehmen. Sie setzten die schwere Urne in die Erde, und Linda und Joy streuten Stiefmütterchen aus dem Garten in der Black Oak Road darüber. Weinend faßten sich die vier um das Grab herum bei den Händen. Mit einem Blick auf die wiedervereinte Familie sagte Linda: »Ich glaube, Mutter wäre stolz auf uns.«

---

1 Ich möchte in sie eintreten wie in einen Traum, [. . .] in die großen Mutterarme sinken, / die ich nie hatte.
2 Dame, Dame des Meeres, / in deinem Schoß schlägt mein Herz wie ein Junkie. / Zieh mich nie heraus.

Nachwort

Anne Sexton hatte damals recht gehabt, als sie Dr. Orne 1961 sagte: »Ich kümmere mich um diesen ›Lebe‹-Teil, indem ich meine Gedichte schreibe.« Denn durch ihr Schreiben hatte sie weitere dreizehn Jahre als menschliches Wesen überlebt, und durch Schreiben würde sie wohl auch im Nachleben in den Schul- und Hochschul-Literaturanthologien ihren Platz als Dichterin behalten. Sie scheint jedoch bereits am Beginn ihrer Karriere gewußt zu haben, daß schon allein ihre wunderbare Verwandlung von einer Hausfrau in eine Dichterin das allgemeine Interesse von Sozial- und Literaturhistorikern wecken würde. Sie antizipierte eine Biographie, die den Zusammenhang zwischen ihrem Leben, ihrer Krankheit und ihrem Werk erhellen würde, und sie trug tatsächlich aktiv dazu bei, daß ihre Biographin sich auf sehr umfassende Dokumente stützen konnte, einschließlich der gesammelten Tonbandkassetten, Videotapes, Fotos und Filme, die andere seit ihrem Tod noch vermehrt haben. Weil sie eine Performance-Künstlerin und eine Schönheit mit einer wunderbaren Sprechstimme war, wirkte ihre physische Präsenz auf das Publikum äußerst erregend, und etwas von diesem Erbe kennzeichnet auch ihr Nachleben, vermittelt durch elektronische Aufzeichnungen, die von ihrer Präsenz geprägt sind, und durch die medizinischen Unterlagen über sie, die in aufschlußreicher Weise mehrdeutig sind.

Das Außergewöhnlichste unter diesen Unterlagen ist die Sammlung von Therapie-Tonbandaufzeichnungen, die Dr. Orne zu Sextons Gebrauch während der Behandlung gemacht hat. Die Stimme der dreiunddreißig-, vierunddreißig-, fünfunddreißigjährigen Sexton, die über zwanzig Jahre auf Hunderten von hochwertigen Polyester-Tonbandspulen in seinen Klinikarchiven eingemottet war, hat eine verblüffende Lebendigkeit behalten. Die meisten psychiatrischen Unterlagen stellen die Person als »Patienten« dar, ein Wort, das vom lateinischen *patior* abgeleitet ist: leiden, dulden. Die Bänder hingegen dokumentieren eine *un*geduldige Sexton: aktiv, respektlos, erfinderisch, witzig, intelligent, von Zeit zu Zeit dringend medizinischer Behandlung bedürftig, aber auch durch die Behandlung mit aufregenden Entdeckungen über sich selbst und ihre Kunst, die »Sprache«, beschäftigt.

Während diese Biographie als Leseexemplar bei den Kritikern kursierte, wurde die Nachricht vom Gebrauch der Tonbänder zur Sensation: »Dichterin hat alles berichtet – Therapeut liefert Unterlagen« war der Titel der Geschichte auf der ersten Seite der *New York Times*. Sexton erwachte wieder zum Leben als eine Berühmtheit, die im Mittelpunkt einer hitzigen Auseinandersetzung innerhalb der psychiatrischen Ärzteschaft stand. Noch ehe das Buch erschienen war, machten Medizinethiker Dr. Orne offiziell den Vorwurf, er habe durch seine bewußte Verletzung der ärztlichen Schweigepflicht gegen das Berufsethos verstoßen. »Das Recht eines Patienten auf Vertraulichkeit gilt auch nach dem Tod«, hieß es; »nur der Patient ist zu dieser Freigabe berechtigt. Was die Familie will, spielt überhaupt keine Rolle.« Die nach dem Erscheinen des Buches aufgrund genauerer Kenntnis abgegebenen Stellungnahmen konzentrierten sich dann auf den möglichen Schaden für derzeitige und zukünftige therapeutische Beziehungen: »Anne Sexton ist tot und außer Gefahr«, meinte eine Kommentatorin. »Die Legionen anderer Patienten, die von Dr. Ornes Handlungsweise erfahren werden, sind es nicht, und der Vertrauensverlust des Berufsstandes ist nicht wiedergutzumachen.«

Sextons Biographie war nicht die erste, für die psychiatrische Dokumente benutzt wurden – Nancy Midfords Biographie über Zelda Fitzgerald (1970), Scott Donaldsons Biographie über John Cheever (1988) und die von Peter Ostwald über Vaslav Nijinsky (1991), um nur einige wenige zu nennen, beruhen auf weitreichendem Zugang zu Notizen und Interviews mit den Psychiatern, die die darin porträtierten Personen behandelt hatten –, aber es war die erste, für die Behandlungstonbänder benutzt wurden, und das scheint der Stein des Anstoßes gewesen zu sein, als sich unter den Kommentatoren bezüglich des Gebrauchs dieses Materials zu biographischen Zwecken eine kritische Meinung herausbildete. Die Gemüter erregten sich, zum Teil deshalb, weil es während der letzten zehn Jahre immer üblicher geworden ist, die Vertraulichkeit zwischen Arzt und Patient zu attackieren, und da der Fall Sexton die Gelegenheit bot, feste Überzeugungen zur Schau zu stellen, entbrannte eine Kontroverse. Wie der Medizinethiker Alan Stone bemerkte: »Jeder radikale Bruch mit traditionellen Praktiken gilt als unethisch. Tatsächlich aber hat man sich die ganzen letzten 20 Jahre in der Medizin aus ethischen Gründen dafür eingesetzt, den Patienten mehr Autonomie und mehr Kontrolle zu geben.« Stone merkte an, daß »aus ethischen wie aus juristischen Gründen heutzutage allgemein anerkannt ist, daß die Patienten Zugang zu allen medizinischen Unterlagen über sie haben sollten und es ihnen ebenfalls freistehen sollte, ihre Ärzte von der Schweigepflicht zu entbinden«. Wäre er Anne Sextons Psychiater gewesen, hätte er sie gedrängt, der Vernichtung der Tonbänder zuzustimmen, fügte er hinzu, »aber wenn sie sich geweigert hätte, hätte ich sie hoffentlich ihrem Willen entsprechend verwendet«. Orne antwortete solchen Kritikern, er habe zwar 1964 seine Entscheidung über den Verbleib von Patientenunterlagen aufgrund anderer Kriterien getroffen, als er und andere Psychiater sie heute anwenden würden, doch 1964 seien schriftliche Freigaben keine bloße Formsache gewesen, und Anne Sexton habe ihre Wünsche explizit geäußert. »Als ich aus Massachusetts wegging, habe ich Anne angeboten, ihr alle Therapietonbänder zurückzugeben. Sie bat mich darum, sie zu behalten, damit ich anderen damit helfen sollte; allerdings behielt sie einige bei sich zurück.«

Die Debatte innerhalb der Ärzteschaft sparte die Frage der kulturellen Bedeutung von Sextons Fallgeschichte weitgehend aus, aber die Veröffentlichung ihrer Biographie polarisierte die Meinungen auch in anderer Hinsicht; durch die kurze, aber entscheidende historische Distanz, die Sextons Behandlung von der zeitgenössischen psychiatrischen Theorie und Praxis trennt, gewann die Diskussion an Schärfe. Im Zeitraum von Sextons Therapie (1956–1974) ereigneten sich gleichzeitig einschneidende, bis heute

fortwirkende Veränderungen in der Auffassung von Geisteskrank-
heiten, einschließlich der Weiterentwicklung der Psychopharmako-
logie und der Anwendung politischer Deutungsmuster im Bereich
der Diagnose. Die Verwendung des Begriffs »hysterisch« zu Dia-
gnosezwecken – er fand fast ausschließlich auf Frauen Anwendung –
wurde als Bezeichnung einer klinischen Störung zu Sextons Lebzeiten aufgegeben. Diese Veränderungen in der allgemeinen psychiatrischen Praxis spiegeln sich in Sextons Behandlung, und die Fülle
von Sextons medizinischen Dokumenten erlaubt daher allerlei Spe-
kulation. Wissenschaftler, die sich mit den biologischen Ursachen
psychiatrischer Probleme befassen, haben behauptet, daß man mit
den heutigen diagnostischen Methoden wohl eine manisch-depres-
sive Erkrankung als Ursache für Sextons Beschwerden festgestellt
hätte. Andere sahen in ihrem Fall den schlüssigen Beweis, daß
Sexton – weitgehend unerkannt – das Opfer von Mißhandlung
gewesen sei: von physischer Mißhandlung, familiärer Gewalt und
Inzest. Therapieprogramme für die Opfer von Mißhandlungen haben dazu geführt, daß sich eine simple Diagnose durchgesetzt hat,
die sich auf eine kurze Liste von Symptomen beschränkt; an vielen
dieser Symptome litt Sexton schwer. Leser, die sich leidenschaftlich
mit Sextons Leiden identifizieren, sehen ihren frühen Tod als Folge
davon, daß diese psychodynamischen Probleme bei der Diagnose
und Behandlung nicht berücksichtigt wurden. Sextons einzige noch
lebende Schwester, Blanche Harvey Taylor, vertrat in Anbetracht
von Sextons bekannter Vorliebe für »Wahrheitsvergehen« die ge-
genteilige Auffassung; sie trat dafür ein, daß die Biographie auf die
Darstellung all jener in den medizinischen Aufzeichnungen festge-
haltenen Erinnerungen oder Phantasien hätte verzichten müssen,
die sich auf das sexuelle Interesse ihres Vaters an Sextons Körper oder
auf ihre eigenen verworrenen sexuellen Gefühle für Nana beziehen.
Für alle therapeutisch interessierten Leser lebt Sexton in dem Rätsel
der quälenden Frage weiter, die sich durch ihren Selbstmord noch
zugespitzt hat: Was fehlte ihr eigentlich?

Eine ganz andere Faszination geht von Sextons Stimme aus.
Schauspielstudenten bearbeiten zum Vorsprechen Monologe nach

Sextons Gedichten; Theater und Tanzaufführungen, die auf ihr Werk zurückgehen – insbesondere auf ihre Märchen –, lassen den Körper wiederauferstehen, den Sexton so bemerkenswert in Szene zu setzen vermochte. Sie überlebt auch als ein Lichtkörper, eine amerikanische Erscheinung des 20. Jahrhunderts, die für immer auf Film gebannt ist und sich mit überwältigender Unmittelbarkeit wiederholt. Und vielleicht, wenn ihr Unsterblichkeit beschieden ist – als ewiger Programmpunkt auf jener »vertikalen« Achse der Geschichte –, dann als eine Begründerin der Performance-Kunst, mit der sich Ende des 20. Jahrhunderts Künstlerinnen als Frauen einen eigenen Raum für ihre Arbeit geschaffen haben.

Die Tonbandarchive von Sextons Performances gestatten wertvollen Einblick in ihre Entwicklung innerhalb dieser weiteren Kunstform. Eine Studioaufnahme, die 1959 für den Lamont-Library-Poetry-Room in Harvard gemacht wurde, läßt darauf schließen, daß Sextons früher Lesestil gehemmt und förmlich war: Ihre Stimme ist hoch, ihre Intonation reines Neuengland-Englisch. Aber als Sexton 1960 *To Bedlam and Part Way Back* veröffentlichte, hatte sie den Performancestil entwickelt, der ihre öffentlichen Auftritte ab 1960 kennzeichnete. Sexton übertrug – wie jede Dichterin und jeder Dichter – mit ihrem Lesestil Worte von der bedruckten Seite in das intime, flüchtige Medium der Sprechstimme. Aber Sextons Performancestil verwandelte die Stimme in eine Rolle; auf dem Sprecherpodium wurde sie zu »einer Schauspielerin in ihrem eigenen autobiographischen Stück«. Wie sie auf der Bühne die weibliche Aura entfaltete, die Art, wie sie sich als Sprecherin von dem Ich im Text distanzierte, und die Art, wie sie Stilelemente ihrer Dichtung hervorhob – all dies trug zur wirkungsvollen Präsentation in der Performance bei.

Augenzeugenberichte von Sextons Lesungen betonen oft ihre Erscheinung: »Sie schwebte mit einer Zigarette in der Hand und einem kläglichen Lächeln auf die Bühne. Ihre schwarz-weiße Kostümierung war aufsehenerregend: um den grazilen Oberkörper ein schwarzes Jersey-Top, ein Hauch von Zwangsjacke; langer Rock bis zu den Knien geschlitzt. Irgendwie hatte die Atmosphäre etwas von einer Premiere ... Schwer zu sagen warum ... Möglicherweise die zurückgelehnte Lauren-Bacall-Pose, der Blick zur Seite ... Ihre Worte trieben auf dem blauen Dunst der ewigen Zigarette dahin.« Das Wort »Kostümierung« spricht für sich; gewöhnlich trug Sexton ein langes Kleid mit auffallenden Öffnungen, die einen Blick auf den Körper versprachen, den sie nicht freigaben: geschlitzter Rock, tiefe Armausschnitte, ungeknöpfte Oberteile. Wenngleich nichts Anstößiges an ihrer Kleidung war, erweckte es für die Betrachter doch den Eindruck, daß sie davon ausging, als Sexobjekt angesehen zu werden: Die Zurschaustellung der eigenen Person gehörte zur Rolle. Außerdem spricht die Schauspielerin Sexton die Verse als Verse. Die Dichterin, die sie schrieb, hatte einen kurzen Bühnenauftritt – Dank an ihren Gastgeber, Anordnung der Requisiten –, aber dann trat immer die Schauspielerin auf: »Ich bin ausgezogen, eine besessene Hexe ...« Sogar einem Publikum, das mit ihrem Werk nicht vertraut war, vermittelten Sextons Verse einen auf der Hand liegenden Bezug: Diese Gedichte handelten offenbar vom wirklichen Leben, von einer wirklichen Person. Doch die Performance-Künstlerin erweckte den Eindruck, als gehe es um jemand anderen.

Durch diese Art des öffentlichen Umgangs mit sich selbst unterschied sich Sexton von den Dichterinnen, die zwischen 1960 und 1974 in ihrem Umkreis waren, einschließlich der Schriftstellerinnen, deren Gedichte ein politisches Bewußtsein reflektierten, wie June Jordan, Denise Levertov, Audre Lorde, Adrienne Rich und Muriel Rukeyser. Politisches Bewußtsein setzt die Dichterin in eine entschieden kritische Beziehung zur Kultur. Sextons Persönlichkeit vermittelte keine Kritik; sie vermittelte Erfahrung. In der starken Präsenz, mit der sie das Publikum beeindruckte, war Sexton am ehesten der Generation der Performance-Künstlerinnen vergleichbar, die sich in den 70er und 80er Jahren einen Namen machten: Laurie Anderson, Eleanor Antin, Lynn Hershman, Poppy Johnson, Grace Jones, Annie Lennox, Ntozake Shange, Patti Smith, Faith Wilding, Madonna (die in Interviews erzählt, sie habe auf dem College »die düsteren Gedichte von Sylvia Plath und Anne Sexton verschlungen«). Jede von ihnen hat eine selbstbeherrschte, ganz besondere Persönlichkeit als Künstlerin entwickelt, die weder Vamp noch Flittchen, noch sich verzehrendes Kunstprodukt ist. Die Stimme ist eine Rolle, für die sie ihren eigenen Stoff schreiben und für die eine ziemlich aufwendige Performance und nicht etwa eine Veröffentlichung das angemessene Zirkulationsmedium ist – auch wenn die technische Raffinesse dieser feministischen Künstlerinnen der 70er und 80er Jahre den entscheidenden Unterschied zu Anne Sextons Performance-Kunst ausmacht. Sex, Gewalt, Geistesgestörtheit, Humor und leidenschaftliche Spiritualität, all dies sind die Themen ihrer Performance-Kunst, wie es auch Sextons waren. Und wie sie trug Sexton ihre Verse vor und schuf damit Distanz zwischen der Dichterin und ihrem Text und machte deutlich, daß sie kein Bekenntnis ablegte, sondern spielte. Ihre Gesten vermittelten dem Publikum: Sie meinen, eine Frau zu sehen. Tatsächlich sehen sie eine Rolle.

Die Frau lebt nicht mehr, aber die Texte bleiben.

Anhang

Therapietonband Donnerstag, 21. September 1961

Dieser Abschnitt aus der Abschrift eines der während Sextons Therapie aufgezeichneten Tonbänder wurde ausgewählt, um den Fluß des Gesprächs, der Einsichten und Assoziationen aufzuzeigen, wie er für den lebhaften Austausch zwischen Anne Sexton und Dr. Martin Orne an einem von Sextons besseren Tagen, wenn sie nicht in Trance fiel, typisch war. Dieser Auszug setzt dreißig Minuten nach Beginn der Behandlungsstunde ein. Kleine Auslassungen in der Abschrift sind mit einem Gedankenstrich (–) gekennzeichnet; längere Auslassungen sind durch eckige Klammern ([. . .]) angegeben.

A. S.: Warum wollte ich Nana töten?

Dr.: Ist das nicht das, was die Macht will?

A. S.: Wie konnte ich mich denn mächtig fühlen? Zu dieser Zeit meines Lebens habe ich mich nie mächtig gefühlt – ich habe den Eindruck, daß ich die ganze Kindheit hindurch machtlos war und zornig darüber. War es denn nicht so?

Dr.: Wir sind immer noch nicht zu Ihren Kindheitsphantasien gekommen.

A. S.: Ich war ein im Schrank kauerndes Nichts!

Dr.: Nie »Walter Mittys Geheimleben« gesehen?

A. S.: Ich habe nie etwas gedacht; ich hab Märchen gelesen. Das war Macht, magische Macht. Vielleicht ist Masturbieren mächtig – denke ich heute – so deprimiert – mich aufs Bett gelegt, mal ein bißchen masturbiert, mal ein bißchen eingeschlafen – das hat mit Macht nichts zu tun, ich assoziiere nur, vielleicht hat es doch etwas mit Macht zu tun: dachte, masturbieren ist genau wie krank sein, es ist dasselbe Gefühl, was mich dazu bringt, das eine oder das andere zu tun; es ist so etwas wie Verstecken – Aber in einer plötzlichen Eingebung dachte ich, bevor ich einschlief, das ist ganz genau dasselbe wie krank sein – mit krank sein meine ich, als Kranke leben, im Krankenhaus. [. . .]

Jetzt denke ich ständig daran zurück: Aus welchem Grund hätte ich Nana töten wollen? Das ist ziemlich bedrückend.

Dr.: Ist das so schwer vorstellbar?

A. S.: Hmmm?

Dr.: Niemand kann es ertragen, einen Menschen, den er liebt, leiden zu sehen.

A. S.: Aber ich wußte nicht, daß sie litt.

Dr.: Nein?

A. S.: Ich glaube nicht.

Dr.: Ein fünfjähriges Kind müßte das eigentlich wissen.

A. S.: Aber ich brauchte sie viel zu sehr, um das bei ihr zu sehen. Es war so schrecklich, es war wie etwas, das einfach nicht wahr sein konnte! Wie ein Alptraum, es konnte einfach nicht wahr sein! Ich wollte mich immer wieder davon überzeugen, daß es nicht so war, aber es war doch so!

Dr.: Nicht ganz. Sie hatten ja inzwischen die Jungen entdeckt.

A. S.: Und?

Dr.: Sie hatten nun andere, die Ihnen Liebe entgegenbrachten.

A. S.: – O nein, das spielte gar keine Rolle.

Dr.: Doch, doch.

A. S.: – Es spielte erst von dem Augenblick an eine Rolle, als ich herausbekam, daß etwas mit ihr passiert war; wenn ich das gewußt hätte, wäre ich nicht mit den Jungen ausgegangen.

Dr.: Sie wäre trotzdem krank geworden, aber das wollen Sie ja nicht glauben.

A. S.: Nein, vermutlich nicht. – Deswegen denke ich, daß ich Macht habe.

Dr.: Ganz schön schwierig, ihre Gefühle und Ihre eigenen auseinanderzuhalten.

A. S.: Ja, genau wie war in Ordnung.

Dr.: Lange Zeit haben Sie das eine mit dem anderen verwechselt, und Nana hat nur gesagt: »Ist schon gut, ist schon gut«.

A. S.: Und als sie dann nicht mehr gesagt hat, »ist schon gut«, da hat sie nämlich gesagt, »es ist ganz entsetzlich«.

Dr.: Und so ist es seitdem immer gewesen.

A. S.: Ganz entsetzlich, außer wenn jemand in mich verliebt war und es mir alle zwei Minuten gesagt hat, und auch das war nie genug – ich wäre wirklich lieber tot! Ich mag meine Persönlichkeit nicht, und es gibt keine Möglichkeit, von ihr loszukommen –

Dr.: Ist es denn Ihre Persönlichkeit?

A. S.: Ja, die Art, wie ich gemacht bin!

Dr.: Oder ist es Nanas, die der kranken Nana?

A. S.: Das hat meine Mutter behauptet, als ich ins Westwood kam. Ich hab ihr nicht gesagt, daß ich gehe; sie wußte nicht einmal, daß ich zu einem Arzt gehe. Sie hat mich an meinem ersten Abend dort angerufen, und ich war wirklich ziemlich deprimiert, ich war deprimiert, bevor ich reinging. Ich hab mit ihr telefoniert; sie war wütend und sagte: Ich hoffe, sie geben dir so viele Schockbehandlungen wie Nana, und du wirst so krank wie sie. [Lange Pause] Ich weiß nicht mehr, was ich sagte. Ich bin nicht wütend geworden.

Dr.: Sie hat für Sie den Zusammenhang hergestellt.

A. S.: Jedenfalls, ich hab zu Kayo gesagt: Bitte, laß es nicht zu, daß sie mir Schockbehandlungen geben. – Weil es ihr erst besser ging, und dann ging es ihr schlechter; die haben ihr überhaupt nicht geholfen. – Vielleicht bin ich wie Nana: Sie wollte einfach eine Mutter haben. Ich glaube, irgend etwas sehr [?], das war schwer für mich, wissen Sie, denn sie war in vieler Hinsicht meine Mutter gewesen. – Sie wurde krank und wollte nur noch das *Kind* meiner Mutter sein: Sie murmelte ständig den Namen meiner Mutter vor sich hin, Mary, Mary Gray, ohne Pause. Jedesmal wenn sie das sagte, hieß das: Du bist nicht mein Kind, ich bin das Kind deiner Mutter. Und wirklich, wie Sie gesagt haben, ich wurde krank, als meine Mutter fortging. – Als Nana starb, war ich mit Joy schwanger; hinterher, als Joy sechs Monate alt war, ging meine Mutter fort – es waren mehrere Dinge auf einmal – wahrscheinlich *bin* ich genau wie Nana.

Dr.: Aber Sie sind nicht Nana.

A. S.: Warum sollte ich versuchen wollen, Nana zu werden? Das ergibt keinen Sinn: Ich versuche, Nana zu werden, um sie zu töten?

Dr.: Um sie nicht zu verlieren. So etwas tun wir, wenn wir nicht zulassen können, daß Menschen sterben.

A. S.: Ich werde die Nana, die ich nicht haben wollte, und ich glaube, als sie gestorben war, hab ich gedacht, das ist besser als gar nichts. – Vielleicht komme ich aus einer morbiden – hab das eben geerbt. Mein Vater war wirklich ziemlich deprimiert, obwohl er nicht den Eindruck gemacht hat, war er deprimiert. – Und Nana, die so aktiv und intelligent und herzlich war, das ist mit ihr passiert –

Dr.: Nana hat ein ziemlich armseliges Leben geführt.

A. S.: Bloß weil sie nicht geheiratet hat? Für jemanden, der nicht geheiratet hat, hatte sie ein sehr erfülltes Leben –

Dr.: Hmm. Eine Aufgabe einer Frau ist es, Kinder zu haben.

A. S.: Ich hab ja welche.

Dr.: Hmm-hmmm.

A. S.: Ich will mich nicht erinnern –

Dr.: Hmm-hmmm.

A. S.: Nana hatte Kinder, sie hatte mich.

Dr.: Nein, sie hatte keine. Sie vergessen das.

A. S.: Was ich vergesse, ist, daß sie wirklich meine Mutter hatte – das war sicher mehr ihr Kind. – Das ist eins meiner Probleme mit Billie und Joan, neben all den anderen Problemen, die sie mit sich bringen. Ich nenne Billie Nana, weil sie den Namen übernommen hat; und dann schwebt da noch Joan über meiner Familie.

Dr.: Wir müssen gleich aufhören. Sehe ich Sie Sonnabend zur verabredeten Zeit?

A. S.: Wann ist das?

Dr.: Ein Uhr.

A. S.: Werde ich es je schaffen, mich da durchzufinden?

Dr.: Sie sind doch schon dabei.

A. S.: Ich bin schon dabei?

Dr.: Es ist wichtig, daß Sie sich das anhören. Hier steckt viel drin.

A. S.: Hmm?

Anmerkung der Übersetzerinnen

Da bisher keine Sammlung von Gedichten Anne Sextons in deutscher Übersetzung vorliegt, werden die Titel ihrer in den USA veröffentlichten Lyrikbände und archivierten Werke nur auf Englisch genannt.

Titel von einzelnen Gedichten und Zitate aus Gedichten Anne Sextons werden im laufenden Text zunächst in der Originalsprache wiedergegeben, um den Fluß der Argumentation der Autorin in seiner ganzen Tiefe zu erhalten. In Klammern nach Gedichttiteln und in Anmerkungen am Ende eines Kapitels werden dann Arbeitsübersetzungen dieser Passagen angeboten. Titel von Werken anderer Autoren werden auf deutsch genannt, wenn sie bereits in deutscher Sprache erschienen sind; andernfalls wird der Originaltitel angegeben.

Quellenangaben und Anmerkungen

Praktisch alle Papiere Anne Sextons befinden sich im Harry Ransom Humanities Research Center an der University of Texas in Austin, zitiert als HRHRC.

Zu den Dokumenten aus der Psychiatrie, die der Autorin zugänglich gemacht wurden, gehören die folgenden Materialien:
– Patientenunterlagen aus Krankenhäusern
– von Dr. Martin Orne während der Therapiestunden Sextons gemachte Notizen aus einem Zeitraum von dreizehn Monaten, beginnend im November 1957 und endend im Dezember 1958, mit einer Unterbrechung von Juni bis August 1958 – zitiert als »Aufzeichnungen des Arztes«
– Tonbandaufzeichnungen von Therapiesitzungen aus den Jahren 1961 bis 1964 – zitiert als »Therapietonband«
– Notizen zu diesen Bändern, die Sexton sich zu ihrem eigenen Gebrauch anfertigte und die im HRHRC in der Abteilung der nur begrenzt zugänglichen Materials archiviert sind – zitiert als »Therapienotizbuch«
– Handschriftliche oder maschinengeschriebene Briefe Sextons an Therapeuten, insbesondere an Dr. Orne, zu Fragen der Behandlung
– Manuskripte unveröffentlichter Gedichte, die Sexton zu den Therapiestunden bei Dr. Orne und bei Barbara Schwartz mitbrachte

Häufig zitierte Werke sind wie folgt abgekürzt:

CP: Anne Sexton, *The Complete Poems* (Boston: Houghton Mifflin, 1981)
Letters: Anne Sexton: A Self-Portrait in Letters, ed. Linda Gray Sexton and Lois Ames (Boston: Houghton Mifflin, 1977)
McClatchy: *Anne Sexton, The Artist and Her Critics*, ed. J. D. McClatchy (Bloomington: Indiana University Press, 1978)
NES: No Evil Star: Selected Essays, Interviews and Prose, ed. Steven E. Colburn (Ann Arbor: University of Michigan Press, 1985)

Anfänge

S. 27 Als sie dann berühmt war: Siehe Barbara Kevles, »The Art of Poetry XV: Anne Sexton«, *Paris Review*, 52 (Sommer 1971): 159–191. Wiederabgedruckt in *NES*, pp. 83–111. Deutsch in *Wie sie schreiben. Gespräche*. Herausgegeben von Erika Beumer. Münster 1983, tende, S. 85–110.

S. 28 »Wiedergeburt mit neunundzwanzig«: Patricia Marx, »Interview with Anne Sexton«, *Hudson Review* 18, Nr. 4 (Winter 1965/66): 560–570. Wiederabgedruckt in *NES*, pp. 70–82.

»Wenn ich schreibe«: A. S., Interview mit Barbara Kevles, *NES*, p. 103. Deutsch in *Wie sie schreiben*, op. cit., S. 103.

die Saat ihrer Identität: Ein Großteil der hier folgenden Informationen über Sextons Kindheit und Jugend stammt aus Interviews mit Familienangehörigen, die darum baten, nicht namentlich genannt zu werden.

S. 32 »Blanche war ganz Feuer und Flamme«: A. S., Interview mit Alice Ryerson, Januar 1962, Archiv des Radcliffe College.

war Blanche die einzige: Annes Schwester Jane starb im Januar 1983 im Alter von neunundfünfzig Jahren an einer Überdosis Schlaftabletten, nachdem sie gewisse Zeit tablettenabhängig gewesen war.

»Ich war ein Nichts«: A. S. zu Dr. Orne, Therapietonband, 21. September 1961.

»im falschen Haus eingesperrt«: »For the Year of the Insane«, *CP,* p. 133.

S. 34 »Wenn Mutter und Daddy«: Von A. S. Dr. Orne gegenüber zitiert, Therapietonband, 17. Januar 1963.

S. 36 das Ende der Roaring Twenties: Alison Johnson zu D. M., 29. Juli 1990.

»Du bist mein«: Arthur Gray Staples an Blanche Harvey, 8. Mai 1933.

S. 38 »Hände um den Tisch!«: A. S. zu Dr. Orne, Therapietonbänder, 24. Mai 1962 und 18. April 1963.

»Daddy war entweder betrunken«: Mitteilung von A. S. an Dr. Orne, Therapietonband, 17. Januar 1963.

S. 39 »konnte trinken, wann sie wollte«: A. S. zu Dr. Orne, Therapietonband, 13. Juni 1963.

»Scheiß auf die Erben!« Alfred M. Sexton, Interview mit D. M., 21. Februar 1983.

»Er wurde bloß«: Aufzeichnungen des Arztes, 21. Dezember 1957.

S. 40 Offensichtlich legte man: Anmerkung der Herausgeberinnen Linda Sexton und Lois Ames, *Letters,* pp. 5–6.

S. 41 »Hier (in Weston)«: A. S. an Frances Harvey (»Franny«), undatiert, HR HRC.

»Nana war«: A. S. zu Dr. Orne, Therapietonband, 21. September 1961.

S. 42 »Sie war nicht wie«: A. S., Therapienotizbuch, 21. September 1961, gesperrtes Material, HRHRC.

»Mein Vater trank«: A. S. an Dr. Orne, Therapietonband, 3. August 1963.

»winzige Stimme«: A. S., maschinenge-schriebene Notizen für Dr. Orne, undatiert [etwa 1958].

S. 43 »[Ich] hätte Nana«: A. S., Therapienotizbuch, 3. August 1961, gesperrtes Material, HRHRC.

»Ich würde lieber«: A. S. zu Dr. Orne, Therapietonband, 3. August 1961.

Liebe und Ehe

S. 44 »Party vor dem ersten Kuß«: A. S., Anmerkung, datiert 20. März 1943, Stehordner, HRHRC.

»nie genesen«: Michael Bearpark an A. S., 1. Februar 1964, HRHRC.

»Ich hätte dich«: A. S. an Michael Bearpark, 21. Februar 1964, HRHRC.

S. 45 »wunderschön möbliert« und »Anne klaute«: Richard M. Sherwood an D. M., 20. Februar 1983.

»Sein Vater arbeitete«: Michael Bearpark, »A Memoir of Anne Sexton«, unveröffentlichtes Typoskript, undatiert.

»alles perfekt erledigte«: John McCarthy, Interview mit D. M., 24. Februar 1984.

S. 46 »Annes beste Freundin«: Ibid.

S. 47 »trostlose, deprimierte«: A. S. zu Dr. Orne, Therapietonband, 9. Februar 1961.

S. 48 »Evil«: *Letters,* p. 10. Sextons Cinquains nehmen die von Adelaide Crapsey erfundene fünfzeilige Strophenform auf, die aus einem zwei-, einem vier-, einem sechs-, einem acht- und wieder einem zweisilbigen Vers besteht.

»eleganten Entschuldigungen«: A. S., Therapienotizbuch, 12. Juni 1962, gesperrtes Material, HRHRC.

S. 49 »Wir hätten«: A. S. zu Dr. Orne, Aufzeichnungen des Arztes, 1. Mai 1958.

tatsächlich Gedichte von Sara Teasdale: »On the Dunes« und »Spirit's House«, *Letters,* pp. 9 und 12, sind aus *The Collected Poems of Sara Teasdale* (New York: Macmillan, 1937), pp. 195 und 121.

»Hauptperson«: A. S., Interview mit Barbara Kevles, *NES,* p. 85. Deutsch in *Wie sie schreiben,* op. cit., S. 87.

S. 50 »Verliebt«: A. S. an Mary Jane Filer, 27. März 1947, HRHRC.

Alfred Muller Sexton II: Wo nicht anders angegeben, stammen Informationen über das Familienleben der Sextons aus einem Interview mit Alfred M. Sexton am 21. Februar 1983.

S. 51 »eine geheimnisvolle Frau«: A. S. an Alfred M. Sexton, 4. Juni 1948, Sammelalbum, Stehordner, HRHRC.

»toll!«: A. S., Sammelalbum, Stehordner, HRHRC.

zum Sonntagsessen eingeladen: Anmerkung der Herausgeberinnen Linda Sexton und Lois Ames, *Letters*, p. 13.

S. 52 »Wir brannten durch«: Manuskript eines unbetitelten, unvollendeten Romans, HRHRC.

»Nach kurzer Zeit«: Richard M. Sherwood an D. M., 20. Februar 1983.

»später, wenn«: Ralph Harvey an A. S., 26. August 1948, Sammelalbum, Stehordner, HRHRC.

»Wir wohnten«: A. S. an Marian Blanchard, 17. November 1971, HRHRC.

S. 53 »Vor meiner Ehe«: A. S., maschinengeschriebene Notizen für Dr. Orne, 25. Mai 1958.

»der sich der Entwicklung«: A. S., blaues Sammelalbum, Zeugnisurkunde, 11. Juni 1949, Stehordner, HRHRC.

»furchtbare Lügen«: A. S., Interview mit Alice Ryerson, Januar 1962, Archiv des Radcliffe College.

S. 54 Billie fiel auch auf: Anmerkung der Herausgeberinnen Linda Sexton und Lois Ames, *Letters*, p. 22.

Später erinnerte sie sich: A. S. zu Dr. Orne, Therapietonband, 29. Februar 1964.

»Ich nahm die Tabletten«: A. S., maschinengeschriebenes Manuskript, »Sunday April 5« [1959?], Unterlagen des Arztes.

S. 55 »ihr Bedürfnis nach Liebe«: Patientenunterlagen in Westwood Lodge, 13. Juli 1956.

»Wenn er weg ist«: A. S. zu Dr. Orne, 16. November 1961. D. M. hat hier Tonbandmaterial und Sextons Anmerkungen im Therapienotizbuch zu dieser Stunde, in denen das Gefühl, außer Kontrolle zu sein, stärkeres Gewicht hat, zusammengefaßt.

S. 56 »Ich hatte nichts dergleichen«: A. S. zu Dr. Orne, Therapietonband, 11. März 1961.

»Alle Töchter meiner Mutter«: A. S., Interview mit Alice Ryerson, Januar 1962, Archiv des Radcliffe College.

S. 57 »ersten Regungen«: Anna Ladd Dingley, Tagebuch, 20. Februar 1953, vermischte Sammlung, HRHRC.

»Rad kaputt«: Anna Ladd Dingley, Tagebuch, 7. Februar 1953, vermischte Sammlung, HRHRC.

»Nana, vergib mir«: A. S., in Anna Ladd Dingley, Tagebuch, vermischte Sammlung, HRHRC.

S. 58 »Ich hoffe, dich morgen«: Ralph Harvey an A. S., vermischte Sammlung, HRHRC.

»Ich war unter seiner Fuchtel«: Alfred M. Sexton, Interview mit D. M., 21. Februar 1983.

S. 59 »Eines meiner Geschenke«: Ibid.

S. 60 »Anne in Anwesenheit«: Sandy Robart, Interview mit D. M., 11. November 1982.

»über mir schwebte«: A. S., Interview mit Alice Ryerson, Januar 1962, Archiv des Radcliffe Institute.

Zusammenbruch

S. 62 »schrecklichen Anfällen von Depression«: A. S. zu Dr. Orne, Therapietonband, 10. März 1962.

S. 63 »Ich kam spät nach Hause«: A. S. zu Dr. Orne, Therapietonband, 10. März 1962.

Erst nach einigen Tagen: Alfred M. Sexton, Interview mit D. M., 11. September 1989.

Später im Leben: Anmerkung der Herausgeberinnen Linda Sexton und Lois Ames, *Letters*, p. 22; Jahre später schilderte Sexton diesen Vorfall in dem Gedicht »Red Roses«. Sextons Schwiegermutter erinnerte sich ebenfalls an Annes Wutausbrüche; Interview mit D. M., 17. März 1983.

S. 64 Sie riefen die Psychiaterin an: A. S. zu Dr. Orne, Therapietonband, 23. September 1961.

»Ich möchte mich zusammenrollen«: A. S. zu Dr. Orne, 6. April 1961, Unterlagen des Arztes.

In dieser Zeit hielt Dr. Brunner-Orne: A. S. zu Dr. Orne, Therapietonband, 28. April 1964.

»hat kein Mitgefühl«: Patientenunterlagen in Westwood Lodge, 13. Juli 1956.

S. 65 »unspezifische psychoneurotische

Merkmale«: Patientenunterlagen in Westwood Lodge, 13. Juli 1956.

S. 66 Als die Wirkung einsetzte: »Bei ihr lief es immer so ab: ›Ich hab die Tabletten genommen, nun rette du mich.‹« Alfred M. Sexton, Interview mit D. M., 11. September 1989.

»Ihre Familie hatte nicht«: Martin Orne, Interview mit D. M., 4. Dezember 1990.

»Ich habe mein Äußerstes gegeben«: A. S., Interview mit Barbara Kevles, *NES*, p. 84. Deutsch in *Wie sie schreiben*, op. cit., S. 86.

S. 67 »Bin zu Billie gegangen«: A. S., Tagebuch, gesperrtes Material, HRHRC.

»Sie gab Joy«: Wilhelmine Sexton Knight, Interview mit D. M., 17. März 1983.

»Ich tat einfach so«: A. S., Interview mit Alice Ryerson, Januar 1962, Archiv des Radcliffe College.

S. 68 »Ich brach immer um fünf Uhr morgens auf«: Alfred M. Sexton, Interview mit D. M., 21. Februar 1983.

»Ich bin so allein«: Handschriftliche Notizen, datiert »16. Februar oder so«[vermutlich 1957], Patientenakte bei Dr. Orne, gesperrtes Material, HRHRC. Ausgenommen die eckigen Klammern Sextons Zeichensetzung.

S. 69 Insgesamt gesehen sind in ihrem Fall: Für Unterstützung bei der Formulierung dieser Zusammenfassung der Störungen Sextons danke ich den Ärzten Richard Almond, Ellen Bassuk und Norman Dishotsky sowie Dr. Orne.

S. 70 »Ich weiß, ich war«: A. S. zu Dr. Orne, Therapietonband, 9. Mai 1961.

»Meine Mutter«: A. S., Interview mit Barbara Kevles, *NES*, p. 85. Deutsch in *Wie sie schreiben*, op. cit., S. 87.

»den Jig tanzen«: »Dancing the Jig«, *The Book of Folly* (Boston: Houghton Mifflin, 1972), pp. 65–71; dt.: »Jigtanz«. Übersetzung von Johann Aschenberger, in: Experimentelle amerikanische Prosa. Ausgewählt und mit einer Einleitung herausgegeben von Brigitte Scheer-Schäzler. Stuttgart: Philipp Reclam Jun., 1977, S. 106–123.

»eine männliche Nana!«: A. S. zu Dr. Orne, Therapietonband, 18. Juli 1961.

Auch als Anne schon: Im Jahre 1961 erzählte Sexton Dr. Orne, daß ihre Schwester Jane gesagt hatte, Nana habe das Bild ihres vermeintlichen Bruders zur gleichen Zeit gekauft, in der auch die ersten Symptome ihrer seelischen Störung sichtbar geworden seien. A. S. zu Dr. Orne, Therapietonband, 23. September 1961.

S. 72 »Ich will ein Kind sein«: A. S., maschinengeschriebene Notizen für Dr. Orne, 18. März 1957, gesperrtes Material, HRHRC.

»Sie war sehr, sehr krank«: Martin Orne, Interview mit D. M., 9. Januar 1991.

»Ich wollte heiraten«: A. S., Interview mit Alice Ryerson, Januar 1962, Archiv des Radcliffe College.

»Das sind meine Leute«

S. 74 »Unser Verhältnis«: Martin Orne, Interview mit D. M., 8. September 1989. Sofern nicht anderweitig angegeben, stammen alle in diesem Kapitel zitierten Bemerkungen Dr. Ornes aus den Interviews mit D. M. vom 26. August 1985 und 8. September 1989 und aus einem Telefongespräch vom Januar 1991.

S. 75 Zum Teil hatte Dr. Ornes Urteil: A. S. zu Dr. Orne, Therapietonband, 8. März 1962.

S. 76 »Ich dachte«: A. S., Interview mit Alice Ryerson, Januar 1962, und mit Martha White, Juli 1963, Archiv des Radcliffe College.

»Sie können sich nicht umbringen«: A. S., Interview mit Alice Ryerson, Januar 1962, Archiv des Radcliffe College.

»Das gab mir das Gefühl«: A. S., Interview mit Barbara Kevles, *NES*, p. 85. Deutsch in *Wie sie schreiben*, op. cit., S. 87.

S. 77 »Ein ganzes Leben lang«: Dr. Orne zu A. S., Therapietonband, 5. Dezember 1963.

S. 80 »Nein! Warum sollte ich?«: A. S., Notizen, undatiert [Februar 1957], gesperrtes Material, HRHRC.

»Mutter macht mich krank«: A. S., Tagebuch, 10. Februar 1957, gesperrtes Material, HRHRC.

»Mutter hat irgendwie«: Aufzeichnungen des Arztes, 26. Dezember 1957 und 21. November 1957.

»Wir sind immer«: Mary Gray Harvey, undatierter handgeschriebener Brief, vermischte Sammlung, HRHRC.

568

S. 81 »Dieses Radio wird noch laufen«: »A Small Journal«, *Ms.*, November 1973. Wiederabgedruckt als »All God's Children Need Radios«, *NES*, pp. 23–32.

»It matters not«: undatierte handgeschriebene Manuskripte von Gedichten Mary Gray Harveys, vermischte Sammlung, HRHRC.

S. 82 »I sit upon«: A. S., »A Birthday«, 1. September 1957, HRHRC.

»Mutter könnte wohl«: Adaptiert aus Aufzeichnungen des Arztes [Syntax von D. M. vervollständigt], 24. April 1958.

S. 83 »Ich dachte immer«: A. S. zu Dr. Orne, Therapietonband, 11. Juli 1961.

S. 84 »Sie hatte sich so zurückgezogen«: Sandy Robart, Interview mit D. M., 11. November 1982.

»ganz einschüchternde Eleganz«: Maxine Kumin, »How It Was«, Vorwort zu *The Complete Poems of Anne Sexton*, p. XIX.

S. 85 »Das Wichtigste an diesem Kurs«: A. S., Interview mit Barbara Kevles, *NES*, p. 87. Deutsch in *Wie sie schreiben*, op. cit., S. 89.

S. 86 beteten sie alle: Maxine Kumin, »Reminiscence Delivered at Memorial Service for Anne Sexton in Marsh Chapel, Boston University«, *To Make a Prairie* (Ann Arbor: University of Michigan Press, 1979), p. 79.

»nicht wie im College«: A. S. an einen Fan, R. S., 18. Juli 1963, HRHRC.

»Although I lie«: »Traveler's Wife«, in *Letters*, p. 25.

S. 88 »Ich tue lieber etwas«: Adaptiert aus Aufzeichnungen des Arztes [Syntax von D. M. vervollständigt], 29. November 1957.

»Einige davon«: Aufzeichnungen des Arztes, 21. Dezember 1957.

um eine Psychose anzudeuten: Aufzeichnungen des Arztes, 6. März 1958.

S. 89 »Ich war erst eine Woche«: Adaptiert aus Aufzeichnungen des Arztes [Syntax von D. M. vervollständigt], 15. Dezember 1957.

»zu lernen, was«: Aufzeichnungen des Arztes, 26. April 1958.

Anscheinend freundete sie sich: Aufzeichnungen des Arztes, 14., 24., 26. April 1958 und in A. S., maschinengeschriebene Notizen, circa 15. Mai 1958.

»Neulich fragte mich jemand«: Aufzeichnungen des Arztes, 12. Februar 1957.

S. 90 »Well Doctor«: A. S., »Real Love in Imaginary Wagon«, Unterlagen des Arztes, 7. Februar 1957.

»More Than All the Rest«: 8. Februar 1957; »The Poems I Gave You«, 24. Februar 1957, Unterlagen des Arztes.

S. 91 »Schaute (aus irgendeinem Grund)«: A. S., maschinengeschriebene Notizen, undatiert [vermutlich Mitte Mai 1958], Unterlagen des Arztes.

S. 92 »Helfen Sie mir doch«: A. S., maschinengeschriebener Brief, 18. September [vermutlich 1957], Unterlagen des Arztes.

»Wenn Sie ihr«: Ibid.

»Ich lüge nur manchmal«: A. S., maschinengeschriebenes Manuskript, undatiert [vermutlich Mai 1958], Unterlagen des Arztes.

S. 93 »Vater kommt betrunken herein«: Unterlagen des Arztes, 13. Mai 1958.

»Ich hätte mir das doch«: A. S. zu Dr. Orne, Therapietonband, 18. April 1961.

S. 95 »Ich bin vollkommen überzeugt«: Lois Ames, Telefongespräch mit D. M., 15. Dezember 1990.

S. 97 »sie sah mich an«: Hinweise auf diese Operation fand Sexton in einem Band der Briefe ihres Großvaters, die Mary Gray Harvey hatte binden lassen und in die Familienbibliothek gestellt hatte; als sie danach fragte, bejahte Mary Gray die Frage. Aufzeichnungen des Arztes, 22. Mai 1958.

»Ich habe diese Szene«: A. S. zu Dr. Orne, Therapietonband, 27. Juli 1963.

S. 98 In den Monaten: Aufzeichnungen des Arztes, 16. November 1957. »Jerry« ist ein Pseudonym.

»Mit Jerry«: Aufzeichnungen des Arztes, 23. Dezember 1957.

»Jerry so lebendig«: Aufzeichnungen des Arztes, 18. November 1957.

»Jerrys Problem«: Aufzeichnungen des Arztes, 2. Dezember 1957.

»In Wirklichkeit finde ich«: Aufzeichnungen des Arztes, 2. Dezember 1957.

»Sie könnten vermutlich einwenden«: A. S., maschinengeschriebene Notizen, undatiert [vermutlich Mai 1958], Aufzeichnungen des Arztes.

S. 99 »Es war hilfreich«: Dr. Orne, Telefongespräch mit D. M., 18. Februar 1991.

»›Elizabeth‹ bringt«: Dr. Orne zu A.S., zitiert von A.S. im Therapienotizbuch, 27. Februar 1964, gesperrtes Material, HRHRC.

S. 100 »Ich würde Sie am liebsten bitten«: Aufzeichnungen des Arztes, 8. Februar 1958.

Schon im November: Aufzeichnungen des Arztes, 6. November 1957.

»läßt sich nicht festmachen«: Aufzeichnungen des Arztes, 1. Mai 1957.

»Gedichte lügen nicht«: Adaptiert aus Aufzeichnungen des Arztes [Syntax von D. M. vervollständigt], 1. Mai 1958.

S. 101 »Ich bin nichts«: A.S., maschinengeschriebene Notizen, 29. April 1958, Aufzeichnungen des Arztes.

»Wahrheitsvergehen«: A.S., maschinengeschriebene Notizen, undatiert [vermutlich Mai 1958], Aufzeichnungen des Arztes.

S. 102 Sexton hatte tatsächlich: Aufzeichnungen des Arztes, 16. November 1957.

»Ich spüre, mit Schuldgefühlen«: A.S., maschinengeschriebene Notizen, undatiert [circa 15. Mai 1958], Aufzeichnungen des Arztes.

S. 103 »Nur in dieser komischen Trance«: A.S., maschinengeschriebene Notizen, undatiert [vermutlich Anfang Mai 1958], Aufzeichnungen des Arztes.

»Sie meinen, ich bin eine Dichterin?«: Aufzeichnungen des Arztes, 24. April 1958.

»Meine Ziele«: A.S., maschinengeschriebene Notizen, 30. Mai [1958], Aufzeichnungen des Arztes.

»Ich war begeistert«. A.S. an Anne Wilder, 3. Juli 1964, Letters, pp. 244–245. »Anne Clark«, der in Letters verwendete Name, ist ein Pseudonym.

S. 104 »Mir scheint, das gespaltene Ich«: A.S., Vorlesung neun, Crashaw Lectures an der Colgate University, 1972, HRHRC.

»Nicht jede Sprache«: A.S. an Anne Wilder, 3. Juli 1964, Letters, p. 245.

»Die Oberfläche brach«: A.S., Interview mit Barbara Kevles, NES, p. 84. Deutsch in Wie sie schreiben, op. cit., S. 86.

S. 105 »[Ich] hatte das Gefühl«: Ibid. Deutsch in Wie sie schreiben, op. cit., S. 89. »Bei Gott, ich kann nicht glauben«: A.S. zu Dr. Orne, Therapietonband, 9. Mai 1961.

S. 106 »Hier sind etwa vierzig Seiten«: A.S. an Mary Gray Harvey, erster Weihnachtsfeiertag 1957, Letters, pp. 31, 33.

»STRENG GEHEIM«: Nach langer Überlegung beschloß Linda Sexton, dieses Manuskript mit Sextons anderen Papieren im Sexton Archiv am HRHRC zu deponieren. Sie ging davon aus, daß die Gedichte nicht veröffentlicht werden, an Sextons künstlerischer Entwicklung interessierten Wissenschaftlern jedoch zugänglich sein sollten. Gegenwärtig befinden sie sich in der gesperrten Sammlung am HRHRC. Das Manuskript enthält auch mehr als sechzig Gedichte, die Sexton ebenfalls in die Therapie mitgebracht hatte.

Von *Rats* zu *Star*

S. 117 »die häßlichste aller Vogelscheuchen«: Anne Sexton und Maxine Kumin, gemeinsames Interview mit Elaine Showalter und Carol Smith, 15. April 1974. Siehe »A Nurturing Relationship«, *Women's Studies,* 4 (1976): 116, wiederabgedruckt in *NES,* pp. 158–179.

»Music Swims Back to Me«: *CP,* pp. 6–7. Ein in Dr. Ornes Unterlagen befindlicher Entwurf zu diesem Gedicht trägt das Datum 29. September 1957.

S. 119 »fast als Ganzes«: Maxine Kumin, Interview mit D. M., 11. November 1982. Geboren 1925: Zusammengefaßte Informationen aus: Maxine Kumin, Interview mit D. M., 18. Juni 1983; aus Kumins Interview mit Joan Norris, in: Kumin, *To Make a Prairie* (Ann Arbor: University of Michigan Press, 1979), pp. 12–18, und aus Kumins kurzem Erinnerungstext »Blessed Be the Tie that Binds«, *The Harvard Gazette,* 3. Juni 1983, p. 14.

S. 120 »Ich schloß mit mir selbst einen Pakt«: Maxine Kumin, Interview mit D. M., 11. November 1982.

S. 121 »Max ist Jüdin«: Aufzeichnungen des Arztes, 8. Dezember 1957.

»Ich glaube, Max«: Aufzeichnungen des Arztes, 17. und 21. Dezember 1957.

»Ich persönlich glaube«: George E. Sexton an Dr. Orne, 8. April 1957.

»nahm [sich] eine halbe Stunde«: Aufzeichnungen des Arztes, 8. Februar 1958.

570

S. 122 »Wenn ich [Linda] nicht hätte«:
Aufzeichnungen des Arztes, 18. November
1957.
»Ich habe Joy geliebt«: Aufzeichnungen des
Arztes, 17. Dezember 1957.
»Ich *denke* in einer anderen Sprache«: A. S.,
maschinengeschriebene Notizen, 13. April
1958, Unterlagen des Arztes.
S. 124 »Mein Vater war schrecklich
stolz«: A. S., Interview mit Alice Ryerson,
Januar 1962, Archiv des Radcliffe College.
»Ich habe wirklich das Gefühl«: Aufzeich-
nungen des Arztes, 24. April 1958.
»doch da bin ich«: Aufzeichnungen des
Arztes, 20. April 1958.
»Graue-Flanell-Lyrik«: Arthur Freeman,
Interview mit D. M., London, 8. August
1987.
S. 126 »[Ich] rannte zu meiner Schwieger-
mutter«: A. S., Interview mit Barbara Kev-
les, *NES*, p. 89. Deutsch in *Wie sie schreiben*,
op. cit., S. 91.
»Andere Gedichte«: Robert Lowell, Inter-
view mit Frederick Seidel, *Paris Review* 25
(Winter-Frühjahr 1961), pp. 56–95.
»Als ich Ihr Gedicht«: A. S. an W. D.
Snodgrass, 11. März 1959, *Letters*, p. 66.
»Unknown Girl in the Maternity Ward«:
CP, pp. 24–25.
S. 127 »wütend – rot vor Zorn«: Auf-
zeichnungen des Arztes, 19. April 1958.
S. 128 »Ich bin auf eine körperliche
Weise«: Aufzeichnungen des Arztes, 20.
April 1958.
S. 129 »Er sagte, er würde«: Adaptiert aus
den Aufzeichnungen des Arztes [Syntax von
D. M. vervollständigt], 3. Mai 1958.
S. 130 »Wie Ruth mir im Flugzeug«:
A. S. an W. D. Snodgrass, 31. August
1958.
»bis auf zwei oder drei Wörter«: »Every-
thing She Wrote«: W. D. Snodgrass, Ton-
bandkassette eines für D. M. gesprochenen
Kommentars, September 1985.
S. 131 »Hier bin ich«: Nolan Miller an D.
M., 9. September 1985.
»Unflätig und witzig«: Jack Matthews an
D. M., 16. November 1988.
»Forsch. Extravagant«: Nolan Miller an D.
M., 9. September 1985.
»einfach wunderbar«: W. D. Snodgrass,
Tonbandkassette eines für D. M. gesproche-
nen Kommentars, September 1985.

»schrecklich aufregende«: Ibid.
S. 132 »Wenn ich RATS schreibe«: A. S.,
maschinengeschriebene Notizen, 29. Sep-
tember 1958, Unterlagen des Arztes.
S. 134 »The Double Image«: *CP*, p. 27.
S. 135 »Lieber Passionsblumengärtner«:
A. S. an W. D. Snodgrass, 28. November
1958, *Letters*, p. 45.
»Ich werde immer wieder von Männern«:
A. S. an W. D. Snodgrass, 15. November
1958, *Letters*, p. 41.
S. 136 »unbewußte Schuldgefühle«: A. S.
an W. D. Snodgrass, 31. August 1958,
Letters, pp. 35–38.
S. 138 »das ›geschlossene Hotel‹«: A. S.
an W. D. Snodgrass, undatiert [circa 26.
November 1958], *Letters*, pp. 43–44.
»Die Mutter-Tochter-Beziehung«: A. S. zu
Florence Lennon's »Enjoyment of Poetry«,
9. April 1961 (Library of Congress T 3993).
S. 139 »Was das Gedicht für mich lei-
stet«: Ibid.
S. 141 »Mutter war keine Puritanerin«:
A. S. zu Dr. Orne, Therapietonband, 24.
Mai 1962.
»Sie haben mich«: A. S. an Russell Lynes,
29. Oktober 1958, HRHRC.
»Sie haben in Ihrem Werk«: Frederick
Morgan an A. S., 16. Dezember 1958,
HRHRC.

Mentoren

S. 143 »Natürlich entsprechen«: Robert
Lowell an A. S., 11. September 1958,
HRHRC.
Lowells Schreibkurse: Siehe Judith Baumel,
»Robert Lowell: The Teacher«, und Alan
Williamson, »Robert Lowell: A Reminis-
cence«, *Harvard Advocate* 13, Nr. 1 und 2
(November 1979): 32, 38.
S. 144 »Ich werde nie«: A. S. an W. D.
Snodgrass, 6. Oktober 1958, *Letters*, p. 40.
S. 145 »Cal mußte ›verliebt‹ sein«: Zitiert
in Ian Hamilton, *Robert Lowell: A Biography*
(New York: Ransom House, 1982), p. 241.
Nachdem Lowell 1963: Kathleen Spivack,
»Lear in Boston: Robert Lowell as Teacher
and Friend«, *Ironwood* 25 (1985): 90.
»sanfte, gefährliche Stimme«: A. S. an W.
D. Snodgrass, 26. November 1958, *Letters*,
p. 43.

»fast perfekt«: Celia Gilbert, »The Sacred Fire«, *Working It Out,* ed. Sara Ruddick and Pamela Daniels (New York: Pantheon Books, 1977), p. 313.

»Ich benehme mich«: A. S. an W. D. Snodgrass, 11. Januar 1959, *Letters,* p. 49.

»Lowell kann meine Arbeit«: A. S. an W. D. Snodgrass, 1. Februar 1959, *Letters,* p. 53.

S. 146 »Ich lerne Sprünge«: A. S. an W. D. Snodgrass, 11. Januar 1959, *Letters,* p. 48.

»Er war ein großartiger Lehrer«: A. S. an W. D. Snodgrass, 9. Juni 1959, *Letters,* pp. 79–80.

»Großer Gott!«: W. D. Snodgrass an A. S., 2. Dezember 1958, HRHRC.

»Lowell hilft mir wirklich«: A. S. an W. D. Snodgrass, 1. Februar 1959, *Letters,* p. 51–52.

S. 147 Sie »schrieb freiwillig«: Maxine Kumin, »How It Was«, *CP,* p. XXV.

»Trotz so manchen Erfolges«: A. S. an Howard Moss, 13. Februar 1959, *Letters,* p. 60.

S. 148 »Es ist Politik«: A. S. an W. D. Snodgrass, 24. Februar 1959, *Letters,* p. 64.

»Anne beeindruckte mich«: Frederick Morgan, Interview mit D. M., 19. November 1982.

»Vielleicht habe ich mich«: A. S. an W. D. Snodgrass, 1. Februar 1959, *Letters,* p. 50.

S. 149 »Die meisten der wirklich«: A. S. an W. D. Snodgrass, 11. März 1959, *Letters,* p. 65.

Wenn der Workshop: Doris Holmes Eyges, Interview mit D. M., 9. Oktober 1982.

S. 150 »für uns auf ihrem Wohnzimmersofa«: Joseph DeRoche, Tagebucheintrag, 16. November 1960.

»Keiner von uns«: George Starbuck, Interview mit D. M., 13. September 1982.

S. 151 In Sextons veröffentlichten Büchern: »For God While Sleeping«, Arbeitsblätter, HRHRC.

»Es ist ein Buch«: John Holmes an A. S., 8. Februar 1959, HRHRC.

S. 152 »I tapped my own«: *CP,* pp. 34–35. In vorhergehenden Strophen des Gedichts klingen Sätze aus Holmes' Brief an.

»von Schrecken zerrissen«: Doris Holmes Eyges, Interview mit D. M., 9. Oktober 1982.

S. 153 »John ist nie darüber hinweggekommen«: Maxine Kumin, Interview mit D. M., 9. Oktober 1980.

S. 154 »Er benimmt sich wie ein Zehnjähriger«: A. S. an W. D. Snodgrass, 8. Februar 1959, *Letters,* p. 51.

»aufgeblasen«: A. S. maschinengeschriebene Notizen, undatiert [Sonna. nachm.], Unterlagen des Arztes.

»Ich habe jetzt das Gefühl«: A. S. an W. D. Snodgrass, 8. Februar 1959, *Letters,* p. 51.

»Heute geh ich rein«: A. S. maschinengeschriebene Notizen, undatiert [Sonna. nachm.], Unterlagen des Arztes.

»Wenn ich nicht aufpasse«: A. S. an W. D. Snodgrass, 8. Februar 1959, *Letters,* p. 51. Mary Gray hatte: A. S. Interview mit Barbara Kevles, *NES,* p. 88. Deutsch in *Wie sie schreiben,* op. cit., S. 90.

S. 155 »zerpflückte es«: A. S. an W. D. Snodgrass, 11. März 1959, *Letters,* p. 65.

»Ich weiß, es ist verrückt«: A. S. an W. D. Snodgrass, 8. Februar 1959, *Letters,* p. 51.

»Ich wollte ihr«: A. S. an Anne Wilder, 22. Januar 1964, *Letters,* p. 229–30.

»The Division of Parts«: *CP,* pp. 42–46.

S. 156 »die auch schrieb«: Adrienne Rich, Interview mit D. M., 18. Mai 1983.

»Ich werde besser sein«: *The Journals of Sylvia Plath,* ed. Ted Hughes and Frances McCullough (New York: Dial, 1982), p. 164.

»schwierigen, verknoteten«: Ibid., p. 222.

S. 157 »eine objektive Struktur«: Ibid., p. 263.

»Faulheit«: Ibid., p. 293.

»die ruhige, selbstgerechte«: Ibid., p. 186.

»Vermessen glaube ich«: Ibid., pp. 211–212.

S. 158 »»Erinnert mich an Empson««: Kathleen Spivack, »Lear in Boston«, op. cit., p. 81; und »Poets and Friends«, *Boston Globe Magazine,* 9. August 1981, p. 11.

»sonderbare private Themen«: Zitiert in A. Alvarez, »Sylvia Plath«, *The Art of Sylvia Plath,* ed. Charles Newman (Bloomington: Indiana University Press, 1970), p. 62.

»acht Jahre danach«: Kathleen Spivack, »Robert Lowell: A Memoir«, *The Antioch Review,* p. 188.

»Wir zogen im Klassenzimmer«: A. S., »The Bar Fly Ought to Sing«, *The Art of Sylvia Plath,* p. 174; wiederabgedruckt in *NES,* pp. 6–13.

S. 159 »könnten aufeinander abfärben«: Robert Lowell, Interview mit Ian Hamilton, *American Poetry Review* (September/Oktober 1978): 27.

Beispielsweise scheint Sextons Gedicht: Heather Cam hat »My Friend, My Friend« wiederentdeckt und erläutert seinen Einfluß in: »›Daddy‹: Sylvia Plath's Debt to Anne Sexton«, *American Literature* 59, Nr. 3 (1987): 429–430. Das Gedicht ist wiederabgedruckt in *Selected Poems of Anne Sexton,* ed. Diane Wood Middlebrook and Diana Hume George, p. 5.

»Ich weine über alles«: *Journals of Sylvia Plath,* op. cit., S. 300–301.

S. 160 »Wir drängten uns«: »The Bar Fly Ought to Sing«, op. cit., pp. 174–175.

S. 161 »Ich vermute, ein deutlicheres Gefühl«: George Starbuck, Interview mit D. M., 13. September 1983.

Stingers: ⅔ Weinbrand oder Cognac, ⅓ Crème de Menthe; Anm. d. Übers.

S. 162 »Ich hätte diese Woche«: *Journals of Sylvia Plath,* op. cit., p. 302.

»Eine unausstehliche Frau«: Ibid., p. 311.

S. 163 »Die gekochte«: Zitiert in Hamilton, op. cit., p. 277.

Während seiner Genesung: Ibid., pp. 227–238, 253–268.

»Der als manisch-depressiv Diagnostizierte«: Ibid., p. 257.

S. 164 »An den Dichtern«: Ibid., p. 337.

»(pst Geheimnis)«: A. S. an W. D. Snodgrass, 1. Mai 1959, HRHRC.

»Lowell ist jetzt wieder«: A. S. an W. D. Snodgrass, 1. Mai 1959, Privatsammlung von W. D. Snodgrass.

S. 165 »In the thin classroom«: »Elegy in the Classroom«, *CP,* p. 32.

S. 166 »Ich erinnere mich noch«: Adrienne Rich, Interview mit D. M., 18. Mai 1983.

S. 167 »Ich gab etwas sehr Weises«: Ibid.

in der Lyrik von Frauen: Sylvia Plath, »The Disquieting Muses«, *The Colossus* (London: William Heinemann, 1960), pp. 58–60; Adrienne Rich, »Snapshots of a Daughter-in-Law«, in *Snapshots of a Daughter-in-Law* (New York: Norton 1967), pp. 21–25.

S. 169 »wirkliche Situationen«: *Journals of Sylvia Plath,* op. cit., p. 298.

»nicht ein Liebesgedicht«: A. S. an W. D. Snodgrass, 9. Juni 1959, *Letters,* p. 80.

S. 170 »Who see me here«: Arbeitsblätter, *To Bedlam and Part Way Back,* HRHRC.

»I have gone out«: »Her Kind«, *CP,* pp. 15–16.

Tod, Verdrängung und Ersatz

S. 173 »fast null«: A. S., Interview mit J. D. McClatchy, 23. September 1973, Privatsammlung.

»Seine Persönlichkeit veränderte sich«: A. S. zu Dr. Orne, Therapietonband, 13. April 1961.

S. 174 Über diese schlechte Nachricht: Linda Sexton, Interview mit D. M., 13. Oktober 1980.

S. 175 »Das Problem ist«: A. S. an W. D. Snodgrass, 9. Juni 1959, *Letters,* p. 81.

»die Großen«: Arthur Freeman, Interview mit D. M., 1. August 1987.

S. 176 »To the one«: *Bone Thoughts* (New Haven: Yale University Press, 1960), p. VI.

»Doors, doors, doors«: *CP,* p. 80. Eine frühere Fassung dieses Gedichts legte Sexton einem Brief an Snodgrass (23. September 1959) bei: Es enthält die Zeilen: »We do not say that my mother and father are really dead. / We do not explain doom. We make house. Love is the only leaven.« HRHRC.

S. 177 Im Herbst wurde eine ihrer Lesungen: A. S. an Frederick Morgan, 16. Oktober 1959, *Letters,* p. 89. Eine Platte von dieser Aufnahme für die Yale Series of Recorded Poets wurde anscheinend nie gepreßt.

YMHA: Young Men's Hebrew Association, Jüdischer Verein junger Männer; Anm. d. Übers.

Bei der Party: Herbert Gold zu D. M., 1. Januar 1989.

S. 178 »I soar«: *CP,* p. 58.

S. 179 »Kayos Vater«: A. S. an W. D. Snodgrass, 25. März 1960, *Letters,* p. 100.

S. 180 »Ich habe wirklich«: Notizbücher, beginnend 25. Mai 1960, Anne Sexton, 1960–1965, HRHRC.

»Das Leben der Dichtung«: A. S. an W. D. Snodgrass, 10. oder 11. Mai 1960, *Letters,* p. 107.

S. 181 »Ich glaube bestimmt nicht«: A. S.

an W. D. Snodgrass, 1. Februar 1960, *Letters,* p. 98.

»Ich wünschte, die Religion«: A. S. an W. D. Snodgrass, 25. März 1960.

»For my friend«: »With Mercy for the Greedy«, *CP,* pp. 61–63.

S. 182 »Ich glaube, Maxine«: George Starbuck, Interview mit D. M., 9. September 1983.

S. 183 »An Obsessive Combination«: in *Voices: A Journal of Poetry,* Nr. 169 (1959): 34; wiederabgedruckt in *Selected Poems of Anne Sexton,* op. cit., p. 4.

»In the Deep Museum«: Sexton gab später zu, bei diesem Gedicht von James Wright beeinflußt worden zu sein. A. S. an Thomas Victor, 12. Mai 1971, HRHRC.

»Natürlich WEISS ich«: A. S., maschinengeschriebene Notizen, 29. September 1958, Unterlagen des Arztes.

S. 184 »natürlichem, inhärentem Interesse«: Thomas Lask, »Books of the Times«, *New York Times,* 18. Juli 1960, p. 25.

»Irving Howe sagte«: Allen Grossman, Interview mit D. M., 13. Oktober 1982.

S. 185 »scheinen mir«: Allen Grossman an A. S., 24. Juni 1960, HRHRC. Seine Besprechung »The Point of View of the Survivor: Anne Sexton« erschien in *The Justice,* 11. Juni 1960, p. 7.

»John Holmes hat sie gesehen«: A. S. zu Dr. Orne, 26. Juni 1960, Unterlagen des Arztes.

»Sie *ist* gut«: Elizabeth Bishop an Robert Lowell, 19. Mai 1960, Houghton Library; zitiert in: D. M., »Anne Sexton and Robert Lowell«, *Original Essays on the Poetry of Anne Sexton,* ed. Frances Bixler (Conway: University of Arkansas Press, 1988), pp. 18–19. Luna bin: Wortspiel mit loony bin / Irrenanstalt und luna (lt.) / Mond; »Loto« war Lota de Maudo Soares, der brasilianische Partner E. Bishops; Anm. d. Übers.

S. 186 »der glücklichste Dichter«: Elizabeth Bishop an Robert Lowell, 14. Dezember 1957; zitiert in: Hamilton, *Robert Lowell,* op. cit., p. 233.

»von der anderen Seite«: Allen Grossman, Interview mit D. M., 13. Oktober 1982. Grossmans Begriff des *déréglement* bezieht sich auf das Rimbaudsche Diktum: »Le Poète se fait voyant par un long, immense et raisonné déréglement de tous les sens.« (Der

Dichter macht sich zum Seher durch eine lange, gewaltige und überlegte Verwirrung der Sinne.)

Am meisten nahm sich Sexton: James Dickey, »Five First Books«, *Poetry,* Februar 1961; wiederabgedruckt in McClatchy, pp. 117–118.

»Aber Sie haben doch gerade erst«: A. S. zu Dr. Orne, Therapietonband, 14. Februar 1961.

S. 187 »Als Dichterin«: A. S. an Nolan Miller, 11. Mai 1959, HRHRC.

»Howe hatte mir«: A. S. an W. D. Snodgrass, 11. Oktober 1960, *Letters,* p. 114.

»ein wunderbares Gegensatzpaar«: George Starbuck, Interview mit D. M., 9. September 1983.

»Es ist erstaunlich«: A. S. an Dr. Orne, 1. Juni 1960, Unterlagen des Arztes.

S. 188 »Auf Plätze gehen«: A. S., maschinengeschriebene Notizen, undatiert [vermutlich 1957], Unterlagen des Arztes.

»Es ist sehr wichtig«: A. S. an Dr. Orne, 26. Juni 1960, Unterlagen des Arztes.

»Rahv fragte mich«: A. S. an W. D. Snodgrass, 11. Oktober 1960, *Letters,* p. 114.

»Nach zwei Stunden«: A. S., Eloge für Philip Rahv, 24. Dezember 1973, HRHRC.

S. 189 »Anne war bis ans Ende«: George Starbuck, Interview mit D. M., 9. September 1983.

»mehrere hundert«: A. S. an Bruder Dennis Farrell, 22. Januar 1963, gesperrtes Material, HRHRC. »Bruder Dennis Farrell« ist das in *Letters* verwendete Pseudonym.

S. 190 »Ich war nicht arm«: A. S. an James Wright, 21. März 1962, Archiv des Kenyon College.

»Be glad of«: James Wright, »A Fit against the Country«, *The Green Wall* (New Haven: Yale University Press, 1957), p. 3.

»wußte ich«: A. S. an James Wright, 21. März 1962, Archiv des Kenyon College.

S. 191 »Blessing«: James Wright, »A Blessing», *Collected Poems* (Middleton, Conn.: Wesleyan University Press, 1971), p. 135.

»Meine schöne, freundliche«: James Wright an A. S., 12. August 1960, HRHRC.

»ein südamerikanischer Kommunist«: Ibid.

S. 192 »engere und weniger aussagekräftige«: James Wright an A. S., 16. August 1960, HRHRC.

»Für Anne Sexton«: Anne Sexton Archiv, HRHRC.

S. 193 »Ich fuhr einfach hin«: A. S. zu Dr. Orne, Therapietonband, 9. September 1961.

»wie ein König«: A. S. zu Dr. Orne, Therapienotizbuch, 21. April 1962.

S. 194 »Ich hatte Angst«: James Wright an Dr. Orne, 14. September 1960.

»wie es meine Gewohnheit ist«: Ibid.

S. 195 »Die graue Welt«: Ibid.

»Leute wie du«: Zitiert von A. S., Therapietonband, 19. April 1962, gesperrtes Material, HRHRC.

»Ich zahlte immer für alles«: Ibid.

»Lazy on a Saturday Morning«: Anne Sexton Archiv, vermischte Sammlung, James Wright, Seite datiert 8. September 1960, HRHRC.

S. 196 »Meine liebe Bee«: James Wright an A. S., 11. Juli 1962, HRHRC.

S. 197 »Dadurch scheint die Übertragung«: A. S. Therapienotizbuch, 11. Juli 1961, gesperrtes Material, HRHRC.

»Ich habe noch nie«: Dr. Orne zu A. S., Therapietonband, 23. April 1964.

S. 198 »sicher«: Joy Sexton, Telefongespräch mit D. M., 24. Januar 1991.

»Ich zog sie immer auf«: Joy Sexton, Interview mit D. M., 13. September 1989.

Gehör finden

S. 201 »Anne war so mit der Interaktion«: Dr. Orne, Gespräch mit D. M., 28. Januar 1989.

S. 202 »Symptome dafür«: Dr. Orne zu A. S., Therapietonband, 5. Dezember 1963.

»Anne war es«: Dr. Orne, Gespräch mit D. M., 28. Januar 1989.

S. 203 »Ich hasse es«: A. S. zu Dr. Orne, Therapietonband, 9. März 1961.

»Jemand sieht mich«: A. S. zu Dr. Orne, Therapietonband, 2. Januar 1962.

»Vom Verstand her«: A. S. zu Dr. Orne, Therapietonband, 21. Februar 1961.

»Am liebsten würde ich dieses Buch«, A. S., Therapienotizbuch, 19. Januar 1961, gesperrtes Material, HRHRC.

»Die Zeit muß«: Dr. Orne zu A. S., Therapietonband, 21. Februar 1961.

S. 204 »Dies ist das Publikum«: Zitiert von A. S. gegenüber Dr. Orne, Therapietonband, 9. Februar 1961.

»Ich bin traurig«: A. S. an Louis Untermeyer, 8. Februar 1961, HRHRC.

»ein Haufen Vaterersatz«: A. S. zu Dr. Orne, Therapietonband, 27. April 1961.

Der so entstandene Vortrag: A. S. zu Dr. Orne, Therapietonband, 29. April 1961.

S. 205 »Anne las ausgezeichnet«: Peter Davison, Interview mit D. M., 6. Juni 1983.

»Ich hatte die ganze Zeit Angst«: A. S. zu Dr. Orne, Therapietonband, 25. April 1961.

S. 206 »Warum stehen wir für sie«: John Holmes zu Maxine Kumin, 6. August 1961, Privatsammlung.

»Sie haben es Sam«: John Holmes an A. S., 25. Januar 1961, HRHRC.

»Was für ein Workshop«: A. S. an John Holmes, 30. Januar 1961, *Letters,* pp. 118–119.

S. 207 »Diese makellose Stimme«: A. S. und Dr. Orne, Therapietonband, 7. Februar 1961.

S. 208 »Max und ich sagen«: A. S. zu Dr. Orne, Therapietonband, 17. Juni 1961.

»Wir hatten manchmal«: Maxine Kumin, »A Friendship Remembered», in McClatchy, p. 103.

»das Unbewußte melken«: A. S., Interview mit Barbara Kevles, *NES,* p. 85. Deutsch in *Wie sie schreiben,* op. cit., S. 87.

S. 209 »Alle Dichter«: A. S., Interview mit Brigitte Weeks, *NES,* p. 114.

»andauernde, vollkommene Ermutigungen«: Maxine Kumin, Interview mit D. M., 9. Oktober 1980.

S. 210 »Ich habe schon vor langer Zeit«: John Holmes an Maxine Kumin, 16. August 1961, Privatsammlung.

»schrieb offen über«: Maxine Kumin, »How It Was«, *CP,* p. XXXIV.

S. 211 »die Talente«: Fred M. Hechinger, »Radcliffe Pioneers in Plan for Gifted Women's Study«, *New York Times,* 20. November 1960, p. 1.

»Klima, da niemand«: Dr. Mary Ingraham Bunting, Interview mit D. M., 2. Dezember 1982.

»Ich weiß, mein akademischer Hintergrund«: Bewerbung am Radcliffe-Institute, 7. März 1961, Archiv des Radcliffe College.

S. 212 »ungewöhnlich scharfen«: Ibid.

»Hoi!«: Ibid.

»rannte in die Nachbarhäuser«: A. S., Interview mit Alice Ryerson, Januar 1962, Archiv des Radcliffe College.

»Hark Hark«: A. S. an Dr. Orne, 29. Mai 1961, HRHRC.

»Das ist etwas«: A. S. zu Dr. Orne, Therapietonband, 30. Mai 1961.

»war ein echter Treffer«: A. S. zu Dr. Orne, Therapietonband, 27. April 1961.

S. 214 »Und was soll ich jetzt sagen?«: Anthony Hecht an A. S., 14. April 1961, HRHRC.

»Inzwischen meine ich«: Anthony Hecht an A. S., 23. Mai 1961, HRHRC.

»Nicht, daß ich«: A. S. zu Dr. Orne, Therapietonband, 15. Juni 1961.

S. 215 »Es geht mir nicht darum«: A. S. zu Dr. Orne, Therapietonband, 20. Juni 1961.

»Als würde Ödipus«: James Wright, handschriftliche Notizen auf dem Manuskript in der Sammlung der Werke von A. S., *All My Pretty Ones*, HRHRC.

»A woman who writes«: *CP*, p. 88.

S. 216 »Ein lauwarmer, nicht ganz«: Roger Hecht an D. M., 25. November 1986.

S. 217 »Gleich was Robert Bly«: A. S. an James Wright, 6. Februar 1964, HRHRC.

»Letter Written During a January Northeaster«: *CP*, pp. 91–92.

S. 218 »schickte ihre damit sehr«: »Women of Talent«, *Newsweek*, 23. Oktober 1961, p. 97.

S. 219 haßte das Durcheinander: A. S., Interview mit Alice Ryerson, Januar 1962, Archiv des Radcliffe College.

»Ich kann meine Ziele erreichen«: A. S., Interview mit Martha White, Juli 1963, Archiv des Radcliffe College.

Durch das hohe Fenster: A. S. an Bruder Dennis Farrell, 21. Juli 1962, *Letters*, p. 143.

»Meine Bücher machen mich glücklich«: A. S., Interview mit Alice Ryerson, Januar 1962, Archiv des Radcliffe College.

S. 220 »Das ist ein sehr wichtiges Thema«: Ibid.

»Früher bin ich immer«: A. S., Interview

mit Martha White, Archiv des Radcliffe College.

»Nur wenige Dichter«: Louis Untermeyer an A. S., 10. Januar 1962, HRHRC.

S. 221 »Es ist ein Statussymbol«: A. S., Interview mit Alice Ryerson, Januar 1962, Archiv des Radcliffe College.

Als Linda Sexton Jahre später: Linda Sexton an D. M., 17. Juli 1989.

»Sie bat mich«. A. S. zu Dr. Orne, Therapietonband, 17. Juni 1961.

S. 222 »Ich habe *immer*«: Linda Sexton, Interview mit D. M., 13. Oktober 1980.

Joy erinnerte sich: Joy Sexton, Interview mit D. M., 24. September 1986.

»Es ist wie Jekyll und Hyde«: A. S. zu Dr. Orne, Therapietonband, 27. Juni 1961.

S. 223 »Oh mein Gott«: Alle Einzelheiten der nachstehenden Schilderung des Streits stammen aus dem Bericht, den A. S. Dr. Orne gab. Therapietonband, 27. Juni 1961.

S. 226 »Ich kann es nicht mehr mit Kayo«: A. S. zu Dr. Orne, Therapietonband, 17. Februar 1962.

»Mein Mann weiß nicht«: A. S., zusammengefaßt aus einem Interview mit Martha White, Juli 1963, Archiv des Radcliffe College.

S. 227 »Das einzige«: A. S. zu Dr. Orne, Therapietonband, 29. Juni 1961.

»wie exotische Vögel«: »On the Edge of Women's Liberation«, Brita Stendahl, *Radcliffe Quarterly*, Juni 1986, p. 16.

S. 228 »von ein paar Lesungen«: Tonbandaufzeichnungen von Vorträgen Maxine Kumins und Anne Sextons am Radcliffe Institute, 13. Februar 1962, Archiv des Radcliffe College.

S. 229 »The fortress«: *CP*, pp. 66–68.

S. 230 »Man könnte sagen«: A. S., Interview mit Martha White, Juli 1963, Archiv des Radcliffe College.

»wie eine Hexe«: A. S. zu Dr. Orne, Therapietonband, 11. Juli 1961.

»weil es nicht so sehr«: A. S. zu Dr. Orne, Therapietonband, 6. Juli 1961.

S. 231 »Schriftsteller sind solche Schwindler«: A. S. zu Dr. Orne, Therapietonband, 21. September 1961.

»Ich glaube, man kann«: A. S. zu Dr. Orne, Therapietonband, 30. November 1961.

»Und ich habe einen Bestseller-Verstand«: A. S. zu Dr. Orne, Therapietonband, 25. Juli 1961.

S. 232 »nicht so tun wolle«: John Updike an A. S., 8. Dezember 1961, HRHRC.

»Wenn Saul Bellow«: A. S., Therapienotizbuch, 30. November 1961, gesperrtes Material, HRHRC.

»den Salinger für Erwachsene«: A. S. zu Dr. Orne, Therapietonband, 25. November 1961.

»den besten amerikanischen Roman«: A. S. zu Dr. Orne, Therapietonband, 15. Juni 1961.

»»Mein ganzer Verfall‹«: A. S. zu Dr. Orne, Therapietonband, 14. Oktober 1961.

S. 233 »wir einander«: Saul Bellow an A. S., undatiert [November 1961], HRHRC.

»Es war, als hätte ich«: A. S. zu Dr. Orne, Therapietonband, 25. November 1961.

»Ich war gerade dabei«: Ibid.

S. 234 Linda und Joy erinnerten sich: Linda und Joy Sexton, Interview mit D. M., 6. Oktober 1989.

Das Gespräch mit Linda: A. S. zu Dr. Orne, Therapietonband, 31. August 1961.

S. 235 »Anders als andere Ärzte«: Dr. Orne zu A. S., Therapietonband, 28. November 1961, und Gespräch mit D. M., 28. Januar 1989.

»aber weil ich nicht wußte«: A. S. zu Dr. Orne, Therapietonband, 21. November 1961. Dieses Band ist die einzige Quelle zum gesamten Bericht Sextons über diese Episode.

S. 237 »Ich habe das Gift einkassiert«: A. S. an Dr. Orne, geschrieben am 19. November 1961, als sie auf Kayos Rückkehr vom Jagdausflug wartete; Unterlagen des Arztes.

»Wenn ich Deprol«: A. S. zu Dr. Orne, Therapietonband, 25. November 1961.

»Sie haben einmal«: A. S. zu Dr. Orne, Therapietonband, 30. November 1961.

Die Dichtung
und das Unbewußte

S. 239 »Wenn Kayo für zwei Wochen«: A. S. zu Dr. Orne, Therapietonband, 6. Januar 1962.

»Das Gefühl ist so gewaltig«: A. S. zu Dr. Orne, Therapietonbänder, 4. und 9. Januar 1962.

S. 240 »heftigen, unvernünftigen Gefühl«: A. S. an Dr. Orne, 6. April 1961, Unterlagen des Arztes.

»Ich will nie«: A. S. zu Dr. Orne, Therapietonband, 25. Januar 1962.

S. 241 »Sie ist sehr gut«: A. S. zu Dr. Orne, Therapietonband, 17. Februar 1962.

»für vierzig Dollar«: A. S. zu Dr. Orne, Therapietonband, 25. Januar 1962.

»Vier Szenen«: A. S. an Robert Lowell, 25. Januar 1962, *Letters*, p. 134.

S. 242 »Ich bin nicht mehr eine Frau«: Das Stück enthält Zeilen, die Sexton später in das Gedicht »Consorting with Angels« aufnam, veröffentlicht in *Carleton Miscellany* 4 (Frühjahr 1963): 41–44, wiederabgedruckt in *Live or Die* (1966).

»Ich übernehme den Priester«: Zitiert von A. S. gegenüber Dr. Orne, Therapietonband, 23. Januar 1962.

»Sehr interessant«: Tonbandmitschnitt einer Lesung und Diskussion am Charles Playhouse, undatiert [Januar 1962], HRHRC; zitiert von A. S., »Author in Residence in a Little Town Called Boston«, unveröffentlichtes Manuskript, HRHRC.

S. 243 »Nachdem der erste Student«: Jeffrey Moussaieff Masson, Interview mit D. M., 10. Mai 1989.

Ted Weiss fiel auf: Ted Weiss, Interview mit D. M., 3. Februar 1984.

S. 244 »He looks across«: John Holmes, in einem Brief an Maxine Kumin zu »The Five« hinzugesetzte Strophen, 26. Februar 1962, Privatsammlung.

S. 245 »Wir waren uns so sicher«: A. S. zu Dr. Orne, Therapietonband, 17. Mai 1962.

»Somewhere in Africa«: *CP,* pp. 106–107.

S. 247 »Mrs. Sexton besingt«: Charles Simmons, *Saturday Review of Literature,* 30. März 1963, p. 47.

»Es läßt sich wohl«: James Dickey, »Dialogues with Themselves«, *New York Times Book Review,* 28. April 1963, p. 50.

S. 248 »Sie schreibt wie ein Mann«: A. S., Interview mit Alice Ryerson, Januar 1962, Archiv des Radcliffe College.

»Mein Kommentar ist folgender«: A. S. an APHRA [Elizabeth Fisher], 2. Juli 1969, HRHRC.

»Ich war völlig sprachlos«: Sylvia Plath an Anne Sexton, 21. August 1962, HRHRC.
»Sie haben von Anfang an«: Elizabeth Bishop an A. S., 14. September 1962, HRHRC.
»Ihr neues Buch«: Denise Levertov an A. S., 29. November 1962, HRHRC.
S. 249 »Ich kann darauf nur«: A. S. zu Dr. Orne, Therapietonband, 16. Januar 1962.
»Ich möchte mich am liebsten«: A. S., maschinengeschriebene Notizen, 13. Januar 1962, gesperrtes Material.
S. 250 »ohne Band«: A. S. zu Dr. Orne, Therapietonband, 23. Juni 1962.
Sexton kam: Die Bandaufzeichnung dieser Sitzung ist verlorengegangen. Diese Darstellung ist aus Sextons Therapienotizbuch, aus Dr. Ornes Zusammenfassung zu Beginn der folgenden Sitzung und aus mündlichen Verweisen in späteren Sitzungen rekonstruiert.
»Da lag ich«: A. S. zu Dr. Orne, Therapietonband, 26. Februar 1963.
S. 251 »Mein Verleger schickte mir«: A. S. zu Dr. Orne, Therapietonbänder, 23. Juni 1962 und 26. Februar 1963. Das Gedicht ist »Fêtes de la faim«. Als sie später über den Hintergrund von »Flee on Your Donkey« sprach, stellte Sexton die Episode etwas anders dar: siehe Vorlesung sieben, Crashaw Lectures, HRHRC.
»Als Therapeut habe ich«: Dr. Orne zu A. S., Therapietonband 2 (von 2), 19. Juni 1962.
S. 252 »Ich bin seit Jahren«: A. S. zu Dr. Orne, Therapietonband, 21. Juni 1962.
»Werden Sie es mir überlassen«: A. S. und Dr. Orne, Therapietonband, 20. September 1962.
»Flee on Your Donkey«: CP, pp. 97–98.
S. 254 »etwas entsetzlich Böses«: A. S. zu Dr. Orne, Therapietonband, 14. November 1961.
Wie Daddy: A. S. zu Dr. Orne, Therapietonband, 26. Februar 1963.
The Green Hornet, The Shadow: Kinderfunksendungen; Anm. d. Übers.
S. 256 Sexton meinte: A. S. zu Dr. Orne, Therapietonband, 28. Februar 1963.
»arbeiten Ich und Unbewußtes«: A. S. zu Dr. Orne, Therapietonband, 10. Januar 1963.
Sextons Methode: Ibid.

»Schreiben ist viel unbewußter«: A. S., Interview mit J. D. McClatchy, 23. September 1973, Privatsammlung.
S. 257 »Wenn ich zum Beispiel«: A. S. zu Dr. Orne, Therapietonband, 10. Januar 1963.
»bringt noch einen Klangeffekt«: Vorlesung drei, Crashaw Lectures, HRHRC.
»Ich weiß, es ist nicht«: A. S. zu Dr. Orne, Therapietonband, 10. Januar 1963.
S. 258 »Ein Lektor fungiert«: A. S. zu Dr. Orne, Therapietonband, 11. April 1961.
»Lowell hat gesagt«: A. S. und Dr. Orne, Therapietonband, 28. Februar 1963.
S. 259 »So wurde ich«: Arthur Freeman, Interview mit D. M., 8. August 1987.
S. 260 Sie fing an, einem Mönch: Bruder Dennis Farrell an A. S., 26. Juni 1961, HRHRC.
»Sie stehen in der Gnade«: Bruder Dennis Farrell an A. S., 5. Februar 1962, gesperrtes Material, HRHRC.
»Ich bin JETZT«: A. S. an Bruder Dennis Farrell, 21. Juni 1962, Letters, p. 141.
»Ich brauche dich«: A. S. an James Wright, 18. Juni 1962, Kenyon College Archiv.
»Braun bin ich«: Bruder Dennis Farrell an A. S., 1. Juli 1962, gesperrtes Material, HRHRC.
S. 261 »nach einem Schicksal«: A. S. an Bruder Dennis Farrell, 5. Januar 1963, HRHRC.
»Ich bin wohl so hysterisch«: A. S. an Bruder Dennis Farrell, 19. November 1962, Letters, pp. 148–149.
S. 262 »einer menschlichen Beziehung«: A. S. an Bruder Dennis Farrell, 28. März 1963, Letters, p. 159.
»Dieses Mädchen paßt vollkommen«: A. S. zu Dr. Orne, Therapietonband, 20. September 1962.
S. 264 »Ich war unterwegs«: Joy Sexton, Interview mit D. M., 24. September 1986.
»In Wirklichkeit war Anne«: Jane Kumin, Gespräch mit D. M., 10. Mai 1986.
Sexton erhielt im Juli: A. S. an Paul Brooks, 8. August 1962, HRHRC.
»kleine Momente«: Robert Lowell an A. S., 1. Dezember 1961, HRHRC.
S. 265 »Lassen Sie das«: A. S. an Paul Brooks, 13. April 1962, HRHRC.
S. 266 »Ich nenne die Vorlesung«: Denise Levertov an A. S., 29. November 1962,

578

HRHRC. Aus dieser Vorlesung ging Levertovs einflußreicher Essay »Some Notes on Organic Form«, Erstveröffentlichung in *Poetry,* September 1965, hervor.

»Sexton hat, im aufgewühlten«: Richard Howard, »Five Poets«, *Poetry,* März 1963, pp. 413–414.

»Man schreibt nicht«: A. S., »Programm P. M.«, WBZ Boston, 18. Februar 1962, Tonbandmitschnitt, HRHRC.

S. 267 »Offen gestanden habe ich«: A. S. an R. R. R., 26. Februar 1963, Akte »Fanpost«, HRHRC.

»Mir scheint, ein einen lebenden Dichter«: A. S., maschinengeschriebenes Manuskript, ohne Titel, handschriftliche Anmerkung »B. C., 4. Nov. 1962«, HRHRC.

Ein Kreis von Künstlerinnen

S. 275 »Mein Herz fing an zu pochen«: A. S. zu Dr. Orne, Therapietonband, 12. März 1963.

S. 276 »für ein einzigartiges«: Verleihungsurkunde, datiert 22. Mai 1963, gezeichnet von Lewis Mumford, President, American Academy of Arts and Letters, HRHRC.

»Sie ist kultiviert«: A. S. an Anne Ford, 29. Mai 1963, HRHRC.

»Ich muß auf die Bühne«: A. S. und Dr. Orne, Therapietonband, 18. Mai 1963.

S. 277 »Wenn ich dieses kleine Mädchen bin«: A. S. zu Dr. Orne, Therapietonband, 27. Juli 1963.

»anderen, die mir Beistand leisten«: Tillie Olsen an A. S., Postkarte, 7. November 1960, HRHRC.

S. 278 »Konnte den WEIBLICHKEITSWAHN«: Maxine Kumin an A. S., 23. August 1963, HRHRC.

»Erziehung«: Tillie Olsen, Interview mit D. M., 12. Juni 1987.

S. 279 »Wir gingen am Charles River«: Ibid.

S. 280 »die Erste Besatzung«: Barbara Swan, »Premier Cru«, *Radcliffe Quarterly,* Juni 1986, pp. 17–18. Als zweite bildende Künstlerin war Lois Swirnoff im Jahr 1961/1962 am Radcliffe Institute.

»Anne war eine Schönheit«: Barbara Swan, »A Reminiscence«, in McClatchy, p. 83.

»Wenn man will«: Barbara Swan, Interview mit D. M., 4. Dezember 1982.

»Zwischen Barbara und Anne«: Tillie Olsen, Interview mit D. M., 12. Juni 1987.

S. 281 Sexton verwendete das Bild: A. S. zu Dr. Orne, Therapietonbänder, 10. Januar und 28. Februar 1963.

»Anne kam wie ein Tornado«: Swan, »A Reminiscence«, p. 82.

Im gleichen Jahr: A. S. zu Dr. Orne, Therapietonband, 21. März 1963.

»die Bedingungen«: Tillie Olsen, Interview mit D. M., 12. Juni 1987.

S. 282 »Was tötet«: A. S. zu Dr. Orne, Therapietonband, 21. März 1963.

»Vermutlich hat Tillies Seminar«: A. S., Interview mit Martha White, Juli 1963, Archiv des Radcliffe College.

»Tillie ist so eingespannt«: A. S., Ibid.

S. 283 »Ich habe mich mit Frieda«: Sylvia Plath an A. S., 21. August 1962, HRHRC.

S. 284 »Ich begann mit Sorgen«: A. S. zu Dr. Orne, Therapietonband, 7. März 1963.

»Ein Mensch, der«: Ibid.

»hatte den Selbstmord«: A. S. an Lois Ames, 4. Juni 1965, *Letters,* p. 261.

S. 285 »Sylvia Plaths Tod«: A. S. zu Dr. Orne, Therapietonband, 5. März 1963.

»durch das Pathos«: Robert Lowell an A. S., 25. Juni 1963, HRHRC.

»Es ist wirklich gut«: A. S. an George Starbuck, 17. Juni 1963, HRHRC.

»Ich hab bloß zugehört«: A. S. an Galway Kinnell, 20. Februar 1964, *Letters,* p. 233.

»Das ist eine bloße Brotarbeit«: Linda Sexton zu D. M., September 1990.

S. 286 »eine große Lyrikerin«: A. S. an Dr. Orne, 20. Juli 1963, Unterlagen des Arztes.

»Jetzt kapiere ich es!«: Ibid.

»Ich habe mir überlegt«: A. S. zu Dr. Orne, Therapietonband, 23. Mai 1963.

S. 287 »Jetzt ist«: A. S. zu Dr. Orne, Therapietonbänder, 5. und 21. März 1963.

»Identitätssachen«: A. S. zu Dr. Orne, Therapietonband, 28. Februar 1963.

S. 288 »Sie haben den Mechanismus«: A. S. und Dr. Orne, Therapietonband, 10. August 1963.

»Talisman«: A. S. zu Dr. Orne, Therapietonband, 16. August 1963.

»Ich hatte eine Familie«: Sandy Robart, Interview mit D. M., 11. November 1982.

»Sandy hat vor nichts in der Welt«: A. S. zu Dr. Orne, Therapietonband, 12. August 1963.

S. 289 »Mutter lehnte sich«: Joy und Linda Sexton, Interview mit D. M., 6. Oktober 1989.

»Mutter stellte mich«: Linda Sexton, Interview mit D. M., 14. Oktober 1980.

S. 290 »Am Sonntag kam Linda«: A. S. zu Dr. Orne, Therapietonband, 21. Februar 1963.

»Ihr Körper will«: A. S. zu Dr. Orne, Therapietonband, 11. Juni 1963.

S. 291 »Durch meine Kinder«: A. S. zu Dr. Orne, Therapietonband, 13. Juni 1963.

»Koste jedes Quentchen«: Wilhelmine Sexton an A. S., 26. August 1963, HRHRC.

S. 292 »Früchte des Zorns«: A. S. an die Familie Sexton, 4. September 1963, *Letters*, p. 179.

»Euere europäischen«: Maxine Kumin an A. S., 10. September 1963, HRHRC.

»ACH, WENN WIR UNS«: A. S. an die Familie Sexton, 4. September 1963, *Letters*, pp. 184–185.

S. 293 »Auf dieser Seite«: A. S. an die Familie Sexton, 5. September 1963, *Letters*, p. 189.

»Ich habe weder die Zeit«: A. S. an Alfred M. Sexton, 7. September 1963, *Letters*, p. 192.

»Ich bin hartnäckig«: A. S. an Alfred M. Sexton, 19. September 1963, *Letters*, p. 194.

»Ich bin stolz«: A. S. an Dr. Orne, 19. September 1963, Unterlagen des Arztes.

S. 294 »wo einen hinter der Schweiz«: A. S. an die Familie Sexton, 25. September 1963, *Letters*, p. 203.

»Oh, mein Liebster«: A. S. an Alfred M. Sexton, 27. September 1963, *Letters*, p. 206.

»den Teil meines Ichs«: A. S. an Alfred M. Sexton, 2. Oktober 1963, *Letters*, p. 210–211.

»Ich möchte ein schlichtes Wort«: A. S. an Alfred M. Sexton, 6. Oktober 1963, *Letters*, p. 212–14.

S. 295 »beinahe eine Unfähigkeit«: Alfred M. Sexton an A. S., 8. Oktober 1963, HRHRC.

S. 296 »mich zu teilen«: A. S. an Dr.

Orne, 6. Oktober 1963, Unterlagen des Arztes.

»der Reiz neuer Orte«: A. S. an Alfred M. Sexton, 11.–12. September, *Letters*, p. 197.

Sie lernten einander am Strand kennen: A. S. an Dr. Orne, undatiert [circa 23. Oktober] 1963, Unterlagen des Arztes.

»Ich bin einfach«: A. S. an Alfred M. Sexton, 18. Oktober 1963, *Letters*, p. 219.

S. 297 »Capri ist nicht«: A. S. an Dr. Orne, 22. Oktober 1963, Unterlagen des Arztes.

»ANKOMME BOSTON«: A. S. an Alfred M. Sexton, 22. Oktober 1963, *Letters*, p. 221.

»Ich habe doch«: A. S. zu Dr. Orne, Therapietonband, 7. November 1963.

»In der Psychiatrie«: Dr. Orne zu A. S., Therapietonband, 5. November 1963.

S. 298 »Kann man nicht auf ganz unauffällige«: A. S. und Dr. Orne, Therapietonband, 21. Oktober 1961.

»Ich sollte aufhören«: A. S. zu Dr. Orne, Therapietonband, 19. März 1963.

S. 299 »Du bist schon seit so vielen Jahren«: Von A. S. gegenüber Dr. Orne wiedergegeben, Therapietonband, 5. November 1963.

»Der Alkoholismus«: Dr. Orne zu A. S., Therapietonband, 21. Oktober 1961.

S. 300 »Noch weinend fragte er mich«: A. S. an Dr. Orne, 9. November 1963, Unterlagen des Arztes.

Kayo war bei ihr: Westwood Lodge Krankenhaus, Patientenunterlagen, 8. November 1963.

S. 301 »Slavic and determined«: »Menstruation at Forty«, *CP*, pp. 137–138.

Auf Capri: A. S., Brief an Dr. Orne, 9. November 1963, Unterlagen des Arztes.

Sie bewahrte in ihren Mappen: A. S., Works, »Arevederchi«, handschriftliches Manuskript, HRHRC.

S. 302 »Überall fanden«: A. S. an Felicia Geffen, 5. November 1963, *Letters*, p. 226.

Die Nana-Hexe

S. 303 »Ich bin schon in Sie verliebt«: Von Wilder gegenüber A. S. als deren Worte zitiert, 31. Januar 1964, gesperrtes Material, HRHRC.

S. 304 »Mangelndes Vertrauen«: A. S. an Anne Wilder, 13. November 1963, Privatsammlung.

S. 305 »Ich würde mich freuen«: Anne Wilder an A. S., 15. November 1963, gesperrtes Material, HRHRC.

Thornton Wilder: Anne Wilder, Interview mit D. M., 15. Juli 1981. Wilder erwähnte diese verwandtschaftliche Beziehung in einem Brief an A. S., 5. April 1964.

»Schuster, bleib«: A. S. an Anne Wilder, 2. Januar 1964, gesperrtes Material, HRHRC.

»Für Dich klingt das«: Anne Wilder an A. S.. 31. Januar 1964, Privatsammlung.

S. 306 »Millers Stück«: A. S. an Anne Wilder, 29. Januar 1964, gesperrtes Material, HRHRC.

»morbide freie Assoziation«: A. S. an Anne Wilder, undatiert [Mitte Januar 1964], Privatsammlung.

S. 307 »But suicides have«: »Wanting to Die« trägt das Datum 3. Februar 1964, CP, pp. 142–143.

»weiblichen Ausweg«: A. S. zu Dr. Orne, Therapietonband, 14. März 1963.

»Ich will nicht in irgendeinem«: A. S., Therapienotizbuch, gesperrtes Material, HRHRC.

»Ich bin so fasziniert«: A. S. zu Dr. Orne, Therapietonband, 25. April 1964.

S. 308 »Dann würde er mich bestrafen«: A. S. und Dr. Orne, Therapietonband, 16. Januar 1962.

»Mir wäre es lieber«: A. S. an Joyce Lebra, 17. August 1964, HRHRC. Lebra hatte Sexton geschrieben, Soter sei an einer Überdosis Schlaftabletten gestorben, 13. August 1964, HRHRC.

S. 309 »der Selbstmord ebenfalls«: A. S. zu Dr. Orne, Therapietonband, 7. März 1963.

Dr. Orne sondierte: Ollie Zweizung ist ein Pseudonym. Einzelheiten werden nicht genannt, um die Anonymität des Arztes zu schützen.

S. 310 Aus Frankreich: A. S. an Anne Wilder, undatiert [Juni 1964], Privatsammlung.

»einen Riß bekommen«: A. S. an Dr.

Orne, 6. Juni 1964, Unterlagen des Arztes; an Anne Wilder, 6. Juni 1964, Privatsammlung.

»Ein Mädchen«: A. S., Interview mit Lois Ames, Boston Sunday Herald Traveler Book Guide, 12. Oktober 1969. Wiederabgedruckt in NES, p. 121.

S. 311 »Mir geht es nicht gut«: A. S. an Anne Wilder, 31. Juli 1964, Privatsammlung.

S. 312 »die Nana-Hexe«: »The Hex«, CP, p. 313.

»Ich suche nach Nana«: A. S., maschinengeschriebene Notizen für Dr. Orne, undatiert [vermutlich 1958], Unterlagen des Arztes.

»Hark ye!«: A. S., Tell Me Your Answer True, 1. Akt, unveröffentlichtes Manuskript, p. 4. Alle Zitate und Hinweise basieren auf der Kopie Dr. Ornes.

S. 314 »Dieses Mädchen bin«: A. S. zu Dr. Orne, Therapietonband, 23. Januar 1962.

S. 316 »Ich sage ganz entzückt«: A. S. an Anne Wilder, 3. Juli 1964, Letters, p. 243.

»Little Girl, My String Bean, My Lovely Woman«: CP, p. 147. In Sextons Gedicht wird Linda an diesem Geburtstag zwölf, nicht elf Jahre alt.

S. 317 »Ich hatte mich auf meine Seite«: Linda Sexton, Interview mit D. M., 19. Juli 1989.

»Der Zwang«: Linda Sexton an D. M., September 1990.

S. 318 »linke Hand«: A. S. an Anne Wilder, 4. August 1964, Privatsammlung.

»Doc: Hat Ihnen jemand«: A. S. an Anne Wilder, 6. August 1964, Privatsammlung. Orthographie und Zeichensetzung stammen von Sexton.

S. 319 »einem dauernden Reimen«: Ibid.

S. 320 »Thorazin, heißt es«: Ibid.

S. 321 »Sprache hat nichts«: A. S. an Anne Wilder, 3. Juli 1964, Letters, p. 245.

»das manische Ich«: A. S. an Anne Wilder, 25. August 1964, Letters, p. 249.

»Ziemlich manisch«: A. S. an Dr. Orne, 22. August 1964, Unterlagen des Arztes.

S. 322 »wenn die Magie«: A. S. an Alfred M. Sexton, 17. August 1964, Letters, p. 248.

Später erinnerte er sich: Ben Shaktman, Interview mit D. M., 23. April 1983.

S. 323 »Anne Sexton hat mich gelehrt«:
Ibid.

»Aus dem Munde«: Ben Shaktman an
A.S., 2. Juli 1965, HRHRC.

»Daisy ist doch«: Ben Shaktman, Interview
mit D. M., 23. April 1983.

»Daisy ist so verrückt«: A. S. an Ben Shaktman, 6. Juli 1965, HRHRC.

S. 324 »Jetzt kommen wir«: A. S. an
Claire Degener, 16. November 1964, Letters, p. 253.

S. 325 »Was ich brauche«: A. S. an Anne
Wilder, 10. Dezember 1964, Letters, p.
255.

»das Arschloch«: A. S. an Dr. Orne, Therapienotizbuch, 2. Mai 1964, gesperrtes Material, HRHRC.

S. 326 »Ich habe absichtlich«: A. S. an
Anne Wilder, 10. Dezember 1964, Letters,
p. 255.

»Ikarus fangen«

S. 328 »[Icarus] glances«: »To A Friend
Whose Work Has Come to Triumph«, CP,
p. 53.

S. 329 »Die verdammten Tranquilizer«:
A.S. an Tillie Olsen, 14. Februar 1965,
Letters, pp. 256–258.

»Mein ganzes Leben lang«: A. S., Vorlesung sechs, Crashaw Lectures, HRHRC.

S. 330 »Jahrelang hab ich nur«: A. S. an
Anne Wilder, 10. Dezember 1964, Letters,
p. 255.

»Es war, als sei Ikarus«: Anne Wilder an
A.S., 22. August 1963, gesperrtes Material, HRHRC.

»Als Metapher«: A. S. an Anne Wilder, 1.
September 1963, Privatsammlung.

S. 331 »Ja, als Paar«: Anne Wilder an
A.S., 6. November 1963, Privatsammlung.

»Aus Liebe«: A. S. an Anne Wilder, 24.
Dezember 1964, gesperrtes Material,
HRHRC.

S. 332 »Meine Liebe«: Anne Wilder an
A.S., 23. Januar 1965, gesperrtes Material, HRHRC.

»Ich glaube, beide Ärzte«: Ibid.

S. 333 »Vieles von dem«: A. S. an Anne
Wilder, 27. Januar 1965, gesperrtes Material, HRHRC.

»Daß Du es als etwas Sexuelles«: A. S. an
Anne Wilder, 8. Februar 1965, gesperrtes
Material, HRHRC.

S. 334 »Wir sind wichtig«: Ibid.

»ICH HABE RAUM«: A. S. an Anne Wilder, 15. Februar 1965, Letters, p. 260.

S. 335 »Ich nehme das Thorazin«: Ibid.,
p. 259.

»Ich war so wütend«: A. S. an Anne Wilder, 29. Januar 1965, Privatsammlung.

»kindischer«: A. S. an Anne Wilder, 15.
Februar 1965, Letters, p. 259.

S. 336 »Ich freue mich«: Anne Wilder,
Tagebucheintrag, 5. Mai 1965, Privatsammlung.

»Ich bin nur mäßig«: Anne Wilder, Tagebucheintrag, 6. Mai 1965, Privatsammlung.

S. 337 »etwas weniger«: Anne Wilder, Interview mit D. M., 28. Juni 1989.

»›Hier ist deine Prinzessin‹«: Ibid.

S. 338 »Trotz der gerade«: Ibid.

S. 339 »Ich bin wirklich«: Ibid.

»Love twists me«: »Your Face on the Dog's
Neck«, CP, p. 153.

»Ich bin wie vor einer«: A. S. an Anne Wilder, 4. Juni 1965, Privatsammlung.

»Es war mein Bedürfnis«: A. S. an Anne
Wilder, 17. Mai 1965, Privatsammlung.

»Ich bewundere das Gedicht«: Anne Wilder an A.S., undatiert [»Dienstag«], gesperrtes Material, HRHRC.

S. 340 »Er hat höllische Angst«: A. S. an
Anne Wilder, 17. Mai 1965, Privatsammlung.

»machte alte fertig«: A. S. an Anne Wilder,
9. Juni 1965, Privatsammlung.

»Wenn es eine wirkliche«: A. S., Vorlesung
zehn, Crashaw Lectures, HRHRC.

S. 341 »Ich wollte es schreiben«: Ibid.

»Klangeffekt«: A. S., Vorlesung drei, Crashaw Lectures, HRHRC.

»Wenn die Entscheidung«: A. S. an Anne
Wilder, 9. Juni 1965, Privatsammlung.

S. 342 »O little mother«: »For the Year of
the Insane«, CP, p. 133.

»Ungeheuer der Verzweiflung«: Ein Aus-
druck, den Sexton offenbar in ihrem Brief an
Saul Bellow benutzte und den er in seinem
Antwortbrief ebenfalls verwendete. Saul
Bellow an A.S., undatiert, HRHRC.

»Hören Sie auf«: A. S. an Jonathan Korso,
12. August 1965, Letters, p. 267. »Jona-

than Korso« ist das in *Letters* verwendete Pseudonym.

»Er sagt, es sei«: A. S. an Anne Wilder, 9. Juni 1965, Privatsammlung.

S. 343 »Bitte gib mir«: A. S. an Linda Sexton, 8. Juli 1965, *Letters,* p. 266.

»Mit einer ›Kumpel-Methode‹«: A. S. an die Syracuse University, 6. August 1965, HRHRC.

S. 344 »ich in der Großen Stadt«: A. S. an Frederick Morgan, 12. August 1965, HRHRC.

»Ich kann den Preis«: A. S. an das Kenyon College (George Lanning), 23. August 1965, HRHRC.

»Zu diesem Zeitpunkt«: Jon Stallworthy, Interview mit D. M., 15. Mai 1983.

S. 345 »[Sylvia] schrieb mir«: A. S. an Lois Ames, 4. Juni 1965, *Letters,* p. 262.

S. 346 »rief [Sexton] mich an«: Lois Ames, »Remembering Anne«, in McClatchy, p. 111.

»Eine verführerische Frau«

S. 347 »Live«: *CP,* p. 170.

»direkt von Gott«: A. S. an Ben Shaktman, 5. März 1966, HRHRC.

»Ich habe anscheinend«: A. S. an Claire Degener, 25. September 1966, HRHRC.

S. 348 »Jeder Buchstabe«: A. S. an Philip Legler, 26. Mai 1966, HRHRC.

»Für jemand, der verrückt ist«: A. S. an Jon Stallworthy, 5. April 1966, HRHRC.

S. 349 »Es war noch nicht«: Joy Sexton, Interview mit D. M., 6. Oktober 1989.

»eine so schlechte Schülerin«: A. S. an Joseph Gauld, 17. Mai 1967, HRHRC.

Die beschönigende Darstellung: »Anne Sexton«, *USA: Poetry,* produziert und gedreht von Richard Moore von der KQED Film Unit, San Francisco, California, für das National Educational Television, 1966.

S. 350 »Sie stammten aus der Phase«: Linda Sexton an D. M., 19. Juli 1989.

Der Film war: »Sexton«, ein Filmzusammenschnitt aus nicht verwertetem Material aus *USA: Poetry,* produziert vom American Poetry Archive Film Unit, Poetry Center, San Francisco State University, San Francisco, California. Alle Zitate in der folgenden Passage stammen aus diesem Film.

S. 352 »mir nie etwas bedeuteten«: A. S. zu Dr. Orne, Therapietonbänder, 10. Dezember 1963 und 3. März 1964.

S. 353 »Man war ständig«: Allen Grossman, Interview mit D. M., 13. Oktober 1982.

S. 354 »neue Spielart der Orthodoxie«: James Dickey, »Dialogues with Themselves«, *New York Times Book Review,* 28. April 1963. Wiederabgedruckt in *Anne Sexton: Telling the Tale,* ed. Steven E. Colburn (Ann Arbor: University of Michigan Press, 1988), p. 106.

»Ich hatte eine Lesung«: James Dickey an D. M., 24. Juli 1989.

»Schlafen Sie mit jedem?«: A. S. an James Dickey, 12. Dezember 1965, HRHRC.

»Ich habe Angst vor einer Briefbeziehung. Als wir uns kennenlernten, haben Sie mich gefragt ›Schlafen Sie mit jedem?‹ oder so ähnlich. Meine Antwort war nein, wie ich mich erinnere, doch ich sage Ihnen folgendes: Ich habe einmal den Fehler gemacht und an eine Briefbeziehung geglaubt – ich ›schrieb jedem‹.« Sätze, die in *Letters,* p. 276, ausgelassen sind.

»Sie haben in mir«: James Dickey an A. S., 27. Dezember 1965, HRHRC.

»Ich würde ihr aus dem Weg gehen«: A. S. an James Dickey, »Ende Dezember 1965«, *Letters,* p. 275.

»Glauben Sie mir«: James Dickey an A. S., 1. Februar 1966, HRHRC.

S. 355 »Ich bin bereit«: A. S. an James Dickey, undatiert [circa 14. Februar 1966], HRHRC.

»Es muß schockierend«: James Dickey an A. S., 17. Februar 1966, HRHRC.

»Arschlöcher«: Alfred M. Sexton, Interview mit D. M., 21. Februar 1983.

»Wenn es denn«: A. S. an James Dickey, undatiert [circa 14. Februar 1966], HRHRC.

S. 356 »Falls Virginia«: A. S. an Philip Legler, 26. Januar 1966, HRHRC.

»Linda ist noch nie«: A. S. an Anne Wilder, 2. April 1966, Privatsammlung.

»Es ist mir schrecklich peinlich«: A. S. an Philip Legler, 27. April 1966, HRHRC.

S. 357 »In meiner ganzen Kindheit«: Linda Sexton, Interview mit D. M., 13. Oktober 1980.

»in den Clan aufgenommen«: Linda Sexton, Interview mit D. M., 19. Juli 1989.

»Maxine sagte zu mir«: Linda Sexton, Interview mit D. M., 13. Oktober 1980.

S. 358 »Sie können sich nicht vorstellen«: Philip Legler an A. S., 25. April 1966, HRHRC.

»Ihr Liebesbrief«: A. S. an Philip Legler, 27. April 1966, HRHRC.

»Ich habe darüber mit meinem«: A. S. an Philip Legler, 6. Mai 1966, HRHRC.

S. 360 »Es gibt so wenig«: Elizabeth Bishop an A.S., 10. November 1965, HRHRC.

»Ich interessiere mich dafür«: A. S. an Elizabeth Bishop, 10. Mai 1966, HRHRC.

»Da ist ein gesundheitliches Problem«: A. S. an Elizabeth Bishop, 23. Mai 1966, HRHRC.

S. 361 »Ich bin ja!«: Robert Clawson, Interview mit D. M., 16. März 1983.

»zu erkunden, wie«: Tinka Topping an A. S., 23. Februar 1966, HRHRC.

S. 362 »Ich weiß noch«: Robert Clawson, Interview mit D. M., 16. März 1983. Alle Zitate in der folgenden Passage stammen, falls nicht anders angegeben, aus diesem Interview.

S. 364 »Du hast dich in mich«: Robert Clawson an A. S., 3. Juli 1966, gesperrtes Material, HRHRC.

S. 365 »alten Sommer-Verrücktheit«: A. S. an Ollie Zweizung, 2. August 1966, gesperrtes Material, HRHRC.

»Wortzauberer«: A. S. an H. Harris, 17. Mai 1966, HRHRC.

»liebesbedürftigen Patientin«: Sigmund Freud, *Bemerkungen über die Übertragungsliebe*. In: Sigmund Freud, Studienausgabe, Ergänzungsband. Schriften zur Behandlungstechnik. Frankfurt a. M.: S. Fischer Verlag, 1975, S. 224.

»die notwendige Intensität«: *The Principles of Medical Ethics, With Annotations Especially Applicable to Psychiatry* (Washington, D.C.: American Psychiatric Association, 1981), p. 4.

S. 366 »Hin und wieder«: A. S. an Ollie Zweizung, 22. August 1966, gesperrtes Material, HRHRC.

S. 367 »Man stelle sich vor«: Maxine Kumin, Interviews mit D. M., 9. Oktober 1980 und 11. November 1982.

»Unter diesen besonderen Umständen«: Lois Ames an A. S., 18. Juli 1966, gesperrtes Material, HRHRC.

S. 368 »Ich wollte Ihnen nicht sagen«: A. S. an Dr. Orne, 4. August 1966, Unterlagen des Arztes.

»Sleepmonger, deathmonger«: »The Addict«, *CP,* pp. 165–166.

S. 369 »war es kein ernsthafter«: A. S. an Lois Ames, 2. August 1966, *Letters,* p. 298.

»Ganz gleich, was«: Alfred M. Sexton an A. S., undatiert, HRHRC.

S. 370 »Mord kommt immer ans Licht«: Alfred M. Sexton, Interview mit D. M., 11. September 1989.

»Ich fuhr als«: George MacBeth, Interview mit D. M., 14. August 1987.

S. 371 »Es stellte sich heraus«: Ibid.

»Es war eine todschicke«: Alfred M. Sexton, Interview mit D. M., 21. Februar 1983. Alle Zitate in der folgenden Passage stammen, sofern nicht anders angegeben, aus diesem Interview.

S. 372 »Ich denke ständig«: A. S. an Ollie Zweizung, 22. August 1966, gesperrtes Material, HRHRC.

»damit Anne sich den roten Staub«: Alfred M. Sexton, Interview mit D. M., 21. Februar 1983.

S. 373 »ist mein geistiges«: A. S. an Lois Ames, 7. September 1966, *Letters,* pp. 299–300.

»sprunghaften und spannungsgeladenen«: Joseph Slater, »Immortal Bard and Others«, *Saturday Review,* 31. Dezember 1966, p. 25.

»der Reiz, die Sogwirkung«: Millen Brand, »A Dark Time«, *Book Week,* 25. September 1966, p. 13.

»Ihre vorherigen Bücher«: Louis Simpson, »The New Books«, *Harper's,* August 1967, pp. 90–91.

S. 374 »GEMEINER KERL«: A. S. an Louis Simpson, 17. August 1967, HRHRC.

»Das romantische Stereotyp«: Charles Gullans, »Poetry and Subject Matter: From Hart Crane to Turner Cassity«, *Southern Review,* Frühjahr 1970, pp. 497–498; wiederabgedruckt in McClatchy, pp. 131–132.

»Ein Roman schaut«: A. S. an Constance Smith, Radcliffe Institute, 9. November 1966, *Letters,* p. 304.

S. 375 »einen unverblümt«: A. S. an Claire Degener, 25. September 1966, HRHRC.

»Vielleicht haben sich die Dinge«: A. S. an Lois Ames, 7. September 1966, *Letters,* p. 299.

Ein lediglich mit dem Datum: gesperrtes Material, HRHRC.

S. 376 Die Familiensaga: Anmerkung der Herausgeberinnen Linda Sexton und Lois Ames, *Letters,* p. 304.

»Let's face it«: »For My Lover, Returning to His Wife«, *CP,* p. 188.

»Ich liege flach«: A. S. an Lois Ames, 19. November 1966, *Letters,* p. 305.

S. 377 »Vielleicht kommt ja mit der gebrochenen Hüfte«: A. S. an Ben Shaktman, 10. Dezember 1966, HRHRC.

»Das Buch sollte«: Lois Ames an A. S., 27. Dezember 1966, gesperrtes Material, HRHRC.

Geld und Ruhm

S. 378 »Ich war ganz verliebt«: Joan Smith, Interview mit D. M., 9. März 1983. Die Zitate in der folgenden Passage stammen aus diesem Interview.

S. 379 »Anne hat ganze Passagen«: Maxine Kumin, Interview mit D. M., 9. Oktober 1980.

S. 380 »Ich bemühe mich«: A. S. an Lois Ames, 8. März 1967, gesperrtes Material, HRHRC.

»In Annes Akten«: Jean Moulton, Interview mit D. M., 12. September 1983. Die Zitate in der folgenden Passage stammen aus diesem Interview.

S. 382 »das Lager der Leidenschaft«: Linda Sexton an D. M., September 1990.

»Kayo gefällt es«: A. S. an Lois Ames, 8. März 1967, gesperrtes Material, HRHRC.

S. 383 »Ich hab mir überlegt«: A. S. zu Dr. Orne, Therapietonband, 23. Mai 1967.

»Daddy kaufte ihr«: Joy Sexton, Interview mit D. M., 24. September 1986.

»Nach mehreren Versuchen«: Jane Harvey Jealous an A. S., Telegramm, 3. Mai 1967 HRHRC.

S. 385 »Kanal 2«: A. S. an Mrs. Willard P. Fuller, 31. Mai 1967, HRHRC.

Zu den amüsantesten Briefen: Melvin Belli an A. S., 6. Mai 1967, HRHRC.

»Ich kann Ihre Gedichte«: A. S. an Melvin Belli, 31. Mai 1967, HRHRC.

»Ich bekomme jeden Tag«: A. S. an Anne Wilder, 18. November 1963, gesperrtes Material, HRHRC.

»Ich finde, daß Ihre«: David Forrest, M. D., an A. S., 13. Dezember 1965, HRHRC.

S. 386 »sometimes in private«: »For John, Who Begs Me Not to Enquire Further«, *CP,* p. 35.

S. 387 »Warum soll ein so gutes Vorhaben«: Robert Clawson, Interview mit D. M., 16. März 1983.

»Es wäre für jede Public School«: Ibid.

S. 388 «Es war ein herrlicher«: Howard Moss, Interview mit D. M., 16. November 1982.

»Sie waren ausgesprochen«: A. S. an Howard Moss, 15. Juni 1967, HRHRC.

»Ich mag Dich«: A. S. an Claire Degener, 21. Juni 1967, *Letters,* p. 317.

S. 389 »die in der Intelligenzija«: A. S. an Robert B. Silvers, 28. Juni 1967, HRHRC.

»Herrgott, ich wünschte«: A. S. an Philip Legler, 6. September 1967, *Letters,* p. 319.

S. 390 »Die Vorstellung eines Tagebuchs«: »Journal of a Living Experiment«, 16. Juni 1967 (maschinengeschriebenes Manuskript), HRHRC. Eine bearbeitete Fassung erschien später in *The Whole World Catalogue,* ed. Rosellen Brown et al. (New York: Teachers and Writers Collaborative, 1972) und wurde wiederabgedruckt in *Journal of a Living Experiment: A Documentary History of the First Ten Years of Teachers and Writers Collaborative,* ed. Phillip Lopate (New York: Teachers and Writers Collaborative, 1979).

Ein paar Monate: A. S. an Jon Stallworthy, 15. Mai 1967, HRHRC.

»Ich weiß, wie Sie«: Jon Stallworthy an A. S., 4. Juli 1967, HRHRC.

S. 391 »Jeder, der einen Zusammenbruch«: Alan Ross, Besprechung von *Live or Die,* in *London Magazine,* Juli 1967, pp. 102–103.

Sexton war dankbar: Ted Hughes an A. S., undatiert [Januar 1967], HRHRC.

»Meine Rezensionen«: A. S. an George MacBeth, 28. Juni 1967, HRHRC.

S. 392 »Erst später«: Anthony Hecht, Interview mit D. M., 28. Dezember 1989.

»Was tut man in einem solchen Hotel«:

A. S. an Jon Stallworthy, 28. Juni 1967, *Letters,* p. 318.

»Tony [Hecht] und ich«: A. S. an Alfred M. Sexton, 15. Juni 1967, HRHRC.

»Auden ärgerte sich sehr«: Jon Stallworthy, Interview mit D. M., 15. Mai 1983.

S. 393 »Ja, klar, sie war«: Anthony Hecht, Interview mit D. M., 28. Dezember 1989.

»all die in einem Saal«: A. S. an Donald Junkins, 18. Oktober 1967, HRHRC.

S. 394 »Es liest sich ganz wunderbar«: A. S. an D. M. Thomas, 21. Januar 1970, HRHRC.

»Tatsachen«, sagte sie: A. S., Interview, aufgenommen am 17. Juli 1967, HRHRC. Die Zitate in der folgenden Passage stammen aus diesem Interview.

»What a lay me down«: »The Addict«, *CP,* p. 166.

S. 395 »Dies gab der Sache«: George MacBeth, Interview mit D. M., 14. August 1987.

S. 396 »Anne war in einem«: Michael Bearpark, »A Memoir of Anne Sexton«, unveröffentlicht, undatiert.

S. 397 »Es war vielleicht indiskret«: Ibid.

»vor Energie strotzender«: Lois Ames, Gespräch mit D. M., 9. Dezember 1990.

»Es gibt auf der ganzen Welt«: D. M. Thomas an A. S., 12. Oktober 1966, HRHRC.

»Ich bewunderte«: D. M. Thomas, Interview mit D. M., 12. August 1987. Die Zitate in der folgenden Passage stammen aus diesem Interview.

S. 399 »das generelle Unbehagen«: Ted Hughes an A. S., 9. August 1967, HRHRC.

»vorübergehende Schmeichelei«: D. M. Thomas an A. S., 24. Juli 1967, HRHRC.

»Nofretete«: Jon Stallworthy, »Poets of the World Unite«, *The Sunday Times* [London], 16. Juli 1967.

S. 400 »erniedrigt«: A. S. an Jon Stallworthy, 3. August 1967, HRHRC.

»Im Moment [bin ich]«: A. S. an Dorianne Goetz, 3. August 1967, HRHRC.

»Gestern abend habe ich«: A. S. an Linda Sexton (»Stringbean«), 1. Juli 1967 [fälschlich datiert 1976], HRHRC.

»eine der schönen Seiten«: Maxine Kumin, Interview mit D. M., 9. Oktober 1980. Kumin verarbeitete diese Erinnerung in

dem Gedicht »How It Is«, wiederabgedruckt in *Our Ground Time Here Will Be Brief* (New York: Penguin, 1982), p. 68.

S. 401 »Das kommt alles davon«: A. S. an Anne Wilder, 21. September 1967, *Letters,* pp. 320–321.

»Sie fühlte sich«: Maxine Kumin, Interview mit D. M., 9. Oktober 1980.

S. 402 »Ich wollte sie überreden«: Ibid.

»Nach dem Unterricht«: Robert Clawson, Interview mit D. M., 16. März 1983.

S. 403 »Anne war in Fahrt«: Ibid.

»Die Geschichte von Wing Biddlebaum«: A. S., »Journal of a Living Experiment«, 17. September 1967, HRHRC. »The Story of Kayo Sexton«, datiert 12. September 1967, befindet sich bei dem gesperrten Material im HRHRC.

»Turning God Back On«: A. S., »Journal of a Living Experiment«, 3. und 20. Oktober 1967, HRHRC.

»Ich bin nicht sicher«: Ibid.

S. 404 »Ich bin inzwischen«: Ibid.

S. 405 »Steve war ein großer«: Robert Clawson, Interview mit D. M., 16. März 1983.

»Ich bin durch die englischen Häuser«: George MacBeth an A. S., 14. Oktober [1967], HRHRC.

S. 406 »Wenn ich Sie anscheinend«: A. S. an Dorianne Goetz, 18. Oktober 1967, HRHRC.

»I hibernated«: »Eighteen Days Without You«: *CP,* p. 206.

Aus vielen Quellen: Sexton äußerte sich zu dieser Liaison in Briefen an Barbara Kevles und an Alice Smith, HRHRC, sowie in Briefen an Dr. Zweizung, gesperrtes Material, HRHRC. Zusätzliche Hinweise gaben Robert Clawson, Claire Degener (jetzt Derway), Maxine Kumin, Martin Orne, Barbara Swan und Anne Wilder im Verlauf von Interviews.

S. 407 »Sie schrieb damals«: Robert Clawson, Interview mit D. M., 16. März 1983. Bei den gemeinten Gedichten handelte es sich um »The Break«, *CP,* pp. 190–193, und »December 13th«, *CP,* p. 216.

»Ich habe einen Kreativitätsschub«: A. S. an Richard Eberhart, 12. Dezember 1967, HRHRC.

»Ich stecke mitten«: A. S. an Dorianne Goetz, 5. November 1967, HRHRC.

Anne Sexton
and Her Kind

S. 413 »For months«: »The Touch«, *CP,* p. 173.

S. 414 »Then I think«: »December 11th«, *CP,* p. 214.

S. 416 »die amerikanische Tradition«: »Boston Area Residents Win 5 of 15 Pulitzer Prizes«, *Boston Globe,* 2. Mai 1967, pp. 1, 5.

»Heute abend«: A. S. an Philip Legler, 2. Mai 1966, *Letters,* p. 290.

»Ich hasse jede Form«: »Journal of a Living Experiment«, maschinengeschriebenes Manuskript, 16. Juni 1967, HRHRC.

S. 417 »Wir wollten, daß«: Allen Grossman, Interview mit D. M., 13. Oktober 1982.

»Sie las«: Adrienne Rich, Interview mit D. M., 18. Mai 1983.

S. 418 »The woman is bathing«: »The Firebombers«, *CP,* p. 308.

»für die hektographierte«: A. S. an Howard Moss, 24. Juni 1968, HRHRC.

»um zu zeigen«: A. S. an Lois Ames, 30. Juli 1968, *Letters,* p. 327. *Look* druckte das Gedicht nicht.

S. 419 »Ich signiere es gern«: A. S. an Ron Wolin, Fifth Avenue Vietnam Peace Parade Committee, 6. März 1968, HRHRC.

»keine politische Dichterin«: A. S. an Joshua Stoller, 25. März 1970, HRHRC.

S. 420 »Mein Thema ist«: A. S. an W. D. Snodgrass, 1. Februar 1959, *Letters,* p. 54.

»Zum ersten Mal«: A. S. an Paul Brooks, 1. Mai 1968, HRHRC.

»Ich dachte mir«: Brigitte Weeks an A. S., 25. Oktober 1967, HRHRC.

»Ich glaube, dieses hier«: Zitiert in Brigitte Weeks, »The Excitable Gift: The Art of Anne Sexton«, *Boston Magazine* (August 1968), pp. 30–32; wiederabgedruckt in *NES,* pp. 112–118.

»Das kann ich nicht«: Ibid., p. 116.

S. 421 »My nerves«: »The Kiss«, *CP,* p. 175.

S. 422 »and every bed«: »The Interrogation of the Man of Many Hearts«, *CP,* p. 180.

»Loving me«: »Barefoot«, *CP,* pp. 199–200.

S. 423 »eine gewisse«: A. S. an Jon Stallworthy, 3. Juli 1968, HRHRC.

Erst Anfang November: Paul Brooks an A. S., 6. November 1968, HRHRC.

S. 424 »Offen gestanden«: A. S. an Jon Stallworthy, 13. November 1968, HRHRC.

»Die Gedichte gefielen mir«: Jon Stallworthy, Interview mit D. M., 15. Mai 1983.

S. 425 »Das war wie ein Dolchstoß«: A. S. an Tillie Olsen, 21. Juli 1960, *Letters,* pp. 355–356.

S. 426 »Ich glaube, Sie sollten«: A. S. an Mason Hammond, 8. Mai 1968, HRHRC.

»Es wird das denkwürdigste«: Paul Brooks an A. S., 2. Mai 1968, HRHRC.

»Ja, ich denke schon«: A. S. an John B. Radner, 12. Juni 1968, HRHRC.

S. 427 »Sie wollte die«: Robert Clawson, Interview mit D. M., 16. März 1983.

S. 428 »Es konnte uns zwar«: A. S. an Lois Ames, 30. Juli 1968, *Letters,* p. 326.

»ein toller Laden«: A. S. an Lois Ames, 30. Juli 1968, *Letters,* p. 326.

S. 429 »Ich bin in solcher Panik«: A. S. an Lois Ames, 25. Sept. 1968, *Letters,* p. 332.

»ziemlich gut«: Ibid.

»Letzte Woche«: Paul Brooks an A. S., undatiert [September 1968], HRHRC.

»auf ganz neue Art und Weise«: Zitiert in Kevles, *NES,* p. 108. Deutsch in *Wie sie schreiben,* op. cit., S. 107.

S. 430 »Der Pulitzerpreis«: Bill Kirtz, »Anne Sexton and Her Kind«, *Boston Sunday Globe,* 20. April 1969, p. 27.

»Ich haßte ihre Lesungen«: Maxine Kumin, Interview mit D. M., 9. Oktober 1980.

S. 431 »Mir ging es wohl darum«: C. K. Williams an A. S., 29. Juli 1968, HRHRC.

»Es geht nicht darum«: A. S. an den Verlag Houghton Mifflin Company, 17. September 1968, HRHRC.

S. 432 »Ich traf am frühen Vormittag«: C. K. Williams, Interview mit D. M., 15. Februar 1984.

S. 433 »Mir wurde immer«: Ibid.

»Wir bekamen beide«: Ibid.

»Ich schulde Ihnen«: C. K. Williams an A. S., 5. November 1968, HRHRC.

S. 434 »die ausgefallenen«: A. S., im McLean-Krankenhaus geführtes Notizbuch, 7. Januar 1969, HRHRC.

S. 435 »Sie haben recht«: A. S. an J. P.,
15. Januar 1969, HRHRC.
»das halb ausgesprochene«: A. S. an Steven
Whitney, 30. Oktober 1968, HRHRC.
S. 436 »›Ich begriff‹«: Barbara Kevles,
»Through Bedlams Door«, Look, 10. Dezember 1968, p. T40.
»Wir wollen Motorräder«: A. S. an Lois
Ames, 30. Juli 1968, Letters, p. 327.
S. 437 »zum ersten Mal«: A. S. an Alice
Smith, 4. Dezember 1968, HRHRC.
»Ich habe eine Geschichte«: A. S. an Linda
Sexton, undatiert [April 1969], Letters, p.
424.

Off-Broadway
mit Mercy Street

S. 439 »Oft klangen ihre Antworten«:
Barbara Kevles, Interview mit A. S., NES,
pp. 83–84. Deutsch in Wie sie schreiben, op.
cit., S. 86.
»Ich brachte es«: Charles Maryan, Interview
mit D. M., 10. Mai 1983.
S. 440 »Bei diesem ersten Treffen«: Charles Maryan, »The Poet on Stage«, in
McClatchy, p. 90.
»Odyssee«: Ibid.
»eine essentielle Frage«: Charles Maryan,
Interview mit D. M., 10. Mai 1983.
S. 441 »Wir puritanischen Yankees«: Lois
Ames, Gespräch mit D. M., 4. Dezember
1990.
S. 442 »Ärzte namentlich benennen«: The
Principle of Medical Ethics, With Annotations
Especially Applicable to Psychiatry (Washington, D.C.: American Psychiatry Association, 1981), p. 2. Obwohl diese Prinzipien
speziell für die Psychiatrie erst im Jahre
1973 formuliert wurden, wären vergleichbare, von der American Medical Association
aufgestellte Richtlinien in diesem Fall anwendbar gewesen.
Wilder zufolge: Anne Wilder, Interview
mit D. M., 29. Juni 1989.
»Ich sah Sexton«: Dr. Orne, Interview mit
D. M., 26. August 1985. Die Zitate in der
folgenden Passage stammen aus diesem Interview.
S. 444 »sein späteres Verhalten«: Ibid.
und Interview am 4. Dezember 1990.

»[Dr. Zweizung]«: A. S. an Dr. Orne, 4.
Februar 1969, gesperrtes Material,
HRHRC.
S. 445 »Es war ungefähr so«: A. S. an Barbara Kevles, 17. März 1969, HRHRC.
»Anne war verärgert«: Martin Orne, Interview mit D. M., 4. Dezember 1990.
Ein paar Monate später: »Dr. Constance
Chase« ist ein Pseudonym. Die Ärztin war
nicht bereit, sich für diese Biographie interviewen zu lassen.
S. 446 »Dieses Stück habe ich«: A. S. an
Alice Smith, 9. April 1969, HRHRC.
»Die Sache hatte«: Marian Seldes, Interview
mit D. M., 11. April 1983.
»Bevor sie die Schauspieler«: »The Poet on
Stage«, op. cit., p. 91.
»als Begleiterin«: A. S. an Wynn Handman, 15. April 1969, Letters, p. 337.
S. 447 »Anne und ich«: »The Poet on
Stage«, op. cit., p. 91.
Er erzählte ihr: Anmerkung der Herausgeberinnen Linda Sexton und Lois Ames, Letters, p. 338.
»letztes Glied«: Brian Sweeney an A. S., 8.
Dezember 1969, HRHRC.
S. 448 »Daisy könnte«: »The Poet on
Stage«, op. cit., p. 92.
S. 449 »Alles, was Sie«: A. S. an John
Mood, 21. Juli 1970, HRHRC.
S. 450 »hatte Anne vieles an sich«: Marian
Seldes, Interview mit D. M., 11. April
1983.
S. 451 »Ich will, daß das Stück«: A. S. an
Claire Degener, 13. August 1969,
HRHRC.
»Ich liebe Hunde«: Charles Maryan, Interview mit D. M., 10. Mai 1983.
S. 452 »Ich mache mir solche Sorgen«:
A. S. an Linda Sexton, 23. Juli 1969, Letters, p. 342.
S. 453 »in einen Hippie«: A. S. an Brian
Sweeney, 12. August 1969, HRHRC.
»eher ein Stück«: A. S. an Ollie Zweizung,
29. August 1969, gesperrtes Material,
HRHRC.
S. 454 »kleinen Pfirsichbrüste«: Mercy
Street, unveröffentlichtes Manuskript,
HRHRC. Die Zitate in der folgenden Passage stammen aus dieser Quelle.
S. 455 »Ich war nie so glücklich«: A. S. an
Ollie Zweizung, undatiert [September
1969], gesperrtes Material, HRHRC.

S. 456 »Ich hatte das Gefühl«: Linda Sexton, Interview mit D. M., 19. Juli 1989.

»Ich war schrecklich«: Linda Sexton, Interviews mit D. M., 13. Oktober 1980 und 19. Juli 1989.

S. 457 »Es war, als müßte sie«: Linda Sexton an D. M., September 1990.

S. 458 »Die Passagen, die ich«: A. S. an Ollie Zweizung, undatiert [September 1969], gesperrtes Material, HRHRC.

»Großer Gott . . .«: Ibid.

»War es Ihnen ernst«: A. S. an Brian Sweeney, 21. Juni 1969, HRHRC.

S. 459 »Da wir als neuen Handlungsrahmen«: Charles Maryan, »The Poet on Stage«, op. cit., p. 94.

»Der männliche Zeuge«: Virginia Downing, Interview mit D. M., 11. Mai 1983.

S. 460 »Wynn bedrängte sie«: Charles Maryan, Interview mit D. M., 10. Mai 1983.

»dieser lebendigen Frau«: Virginia Downing, Interview mit D. M., 11. Mai 1983.

»Anne war kein Amateur«: Marian Seldes, Interview mit D. M., 11. April 1983.

»Für mich zählt«: Ibid.

S. 461 »Die Schauspieler wollen«: A. S. an Ollie Zweizung, undatiert [September 1969], gesperrtes Material, HRHRC.

»Miss Sexton hat«: Clive Barnes, »Theater Seeking Either a Priest or a Psychiatrist«, New York Times, 28. Oktober 1969, p. 43.

S. 462 »nicht in sich geschlossen«: Walter Kerr, »A Woman Upon the Altar«, New York Times, 2. November 1969, Abteilung II, p. 1.

»zum größten Teil positiv«: »The Poet on Stage«, op. cit., p. 95.

»Ich kann mein eigenes [Privatleben]«: Beatrice Berg, »›Oh, I Was Very Sick‹«, New York Times, 9. November 1969, p. D7.

S. 463 »Anne hat ihre Familie«: Lisa Taylor Tompson, Brief an D. M., 25. September 1983.

»Audioimages«: Gerald Oshita, Interview mit D. M., 1. August 1989.

S. 464 »Ich trinke keine Martinis«: A. S. an Anne Wilder, 26. Dezember 1969, Letters, p. 349.

S. 465 »hast Du Schlachthof 5«: Ibid.

»Eine Hexe in mittleren Jahren«

S. 467 »a middle-aged witch«: »The Gold Key«, CP, p. 223.

»Zauber im Kopf«: Daphne Abeel Ehrlich, »Anne Sexton: A Contemporary Witch«, Radcliffe Quarterly, Dezember 1971, pp. 6–7.

»Jeden Tag«: Linda Sexton, Interviews mit D. M., 14. Oktober 1980 und 24. August 1989.

S. 468 »Joy und ich«: Linda Sexton, Interview mit D. M., 15. Oktober 1980.

»Ich glaube, wir fühlten«: Ibid.

S. 469 »Frau Doktor«: »The Frog Prince«, CP, p. 281.

S. 470 »Ich muß unbescheiden«: Maxine Kumin, »A Friendship Remembered«, in McClatchy, p. 108.

»Wenn Du sie auseinandernehmen«: A. S. an George Starbuck, 28. Januar 1970, Letters, p. 350.

»Ich nehme das Märchen«: A. S. an Brian Sweeney, 26. Mai 1970, HRHRC.

S. 471 »Daddy?«: »Briar Rose (Sleeping Beauty)«, CP, pp. 294–295.

»Anne Sexton in der Pop-Kultur«: Claire Degener an A. S., 24. Juli 1970, HRHRC.

S. 472 »Sie sind voller Charme«: Paul Brooks an A. S., 17. September 1970, HRHRC.

»Für mich hat sich mein Werk«: A. S. an Paul Brooks, 14. Oktober 1970, Letters, p. 362–363.

S. 473 »eine Zeit voller Schrecken«: Linda Sexton, Interview mit D. M., 21. August 1989.

»Er ist ganz allein«: A. S. an Anne Wilder, 17. November 1970, Letters, p. 366.

»die beiden begannen«: Linda Sexton, Interview mit D. M., 21. August 1989.

»Hab über Euch beide«: Wilhelmine Sexton an Mr. und Mrs. A. M. Sexton, 4. März 1970, HRHRC.

S. 474 »Ich kann nicht noch einmal«: A. S. an Philip Legler, 27. Februar 1970, HRHRC.

»Ich mochte sie«: Arthur Freeman, Interview mit D. M., 1. August 1987.

»dafür sorgen«: A. S. an George Starbuck, 11. März 1970, Letters, p. 351.

»Daß sie absolut keine«: Arthur Freeman, Interview mit D. M., 1. August 1987.

S. 475 »das ist ungefähr so«: A. S. an Hollis Summers, 21. Juli 1970, HRHRC.

»Irgendwann im Verlauf«: Eric Edwards, Interview mit D. M., 26. April 1982.

S. 476 »Mrs. Sexton«: Ellen Bass, Fotokopie einer schriftlichen Beurteilung, 4. April 1970, HRHRC.

»ich fühlte mich«: A. S. an Hollis Summers, 21. Juli 1970, HRHRC.

»Es war wunderbar«: Linda Sexton, Interview mit D. M., 13. Oktober 1980.

»Ich will unbedingt«: A. S. an Michael Dennis Browne, 17. Juli 1970, HRHRC.

»Alles hatte sonderbare Farben«: A. S. an Alice Smith, 18. August 1970, Letters, pp. 357–359.

S. 477 »Ich dachte, Mutter«: Linda Sexton, Interview mit D. M., 15. Oktober 1980.

Die Lyrikprofessorin

S. 478 »Ich will nicht sterben«: Zitiert von A. S., Interview mit J. D. McClatchy, 23. September 1973.

»Mängeln«: Ibid.

S. 479 »Mother was a belle«: »How We Danced«, CP, p. 324.

»I was stained«: »Friends«, CP, p. 328.

S. 480 »A woman / who loves«: »Rapunzel«, CP, p. 244–245.

»red, red«: »Begat«, CP, pp. 331–332.

S. 481 »Ich weiß, wie nahe das Gedicht«: C. K. Williams an A. S., 19. Januar 1971, HRHRC.

S. 482 »Ich denke, es ist«: C. K. Williams an A. S., 28. Oktober 1971, HRHRC.

S. 483 »auf Anraten des Arztes«: A. S. an Claire Degener, 3. März 1971, HRHRC.

»Thorazin ist kein«: A. S. an Anne Wilder, 4. Mai 1971, HRHRC.

»Wenn Thorazin Dir hilft«: Anne Wilder an A. S., 16. Mai 1971, Privatsammlung.

S. 484 »ein großes Ritual«: A. S. zu Dr. Orne, Therapietonband, 8. März 1962.

S. 485 »eaten, of course«: »Snow White«, CP, p. 225–228.

»Als ich schließlich«: Linda Sexton, Interview mit D. M., 19. Juli 1989.

S. 486 »Linda, you are leaving«: »Mother and Daughter«, CP, pp. 306–307.

S. 487 »Ich mag es nicht«: A. S. an Dr.

Chase, 20. September 1971, gesperrtes Material, HRHRC.

»Ich, die ich nie«: A. S. an Joseph Murphy, 10. Juni 1971, HRHRC.

S. 488 »ein paar Bemerkungen machen«: A. S. an das Regis College, 11. Februar 1971, HRHRC.

S. 489 »Angel of fire«: CP, pp. 332–333.

S. 490 »einen Stern besitzen«: A. S. an Bruder Chvala, 25. August 1970, HRHRC.

»Sternbeere«: »O Ye Tongues«, CP, p. 397, und »Woman with Girdle«, CP, p. 70.

»You give me milk«: »Jesus Suckles«, CP, pp. 337–338.

S. 491 »In His dream«: »Jesus Asleep«, CP, pp. 338–339.

S. 492 »a strange being«: »Jesus Unborn«, CP, p. 344.

»I went to the well«: »The Author of the Jesus Papers Speaks«, CP, p. 345.

S. 493 »Let there be a God«: »O Ye Tongues«, CP, pp. 396–412. Alle Zitate in der folgenden Passage stammen aus diesem Zyklus.

S. 495 »Es ist 18 Seiten lang«: A. S. an Alice Smith, 29. März 1972, HRHRC.

»Vergangenes Jahr«: A. S., Roman ohne Titel, Manuskript datiert 26. Januar 1966, HRHRC.

S. 496 »Wer Gott auch sein mag«: A. S. an Dorianne Goetz, Juni 1965, HRHRC.

»Wir redeten doch«: Claire Degener, Interview mit D. M., 6. Oktober 1985.

»Wenn Mann und Frau«: Brian Sweeney an A. S., 18. Februar 1971, HRHRC.

S. 497 »Es wäre mir nicht«: A. S. an Howard Moss, 20. Oktober 1971, HRHRC.

»wunderbar leicht verständlich«: Christopher Lehmann-Haupt, »Grimm's Fairy Tales Retold«, New York Times, 27. September 1971, p. 33.

»eine Hexe unserer Tage«: Daphne Abeel Ehrlich, »Anne Sexton: A Contemporary Witch«, Radcliffe Quarterly, Dezember 1971, pp. 6–7.

»modischen«: Louis Coxe, »Verse: A Muchness of Modernity«, New Republic, 16. Oktober 1971, pp. 26, 29–30.

»das Aufblitzen«: Victor Howes, »One Poet's Freud: Getting Grimm«, Christian Science Monitor, 23. September 1971, p. 21.

S. 499 »Dabei könnte man an«: A. S. an Morton Berman, 17. November 1971, *Letters,* p. 377.

»Wenn John Barth«: A. S. an George Starbuck, Dez. 1972, *Letters,* pp. 384–385.

»völliger Versenkung«: A. S., »Preface«, Crashaw – Vorlesungen an der Colgate University, HRHRC. Alle Zitate in der folgenden Passage stammen aus dem unveröffentlichten Manuskript dieser Vorlesungen.

S. 501 »Allegorie«: A. S. an Brian Sweeney, 11. Februar 1971. HRHRC.

Das furchtbare Rudern

S. 504 »I stand before«: »The Consecrating Mother«, *CP,* p. 554.

»Ich mußte einen Badeanzug«: A. S. an Alice Smith, 29. März 1972, HRHRC.

S. 505 »wenn ich tun könnte«: A. S., Interview mit J. D. McClatchy, 3. Juli 1973, Privatsammlung.

»breakfast like a dream«: *The Fury of Sunrises«, CP,* p. 378.

S. 506 »die Kraft eines Romans«: A. S. an Robert Shnayerson, 8. August 1972, HRHRC.

»ich mich in die«: A. S., Interview mit J. D. McClatchy, 3. Juli 1973.

S. 507 »im Kampf gegen die Dollars«: »Dog-God Fights the Dollars«, unveröffentlichtes Manuskript, HRHRC.

»finden wir weniger überzeugend«: Jon Stallworthy an A. S., 20. November 1968, HRHRC.

»Sackgasse«: Ian Hamilton, »Loads of Heavy Thinking«, *London Observer,* 18. Januar 1970, p. 34.

»einem, ohne daß man es merkt«: Christopher Driver, »Woman in Love«, *Guardian Weekly,* 10. Januar 1970, p. 18.

»Wir werden natürlich«: Jon Stallworthy an A. S., 10. September 1971, HRHRC.

S. 508 »dürften wohl einen«: »Bedtime Initiations«, *Times Literary Supplement,* 28. Juli 1972, p. 873.

»Ausflug«: A. S. an Jon Stallworthy, 29. August 1972, HRHRC.

»Nicht daß Du dich etwa«: Jon Stallworthy an A. S., 9. Oktober 1972, HRHRC.

»Meine erste Reaktion«: Jon Stallworthy, Interview mit D. M., 15. Mai 1983.

S. 509 »Die amerikanischen Medien«: Ibid.

»vor Sylvia Plath«: Seldan Rodman, »Petrified by Gorgon Egos«, *New Leader,* 22. Januar 1973, p. 20.

»Ein vielleicht entscheidender Mangel«: Anne Stevenson, »Is the Emperor of Ice Cream Wearing Clothes?«, *New Review,* 17. August 1975, p. 43.

S. 510 »Ich glaube, durch einen«: A. S. an Yorifumi Yaguchi, 19. Januar 1972, HRHRC.

S. 511 »Vergessen Sie nicht«: A. S. an Nancy Taylor, 8. Nov. 1972, HRHRC.

»Ich wollte immer zuerst«: A. S. an Steve Neilly, 13. Dezember 1973, HRHRC.

»Das wichtigste ist«: A. S. an »Dear All«, 6. März 1974, HRHRC.

»Wenn Anne noch zehn Jahre«: Erica Jong an D. M., 5. Januar 1991.

S. 512 »sichtbarer Poesie«: H. Wesley Balk, »Chamber Theater Opera«, *Transformations: An Entertainment in Two Acts from the Book of Anne Sexton* (Boston: E. C. Schirmer, 1976), p. X.

»Ich verfolgte damit«: Conrad Susa, Interview mit D. M., 7. November 1989.

»Ich fühlte mich«: Ibid.

S. 513 »unterbrochen von zwei Tagen«: A. S., »To you few who will read these first drafts«, maschinengeschriebenes Deckblatt zu den Arbeitsblättern zu *The Awful Rowing Toward God,* 31. Januar 1973, HRHRC.

S. 514 »Sie schrieb, als sei sie«: Maxine Kumin, »Sexton's *The Awful Rowing Toward God«,* in *To Make a Prairie* (Ann Arbor: The University of Michigan Press, 1979), p. 82.

S. 515 »Für zwanzig Tage auf See«: John Malcolm Brinnin an A. S., undatiert [Februar 1973], HRHRC.

»Wenn man nahe genug«: George Starbuck, Interview mit D. M., 13. Sept. 1983.

»Ich habe nicht vor«: James Wright, handgeschriebene Anmerkungen zu A. S.s Brief vom 31. Januar 1973, HRHRC.

S. 516 »zu meinem eigenen Schaden«: A. S., Interview mit J. D. McClatchy, 3. Juli 1973.

»Nutze die Gelegenheit«: Von A. S. gegenüber Louise Conant zitiert, unveröffentlichter Text einer Erinnerung an A. S.

S. 517 »Mr. Sexton die von Mrs. Sexton«: Polizeibericht, Police Department, Town of Weston, 27. April 1969, 19 Uhr 54.

»Daddy konnte anscheinend nicht«: Joy Sexton, Interview mit D. M., 26. Mai 1983.

»Es passierte immer dann«: Alfred M. Sexton, Interview mit D. M., 11. September 1989.

S. 518 »ihre Flucht vorbereitet«: Joy Sexton, Interview mit D. M., 26. Mai 1983.

»Ich habe [das Thorazin]«: A. S. an Paul Sugarman, 21. Februar 1973, Privatsammlung.

S. 519 »Du bist verrückt«: Ibid.

»Dieser Sonntagnachmittag«: Alfred M. Sexton, Interview mit D. M., 21. Februar 1989.

S. 520 »Kayo war auf seine Art«: Barbara Swan, Interview mit D. M., 4. Dezember 1982.

»Anne führte das ganze Spektrum«: Loring Conant, Interview mit D. M., 28. Oktober 1984.

»Jeder, dem Anne«: Louise Conant, unveröffentlichter Text einer Erinnerung an A. S.

S. 521 »Ich war sehr gern«: Joy Sexton, Interview mit D. M., 24. September 1986.

»Er geht sehr nett«: A. S. an Alice Smith, 7. April 1973, HRHRC.

S. 522 »erhielt [Anne] die Quittung«: Linda Sexton an D. M., 16. Juli 1989.

»Sie trug Kleider«: Conrad Susa, Interview mit D. M., 7. November 1989.

S. 523 »der Gipfel stimmlichen Ausdrucks«: Ibid.

»Die Sänger sollten«: Conrad Susa, »Introductory Notes«, *Transformations: An Entertainment,* op. cit., p. IX.

»Doch als ich«: Conrad Susa, Interview mit D. M., 7. November 1989.

S. 524 »eine der intelligentesten«: Andrew Porter, »Household Tales«, *The New Yorker,* 14. Juni 1976, pp. 97–99.

»Ich habe die *Transformations*«: Conrad Susa, Interview mit D. M., 7. November 1989.

»O verrücktes Annie-Baby«: Philip Legler an A. S., 16. Mai 1973, gesperrtes Material, HRHRC.

S. 525 »jeden Tag Blumen schickte«: A. S. an Alice Smith, 28. Juni 1973, HRHRC.

»Du mir meinen Körper«: A. S. an Philip Legler, 7. September 1973, gesperrtes Material, HRHRC.

»eine altmodische Zeit«: Zitiert von Philip Legler gegenüber A. S., undatiert [Ende Juli 1973], gesperrtes Material, HRHRC.

S. 526 »Das muß es doch geben«: A. S. an Philip Legler, 7. September 1973, gesperrtes Material, HRHRC.

»ich weigere mich«: A. S. an Philip Legler, 9. September 1973, gesperrtes Material, HRHRC.

»Babysitter«-Ärzten: Admission notes, Patientenunterlagen des McLean Hospital, 2. August 1973.

S. 528 »Für einen jungen Menschen«: Louise Conant, unveröffentlichter Text einer Erinnerung an A. S.

S. 529 »um in ihrem eigenen Bett«: Discharge Summary, Patientenunterlagen des Human Resource Institute of Boston, 29. Oktober 1973.

»Ich wollte die *Krankheit*«: Linda Sexton an D. M., September 1990.

S. 530 »Mutter«: Joy Sexton, Interview mit D. M., 24. September 1986.

»aufhören, Freunde zu belästigen«: A. S., vermischte handschriftliche Notizen, 21. Oktober [1973], HRHRC.

»Gott ist in«: Maxine Kumin, »How It Was«, *CP,* p. XXIII.

S. 531 »Eine Liebe, die so groß«: Louise Conant an A. S., undatiert [vermutlich 1974], HRHRC.

S. 532 Dr. Chases Abwesenheit: Anmerkungen der Herausgeberinnen Linda Sexton und Lois Ames, *Letters,* p. 400.

»Das ist doch keine«: A. S. an Dr. Ed Daniels, 2. Januar 1974, HRHRC. »Ich fürchte mich«: A. S., »Confessional Statement«, 29. Dezember 1973, HRHRC.

S. 534 »Die Gedichte stehen«: A. S. an Rise und Steven Axelrod, 10. September 1974, HRHRC.

»Ihre Vitalität«: J. D. McClatchy, Interview mit D. M., 17. November 1982.

»Wäre das nicht etwas wert?«: A. S., Interview mit J. D. McClatchy, 3. Juli 1973.

»Durch das [Sprechen vom]«: A. S., Interview mit J. D. McClatchy, 23. September 1973.

S. 535 »Bei John«: Elizabeth Bishop an A. S., 14. November 1973, HRHRC.

S. 536 »Sagen Sie ihm einfach«: Arthur Freeman, Interview mit D. M., 8. August 1987.

Postume Auftritte

S. 537 »Ich mußte alles in eine Tasche«: Louise Conant, unveröffentlichter Text einer Erinnerung an A. S.

S. 538 »»Schreib BESONDERS‹«: Ibid.

S. 539 »Sie erzählte mir«: Eric Edwards, Interview mit D. M., 26. April 1983.

S. 540 Becker erinnerte sich: Robin Bekker, Interview mit D. M., Februar 1983.

»Mit ihrer Technik des Bilderjagens«: Eric Edwards, Interview mit D. M., 26. April 1983.

S. 541 »Wir beide standen«: Ibid.

»Sie bearbeitet die Oberfläche«: Peter Porter, »Journey into English«, *London Observer*, 27. Februar 1977, p. 25.

»Es war wirklich wunderbar«: Eric Edwards, Interview mit D. M., 26. April 1983.

S. 542 »Ihr Unterrichtsstil«: George Starbuck, Interview mit D. M., 13. September 1983.

»Verlesen Sie doch«: A. S. an »Charles«, 21. Februar 1974, HRHRC.

S. 544 »Es war das Ereignis«: Christina Robb, Interview mit D. M., 28. April 1983.

»Ich möchte diese Lesung«: A. S., »Dedication«, undatiert; ebenfalls Tonbandmitschnitt, HRHRC.

»Erinnerst Du dich noch«: Zitiert von Barbara Schwartz, Interview mit D. M., 14. März 1983.

»Wenn ich sie lesen sah«: Linda Sexton, Interview mit D. M., 13. Oktober 1980.

S. 545 »Ich könnte noch«: A. S. zu Dr. Orne, Therapietonband, 11. April 1961.

S. 546 »Eine zweite Chance«: Lois Ames, Gespräch mit D. M., 15. Dezember 1990, und Maxine Kumin, Interview mit D. M., 9. Oktober 1980.

»Anne nannte uns einen Hexensabbat«: Louise Conant, unveröffentlichter Text einer Erinnerung an A. S.

S. 547 »Stimmt«: A. S. an Maxine Kumin, 25. April 1974, HRHRC.

»dahinschmolzen«: Zitiert von Barbara Schwartz, Interview mit D. M., 14. März 1983.

S. 548 »Alle meinten«: Joy Sexton, Interview mit D. M., 24. September 1986.

S. 549 »wie eine Dreijährige«: Ibid.

»Mit Mutter sprach ich«: Joy Sexton, Interview mit D. M., 26. Mai 1983.

S. 550 »In dem Restaurant«: John Malcolm Brinnin, Interview mit D. M., 17. Februar 1990.

»die heilige Matratze«: A. S. an John Silber, 30. Januar 1974, HRHRC.

»I wish to enter«: »In Excelsis«, *CP,* pp. 609–610.

»Das Gefühl, daß man«: A. S. an M. D., 26. Februar 1974, HRHRC.

S. 552 Der Titel des Gedichts: Sexton bezieht sich auf: *Tagebuch einer Schizophrenen.* Hrsg. v. Marguerite Sechehaye. Frankfurt a. M.: Suhrkamp Verlag, 1973.

»Lady, lady«: »The Green Room«, unveröffentlichtes Manuskript, HRHRC.

»Wir aßen zusammen Lunch«: Maxine Kumin, Interview mit D. M., 9. Oktober 1980.

S. 553 »Jedesmal, wenn ich«: A. S. zu Dr. Orne, Therapietonband, 28. Nov. 1961.

S. 554 »Wir haben es schon zu oft«: Adrienne Rich: »Anne Sexton: 1928–1974«, *On Lies, Secrets and Silence* (New York: Norton, 1979), p. 122.

»Anne Sextons Tragödie«: Denise Levertov, »Anne Sexton: Light Up the Cave«, in *Light Up the Cave* (New York: New Directions, 1981), p. 80.

»Wissen Sie«: A. S. zu Dr. Orne, Therapietonband, 30. November 1961.

S. 555 »Ich glaube, Mutter«: Linda Sexton, Interview mit D. M., 15. Oktober 1980.

Nachwort

S. 556 »Ich kümmere mich«: A. S. zu Dr. Orne, Therapietonband, 30. November 1961.

S. 557 »Dichterin hat alles berichtet«: Alessandra Stanley, *The New York Times,* 15. Juli 1991, pp. A1, B2.

»Das Recht eines Patienten«: Jeremy A. Lazarus, M. D., zitiert in Stanley, ibd., p. A1.

»Anne Sexton ist tot«: Carola Eisenberg, M. D., »Confidentiality in Psychotherapy – The Case of Anne Sexton«, *The New England Journal of Medicine,* 14. November 1991, p. 1451.

S. 558 »Jeder radikale Bruch«: Alan A. Stone, zitiert in Samuel M. Hughes, »The Sexton Tapes«, *The Pennsylvania Gazette,* Dezember 1991, p. 28.

»aus ethischen wie aus juristischen Gründen«: Alan A. Stone, M. D., »Confidentiality in Psychotherapy – The Case of Anne Sexton«, op. cit., pp. 1450, 1451.

»Als ich aus Massachusetts«: Martin Orne, »The Sexton Tapes«, *The New York Times,* 23. Juli 1991, p. A19.

S. 560 »eine Schauspielerin in ihrem eigenen«: zitiert in Barbara Kevles, *NES*, p. 3. Deutsch in *Wie sie schreiben,* op. cit., S. 86. »Sie schwebte mit einer Zigarette«: Dorothy H. Kelso, »Poetry and Performance: Anne Sexton's Particular Appreciation of Life«, *The Patriot Ledger* undatierter Ausschnitt, chronologisches Verzeichnis, HRHRC.

Literaturverzeichnis

To Bedlam and Part Way Back. Boston: Houghton Mifflin, 1960.

Dancing the Jig. New World Writing 16 (1960).

Classroom at Boston University. Harvard Advocate 145, special supplement (November 1961).

On »*Some Foreign Letters*«. *Poet's Choice,* Hg. Paul Engle und Joseph Langland. New York: Dial Press, 1962.

All My Pretty Ones. Boston: Houghton Mifflin, 1962.

The Last Believer, Vogue (15 November 1963).

Eggs of Things (zus. mit Maxine Kumin). New York: Putnam, 1963.

More Eggs of Things (zus. mit Maxine Kumin). New York: Putnam, 1964.

Selected Poems. London: Oxford University Press, 1964.

The Barfly Ought to Sing. TriQuarterly 7 (Fall 1966).

Live or Die. Boston: Houghton Mifflin, 1966.

For the Year of the Insane. Boston: Impressions Workshop, 1967.

Vorwort zu *The Real Tin Flower: Poems About the World at Nine,* by Aliki Barnstone. New York: Collier-Crowell, 1968.

Poems by Thomas Kinsella, Douglas Livingstone and Anne Sexton. London: Oxford University Press, 1968.

Love Poems. Boston: Houghton Mifflin, 1969.

Joey and the Birthday Present (zus. mit Maxine Kumin). New York: McGraw-Hill, 1971.

Transformations. Boston: Houghton Mifflin, 1971.

The Letting Down of the Hair. The Atlantic Monthly (March 1972).

The Book of Folly. Boston: Houghton Mifflin, 1972.

The Freak Show. American Poetry Review 2, No. 3 (May/June 1973).

A Small Journal (All God's Children Need Radios). Ms. (November 1973).

The Death Notebooks. Boston: Houghton Mifflin, 1974.

The Awful Rowing Toward God. Boston: Houghton Mifflin, 1975.

45 Mercy Street. Hg. von Linda Gray Sexton. Boston: Houghton Mifflin, 1975.

The Wizard's Tears (zus. mit Maxine Kumin). New York: McGraw-Hill, 1975.

Anne Sexton: A Self-Portrait in Letters. Hg. von Linda Gray Sexton und Lois Ames. Boston: Houghton Mifflin, 1977.

Words for Dr. Y.: Uncollected Poems with Three Stories. Boston: Houghton Mifflin, 1978. (Umfaßt: *The Ghost, Vampire, The Bat or To Remember, To Remember*).

Journal of a Living Experiment. In: *Journal of a Living Experiment: A Documentary History of the First Ten Years of Teachers and Writers Collaborative,* Hg. von Phillip Lopate, pp. 44–75. New York: Teachers and Writers Collaborative, 1979.

The Complete Poems. Boston: Houghton Mifflin, 1981.

No Evil Star: Selected Essays, Interviews and Prose. Hg. von Steven E. Colburn. Ann Arbor: University of Michigan Press, 1985.

Selected Poems of Anne Sexton. Hg. von Diane Wood Middlebrook und Diana Hume George. Boston: Houghton Mifflin, 1988.

Danksagung

Unter all den freigebigen Menschen, in deren Schuld ich durch die zehnjährige Arbeit an dem vorliegenden Buch stehe, bin ich Linda Gray Sexton, der literarischen Nachlaßverwalterin von Anne Sexton, am meisten verpflichtet; ihre Unvoreingenommenheit und ihre Fähigkeit zur Einsicht – als Tochter und als Schriftstellerin – liegen für jede Leserin und jeden Leser auf der Hand. Die Mitwirkung von Anne Sextons anderen engsten Angehörigen, Alfred Muller Sexton II und Joyce Ladd Sexton, kann in diesen Dankesworten nur angedeutet werden. Al Sexton, der inzwischen zum zweiten Mal verheiratet und in einem neuen Leben verwurzelt ist, bin ich dankbar für seine außergewöhnliche Gefälligkeit und Hilfsbereitschaft; Joy, eine ausgebildete Fotografin, die nun als Krankenschwester arbeitet, bin ich dankbar für ihre schonungslose Offenheit und ihren nie versiegenden Humor. Die Freundlichkeit von Joys Verlobtem Stephen Wollmer bei einer Reihe von Überfällen im Verlauf eines Jahrzehnts weiß ich zu schätzen; vielen Dank auch an Lindas Verlobten John Freund für sein geschicktes und rechtzeitiges Eingreifen.

Andere Mitglieder aus Sextons Familie leisteten umfassende Unterstützung in einem frühen Stadium meiner Forschungsarbeit, wollten aber nicht namentlich genannt werden. Für die Inanspruchnahme ihrer Zeit und für die Geduld, mit der sie mir dabei halfen, Genauigkeit und Klarheit zu gewinnen, bin ich ihnen zu tiefem Dank verpflichtet.

Anne Sextons wichtigster Therapeut, Martin Orne, hat durch seine großzügige Mitarbeit, die durch die Würdigung in zahlreichen Anmerkungen nur unzureichend erfaßt ist, diesem Buch eine Verständnisgrundlage gegeben; für seine Zeit, seine Aufopferung und das Vertrauen, das er mir entgegengebracht hat, schulde ich ihm tiefen Dank. Sextons letzte Therapeutin, Barbara Schwartz, war ebenfalls eine unentbehrliche Quelle der Einsicht. Ebenfalls sehr verpflichtet bin ich Ellen Bassuk,

M.D., einer intellektuellen Partnerin, die an jeder Phase der Arbeit an diesem Buch teilhatte; durch ihre im Überfluß gewährte Zuneigung habe ich eine neue Schwester gewonnen. Meine Anerkennung gilt ferner folgenden Experten für psychische Krankheiten: für die ausführliche Kommentierung verschiedener Versionen des Manuskripts mein besonderer Dank an Barbara Almond, Richard Almond, Norman Dishotsky und David Lake; für andere Beiträge Dank an Alfred Bochner, Stephanie Brown, Margy Cottle, George Hogle, Pierre Johannet, Marilynne Kanter, Patrick Lamb, P. Herbert Leiderman, Peter Ostwald, Benjamin Riggs, Stephen Schoonover, David Spiegel, Alan A. Stone und Irvin Yalom.

Als Kolleginnen und Kollegen, die das Manuskript während der langen Zeit, als ich damit schwanger ging, sorgfältig lasen und denen ich für ihre wiederholten ausführlichen Kommentare zu besonderem Dank verpflichtet bin, sind zu nennen: die Lyrikerinnen Martha Collins, Maxine Kumin und Alicia Ostriker; die Professorinnen und Professoren Barbara Babcock, John Bender, Terry Castle, Barbara Freeman, Diana Hume George, Barbara Johnson, Susan Krieger, Herbert Lindenberger, Ira Livingston, Joanne Martin und Arnold Rampersad sowie die Mitglieder des Biographie-Seminars in Stanford, 1987–1990, und des Seminars für Schreiben und Psychoanalyse, 1989–1990. Im Verlag Houghton Mifflin schulde ich ganz speziellen Dank meinem Lektor Peter Davison für seine Ermutigung bei allen Schwierigkeiten, der Redakteurin meines Manuskripts, Liz Duvall, für ihre Fähigkeit, meine Gedanken zu lesen, und Barbara Williams, Esq., für den klugen Gebrauch des gesunden Menschenverstandes.

Unter den Bibliothekarinnen und Bibliothekaren möchte ich vor allem dem ausgezeichneten Personal des Harry Ransom Humanities Research Center an der University of Texas in Austin danken, insbesondere der früheren wissenschaftlichen Bibliothekarin

Ellen Dunlap, der derzeitigen wissenschaftlichen Bibliothekarin Cathy Henderson sowie Richard Oram. Für zusätzliche Unterstützungen und Genehmigungen bin ich verpflichtet: Stratis Haviaris, Kustodin des Poetry Room der Lamont Library, Ruth Mortimer, Kustodin für seltene Bücher am Smith College, Jane Knowles, Archivarin am Radcliffe College, Schlesinger Library, und Mitarbeitern des San Francisco Poetry Center und des Kenyon College Archive.

Mit Freude danke ich schließlich folgenden Personen dafür, daß sie durch Erinnerungen, Kontakte, Informationen und Briefwechsel großzügig an diesem Buch mitgewirkt haben: Robert Abzug, Samuel Albert, Lois Ames, Deirdre Bair, Michael Bearpark (für eine unveröffentlichte Erinnerung), Robin Becker, Frank Bidart, Chana Bloch, John Malcolm Brinnin, Theodore Casher, Alan Cheuse, Robert Clawson, Steven Colburn, Loring Conant, Louise Conant (für eine unveröffentlichte Erinnerung), Peter Davison, Claire Degener (inzwischen Derway), Joseph DeRoche (für ein unveröffentlichtes Tagebuch), James Dickey, Virginia Downing, Eric Edwards, Doris Holmes Eyges, Arthur Freeman, Susan Stanford Friedman, Jonathan Galassi, Dana Gioia, Herb Gold, Linda Gregerson, Allen Grossman, Donald Hall, Wynn Handman, Anthony Hecht, Roger Hecht †, Firman Houghton †, Ted Hughes, Alison Johnson, David Kalstone †, Freda Karpf, Larry Kessenich, Carolyn Kizer, Wilhelmine Sexton Knight †, Jane Kumin, Maxine Kumin, Denise Levertov, Claire Lindenberger, Herbert Lindenberger, Maryel Locke, Melody Lothes, Victor Luftig, George MacBeth, John McCarthy, J. D. McClatchy, James McKonkey, Peggy McIntosh, Charles Maryan, Jeffrey Moussaieff Masson, Jack Matthews, Alice Methfessel, Nolan Miller, Frederick Morgan, Howard Moss †, Jean Moulton, Karen Ocamb, Tillie Olsen, Emily Carota Orne, Gerald Oshita, Adrienne Rich, Sands Robart, Christina Robb, David Rosenhan, Mollie Rosenhan, Alice Ryerson, Marian Seldes, Ben Shaktman, Richard Sherwood, Elaine Showalter, Alice Lorenda Smith †, Joan Smith, W. D. Snodgrass, William Stafford, Jon Stallworthy, George Starbuck, Peter Stitt, Conrad Susa, Barbara Swan, Brian Sweeney, D. M. Thomas, Helen Vendler, Linda Wagner-Martin, Dan Wakefield, Theodore Weiss, Anne Wilder † (für unveröffentlichte Korrespondenz und ein unveröffentlichtes Tagebuch), C. K. Williams und Annie Wright.

1982/83 erhielt ich ein Stipendium für freie Studien vom Nationalendowment for the Humanities und war zugleich Stipendiatin am Mary Ingraham Bunting Institute des Radcliffe College, einer Einrichtung für Frauen, die mit der Gestaltung von Sextons Leben und von dieser Biographie mehr zu tun hat, als sich auf den ersten Blick vermuten läßt. Ausdrücklich gedankt sei hier dem Kreis der Bunting-Stipendiatinnen, von deren Intelligenz und Großzügigkeit ich viel gelernt habe, das mich stets begleitet hat – insbesondere Ellen Bassuk, Martha Collins, Jorie Graham, Rachel Jacoff, Barbara Johnson, Joan Landes, Elinor Langer, Carolyn Williams und Linda Williams, ferner der früheren Direktorin des Bunting Institute, Margaret McKenna, und seiner derzeitigen Direktorin, Florence Ladd, dem Personal, insbesondere Janice Randall, und den früheren Präsidentinnen des Radcliffe College, Mary Ingraham Bunting und Martina Horner.

Beträchtliche institutionelle Unterstützung bei der Forschungsarbeit für diese Biographie leisteten: die Stanford University Academic Computing and Informations Systems (1982–1990), das Stanford Humanties Center (1983/84), der Pew Memorial Trust (1985–1987), die John Simon Guggenheim Memorial Foundation (1988/89) und das Rockefeller Study Center in Bellagio (1990); durch meine Berufung zur Howard H. and Jessie T. Watkins University Professorin an der Stanford University (1985–1990) wurden weitere Forschungsgelder verfügbar. Die Fakultätsvorsteher in Stanford, Herant Katchadourian, Peter Stansky und Norman Wessells, verdienen Anerkennung für ihre Unterstützung zur rechten Zeit ebenso wie die nachfolgenden Lehrstuhlinhaber im Fachbereich Englisch, insbesondere Albert Gelpi und Martin Evans.

Besonderer Dank für grundlegende Einsichten gebührt ebenfalls den fortgeschrittenen Studentinnen und Studenten, mit denen ich in zwei Kursen an der Stanford University gearbeitet habe: im Seminar über Psychoanalyse und Feminismus, 1984, und im Kolloquium über zeitgenössische nordamerikanische Poetik, 1990. An Joseph Conte, Jonathan Ivry, Maria Koundoura, Andrea Lerner und Brett Millier meinen Dank für ihre sorgfältige Arbeit als Forschungsassistenten, an Tom Goodrich, David Hoggan, Inge Kohn, Barbara Sawka und Marcia Tanner meinen Dank für ihre technische Assistenz.

Die Bitte, Essays für Zeitschriften und Bücher zu liefern, hat mir, wie die Anmerkungen ihrer Herausgeber, geholfen, Klarheit in meine Gedanken zu bringen. Meinen Dank für redaktionelle Unterstützung bei frühen Versionen von Teilen dieses Buchs geht an Linda Rhoads, *New England Quaterly* (1983), Diana Wilson, *Denver Quaterly,* Sonderheft zur feministischen Kritik (1984), Herb Leibowitz, *Parnassus,* Sonderheft über Lyrikerinnen (1985), Mark Rudman, *Pequod,* Sonderheft über Biographie/ Autobiographie (1988), und Francis Bixler, Herausgeberin von *Original Essays on Anne Sexton* (1988). Seit Beginn meiner Forschungsarbeit hatte ich das Glück, mit Diana Hume George, einer der scharfsinnigsten Kritikerinnen Sextons, zusammenarbeiten zu können; ich danke ihr für die Gelegenheit, zu ihrem Buch *Sexton: Selected Critism* (1988) einen Beitrag zu liefern, und für die vielen Gespräche, die sich aus der gemeinsamen Herausgeberschaft der *Selected Poems of Anne Sexton* (1988) ergaben.

Mein Dank dafür, daß sie mich an der Inszenierung von Anne Sextons Werken haben teilhaben lassen, geht an Dean Seabrook für die Inszenierung von *Anne Sexton's Transformations* in Portland, Oregon, 1985, an Mitglieder des Chamber Theatre Ensemble für eine Inszenierung von *The Room of My Life* im Manhattan Theatre Club 1986, an Wallis Annenberg und Salome Jens für die Wohltätigkeitsaufführung von *About Anne* am American Film Institute in Los Angeles 1988. Für die Aufforderung, die im Entstehen begriffene Arbeit vorzustellen, besonderen Dank an Claire Sprague, Mitglied des

Seminars für amerikanische Literatur der Columbia University, 1984, an Marilyn Yalom, stellvertretende Direktorin am Stanford-Zentrum für Frauenforschung und Sponsorin einer Konferenz über »Autobiographie, Biographie und Geschlecht«, 1986, an Aileen Ward, die Begründerin des NYU Biography Seminar, 1988, und an David Wilbern, den Organisator der Fünften Internationalen Konferenz über Psychoanalyse und Literatur in Kirchberg am Wechsel, Österreich, 1988.

Für die Gelegenheit, über die im Entstehen begriffene Arbeit mit Experten für psychische Krankheiten zu diskutieren, meinen Dank an Antonia Bercovici und Murray Bilmis, die mich dazu einluden, 1986 und 1987 bei den Jahresversammlungen der California Psychological Association eine Rede zu halten, an Randall Weingarten für meine Plazierung auf dem Programm der Northern California Psychiatric Association in Yosemite 1988, an Margaret Brenman-Gibson und Peter Ostwald für die Gelegenheit, an Diskussionen über Psychoanalyse und den kreativen Prozeß bei den Treffen der American Psychoanalytic Association in New York 1988 und in San Francisco 1989 teilzunehmen; an das Stanford Department of Psychiatry für die Gelegenheit zur Äußerung bei den Grand Rounds 1981, 1989 und 1990 und an Diana Kirschner für die Ehre, mit Martin Orne bei der Sechsten Jahreskonferenz der Society for the Exploration of Psychotherapy Integration 1990 in Philadelphia das Podium zu teilen.

Für Gastfreundschaft im Verlauf dieser langen, teuren Arbeitsjahre mein besonderer Dank an Ellen Bassuk und Steve Schoonover für ein Zimmer für mich allein in Chestnut Hill, an Joshua und Marguerite Lederberg für zahlreiche Aufenthalte im Präsidentenhaus der Rockefeller University und an Vern McGee für ein Zuhause in Austin, Texas.

Schließlich unermeßlicher Dank an meinen Ehemann Carl Djerassi für seine Liebe, seine Begleitung und seine wundervollen intellektuellen Fähigkeiten. Ohne ihn hätte dieses Buch nicht geschrieben werden können.

Personenregister

Das Register umfaßt nur die im Haupttext genannten Personen. Halbfette Ziffern verweisen auf die Abbildungen.

Abaelard 261
Abzug, Robert 528, 529
Aiken, Conrad 193
Akmadulina, Bella 392
Albert, Sam 84, 149, 206
Aldrich, Nelson 362
Alfred, William 147, 149, 515
Almeida, Laurindo 359
Ames, Lois 19, 95, 345, 346, 348, 367, 368, 372, 375, 376, 377, 380, 382, 391, 395, 397, 398, 399, 412, 418, 428, 429, 434, 436, 441, 446, 453, 458, 461, 485, 520, 521, 522, 527, 528, 529, 538, 546, 547
Amichai, Yehuda 393
Amis, Kingsley 390
Anderson, Elizabeth -- Harvey, Elizabeth
Anderson, Laurie 561
Anderson, Sherwood 403
Anna O. 91
Anspach, Andrew 458
Antin, Eleanor 561
Auden, W. H. 120, 328, 468, 536
Axelrod, Rise 533
Axelrod, Steven 533
Bacall, Laureen 561
Bachmann, Ingeborg 392
Bagg, Robert 434
Balk, Wesley 512
Barnes, Clive 461
Barnstone, Aliki 434
Barth, John 499
Barthelme, Donald 467
Bass, Ellen 476
Baudelaire, Charles 105
Baumbach, Jonathan 362
Bearpark, Michael 44, 45, 396, 397
Beauvoir, Simone de 247
Becker, Robin 540
Beethoven, Ludwig van 289
Belli, Melvin 385
Belloc, Hilaire 228
Bellow, Saul 232, 233, 245, 269, 342, 348
Bennett, Joseph 148, 177

Berlind, Bruce 499
Berryman, John 105, 131, 164, 392, 393, 542
Bishop, Elizabeth 144, 164, 185, 248, 360, 535
Blackwood, Caroline 535
Bly, Robert 217, 417
Booth, Philip 148
Boylan, Eleanor 241, 242, 325
Brand, Millen 373
Brecht, Bertolt 187
Breuer, Josef 91
Brinnin, John Malcolm 112, 148, 514, 535, 539, 550
Brooks, Paul 264, 265, 420, 423, 424, 426, 429, 472
Browning, Elizabeth Barrett 157
Browning, Robert 144
Brueghel, Pieter 328
Brunner-Orne, Martha 54, 55, 62, 64, 65, 69, 212, 241, 250, 255, 298, 300, 544, 548
Bunting, Mary Ingraham 211, 219, 281
Burnett, Frances Hodgson 289
Cairnie, Gordon 175
Caldwell, Sarah 498
Camus, Albert 187
Casher, Theodore 410, 428, 463
Charles, Ray 362, 364
Chase, Constance 22, 445, 469, 476, 483, 487, 519, 527, 528, 532
Cheever, John 278, 425, 550, 557
Chopin, Frédéric 351
Ciardi, John 128, 244
Clark, John 407
Clawson, Robert 361, 362, 363, 364, 365, 366, 375, 382, 387, 390, 402, 404, 405, 407, 410, 426, 441, 449, 464, 465, 545, 554
Coleridge, Samuel Taylor 105
Conant, Loring 519, 520, 526, 537, 543, 545
Conant, Louise 519, 520, 521, 526, 527, 528, 530, 531, 537, 538, 541, 543, 547, 551

Conrad, Alfred 165
Coward, Noel 51
Crane, Hart 145
Crapsey, Adelaide 144
Davies, Bill 405, 410, 428
Davison, Peter 205, 266, 267
Dealand, Helen 33, 35, 45, 67
Dee, Ruby 498
Degener, Cindy 375, 388, 389, 439, 448,
   471, 483, 496, 508, 512, 513
DeMott, Benjamin 362
DeRoche, Joseph 150
Dickey, James 186, 247, 265, 353, 354,
   355, 384
Dickinson, Emily 157
Dietz, Paula 497
Diller, Phyllis 337
Dingley, Anna Ladd -- Nana
Dingley, Jane 36
Dingley, Nelson jun. 30
Donaldson, Scott 557
Donne, John 507
Dostojewski, Fjodor M. 180, 187, 188,
   237
Dowd, M'el 453
Downing, Virginia 446, 453, 459, 460
Driver, Christopher 507
Dugan, Alan 244
Duhamel, P. Albert 267
Dylan, Bob 429
Eberhart, Richard 244, 407
Edwards, Eric 539, 540, 541
Eisenhower, Dwight D. 386
Eliot, T. S. 105, 133, 188, 475
Elliott, Mary Emma 148
Ellison, Ralph 403
Emerson, Ralph Waldo 426
Empson, Wiliam 158
Enright, D. J. 508
Ernst, Karl 223, 335, 383
Ernst, Rita 223, 325, 335, 383, 520
Eyges, Doris 150
Fahey, Sandra 521, 522
Fahey, Simon 521, 522
Farrell, Bruder Dennis 22, 262, 304, 514
Faulkner, William 188, 232
Fellini, Federico 432
Ferenczi, Sándor 365
Ferry, Dave 148
Fink, Alan 528
Fitts, Dudley 212, 389
Fitzgerald, Scott 28
Fitzgerald, Zelda 557

Freeman, Arthur 175, 204, 259, 260, 474,
   536
Freud, Sigmund 89, 90, 278, 320, 365,
   414, 456, 490
Friedan, Betty 278
Fromberg, Susan 511
Frommer, Arthur 287
»Frost, Jack« 318, 319
Frost, Robert 121, 128, 265, 397
Furst, Arthur 548
Gardner, Isabella 148, 157
Garfunkel, Art 404, 427
Geffen, Felicia 302
Gide, André 187
Gielgud, John 191
Gilbert, Celia 543
Ginsberg, Allen 163, 393
Goethe, Johann Wolfgang von 153
Gold, Herbert 177
Goodman, Mitchell 362
Gordon, Mary 511
Graves, Robert 121, 397
Gray, Morris 177
Grimm, Jacob und Wilhelm 19, 350, 468,
   523
Grossman, Allen 175, 184, 186, 353, 417
Gullans, Charles 374
Hall, Donald 175
Hamilton, Ian 163, 507
Händel, Georg Friedrich 348
Handloss, Pattie 550, 554
Handman, Wynn 439, 440, 446, 448,
   459, 460, 461, 463
Hankinson, »Hank« 428
Hardwick, Elizabeth 165, 276, 535
Hardy, Thomas 130, 186, 204, 277, 475
Harvey, Blanche 28, 31, 32, 33, 36, 45,
   57, 65, 174, 234, 462, 559
Harvey, Elizabeth Anderson 29, 91
Harvey, Frances 29, 41
Harvey, Jane 28, 31, 33, 34, 36, 38, 42,
   44, 45, 49, 58, 96, 173, 174, 234, 383
Harvey, Louis 29, 30, 35, 42
Harvey, Mary Gray Staples 24, 26, 28, 30,
   31, 32, 34, 35, 36, 37, 38, 39, 40, 41, 42,
   46, 47, 48, 49, 51, 54, 56, 57, 58, 63, 64,
   65, 70, 79, 80, 81, 82, 83, 94, 106, 134,
   136, 140, 154, 155, 173, 174, 175, 189,
   198, 229, 230, 234, 254, 281, 286, 378,
   381, 437, 463, 478, 486, 490, 492
Harvey, Ralph Churchill 24, 28, 29, 30,
   31, 33, 34, 35, 36, 38, 39, 41, 42, 46, 47,
   49, 52, 54, 56, 57, 59, 60, 63, 64, 93, 94,

95, 134, 140, 154, 155, 173, 174, 175, 234, 381, 454, 463, 478
H.D. (Hilda Doolittle) 265
Hecht, Anthony 115, 213, 214, 215, 216, 275, 387, 391, 392, 393, 431, 497
Hecht, Roger 216
Hellman, Lillian 276
Heloise 261
Hemingway, Ernest 307, 371
Hershman, Lynn 561
Hollander, John 175, 362
Holmes, John 84, 85, 86, 87, 93, 94, 112, 117, 123, 124, 128, 130, 132, 147, 149, 150, 151, 152, 153, 175, 185, 204, 205, 206, 207, 209, 210, 244, 245, 246, 259, 328, 386, 394
Holt, John 362
Hopkins, Gerard Manley 144
Houghton, Firman 176
Howard, Richard 266
Howe, Irving 184, 186, 187, 188
Hughes, Ted 114, 156, 157, 169, 177, 283, 284, 345, 391, 399
Inglis, Ruth 370
Jackson, Shirley 230, 231
James, Henry 188
Jarrell, Randall 120, 164
Jealous, Brad 44, 58
Jerry 22, 98
Johanna von Orléans 323
Johnny 54, 55, 56, 62
Johnson, Poppy 561
Jong, Erica 511, 548
Joplin, Janis 429, 452
Jordan, June 561
Jung, C.G. 89, 514
Kafka, Franz 188, 237, 315
Kaplan, Justin 416
Kauffmann, Stanley 462
Kayo -- Sexton, Alfred Muller II
Keats, John 166
Kelly, Grace 441
Kennedy, Jacqueline 276
Kennedy, Robert 426
Kerr, Walter 462
Kevles, Barbara 441, 445
King, Martin Luther 416, 426
Kinnell, Galway 285, 417
Kizer, Carolyn 147, 177
Koch, Kenneth 437
Kohl, Herbert 361, 362, 387, 390, 427
Kollwitz, Käthe 277
Kumin, Dan 119, 263, 430

Kumin, Jane 119, 263, 264
Kumin, Judy 119, 263, 453, 476
Kumin, Maxine 18, 19, 73, 84, 85, 95, 110, 117, 118, 119, 120, 121, 127, 128, 134, 147, 148, 149, 150, 151, 153, 167, 169, 171, 175, 182, 185, 192, 203, 204, 206, 208, 209, 210, 212, 228, 236, 244, 245, 248, 251, 259, 262, 263, 264, 268, 277, 278, 279, 280, 281, 285, 291, 292, 304, 330, 333, 343, 347, 357, 366, 367, 368, 375, 378, 379, 383, 400, 401, 402, 412, 424, 425, 430, 431, 441, 442, 451, 453, 466, 470, 476, 513, 515, 516, 520, 521, 527, 528, 535, 546, 547, 552, 553
Kumin, Victor 120
Kunitz, Stanley 114, 147, 148, 276
LaCrosse, Mary 64, 379, 381
Lanning, George 344
Larner, Jeremy 362
Legler, Philip 355, 356, 357, 358, 359, 389, 474, 524, 525, 526, 527
Leiderman, Herbert 225, 235, 236, 300, 517
Lennox, Annie 561
Levertov, Denise 73, 248, 265, 362, 417, 554, 561
Levinson, Mark 428, 463
Lévi-Strauss, Claude 162
Locke, Maryel 521
Lord, Sterling 179
Lorde, Andre 561
Louis 296, 297, 301
Lowell, Amy 157
Lowell, Robert 18, 105, 112, 128, 131, 133, 135, 141, 143, 144, 145, 146, 148, 149, 154, 155, 156, 157, 158, 159, 160, 163, 164, 165, 166, 167, 168, 169, 176, 177, 184, 185, 186, 189, 204, 242, 245, 246, 247, 248, 257, 258, 260, 264, 265, 266, 275, 276, 285, 360, 389, 394, 397, 414, 417, 424, 431, 450, 509, 535
Lynes, Russell 141
McAdoo, Richard 543
MacBeth, Elizabeth 371
MacBeth, George 370, 371, 391, 393, 394, 395, 396, 399, 405
McCarthy, Eugene 428
McCarthy, Jack 38, 39, 45, 47, 204
McCarthy, Mary 428
McClatchy, J.D. 506, 534, 535
McConkey, James 130
MacDonald, Cynthia 511
McGinley, Phyllis 157

Mack, Azel 478, 481, 483, 488
MacNeice, Louis 120
Madonna 561
Majakowski, Wladimir W. 191
Mann, Thomas 187
Mark Twain 416
Marvell, Andrew 507
Maryan, Charles 439, 440, 446, 447, 448, 450, 451, 452, 453, 459, 460, 462, 463
Masson, Jeffrey Moussaieff 243
Masters, Edgar Lee 264
Mathews, Blanche Dingley 36
Matthews, Jack 130, 131
Mayo, Jean 35
Merwin, W.S. 121, 428
Midford, Nancy 557
Millay, Edna St. Vincent 144, 146, 157, 279
Miller, Arthur 306, 310, 311, 312
Miller, Henry 230
Miller, Nolan 128, 130, 131, 141
Mirsky, Mark 362
Monroe, Marilyn 306
Monteverdi, Claudio 523
Moore, Marianne 121, 157, 158, 265, 276
Moore, Richard 350, 352
Morgan, Frederick 141, 148, 344, 431, 497
Morgan, Rose 148
Moss, Howard 147, 285, 387, 388, 389, 418, 424, 446, 471, 497, 513
Moulton, Jean 380, 381, 507
Muller, Wilhelmine -- Sexton, Wilhelmine Muller
Murphy, Rosemary 446
Murray, Michael 242, 323
Nana 26, 27, 37, 38, 40, 41, 42, 43, 45, 46, 56, 57, 58, 64, 70, 71, 77, 82, 92, 93, 96, 175, 196, 197, 240, 241, 249, 254, 287, 291, 292, 296, 297, 303, 304, 307, 308, 311, 312, 317, 319, 331, 333, 392, 393, 453, 454, 455, 456, 457, 459, 486, 529, 551
Neruda, Pablo 191, 392
Newman, Charles 346
Niginsky, Vaslav 557
Oates, Joyce Carol 450
Olsen, Tillie 277, 278, 279, 280, 281, 282, 303, 329, 330, 425
Orgel, Stephen 175
Orne, Martin 20, 26, 65, 66, 68, 70, 72, 74, 76, 77, 78, 79, 80, 83, 88, 89, 90, 91, 92, 94, 95, 96, 97, 98, 99, 100, 101,

102, 103, 104, 120, 121, 128, 129, 131, 132, 173, 183, 185, 186, 187, 188, 189, 190, 193, 194, 195, 196, 197, 201, 202, 203, 205, 207, 208, 212, 215, 221, 222, 223, 224, 225, 226, 232, 234, 235, 236, 237, 239, 240, 245, 249, 250, 251, 254, 255, 256, 257, 258, 260, 261, 276, 284, 285, 286, 287, 288, 290, 291, 293, 296, 297, 298, 299, 300, 303, 304, 307, 308, 309, 310, 311, 312, 314, 317, 318, 319, 320, 321, 330, 333, 334, 352, 368, 383, 406, 434, 441, 442, 443, 444, 445, 518, 545, 553, 554, 556, 557, 558
Oshita, Gerald 428, 463, 464
Ostwald, Peter 557
Ovid 328
Paley, Grace 362
Pineda, Marianna 281
Pirandello, Luigi 187
Piskor 354
Plath, Sylvia 73, 105, 114, 156, 157, 158, 159, 160, 161, 162, 167, 168, 169, 231, 248, 283, 284, 285, 286, 287, 307, 309, 345, 346, 374, 450, 505, 509, 510, 513, 561
Porter, Andrew 524
Pound, Ezra 105, 133, 475
Prince, William 446, 453, 462
Rahv, Philip 187, 188, 212, 213, 249, 524, 536
Rich, Adrienne Cecile 73, 157, 165, 166, 167, 168, 175, 417, 554, 561
Rich, Cynthia 175
Richards, I. A. 75, 123, 141, 175, 177
Riding, Tony 398
Rilke, Rainer Maria 187, 188, 192, 196, 204, 260, 267, 398, 511
Rimbaud 105, 251, 252, 253, 255, 269, 287
Rizzo, Steve 404, 405, 410, 427, 428
Robart, Les 121, 383
Robart, Sandy 60, 84, 121, 236, 276, 288, 291, 292, 293, 295, 296, 321, 325, 383
Robb, Christina 544
Robinson, Edward Arlington 404
Roethke, Theodore 105, 164
Rosenblatt, Roger 158
Rosenthal, M. L. 167
Ross, Alan 391
Rossetti, Christina 157
Rukeyser, Muriel 265, 362, 417, 561
Russell, Jane 47

Ryerson, Alice 219, 220, 247, 279
Salinger, J. D. 88, 230, 231, 232, 238
Sandburg, Carl 265
Sappho 157
Sarton, May 244
Sartre, Jean-Paul 187, 228
Schapiro, Miriam 511
Schopenhauer, Arthur 153
Schwartz, Barbara 533, 543, 544, 547, 548, 550, 551, 552
Schwartz, Delmore 105, 164
Scowcroft, Richard 279
Seager, Allan 338
Seidel, Frederick 434
Seldes, Marian 440, 446, 447, 450, 453, 457, 460, 461, 462, 463
Semrad, Elvin 235
Senibaldi, Doug 428
Sexton, Alfred Muller II (Kayo) 13, 14, 25, 50, 51, 52, 53, 54, 55, 56, 58, 59, 60, 61, 62, 63, 64, 65, 67, 68, 70, 71, 78, 86, 98, 105, 121, 122, 127, 128, 129, 134, 150, 174, 176, 179, 180, 193, 194, 199, 202, 203, 214, 218, 219, 221, 222, 223, 224, 225, 226, 233, 236, 239, 240, 268, 272, 273, 274, 276, 288, 290, 291, 293, 294, 295, 296, 297, 299, 300, 302, 309, 310, 321, 325, 326, 334, 335, 337, 340, 348, 349, 352, 353, 355, 356, 358, 359, 360, 362, 368, 369, 370, 371, 372, 379, 382, 383, 392, 399, 400, 402, 403, 416, 426, 435, 436, 443, 448, 451, 452, 456, 464, 469, 473, 474, 477, 498, 504, 505, 516, 517, 518, 519, 520, 521, 522, 532, 536, 546, 548, 555
Sexton, George 50, 53, 63, 114, 121, 179, 180, 198, 215, 235, 448
Sexton, Joan 53, 57, 63, 89, 198, 199, 448
Sexton, Joyce Ladd (Joy) 58, 60, 62, 63, 65, 67, 69, 71, 109, 116, 121, 122, 126, 127, 136, 140, 197, 198, 199, 222, 224, 234, 263, 264, 272, 288, 290, 291, 311, 340, 348, 349, 370, 376, 381, 383, 400, 448, 452, 468, 473, 477, 484, 487, 517, 518, 519, 520, 521, 524, 526, 527, 528, 530, 537, 545, 548, 549, 555
Sexton, Linda Gray 17, 19, 20, 25, 58, 60, 62, 63, 65, 67, 71, 79, 119, 121, 122, 126, 197, 198, 199, 221, 222, 226, 230, 233, 234, 263, 272, 273, 285, 288, 290, 291, 308, 315, 316, 317, 318, 331, 333, 341, 342, 349, 350, 356, 357, 381, 400,

430, 437, 438, 448, 452, 453, 455, 456, 457, 465, 467, 468, 469, 470, 473, 476, 477, 484, 485, 486, 487, 517, 521, 522, 524, 526, 527, 529, 530, 535, 536, 544, 545, 547, 555
Sexton, Wilhelmine Muller (Billie) 50, 51, 53, 54, 60, 65, 67, 121, 124, 129, 136, 176, 179, 180, 193, 199, 203, 221, 222, 224, 291, 311, 325, 326, 379, 382, 448, 473, 477, 516, 522, 555
Shakespeare, William 233, 235, 350
Shaktman, Ben 322, 323, 324, 377, 388, 463, 497, 524
Shange, Ntozak 561
Shapiro, Karl 120
Shaw, George Bernard 192
Sherwood, Richard 45, 52
Showalter, Elaine 546
Silvers, Robert 362, 389
Simmons, Charles 247
Simon, John 462
Simon, Paul 404, 427
Simons, Harvey 428
Simpson, Louis 204, 373, 374, 515
Sitwell, Edith 157
Skolnick, Irene 497
Slater, Joseph 373
Smart, Christopher 454, 493, 495
Smith, Alice 441, 446, 477, 497, 521
Smith, Carol 546
Smith, Connie 279
Smith, Joan 378, 379, 380, 381, 382, 383, 424, 476, 482, 487, 529, 530, 548
Smith, Margaret Chase 498
Smith, Patti 561
Snodgrass, William DeWitt 18, 112, 124, 125, 126, 127, 128, 130, 131, 132, 133, 134, 135, 136, 138, 141, 143, 146, 147, 148, 149, 154, 155, 162, 164, 165, 175, 177, 179, 180, 181, 188, 204, 246, 268, 341, 431, 450
Sobiloff, Hy 115, 193, 194, 195
Solotaroff, Theodore 419
Soter, Ruth 84, 130, 180, 181, 182, 183, 308, 309
Spender, Stephen 120, 187, 393
Spivack, Kathleen 158
Stafford, William 531
Stallworthy, Jon 344, 345, 348, 370, 390, 391, 392, 393, 399, 423, 424, 449, 507, 508, 509
Stanislawski, Konstantin S. 352
Staples, Arthur Gray 24, 30, 31, 34, 35,

36, 37, 38, 40, 49, 79, 87, 189, 218, 230, 292

Staples, Jane Dingley 30, 37

Staples, Mary Gray -- Harvey, Mary Gray

Starbuck, George 18, 148, 149, 150, 151, 160, 161, 162, 175, 176, 177, 182, 187, 189, 204, 206, 209, 228, 244, 259, 260, 266, 268, 285, 431, 474, 475, 498, 499, 505, 514, 542, 550

Steinem, Gloria 497

Stevens, Wallace 158, 188, 265

Stevenson, Anne 509, 510

Stewart, Gwendolyn 542

Stone, Alan 558

Strawinsky, Igor 524

Summers, Hollis 130

Susa, Conrad 19, 512, 522, 523, 524

Swan, Barbara 280, 281, 373, 441, 472, 520, 528

Sweeney, Brian 447, 453, 458, 470, 496, 501

Sweeney, John L. 204, 212

Swenson, May 157, 248

Tarn, Nathaniel 393

Tate, Allen 188, 193

Taylor, Lisa 462, 463

Teasdale, Sara 49, 144, 279

Terri, Salli 339

Thomas, D. M. 394, 397, 398, 399

Thomas, Dylan 265

Thoreau, Henry David 228

Tolstoi, Leo D. 277

Untermeyer, Louis 204, 212, 220, 389, 497

Updike, John 231, 232, 419, 548

Villa-Lobos, Heitor 339

Vonnegut, Kurt 465, 467, 472

Wakefield, Dan 543

Wakoski, Diane 434

Weeks, Brigitte 420

Weill, Kurt 524

Weiss, Renée 244

Weiss, Theodore 244

West, Jessamyn 130

West, Nathanael 188

White, Martha 220, 282

Whitman, Walt 277

Whitney, Steven 435

Wilbur, Richard 148, 244

Wilder, Anne 271, 303, 304, 305, 306, 307, 308, 309, 310, 311, 316, 318, 319, 320, 321, 325, 326, 330, 331, 332, 333, 334, 335, 336, 337, 338, 339, 340, 341, 342, 346, 351, 385, 400, 442, 464, 465, 483

Wilder, Thornton 305

Wilding, Faith 561

Williams, Andy 289

Williams, C. K. 431, 432, 433, 481, 482, 501, 515, 539

Williams, Oscar 193

Williams, William Carlos 145

Williamson, Alan 143

Woolf, Virginia 156, 246, 281

Wright, Annie 470

Wright, Franz 191

Wright, James 18, 115, 189, 190, 191, 192, 193, 194, 195, 196, 213, 215, 216, 217, 218, 235, 240, 241, 246, 260, 262, 268, 304, 342, 355, 358, 364, 366, 393, 431, 470, 514, 515

Wright, Marshall 191

Wyatt, Thomas 214

Yaguchi, Yorifumi 510

Yeats, William Butler 190, 204, 475

Zweizung, Ollie 22, 309, 318, 329, 330, 334, 342, 343, 365, 366, 367, 372, 375, 376, 380, 406, 407, 437, 441, 442, 443, 444, 445, 455, 461, 518

Margaret Forster
Daphne du Maurier
Ein Leben
Aus dem Englischen von
Einar Schlereth und
Brigitte Beier
567 Seiten. Gebunden
53 Fotos

»*Niemand ahnte etwas davon – weder ihre Kinder noch ihr etwas braver, als Offizier häufig abwesender Ehemann ›Boy‹ Browning, dem sie in 33jähriger Ehe nicht ganz treu verbunden war. Die Meisterin subtiler Spannung und geheimnisumwobener Geschichten, die mit dem Roman ›Rebecca‹ den klassischen Psychothriller schlechthin schrieb, führte ein Doppelleben. Aus bisher unveröffentlichten Tagebüchern und Briefen hat die bekannte englische Romanautorin Margaret Forster eine faszinierende Biographie herausgefiltert…*« Focus

GOLDMANN

FrauenLeben

*»Sie war eine jener mutigen Frauen, die sich
ins offene Wasser hinauswagen... Sie hatte das Zeug
zu einer Königin.«*

Frankfurter Allgemeine Zeitung

Jeanne Champion,
Die Vielgeliebte   9634

Jeanne Champion,
Sturmhöhen   9342

Maurice Lever,
Primavera   9700

Ingeborg Drewitz,
Bettine von Arnim   9328

Goldmann · Der Taschenbuch-Verlag

GOLDMANN

FrauenLeben

»Sie war eine jener mutigen Frauen, die sich
ins offene Wasser hinauswagen... Sie hatte das Zeug
zu einer Königin.«

Frankfurter Allgemeine Zeitung

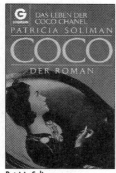

Patricia Soliman,
Coco   41151

Catherine David,
Simone Signoret   41202

Brenda Maddox,
Nora   41200

Deirdre Bair,
Simone de Beauvoir   41482

Goldmann · Der Taschenbuch-Verlag

4,00

GOLDMANN TASCHENBÜCHER

Das Goldmann Gesamtverzeichnis erhalten Sie im Buchhandel
oder direkt beim Verlag.

Literatur · Unterhaltung · Thriller · Frauen heute
Lesetip · FrauenLeben · Filmbücher · Horror
Pop-Biographien · Lesebücher · Krimi · True Life
Piccolo Young Collection · Schicksale · Fantasy
Science-Fiction · Abenteuer · Spielebücher
Bestseller in Großschrift · Cartoon · Werkausgaben
Klassiker mit Erläuterungen

✳ ✳ ✳ ✳ ✳ ✳ ✳ ✳ ✳

Sachbücher und Ratgeber:
Gesellschaft / Politik / Zeitgeschichte
Natur, Wissenschaft und Umwelt
Kirche und Gesellschaft · Psychologie und Lebenshilfe
Recht / Beruf / Geld · Hobby / Freizeit
Gesundheit / Schönheit / Ernährung
Brigitte bei Goldmann · Sexualität und Partnerschaft
Ganzheitlich Heilen · Spiritualität · Esoterik

✳ ✳ ✳ ✳ ✳ ✳ ✳ ✳ ✳

Ein SIEDLER-BUCH bei Goldmann
Magisch Reisen
ErlebnisReisen
Handbücher und Nachschlagewerke

Goldmann Verlag · Neumarkter Str. 18 · 81664 München

Bitte senden Sie mir das neue kostenlose Gesamtverzeichnis

Name: _____

Straße: _____

PLZ / Ort: _____